评价公司质量，促进健康成长
把握运行脉搏，精准防范风险
瞄准发展之魂，有效提升价值

——中国上市公司质量指数：资本市场健康发展的晴雨表

中国公司治理50人论坛图书

Report on the Quality Index of Chinese Listed Companies
No.1，2021

中国上市公司质量指数报告

NO.1

2021

高明华◎主编

中国纺织出版社有限公司

内 容 提 要

《中国上市公司质量指数报告 . No.1，2021》是第三方评价机构——北京师范大学公司治理与企业发展研究中心开发的首部全样本、全方位、多角度评价中国上市公司质量的指数研究报告。

本报告基于《国务院关于进一步提高上市公司质量的意见》的基本精神，从公司治理、社会责任、企业创新、绩效与价值四个维度，使用 122 个具体指标，利用各种公开渠道，采集基础数据和指标数据 50 余万，在此基础上，运用科学的方法，计算出了 2020 年 3615 家上市公司（占 2020 年全部上市公司的 87.76%，剔除了数据缺失的公司）的质量指数，并进行了总体排名，以及地区、行业、所有制、最终控制人和上市板块等多角度的比较。全部被评价公司的质量指数数据（包括总排名，以及按省份、地区、行业、所有制、最终控制人和上市板块的排名）可以通过北京师范大学公司治理与企业发展研究中心获取。

本报告计算的中国上市公司质量指数是一种相对值，是不同上市公司质量比较的结果。

本报告有助于监管机构充分了解上市公司质量存在的缺陷和不足，使监管更加有的放矢；有助于帮助投资者降低信息不对称程度，有效避免投资风险，提升投资收益；有助于帮助公司了解自身与其他公司存在的差距，提升公司竞争力，增强对投资者的吸引力；有助于引导股票价格客观反映公司真实绩效，避免股市崩盘风险；有助于帮助欲进行混改的企业寻找高质量的合作股东，助推混改取得成功；有助于为上市公司研究提供大数据支持，保证研究结论的客观性和实践性。

图书在版编目（CIP）数据

中国上市公司质量指数报告 . No. 1，2021 / 高明华主编 . -- 北京：中国纺织出版社有限公司，2021. 11（2021.12 重印）
ISBN 978-7-5180-9125-6

Ⅰ . ①中… Ⅱ . ①高… Ⅲ . ①上市公司－企业管理－质量管理－研究报告－中国－ 2021 Ⅳ . ① F279. 246

中国版本图书馆 CIP 数据核字（2021）第 230202 号

策划编辑：史 岩　　责任编辑：段子君
责任校对：高 涵　　责任印制：储志伟

中国纺织出版社有限公司出版发行
地址：北京市朝阳区百子湾东里A407号楼　邮政编码：100124
销售电话：010—67004422　传真：010—87155801
http://www.c-textilep.com
中国纺织出版社天猫旗舰店
官方微博 http://weibo.com/2119887771
北京虎彩文化传播有限公司印刷　各地新华书店经销
2021年 11 月　2021 年12月第 2 次印刷
开本：787×1092　1/16　印张：31.75
字数：420千字　定价：288.00元

高明华教授简历

北京师范大学公司治理与企业发展研究中心主任，经济与工商管理学院教授（二级），博士生导师，中国公司治理 50 人论坛学术委员会执行主任兼秘书长，中国公司治理论坛主席。经济学博士（南开大学），经济学博士后（北京大学）。曾任国家社科基金重大项目首席专家，兼任教育部工商管理类专业教学指导委员会委员，国资委—中国社科院国有经济研究智库学术委员，清华大学中国现代国有企业研究院学术委员，四川省公司治理研究会名誉会长，中国财政学会国有资产治理专业委员会顾问，中国行为法学会企业治理分会副会长，中国产权协会董事分会主要发起人和理事，上海证券交易所首届信息披露咨询委员会委员，中国贸促会全国企业合规委员会专家委员，中国管理科学学会战略管理专业委员会委员，凤凰财经研究院特邀经济学家，海南仲裁委员会仲裁员，多家学术机构的学术委员或研究员，多个政府机构和企业的咨询专家，多家主流媒体的特约专家。先后就职于南开大学、北京大学和中国银行总行。

2001 年初，高明华创立北京师范大学公司治理与企业发展研究中心，这是最早的公司治理专门研究机构之一。早在 20 世纪 90 年代初期，作为最早研究中国公司治理问题的学者之一，高明华就提出了国有资产三级运营体系的设想，对国企公司治理进行了较深入的探索。其关于国有资产三级运营体系、国企分类改革和分类治理、国企负责人分类和分层、董事会治理、企业负责人自我约束等观点均为国家及有关政府机构所采纳。30 年来，作为中国公司治理理论的探索者和先行者，高明华及其研究团队取得了丰硕的成果，奠定了其在学术界的领先地位。2007 年，在国内外率先提出“中国公司治理分类指数”概念，并创立“中国公司治理分类指数数据库”，推出“中国公司治理分类指数系列报告”，目前已出版 6 类 20 部指数报告，出版指数报告类型和数量均居国内首位，并建成了国内最大规模的公司治理分类指数专业性数据库。中国公司治理分类指数系列被国内外专家认为是“可以列入公司治理评级史册的重要研究成果”。2014 年 10 月，发起成立“中国公司治理论坛”。2020 年 10 月与其他专家共同发起成立“中国公司治理 50 人论坛”。2021 年，又首次成功开发“中国上市公司质量指数”。

高明华主持及参与的国内外各类重要课题有 40 余项，独立、合作出版著译作 57 部，发表论文和研究报告 300 余篇。相关成果（包括合作）曾获第十届和第十一届孙冶方经济科学奖等各种奖励，其代表性著述主要有：《关于建立国有资产运营体系的构想》（1994）、《权利配置与企业效率》（1999）、《公司治理：理论演进与实证分析》（2001）、《公司治理学》（2009）、《中国国有企业公司治理分类指引》（2016）、《政府规制与国有垄断企业公司治理》（2016）、《公司治理与国有企业改革》（2017）、《深入推进国有经济战略性调整研究——基于国有企业分类改革的视角》（2020）、《发展混合所有制经济研究——基于公司治理的视角》（2021）、《中国上市公司质量指数报告．No.1，2021》（2021）、“中国上市公司治理分类指数报告系列”（2009 ～ 2021）（包括高管薪酬、自愿性信息披露、财务治理、企业家能力、董事会治理和中小投资者权益保护 6 类 20 部），主编《治理译丛》（4 本）和《公司治理与国企改革丛书》（8 本）。

研究方向：公司治理、资本市场、国资监管与国企改革、民营企业发展等。

中国公司治理50人论坛

中国上市公司质量指数报告课题组

主　　　　编： 高明华

副　主　编： 杜雯翠　周炳羽　朱　玥

课题撰稿人： 高明华　杜雯翠　周炳羽　朱　玥

图　表　制　作： 高明华

数据采集和录入： 杨羽鸥　赵智勇　谭祖坤　王小山　张梦倩　王梦婕　马　睿
丁国宁　赵雪廷　彭　圣　谢　睿　郝　苗　陈柯谚　蔡慧莹
韩　斐　陈　博　顾嘉欣　万　琳　易　萌　范文婷　葛　涛
周炳羽　杨博星　张琳琳　洪梓羚　潘红珊　李家瑞　徐福佳
陈诗诺　高垲霖　徐　坤　郭传孜　邵梦影　程恒森　薛佳安
朱　玥　李国文　贾洪图　雷桂林　黄　琳　金洪玉

数　据　核　实： 韩　斐　程恒森　朱　玥　周炳羽　薛佳安　邵梦影
郭传孜　马　睿

数据库开发和维护： 于学德

目录
CONTENTS

第1章　导　论

第2章　中国上市公司质量指数指标体系、评价方法和评价范围

第3章　中国上市公司质量指数总排名

第4章　中国国有控股上市公司质量指数总排名

第5章　中国非国有控股上市公司质量指数总排名

第6章　中国上市公司质量指数—地区排名

第7章　中国上市公司质量指数—行业排名

第8章　中国上市公司质量指数—所有制排名

第9章 中国上市公司质量指数—最终控制人排名

第10章 中国上市公司质量指数—上市板块排名

第11章 中国上市公司质量指数—前100名

第1章 导　论

本报告指数的开发直接起因于2020年10月发布的《国务院关于进一步提高上市公司质量的意见（国发〔2020〕14号）》（以下简称《意见》）。其实早在2005年10月，国务院就曾批转证监会《关于提高上市公司质量的意见（国发〔2005〕34号）》。上次是国务院批转，这次是国务院直接发布，可见中央对提高上市公司质量的高度重视。

“进一步提高”意味着时过境迁，外部环境变了，变的更复杂了，上市公司发展出现了新的问题、新的风险，而且问题更隐秘，风险更大，甚至具有系统性，因此，原有的制度就必须与时俱进，及时改进，否则，提高上市公司质量就可能成为一句空话。

1.1 如何提高上市公司质量

提高上市公司质量应该着重于以下四个方面：

一是强化公司治理。《意见》从“提高上市公司治理水平”“推动上市公司做优做强”“健全上市公司退出机制”“解决上市公司突出问题”“提高上市公司及相关主体违法违规成本”和“形成提高上市公司质量的工作合力”六个方面提出了提高上市公司质量的具体举措。该《意见》中，提高公司治理水平是排在第一位的内容，而其他几个方面的不少内容也是公司治理的应有之义，如“推动上市公司做优做强”中的健全激励约束机制，“健全上市公司退出机制”中的防止财务造假、利益输送、操纵市场，“解决上市公司突出问题”中的控股股东和实际控制人对上市公司的资金占用，“提高上市公司及相关主体违法违规成本”中的增加制度供给（尤其是法律制度供给），“形成提高上市公司质量的工作合力”中的控股股东、实际控制人、董事、监事和高级管理人员要各尽其责，公平对待所有股东，等等。可以说，在很大程度上，提高上市公司质量，从根本上就是要提高上市公司治理的质量。

公司治理包括很多维度，最重要的维度包括投资者权益保护、董事会治理、总经理能力及激励、财务治理。对于上市公司来说，投资者是最核心的利益相关者。随着股权的多元化，来自中小投资者的投资越来越成为上市公司资金的主要来源，而来自控股股东的资金占比却不断下降，尽管他们仍然对公司拥有控制力量。因此，保护投资者尤其是中小投资者的权益有利于保证上市公司的稳定发展。董事会经常被视为公司的核心治理主体，由于董事会负责公司的战略决策，并监督经理层落实战略决策，因此，董事会治理的有效性直接关系着公司发展的正确方向。总经理是公司的最高行政长官，在发达市场经济体一般称为首席执行官（CEO），由于发达市场经济体的公司董事会基本由独立董事构成，甚至董事长都是独立董事，因此，CEO 就成为企业高质量发展的灵魂。中国企业的总经理尽管大多没有被赋予 CEO 的权利，但这是发展趋势，如何培育和发挥总经理的最大能力是企业高质量发展必须要重视的因素。财务治理关系着公司财务的稳健性和安全性，较高的财务治理质量不仅能够合理配置各财务主体的权责利，有力控制各个财务环节，有效监督财务行为，还能适当激励财务主体，因此也是公司高质量发展的重要保障。

二是强化社会责任。《意见》提出，上市公司要诚实守信、规范运作，切实履行社会责任。可见，社会责任是企业高质量发展的不可忽视的重要方面。从 20 世纪 90 年代以来已经形成共识的广义公司治理理论来看，社会责任是公司治理的重要组成部分。把社会责任纳入公司治理中，这本身就意味着，社会责任对企业发展尤其对企业可持续发展极其重要。近些年兴起的 ESG（环境保护、社会责任、公司治理）概念，其实就是广义的公司治理。尽管从严格的理论意义上，ESG 概念并不成立，因为广义的公司治理包括社会责任，社会责任包括环境保护。但 ESG 的提法并非没有意义，其意义恰恰就在于突出了社会责任（含环境保护）的重要性。2019 年 8 月 19 日，美国“商业圆桌会议”（Business Roundtable）发表《公司的目的》的宣言，强调企业要更重视履行对社会的责任，不能独尊股东利益。这项宣言已经获得美国 188 位顶尖企业 CEO 的联合签署，足见重视社会责任已成全球共识。

中国当前产品安全、环境污染、员工和消费者权益受侵害等问题频发，比如长生生物疫苗造假事件轰动全国，蚂蚁集团的资本无序扩张严重侵蚀消费者利益等，这表明企业的生存发展不能仅仅以企业利益最大化为第一考量，不能为了赚钱而突破道德底线和法律红线，不能以牺牲公众的生命财产安全为代价。企业在发展过程中之所以会产生企业利益和社会利益之间的冲突，一个很重要的原因是企业社会责任意识的缺失。长期以来，法规不到位和执法不力，使得不少公司看重“热钱”“快钱”，过度追求短期利润，而不惜牺牲其他利益相关者的利益。

长期以来，包括很多企业家在内的很多人都对履行社会责任存在一种错误的认识，只简单地把纳税和吸收劳动力就业等少数几个方面，看作是自己履行社会责任的重要标准，认为比其他企业纳税多、吸收劳动力多，就是比其他企业履行了更多的社会责任。这种观点是非常狭隘的。企业的社会责任可以分为两种情况：一是义务性质的社会责任，如严禁破坏生态环境，提供高质量的、安全的产品和服务，照章纳税等；二是非义务性质的社会责任，如赈灾捐款捐物、资助教育事业等。前者是强制性的；后者是自愿性的（也可以称为狭义的社会责任）。[1] 然而，问题在于，由于法律空白较多，或者弹性较大，处罚较轻，使得一些本属于义务性质的社会责任，在一些企业眼中却成为自愿性的社会责任。如环境保护、产品质量、员工工作环境等，缺乏清晰的判断合法与否的界限，一些企业甚至聘用专门人员寻找法律空白地带，这是这些年环境污染、产品质量低劣、员工工作环境恶劣等问题频出的重要原因。

---

[1] 高明华：《国企不能为“表率”不顾程序、法规》,《董事会》, 2017 年第 8 期。

企业承担社会责任是一种成本支出，那么这是否意味着社会责任与企业发展存在冲突？并不尽然。从长期看，企业发展与社会责任是一致的，但短期看，则可能出现不一致。如果企业发展是建立在损害社会公众和员工利益基础上，如环境污染、员工工作环境无安全保障设施等，尽管企业利润提升了，但这种提升难以维持长久，从长期看，并不利于企业的持续健康发展。因此，企业立足于长期可持续发展，实现企业发展与社会责任的统一，这是一个成熟企业应该秉持的基本理念。

三是强化企业创新。《意见》指出，要大力培育科技型、创新型企业，支持制造业单项冠军、专精特新“小巨人”等企业发展壮大。企业的发展需要创新，创新越活跃，企业发展就越充满生机和活力。谈到创新，人们第一直觉可能就是技术创新。其实，技术创新仅仅是创新的一个方面。熊彼特把创新分为技术创新、产品创新、市场创新、原材料供应或生产方式的创新，以及组织创新五个方面，其中组织创新也可以称为制度创新。这五种创新是彼此联系而不是彼此独立的，尤其随着技术的发展，五种创新越来越紧密地联系在一起。其中，制度创新和技术创新是最为关键的，没有制度保障，其他方面的创新就可能只是昙花一现，难以为继。

相比制度创新，技术创新相对容易衡量，也是经常被拿来作为评价一个企业持续发展能力的重要指标。截至 2020 年 12 月 31 日，3615 家上市公司样本中，研发投入强度平均不到 4.93%，而发达国家，尤其是日本和美国，公司研发投入强度超过 20% 是比较普遍的现象，有的甚至高达 40% 以上。因此，鼓励技术创新，加大技术创新投入力度，应该提升到一个企业的战略高度。

企业技术创新水平的提升，除了自身因素外，更重要的因素还有两个方面：一是竞争压力，没有足够大的竞争压力，就难以产生技术创新的动力。但竞争压力未必一定会导致技术创新，也可以通过移植别人的技术来缓解。然而，在越来越强调知识产权保护的国际环境下，移植别人技术的空间越来越狭小，而且不可能完全依赖于别人的技术而立于不败之地。这就要求有第二个方面，即国家和企业要有足以激发人们进行技术创新欲望的制度安排。那么如何激发创新欲望呢？一是需要活跃的、自由的创新氛围，允许“试错”，甚至允许可能带来的损失；二是需要建立起一套鼓励技术创新的知识产权保护制度，要使技术创新的收益远高于由此付出的成本；三是需要鼓励合作创新，因为合作创新可以缩短创新时间，提高创新速度，可以降低创新成本和创新风险，为此应当改革目前的研究成果评价制度，要承认创新人才对创新收益具有平等的所有权，[1] 从而为企业技术创新提供持续的动力。

四是强化绩效与价值。绩效与价值是企业发展的成果。对于上市公司，包括两个方

[1] 高明华：《创新能力与创新欲望——“钱学森之问”的思考》，《经济学家茶座》，2009 年第 6 期。

面，其一是会计绩效，这是企业创造的直接收益；其二是市场价值，这是市场对企业创造价值和发展前景的认可度。前者是企业价值的基础，后者是企业价值体现在市场中的价格。企业既要保证会计绩效的真实性，也要保证市场价值与其真实会计绩效的吻合度，这两个方面共同构成了企业发展的资金支撑。如果会计绩效长期低迷，或者出现造假和欺瞒，就会失去更多的投资者，企业发展就会遭遇资金瓶颈，甚至于走向崩溃的边缘或破产。

1.2 上市公司质量指数的相对性

中国上市公司质量评价是通过计算质量指数来进行的。从前述提高上市公司质量的四个方面看，我们进行上市公司质量评价有天然的优势，这就是我们已坚持 15 年之久的“中国上市公司治理分类指数”。由于我们的“中国上市公司治理分类指数”是基于广义的公司治理理论，因此，前面所列四个方面中，公司治理和社会责任（包括在公司治理中）都已经进行了多年的评价，这就为我们进行“中国上市公司质量评价”打下了坚实的基础，而不是从头开始。

但二者又有不同。“中国上市公司治理分类指数”基本上是一种绝对差距评价，即评价标准是国际上先进的公司治理规范，如《G20/OECD 公司治理准则》以及公司治理相关法律（如公司法、证券法等），即“我公司的治理水平距离规范的公司治理还有多大差距”。尽管这些规范也在不断改进中，我们评价的标准也会随之调整，但总体上相对稳定。

而“中国上市公司质量指数”则有所不同。尽管其中的公司治理有相对稳定的、先进的国际规范，但社会责任（本报告在“中国上市公司治理分类指数”基础上对社会责任指标体系有所扩充）、企业创新、绩效与价值并没有一致认同的所谓先进标准，尤其是企业创新、绩效与价值，恐怕永远不会形成共识的先进标准。因此，本报告计算的中国上市公司质量指数是一种相对值，即“我公司的质量比你公司的质量高”，或“你公司的质量比我公司的质量低”。

相对值计算主要体现在具体指标（本报告标注的第四级指标）与公司质量最终指数

值之间各层维度上（公司治理、社会责任、企业创新、绩效与价值四个方面有不尽相同的层次划分）。即在计算出来的各维度初始值的基础上，把各维度初始值最高的那家公司的分值分别设为100分，然后对其他公司的各维度分值重新计算分值，形成公司治理、社会责任、企业创新、绩效与价值四个方面的相对分值，最后通过加权，得到中国上市公司质量指数。这个质量指数是最终值，不再把最高值设为100分后重新计算各公司分值。

1.3　评价上市公司质量的意义

上市公司是资本市场发展的基石。提高上市公司质量是提高资本市场投资价值的源泉，对增强资本市场的吸引力和活力，充分发挥资本市场优化资源配置功能，保护投资者特别是中小投资者的合法权益，促进我国资本市场健康稳定发展，具有十分重要的意义。

《意见》指出，国发〔2005〕34号文件印发以来，我国上市公司数量显著增长、质量持续提升，在促进国民经济发展中的作用日益凸显。但也要看到，上市公司经营和治理不规范、发展质量不高等问题仍较突出，与建设现代化经济体系、推动经济高质量发展的要求还存在差距。同时，受新冠肺炎疫情影响，上市公司生产经营和高质量发展面临新的考验。

寻找差距就需要评价，以便找到上市公司质量不高的“缺口”，及时弥补，这就是“中国上市公司质量指数”的意义所在。具体来说，包括如下方面：

①有助于监管机构充分了解上市公司质量存在的缺陷和不足，促使监管机构加强上市公司质量的立法和执法工作，使监管更加有的放矢，防范风险于未然。

②有助于投资者降低信息不对称程度，发现有长期价值的投资对象，有效规避投资风险，提升投资收益，提高社会稳定性。

③有助于公司了解自身与其他公司存在的差距，及时采取整改措施，提升自己的竞争力，增强对投资者的吸引力，避免公司股价过度波动。

④有助于引导股票价格客观反映公司真实绩效，防止股市炒作，避免股市崩盘风

险，推动资本市场实现稳定发展并走向成熟。

⑤有助于欲进行混合所有制改革的企业寻找符合自身实际、高质量的合作股东，助推混合所有制改革取得成功。

⑥有助于为上市公司研究提供大数据支持，保证研究结论的客观性和实践性。

第2章
中国上市公司质量指数指标体系、评价方法和评价范围

本研究力求全面、客观、真实地评价中国上市公司发展的质量，藉此为进一步提高中国上市公司质量提供政策依据和努力方向，这就需要一套严谨、科学、可行、可持续的评价指标体系，以及对应的评价方法，并在将来能够延续这一评价。可以说，指标体系和评价方法是中国上市公司质量评价研究的基础性工程。

2.1 中国上市公司质量指数指标体系选择的基本依据

早在2005年10月，国务院批转证监会《关于提高上市公司质量的意见（国发〔2005〕34号）》，就提高上市公司质量有关问题提出“提高认识，高度重视提高上市公司质量工作；完善公司治理，提高上市公司经营管理和规范运作水平；注重标本兼治，着力解决影响上市公司质量的突出问题；采取有效措施，支持上市公司做优做强；完善上市公司监督管理机制，强化监管协作；加强组织领导，营造促进上市公司健康发展的良好环境”等若干意见。该意见印发以来，我国上市公司数量显著增长、质量持续提升，在促进国民经济发展中的作用日益凸显。

但同时，上市公司经营和治理不规范、发展质量不高等问题仍较突出，与建设现代化经济体系、推动经济高质量发展的要求还存在差距。为此，2020年10月，国务院印发《国务院关于进一步提高上市公司质量的意见（国发〔2020〕14号）》，提出“提高上市公司治理水平，推动上市公司做优做强，健全上市公司退出机制，解决上市公司突出问题，提高上市公司及相关主体违法违规成本，形成提高上市公司质量的工作合力，共同营造支持上市公司高质量发展的良好环境”六个方面17项重点举措。

中国上市公司质量指数指标体系就是以《关于提高上市公司质量的意见（国发〔2005〕34号）》《国务院关于进一步提高上市公司质量的意见（国发〔2020〕14号）》这两个政策为制定依据，充分考虑我国上市公司质量发展的现状和未来目标，结合数据可获得性、可比性、可连续性，从公司治理、社会责任、企业创新、绩效与价值四个维度出发，制定的一套科学有效的上市公司质量评价指标体系，以期对中国上市公司质量做出客观评价，为进一步提高上市公司质量提供政策依据。

2.2 中国上市公司质量指数指标体系

中国上市公司质量指数指标体系包括四个维度，即公司治理（*CG*）、社会责任（*SR*）、企业创新（*EI*）、绩效与价值（*PV*）。其中，公司治理维度和社会责任维度是在我们历年开发的“中国上市公司治理分类指数”指标体系基础上优化、压缩，重新组合而成，因此，本报告的“公司治理”得分与“中国上市公司治理分类指数”的得分并不等同，但得分趋势是一致的。另外，还需要说明的是，从20世纪90年代以来得到普遍共识的广义公司治理角度，公司治理包括社会责任，社会责任又包括环境保护，由于社会责任在公司高质量发展中日渐突出的重要地位，本报告将其独立出来，与公司治理并列。这与我们历年中国上市公司治理分类指数评价中，把社会责任作为公司治理的重要构成部分是不同的。

2.2.1 公司治理维度（*CLCQI-CG*）指标体系

公司治理维度（*CG*）（一级指标）包括投资者权益保护（*MII*）、董事会治理（*BG*）、企业家能力及激励（*EAI*）、财务治理（*FG*）四个二级指标，共计81个具体指标（由于各维度划分层次不同，具体指标都作为四级指标）[1]。

2.2.1.1 投资者权益保护（*MII*）

本报告基于国际通行的投资者权益保护规范，同时考虑中国投资者保护的立法和执法状况，从知情权（*MIK*）以及决策与监督权（*MIE*）两个三级指标，21个四级指标来评价投资者权益保护质量。其中，知情权三级指标包括10个四级指标；决策与监督权三级指标包括11个四级指标（见表2-1）。

[1] 本报告公司治理维度的四个二级指标和部分三级指标采用了与《中国上市公司治理分类指数报告》的相应部分相同的编码，这样便于从自行开发的数据库中抽取数据，也有利于读者对两个报告进行比较。

表2-1 投资者权益保护指标体系

二级指标	三级指标	四级指标	评分标准
投资者权益保护（*MII*）	知情权（*MIK*）	1. 是否按时披露公司定期报告	包括一季度报、半年报、三季度报和年报，每项分值 0.25 分
		2. 年报预披露时间与实际披露时间是否一致	A. 基本一致（延后在 10 天之内，包括提前，1 分）； B. 差距较大（延后在 10～30 天,0.5 分）； C. 差距很大（延后在 30 天以上，0 分）
		3. 预告业绩与实际业绩是否一致	A. 实际的数据落入预测区间（1 分）； B. 没有落入预测区间（0 分）
		4. 上市公司是否开通微信 / 微博 / 网站 / 投资者咨询电话或在线互动平台	重点关注网站、微博或微信、投资者咨询电话或在线互动平台三项，每一项分别赋分为 0.34 分、0.33 分、0.33 分
		5. 分析师关注度	用会计年度内分析师发布研究报告的次数衡量，标准化处理为 0～1 区间数值
		6. 是否详细披露独立董事过去 3 年的任职经历	A. 详细披露（1 分）； B. 笼统披露（0.5 分）； C. 未披露（0 分）
		7. 是否披露可预见的财务风险因素	A. 是（1 分）；B. 否（0 分）
		8. 是否披露存在重大内部控制缺陷	A. 无缺陷（0 分）； B. 一般缺陷（-0.35 分）； C. 重要缺陷（-0.7 分）； D. 重大缺陷（-1 分）
		9. 股东大会（包括临时股东大会）投票机制的说明	A. 完全披露（1 分）； B. 不完全披露（0.5 分）； C. 未披露（0 分）
		10. 是否存在股价异动	A. 否（0 分）；B. 是（-1 分）
	决策与监督权（*MIE*）	11. 是否采用网络投票制	A. 是（1 分）；B. 否（0 分）
		12. 是否实行累积投票制	A. 是（1 分）；B. 否（0 分）
		13. 是否采用中小投资者表决单独计票	A. 是（1 分）；B. 否（0 分）

续表

二级指标	三级指标	四级指标	评分标准
投资者权益保护（*MII*）	决策与监督权（*MIE*）	14. 独立董事比例	A. 独立董事比例≥ 2/3（1 分）； B.1/2 ≤独立董事比例 <2/3（0.7 分）； C.1/3 ≤独立董事比例 <1/2（0.35 分）； D. 独立董事比例 <1/3（0 分）
		15. 独立董事是否担任本公司董事长	A. 是（1 分）；B. 否（0 分）
		16. 有无单独或者合计持有公司 10% 以上股份的股东提出召开临时股东大会	A. 是（1 分）；B. 否（0 分）
		17. 有无单独或者合并持有公司 3% 以上股份的股东提出议案	A. 是（1 分）；B. 否（0 分）
		18. 三个委员会是否设立（审计、提名、薪酬）	A.0 个（0 分）； B.1 个（0.35 分）； C.2 个（0.7 分）； D.3 个（1 分）
		19. 独立董事的董事会实际出席率	公司所有独立董事实际出席董事会次数的总和 / 公司所有独立董事应出席董事会次数的总和
		20. 董事长是否来自大股东单位	A. 否（1 分）；B. 是（0 分）
		21. 是否有中小股东收益权的制度安排	A. 是（1 分）；B. 否（0 分）

对于投资者权益保护指标体系，简要解释如下：

（1）知情权

知情权主要考察投资者对于公司经营决策关键信息的知情权，包括第 1 ～ 10 个指标。其中，指标 1 ～ 3 从定期报告角度，评价投资者对公司经营定期报告知情权的掌握情况；指标 4 ～ 7 从投资者参与决策所需要的其他重要信息来评价投资者的知情权；指标 8 从内部控制角度反映投资者对公司风险的知情权；指标 9 考察公司股东大会投票机制（包括法定投票、累积投票、网络投票、举手表决、代理投票等）方面的信息披露情况；指标 10 从股价波动角度反映投资者的知情权。

（2）决策与监督权

决策与监督权主要考察投资者行使权利和监督代理人的情况，包括第 11 ～ 21 个指标。其中，指标 11 ～ 13 直接反映投资者行使权利和监督代理人的情况；指标 14 ～ 21 间接反映投资者行使权利和监督代理人的情况。

2.2.1.2 董事会治理（*BG*）

本报告以董事会治理质量评价为核心，以中国《上市公司治理准则》（2018）为基准，综合考虑《公司法》《证券法》《关于在上市公司建立独立董事制度的指导意见》等国内有关上市公司董事会治理的法律法规，以及《G20/OECD 公司治理准则》（2015）和标准普尔公司治理评级系统等国际组织和机构有关公司治理的准则指引，借鉴国内外已有的董事会评价指标体系，从董事会结构及独立董事设置（*BSI*）、董事会行为及激励与约束（*BBIR*）两个三级指标，28 个四级指标对董事会治理质量进行评价。其中董事会结构及独立董事设置三级指标包括 15 个四级指标；董事会行为及激励与约束三级指标包括 13 个四级指标（见表 2-2）。

表2-2 董事会治理指标体系

二级指标	三级指标	四级指标	评分标准
董事会治理（*BG*）	董事会结构及独立董事设置（*BSI*）	1. 外部董事比例	A. 独立董事比例≥ 2/3（1 分）； B. 独立董事比例 <2/3，外部董事（含独立董事）比例≥ 1/2（0.7 分）； C.1/3 ≤外部董事（含独立董事）比例 <1/2（0.35 分）； D. 外部董事（含独立董事）比例 <1/3（0 分）
		2. 有无外部非独立董事	A. 有（1 分）；B. 无（0 分）
		3. 董事长和总经理是否两职分离	A. 是（1 分）；B. 否（0 分）
		4. 有无职工董事	A. 有职工董事且披露职工董事姓名（1 分）； B. 有职工董事但没有标明具体姓名（0.5 分）； C. 没有职工董事（0 分）
		5. 董事学历	A. 博士（1 分）； B. MBA（1 分）； C. EMBA（1 分）； D. 其他类型硕士（1 分）； E. 学术硕士（1 分）； F. 本科（0.7 分）； G. 专科（0.35 分）； H. 高中及以下（0 分）； I. 未披露（0 分）

续表

二级指标	三级指标	四级指标	评分标准
董事会治理（BG）	董事会结构及独立董事设置（BSI）	6. 年龄超过 60 岁（包括 60 岁）的董事比例	A. 比例 <1/3（1 分）；B. 比例≥ 1/3（0 分）
		7. 审计委员会设置情况	A. 设置且独立董事比例为 100%（1 分）； B. 设置但独立董事比例低于 100% 或未披露独董比例（0.5 分）； C. 未设置或未披露（0 分）
		8. 薪酬委员会设置情况	A. 设置且独立董事比例不低于 50%（1 分）； B. 设置且独立董事比例低于 50% 或未披露独董比例（0.5 分）； C. 未设置或未披露（0 分）
		9. 提名委员会设置情况	A. 设置且独立董事比例不低于 50%（1 分）； B. 设置且独立董事比例低于 50% 或未披露独董比例（0.5 分）； C. 未设置或未披露（0 分）
		10. 合规委员会设置情况	A. 在董事会下设置（1 分）； B. 在经营层下设置（0.5 分）； C. 未设置（0 分）
		11. 审计委员会主席是否由独立董事担任	A. 是（1 分）； B. 否（0 分）； C. 未披露（0 分）
		12. 独立董事中有无财务专家	A. 有（1 分）；B. 无（0 分）
		13. 独立董事中有无法律专家	A. 有（1 分）；B. 无（0 分）
		14. 独立董事中有无其他企业高管	A. 有（1 分）；B. 无（0 分）
		15. 在多家公司担任独立董事情况（包括本公司）	A. 只有 1 家（1 分）； B. 2 ～ 3 家（0.5 分）； C. 4 家及以上（0 分）
	董事会行为及激励与约束（BBIR）	16. 内部董事与外部董事是否有明确的沟通制度	A. 是（1 分）；B. 否（0 分）
		17. 投资者关系建设情况	A. 详细披露投资者关系沟通细节或接待措施（1 分）； B. 只说明有《投资者关系管理制度》，但没有具体内容（0.5 分）； C. 关于投资者关系建设没有任何说明或者笼统说明（0 分）

续表

二级指标	三级指标	四级指标	评分标准
董事会治理（*BG*）	董事会行为及激励与约束（*BBIR*）	18. 是否存在董事会提交的决议事项或草案被股东大会撤销或者否决的情况	A. 否（1分）；B. 是（0分）
		19.《董事会议事规则》的说明	A. 详细介绍议事规则（1分）； B. 只作一般性说明（0.5分）； C. 未披露任何信息（0分）
		20. 董事会是否有明确的高管考评和激励制度	A. 是（1分）；B. 否（0分）
		21. 股东大会（包括临时股东大会）股东出席率	A. 完全披露（1分）； B. 不完全披露（0.5分）； C. 不披露（0分）
		22. 是否有明确的董事考评和激励制度	A. 是（1分）；B. 否（0分）
		23. 是否公布董事考评/考核结果	A. 是（1分）；B. 否（0分）
		24. 是否披露董事薪酬情况	A. 逐一披露（1分）： B. 笼统披露（0.5分）； C. 无披露（0分）
		25. 是否有董事会会议记录或者董事会备忘录	A. 是（1分）；B. 否（0分）
		26. 是否有董事行为准则相关的规章制度	A. 是（1分）；B. 否（0分）
		27. 所有董事是否明确保证年报内容的真实性、准确性和完整性或不存在异议	A. 是（1分）；B. 否（0分）
		28. 独立董事津贴是否超过10万元（税前，不包括10万）	A. 是（0分）；B. 否（1分）

对于董事会治理指标体系，简要解释如下：

（1）董事会结构及独立董事设置

董事会结构及独立董事设置三级指标衡量董事会成员构成和机构设置，以及独立董事专业素质和履职情况，侧重从形式上评价董事会结构的有效性和独立董事的独立性，包括指标第1～15个四级指标。其中，指标1和2衡量董事会构成中独立董事和外部董事情况；指标 3 衡量董事长的独立性；指标 4 衡量董事会中有无职工利益的代表；指标 5 和 6 衡量董事成员的学历和年龄构成；指标 7 ～ 10 衡量董事会下设专门委员会情况，主要包括审计、薪酬、提名和合规四个委员会；指标 11 “审计委员会主席是否由独立董事担任”之所以单独提出来，是因为审计委员会的设置主要是为了提高公司财务信息的可靠性和诚信度，提高审计师的独立性，防范舞弊或其他违规和错误等，对于审计委员会来说，它的独立性可以说是确保审计委员会有效性的前提，审计委员会的主席由独立董事来担任相对另外两个委员会来说更重要；指标 12 ～ 14 反映独立董事的背景及来源；指标 15 反映独立董事的时间、精力投入程度，同时在多家公司担任独立董事可能会限制独立董事时间和精力的分配。

（2）董事会行为及激励与约束

董事会行为及激励与约束三级指标侧重考察董事行为以及董事激励和约束相关制度的建立和执行情况，主要从实质上来衡量董事会的实际履职及其保障机制，包括指标第 16 ～ 28 个四级指标。其中，指标 16 衡量外部董事信息获取及其与内部董事沟通制度的建设情况；指标 17 考察董事会作为投资人的代理人对投资者关系的重视和维护情况；指标 18 评价董事会的决策质量和违反股东意志的情况；指标 19 衡量董事会运作的规范性；指标 20 反映董事会关于高管考评制度的建立情况，因为对高管的考评是董事会的重要职能；指标 21 评价董事会作为股东大会的召集人，对股东大会召开效果的披露情况。指标 22 ～ 24 考察董事考评和薪酬制度的建立和执行情况。《G20/OECD 公司治理准则》（2015）、《标准普尔公司治理评价系统》，以及中国的《上市公司治理准则》对于董事薪酬制度都有相关规定。中国《上市公司治理准则》第五十七条规定：“董事会、监事会应当向股东大会报告董事、监事履行职责的情况、绩效评价结果及其薪酬情况，并由上市公司予以披露”。指标 25 考察董事会的履职程序是否完备，董事会会议记录或董事会备忘录一旦经董事会通过，便对董事具有法律约束力。中国《上市公司治理准则》第三十二条规定：“董事会会议记录应当真实、准确、完整，出席会议的董事、董事会秘书和记录人员应当在会议记录上签名。董事会会议记录应当妥善保存”。指标 26 考察董事行为准则等制度的完备和执行，《G20/OECD 公司治理准则》（2015）中指出：“董事会应当适用严格的职业道德标准，应当考虑利益相关者的利益”。指标 27 考察董事对年报真实性的承诺和责任担当。《G20/OECD 公司治理准则》（2015）明确指出：“董事会应当对公司风险管理系统的监督以及确保报告系统的完整性承担最终责任”。指标 28 从报酬上反映独立董事独立于公司的情况，独立董事要保证其独立性，就不应该以从公司领取报酬为目的，津贴只是对独立董事履职的一种象征性鼓励，与公司规模或利润无关。10 万元津贴标准的制定参考了纽约证券交易所对独立董事 10 万美元津贴的相关规定。

2.2.1.3 总经理能力及激励（*EAI*）

在市场经济发达国家，总经理（CEO）是企业发展的灵魂和核心（董事长作为董事会的一员，经常由独立董事担任，并非企业的核心）。经理层决策与董事会决策的显著不同在于，前者是总经理负责制，决策由总经理最终决定；而后者是一人一票制。因此，本报告不是对经理层的整体能力进行评价，而基本上是对总经理的个人能力进行评价。当然，总经理的能力离不开经理层其他成员的贡献，有的指标本身就包括其他成员的贡献。

总经理能力及激励不再进行三级指标划分。在我们历年的中国上市公司治理分类指数评价中，企业家能力指数是作为一个单独的指数类型，评价对象也是总经理，包括总经理的人力资本能力、关系网络能力、社会责任能力，以及战略领导能力。在本报告中，我们将其中的社会责任能力放到了单独的、与公司治理维度并列的社会责任维度中，并进行指标的适当扩充。其他三个维度通过整合优化补充形成本报告中公司治理维度的“总经理能力及激励”一级指标。其中，人力资本是总经理能力的基础，可以通过其受教育程度、相关工作经验、在位工作时间等来测量；总经理的战略领导能力对企业发展具有关键作用，尤其是在当今企业内外部环境瞬息万变的时代，总经理是否具有战略领导能力成为企业能否获得持续发展的决定性因素；关系网络能力也是总经理能力的一个重要方面，一个企业的成败往往与总经理是否拥有广泛的社会交往和联系紧密相关，许多研究发现，公司高管的社会背景作为公司的一个特征性质会对公司价值产生影响；对总经理的激励则是能力发挥的促进和保障因素。总经理能力及激励指标体系具体由 13 个四级指标组成（参见表 2-3）。

表2-3　总经理能力及激励指标体系

二级指标	四级指标	评价标准
总经理能力及激励（*EAI*）	1. 总经理最高学历	A. 博士（1 分）； B.MBA（1 分）； C.EMBA（1 分） D. 其他类型硕士（1 分）； E. 学术硕士（1 分）； F. 本科（0.7 分）； G. 专科（0.35 分）； H. 高中及以下（0 分）； I. 未披露（0 分）

续表

二级指标	四级指标	评价标准
总经理能力及激励（*EAI*）	2. 总经理工作年限	A. 30 年及以上（1 分）； B. 20~30 年（0.7 分）； C. 10~20 年（0.35 分）； D. 0~10 年（0 分）
	3. 总经理工作经历的变更	A. 3 家及以上（1 分）； B. 1 ～ 2 家（0.5 分）； C. 0 家（0 分）
	4. 总经理是否担任其他公司的独立董事	A. 是（1 分）；B. 否（0 分）
	5. 总经理是否有海外留学经历（半年以上）	A. 是（1 分）；B. 否（0 分）
	6. 总经理是否有海外工作经历（半年以上）	A. 是（1 分）；B. 否（0 分）
	7. 总经理选聘路径	A. 外部选聘（1 分）； B. 内部提拔（0 分）； C. 未披露（0 分）
	8. 总经理是否获得过相关荣誉称号	A. 全国及省级（1 分）； B. 地市及以下（0.5 分）； C. 否（0 分）
	9. 总经理是否在行业协会任职	A. 全国及省级（1 分）； B. 地市及以下（0.5 分）； C. 否（0 分）
	10. 总经理贡献	实际企业业绩与估计企业业绩的差值。标准化
	11. 国际化程度	海外收入 / 总收入，标准化
	12. 高管薪酬支付是否合理	根据作者同期“高管薪酬指数”①中“激励区间”进行判断，如激励适中，则得 1 分；过度或不足，则得 0 分
	13. 公司是否采用股票期权激励政策	A. 是（1 分）；B. 否（0 分）

注：作者同期完成的“中国上市公司高管薪酬指数”以调整后的高管薪酬与营业总收入的比值作为高管薪酬合理性评价标准，并按照四分之一分位数法将所有上市公司分为激励不足、激励适中和激励过度三类。

对于总经理能力与激励指标体系，简要解释如下：

总经理能力与激励二级指标包括 13 个四级指标（不再划分三级指标），可以通过总经理的受教育程度、相关工作经验、在位工作时间、是否有完善的社会关系、贡献情况、薪酬支付情况以及是否设置股权激励政策等来测量。其中，指标 1 和 5 从受教育角度评价总经理能力；指标 2 从工作年限角度评价总经理能力；指标 3、4、6 和 7 从总经理个人工作经历角度评价其能力，这里需要补充说明的是，指标 7 中，集团内或企业内的选聘、大股东派出并任命的总经理均视为内部任命；指标 8 和 9 评价总经理在行业中的关系网络能力；指标 11 评价总经理在任期间公司的国际化水平；指标 12 和 13 评价对总经理的激励，这是总经理能力发挥的重要促进因素；指标 10“总经理贡献”指的是剔除企业资产规模、负债比率、增长机会、第一大股东持股比例、政府补贴和行业等影响因素后，总经理对企业业绩的实际贡献，反映了总经理努力的实际结果，该指标利用企业业绩回归的残差（即实际企业业绩与估计企业业绩的差值）代表总经理贡献，由于残差有正有负，因此我们将残差形式的总经理贡献指标进一步标准化，将其转化为位于 [0，1] 区间的数字。

2.2.1.4 财务治理（*FG*）

本报告基于国际财务报告准则和通行的财务治理规范，同时参考中国既有法律和规定，从财务监督（*FS*）和财务控制（*FC*）两个三级指标，19 个四级指标来评价财务治理的质量。其中，财务监督三级指标包括 10 个四级指标，财务控制三级指标包括 9 个四级指标（见表 2-4）。

表2-4 财务治理指标体系

二级指标	三级指标	四级指标	评分标准
财务治理（*FG*）	财务监督（*FS*）	1. 关联交易是否提交（临时）股东大会讨论通过	A. 是（1 分）；B. 否（0 分）
		2. 独立董事薪酬和高管股票期权是否通过（临时）股东大会	A. 两项都通过股东大会（如果没有高管股票期权，则只计独董薪酬一项）（1 分）； B. 独立董事报酬和股票期权其中任一项通过股东大会（0.5 分）； C. 两项都没有通过股东大会（0 分）
		3. 两权分离度（1）	现金流权 / 控制权（两权分离度是所有权与控制权的比值。其中，控制权又称投票权，用控制链条上最弱的一环表示；所有权又称现金流权，用控制链条上各所有权比例的乘积表示）
		4. 董事会是否提出清晰的财务目标	A. 是（1 分）；B. 否（0 分）

续表

二级指标	三级指标	四级指标	评分标准
财务治理（*FG*）	财务监督（*FS*）	5. CFO 或财务总监或总会计师是否具有财会类高级职称或相关资格认证	A. 是（1 分）；B. 否或未披露（0 分）
		6. 公司网站是否及时披露当年财务报告	A. 是（1 分）；B. 否（0 分）
		7. 公司网站是否披露过去连续三年财务报告	A. 是（1 分）；B. 否（0 分）
		8. 公司是否披露公司发展前景的相关信息	A. 是（1 分）；B. 否（0 分）
		9. 当公司会计政策发生变化时，是否做出解释	A. 未变更（1 分）； B. 变更并做出解释（0.5 分）； C. 变更但未做解释（0 分）
		10. 公司是否因违规而被证监会、证交所等监管部门公开批评、谴责或行政处罚	A. 否（0 分）； B. 是（-1 分）
	财务控制（*FC*）	11. 董事会或股东大会是否定期评估内部控制	A. 有《报告》且有出处或全文（1 分）； B. 有《报告》但无出处或全文（0.5 分）； C. 没有《报告》（0 分）
		12. 各专门委员会是否在内部控制中起作用	A. 是（1 分）；B. 否（0 分）
		13. 董事会或股东大会是否披露具体内部控制措施	A. 详细说明（1 分）； B. 笼统说明（0.5 分）； C. 无说明（0 分）
		14. 风险控制委员会设置情况如何	A. 设置且独立董事比例不低于 2/3（1 分）； B. 设置但独立董事比例低于 2/3（0.5 分）； C. 未设置（0 分）
		15. 公司财务弹性（2）	采用“经营活动产生的现金流量净额 / 总资产”表示财务弹性。标准化。
		16. 公司对外部资金依赖程度（3）	采用“（投资产生的现金流出 - 经营活动产生的现金流出）/ 投资产生的现金流出”表示外部资金依赖度。标准化。
		17. 是否 ST	A. 否（0 分）；B. 是（-1 分）

续表

二级指标	三级指标	四级指标	评分标准
财务治理（*FG*）	财务控制（*FC*）	18. 外部审计是否出具标准无保留意见	A. 是（1分）；B. 否（0分）
		19. 公司是否披露关联方交易状况	A. 是（1分）；B. 否（0分）

注：①本报告采用与拉－波塔、洛佩兹－德－西拉内斯和施莱弗（La Porta，Lopez-de-Silanes & Shleifer，1999）类似的方法[1]，通过层层追溯上市公司股权控制链（Control Chain）的方式来找出最终控制人。两权分离度是所有权与控制权的比值。其中，控制权又称投票权，用控制链条上最弱的一环表示；所有权又称现金流权，用控制链条上各所有权比例的乘积表示。②本报告采用“经营活动产生的现金流量净额／总资产”表示财务弹性。③本报告采用“（投资产生的现金流出－经营活动产生的现金流出）／投资产生的现金流出”表示外部资金依赖度。

对于财务治理指标体系，简要解释如下：

（1）财务监督

财务监督三级指标主要考察上市公司各利益相关主体的财务决策权落实情况，包括第1～10个四个指标。其中，指标1～3评价股东是否有效执行了财务决策权；指标4评价董事会是否有效执行了财务决策权；指标5评价CFO或财务总监或总会计师是否有效执行了财务决策权；指标6～10评价上市公司财务信息披露质量。这里需要说明的是“指标9：当公司会计政策发生变化时，是否做出解释”，我们认为，严格意义上讲，在法律、法规以及国家会计制度既定的情况下，会计政策是不允许随意变更的。上市公司会计政策变更本身就是财务治理质量较差的表现，如果上市公司变更了会计政策且未做出任何解释，情况就更加严重了。

（2）财务控制维度

财务控制三级指标主要考察上市公司是否有一个健全的内部控制体系和风险控制体系，包括第11～19个四级指标。其中，指标11～13评价上市公司内部控制制度及其运行的有效性；指标14评价上市公司风险控制委员会的建立和健全情况；指标15～17评价上市公司的财务风险状况；指标18评价上市公司外部审计监督机制运行状况；指标19评价上市公司关联方交易控制情况。

---

[1] La Porta，Lopez-de-Silanes and Shleifer，1999. Corporate ownership around the world，The Journal of Finance，Vol. 54，No. 2. pp. 471-517.

2.2.2　社会责任维度（*CLCQI-SR*）指标体系

本报告从社会责任行为（*SRB*）和社会责任信息披露（*SRD*）两个二级指标（不再划分三级指标），19 个四级指标来评价社会责任质量。其中，社会责任行为二级指标包括 10 个四级指标，社会责任信息披露二级指标包括 9 个四级指标（见表 2-5）。

表2-5　企业社会责任指标体系

二级指标	四级指标	评价标准
社会责任行为（*SRB*）	1. 是否通过 ISO 14001 认证	A. 是（1 分）；B. 否（0 分）
	2. 企业是否在本年度开展捐赠慈善事业	A. 是（1 分）；B. 否（0 分）
	3. 董事和高管是否在公益组织兼职（如理事等）	A. 是（1 分）；B. 否（0 分）
	4. 2020 年度董事和高管是否被证监会谴责	A. 否（0 分）；B. 是（-1 分）
	5. 2020 年度有没有关于产品质量和安全的重大投诉或因此被处罚事件	A. 否（0 分）；B. 是（-1 分）
	6. 2020 年度有没有关于环境保护的重大投诉或因此被处罚事件	A. 否（0 分）；B. 是（-1 分）
	7. 员工收入增长率是否不低于公司利润增长率	A. 是（1 分）；B. 否（0 分）
	8. 现金分红	采用最近三年现金分红累计分配利润与最近三年实现的可分配利润的比例衡量现金分红。标准化
	9. 是否有贷款诉讼	A. 没有（0 分）； B. 有未决诉讼（-0.5 分）； C. 有（-1 分）
	10. 股东诉讼及赔偿情况	A. 无股东诉讼（0 分）； B. 有股东诉讼无赔偿或存在未决诉讼（-0.5 分）； C. 有股东诉讼且有赔偿（-1 分）
社会责任信息披露（*SRD*）	11. 是否披露社会责任报告	A. 披露社会责任报告或可持续发展报告或 ESG 报告（1 分）； B. 只披露参与社会公益或环保情况（0.5 分）； C. 未披露任何信息（0 分）
	12. 是否披露生产过程中的污染物排放与处置情况	A. 是（1 分）；B. 否（0 分）

续表

二级指标	四级指标	评价标准
社会责任信息披露（*SRD*）	13. 是否披露生产过程中能源和资源的消耗情况	A. 是（1分）；B. 否（0分）
	14. 是否披露温室气体排放的详细情况	A. 是（1分）；B. 否（0分）
	15. 是否披露环境保护投资金额	A. 是（1分）；B. 否（0分）
	16. 债权人情况	A. 披露（1分）； B. 部分披露（0.5分）； C. 未披露（0分）
	17. 债务人情况	A. 披露（1分）； B. 部分披露（0.5分）； C. 未披露（0分）
	18. 供应商情况	A. 披露（1分）；B. 不披露（0分）
	19. 客户情况	A. 披露（1分）；B. 不披露（0分）

对于社会责任指数指标体系，简要解释如下：

（1）社会责任行为

社会责任行为二级指标主要考察上市公司是否承担了社会责任，以及对社会责任的承担是否落实到了行动中，包括第1～10个四级指标。其中，指标1从环境管理方面，判断上市公司是否通过环境管理体系的第三方评价；指标2和3从公益和慈善活动方面，评价上市公司是否参与了公益事业；指标4～6从负面影响方面，评价上市公司是否存在产品质量、工作环境安全和环境违规等问题，并因此受到处罚；指标7～10分别从员工、股东、债权人方面，评价上市公司对利益相关者权益的保护情况。

（2）社会责任信息披露维度

社会责任信息披露二级指标主要考察上市公司是否及时、全面、准确地披露了其承担社会责任的情况，包括第11～19个四级指标。其中，指标11评价上市公司披露社会责任信息的途径；指标12～15从生态环境方面，评价上市公司承担生态环保责任的信息披露情况；指标16～19则衡量上市公司对利益相关者保护情况的信息披露。

2.2.3 企业创新维度（*CLCQI-EI*）指标体系

本报告从技术创新和制度创新两个方面，立足于创新效率和创新力度对企业创新的质量进行评价，具体包括技术创新投入（*TII*）、技术创新产出（*TIO*）、企业创新制度（*EII*）和管理创新效率（*MIE*）四个二级指标（不再划分三级指标），12个四级指标。其中，技术创新投入二级指标包括4个四级指标，技术创新产出二级指标包括3个四级指标，企业创新制度二级指标包括 2 个四级指标，管理创新效率二级指标包括 3 个四级指标（见表 2-6）。

表2-6　企业创新指标体系

二级指标	四级指标	评价标准
技术创新投入（*TII*）	1. 研发投入强度	使用研发投入金额与营业总收入的比例来衡量，进行行业调整及标准化
	2. 研发人员占比	研发人员数量占公司员工总数的比例，进行行业调整及标准化
	3. 研发投入	行业调整及标准化
	4. 研发人员	行业调整及标准化
技术创新产出（*TIO*）	5. 专利申请数量	本年度独立 / 联合申请的发明数量、实用新型数量、外观设计数量的总和，进行行业调整及标准化
	6. 有效专利数量占比	本年度累计授权专利数量占累计申请专利数量的比例，进行标准化
	7. 创新产出强度	使用专利申请数除以营业总收入的比值加 1 再取对数来衡量，进行行业调整及标准化
企业创新制度（*EII*）	8. 是否设置总工程师 / 首席技术官	A. 是（1 分）；B. 否（0 分）
	9. 是否有对科技人员的激励制度	A. 是（1 分）；B. 否（0 分）
管理创新效率（*MIE*）	10. 企业管理效率	使用营业总收入与管理费用的比率来衡量，进行行业调整及标准化
	11. 企业运营效率	使用企业总资产周转率来衡量，进行行业调整及标准化
	12. 市场营销效率	使用营业总收入与销售费用的比率来衡量，进行行业调整及标准化

对于企业创新指数指标体系，简要解释如下：

（1）技术创新投入

技术创新投入二级指标主要考察上市公司对于企业创新性活动的投入程度，包括第 1 ～ 4 个四级指标。其中，指标 1 和 3 评价上市公司研发费用的投入力度，包括相对力度和绝对力度；指标 2 和 4 评价上市公司研发人员的投入力度，也包括相对力度和绝对力度。同时包括相对力度和绝对力度，是为了考虑不同规模企业评价的客观性。如果仅有相对力度指标而没有绝对力度指标，则对于规模较大的企业可能不太公平，因为研发投入的成果具有溢出效应。

（2）技术创新产出

技术创新产出二级指标主要考察上市公司技术创新活动的效果，包括第 5 ～ 7 个四级指标。其中，指标 5 评价上市公司的专利申请数量，反映企业创新活动的直接成果；指标 6 评价上市公司最终获得的有效专利数量，反映企业创新活动的有效成果；指标 7 评价上市公司创新活动的产出强度。

（3）企业创新制度

企业创新制度二级指标主要考察上市公司关于创新相关制度的设置情况，包括第 8、9 个四级指标。其中，指标 8 评价上市公司内部是否设置专门主管技术研发的总工程师或首席技术官；指标 7 评价上市公司内部对于创新研发人员是否有相应的激励制度。

（4）管理创新效率

管理创新效率二级指标主要考察上市公司管理创新的效果，包括第 10 ～ 12 个四级指标。其中，指标 10、12 分别评价上市公司企业管理的效率和市场营销的效率；指标 11 评价上市公司整体的运营效率。

2.2.4　绩效与价值维度（*CLCQI-PV*）指标体系

本报告使用会计绩效（*AP*）和市场绩效（*MP*）两个二级指标，10 个四级指标来评价上市公司的绩效与价值。其中，会计绩效二级指标包括 6 个四级指标；市场绩效二级指标包括 4 个四级指标（见表 2-7）。

表2-7　绩效与价值指标体系

二级指标	四级指标	评价标准
会计绩效（*AP*）	1. 盈利能力	使用总资产净利率来衡量，进行行业调整及标准化
	2. 偿债能力	使用资产负债率的倒数来衡量，进行行业调整及标准化
	3. 发展能力	使用本年度营业总收入增长率减去上一年度营业总收入增长率来衡量，进行行业调整及标准化
	4. 营运能力	使用应收账款周转率来衡量，进行行业调整及标准化

续表

二级指标	四级指标	评价标准
会计绩效（*AP*）	5. 净利润	行业调整及标准化，如有负值，记为0
	6. 净资产	行业调整及标准化，如有负值，记为0
市场绩效（*MP*）	7. 相对价值	使用托宾 *Q* 值来衡量，其中托宾 *Q* 值等于公司市值除以资产总计，进行行业调整及标准化
	8. 每股价值	由每股收益来衡量，每股收益等于净利润本期值除以实收资本本期期末值，进行行业调整及标准化
	9. 股票年度回报	由考虑现金红利再投资的个股年度回报率来衡量，进行行业调整及标准化
	10. 公司市值	行业调整及标准化

对于绩效与价值指数指标体系，简要解释如下：

（1）会计绩效

会计绩效二级指标主要考察上市公司的会计表现，包括第 1 ～ 6 个四级指标。其中，指标 1 通过总资产净利率来评价上市公司本年度的盈利能力；指标 2 通过资产负债率来评价上市公司本年度的偿债能力；指标 3 通过总收入相较于上一年的变化来评价上市公司本年度的发展能力；指标 4 通过应收账款周转率来评价上市公司本年度的营运能力；指标 5 和 6 反映上市公司的绩效水平。前四个指标是评价公司的相对会计绩效，而后两个指标则是评价上市公司的绝对会计绩效。

（2）市场绩效

市场绩效二级指标主要考察上市公司的市场价值表现，包括第 7 ～ 10 个四级指标。其中，指标 7 通过托宾 *Q* 值来评价上市公司的相对价值；指标 8 通过每股收益来评价上市公司的每股价值；指标 9 通过考虑现金红利再投资的个股年度回报率来评价上市公司的股票年度回报；指标 10 是上市公司的绝对市场价值。前三个指标是评价上市公司的相对市场绩效，而最后一个指标则是评价上市公司的绝对市场绩效。

不论是会计绩效还是市场绩效，都既考虑了相对指标或效率指标，也考虑了绝对指标，目的是考虑企业规模的差异性，以期能够综合反映企业的绩效和价值。

2.3 中国上市公司质量指数计算方法

2.3.1 公司治理维度（*CLCQI-CG*）计算方法

2.3.1.1 投资者权益保护（*MII*）

首先考虑计分方法。按计分方法分类，投资者权益保护指标体系中的 21 个四级指标可以分为三类：一是 0/1（或 -1/0）变量，使用该种计分方法的四级指标有 11 个，包括指标 3、7、10、11、12、13、15、16、17、20 和 21；二是程度变量，按照某个指标的质量高低对指标进行分层，使用该种计分方法的四级指标有 8 个，包括指标 1、2、4、6、8、9、14 和 18；三是连续变量，有的比例指标数据本身就是连续数据，在 [0，1] 区间，可以直接采用原始数据，这类指标有 1 个，即指标 19；有的指标数据尽管是连续数据，但超越 [0，1] 区间，通过标准化[1] 折算到 [0，1] 区间，这类指标有 1 个，即指标 5。

接着考虑权重的确定。我们认为，本报告所选择的投资者权益保护的两个三级指标和 21 个四级指标并无孰轻孰重的区分，因此，为了避免主观性偏差，在计算投资者权益保护各层指标分值时，都采用算术平均值（即等权重）处理方法来设定指标权重，即首先针对某个三级指标内的所有四级指标进行等权重计算，然后对两个三级指标进行等权重计算，以此得出投资者权益保护二级指标分值。具体计算方法如下：

①四级指标赋值：根据表 1 ～ 1 对每个四级指标 I_i（$i=1,2,\cdots,21$）进行打分和计算，使每个四级指标的取值均位于 0 ～ 1 的数值区间。

②计算两个三级指标分值：对隶属于同一个三级指标的四级指标的得分进行简单平均，并转化为百分制，得到两个三级指标，即投资者知情权、投资者决策与监督权的分值。具体计算公式如下：

[1] 标准化的方法为：标准化数值 =（指标得分 - 样本最小值）/（样本最大值 - 样本最小值）。

$$MIK=\frac{1}{10}\left(\sum_{i=1}^{10}I_i+2\right)\times 100$$

$$MIE=\frac{1}{11}\sum_{i=11}^{21}I_i\times 100$$

其中 *MIK* 和 *MIE* 分别代表知情权、决策与监督权三级指标。

需要特别说明的是，由于知情权三级指标中有 2 个四级指标（指标 8、10）是负分取值，为了保证该三级指标分值位于 [0，100] 区间，在对该三级指标计算分值时，对负值进行简单调整，即对负分指标加上一个相应的正值，具体就是在 *MIK* 加上正值 2，从而使该三级指标分值落在 [0，100] 区间。

但是，这种方法对于获得负分（即应处罚或谴责）的企业，无异于是一种“奖励”。因此，为保证真实性和客观性，在知情权三级指标计算出分值后，需要对这些企业扣减与负分相对应的分值。对于每个负分项，扣减的分值是：$1/n\times 100$，式中，n 是负分项所在三级指标中所包含的指标数，此处 n=10。

具体而言，在知情权三级指标（*MIK*）中，有 10 个四级指标，其中有 2 个负分指标（四级指标 8、10），对得负分的企业，需要在该三级指标分值中扣减 1/10 × 100 分。需要注意的是，指标 8 是程度指标，企业有 −1、−0.7、−0.35 和 0 四个不同得分，对于得分 −0.7 的企业，扣减 0.7/10 × 100 分；对于得分 −0.35 的企业，则扣减 0.35/10 × 100 分。如果扣减后该三级指标分值出现负分情况，则该三级指标分值最低设为 0 分。

在导论中，我们认为中国上市公司质量指数评价是一种相对值评价，具体做法是，在对三级指标进行负分调整之后，对每个三级指标以样本公司中该三级指标分值最大值为基础，计算其余样本公司的相对分值。具体计算方法为：（每个公司的三级指标分值 / 该三级指标分值的最大值）× 100。

③计算二级指标分值：将两个三级指标相对分值进行加总并进行简单平均，便得到投资者权益保护二级指标分值，其计算公式为：

$$MII=\frac{1}{2}(MIK+MIE)$$

公式中，*MII* 代表投资者权益保护二级指标。

得出投资者权益保护二级指标分值后，再次计算相对分值，即以样本公司中投资者权益保护二级指标分值最大值为基础，计算其余样本公司的相对分值。具体计算方法为：（每个公司的投资者权益保护二级指标分值 / 该二级指标分值最大值）× 100。

2.3.1.2 董事会治理（*BG*）

首先是计分方法。董事会治理二级指标中的 28 个四级指标，按赋值方法可以分为两类。第一类是0/1(或-1/0)变量，使用该种赋值方法的四级指标有16个，包括指标2、3、6、11、12、13、14、16、18、20、22、23、25、26、27、28，这类指标以董事会治理有效性作为判断依据，有利于董事会治理有效性得1分，否则0分，例如指标“3.两职分离”，董事长和总经理两职分离有利于董事长和总经理各自独立性的发挥，本指标如果选“是”则赋值1分，否则赋值0分。需要说明的是，有些指标，如“11.审计委员会主席是否由独立董事担任”，对于董事会的独立性非常重要，应该向其委托人（即全体股东）披露，对于未披露者，要赋值0分，以促使公司向全体股东披露这些信息。第二类是程度变量，按照某个指标的质量高低对指标分层赋值，使用该种赋值方法的四级指标有12个，包括指标1、4、5、7、8、9、10、15、17、19、21、24。另外需要说明的是，指标1考虑了外部非独立董事，这是中国很多公司的一种制度设置，即外部董事包括独立董事和外部非独立董事，尽管外部非独立董事不具有独立性，但相比内部执行董事，其具有更好的中立性。

其次是权重确定。我们认为，本报告所选择的董事会治理两个三级指标和28个四级指标并无孰轻孰重的区分。因此，为了避免主观性偏差，在计算董事会治理各层指标分值时，都采用算术平均值（即等权重）处理方法来设定指标权重，即首先针对某个三级指标内的所有四级指标进行等权重计算，然后对所有三级指标进行等权重计算，以此得出董事会治理二级指标分值。具体计算方法如下：

①四级指标赋值：根据表2-2对每个上市公司的四级指标 B_i（$i=1，2，3，\cdots，28$）进行打分和计算，使每个四级指标的取值均位于0～1的数值区间。

②计算两个三级指标分值：对隶属于同一个三级指标的四级指标的得分进行简单平均，并转化为百分制，得到两个三级指标，即董事会结构及独立董事设置、董事会行为及激励与约束的分值。具体计算公式如下：

$$BS=\frac{1}{15}\sum_{i=1}^{15}B_i\times 100$$

$$BBIR=\frac{1}{13}\sum_{i=16}^{28}B_i\times 100$$

其中，*BSI*和*BBIR*分别代表董事会结构及独立董事设置三级指标、董事会行为及激励与约束三级指标。

在对三级指标分值计算之后，同样对每个三级指标以样本公司中该三级指标分值最大值为基础，计算其余样本公司的相对分值。具体计算方法为：（每个公司的二级指标分值/该二级指标分值的最大值）×100。

③计算二级指标分值：对两个三级指标（董事会结构及独立董事设置、董事会行为及激励与约束）的相对分值简单平均，得到董事会治理二级指标分值。

$$BG = \frac{1}{2}(BSI + BBIR)$$

公式中，BG 代表董事会治理二级指标。

得出董事会治理一级指标分值后，再次计算相对分值，即以样本公司中董事会治理二级指标分值最大值为基础，计算其余样本公司的相对分值。具体计算方法为：（每个公司的董事会治理二级指标分值 / 该二级指标分值的最大值）×100。

2.3.1.3　总经理能力及激励（*EAI*）

首先是计分方法。总经理能力及激励二级指标有 13 个四级指标（总经理能力及激励不设三级指标）可以分为四类：第一类是 0/1 变量，使用该种计分方法的四级指标有 6 个，包括指标 4、5、6、7、12 和 13。第二类是程度变量，按照某个指标的质量高低对指标进行分层，使用该种计分方法的四级指标有 5 个，包括指标 1、2、3、8 和 9。第三类变量为连续变量，为便于分析，我们将其标准化为 [0，1] 区间，使用该种计分方法的四级指标只有 1 个，为指标 10。第四类变量是比值，使用该变量的四级指标只有 1 个，为指标 11。考虑到该指标过小，为便于分析，也进行了标准化。

本报告总经理能力与激励二级指标分值的具体计算方法如下：

①四级指标赋值：根据表 2-3 对每个上市公司的 13 个四级指标 E_i（$i=1$，2，…，13）进行打分和计算，使各个四级指标的取值均位于 0 ～ 1 的数值区间。

②计算对应的二级指标分值：将四级指标得分进行相加，然后将该四级指标的得分转化成百分制，得到总经理能力与激励二级指标的分值。具体计算公式如下：

$$EAI = \frac{1}{13}\sum_{i=1}^{13} E_i \times 100$$

其中，EAI 代表总经理能力与激励二级指标。

得出总经理能力与激励二级指标分值后，同样计算相对分值，即以样本公司中总经理能力与激励二级指标分值最大值为基础，计算其余样本公司的相对分值。具体计算方法为：（每个公司的总经理能力与激励二级指标分值 / 该二级指标分值的最大值）×100。

2.3.1.4　财务治理（*FG*）

首先是计分方法。财务治理二级指标有 19 个四级指标，可以分为四类：一是 0/1（或 -1/0）变量，使用该种计分方法的四级指标有 11 个，包括指标 1、4、5、6、7、8、10、12、17、18、19。二是程度变量，按照某个指标的质量高低对指标进行分层，使用该种计分方法的四级指标有 5 个，包括指标 2、9、11、13、14。三是连续变量，为便于分析，我们将其标准化，使用该种计分方法的二级指标有 2 个，包括指标 15 和 16。四是实际值变量，即实际值就是得分，这类只有一个指标，即指标 3。

然后是权重确定。我们认为，本报告所选择的财务治理两个三级指标和 19 个四级指标并无孰轻孰重的区分，因此，为了避免主观性偏差，在计算财务治理各层指标分值时，都采用算术平均值（即等权重）处理方法来设定指标权重，即首先针对某个三级指标内的所有四级指标进行等权重计算，然后对所有三级指标进行等权重计算，以此得出财务治理二级指标分值。具体计算方法如下：

①四级指标赋值：根据表 2-4 对各个四级指标 F_i（$i=1,2,\cdots,19$）进行打分和计算，使各个四级指标的取值均位于 0 ～ 1 的数值区间。

②计算两个三级指标分值：对隶属于同一个三级指标的四级指标的得分进行简单平均，并转化为百分制，得到两个二级指标，即财务监督和财务控制的分值。具体计算公式如下：

$$FS=\frac{1}{10}\left(\sum_{i=1}^{10}F_i+1\right)\times 100$$

$$FC=\frac{1}{9}\left(\sum_{i=11}^{19}F_i+1\right)\times 100$$

其中，FS 代表财务监督二级指标，FC 代表财务控制二级指标。

需要特别说明的是，在财务监督和财务控制两个三级指标中，各有一个四级指标有负分取值（即指标 10 和 17），为了保证每个三级指标分值都位于 [0，100] 区间，在对每个三级指标分值进行计算时，对负值进行简单调整，即对每个负分指标各加上一个相应的正值 1，从而使每个三级指标分值都落在 [0，100] 区间。

但是，这种方法对于获得负分（即应处罚或谴责）的企业，无异于是一种“奖励”。因此，为保证真实性和客观性，在财务监督和财务控制两个三级指标分值计算出来后，需要对这些企业扣减与负分相对应的分值 $1/n\times 100$，式中，n 是财务监督和财务控制两个三级指标各自的指标数目，此处 n 分别为 10 和 9。如果扣减后该三级指标分值出现负分情况，则该三级指标分值最低为 0 分。

在对三级指标进行负分调整之后，再计算相对分值，即对每个三级指标以样本公司中该指标分值最大值为基础，计算其余样本公司的相对分值。具体计算方法为：（每个公司的二级指标分值 / 该二级指标分值的最大值）× 100。

③计算二级指标分值：将两个三级指标（财务监督、财务控制）的相对分值简单平均，得到财务治理二级指标分值：

$$FG=\frac{1}{2}(FS+FC)$$

公式中，FG 代表财务治理二级指标。

得出财务治理二级指标得分后，同样计算相对分值，即以样本公司中财务治理二级指标分值最大值为基础，计算其余样本公司的相对分值。具体计算方法为：（每个公司的财务治理二级指标分值 / 该二级指标分值的最大值）×100。

2.3.1.5　公司治理维度分值计算方法（*CG*）

在得出投资者权益保护（*MII*）、董事会治理（*BG*）、总经理能力及激励（*EAI*）和财务治理（*FG*）四个二级指标的相对分值之后，运用主成分分析法，又结合专家打分（因主成分分析法适用性较低），分别赋予投资者权益保护、董事会治理、总经理能力及激励、财务治理 30%、30%、20%、20% 的权重，得出公司治理维度（一级指标）（*CG*）的分值。具体计算公式如下：

$$CG = 0.3 \times MII + 0.3 \times BG + 0.2 \times EAI + 0.2 \times FG$$

得出公司治理维度分值后，再计算相对分值，即以样本公司中公司治理维度分值最大值为基础，计算其余样本公司的相对分值。具体计算方法为：（每个公司的公司治理维度分值 / 公司治理维度分值的最大值）×100，此即为公司治理分项指数或类指数。

2.3.2　社会责任维度（*CLCQI-SR*）计算方法

首先是计分方法。社会责任维度（一级指标）指标体系中的 19 个四级指标可以分为三类：一是 0/1（或 -1/0）变量，使用该种计分方法的四级指标有 15 个，包括指标 1、2、3、4、5、6、7、12、13、14、15、16、17、18、19。二是程度变量，按照某个指标的质量高低对指标进行分层，使用该种计分方法的四级指标有 3 个，包括指标 9、10、11。三是连续变量，为便于分析，我们将其标准化，使用该种计分方法的四级指标有 1 个，包括指标 8。

然后是权重确定。我们在参考已有文献过程中并没有发现有与上述二级指标和四级指标相关的赋权研究，经过课题组讨论认为，两个二级指标及各自对应的四级指标（本类指标不划分三级指标）难以区分孰重孰轻，即使区分，也难免有主观性，于是我们将两个二级指标确定为等权重。具体方法如下：

①四级指标赋值：根据表 2-5 对各个四级指标 T_i（$i = 1, 2, 3, \cdots, 19$）进行打分和计算，使各个四级指标的取值均位于 0 ～ 1 的数值区间。

②计算两个二级指标分值：对隶属于同一个二级指标的四级指标的得分进行简单平均，并转化为百分制，得到两个二级指标，即社会责任行为和社会责任信息披露的分值。具体计算公式如下：

$$SRB=\frac{1}{10}\left(\sum_{i=1}^{10}S_i+5\right)\times100$$

$$SRD=\frac{1}{9}\sum_{i=11}^{19}S_i\times100$$

其中 *SRB* 代表社会责任二级指标，*SRD* 代表社会责任信息披露二级指标。

需要特别说明的是，由于社会责任行为二级指标中有 5 个四级指标（指标 4、5、6、9、10）是负分取值，为了保证该二级指标分值位于 [0，100] 区间，在对该二级指标计算分值时，对负值进行简单调整，即对负分指标加上一个相应的正值，具体就是在 *SRB* 加上正值 5，从而使该二级指标分值落在 [0，100] 区间。

但是，这种方法对于获得负分（即应处罚或谴责）的企业，无异于是一种“奖励”。因此，为保证真实性和客观性，在社会责任行为二级指标计算出分值后，需要对这些企业扣减与负分相对应的分值。对于每个负分项，扣减的分值是：$1/n\times100$，式中，n 是负分项所在二级指标中所包含的指标数，此处 $n=10$。

具体而言，在社会责任行为二级指标（*SRB*）中，有 10 个四级指标，对于四级指标 4、5、6、9、10 中得负分的企业，需要在该二级指标中扣减 $1/10\times100$ 分。需要注意的是，四级指标 9 和 10 是程度指标，企业有 -1、-0.5 和 0 三个不同得分，对于得分 -0.5 的企业，扣减 $0.5/10\times100$ 分。如果扣减后该二级指标分值出现负分情况，则该二级指标分值最低设为 0 分。

得出社会责任维度两个二级指标分值后，再计算相对分值，即以样本公司中社会责任维度两个二级指标的分值最大值为基础，计算其余样本公司的相对分值。具体计算方法为：（每个公司社会责任维度二级指标分值 / 该二级指标分值的最大值）× 100。

③计算社会责任维度分值：将社会责任维度（*SR*）两个二级指标的相对分值加总并简单平均，得到社会责任维度分值：

$$SR=\frac{1}{2}(SRB+SRD)$$

得出社会责任维度分值后，再计算相对分值，即以样本公司中社会责任维度分值最大值为基础，计算其余样本公司的相对分值。具体计算方法为：（每个公司的社会责任维度分值 / 社会责任维度分值的最大值）× 100，此即为社会责任分项指数或类指数。

2.3.3 企业创新维度（*CLCQI-EI*）计算方法

首先是计分方法。企业创新维度（一级指标）指标体系中的 12 个四级指标可以分为两类：一是 0/1 变量，使用该种计分方法的四级指标有 2 个，包括指标 8 和 9。二是连续变量，为便于分析，我们将其标准化，使用该种计分方法的四级指标有 10 个，包括指标 1、2、3、4、5、6、7、10、11 和 12。

然后是权重确定。我们在参考已有文献过程中并没有发现有与上述二级指标和四级指标相关的赋权研究，经过课题组讨论认为，四个二级指标及各自对应的四级指标（本类指标不划分三级指标）难以区分孰重孰轻，即使区分，也难免有主观性，于是我们将四个二级指标确定为等权重。具体方法如下：

①四级指标赋值：根据表 2-6 对各个四级指标 T_i（$i=1,2,3,\cdots,12$）进行打分和计算，使各个四级指标的取值均位于 0 ～ 1 的数值区间。

②计算四个二级指标分值：对隶属于同一个二级指标的四级指标的得分进行简单平均，并转化为百分制，得到四个二级指标，即技术创新投入、技术创新产出、企业创新制度和管理创新效率的分值。具体计算公式如下：

$$TII=\frac{1}{4}\sum_{i=1}^{4}T_i\times 100$$

$$TIO=\frac{1}{3}\sum_{i=5}^{7}T_i\times 100$$

$$EII=\frac{1}{2}\sum_{i=8}^{9}T_i\times 100$$

$$MIE=\frac{1}{3}\sum_{i=10}^{12}T_i\times 100$$

其中 *TII* 代表技术创新投入二级指标，*TIO* 代表技术创新产出二级指标，*EII* 代表企业创新制度二级指标，*MIE* 代表管理创新效率二级指标。

得出企业创新维度四个二级指标分值后，再计算相对分值，即以样本公司中企业创新维度四个二级指标的分值最大值为基础，计算其余样本公司的相对分值。具体计算方法为：（每个公司企业创新维度二级指标分值 / 该二级指标分值的最大值）× 100。

③计算企业创新维度分值：将企业创新维度（*EI*）四个二级指标的相对分值加总并简单平均，得到企业创新维度分值：

$$EI=\frac{1}{4}(TII+TIO+EII+MIE)$$

得出企业创新维度分值后，再计算相对分值，即以样本公司中企业创新维度分值最大值为基础，计算其余样本公司的相对分值。具体计算方法为：（每个公司的企业创新维度分值 / 企业创新维度分值的最大值）× 100，此即为企业创新分项指数或类指数。

2.3.4 绩效与价值维度（*CLCQI-PV*）计算方法

首先是计分方法。绩效与价值维度（一级指标）指标体系中的 10 个三级指标均是连续变量，为便于分析，我们都将其进行了标准化。

然后是权重确定。我们在参考已有文献过程中并没有发现有与上述二级指标和四级指标相关的赋权研究，经过课题组讨论认为，四个二级指标及各自对应的四级指标（本类指标不划分三级指标）难以区分孰重孰轻，即使区分，也难免有主观性，于是我们将四个二级指标确定为等权重。具体方法如下：

①四级指标赋值：根据表 2-7 对各个四级指标 P_i（$i=1, 2, 3, \cdots, 10$）进行打分和计算，使各个四级指标的取值均位于 0 ～ 1 的数值区间。

②计算四个二级指标分值：对隶属于同一个二级指标的四级指标的得分进行简单平均，并转化为百分制，得到两个二级指标，即会计绩效和市场绩效的分值。具体计算公式如下：

$$AP=\frac{1}{6}\sum_{i=1}^{6}P_i\times 100$$

$$MP=\frac{1}{4}\sum_{i=7}^{10}P_i\times 100$$

其中 *AP* 代表会计绩效二级指标，*MP* 代表市场绩效二级指标。

得出绩效与价值维度两个二级指标分值后，再计算相对分值，即以样本公司中绩效与价值维度两个二级指标的分值最大值为基础，计算其余样本公司的相对分值。具体计算方法为：（每个公司绩效与价值维度二级指标分值 / 该二级指标分值的最大值）× 100。

③计算绩效与价值维度分值：将绩效与价值维度（*PV*）两个二级指标的相对分值加总并简单平均，得到绩效与价值维度分值：

$$PV=\frac{1}{2}(AP+MP)$$

得出绩效与价值维度分值后，再计算相对分值，即以样本公司中绩效与价值维度分值最大值为基础，计算其余样本公司的相对分值。具体计算方法为：（每个公司的绩效与价值维度分值 / 绩效与价值维度分值的最大值）× 100，此即为绩效与价值分项指数或类指数。

2.3.5 中国上市公司质量指数（*CLCQI*）计算方法

以上计算出公司治理、社会责任、企业创新、绩效与价值四个分项指数（相对值）后，就涉及如何计算中国上市公司质量指数的问题，唯一的问题是四个分项指数的权重如何确定。

我们尝试使用主成分分析法获取公司治理、社会责任、企业创新、绩效与价值四个分项指数的权重。采用 KMO 和 Bartlett 两种方法检验主成分分析法的适用程度，结果表明主成分分析法对样本数据的适用程度不高。

首先，KMO 取样适合度检验统计量 *MSA* 的值为 0.5668。统计量 *MSA*（0 ～ 1）取值表示变量间的相关性以及偏相关性，*MSA* 值越接近 1，说明变量间的相关性越强而偏相关性越低，样本数据越适合做主成分分析和因子分析。根据 Kaiser 的研究，$MSA > 0.9$ 表示非常合适，0.8 ～ 0.9 表示合适，0.7 ～ 0.8 表示一般，0.6 ～ 0.7 表示尚可，0.5 ～ 0.6 表示不太合适，0.5 以下表示极不合适。因此，这四类数据的 *MSA* 为 0.5668，介于 0.5 ～ 0.6，表示四个分项指数尽管存在相互影响，但信息重合度较小，相关度较小，指标之间的影响度有限，主成分分析法对于样本数据适合度不高。

同时，通过 Bartlett 球形检验得到相似的结果，该样本数据 Bartlett 检验卡方值为 273.9264，ρ 值 3.1344E−56，证明数据之间存在一定的相关度，但是卡方值并不显著，所以主成分分析法并不适用。

尽管主成分方法对于确定四个分项指数的权重不太合适，但也得出了四个分项指数的大体权重，在此基础上，我们又结合专家打分法，最终确定了四个分项指数的权重，分别是：公司治理分项指数 40%，社会责任分项指数 15%，企业创新分项指数 20%，绩效与价值分项指数 25%。

中国上市公司质量指数公式为：

$$CLCQI = 0.40 \times CG + 0.15 \times SR + 0.20 \times EI + 0.25 \times PV$$

公式中，*CLCQI* 代表中国上市公司质量指数。

由于各层指标已经进行了相对分值计算，上述公式计算所得分值不再进一步计算相对值，为最终指数值。

2.4　中国上市公司质量指数评价范围及相关概念

2.4.1　评价范围

本报告的数据截至 2020 年 12 月 31 日，评价样本也是截至这个日期的全部 A 股上市公司。截至 2020 年 12 月 31 日，沪深两市有上市公司 4131 家（已经剔除了截止数据采集时的退市公司），其中只在 B 股上市的公司有 12 家，A、B 股同时上市的公司有 81 家。考虑到年报的完整性，剔除 2020 年度 4 月 1 日之后上市的 345 家公司，同时剔除只在 B 股上市的 12 家公司，得到初始样本 3774 家。

在计算上市公司质量各层指标分值时，因部分数据计算过程中的分母为 0，计算结果无意义。为便于进行公司之间质量指数的比较，又剔除了部分样本公司。具体情况如下：在计算“发展能力”时，由于中毅达、百奥泰及泽璟制药三家公司的营业总收入同比增长率数据缺失，因而将这 3 家公司从样本中剔除；在计算“企业管理效率”时，由于浦发银行等 86 家公司管理费用数据缺失，因而将这 86 家公司从样本中剔除；在计算“市场营销效率”时，由于 *ST 新亿、*ST 中房和甘咨询 3 家公司年报信息中的销售费用为 0，以及上海机场等 153 家公司数据缺失，因而将这 156 家公司从样本中剔除。三个指标中，数据缺失的公司有重叠，最终共剔除 159 家公司。

从初始样本中剔除 159 家公司之后，得到最终样本 3615 家。最终样本占全部 A 股上市公司的 87.76%，占全部 A、B 股上市公司的 87.51%，可以说，基本等同于全样本评价。3615 家 A 股上市公司中，深市主板（含原中小企业板，与深市主板已经合并）1343 家，深市创业板 794 家，沪市主板 1386 家，沪市科创板 92 家。

2.4.2　相关概念

中国上市公司质量指数评价，可能因控股类型、地区和行业等方面的不同而有所差异，因此，需要对数据统计和指数计算中涉及的相关概念做出界定。

（1）控股或所有制类型

本报告将所有公司按控股情况分为国有绝对控股公司、国有强相对控股公司、国有弱相对控股公司、国有参股公司和无国有股份公司五种类型。参照《股份有限公司国有股股东行使股权行为规范意见》第五条规定，并结合本报告研究的实际情况，我们对这五种所有制类型的界定是：

A. 国有绝对控股公司：国有股东为第一股东，前十大股东中国有股持股比例下限为50%（不含50%）；

B. 国有强相对控股公司：国有股股东为第一股东，前十大股东中国有股持股比例上限为50%（含50%），下限为30%（不含30%）；

C. 国有弱相对控股公司：国有股股东为第一大股东，前十大股东中国有股持股比例小于30%（含30%）；

D. 国有参股公司：有国有股东，但国有股比例不符合上述三条标准；

E. 无国有股份公司：上述四种情形以外的公司。

在上述五类公司中，最后两类其实就是典型的民有或民营控股上市公司，或称非国有控股上市公司。

（2）地区

按照中华人民共和国行政区域划分，中国内地有31个省、自治区和直辖市（不包括中国台湾、中国香港和中国澳门）。这些行政区域又可以划分为东部、中部、西部和东北等四个地区，其中，东部地区包括北京、福建、广东、海南、河北、江苏、山东、上海、天津、浙江10个行政区域；中部地区包括安徽、河南、湖北、湖南、江西、山西6个行政区域；西部地区包括重庆、甘肃、广西、贵州、内蒙古、宁夏、青海、陕西、四川、西藏、新疆、云南12个行政区域；东北地区包括黑龙江、吉林、辽宁3个行政区域。

（3）行业

中国证监会2012年修订的《上市公司行业分类指引》将上市公司行业分为19个门类，具体分类结构与代码如下：A. 农、林、牧、渔业；B. 采矿业；C. 制造业；D. 电力、热力、燃气及水生产和供应业；E. 建筑业；F. 批发和零售业；G. 交通运输、仓储和邮政业；H. 住宿和餐饮业；I. 信息传输、软件和信息技术服务业；J. 金融业；K. 房地产业；

L. 租赁和商务服务业；M. 科学研究和技术服务业；N. 水利、环境和公共设施管理业；O. 居民服务、修理和其他服务业；P. 教育；Q. 卫生和社会工作；R. 文化、体育和娱乐业；S. 综合。在本报告的 3615 家样本上市公司中，19 个行业均有上市公司。

在 19 个大类行业中，制造业是上市公司最多的行业。本报告 3615 家公司样本中，制造业企业共 2366 家。按照中国证监会 2012 年修订的《上市公司行业分类指引》，制造业还可以细分为 31 个小类，分别是 C13. 农副食品加工业；C14. 食品制造业；C15. 酒、饮料和精制茶制造业；C16. 烟草制品业；C17. 纺织业；C18. 纺织服装、服饰业；C19. 皮革、毛皮、羽毛及其制品和制鞋业；C20. 木材加工和木、竹、藤、棕、草制品业；C21. 家具制造业；C22. 造纸和纸制品业；C23. 印刷和记录媒介复制业；C24. 文教、工美、体育和娱乐用品制造业；C25. 石油加工、炼焦和核燃料加工业；C26. 化学原料和化学制品制造业；C27. 医药制造业；C28. 化学纤维制造业；C29. 橡胶和塑料制品业；C30. 非金属矿物制品业；C31. 黑色金属冶炼和压延加工业；C32. 有色金属冶炼和压延加工业；C33. 金属制品业；C34. 通用设备制造业；C35. 专用设备制造业；C36. 汽车制造业；C37. 铁路、船舶、航空航天和其他运输设备制造业；C38. 电气机械和器材制造业；C39. 计算机、通信和其他电子设备制造业；C40. 仪器仪表制造业；C41. 其他制造业；C42. 废弃资源综合利用业；C43. 金属制品、机械和设备修理业。当前样本中，制造业上市公司涉及 29 个小类，尚没有 C16（烟草制品业）和 C43（金属制品、机械和设备修理业）上市公司。因篇幅所限，本报告没有对制造业细分类行业进行进一步统计，但背后作为本报告支撑的数据库有明确的细分。

需要特别注意的是，本指数报告涉及的四个维度中，社会责任、企业创新、绩效与价值因不同行业的性质不同而在统计上可能存在比较大的差异，因此，本报告的指数分值在不同行业间的可比性可能有限，最好是在行业内比较，而不建议在行业间比较（本报告的总排名仅供参考）。本报告剔除的一些上市公司，也有这方面的原因而导致数据缺失的问题。

第3章 中国上市公司质量指数总排名

中国上市公司质量指数总排名如表 3-1 所示。

表3-1　中国上市公司质量指数总排名（按股票代码从低到高排列）

股票代码	公司简称	省份	地区	行业代码	控股类型	公司治理（CLCQI-CG）	社会责任（CLCQI-SR）	企业创新（CLCQI-EI）	绩效与价值（CLCQI-PV）	中国上市公司质量指数（CLCQI）	CLCQI排名
000002	万科A	广东	东部	K	国有强相对控股	88.0060	82.7728	13.3787	62.8906	66.0167	12
000004	国华网安	广东	东部	I	无国有股份	74.9569	37.9284	15.0771	27.6478	45.5994	3189
000005	ST星源	广东	东部	N	无国有股份	61.5281	68.9567	12.1308	25.9886	43.8780	3408
000006	深振业A	广东	东部	K	国有强相对控股	94.7350	75.8709	12.3451	27.0721	58.5117	268
000007	*ST全新	广东	东部	K	无国有股份	71.9328	58.6215	11.5801	43.2864	50.7040	1842
000008	神州高铁	北京	东部	C	国有强相对控股	74.3122	65.4990	21.6144	25.3840	50.2186	2006
000009	中国宝安	广东	东部	S	国有参股	85.3682	55.1676	13.5968	27.9135	52.1202	1451
000010	美丽生态	广东	东部	E	国有参股	68.2496	55.1563	8.1857	24.9000	43.4354	3436
000011	深物业A	广东	东部	K	国有绝对控股	77.2593	65.5275	12.7993	27.7784	50.2373	1993
000012	南玻A	广东	东部	C	国有参股	89.6846	62.0739	12.2238	27.6917	54.5526	853
000014	沙河股份	广东	东部	K	国有强相对控股	72.8009	68.9613	11.8678	26.6137	48.4915	2504
000016	深康佳A	广东	东部	C	国有弱相对控股	70.7619	44.8465	16.2449	27.6643	45.1968	3252
000017	深中华A	广东	东部	C	国有参股	63.8054	34.4783	22.4625	28.0460	42.1979	3506
000019	深粮控股	广东	东部	F	国有绝对控股	78.7403	44.8459	16.2830	27.3865	48.3262	2568
000020	深华发A	广东	东部	C	国有参股	73.1177	34.4783	12.8535	26.6189	43.6442	3421
000021	深科技	广东	东部	C	国有强相对控股	87.0976	68.9696	34.2543	28.3736	59.1287	216

续表

股票代码	公司简称	省份	地区	行业代码	控股类型	公司治理（CLCQI-CG）	社会责任（CLCQI-SR）	企业创新（CLCQI-EI）	绩效与价值（CLCQI-PV）	中国上市公司质量指数（CLCQI）	CLCQI排名
000023	深天地A	广东	东部	C	国有参股	76.3346	72.4133	9.9289	26.7601	50.0716	2050
000025	特力A	广东	东部	F	国有强相对控股	79.6074	58.6098	9.2331	26.7108	49.1588	2316
000026	飞亚达	广东	东部	F	国有强相对控股	79.5093	55.1871	15.3949	27.1861	49.9573	2084
000027	深圳能源	广东	东部	D	国有绝对控股	80.6443	82.7765	12.3155	29.3273	54.4691	879
000028	国药一致	广东	东部	F	国有绝对控股	84.8292	48.2879	14.9980	29.2942	51.4980	1623
000029	深深房A	广东	东部	K	国有绝对控股	79.0239	65.5148	12.6961	26.0298	50.4834	1914
000030	富奥股份	吉林	东北	C	国有绝对控股	72.4132	79.3182	14.4187	27.8016	50.6972	1845
000031	大悦城	广东	东部	K	国有绝对控股	77.1351	48.2796	33.3153	28.2660	51.8255	1534
000032	深桑达A	广东	东部	E	国有绝对控股	80.3733	27.6011	35.3859	27.8594	50.3315	1960
000034	神州数码	广东	东部	F	国有参股	89.8240	20.6962	50.0616	27.6588	55.9611	560
000035	中国天楹	江苏	东部	N	无国有股份	84.6109	82.7571	31.8680	23.9861	58.6280	259
000036	华联控股	广东	东部	K	无国有股份	79.8376	58.6310	12.8587	27.0096	50.0538	2061
000037	深南电A	广东	东部	D	国有强相对控股	77.0596	72.4044	13.0899	26.4978	50.9269	1780
000038	深大通	广东	东部	L	无国有股份	76.9472	41.3710	15.7257	26.7499	46.8171	2955
000039	中集集团	广东	东部	C	国有弱相对控股	94.4686	68.9852	15.1799	31.1953	58.9700	227
000040	东旭蓝天	广东	东部	D	无国有股份	70.5576	58.6064	16.1862	25.8527	46.7144	2979
000042	中洲控股	广东	东部	K	国有参股	85.6777	72.4123	33.5111	27.0300	58.5926	261
000045	深纺织A	广东	东部	C	国有强相对控股	80.5996	58.6272	32.3501	25.8781	53.9735	973

续表

股票代码	公司简称	省份	地区	行业代码	控股类型	公司治理（CLCQI–CG）	社会责任（CLCQI–SR）	企业创新（CLCQI–EI）	绩效与价值（CLCQI–PV）	中国上市公司质量指数（CLCQI）	CLCQI 排名
000046	泛海控股	北京	东部	J	国有参股	72.7261	62.0640	11.5992	27.1498	47.5073	2806
000048	京基智农	广东	东部	C	无国有股份	79.9330	65.5165	9.5349	27.7819	50.6531	1862
000049	德赛电池	广东	东部	C	国有强相对控股	75.8128	58.6183	39.3244	29.5313	54.3656	900
000050	深天马A	广东	东部	C	国有绝对控股	84.1005	89.6566	56.7396	27.7037	65.3625	14
000055	方大集团	广东	东部	C	无国有股份	75.7357	55.1682	34.3936	26.4868	52.0699	1462
000056	皇庭国际	广东	东部	L	无国有股份	71.8062	65.4990	9.9366	26.0406	47.0448	2905
000058	深赛格	广东	东部	L	国有绝对控股	74.1243	58.6540	10.8416	26.7329	47.2994	2854
000059	华锦股份	辽宁	东北	C	国有强相对控股	70.4515	65.5318	33.0930	26.6669	51.2957	1668
000060	中金岭南	广东	东部	C	国有强相对控股	75.6001	55.1855	14.9014	27.4016	48.3486	2558
000061	农产品	广东	东部	L	国有强相对控股	77.2474	89.6650	10.4822	27.6046	53.3463	1125
000062	深圳华强	广东	东部	F	国有参股	80.3519	51.7268	17.5403	27.1563	50.1969	2014
000063	中兴通讯	广东	东部	C	国有参股	96.0059	62.1014	42.6866	30.4433	63.8657	21
000065	北方国际	北京	东部	E	国有绝对控股	77.9834	68.9689	15.9182	27.3286	51.5545	1603
000066	中国长城	广东	东部	C	国有强相对控股	82.8677	55.1814	19.8175	28.1591	52.4275	1341
000068	华控赛格	广东	东部	M	国有参股	77.3728	58.6064	8.3548	25.9184	47.8906	2700
000069	华侨城A	广东	东部	K	国有绝对控股	82.4011	51.7168	12.5031	35.8721	52.1866	1425
000070	特发信息	广东	东部	C	国有强相对控股	81.0402	44.8275	13.7486	26.3451	48.4762	2509
000078	海王生物	广东	东部	F	无国有股份	78.4424	72.3987	12.6770	27.0130	51.5254	1614

续表

股票代码	公司简称	省份	地区	行业代码	控股类型	公司治理（CLCQI-CG）	社会责任（CLCQI-SR）	企业创新（CLCQI-EI）	绩效与价值（CLCQI-PV）	中国上市公司质量指数（CLCQI）	CLCQI排名
000088	盐田港	广东	东部	G	国有绝对控股	72.5620	62.0763	31.9924	27.0850	51.5060	1622
000089	深圳机场	广东	东部	G	国有绝对控股	82.8365	65.5264	11.6346	26.5053	51.9168	1509
000090	天健集团	广东	东部	E	国有强相对控股	90.0077	62.0876	30.4196	28.0565	58.4143	277
000096	广聚能源	广东	东部	F	国有绝对控股	79.2985	34.4749	10.1112	26.9309	45.6456	3181
000099	中信海直	广东	东部	G	国有强相对控股	84.8112	79.3067	14.9089	26.8257	55.5087	645
000100	TCL科技	广东	东部	C	国有参股	82.9159	75.8682	40.4533	32.0453	60.6486	107
000150	宜华健康	广东	东部	Q	无国有股份	81.0117	51.7137	11.3413	24.7494	48.6173	2483
000151	中成股份	北京	东部	F	国有强相对控股	79.8216	65.4990	37.9315	25.6424	55.7504	598
000153	丰原药业	安徽	中部	C	国有强相对控股	71.1039	55.1622	53.2985	26.9780	54.1201	944
000155	川能动力	四川	西部	D	国有强相对控股	76.0592	79.2994	32.3315	28.4067	55.8866	573
000156	华数传媒	浙江	东部	R	国有强相对控股	77.8738	68.9900	13.1026	27.3838	50.9645	1767
000157	中联重科	湖南	中部	C	国有弱相对控股	86.0499	44.8386	20.0896	31.0113	52.9165	1226
000158	常山北明	河北	东部	I	国有弱相对控股	69.6921	72.4068	35.2030	26.6361	52.4375	1338
000159	国际实业	新疆	西部	F	无国有股份	87.2915	65.5228	10.5760	26.7377	53.5447	1073
000301	东方盛虹	江苏	东部	C	国有参股	75.9357	75.8709	13.2654	28.4765	51.5271	1612
000333	美的集团	广东	东部	C	国有参股	83.4210	75.8919	80.0853	45.3225	72.0999	3
000338	潍柴动力	山东	东部	C	国有弱相对控股	86.9514	68.9886	43.1352	33.1059	62.0324	63
000400	许继电气	河南	中部	C	国有强相对控股	68.1898	62.0637	22.2130	27.5538	47.9165	2691

续表

股票代码	公司简称	省份	地区	行业代码	控股类型	公司治理（CLCQI-CG）	社会责任（CLCQI-SR）	企业创新（CLCQI-EI）	绩效与价值（CLCQI-PV）	中国上市公司质量指数（CLCQI）	CLCQI排名
000401	冀东水泥	河北	东部	C	国有参股	87.8890	41.3912	9.8329	29.7106	50.7585	1827
000402	金融街	北京	东部	K	国有强相对控股	78.1241	68.9627	12.7639	28.4398	51.2568	1676
000403	派林生物	山西	中部	C	国有参股	81.2259	44.8247	32.2609	30.6312	53.3240	1128
000404	长虹华意	江西	中部	C	国有强相对控股	81.2446	37.9491	35.1106	26.9125	51.9405	1505
000407	胜利股份	山东	东部	D	无国有股份	75.0951	82.7555	14.1926	26.8085	51.9920	1486
000408	藏格控股	青海	西部	C	国有参股	71.5036	31.0358	29.3520	26.7044	45.8033	3155
000409	云鼎科技	山东	东部	I	国有弱相对控股	88.5392	65.5141	8.3446	26.6483	53.5738	1066
000410	ST沈机	辽宁	东北	C	国有强相对控股	70.4095	65.5141	10.1414	26.0194	46.5241	3018
000411	英特集团	浙江	东部	F	国有绝对控股	77.2324	51.7129	17.4656	28.1915	49.1909	2307
000413	东旭光电	河北	东部	C	国有参股	67.2376	44.8211	15.6119	26.1294	43.2729	3440
000415	渤海租赁	新疆	西部	L	国有参股	75.5222	55.1714	10.3358	27.8671	47.5185	2797
000416	民生控股	山东	东部	J	无国有股份	76.2957	51.7328	11.5880	26.6433	47.2567	2860
000417	合肥百货	安徽	中部	F	国有强相对控股	84.3156	72.4194	10.2460	26.6209	53.2936	1134
000419	通程控股	湖南	中部	F	国有参股	86.3799	65.5072	9.6686	26.8606	53.0269	1200
000420	吉林化纤	吉林	东北	C	国有参股	65.9731	51.7137	9.8911	25.9855	42.6209	3488
000421	南京公用	江苏	东部	D	国有绝对控股	78.3968	51.7418	13.4228	28.2783	48.8741	2404
000422	湖北宜化	湖北	中部	C	国有弱相对控股	72.2390	44.8211	11.5294	26.7311	44.6074	3319
000423	东阿阿胶	山东	东部	C	国有强相对控股	81.0648	62.0932	34.1740	27.2964	55.3988	666

续表

股票代码	公司简称	省份	地区	行业代码	控股类型	公司治理（CLCQI-CG）	社会责任（CLCQI-SR）	企业创新（CLCQI-EI）	绩效与价值（CLCQI-PV）	中国上市公司质量指数（CLCQI）	CLCQI排名
000425	徐工机械	江苏	东部	C	国有强相对控股	76.1225	48.2948	41.8975	28.5518	53.2107	1147
000426	兴业矿业	内蒙古	西部	B	国有参股	77.7689	51.7288	30.4608	27.6939	51.8825	1521
000428	华天酒店	湖南	中部	H	国有强相对控股	74.0171	44.8211	11.4191	26.1532	45.1521	3260
000430	张家界	湖南	中部	N	国有强相对控股	76.1615	86.1921	8.9804	26.3373	51.7738	1548
000488	晨鸣纸业	山东	东部	C	国有弱相对控股	82.3718	44.8284	34.0888	28.3865	53.5874	1061
000501	鄂武商A	湖北	中部	F	国有强相对控股	77.6463	65.5138	10.0085	27.2824	49.7079	2146
000503	国新健康	海南	东部	I	国有弱相对控股	76.1345	51.7213	16.0547	26.5040	48.0489	2643
000504	南华生物	湖南	中部	M	国有弱相对控股	69.1902	62.0640	14.6003	28.4332	47.0140	2913
000505	京粮控股	海南	东部	C	国有强相对控股	74.3912	51.7137	13.7147	27.6587	47.1712	2873
000506	中润资源	山东	东部	B	无国有股份	68.2756	65.5141	9.9015	25.6656	45.5341	3198
000507	珠海港	广东	东部	G	国有强相对控股	86.6107	51.7313	12.4321	26.7068	51.5671	1599
000509	*ST华塑	四川	西部	Q	无国有股份	63.0365	37.9360	11.0010	27.7608	40.0454	3569
000510	新金路	四川	西部	C	国有参股	70.0118	65.4990	12.4402	26.7961	47.0166	2910
000513	丽珠集团	广东	东部	C	国有参股	97.1402	72.4375	13.8524	28.8153	59.6960	169
000514	渝开发	重庆	西部	K	国有绝对控股	81.1680	51.7165	11.8210	25.8548	49.0526	2348
000516	国际医学	陕西	西部	Q	无国有股份	79.7531	48.2830	26.6454	29.1191	51.7525	1552
000517	荣安地产	浙江	东部	K	国有参股	66.7419	62.0687	14.0365	27.9268	45.7961	3156
000518	四环生物	江苏	东部	C	国有参股	68.3456	24.1431	11.1616	28.0957	40.2159	3567

续表

股票代码	公司简称	省份	地区	行业代码	控股类型	公司治理（CLCQI-CG）	社会责任（CLCQI-SR）	企业创新（CLCQI-EI）	绩效与价值（CLCQI-PV）	中国上市公司质量指数（CLCQI）	CLCQI排名
000519	中兵红箭	湖南	中部	C	国有强相对控股	77.9321	44.8274	13.7336	27.2227	47.4493	2816
000520	长航凤凰	湖北	中部	G	国有参股	74.7627	51.7062	14.5973	27.2513	47.3933	2831
000521	长虹美菱	安徽	中部	C	国有弱相对控股	75.3012	66.3106	21.3962	27.5307	51.2290	1685
000523	*ST浪奇	广东	东部	C	国有强相对控股	75.0049	31.0358	54.0306	20.7192	50.6433	1864
000524	岭南控股	广东	东部	L	国有绝对控股	81.9803	58.6542	11.7032	26.3252	50.5122	1901
000525	ST红太阳	江苏	东部	C	国有参股	60.7630	51.7420	33.3482	25.6565	45.1503	3261
000526	学大教育	福建	东部	P	国有弱相对控股	77.6137	72.3917	12.5898	28.1777	51.4666	1633
000528	柳工	广西	西部	C	国有强相对控股	80.4029	48.2989	35.5995	27.5618	53.4164	1111
000529	广弘控股	广东	东部	C	国有绝对控股	88.2189	31.0615	32.1336	26.7832	53.0693	1190
000530	冰山冷热	辽宁	东北	C	无国有股份	70.6296	89.6657	14.4733	26.6211	51.2516	1679
000531	穗恒运A	广东	东部	D	国有绝对控股	79.1732	72.4208	55.9128	28.0166	60.7191	104
000532	华金资本	广东	东部	S	国有强相对控股	74.0160	51.7204	14.6638	27.4606	47.1624	2878
000533	顺钠股份	广东	东部	C	无国有股份	72.4822	72.4068	13.8052	26.9994	49.3648	2250
000534	万泽股份	广东	东部	C	国有参股	74.7668	58.6173	36.0843	27.7449	52.8524	1232
000536	华映科技	福建	东部	C	国有参股	82.9715	44.8211	11.2599	27.3461	49.0003	2363
000537	广宇发展	天津	东部	K	国有绝对控股	82.6902	58.6214	13.1405	29.4618	51.8628	1527
000538	云南白药	云南	西部	C	国有强相对控股	89.6821	48.3249	57.0511	31.5495	62.4192	51
000539	粤电力A	广东	东部	D	国有绝对控股	81.2684	96.5716	14.5896	28.1573	56.9503	430

续表

股票代码	公司简称	省份	地区	行业代码	控股类型	公司治理（*CLCQI-CG*）	社会责任（*CLCQI-SR*）	企业创新（*CLCQI-EI*）	绩效与价值（*CLCQI-PV*）	中国上市公司质量指数（*CLCQI*）	*CLCQI* 排名
000540	中天金融	贵州	西部	K	国有参股	65.9793	62.0692	12.4978	27.8800	45.1717	3257
000541	佛山照明	广东	东部	C	国有弱相对控股	79.5960	44.8497	35.1941	27.1287	52.3868	1364
000543	皖能电力	安徽	中部	D	国有绝对控股	79.7125	31.0461	44.7489	27.1400	52.2767	1401
000544	中原环保	河南	中部	D	国有绝对控股	82.1385	75.8815	35.4854	26.9596	58.0746	299
000545	金浦钛业	吉林	东北	C	国有参股	72.5325	41.3785	12.3744	26.3306	44.2773	3369
000546	金圆股份	吉林	东北	N	无国有股份	75.2114	44.8182	15.6182	26.8998	46.6559	2988
000547	航天发展	福建	东部	C	国有弱相对控股	81.2531	75.8616	18.7786	30.9057	55.3626	673
000548	湖南投资	湖南	中部	G	国有强相对控股	78.4461	51.7188	11.2359	26.8730	48.1017	2624
000550	江铃汽车	江西	中部	C	国有强相对控股	81.4410	96.8567	19.7624	27.8172	58.0117	306
000551	创元科技	江苏	东部	S	国有强相对控股	75.0500	51.7121	17.7193	27.3512	48.1585	2608
000552	靖远煤电	甘肃	西部	B	国有绝对控股	78.7408	58.6344	10.6282	27.0270	49.1739	2313
000553	安道麦A	湖北	中部	C	国有绝对控股	82.1312	31.0254	10.7584	26.6177	46.3124	3059
000554	泰山石油	山东	东部	F	国有弱相对控股	78.0815	51.7137	15.2927	36.6874	51.2201	1691
000555	神州信息	广东	东部	I	国有参股	90.5756	41.3848	55.6785	27.2166	60.3778	118
000557	西部创业	宁夏	西部	G	国有绝对控股	83.1617	51.7288	11.5238	26.9444	50.0649	2058
000558	莱茵体育	浙江	东部	K	国有弱相对控股	70.5860	58.6215	11.4622	26.6193	45.9749	3123
000559	万向钱潮	浙江	东部	C	国有参股	77.7669	69.0019	14.0618	26.8185	50.9740	1765
000560	我爱我家	云南	西部	K	无国有股份	83.3527	44.8229	13.6794	26.5544	49.4390	2226

续表

股票代码	公司简称	省份	地区	行业代码	控股类型	公司治理（CLCQI–CG）	社会责任（CLCQI–SR）	企业创新（CLCQI–EI）	绩效与价值（CLCQI–PV）	中国上市公司质量指数（CLCQI）	CLCQI排名
000561	烽火电子	陕西	西部	C	国有绝对控股	71.6210	58.6064	37.2537	26.4756	51.5090	1621
000564	*ST大集	陕西	西部	F	国有参股	63.1697	58.6064	9.2235	26.7989	42.6033	3489
000565	渝三峡A	重庆	西部	C	国有强相对控股	84.9153	65.5130	34.4498	26.2973	57.2574	388
000566	海南海药	海南	东部	C	国有弱相对控股	79.7376	51.7288	52.6635	26.9938	56.9355	433
000568	泸州老窖	四川	西部	C	国有绝对控股	84.1657	68.9718	33.7590	38.9005	60.4890	112
000570	苏常柴A	江苏	东部	C	国有强相对控股	80.9851	51.7109	33.1254	26.7112	53.4535	1100
000571	ST大洲	海南	东部	S	无国有股份	72.3481	37.9435	31.7507	26.3122	47.5590	2786
000572	海马汽车	海南	东部	C	无国有股份	68.7555	65.4990	23.1817	26.4285	48.5705	2490
000573	粤宏远A	广东	东部	K	无国有股份	72.2476	58.6064	33.7846	26.1231	50.9777	1763
000576	甘化科工	广东	东部	C	无国有股份	71.2919	58.6110	35.5876	28.3467	51.5126	1620
000581	威孚高科	江苏	东部	C	国有弱相对控股	81.2794	55.1877	35.5511	29.3284	55.2322	693
000584	哈工智能	江苏	东部	C	无国有股份	77.6097	65.5050	38.8278	26.3061	55.2117	699
000585	*ST东电	海南	东部	C	无国有股份	65.2531	75.8720	9.9985	26.8638	46.1977	3080
000586	汇源通信	四川	西部	C	无国有股份	82.5488	65.5066	18.2536	26.3864	53.0928	1185
000587	*ST金洲	黑龙江	东北	C	国有参股	55.6744	44.8211	6.9640	25.4480	36.7478	3603
000589	贵州轮胎	贵州	西部	C	国有弱相对控股	82.8680	65.5201	34.4584	28.0506	56.8795	444
000590	启迪药业	湖南	中部	C	国有强相对控股	74.4993	65.4990	9.3497	25.8436	47.9554	2676
000591	太阳能	重庆	西部	D	国有强相对控股	83.4062	51.7306	57.1158	28.8880	59.7672	161

续表

股票代码	公司简称	省份	地区	行业代码	控股类型	公司治理（*CLCQI-CG*）	社会责任（*CLCQI-SR*）	企业创新（*CLCQI-EI*）	绩效与价值（*CLCQI-PV*）	中国上市公司质量指数（*CLCQI*）	*CLCQI* 排名
000592	平潭发展	福建	东部	A	无国有股份	81.0873	55.1638	11.4787	26.1952	49.5541	2195
000593	大通燃气	四川	西部	D	国有参股	73.0947	51.7137	12.7687	26.4267	46.1553	3087
000595	宝塔实业	宁夏	西部	C	国有参股	65.2466	58.6215	10.7191	25.7770	43.4800	3435
000596	古井贡酒	安徽	中部	C	国有绝对控股	76.0377	72.4179	35.5477	32.6287	56.5445	483
000597	东北制药	辽宁	东北	C	国有参股	67.7571	65.5230	34.6046	26.3289	50.4344	1921
000598	兴蓉环境	四川	西部	D	国有绝对控股	90.0850	62.0896	12.2065	27.3684	54.6308	838
000599	青岛双星	山东	东部	C	国有强相对控股	72.9217	58.6064	12.1946	26.0924	46.9216	2931
000600	建投能源	河北	东部	D	国有绝对控股	76.2487	51.7375	33.0239	27.6288	51.7721	1549
000601	韶能股份	广东	东部	D	国有参股	77.0377	58.6282	13.4409	27.0144	49.0511	2350
000603	盛达资源	北京	东部	B	国有参股	81.2463	51.7165	33.3239	28.1669	53.9625	978
000605	渤海股份	北京	东部	D	国有强相对控股	80.7868	41.3794	12.5930	26.1587	47.5799	2780
000606	ST顺利	青海	西部	I	国有参股	73.6605	65.4990	4.8877	23.6679	46.1836	3081
000607	华媒控股	浙江	东部	R	国有绝对控股	85.3859	68.9491	12.4197	26.2445	53.5418	1074
000608	阳光股份	广西	西部	K	无国有股份	77.7250	48.2787	11.6607	26.5555	47.3028	2852
000609	*ST中迪	北京	东部	S	国有参股	58.3282	41.3710	9.8926	17.6502	35.9280	3610
000610	西安旅游	陕西	西部	N	国有弱相对控股	63.2945	72.4105	9.6234	26.4983	44.7286	3308
000612	焦作万方	河南	中部	C	国有参股	82.9055	44.8580	10.6027	28.2239	49.0674	2343
000613	*ST东海A	海南	东部	H	无国有股份	69.7493	68.9491	11.7129	28.7160	47.7637	2738

续表

股票代码	公司简称	省份	地区	行业代码	控股类型	公司治理（*CLCQI-CG*）	社会责任（*CLCQI-SR*）	企业创新（*CLCQI-EI*）	绩效与价值（*CLCQI-PV*）	中国上市公司质量指数（*CLCQI*）	*CLCQI* 排名
000615	奥园美谷	湖北	中部	K	无国有股份	77.8214	58.6215	12.2823	27.3932	49.2265	2301
000616	ST海投	辽宁	东北	K	无国有股份	55.6729	55.1865	12.5696	28.9816	40.3065	3564
000619	海螺型材	安徽	中部	C	国有强相对控股	83.8037	51.7386	34.1446	26.2903	54.6838	829
000620	新华联	北京	东部	K	国有参股	72.5565	37.9532	11.9205	25.0402	43.3597	3438
000622	恒立实业	湖南	中部	C	国有参股	70.3965	58.6215	11.9557	26.3869	45.9397	3130
000623	吉林敖东	吉林	东北	C	国有参股	81.3608	55.1718	29.9073	27.6227	53.7072	1035
000625	长安汽车	重庆	西部	C	国有强相对控股	78.8289	82.8169	22.0247	31.2665	56.1757	526
000626	远大控股	江苏	东部	F	国有参股	71.8816	65.5141	45.7410	28.1220	54.7585	811
000628	高新发展	四川	西部	E	国有强相对控股	70.9375	44.8259	31.8432	26.1273	47.9993	2657
000629	攀钢钒钛	四川	西部	C	国有绝对控股	80.5464	89.6573	14.4827	26.3241	55.1447	717
000630	铜陵有色	安徽	中部	C	国有强相对控股	83.7918	62.0878	61.6997	27.4662	62.0364	62
000631	顺发恒业	吉林	东北	K	国有参股	75.1788	55.1694	11.7732	26.4905	47.3242	2846
000632	三木集团	福建	东部	F	国有弱相对控股	78.4929	58.6064	13.0590	26.7893	49.4972	2213
000633	合金投资	新疆	西部	C	无国有股份	76.6522	58.6215	7.5939	28.3694	48.0652	2635
000635	英力特	宁夏	西部	C	国有绝对控股	72.2655	69.1064	10.2401	26.3764	47.9143	2692
000636	风华高科	广东	东部	C	国有弱相对控股	70.8241	31.0518	35.8848	29.5539	47.5528	2787
000637	茂化实华	广东	东部	C	国有参股	87.9837	79.3265	39.4606	26.2216	61.5400	77
000638	*ST万方	吉林	东北	I	无国有股份	67.5523	68.9567	11.9900	27.3881	46.6094	3001

续表

股票代码	公司简称	省份	地区	行业代码	控股类型	公司治理（CLCQI-CG）	社会责任（CLCQI-SR）	企业创新（CLCQI-EI）	绩效与价值（CLCQI-PV）	中国上市公司质量指数（CLCQI）	CLCQI排名
000639	西王食品	山东	东部	C	国有参股	77.3854	34.5760	32.3560	27.4849	49.4830	2218
000650	仁和药业	江西	中部	C	国有参股	78.9222	65.5142	10.6658	26.7732	50.2225	2003
000651	格力电器	广东	东部	C	国有参股	75.1379	68.9730	100.0000	39.2940	70.2246	4
000652	泰达股份	天津	东部	F	国有强相对控股	73.2970	75.8718	12.6874	27.4060	50.0886	2045
000655	金岭矿业	山东	东部	B	国有绝对控股	68.5173	48.2992	12.4544	27.1994	43.9425	3399
000656	金科股份	重庆	西部	K	无国有股份	83.6965	62.0753	12.9902	33.1223	53.6685	1044
000657	中钨高新	海南	东部	C	国有绝对控股	77.5823	58.6064	35.5387	26.7502	53.6192	1055
000659	珠海中富	广东	东部	C	无国有股份	80.6720	58.6139	9.0712	26.7431	49.5609	2191
000661	长春高新	吉林	东北	C	国有弱相对控股	76.1063	62.0618	12.9563	35.7334	51.2764	1673
000663	*ST永林	福建	东部	C	国有弱相对控股	66.8376	34.4859	9.9084	26.0444	40.4007	3561
000665	湖北广电	湖北	中部	R	国有绝对控股	77.5494	58.6064	35.3580	26.1707	53.4250	1108
000666	经纬纺机	北京	东部	J	国有绝对控股	78.1649	58.6092	16.8496	27.3418	50.2627	1982
000667	美好置业	云南	西部	K	国有参股	77.4810	72.4068	12.7227	27.1206	51.1781	1704
000668	荣丰控股	上海	东部	K	无国有股份	63.2465	79.3300	11.3835	25.6915	45.8977	3136
000669	*ST金鸿	吉林	东北	D	国有参股	72.8051	58.6064	33.2472	25.5784	50.9570	1772
000671	阳光城	福建	东部	K	国有参股	82.0275	82.7745	13.1869	31.5621	55.7551	595
000672	上峰水泥	甘肃	西部	C	国有参股	73.5699	62.0702	9.5993	28.3628	47.7490	2742
000673	*ST当代	山西	中部	R	无国有股份	62.5706	41.3861	10.7030	25.7225	39.8074	3572

续表

股票代码	公司简称	省份	地区	行业代码	控股类型	公司治理（CLCQI–CG）	社会责任（CLCQI–SR）	企业创新（CLCQI–EI）	绩效与价值（CLCQI–PV）	中国上市公司质量指数（CLCQI）	CLCQI排名
000676	智度股份	广东	东部	I	无国有股份	90.9341	37.9284	34.1528	24.5799	55.0384	742
000677	恒天海龙	山东	东部	C	国有参股	78.6594	58.5988	11.6168	26.1222	49.1075	2329
000678	襄阳轴承	湖北	中部	C	国有参股	69.8666	58.6064	11.0760	25.7599	45.3928	3224
000679	大连友谊	辽宁	东北	F	无国有股份	70.5840	41.3861	8.4179	26.0440	42.6361	3485
000680	山推股份	山东	东部	C	国有强相对控股	80.0423	55.1838	18.1153	26.5790	50.5623	1888
000681	视觉中国	江苏	东部	R	国有参股	75.1012	51.7185	37.7194	27.6540	52.2556	1408
000682	东方电子	山东	东部	I	国有弱相对控股	75.8741	55.1597	33.1843	26.7591	51.9503	1503
000683	远兴能源	内蒙古	西部	C	国有参股	84.0651	58.6215	9.4384	26.5353	50.9408	1777
000685	中山公用	广东	东部	D	国有强相对控股	83.5827	58.6362	12.8305	27.4095	51.6470	1579
000687	*ST华讯	河北	东部	C	国有参股	63.7857	51.7288	13.1645	24.2493	41.9688	3515
000688	国城矿业	重庆	西部	B	国有参股	73.0771	79.3004	52.0401	26.6339	58.1924	289
000690	宝新能源	广东	东部	D	国有参股	76.3264	62.0832	11.9963	28.0209	49.2475	2292
000691	亚太实业	甘肃	西部	C	无国有股份	77.2999	51.7288	12.0243	35.2773	49.9035	2101
000692	惠天热电	辽宁	东北	D	国有强相对控股	71.5942	44.8362	11.6835	25.4105	44.0524	3390
000695	滨海能源	天津	东部	C	国有强相对控股	76.0434	58.6064	10.6197	26.3780	47.9267	2684
000697	炼石航空	陕西	西部	C	国有参股	70.4450	75.8493	9.7660	25.9984	48.0082	2651
000698	沈阳化工	辽宁	东北	C	国有强相对控股	74.6792	72.4143	34.9349	27.3266	54.5525	854
000700	模塑科技	江苏	东部	C	无国有股份	75.9085	44.9757	12.7390	26.9692	46.3999	3044

续表

股票代码	公司简称	省份	地区	行业代码	控股类型	公司治理（*CLCQI–CG*）	社会责任（*CLCQI–SR*）	企业创新（*CLCQI–EI*）	绩效与价值（*CLCQI–PV*）	中国上市公司质量指数（*CLCQI*）	*CLCQI* 排名
000701	厦门信达	福建	东部	F	国有弱相对控股	75.1611	48.2712	27.7599	26.5318	49.4901	2216
000702	正虹科技	湖南	中部	C	国有弱相对控股	77.6474	51.7137	13.2291	26.8719	48.1798	2603
000703	恒逸石化	广西	西部	C	无国有股份	76.5402	62.0739	33.9957	29.3649	54.0675	955
000705	浙江震元	浙江	东部	F	国有弱相对控股	81.9181	58.6101	14.2971	26.8349	51.1269	1718
000707	*ST双环	湖北	中部	C	国有弱相对控股	65.8146	44.8211	32.9301	25.4446	45.9962	3120
000708	中信特钢	湖北	中部	C	无国有股份	80.5133	48.3130	17.2478	30.5088	50.5290	1895
000709	河钢股份	河北	东部	C	国有绝对控股	66.6613	68.9841	13.2729	29.0186	46.9213	2932
000710	贝瑞基因	四川	西部	M	无国有股份	74.7765	62.0489	11.2045	27.2785	48.2785	2582
000711	京蓝科技	黑龙江	东北	E	无国有股份	80.3155	58.6064	9.2493	24.4628	48.8827	2399
000713	丰乐种业	安徽	中部	A	国有强相对控股	73.2427	58.6133	16.3883	28.2027	48.4174	2530
000715	中兴商业	辽宁	东北	F	国有参股	73.8272	58.6243	9.4809	26.7485	46.9078	2936
000716	黑芝麻	广西	西部	C	无国有股份	72.8010	44.8278	51.6581	25.7976	52.6256	1287
000717	韶钢松山	广东	东部	C	国有绝对控股	79.5872	44.8267	20.6490	28.1833	49.7345	2137
000718	苏宁环球	吉林	东北	K	国有参股	84.4040	82.7733	12.4670	26.9538	55.4094	664
000719	中原传媒	河南	中部	R	国有绝对控股	82.2842	58.6375	13.2122	27.5557	51.2406	1681
000720	新能泰山	山东	东部	K	国有强相对控股	82.9627	58.6215	14.7752	26.0377	51.4428	1641
000721	西安饮食	陕西	西部	H	国有弱相对控股	73.4688	65.5141	12.5113	26.9354	48.4507	2516
000722	湖南发展	湖南	中部	D	国有绝对控股	83.9238	44.8266	12.7829	26.7229	49.5308	2202

续表

股票代码	公司简称	省份	地区	行业代码	控股类型	公司治理（CLCQI–CG）	社会责任（CLCQI–SR）	企业创新（CLCQI–EI）	绩效与价值（CLCQI–PV）	中国上市公司质量指数（CLCQI）	CLCQI 排名
000723	美锦能源	山西	中部	C	无国有股份	70.9809	44.8473	30.6561	26.6714	47.9185	2690
000725	京东方A	北京	东部	C	国有弱相对控股	85.3916	68.9800	67.2678	33.8666	66.4238	9
000726	鲁泰A	山东	东部	C	国有参股	83.2527	75.8633	34.4408	25.8395	58.0286	303
000727	冠捷科技	江苏	东部	C	国有强相对控股	74.0537	58.6064	18.9489	27.2511	49.0150	2359
000729	燕京啤酒	北京	东部	C	国有绝对控股	86.7859	62.0783	33.2657	27.2604	57.4944	357
000731	四川美丰	四川	西部	C	国有弱相对控股	83.6955	79.3128	31.2537	26.3121	58.2039	288
000732	泰禾集团	福建	东部	K	无国有股份	66.0696	41.3785	19.2783	26.3988	43.0900	3452
000733	振华科技	贵州	西部	C	国有强相对控股	69.2027	58.6115	55.6837	31.6157	55.5135	643
000735	罗牛山	海南	东部	A	无国有股份	76.8409	68.9683	11.3219	26.8914	50.0688	2053
000736	中交地产	重庆	西部	K	国有绝对控股	73.2792	72.4116	12.3903	28.8497	49.8639	2106
000737	南风化工	山西	中部	C	国有强相对控股	75.0021	58.6139	33.8220	27.8809	52.5276	1310
000738	航发控制	江苏	东部	C	国有绝对控股	86.7185	58.6137	33.4356	28.3548	57.2553	389
000739	普洛药业	浙江	东部	C	无国有股份	81.0268	34.4871	13.7754	28.9534	47.5772	2782
000751	锌业股份	辽宁	东北	C	无国有股份	70.2781	72.4068	12.4820	26.6650	48.1349	2614
000752	*ST西发	西藏	西部	C	国有参股	67.0064	58.6215	8.8722	42.9554	48.1091	2621
000753	漳州发展	福建	东部	F	国有强相对控股	76.7998	41.3869	10.3765	26.7436	45.6891	3175
000756	新华制药	山东	东部	C	国有强相对控股	87.3552	72.4344	14.1257	27.1230	55.4132	663
000757	浩物股份	四川	西部	F	国有强相对控股	76.1238	65.4990	14.6679	26.5952	49.8568	2108

续表

股票代码	公司简称	省份	地区	行业代码	控股类型	公司治理（CLCQI-CG）	社会责任（CLCQI-SR）	企业创新（CLCQI-EI）	绩效与价值（CLCQI-PV）	中国上市公司质量指数（CLCQI）	CLCQI排名
000758	中色股份	北京	东部	B	国有强相对控股	78.2189	48.2712	31.6883	26.7781	51.5604	1601
000759	中百集团	湖北	中部	F	国有强相对控股	73.3998	65.5161	13.5597	26.4664	48.5159	2498
000761	本钢板材	辽宁	东北	C	国有绝对控股	71.1548	72.4122	15.9616	26.9048	49.2423	2295
000762	西藏矿业	西藏	西部	B	国有弱相对控股	74.4619	62.0565	10.2807	27.2929	47.9726	2668
000766	通化金马	吉林	东北	C	国有参股	82.2261	58.5988	11.6378	25.0878	50.2798	1973
000768	中航西飞	陕西	西部	C	国有绝对控股	80.3699	55.1920	32.0079	30.1372	54.3626	901
000777	中核科技	江苏	东部	C	国有弱相对控股	78.0150	65.5135	35.6798	26.8039	54.8700	780
000778	新兴铸管	河北	东部	C	国有强相对控股	73.4794	34.5030	14.8122	27.4440	44.3906	3358
000780	ST平能	内蒙古	西部	B	国有绝对控股	76.5278	65.5141	31.5000	25.9976	53.2376	1145
000782	美达股份	广东	东部	C	无国有股份	69.8995	79.3104	19.3098	26.1788	50.2630	1981
000785	居然之家	湖北	中部	F	国有参股	76.4258	65.5073	9.4275	27.2694	49.0992	2332
000786	北新建材	北京	东部	C	国有强相对控股	72.9077	55.1787	14.3540	30.0789	47.8304	2721
000788	北大医药	重庆	西部	C	国有强相对控股	72.0070	58.6105	12.8913	26.2334	46.7310	2974
000789	万年青	江西	中部	C	国有强相对控股	76.5225	58.6251	12.6559	28.5912	49.0817	2339
000790	华神科技	四川	西部	C	无国有股份	72.8202	58.6168	14.0775	26.4647	47.3523	2840
000793	华闻集团	海南	东部	R	国有弱相对控股	72.4600	41.3936	14.2581	25.6702	44.4622	3350
000795	英洛华	山西	中部	C	无国有股份	73.5232	51.7137	12.4994	26.3322	46.2493	3068
000796	凯撒旅业	海南	东部	L	国有参股	75.8840	41.3785	11.3137	27.1398	45.6081	3188

续表

股票代码	公司简称	省份	地区	行业代码	控股类型	公司治理（CLCQI–CG）	社会责任（CLCQI–SR）	企业创新（CLCQI–EI）	绩效与价值（CLCQI–PV）	中国上市公司质量指数（CLCQI）	CLCQI排名
000797	中国武夷	福建	东部	K	国有绝对控股	76.0677	68.9840	33.6084	26.7255	54.1777	936
000798	中水渔业	北京	东部	A	国有绝对控股	74.8347	79.2994	11.4043	27.5779	51.0041	1752
000799	酒鬼酒	湖南	中部	C	国有强相对控股	77.4297	58.6220	30.3309	35.3013	54.6567	833
000800	一汽解放	吉林	东北	C	国有绝对控股	76.9700	68.9943	19.5072	28.3717	52.1315	1445
000801	四川九洲	四川	西部	C	国有绝对控股	76.4925	58.6177	14.9596	26.8309	49.0893	2334
000802	ST北文	北京	东部	R	国有参股	68.5025	51.7288	10.5560	25.3677	43.6134	3424
000803	北清环能	四川	西部	N	国有参股	68.0811	44.8362	12.1180	33.5506	44.7691	3303
000806	ST银河	广西	西部	C	无国有股份	63.5473	17.2505	32.8426	26.2076	41.1269	3540
000807	云铝股份	云南	西部	C	国有绝对控股	74.4582	55.1789	13.9420	28.2005	47.8986	2697
000809	铁岭新城	辽宁	东北	N	国有强相对控股	74.9135	72.4068	9.0435	26.7185	49.3147	2272
000810	创维数字	四川	西部	C	国有参股	86.3761	65.5093	15.5648	26.1502	54.0274	959
000811	冰轮环境	山东	东部	C	国有强相对控股	73.6356	44.8263	14.4824	26.9570	45.8139	3152
000812	陕西金叶	陕西	西部	C	国有参股	73.9475	31.0432	11.2415	26.4933	43.1071	3450
000813	德展健康	新疆	西部	C	国有参股	71.7066	65.5131	11.8867	26.2205	47.4421	2817
000815	美利云	宁夏	西部	C	国有强相对控股	75.4570	51.7213	13.3437	26.1187	47.1394	2883
000816	智慧农业	江苏	东部	C	无国有股份	77.6725	37.9284	31.3932	29.0128	50.2901	1969
000818	航锦科技	辽宁	东北	C	无国有股份	75.4735	58.6315	33.7594	27.1305	52.5186	1312
000819	岳阳兴长	湖南	中部	C	国有弱相对控股	76.1968	68.9694	12.9385	26.3888	50.0090	2072

续表

股票代码	公司简称	省份	地区	行业代码	控股类型	公司治理（CLCQI-CG）	社会责任（CLCQI-SR）	企业创新（CLCQI-EI）	绩效与价值（CLCQI-PV）	中国上市公司质量指数（CLCQI）	CLCQI排名
000820	*ST节能	江西	中部	C	国有参股	61.3736	41.3861	6.9336	51.1277	44.9260	3293
000821	京山轻机	湖北	中部	C	国有参股	66.4810	72.4068	17.9857	27.4491	47.9128	2693
000822	山东海化	山东	东部	C	国有强相对控股	75.9219	65.5233	10.3458	26.2392	48.8262	2416
000823	超声电子	广东	东部	C	国有强相对控股	83.7130	44.8304	13.6180	26.6185	49.5880	2181
000825	太钢不锈	山西	中部	C	国有绝对控股	76.4457	79.3326	18.9844	27.5022	53.1506	1168
000826	启迪环境	湖北	中部	N	国有强相对控股	79.2674	51.7213	10.2366	26.1925	48.0606	2638
000829	天音控股	江西	中部	F	国有弱相对控股	73.0070	52.3711	27.6660	26.9824	49.3373	2260
000830	鲁西化工	山东	东部	C	国有强相对控股	77.9908	65.5191	35.3534	27.8248	55.0511	737
000831	五矿稀土	山西	中部	C	国有强相对控股	88.5995	58.6152	14.5944	27.0731	53.9192	990
000833	粤桂股份	广西	西部	S	国有绝对控股	81.1556	68.9702	35.2761	26.6400	56.5230	485
000835	*ST长动	四川	西部	I	无国有股份	56.5817	51.7288	2.4250	25.1498	37.1644	3600
000836	富通信息	天津	东部	C	国有参股	80.5370	65.4990	14.1882	26.2850	51.4485	1639
000837	秦川机床	陕西	西部	C	国有强相对控股	79.3602	44.8211	32.5935	27.6205	51.8911	1518
000838	财信发展	重庆	西部	K	无国有股份	72.9964	58.6327	21.8717	26.9458	49.1042	2330
000839	中信国安	北京	东部	I	国有参股	65.3841	41.3785	3.9473	25.4958	39.5238	3577
000848	承德露露	河北	东部	C	国有参股	87.9986	51.7518	11.3953	35.0185	53.9959	969
000850	华茂股份	安徽	中部	C	国有强相对控股	77.4045	44.8292	11.8553	26.4326	46.6654	2986
000851	高鸿股份	贵州	西部	F	国有弱相对控股	83.9919	58.6064	41.0959	26.7464	57.2935	380

续表

股票代码	公司简称	省份	地区	行业代码	控股类型	公司治理（CLCQI–CG）	社会责任（CLCQI–SR）	企业创新（CLCQI–EI）	绩效与价值（CLCQI–PV）	中国上市公司质量指数（CLCQI）	CLCQI排名
000852	石化机械	湖北	中部	C	国有绝对控股	75.9941	55.1563	16.5976	25.7510	48.4283	2526
000856	冀东装备	河北	东部	C	国有强相对控股	63.5797	51.7137	13.6457	25.7219	42.3486	3502
000858	五粮液	四川	西部	C	国有绝对控股	72.3352	89.6803	13.3125	49.0014	57.2990	378
000859	国风塑业	安徽	中部	C	国有弱相对控股	80.8739	58.6134	35.0333	26.3342	54.7318	816
000860	顺鑫农业	北京	东部	C	国有强相对控股	76.3723	55.1853	10.1742	28.4597	47.9765	2666
000861	海印股份	广东	东部	L	国有参股	71.0438	48.2760	10.1895	26.9228	44.4275	3355
000862	银星能源	宁夏	西部	D	国有强相对控股	83.5515	65.5141	11.4235	26.2041	52.0834	1460
000863	三湘印象	上海	东部	K	无国有股份	74.3043	72.7544	13.2545	27.3545	50.1244	2038
000868	安凯客车	安徽	中部	C	国有强相对控股	70.3343	51.7213	39.6595	26.0674	50.3407	1952
000869	张裕A	山东	东部	C	国有参股	76.3989	82.7700	30.3414	27.8300	56.0008	555
000876	新希望	四川	西部	C	国有参股	83.2325	82.7676	34.1614	30.6612	60.2057	128
000877	天山股份	新疆	西部	C	国有强相对控股	76.8505	51.7365	32.6506	28.1167	52.0600	1466
000878	云南铜业	云南	西部	C	国有强相对控股	80.9298	62.0783	19.0898	28.5156	52.6305	1285
000880	潍柴重机	山东	东部	C	国有绝对控股	84.9178	44.8260	57.2931	26.8281	58.8567	239
000881	中广核技	辽宁	东北	C	国有弱相对控股	72.2432	62.0622	33.6377	27.5106	51.8118	1540
000882	华联股份	北京	东部	L	无国有股份	79.3227	62.0787	9.9601	26.3399	49.6179	2173
000883	湖北能源	湖北	中部	D	国有绝对控股	77.2080	62.0964	11.9420	27.8412	49.5463	2197
000885	城发环境	河南	中部	G	国有绝对控股	86.1868	44.8272	14.4825	27.8251	51.0516	1739

续表

股票代码	公司简称	省份	地区	行业代码	控股类型	公司治理（CLCQI-CG）	社会责任（CLCQI-SR）	企业创新（CLCQI-EI）	绩效与价值（CLCQI-PV）	中国上市公司质量指数（CLCQI）	CLCQI排名
000886	海南高速	海南	东部	K	国有弱相对控股	83.8134	51.7352	32.1733	26.9606	54.4604	882
000887	中鼎股份	安徽	中部	C	国有参股	73.5276	58.6141	14.0618	27.3669	47.8572	2711
000888	峨眉山A	四川	西部	N	国有强相对控股	78.7819	65.5114	30.1060	26.2438	53.9216	989
000889	中嘉博创	河北	东部	I	国有参股	76.4632	65.4990	8.0972	26.1902	48.5771	2488
000890	法尔胜	江苏	东部	C	无国有股份	74.6216	58.6064	7.7345	25.7234	46.6174	2998
000892	欢瑞世纪	重庆	西部	R	无国有股份	65.9743	51.7137	10.4070	25.3403	42.5633	3490
000893	亚钾国际	广东	东部	C	国有参股	81.2436	58.6064	7.2041	26.5357	49.3631	2251
000895	双汇发展	河南	中部	C	国有参股	87.1235	62.1167	39.1060	31.4950	59.8618	152
000897	津滨发展	天津	东部	K	国有弱相对控股	70.5011	41.3785	12.8007	23.8467	42.9290	3466
000898	鞍钢股份	辽宁	东北	C	国有绝对控股	92.1940	55.1887	17.4124	27.8267	55.5951	625
000899	赣能股份	江西	中部	D	无国有股份	74.1442	65.5335	35.4853	27.4605	53.4499	1103
000900	现代投资	湖南	中部	G	国有强相对控股	72.7819	51.7272	12.6355	27.3793	46.2438	3071
000901	航天科技	黑龙江	东北	C	国有强相对控股	80.2410	51.7137	13.9992	25.9541	49.1418	2321
000902	新洋丰	湖北	中部	C	无国有股份	91.7345	44.8357	33.0306	29.0424	57.2859	381
000903	云内动力	云南	西部	C	国有强相对控股	75.8448	51.7242	14.2310	27.8365	47.9019	2696
000905	厦门港务	福建	东部	G	国有绝对控股	84.4869	58.6113	38.1300	26.8391	56.9222	435
000906	浙商中拓	浙江	东部	F	国有强相对控股	84.3578	58.6221	37.4103	27.7381	56.9530	429
000908	景峰医药	湖南	中部	C	国有参股	70.0300	65.4990	56.8033	25.3087	55.5247	641

续表

股票代码	公司简称	省份	地区	行业代码	控股类型	公司治理（CLCQI-CG）	社会责任（CLCQI-SR）	企业创新（CLCQI-EI）	绩效与价值（CLCQI-PV）	中国上市公司质量指数（CLCQI）	CLCQI 排名
000909	数源科技	浙江	东部	K	国有强相对控股	74.7941	44.8279	25.4296	26.6993	48.4025	2535
000910	大亚圣象	江苏	东部	C	无国有股份	63.5801	65.5042	32.9712	27.1183	48.6315	2480
000911	南宁糖业	广西	西部	C	国有强相对控股	67.7382	65.5141	12.7836	26.8795	46.1990	3079
000912	泸天化	四川	西部	C	国有强相对控股	77.8042	31.0509	13.4158	26.3880	45.0595	3272
000913	钱江摩托	浙江	东部	C	国有参股	76.9611	58.6238	35.2236	28.9901	53.8702	1002
000915	华特达因	山东	东部	C	国有弱相对控股	80.6008	72.4233	32.8741	27.4697	56.5460	482
000917	电广传媒	湖南	中部	I	国有弱相对控股	74.4341	55.1638	4.2011	25.7643	45.3295	3233
000918	嘉凯城	浙江	东部	K	国有参股	73.9005	65.4990	11.5084	25.3918	48.0347	2645
000919	金陵药业	江苏	东部	C	国有绝对控股	87.6255	55.1890	30.5989	26.5381	56.0828	543
000920	南方汇通	贵州	西部	C	国有强相对控股	79.8144	58.6197	33.0340	26.7580	54.0150	961
000921	海信家电	广东	东部	C	国有参股	75.1874	34.4800	15.9406	28.8790	45.6548	3179
000922	佳电股份	黑龙江	东北	C	国有强相对控股	84.0524	37.9345	12.4546	27.3412	48.6374	2478
000923	河钢资源	河北	东部	B	国有绝对控股	76.8205	68.9681	10.9604	29.0652	50.5318	1893
000925	众合科技	浙江	东部	C	无国有股份	84.9526	62.0565	35.5935	26.0976	56.9326	434
000926	福星股份	湖北	中部	K	国有参股	73.4291	72.4122	14.1933	26.6590	49.7369	2135
000927	中国铁物	天津	东部	F	国有绝对控股	73.4298	62.0565	16.5049	27.6898	48.9038	2390
000928	中钢国际	吉林	东北	E	国有绝对控股	70.5032	37.9430	36.9082	26.9111	48.0021	2654
000929	兰州黄河	甘肃	西部	C	国有参股	71.4843	65.5141	8.1107	26.7730	46.7362	2970

续表

股票代码	公司简称	省份	地区	行业代码	控股类型	公司治理（CLCQI-CG）	社会责任（CLCQI-SR）	企业创新（CLCQI-EI）	绩效与价值（CLCQI-PV）	中国上市公司质量指数（CLCQI）	CLCQI排名
000930	中粮科技	安徽	中部	C	国有参股	60.7752	58.6119	12.3983	27.2515	42.3944	3499
000931	中关村	北京	东部	C	国有参股	82.7856	58.6215	12.4620	25.8904	50.8725	1795
000932	华菱钢铁	湖南	中部	C	国有强相对控股	73.6559	68.9868	39.8870	29.7268	55.2195	695
000933	神火股份	河南	中部	C	国有弱相对控股	85.0149	44.8467	30.0319	27.8541	53.7029	1037
000935	四川双马	四川	西部	C	国有参股	73.8966	68.9538	8.7630	27.1105	48.4319	2525
000936	华西股份	江苏	东部	C	国有参股	84.8691	65.5103	8.2129	26.0459	51.9282	1506
000937	冀中能源	河北	东部	B	国有绝对控股	87.5255	62.0919	33.5528	27.4956	57.9085	310
000938	紫光股份	北京	东部	C	国有绝对控股	78.4533	62.0634	25.9100	28.5738	53.0163	1204
000948	南天信息	云南	西部	I	国有强相对控股	83.9745	37.9387	44.9704	26.7173	54.9540	763
000949	新乡化纤	河南	中部	C	国有绝对控股	76.3297	65.5044	54.3534	26.0750	57.7470	325
000950	重药控股	重庆	西部	F	国有绝对控股	77.2011	68.9659	34.7762	27.4369	55.0398	741
000951	中国重汽	山东	东部	C	国有参股	85.5353	37.9353	17.5939	29.9491	50.9105	1783
000952	广济药业	湖北	中部	C	国有弱相对控股	79.3229	58.6121	12.6898	26.4074	49.6608	2164
000953	河化股份	广西	西部	C	国有参股	75.1886	58.6064	14.6613	27.4668	48.6654	2470
000955	欣龙控股	海南	东部	C	无国有股份	66.5119	51.7213	16.1450	27.6889	44.5142	3343
000957	中通客车	山东	东部	C	国有强相对控股	73.7326	51.7137	14.0844	26.6489	46.7292	2975
000958	东方能源	河北	东部	J	国有绝对控股	80.6556	37.9303	12.5031	28.0560	47.4664	2813
000959	首钢股份	北京	东部	C	国有绝对控股	78.9460	41.3785	38.1659	28.7563	52.6074	1291

续表

股票代码	公司简称	省份	地区	行业代码	控股类型	公司治理（CLCQI-CG）	社会责任（CLCQI-SR）	企业创新（CLCQI-EI）	绩效与价值（CLCQI-PV）	中国上市公司质量指数（CLCQI）	CLCQI排名
000960	锡业股份	云南	西部	C	国有强相对控股	80.8637	89.6573	14.3738	27.3594	55.5087	646
000961	中南建设	江苏	东部	K	无国有股份	82.8979	55.1915	16.8738	32.1340	52.8461	1234
000962	东方钽业	宁夏	西部	C	国有强相对控股	86.3879	68.9567	56.1503	27.2986	62.9534	37
000963	华东医药	浙江	东部	F	国有参股	79.5268	75.8649	38.3852	29.0234	58.1233	294
000965	天保基建	天津	东部	K	国有绝对控股	86.5822	72.4204	12.0037	26.7969	54.5959	846
000967	盈峰环境	浙江	东部	N	无国有股份	87.8457	37.9415	35.4837	28.3377	55.0107	749
000968	蓝焰控股	山西	中部	B	国有绝对控股	75.5259	82.7545	34.6213	26.2067	56.0995	538
000969	安泰科技	北京	东部	C	国有强相对控股	86.1963	55.1902	35.6153	26.4916	56.5030	490
000970	中科三环	北京	东部	C	国有弱相对控股	77.2869	41.4023	10.6341	26.4771	45.8712	3139
000971	ST高升	湖北	中部	I	无国有股份	68.6179	27.5781	30.5397	26.2963	44.2659	3371
000973	佛塑科技	广东	东部	C	国有弱相对控股	78.2484	37.9401	12.8604	26.3493	46.1498	3089
000975	银泰黄金	内蒙古	西部	B	无国有股份	76.6550	51.7310	12.1864	27.5367	47.7431	2743
000976	华铁股份	广东	东部	C	无国有股份	84.7547	72.4068	11.5408	26.9742	53.8146	1010
000977	浪潮信息	山东	东部	C	无国有股份	83.1650	62.0616	47.0130	27.9071	58.9546	231
000978	桂林旅游	广西	西部	N	国有弱相对控股	69.7218	65.5141	9.0783	25.6810	45.9517	3126
000980	*ST众泰	浙江	东部	C	无国有股份	58.9093	44.8211	9.8097	22.4952	37.8726	3594
000981	*ST银亿	甘肃	西部	C	国有参股	63.3663	24.1431	11.1202	26.4947	37.8157	3595
000982	中银绒业	宁夏	西部	C	国有参股	75.1377	58.6215	8.5941	26.0892	47.0894	2895

续表

股票代码	公司简称	省份	地区	行业代码	控股类型	公司治理（CLCQI-CG）	社会责任（CLCQI-SR）	企业创新（CLCQI-EI）	绩效与价值（CLCQI-PV）	中国上市公司质量指数（CLCQI）	CLCQI排名
000983	山西焦煤	山西	中部	B	国有绝对控股	74.9189	75.8786	34.0359	28.2086	55.2087	700
000985	大庆华科	黑龙江	东北	C	国有绝对控股	77.8622	65.5295	38.6908	42.5914	59.3603	196
000987	越秀金控	广东	东部	J	国有绝对控股	82.4896	37.9338	13.4756	30.6006	49.0312	2357
000988	华工科技	湖北	中部	C	国有弱相对控股	80.5205	62.0617	15.3330	27.4702	51.4516	1636
000989	九芝堂	湖南	中部	C	国有参股	78.1264	44.8806	14.1301	26.6209	47.4639	2815
000990	诚志股份	江西	中部	C	国有强相对控股	83.7963	58.6163	10.7361	26.5706	51.1008	1728
000993	闽东电力	福建	东部	D	国有绝对控股	80.0565	82.7495	10.5015	26.2734	53.1037	1182
000995	皇台酒业	甘肃	西部	C	国有参股	68.3104	20.6930	28.5059	32.5489	44.2665	3370
000996	中国中期	北京	东部	F	无国有股份	71.5092	72.4068	8.4669	27.6251	48.0643	2637
000997	新大陆	福建	东部	I	国有参股	72.5004	62.0781	19.5993	27.1933	49.0301	2358
000998	隆平高科	湖南	中部	A	国有弱相对控股	82.6088	58.6261	37.0804	27.4206	56.1087	536
000999	华润三九	广东	东部	C	国有绝对控股	74.8613	82.7763	11.9849	27.5361	51.6420	1580
001696	宗申动力	重庆	西部	C	无国有股份	75.4445	58.6383	35.5469	27.6293	52.9903	1207
001896	豫能控股	河南	中部	D	国有绝对控股	78.2188	51.7288	33.6409	29.4589	53.1398	1173
001914	招商积余	广东	东部	K	国有绝对控股	87.9823	58.6194	13.6746	27.3292	53.5531	1070
001965	招商公路	天津	东部	G	国有绝对控股	90.7621	72.4263	14.6219	28.3386	57.1778	398
001979	招商蛇口	广东	东部	K	国有绝对控股	77.0099	68.9851	14.1095	39.0892	53.7459	1025
002001	新和成	浙江	东部	C	国有参股	87.6614	55.1929	14.5412	30.1083	53.7788	1019

续表

股票代码	公司简称	省份	地区	行业代码	控股类型	公司治理（CLCQI-CG）	社会责任（CLCQI-SR）	企业创新（CLCQI-EI）	绩效与价值（CLCQI-PV）	中国上市公司质量指数（CLCQI）	CLCQI排名
002002	鸿达兴业	江苏	东部	C	国有参股	79.6530	37.9360	11.0333	26.4732	46.3766	3050
002003	伟星股份	浙江	东部	C	无国有股份	79.5048	68.9900	15.3803	27.0723	51.9945	1485
002004	华邦健康	重庆	西部	C	国有参股	85.6010	44.8551	10.9827	27.2850	49.9864	2079
002005	ST德豪	安徽	中部	C	国有参股	74.4537	17.2505	9.7236	25.3876	40.6607	3553
002006	精功科技	浙江	东部	C	国有参股	75.3562	62.0565	14.8937	26.8778	49.1491	2318
002007	华兰生物	河南	中部	C	国有参股	77.9273	48.2731	14.7081	30.1653	48.8948	2394
002008	大族激光	广东	东部	C	国有参股	91.8044	48.2875	28.7168	28.0781	56.7278	463
002009	天奇股份	江苏	东部	C	无国有股份	70.2301	37.9372	15.3889	27.0577	43.6248	3422
002010	传化智联	浙江	东部	L	国有参股	80.4109	75.8835	38.8620	27.3216	58.1497	292
002011	盾安环境	浙江	东部	C	国有参股	75.8289	51.7137	12.0881	25.3594	46.8461	2946
002012	凯恩股份	浙江	东部	C	国有参股	86.8392	72.4114	36.0322	26.6453	59.4652	189
002013	中航机电	湖北	中部	C	国有绝对控股	84.7385	44.8314	13.8762	28.4705	50.5130	1900
002014	永新股份	安徽	中部	C	国有参股	83.9861	44.8576	36.1021	26.9582	54.2830	911
002015	协鑫能科	江苏	东部	D	无国有股份	90.3712	44.8280	12.2415	27.4258	52.1774	1427
002016	世荣兆业	广东	东部	K	无国有股份	88.6121	37.9374	13.3187	27.0502	50.5617	1889
002017	东信和平	广东	东部	C	国有强相对控股	77.7702	65.5154	43.0046	25.9161	56.0154	550
002019	亿帆医药	浙江	东部	C	无国有股份	81.5636	44.8330	14.1480	27.5377	49.0644	2344
002020	京新药业	浙江	东部	C	国有参股	83.3810	58.6265	13.1750	26.8504	51.4940	1625

续表

股票代码	公司简称	省份	地区	行业代码	控股类型	公司治理（CLCQI-CG）	社会责任（CLCQI-SR）	企业创新（CLCQI-EI）	绩效与价值（CLCQI-PV）	中国上市公司质量指数（CLCQI）	CLCQI排名
002021	ST中捷	浙江	东部	C	国有参股	68.0611	31.0282	31.9614	25.8704	44.7386	3305
002022	科华生物	上海	东部	C	国有参股	89.5321	51.7210	14.0300	28.6837	53.5479	1072
002023	海特高新	四川	西部	C	国有参股	82.4480	58.6125	37.4109	26.9095	55.9807	558
002024	苏宁易购	江苏	东部	F	国有参股	69.7834	68.9605	39.6405	28.5301	53.3181	1130
002025	航天电器	贵州	西部	C	国有强相对控股	75.8330	58.6147	38.3639	30.1402	54.3332	905
002026	山东威达	山东	东部	C	国有参股	86.3378	44.8385	14.7482	28.7860	51.4070	1646
002027	分众传媒	广东	东部	L	无国有股份	78.7235	68.9730	12.8326	36.8743	53.6204	1054
002028	思源电气	上海	东部	C	国有参股	77.1202	44.8290	34.7594	28.0603	51.5394	1610
002029	七匹狼	福建	东部	C	国有参股	81.6925	68.9605	12.9922	26.2880	52.1915	1422
002030	达安基因	广东	东部	C	国有强相对控股	84.7328	62.0659	18.1237	34.9057	55.5542	635
002031	巨轮智能	广东	东部	C	无国有股份	77.4733	51.7137	13.6882	26.3370	48.0683	2633
002032	苏泊尔	浙江	东部	C	国有参股	85.5136	58.6368	18.4690	29.0488	53.9570	980
002033	丽江股份	云南	西部	N	国有强相对控股	76.9178	89.6755	9.3110	26.7553	52.7694	1255
002035	华帝股份	广东	东部	C	无国有股份	80.8976	75.8655	26.4168	26.2610	55.5875	627
002036	联创电子	江西	中部	C	国有参股	86.5052	51.7097	34.7153	26.2711	55.8694	575
002037	保利联合	贵州	西部	C	国有强相对控股	77.5997	44.8304	32.3711	26.6225	50.8943	1787
002038	双鹭药业	北京	东部	C	国有参股	84.5076	62.0732	19.6796	26.2628	53.6156	1056
002041	登海种业	山东	东部	A	国有参股	75.1346	55.1783	16.2035	29.3067	48.8979	2391

续表

股票代码	公司简称	省份	地区	行业代码	控股类型	公司治理（CLCQI–CG）	社会责任（CLCQI–SR）	企业创新（CLCQI–EI）	绩效与价值（CLCQI–PV）	中国上市公司质量指数（CLCQI）	CLCQI排名
002042	华孚时尚	安徽	中部	C	无国有股份	72.8028	82.7955	32.5761	25.6017	54.4561	884
002043	兔宝宝	浙江	东部	C	无国有股份	75.7547	58.6281	14.5647	27.4718	48.8770	2402
002044	美年健康	江苏	东部	Q	无国有股份	73.3095	55.1865	12.2453	26.3913	46.6486	2989
002045	国光电器	广东	东部	C	无国有股份	91.2823	58.6172	18.1868	26.1375	55.4772	654
002046	国机精工	河南	中部	C	国有绝对控股	77.0005	62.0727	36.4938	27.2252	54.2162	927
002047	宝鹰股份	广东	东部	E	国有弱相对控股	92.7840	65.5026	13.2001	26.2938	56.1525	532
002048	宁波华翔	浙江	东部	C	国有参股	74.6323	79.3086	14.4449	27.5262	51.5198	1617
002049	紫光国微	河北	东部	C	国有强相对控股	80.1993	72.3964	19.9782	32.1901	54.9824	753
002050	三花智控	浙江	东部	C	国有参股	82.3965	51.7405	35.8296	29.9915	55.3835	668
002051	中工国际	北京	东部	E	国有绝对控股	77.0031	68.9610	18.3747	26.3974	51.4197	1644
002052	ST同洲	广东	东部	C	无国有股份	62.9004	58.6064	37.5490	24.7629	47.6516	2765
002053	云南能投	云南	西部	C	国有绝对控股	78.4409	41.3936	9.4048	26.6003	46.1165	3098
002054	德美化工	广东	东部	C	无国有股份	75.2880	62.0842	13.2442	26.5737	48.7201	2447
002055	得润电子	广东	东部	C	无国有股份	75.7172	65.4990	54.1627	26.8073	57.6461	337
002056	横店东磁	浙江	东部	C	国有参股	85.6365	62.0803	16.4108	28.9093	54.0761	954
002057	中钢天源	安徽	中部	C	国有强相对控股	74.8654	58.6228	19.4669	26.4046	49.2341	2297
002058	*ST威尔	上海	东部	C	无国有股份	66.2306	58.6064	10.1152	27.2279	44.1132	3383
002059	云南旅游	云南	西部	N	国有绝对控股	79.9690	72.4128	31.9511	26.6616	55.9051	568

续表

股票代码	公司简称	省份	地区	行业代码	控股类型	公司治理（CLCQI-CG）	社会责任（CLCQI-SR）	企业创新（CLCQI-EI）	绩效与价值（CLCQI-PV）	中国上市公司质量指数（CLCQI）	CLCQI排名
002061	浙江交科	浙江	东部	E	国有绝对控股	67.7393	44.8289	35.8799	27.5890	47.8933	2699
002062	宏润建设	浙江	东部	E	无国有股份	69.4849	48.2893	20.6860	27.3347	46.0082	3117
002063	远光软件	广东	东部	I	国有弱相对控股	88.3567	68.9589	38.8048	27.0008	60.1977	130
002064	华峰化学	浙江	东部	C	国有参股	83.8951	62.0641	14.1201	28.5965	52.8408	1238
002065	东华软件	北京	东部	I	国有参股	76.4047	68.9640	17.7857	26.8959	51.1876	1701
002066	瑞泰科技	北京	东部	C	国有强相对控股	73.7532	72.4068	16.4481	26.7531	50.3402	1953
002067	景兴纸业	浙江	东部	C	无国有股份	75.9580	89.6531	34.1106	26.6251	57.3096	376
002068	黑猫股份	江西	中部	C	国有强相对控股	76.0061	65.5603	13.0860	26.8374	49.5630	2190
002069	獐子岛	辽宁	东北	A	国有参股	70.9713	37.9284	13.6828	27.0638	43.5803	3430
002072	*ST凯瑞	湖北	中部	I	无国有股份	58.9477	20.6930	2.6664	26.0628	33.7320	3613
002073	软控股份	山东	东部	C	国有参股	78.3611	55.1638	17.2216	26.3520	49.6513	2168
002074	国轩高科	安徽	中部	C	无国有股份	71.1559	62.0782	13.4965	29.8955	47.9473	2678
002075	沙钢股份	江苏	东部	C	国有参股	74.2297	58.6177	14.8800	28.9577	48.6999	2460
002076	ST雪莱	广东	东部	C	无国有股份	75.0268	51.7137	18.8458	26.3570	48.1262	2616
002077	大港股份	江苏	东部	C	国有强相对控股	73.6838	65.5066	8.9803	26.7441	47.7816	2733
002078	太阳纸业	山东	东部	C	无国有股份	79.7209	62.0697	33.3751	28.5302	55.0064	750
002079	苏州固锝	江苏	东部	C	无国有股份	84.8844	82.7555	17.7384	26.6189	56.5695	479
002080	中材科技	江苏	东部	C	国有绝对控股	89.2463	58.6215	14.1890	29.6480	54.7416	814

续表

股票代码	公司简称	省份	地区	行业代码	控股类型	公司治理（CLCQI-CG）	社会责任（CLCQI-SR）	企业创新（CLCQI-EI）	绩效与价值（CLCQI-PV）	中国上市公司质量指数（CLCQI）	CLCQI排名
002081	金螳螂	江苏	东部	E	国有参股	73.7690	55.1747	19.1289	28.3116	48.6875	2465
002082	万邦德	浙江	东部	C	无国有股份	79.0385	37.9475	19.5520	27.2779	48.0374	2644
002083	孚日股份	山东	东部	C	国有弱相对控股	72.9514	51.7216	11.2471	26.0199	45.6932	3174
002084	海鸥住工	广东	东部	C	无国有股份	86.2386	55.1714	16.4898	26.9202	52.7992	1247
002085	万丰奥威	浙江	东部	C	无国有股份	84.6022	51.7397	56.1750	26.8206	59.5420	184
002086	*ST东洋	山东	东部	A	无国有股份	57.8444	31.0358	42.3248	25.0965	42.5322	3491
002087	新野纺织	河南	中部	C	国有弱相对控股	72.4053	48.2597	11.8211	26.6875	45.2372	3247
002088	鲁阳节能	山东	东部	C	国有参股	81.5443	58.6419	34.5582	27.1133	55.1040	728
002089	ST新海	江苏	东部	C	无国有股份	60.3698	44.8362	9.4550	26.2386	39.3240	3579
002090	金智科技	江苏	东部	C	无国有股份	84.0573	65.5113	17.3462	26.0213	53.4242	1109
002091	江苏国泰	江苏	东部	F	国有强相对控股	86.1660	65.5151	13.3997	27.6569	53.8878	997
002092	中泰化学	新疆	西部	C	国有弱相对控股	85.5951	68.9634	57.8807	26.6919	62.8317	43
002093	国脉科技	福建	东部	I	无国有股份	79.9219	68.9543	14.3906	26.7330	51.8733	1522
002094	青岛金王	山东	东部	C	无国有股份	74.5125	72.4068	11.7768	25.2620	49.3369	2261
002095	生意宝	浙江	东部	I	无国有股份	75.4727	65.5306	8.6719	26.4550	48.3668	2549
002096	南岭民爆	湖南	中部	C	国有绝对控股	78.9757	72.4147	31.5244	26.3211	55.3376	681
002097	山河智能	湖南	中部	C	国有弱相对控股	81.2560	44.8387	13.3363	27.4057	48.7469	2438
002098	浔兴股份	福建	东部	C	无国有股份	76.2907	68.9567	14.3394	26.4214	50.3330	1959

续表

股票代码	公司简称	省份	地区	行业代码	控股类型	公司治理（CLCQI-CG）	社会责任（CLCQI-SR）	企业创新（CLCQI-EI）	绩效与价值（CLCQI-PV）	中国上市公司质量指数（CLCQI）	CLCQI排名
002099	海翔药业	浙江	东部	C	无国有股份	79.0233	65.5255	33.3475	27.0376	54.8671	783
002100	天康生物	新疆	西部	C	国有弱相对控股	69.1231	58.6204	13.6205	27.6926	46.0896	3102
002101	广东鸿图	广东	东部	C	国有绝对控股	76.2728	55.1784	35.1784	26.4163	52.4257	1342
002102	ST冠福	福建	东部	C	无国有股份	74.3444	62.0791	18.7786	25.9053	49.2817	2285
002103	广博股份	浙江	东部	L	无国有股份	84.4762	51.7137	17.1905	26.3416	51.5710	1598
002104	恒宝股份	江苏	东部	C	无国有股份	80.9472	44.8060	20.4367	26.1493	49.7245	2142
002105	信隆健康	广东	东部	C	无国有股份	73.2713	65.5224	17.9582	27.0413	49.4888	2217
002106	莱宝高科	广东	东部	C	国有弱相对控股	80.2392	58.6185	38.1495	27.3334	55.3517	677
002107	沃华医药	山东	东部	C	无国有股份	66.1359	65.5297	13.7503	27.9360	46.0179	3115
002108	沧州明珠	河北	东部	C	国有参股	78.8719	51.7352	10.5774	27.2627	48.2402	2591
002109	兴化股份	陕西	西部	C	国有绝对控股	75.8704	79.3011	12.9427	26.3980	51.4314	1643
002110	三钢闽光	福建	东部	C	国有绝对控股	86.1736	55.1895	38.1098	28.0846	57.3910	373
002111	威海广泰	山东	东部	C	国有参股	75.1578	58.6253	14.9194	26.9645	48.5819	2487
002112	三变科技	浙江	东部	C	国有弱相对控股	79.2337	44.8060	34.9694	26.9130	52.1365	1444
002113	*ST天润	湖南	中部	I	国有参股	69.4553	68.9567	9.8140	26.3955	46.6873	2983
002114	罗平锌电	云南	西部	C	国有弱相对控股	80.7509	58.6215	12.2728	26.2824	50.1187	2039
002115	三维通信	浙江	东部	L	无国有股份	78.2586	65.5099	24.4730	26.3087	52.6017	1294
002116	中国海诚	上海	东部	E	国有绝对控股	75.2469	41.3942	58.2775	26.6089	54.6156	842

续表

股票代码	公司简称	省份	地区	行业代码	控股类型	公司治理（CLCQI-CG）	社会责任（CLCQI-SR）	企业创新（CLCQI-EI）	绩效与价值（CLCQI-PV）	中国上市公司质量指数（CLCQI）	CLCQI 排名
002117	东港股份	山东	东部	C	国有参股	76.5769	51.7529	14.4763	26.2746	47.8576	2710
002118	紫鑫药业	吉林	东北	C	无国有股份	68.1668	51.7137	29.5628	25.1258	47.2178	2863
002119	康强电子	浙江	东部	C	国有参股	81.3786	72.4190	12.7867	26.4951	52.5954	1296
002120	韵达股份	浙江	东部	G	无国有股份	74.5129	75.8671	19.0047	26.8083	51.6882	1568
002121	科陆电子	广东	东部	C	国有弱相对控股	78.9921	34.4859	15.9117	26.2954	46.5259	3017
002122	ST天马	浙江	东部	C	无国有股份	73.5488	48.2636	10.2516	26.5789	45.3541	3229
002123	梦网科技	辽宁	东北	I	无国有股份	78.8563	65.4990	12.4226	26.2926	50.4250	1923
002124	天邦股份	浙江	东部	A	国有参股	81.7610	62.0697	15.2923	29.2907	52.3960	1356
002125	湘潭电化	湖南	中部	C	国有强相对控股	79.3459	65.5160	12.3838	27.2142	50.8461	1809
002126	银轮股份	浙江	东部	C	无国有股份	89.5051	44.8289	15.1960	27.9085	52.5427	1309
002127	南极电商	江苏	东部	L	无国有股份	82.5561	58.6162	36.2151	29.7596	56.4978	491
002128	露天煤业	内蒙古	西部	B	国有绝对控股	75.8612	58.6378	37.4010	28.5220	53.7509	1023
002129	中环股份	天津	东部	C	国有参股	80.7424	96.5561	32.6030	29.8267	60.7576	102
002130	沃尔核材	广东	东部	C	无国有股份	81.3879	58.6111	32.8934	26.8617	54.6409	837
002131	利欧股份	浙江	东部	I	国有参股	73.2980	51.7153	9.0153	28.6133	46.0329	3111
002132	恒星科技	河南	中部	C	无国有股份	73.4653	44.8962	33.3287	26.4009	49.3865	2243
002133	广宇集团	浙江	东部	K	无国有股份	79.4505	51.7237	13.2950	26.8446	48.9089	2389
002134	天津普林	天津	东部	C	国有参股	79.4530	58.6139	32.0595	26.6549	53.6489	1048

续表

股票代码	公司简称	省份	地区	行业代码	控股类型	公司治理（CLCQI-CG）	社会责任（CLCQI-SR）	企业创新（CLCQI-EI）	绩效与价值（CLCQI-PV）	中国上市公司质量指数（CLCQI）	CLCQI排名
002135	东南网架	浙江	东部	C	无国有股份	80.3379	37.9332	57.3491	26.8188	55.9997	556
002136	安纳达	安徽	中部	C	国有参股	80.5857	65.5240	57.9107	27.0080	60.3970	115
002137	实益达	广东	东部	C	无国有股份	77.7806	44.8211	13.7685	26.2893	47.1614	2880
002138	顺络电子	广东	东部	C	无国有股份	87.2405	65.5217	36.9563	27.4984	58.9903	224
002139	拓邦股份	广东	东部	C	无国有股份	87.3442	68.9656	18.7103	27.6704	55.9422	563
002140	东华科技	安徽	中部	E	国有绝对控股	87.5389	37.9496	35.3617	26.9832	54.5262	865
002141	贤丰控股	广东	东部	C	无国有股份	75.1251	51.7137	12.3335	25.1986	46.5735	3011
002144	宏达高科	浙江	东部	C	无国有股份	76.0507	75.8597	16.1885	26.8455	51.7483	1554
002145	中核钛白	甘肃	西部	C	国有参股	90.4952	62.0616	52.7636	27.1434	62.8459	41
002146	荣盛发展	河北	东部	K	国有参股	79.5810	41.3968	12.6971	31.3496	48.4187	2529
002147	*ST新光	安徽	中部	K	无国有股份	57.1500	31.0358	13.3733	24.6555	36.3539	3607
002148	北纬科技	北京	东部	I	无国有股份	71.6355	62.0802	30.5068	26.4428	50.6783	1852
002149	西部材料	陕西	西部	C	国有强相对控股	80.8309	58.6429	11.5580	28.6414	50.6007	1877
002150	通润装备	江苏	东部	C	国有参股	67.4918	58.6233	11.6371	26.4816	44.7380	3306
002151	北斗星通	北京	东部	C	国有参股	86.2546	51.7137	15.3954	28.6337	52.4964	1318
002152	广电运通	广东	东部	C	国有绝对控股	81.4151	65.5198	15.0523	27.2501	52.2170	1417
002153	石基信息	北京	东部	I	国有参股	86.6042	75.8686	14.6910	26.5384	55.5948	626
002154	报喜鸟	浙江	东部	C	无国有股份	67.1483	44.8355	13.4145	26.6970	42.9418	3464

续表

股票代码	公司简称	省份	地区	行业代码	控股类型	公司治理（CLCQI-CG）	社会责任（CLCQI-SR）	企业创新（CLCQI-EI）	绩效与价值（CLCQI-PV）	中国上市公司质量指数（CLCQI）	CLCQI排名
002155	湖南黄金	湖南	中部	B	国有强相对控股	80.2771	58.6123	40.8270	26.9208	55.7983	588
002156	通富微电	江苏	东部	C	国有参股	90.9556	58.6139	14.2679	27.9606	55.0181	746
002157	正邦科技	江西	中部	A	无国有股份	81.5147	48.2862	16.5929	30.2672	50.7342	1837
002158	汉钟精机	上海	东部	C	国有参股	74.3249	58.6287	14.4331	28.2537	48.4743	2510
002159	三特索道	湖北	中部	N	国有参股	79.9136	100.0000	30.1001	26.5763	59.6295	175
002160	常铝股份	江苏	东部	C	国有参股	73.9610	58.6064	34.3382	26.9733	51.9863	1487
002161	远望谷	广东	东部	C	国有参股	83.3792	68.9491	16.8150	25.0333	53.3154	1131
002162	悦心健康	上海	东部	C	国有参股	77.2303	62.0640	15.1615	26.6578	49.8985	2103
002163	海南发展	广东	东部	E	国有弱相对控股	75.9340	65.4990	13.6539	31.6184	50.8338	1811
002164	宁波东力	浙江	东部	C	国有参股	63.6658	37.9284	12.2030	30.3954	41.1950	3539
002165	红宝丽	江苏	东部	C	国有参股	81.3844	41.3804	33.7559	27.0185	52.2667	1405
002166	莱茵生物	广西	西部	C	国有参股	81.4696	37.9428	12.3834	26.5092	47.3833	2833
002167	东方锆业	广东	东部	C	国有参股	81.3879	79.2994	33.3944	26.4116	57.7318	327
002168	惠程科技	广东	东部	I	国有参股	75.2213	51.7137	12.0615	25.0846	46.5290	3016
002169	智光电气	广东	东部	C	无国有股份	79.4625	58.6221	36.4069	26.6981	54.5342	862
002170	芭田股份	广东	东部	C	无国有股份	73.8645	44.8267	12.6077	26.9673	45.5332	3199
002171	楚江新材	安徽	中部	C	国有参股	81.0810	31.0462	24.9233	26.9549	48.8127	2422
002172	澳洋健康	江苏	东部	C	无国有股份	65.3216	44.8211	9.7394	25.8372	41.2590	3536

续表

股票代码	公司简称	省份	地区	行业代码	控股类型	公司治理（CLCQI-CG）	社会责任（CLCQI-SR）	企业创新（CLCQI-EI）	绩效与价值（CLCQI-PV）	中国上市公司质量指数（CLCQI）	CLCQI排名
002173	创新医疗	浙江	东部	Q	国有参股	70.6291	31.0358	11.1858	25.0136	41.3976	3533
002174	游族网络	福建	东部	I	无国有股份	73.9410	62.0675	40.2296	26.1773	53.4768	1094
002175	*ST东网	广西	西部	C	国有参股	60.2462	34.4783	10.7348	23.5943	37.3158	3599
002176	江特电机	江西	中部	C	国有参股	68.4495	41.3785	11.3978	26.4149	42.4698	3494
002177	御银股份	广东	东部	C	无国有股份	75.7403	62.0569	19.7194	26.6833	50.2193	2005
002178	延华智能	上海	东部	M	无国有股份	77.1204	75.8418	42.1356	25.7147	57.0802	415
002179	中航光电	河南	中部	C	国有绝对控股	88.9824	75.8814	41.3524	30.4637	62.8616	40
002180	纳思达	广东	东部	C	国有参股	84.2510	44.8445	36.6869	26.4368	54.3737	898
002181	粤传媒	广东	东部	R	国有绝对控股	84.7108	58.6172	10.9685	26.7000	51.5456	1607
002182	云海金属	江苏	东部	C	国有参股	75.9047	31.0429	17.1234	27.3905	45.2906	3238
002183	怡亚通	广东	东部	L	国有弱相对控股	82.7107	44.8330	16.5258	27.1824	49.9100	2100
002184	海得控制	上海	东部	C	无国有股份	71.6023	48.3829	16.7695	27.1674	46.0441	3109
002185	华天科技	甘肃	西部	C	国有参股	77.7768	51.7186	13.2796	28.5234	48.6553	2473
002186	全聚德	北京	东部	H	国有强相对控股	76.2874	51.7137	13.0225	26.1494	47.4139	2827
002187	广百股份	广东	东部	F	国有绝对控股	75.6901	65.5207	10.6303	26.2819	48.8007	2425
002188	*ST巴士	浙江	东部	L	无国有股份	70.5610	34.4783	10.1490	27.5950	42.3247	3503
002189	中光学	河南	中部	C	国有强相对控股	77.3061	62.0675	13.7759	26.9594	49.7276	2141
002190	成飞集成	四川	西部	C	国有绝对控股	80.3936	65.5038	13.5541	27.4243	51.5499	1606

续表

股票代码	公司简称	省份	地区	行业代码	控股类型	公司治理（*CLCQI-CG*）	社会责任（*CLCQI-SR*）	企业创新（*CLCQI-EI*）	绩效与价值（*CLCQI-PV*）	中国上市公司质量指数（*CLCQI*）	*CLCQI*排名
002191	劲嘉股份	广东	东部	C	无国有股份	80.1273	58.6286	12.7594	26.7496	50.0845	2046
002192	融捷股份	广东	东部	B	无国有股份	70.4822	65.4990	34.5694	29.7174	52.3610	1373
002193	如意集团	山东	东部	C	国有参股	76.0410	37.9332	32.3548	25.8939	49.0508	2351
002194	武汉凡谷	湖北	中部	C	无国有股份	79.6113	37.9398	33.8984	26.5897	50.9626	1770
002195	二三四五	上海	东部	I	无国有股份	72.2051	58.6148	35.7851	25.9640	51.3223	1663
002196	方正电机	浙江	东部	C	无国有股份	70.5849	65.5066	41.6967	26.1401	52.9343	1221
002197	证通电子	广东	东部	I	无国有股份	84.0651	51.7137	31.0597	26.6241	54.2511	922
002198	嘉应制药	广东	东部	C	国有参股	80.5103	51.7062	10.7571	26.4382	48.7210	2446
002199	东晶电子	浙江	东部	C	无国有股份	87.0739	44.8135	11.7925	26.3689	50.5023	1907
002200	ST云投	云南	西部	A	国有弱相对控股	70.3040	65.5141	22.1071	25.2753	48.6890	2464
002201	九鼎新材	江苏	东部	C	无国有股份	82.8509	58.6113	15.4037	26.2834	51.5837	1596
002202	金风科技	新疆	西部	C	国有弱相对控股	80.8432	75.8722	40.8922	29.1777	59.1910	211
002203	海亮股份	浙江	东部	C	无国有股份	71.4223	75.8643	18.1123	26.5982	50.2206	2004
002204	大连重工	辽宁	东北	C	国有绝对控股	79.1746	65.5639	34.7960	26.8467	55.1753	709
002205	国统股份	新疆	西部	C	国有强相对控股	75.9067	44.8292	36.1836	26.0379	50.8333	1812
002206	海利得	浙江	东部	C	无国有股份	74.9845	89.6911	33.1926	26.5171	56.7152	464
002207	准油股份	新疆	西部	B	无国有股份	79.1793	51.7062	42.0909	26.7465	54.5324	863
002208	合肥城建	安徽	中部	K	国有绝对控股	71.2119	68.9615	33.9183	27.7957	52.5616	1303

续表

股票代码	公司简称	省份	地区	行业代码	控股类型	公司治理（CLCQI-CG）	社会责任（CLCQI-SR）	企业创新（CLCQI-EI）	绩效与价值（CLCQI-PV）	中国上市公司质量指数（CLCQI）	CLCQI排名
002209	达意隆	广东	东部	C	国有参股	77.5169	44.8211	22.7751	26.5418	48.9204	2385
002210	*ST飞马	广东	东部	L	无国有股份	62.4102	37.9284	12.7760	37.9022	42.6841	3483
002211	宏达新材	上海	东部	C	无国有股份	78.5302	51.7137	13.1790	26.3826	48.4006	2536
002212	天融信	广东	东部	I	无国有股份	87.5175	41.3802	38.0173	27.2532	55.6308	615
002213	大为股份	广东	东部	C	无国有股份	80.8838	51.7218	13.4476	27.4809	49.6715	2160
002214	大立科技	浙江	东部	C	国有参股	79.7458	51.7134	41.0006	30.7390	55.5402	638
002215	诺普信	广东	东部	C	无国有股份	69.5815	58.6207	32.2637	26.3792	49.6732	2159
002216	三全食品	河南	中部	C	无国有股份	78.3952	58.6299	12.7881	28.8433	49.9210	2094
002217	合力泰	福建	东部	C	国有弱相对控股	74.1043	48.2712	34.7500	25.5742	50.2259	2000
002218	拓日新能	广东	东部	C	国有参股	83.9379	44.8254	52.9671	27.7759	57.8364	314
002219	*ST恒康	甘肃	西部	Q	国有参股	77.2610	37.9284	46.3489	25.3038	52.1894	1423
002221	东华能源	江苏	东部	F	无国有股份	84.6766	51.7241	34.9697	27.9652	55.6145	621
002222	福晶科技	福建	东部	C	国有弱相对控股	78.1821	62.0704	15.7367	27.5980	50.6302	1870
002223	鱼跃医疗	江苏	东部	C	国有参股	78.6333	58.6185	16.2851	29.0281	50.7601	1826
002224	三力士	浙江	东部	C	无国有股份	76.8274	65.5038	13.0408	26.3950	49.7634	2126
002225	濮耐股份	河南	中部	C	国有参股	78.8815	65.5182	13.7134	26.6677	50.7900	1822
002226	江南化工	安徽	中部	C	国有参股	73.9771	58.6121	31.2557	27.0555	51.3977	1653
002227	奥特迅	广东	东部	C	无国有股份	77.6724	51.7284	38.4066	27.1452	53.2958	1133

续表

股票代码	公司简称	省份	地区	行业代码	控股类型	公司治理（CLCQI-CG）	社会责任（CLCQI-SR）	企业创新（CLCQI-EI）	绩效与价值（CLCQI-PV）	中国上市公司质量指数（CLCQI）	CLCQI 排名
002228	合兴包装	福建	东部	C	无国有股份	79.8576	44.8235	14.6683	26.7618	48.2907	2580
002229	鸿博股份	福建	东部	C	无国有股份	84.9318	55.1744	31.3444	26.2679	55.0847	735
002230	科大讯飞	安徽	中部	I	国有弱相对控股	91.7647	68.9717	44.9551	28.9661	63.2842	31
002231	奥维通信	辽宁	东北	C	无国有股份	75.6577	31.0282	13.5916	25.3029	43.9614	3395
002232	启明信息	吉林	东北	I	国有绝对控股	74.5714	41.3757	37.9596	27.5154	50.5057	1904
002233	塔牌集团	广东	东部	C	无国有股份	85.5510	62.0823	9.6189	28.0488	52.4687	1327
002234	民和股份	山东	东部	A	国有参股	79.8369	58.6053	11.9446	25.1191	49.3943	2240
002235	安妮股份	福建	东部	I	无国有股份	71.5457	51.7137	5.1037	25.0585	43.6607	3420
002236	大华股份	浙江	东部	C	国有参股	85.4459	75.8641	30.4142	28.6931	58.8141	244
002237	恒邦股份	山东	东部	C	国有强相对控股	81.5185	65.5190	40.2253	27.2708	57.2980	379
002238	天威视讯	广东	东部	I	国有绝对控股	81.2736	58.7037	28.9858	27.2202	53.9172	992
002239	奥特佳	江苏	东部	C	国有参股	75.6428	44.8211	11.2400	29.2976	46.5527	3013
002240	盛新锂能	广东	东部	C	国有参股	79.3337	65.4990	9.2500	30.0074	50.9102	1784
002241	歌尔股份	山东	东部	C	国有参股	88.1694	55.1744	45.1612	30.4947	60.1998	129
002242	九阳股份	山东	东部	C	国有参股	79.1539	58.6471	26.4931	28.3404	52.8424	1237
002243	力合科创	广东	东部	C	国有强相对控股	78.0058	51.7213	10.9427	26.4907	47.7717	2735
002244	滨江集团	浙江	东部	K	国有参股	74.4307	62.0681	34.2175	29.3749	53.2697	1137
002245	蔚蓝锂芯	江苏	东部	C	无国有股份	78.9173	44.8263	13.8219	30.2575	48.6196	2482

续表

股票代码	公司简称	省份	地区	行业代码	控股类型	公司治理（CLCQI-CG）	社会责任（CLCQI-SR）	企业创新（CLCQI-EI）	绩效与价值（CLCQI-PV）	中国上市公司质量指数（CLCQI）	CLCQI排名
002246	北化股份	四川	西部	C	国有绝对控股	86.5358	68.9600	54.2991	26.3323	62.4012	52
002247	聚力文化	浙江	东部	I	无国有股份	64.7330	58.6064	7.9011	26.0938	42.7878	3476
002248	华东数控	山东	东部	C	国有参股	72.5330	51.7137	35.0488	25.8502	50.2426	1992
002249	大洋电机	广东	东部	C	无国有股份	79.5342	75.8569	16.8813	26.6965	53.2426	1143
002250	联化科技	浙江	东部	C	国有参股	85.3486	72.4171	33.7918	27.5235	58.6413	258
002251	步步高	湖南	中部	F	无国有股份	79.8150	51.7407	11.6357	26.7672	48.7060	2452
002252	上海莱士	上海	东部	C	国有参股	83.9971	41.3975	9.5872	27.2660	48.5424	2495
002253	川大智胜	四川	西部	I	国有参股	82.7128	58.6280	23.6971	26.7507	53.3064	1132
002254	泰和新材	山东	东部	C	国有弱相对控股	88.6923	65.5364	12.2081	27.3565	54.5881	848
002255	海陆重工	江苏	东部	C	无国有股份	62.4099	51.7137	12.1926	27.3946	42.0082	3513
002256	*ST兆新	广东	东部	D	无国有股份	66.7766	51.7137	36.3778	25.6574	48.1576	2609
002258	利尔化学	四川	西部	C	国有强相对控股	83.2037	51.7202	33.9204	28.1101	54.8511	789
002259	*ST升达	四川	西部	D	无国有股份	68.2569	65.5141	13.0385	27.6420	46.6481	2990
002261	拓维信息	湖南	中部	I	无国有股份	75.7653	72.4068	11.5213	26.6549	50.1351	2034
002262	恩华药业	江苏	东部	C	国有参股	87.4396	72.4056	35.5707	27.9126	59.9290	149
002263	大东南	浙江	东部	C	国有弱相对控股	69.0317	51.7137	12.2022	26.9455	44.5466	3333
002264	新华都	福建	东部	F	无国有股份	78.7594	58.6064	14.2041	26.7156	49.8144	2115
002265	西仪股份	云南	西部	C	国有绝对控股	78.3792	65.4990	13.3606	25.9546	50.3373	1956

续表

股票代码	公司简称	省份	地区	行业代码	控股类型	公司治理（*CLCQI-CG*）	社会责任（*CLCQI-SR*）	企业创新（*CLCQI-EI*）	绩效与价值（*CLCQI-PV*）	中国上市公司质量指数（*CLCQI*）	*CLCQI* 排名
002266	浙富控股	浙江	东部	N	无国有股份	81.3619	58.6146	14.5250	27.9329	51.2252	1688
002267	陕天然气	陕西	西部	D	国有绝对控股	89.0302	72.4196	35.2348	26.5965	60.1711	134
002268	卫士通	四川	西部	I	国有强相对控股	75.6759	51.7186	56.0696	26.5054	55.8684	576
002269	美邦服饰	上海	东部	C	无国有股份	85.0791	68.9491	10.8161	25.4556	52.9011	1228
002270	华明装备	山东	东部	C	国有参股	67.1441	44.8154	10.9464	28.1304	42.8018	3475
002271	东方雨虹	北京	东部	C	国有参股	78.5368	68.9678	13.4316	30.8478	52.1581	1432
002272	川润股份	四川	西部	C	无国有股份	67.3382	58.6064	12.7244	27.0000	45.0211	3279
002273	水晶光电	浙江	东部	C	国有参股	86.1064	44.8360	13.7063	26.4094	50.5116	1902
002274	华昌化工	江苏	东部	C	国有参股	70.3574	58.6315	11.9414	26.1243	45.8571	3141
002275	桂林三金	广西	西部	C	国有参股	79.7766	65.5233	34.1980	27.1172	55.3580	674
002276	万马股份	浙江	东部	C	国有弱相对控股	76.9546	58.6141	17.4299	26.4590	49.6747	2157
002277	友阿股份	湖南	中部	F	国有参股	76.1904	65.5051	9.0884	26.6007	48.7698	2433
002278	神开股份	上海	东部	C	无国有股份	77.5635	65.5237	15.8740	26.4405	50.6389	1868
002279	久其软件	北京	东部	I	无国有股份	74.4398	58.6064	20.8177	26.2377	49.2899	2281
002280	联络互动	浙江	东部	F	无国有股份	70.2988	27.5857	19.4284	25.9762	42.6371	3484
002281	光迅科技	湖北	中部	C	国有强相对控股	81.9785	89.6710	20.3681	27.2255	57.1221	408
002282	博深股份	河北	东部	C	无国有股份	84.5833	79.3126	31.5661	26.7383	58.7280	249
002283	天润工业	山东	东部	C	无国有股份	73.1585	51.7187	56.0292	27.4894	55.0994	730

续表

股票代码	公司简称	省份	地区	行业代码	控股类型	公司治理（CLCQI-CG）	社会责任（CLCQI-SR）	企业创新（CLCQI-EI）	绩效与价值（CLCQI-PV）	中国上市公司质量指数（CLCQI）	CLCQI排名
002284	亚太股份	浙江	东部	C	国有参股	78.5809	51.7137	19.8546	26.9067	49.8870	2104
002286	保龄宝	山东	东部	C	无国有股份	90.1624	62.0725	13.8619	27.9020	55.1237	723
002287	奇正藏药	西藏	西部	C	国有参股	75.0709	89.6800	11.5085	27.7271	52.7138	1266
002288	超华科技	广东	东部	C	无国有股份	71.3088	58.6139	12.1241	27.4347	46.5991	3005
002289	宇顺电子	广东	东部	C	无国有股份	80.3813	44.8211	10.0324	27.1005	47.6573	2763
002290	禾盛新材	江苏	东部	C	无国有股份	68.8501	44.8135	15.5917	26.7791	44.0752	3386
002291	星期六	广东	东部	C	国有参股	72.8784	31.0358	32.3973	26.1450	46.8224	2951
002292	奥飞娱乐	广东	东部	C	无国有股份	78.0255	55.1638	25.6761	25.5226	51.0007	1756
002293	罗莱生活	江苏	东部	C	无国有股份	87.7587	58.6402	13.4797	27.7454	53.5318	1077
002294	信立泰	广东	东部	C	国有参股	91.2844	51.7343	18.1051	27.7671	54.8367	791
002295	精艺股份	广东	东部	C	无国有股份	77.6028	44.8309	21.9270	26.2929	48.7244	2444
002296	辉煌科技	河南	中部	C	国有参股	80.2037	58.6113	60.7263	26.3958	59.6174	177
002297	博云新材	湖南	中部	C	国有弱相对控股	72.6346	58.6064	13.9035	26.8799	47.3455	2841
002298	中电兴发	安徽	中部	I	国有参股	81.1654	51.7188	50.5921	27.1523	57.1305	407
002299	圣农发展	福建	东部	A	无国有股份	84.2109	68.9755	15.0286	28.3483	54.1235	943
002300	太阳电缆	福建	东部	C	国有参股	83.0183	62.0766	59.3860	26.6984	61.0706	90
002301	齐心集团	广东	东部	C	国有参股	77.6655	58.6322	17.0192	26.8136	49.9683	2082
002302	西部建设	新疆	西部	C	国有绝对控股	82.2653	58.6146	16.2108	26.7125	51.6186	1586

续表

股票代码	公司简称	省份	地区	行业代码	控股类型	公司治理（CLCQI-CG）	社会责任（CLCQI-SR）	企业创新（CLCQI-EI）	绩效与价值（CLCQI-PV）	中国上市公司质量指数（CLCQI）	CLCQI排名
002303	美盈森	广东	东部	C	国有参股	82.0256	37.9695	13.1653	26.1122	47.6668	2760
002304	洋河股份	江苏	东部	C	国有强相对控股	82.9226	62.1070	32.9165	38.5402	58.7034	252
002305	南国置业	湖北	中部	K	国有强相对控股	79.3284	65.5141	13.3664	26.0651	50.7480	1832
002306	中科云网	北京	东部	I	无国有股份	75.6309	37.9435	10.7646	29.2505	45.4095	3222
002307	北新路桥	新疆	西部	E	国有绝对控股	82.5204	58.6215	53.7401	26.7897	59.2468	206
002308	威创股份	广东	东部	C	国有参股	75.3085	62.0489	23.2504	26.3714	50.6737	1856
002309	中利集团	江苏	东部	C	国有参股	74.7782	58.6064	13.7023	24.5891	47.5900	2776
002310	东方园林	北京	东部	N	国有参股	80.6112	51.7390	16.5669	27.0187	50.0734	2048
002311	海大集团	广东	东部	C	国有参股	82.5652	62.0769	40.6253	31.0418	58.2231	286
002312	川发龙蟒	四川	西部	C	无国有股份	67.0696	44.8211	12.4198	27.4758	42.9039	3468
002313	日海智能	广东	东部	C	国有参股	80.2540	65.4990	19.3259	24.8524	52.0048	1482
002314	南山控股	广东	东部	K	国有绝对控股	86.8434	58.6154	12.9158	28.3808	53.2080	1150
002315	焦点科技	江苏	东部	I	国有参股	81.4535	89.7117	34.9606	27.1660	59.8218	159
002316	亚联发展	广东	东部	I	无国有股份	81.8910	51.7062	32.4812	24.7918	53.2065	1151
002317	众生药业	广东	东部	C	无国有股份	79.1819	69.0175	36.9560	25.8039	55.8675	577
002318	久立特材	浙江	东部	C	无国有股份	86.2980	58.6320	34.7258	27.4904	57.1317	405
002319	乐通股份	广东	东部	C	无国有股份	74.0913	65.4990	10.8996	26.2931	48.2146	2593
002320	海峡股份	海南	东部	G	国有绝对控股	75.1115	79.3340	11.5611	27.4206	51.1120	1724

续表

股票代码	公司简称	省份	地区	行业代码	控股类型	公司治理（CLCQI-CG）	社会责任（CLCQI-SR）	企业创新（CLCQI-EI）	绩效与价值（CLCQI-PV）	中国上市公司质量指数（CLCQI）	CLCQI排名
002321	*ST华英	河南	中部	A	国有弱相对控股	60.9712	65.4990	32.7214	24.5500	46.8951	2939
002322	理工环科	浙江	东部	I	无国有股份	87.0089	72.4445	11.5154	26.9165	54.7024	824
002323	*ST雅博	山东	东部	E	无国有股份	61.8653	17.2429	11.8862	26.7319	36.3928	3606
002324	普利特	上海	东部	C	无国有股份	81.0463	51.7191	16.4364	28.6614	50.6290	1871
002325	洪涛股份	广东	东部	E	无国有股份	84.7759	65.4990	38.4599	26.2261	57.9837	307
002326	永太科技	浙江	东部	C	无国有股份	71.0455	31.0276	13.2092	26.6660	42.3807	3500
002327	富安娜	广东	东部	C	国有参股	89.9300	24.1731	11.0372	27.1528	48.5936	2485
002328	新朋股份	上海	东部	C	无国有股份	76.4029	51.7390	13.8812	27.0927	47.8714	2706
002329	皇氏集团	广西	西部	C	国有参股	68.7228	44.8211	10.6977	26.3184	42.9314	3465
002330	得利斯	山东	东部	C	国有参股	85.3082	58.6116	14.2208	26.3882	52.3562	1375
002331	皖通科技	安徽	中部	I	无国有股份	80.7523	48.2954	15.4372	26.5174	49.2620	2289
002332	仙琚制药	浙江	东部	C	国有弱相对控股	83.3958	44.8325	34.1442	27.6010	53.8123	1012
002333	罗普斯金	江苏	东部	C	无国有股份	76.7122	58.6064	12.6197	26.8095	48.7022	2455
002334	英威腾	广东	东部	C	无国有股份	79.8487	37.9562	19.5352	26.8170	48.2442	2590
002335	科华数据	福建	东部	C	无国有股份	82.1237	51.7538	39.3694	29.0647	55.7526	597
002336	人人乐	广东	东部	F	国有参股	80.6275	51.7137	12.8503	27.1498	49.3656	2248
002337	赛象科技	天津	东部	C	无国有股份	75.3435	65.4915	39.1801	25.7217	54.2276	924
002338	奥普光电	吉林	东北	C	国有强相对控股	78.4170	65.5208	39.2464	27.7491	55.9815	557

续表

股票代码	公司简称	省份	地区	行业代码	控股类型	公司治理（*CLCQI-CG*）	社会责任（*CLCQI-SR*）	企业创新（*CLCQI-EI*）	绩效与价值（*CLCQI-PV*）	中国上市公司质量指数（*CLCQI*）	*CLCQI* 排名
002339	积成电子	山东	东部	C	国有弱相对控股	84.4391	72.4204	60.4992	26.4313	63.3464	29
002340	格林美	广东	东部	C	国有参股	82.1250	68.9726	59.7480	27.6383	62.0551	60
002341	新纶科技	广东	东部	C	无国有股份	77.9222	31.0358	12.7298	24.8540	44.5837	3325
002342	巨力索具	河北	东部	C	国有参股	78.8237	51.7133	33.5702	26.8159	52.7045	1268
002343	慈文传媒	浙江	东部	R	国有弱相对控股	74.6939	58.6064	12.4374	25.6641	47.5720	2783
002344	海宁皮城	浙江	东部	L	国有绝对控股	84.3844	65.5183	11.9553	27.2516	52.7855	1251
002345	潮宏基	广东	东部	C	无国有股份	84.0422	44.8484	11.9576	26.3806	49.3308	2262
002346	柘中股份	上海	东部	C	无国有股份	70.7523	72.4466	11.3310	26.6058	48.0856	2629
002347	泰尔股份	安徽	中部	C	无国有股份	71.3374	65.5569	36.9665	26.2161	52.3158	1390
002348	高乐股份	广东	东部	C	无国有股份	69.2671	58.5988	21.5927	25.4216	47.1706	2874
002349	精华制药	江苏	东部	C	国有强相对控股	66.8464	44.8211	33.5524	26.5936	46.8206	2952
002350	北京科锐	北京	东部	C	国有参股	79.9977	37.9381	13.1393	26.7261	46.9992	2917
002351	漫步者	广东	东部	C	国有参股	80.8503	51.7397	34.3467	26.9194	53.7002	1038
002352	顺丰控股	广东	东部	G	国有参股	80.1797	55.1809	41.5190	36.2545	57.7164	331
002353	杰瑞股份	山东	东部	C	无国有股份	81.7070	41.3841	14.2272	27.8469	48.6976	2462
002354	天神娱乐	辽宁	东北	I	无国有股份	80.2150	51.7137	13.6040	27.7160	49.4929	2214
002355	兴民智通	山东	东部	C	无国有股份	73.3855	51.7137	23.5774	25.3800	48.1718	2606
002356	*ST赫美	广东	东部	F	无国有股份	60.8683	31.0358	10.9978	25.5557	37.5912	3596

续表

股票代码	公司简称	省份	地区	行业代码	控股类型	公司治理（CLCQI–CG）	社会责任（CLCQI–SR）	企业创新（CLCQI–EI）	绩效与价值（CLCQI–PV）	中国上市公司质量指数（CLCQI）	CLCQI排名
002357	富临运业	四川	西部	G	无国有股份	84.2289	72.4141	11.4690	26.4834	53.4683	1096
002358	ST森源	河南	中部	C	国有参股	72.9896	51.7137	48.2109	25.3640	52.9361	1220
002360	同德化工	山西	中部	C	无国有股份	82.2823	72.4204	12.6053	27.4888	53.1692	1162
002361	神剑股份	安徽	中部	C	无国有股份	80.4414	58.6385	14.9422	26.8293	50.6681	1859
002362	汉王科技	北京	东部	C	国有参股	87.0005	58.6064	42.7244	27.7851	59.0823	219
002363	隆基机械	山东	东部	C	无国有股份	75.5945	58.6665	12.0184	26.6335	48.0998	2626
002364	中恒电气	浙江	东部	C	国有参股	60.8719	44.8530	15.8720	26.1881	40.7982	3550
002365	永安药业	湖北	中部	C	国有参股	73.1558	44.8262	54.8493	26.2583	53.5207	1080
002366	台海核电	四川	西部	C	国有参股	59.1730	31.0358	32.3321	22.7625	40.4816	3558
002367	康力电梯	江苏	东部	C	无国有股份	86.6132	51.8103	14.8366	27.3267	52.2158	1418
002368	太极股份	北京	东部	I	国有强相对控股	77.3662	65.5205	15.3608	27.1798	50.6416	1866
002369	卓翼科技	广东	东部	C	无国有股份	80.6093	31.0358	12.1382	24.9339	45.5602	3193
002370	亚太药业	浙江	东部	C	无国有股份	64.0233	17.2429	34.1036	25.8455	41.4779	3531
002371	北方华创	北京	东部	C	国有绝对控股	87.4879	75.8616	17.9696	30.4508	57.5810	346
002372	伟星新材	浙江	东部	C	无国有股份	85.7962	62.0913	15.5330	28.9347	53.9725	974
002373	千方科技	北京	东部	I	国有参股	86.7601	51.7261	36.4283	27.6275	56.6555	470
002374	中锐股份	山东	东部	C	无国有股份	79.5887	58.6064	30.2498	25.6367	53.0856	1187
002375	亚厦股份	浙江	东部	E	国有参股	80.6341	62.0619	35.3236	27.4403	55.4877	652

续表

股票代码	公司简称	省份	地区	行业代码	控股类型	公司治理（CLCQI-CG）	社会责任（CLCQI-SR）	企业创新（CLCQI-EI）	绩效与价值（CLCQI-PV）	中国上市公司质量指数（CLCQI）	CLCQI排名
002376	新北洋	山东	东部	C	国有弱相对控股	85.7758	58.6290	46.4703	26.3273	58.9806	225
002377	国创高新	湖北	中部	K	国有参股	74.5270	58.6064	37.0820	24.0314	52.0260	1473
002378	章源钨业	江西	中部	C	国有参股	77.2767	58.6064	13.0356	26.6741	48.9773	2369
002379	宏创控股	山东	东部	C	无国有股份	75.7711	58.6064	14.6951	25.3681	48.3804	2546
002380	科远智慧	江苏	东部	I	无国有股份	77.0387	51.7345	9.4575	26.7921	47.1652	2876
002381	双箭股份	浙江	东部	C	无国有股份	83.3301	58.6382	11.1485	26.9045	51.0836	1731
002382	蓝帆医疗	山东	东部	C	国有参股	88.1879	24.1527	13.9436	29.4901	49.0593	2346
002383	合众思壮	北京	东部	C	国有参股	76.4207	31.0358	19.8426	25.3436	45.5281	3202
002384	东山精密	江苏	东部	C	国有参股	83.7631	62.0617	16.5075	27.9946	53.1147	1179
002385	大北农	北京	东部	C	国有参股	78.6267	48.2976	53.2812	29.5975	56.7509	458
002386	天原股份	四川	西部	C	国有强相对控股	80.7397	44.8366	15.8780	26.4540	48.8105	2423
002387	维信诺	江苏	东部	C	无国有股份	86.4731	51.7137	14.8837	26.3134	51.9014	1516
002388	新亚制程	广东	东部	C	无国有股份	83.2552	17.2659	12.2606	25.8894	44.8164	3300
002389	航天彩虹	浙江	东部	C	国有强相对控股	82.2403	65.5049	34.4213	29.9653	57.0974	412
002390	信邦制药	贵州	西部	C	国有参股	76.8975	65.5066	9.1894	27.5444	49.3090	2275
002391	长青股份	江苏	东部	C	国有参股	71.7145	58.6183	56.7219	26.2132	55.3762	669
002392	北京利尔	北京	东部	C	无国有股份	83.4363	58.6093	16.2662	26.9048	52.1453	1437
002393	力生制药	天津	东部	C	国有绝对控股	84.4746	65.5146	34.1701	25.6894	56.8734	445

续表

股票代码	公司简称	省份	地区	行业代码	控股类型	公司治理（CLCQI-CG）	社会责任（CLCQI-SR）	企业创新（CLCQI-EI）	绩效与价值（CLCQI-PV）	中国上市公司质量指数（CLCQI）	CLCQI排名
002394	联发股份	江苏	东部	C	国有参股	83.1008	68.9695	12.2759	27.2476	52.8528	1231
002395	双象股份	江苏	东部	C	无国有股份	81.1369	65.5363	14.8795	26.4139	51.8645	1525
002396	星网锐捷	福建	东部	C	国有强相对控股	87.5398	62.0602	44.8530	26.7973	59.9949	146
002397	梦洁股份	湖南	中部	C	无国有股份	71.0983	37.9881	35.2689	26.3093	47.7686	2736
002398	垒知集团	福建	东部	C	无国有股份	80.4140	44.8284	13.4074	27.1264	48.3529	2556
002399	海普瑞	广东	东部	C	无国有股份	87.1433	58.6156	11.4449	27.2292	52.7460	1262
002400	省广集团	广东	东部	L	国有弱相对控股	69.0658	62.0640	20.9544	27.5220	48.0073	2652
002401	中远海科	上海	东部	I	国有强相对控股	74.3202	58.6141	34.2136	27.2758	52.1819	1426
002402	和而泰	广东	东部	C	无国有股份	80.5866	51.7228	60.1521	27.5804	58.9186	235
002403	爱仕达	浙江	东部	C	无国有股份	88.6982	65.5084	11.4811	26.1956	54.1506	939
002404	嘉欣丝绸	浙江	东部	C	无国有股份	91.5481	44.8531	12.0481	27.0228	52.5125	1313
002405	四维图新	北京	东部	I	国有参股	77.8720	65.5039	47.6191	26.7760	57.1922	396
002406	远东传动	河南	中部	C	无国有股份	78.0289	44.8293	36.9359	26.9484	52.0602	1465
002407	多氟多	河南	中部	C	无国有股份	78.8589	68.9491	36.5352	27.4301	56.0505	547
002408	齐翔腾达	山东	东部	C	国有参股	71.4077	62.0717	37.9592	27.2921	52.2887	1396
002409	雅克科技	江苏	东部	C	国有参股	76.8187	58.6150	12.8182	29.7478	49.5203	2204
002410	广联达	北京	东部	I	无国有股份	87.4878	89.6866	42.5687	30.9650	64.7031	17
002411	延安必康	陕西	西部	C	无国有股份	70.7333	65.5141	10.7512	24.9450	46.5069	3021

续表

股票代码	公司简称	省份	地区	行业代码	控股类型	公司治理（*CLCQI-CG*）	社会责任（*CLCQI-SR*）	企业创新（*CLCQI-EI*）	绩效与价值（*CLCQI-PV*）	中国上市公司质量指数（*CLCQI*）	*CLCQI* 排名
002412	汉森制药	湖南	中部	C	无国有股份	86.8657	58.6106	11.8469	26.1549	52.4460	1332
002413	雷科防务	江苏	东部	C	国有参股	80.3186	44.8211	39.5304	26.9821	53.5022	1087
002414	高德红外	湖北	中部	C	无国有股份	76.4444	82.7785	58.6963	32.8291	62.9411	38
002415	海康威视	浙江	东部	C	国有强相对控股	76.8445	82.7891	33.2286	36.2122	58.8549	240
002416	爱施德	广东	东部	F	无国有股份	79.1056	58.6548	34.5105	27.4150	54.1963	933
002417	深南股份	广东	东部	I	无国有股份	75.5840	41.3785	12.2981	27.2943	45.7236	3167
002418	康盛股份	浙江	东部	C	无国有股份	77.9221	31.0358	11.0620	26.0298	44.5441	3334
002419	天虹股份	广东	东部	F	国有强相对控股	80.9121	68.9776	11.5160	26.5080	51.6417	1581
002420	毅昌股份	广东	东部	C	无国有股份	76.1354	31.0358	42.2736	26.5142	50.1928	2016
002421	达实智能	广东	东部	I	无国有股份	75.4752	58.6395	32.0655	27.0712	52.1669	1430
002422	科伦药业	四川	西部	C	国有参股	86.1815	96.5634	38.0475	26.9412	63.3019	30
002424	贵州百灵	贵州	西部	C	国有参股	74.9551	58.6259	10.8992	26.4865	47.5774	2781
002425	凯撒文化	广东	东部	I	无国有股份	75.2892	31.0435	20.7459	27.1936	45.7198	3168
002426	胜利精密	江苏	东部	C	无国有股份	67.6750	51.7137	17.7110	26.4016	44.9697	3287
002427	ST尤夫	浙江	东部	C	无国有股份	72.6986	44.8211	32.5163	24.6634	48.4717	2512
002428	云南锗业	云南	西部	C	国有参股	73.7192	58.6064	32.9380	27.8559	51.8302	1531
002429	兆驰股份	广东	东部	C	国有参股	77.5776	44.8211	14.9610	28.8576	47.9608	2673
002430	杭氧股份	浙江	东部	C	国有绝对控股	73.1694	58.6187	34.9086	29.4281	52.3993	1351

续表

股票代码	公司简称	省份	地区	行业代码	控股类型	公司治理（CLCQI-CG）	社会责任（CLCQI-SR）	企业创新（CLCQI-EI）	绩效与价值（CLCQI-PV）	中国上市公司质量指数（CLCQI）	CLCQI排名
002431	棕榈股份	河南	中部	E	国有参股	83.4255	62.0565	13.8377	27.4341	52.3047	1394
002432	九安医疗	天津	东部	C	无国有股份	85.0280	58.6104	37.6901	28.7549	57.5295	351
002433	太安堂	广东	东部	C	无国有股份	67.8071	79.3073	9.3397	25.9702	47.3794	2834
002434	万里扬	浙江	东部	C	国有参股	83.2724	51.7449	16.1330	26.8267	51.0040	1753
002435	长江健康	江苏	东部	C	无国有股份	73.6108	58.6315	10.8339	26.4488	47.0180	2909
002436	兴森科技	广东	东部	C	国有参股	76.3397	58.6211	33.9612	27.2721	52.9393	1217
002437	誉衡药业	黑龙江	东北	C	国有参股	75.3598	37.9284	10.1864	26.7217	44.5509	3331
002438	江苏神通	江苏	东部	C	无国有股份	87.6424	65.5048	39.6014	27.7520	59.7410	165
002439	启明星辰	北京	东部	I	无国有股份	77.4550	65.5014	37.3381	27.5416	55.1603	716
002440	闰土股份	浙江	东部	C	国有参股	79.4988	58.6247	12.6993	26.6346	49.7917	2120
002441	众业达	广东	东部	F	无国有股份	79.9140	72.4316	16.6495	27.0412	52.9205	1225
002442	龙星化工	河北	东部	C	国有参股	66.3723	37.9381	15.1750	26.0300	41.7821	3521
002443	金洲管道	浙江	东部	C	无国有股份	80.7492	58.6259	15.0374	27.0447	50.8622	1797
002444	巨星科技	浙江	东部	C	国有参股	80.7313	44.8243	15.0152	30.8417	49.7296	2139
002445	中南文化	江苏	东部	R	无国有股份	71.5124	48.2636	13.4228	27.9152	45.5079	3206
002446	盛路通信	广东	东部	C	无国有股份	80.4177	65.4990	17.2254	26.1139	51.9655	1494
002447	*ST晨鑫	辽宁	东北	I	无国有股份	72.1690	44.8211	14.1026	27.0769	45.1805	3255
002448	中原内配	河南	中部	C	无国有股份	83.3628	44.8359	34.9266	26.6652	53.7221	1031

续表

股票代码	公司简称	省份	地区	行业代码	控股类型	公司治理（CLCQI-CG）	社会责任（CLCQI-SR）	企业创新（CLCQI-EI）	绩效与价值（CLCQI-PV）	中国上市公司质量指数（CLCQI）	CLCQI排名
002449	国星光电	广东	东部	C	国有弱相对控股	96.8904	55.1837	33.0795	26.1072	60.1764	133
002451	摩恩电气	上海	东部	C	无国有股份	75.3794	41.3634	12.0156	26.5000	45.3844	3225
002452	长高集团	湖南	中部	C	无国有股份	75.0647	44.8444	16.1219	27.0199	46.7319	2972
002453	华软科技	江苏	东部	I	无国有股份	77.4298	24.1431	8.6897	26.6439	42.9923	3462
002454	松芝股份	上海	东部	C	国有参股	75.2939	68.9589	15.4852	26.9253	50.2898	1970
002455	百川股份	江苏	东部	C	无国有股份	77.3390	44.8470	13.3679	26.3181	46.9158	2933
002456	欧菲光	广东	东部	C	无国有股份	72.2838	55.1638	39.4393	26.2561	51.6400	1582
002457	青龙管业	宁夏	西部	C	无国有股份	77.4891	44.8378	31.9545	26.3092	50.6895	1848
002458	益生股份	山东	东部	A	无国有股份	85.8875	58.6226	54.3217	25.2768	60.3319	121
002459	晶澳科技	河北	东部	C	国有参股	81.7297	44.8340	34.6929	31.6838	54.2765	914
002460	赣锋锂业	江西	中部	C	无国有股份	80.5020	75.8748	11.4164	31.3330	53.6985	1039
002461	珠江啤酒	广东	东部	C	国有绝对控股	80.4254	44.8437	32.6603	27.9628	52.4195	1347
002462	嘉事堂	北京	东部	F	国有强相对控股	78.5136	55.1752	17.1024	27.5035	49.9781	2081
002463	沪电股份	江苏	东部	C	国有参股	83.2578	58.6192	14.5766	27.6168	51.9155	1511
002464	*ST众应	浙江	东部	I	无国有股份	64.2811	41.3710	2.9994	25.5846	38.9141	3582
002465	海格通信	广东	东部	C	国有弱相对控股	82.7215	75.8828	18.4481	27.0351	54.9194	770
002466	天齐锂业	四川	西部	C	无国有股份	82.8963	62.0565	7.7084	27.3693	50.8510	1805
002467	二六三	北京	东部	I	国有参股	76.4216	51.7406	11.7536	27.2489	47.4927	2809

续表

股票代码	公司简称	省份	地区	行业代码	控股类型	公司治理（*CLCQI–CG*）	社会责任（*CLCQI–SR*）	企业创新（*CLCQI–EI*）	绩效与价值（*CLCQI–PV*）	中国上市公司质量指数（*CLCQI*）	*CLCQI* 排名
002468	申通快递	浙江	东部	G	无国有股份	78.8355	75.8615	16.9713	26.0456	52.8191	1242
002469	三维化学	山东	东部	C	国有参股	72.4579	58.6402	37.5638	27.3519	52.1299	1446
002470	*ST金正	山东	东部	C	国有参股	58.2974	24.1431	11.1687	24.9852	35.4205	3612
002471	中超控股	江苏	东部	C	无国有股份	74.6716	51.7288	15.9394	26.4847	47.4370	2819
002472	双环传动	浙江	东部	C	国有参股	77.8515	58.6185	13.1415	26.8914	49.2845	2284
002473	*ST圣莱	浙江	东部	C	无国有股份	60.1701	34.4859	62.9839	25.8713	48.3055	2575
002474	榕基软件	福建	东部	I	无国有股份	79.9502	62.0619	35.6552	26.2703	54.9880	752
002475	立讯精密	广东	东部	C	国有参股	80.7941	75.8771	23.7187	35.1565	57.2321	392
002476	宝莫股份	山东	东部	C	无国有股份	78.3727	44.8135	32.8095	26.1786	51.1777	1705
002478	常宝股份	江苏	东部	C	无国有股份	83.5406	24.1558	11.2458	25.9093	45.7661	3161
002479	富春环保	浙江	东部	D	国有弱相对控股	89.7530	62.0837	16.5392	26.4414	55.1319	720
002480	新筑股份	四川	西部	C	国有强相对控股	77.9653	58.6064	34.2950	26.6773	53.5054	1085
002481	双塔食品	山东	东部	C	无国有股份	75.9697	65.5099	33.8640	28.5254	54.1185	945
002482	广田集团	广东	东部	E	国有参股	79.5264	44.8211	36.2898	26.1307	52.3244	1385
002483	润邦股份	江苏	东部	C	无国有股份	89.1436	58.6192	12.8462	27.2008	53.8198	1009
002484	江海股份	江苏	东部	C	国有参股	85.2963	51.7262	35.5852	27.4285	55.8516	580
002485	希努尔	山东	东部	N	无国有股份	86.9292	65.5019	10.9665	25.5309	53.1730	1159
002486	嘉麟杰	上海	东部	C	无国有股份	84.6958	65.5066	33.9046	26.4977	57.1096	410

续表

股票代码	公司简称	省份	地区	行业代码	控股类型	公司治理（CLCQI–CG）	社会责任（CLCQI–SR）	企业创新（CLCQI–EI）	绩效与价值（CLCQI–PV）	中国上市公司质量指数（CLCQI）	CLCQI排名
002487	大金重工	辽宁	东北	C	无国有股份	72.9884	44.8076	13.0628	28.0952	45.5528	3195
002488	金固股份	浙江	东部	C	国有参股	71.6438	45.0155	12.1994	26.2079	44.4017	3357
002489	浙江永强	浙江	东部	C	无国有股份	82.0895	58.6424	14.5651	26.6652	51.2115	1694
002490	山东墨龙	山东	东部	C	无国有股份	79.1370	44.8135	33.8249	25.9468	51.6285	1584
002491	通鼎互联	江苏	东部	C	无国有股份	80.2071	58.6064	15.5125	25.9085	50.4534	1920
002493	荣盛石化	浙江	东部	C	无国有股份	84.0118	96.5599	17.9491	36.2739	60.7470	103
002494	华斯股份	河北	东部	C	国有参股	83.9171	51.6987	30.7334	24.9705	53.7109	1033
002495	佳隆股份	广东	东部	C	无国有股份	78.6234	44.8108	10.1602	26.0901	46.7255	2978
002496	ST辉丰	江苏	东部	C	无国有股份	70.9047	24.1431	32.2054	26.2673	44.9912	3283
002497	雅化集团	四川	西部	C	国有参股	82.9775	58.6104	32.9526	29.8368	56.0323	548
002498	汉缆股份	山东	东部	C	无国有股份	79.7195	68.9777	58.0445	27.4667	60.7101	105
002501	*ST利源	吉林	东北	C	国有参股	71.6572	24.1431	7.5187	31.0316	41.5460	3528
002502	鼎龙文化	广东	东部	R	无国有股份	81.4225	31.0358	14.4803	26.1698	46.6629	2987
002503	搜于特	广东	东部	C	国有参股	66.8047	58.6064	12.7940	25.7981	44.5212	3340
002504	ST弘高	北京	东部	E	国有参股	59.7680	41.3710	7.0744	25.9182	38.0073	3592
002505	鹏都农牧	湖南	中部	F	无国有股份	78.3937	62.0565	12.1505	27.5379	49.9805	2080
002506	协鑫集成	上海	东部	C	国有参股	90.5155	24.1431	31.7109	25.8887	52.6420	1281
002507	涪陵榨菜	重庆	西部	C	国有强相对控股	93.5207	51.7162	10.8044	31.4150	55.1803	708

续表

股票代码	公司简称	省份	地区	行业代码	控股类型	公司治理（CLCQI-CG）	社会责任（CLCQI-SR）	企业创新（CLCQI-EI）	绩效与价值（CLCQI-PV）	中国上市公司质量指数（CLCQI）	CLCQI 排名
002508	老板电器	浙江	东部	C	无国有股份	69.3039	55.1806	19.0704	28.8340	47.0212	2908
002510	天汽模	天津	东部	C	无国有股份	73.1816	51.7137	36.6915	25.7601	50.8080	1818
002511	中顺洁柔	广东	东部	C	无国有股份	82.2852	27.5919	15.0260	28.7363	47.2421	2861
002512	达华智能	福建	东部	C	无国有股份	71.2667	65.4990	37.4666	25.8373	52.2842	1398
002513	蓝丰生化	江苏	东部	C	国有参股	68.5032	31.0358	32.2714	25.5390	44.8957	3297
002514	宝馨科技	江苏	东部	C	无国有股份	79.1338	79.2994	32.8388	25.1063	56.3928	500
002515	金字火腿	浙江	东部	C	国有参股	75.7732	58.6477	33.8075	27.7697	52.8104	1245
002516	旷达科技	江苏	东部	C	国有参股	74.1574	58.6908	30.8943	27.0729	51.4137	1645
002517	恺英网络	福建	东部	I	无国有股份	73.0249	62.0791	19.3473	28.1267	49.4230	2231
002518	科士达	广东	东部	C	无国有股份	80.1979	65.5180	14.0285	26.9981	51.4621	1634
002519	银河电子	江苏	东部	C	国有参股	81.0947	51.7062	14.0927	26.7380	49.6968	2152
002520	日发精机	浙江	东部	C	无国有股份	90.7129	55.1647	14.4166	26.2514	54.0060	965
002521	齐峰新材	山东	东部	C	国有参股	77.8411	72.4156	13.7600	26.2945	51.3244	1662
002522	浙江众成	浙江	东部	C	无国有股份	74.6118	44.8491	32.3856	26.6950	49.7230	2143
002523	天桥起重	湖南	中部	C	国有强相对控股	84.7864	48.2926	35.5989	26.1498	54.8157	797
002524	光正眼科	新疆	西部	Q	无国有股份	70.0867	58.6064	12.6875	27.0508	46.1259	3095
002526	山东矿机	山东	东部	C	无国有股份	75.2634	65.5009	53.7339	26.3983	57.2768	383
002527	新时达	上海	东部	C	无国有股份	83.8981	62.0565	39.7931	26.6722	57.4944	356

续表

股票代码	公司简称	省份	地区	行业代码	控股类型	公司治理（*CLCQI-CG*）	社会责任（*CLCQI-SR*）	企业创新（*CLCQI-EI*）	绩效与价值（*CLCQI-PV*）	中国上市公司质量指数（*CLCQI*）	*CLCQI* 排名
002528	英飞拓	广东	东部	C	国有弱相对控股	83.3872	58.6064	15.4745	25.8425	51.7014	1564
002529	海源复材	福建	东部	C	无国有股份	72.0391	51.7137	11.6169	27.1358	45.6800	3177
002530	金财互联	江苏	东部	I	无国有股份	79.7627	48.2636	32.8761	24.9673	51.9617	1497
002531	天顺风能	江苏	东部	C	国有参股	75.6305	34.4896	11.6417	27.6049	44.6552	3315
002532	天山铝业	浙江	东部	C	无国有股份	68.3239	44.8355	36.3002	27.9738	48.3084	2573
002533	金杯电工	湖南	中部	C	国有参股	82.6751	65.5350	17.1583	26.7426	53.0176	1203
002534	杭锅股份	浙江	东部	C	国有参股	80.4960	58.6362	15.8536	27.4890	51.0368	1743
002535	ST林重	河南	中部	C	无国有股份	63.2079	34.4859	9.5437	25.7899	38.8123	3583
002536	飞龙股份	河南	中部	C	国有参股	82.5672	58.6348	13.2042	26.6170	51.1172	1722
002537	海联金汇	山东	东部	C	国有参股	74.1077	58.6064	14.1011	26.7550	47.9430	2682
002538	司尔特	安徽	中部	C	国有参股	86.1254	44.8383	11.8197	27.1513	50.3277	1962
002539	云图控股	四川	西部	C	无国有股份	81.4798	44.8480	13.7081	27.5861	48.9573	2375
002540	亚太科技	江苏	东部	C	国有参股	74.8455	58.6478	14.7241	27.0732	48.4485	2520
002541	鸿路钢构	安徽	中部	C	国有参股	66.8525	44.8276	13.8174	31.1385	44.0133	3391
002542	中化岩土	北京	东部	E	国有弱相对控股	80.5565	37.9373	34.3262	26.6870	51.4502	1637
002543	万和电气	广东	东部	C	国有参股	74.2469	41.3987	16.4908	26.8682	45.9238	3131
002544	杰赛科技	广东	东部	I	国有强相对控股	76.4917	48.2980	35.1208	27.1640	51.6565	1575
002545	东方铁塔	山东	东部	C	国有参股	78.4254	51.7302	12.7058	26.5579	48.3103	2572

续表

股票代码	公司简称	省份	地区	行业代码	控股类型	公司治理（*CLCQI–CG*）	社会责任（*CLCQI–SR*）	企业创新（*CLCQI–EI*）	绩效与价值（*CLCQI–PV*）	中国上市公司质量指数（*CLCQI*）	*CLCQI* 排名
002546	新联电子	江苏	东部	C	无国有股份	72.6438	65.5185	14.5942	26.3199	48.3841	2545
002547	春兴精工	江苏	东部	C	无国有股份	82.1629	37.9284	14.2187	24.7616	47.5886	2777
002548	金新农	广东	东部	C	无国有股份	82.2464	55.1638	11.0565	27.2557	50.1984	2013
002549	凯美特气	湖南	中部	N	国有参股	85.5526	51.7572	14.3387	27.7470	51.7891	1545
002550	千红制药	江苏	东部	C	无国有股份	77.6423	58.6789	54.1985	26.1347	57.2321	391
002551	尚荣医疗	广东	东部	C	国有参股	74.8433	65.5192	11.2474	27.5095	48.8920	2395
002552	宝鼎科技	浙江	东部	C	国有强相对控股	77.6377	58.6139	11.5259	26.1962	48.7014	2458
002553	南方轴承	江苏	东部	C	国有参股	73.5621	58.6187	35.9620	29.0302	52.6676	1273
002554	惠博普	湖南	中部	B	国有参股	83.7373	65.4990	16.6453	25.5310	53.0316	1199
002555	三七互娱	安徽	中部	I	无国有股份	83.1551	68.9733	20.7869	29.3466	55.1021	729
002556	辉隆股份	安徽	中部	F	无国有股份	75.1509	51.7402	17.1598	27.4555	48.1172	2618
002557	洽洽食品	安徽	中部	C	无国有股份	92.7025	68.9822	11.4149	29.1158	56.9903	426
002558	巨人网络	重庆	西部	I	无国有股份	76.4455	68.9634	21.5181	27.9931	52.2246	1414
002559	亚威股份	江苏	东部	C	无国有股份	80.3962	44.8433	34.1476	26.4261	52.3210	1386
002560	通达股份	河南	中部	C	国有参股	74.4001	72.4265	34.0246	27.3240	54.2600	920
002561	徐家汇	上海	东部	F	国有强相对控股	77.4313	58.6300	9.0011	26.3916	48.1652	2607
002562	兄弟科技	浙江	东部	C	国有参股	76.3286	37.9728	32.4025	26.7037	49.3838	2244
002563	森马服饰	浙江	东部	C	无国有股份	78.1666	51.7462	16.5739	26.9574	49.0827	2336

续表

股票代码	公司简称	省份	地区	行业代码	控股类型	公司治理（CLCQI-CG）	社会责任（CLCQI-SR）	企业创新（CLCQI-EI）	绩效与价值（CLCQI-PV）	中国上市公司质量指数（CLCQI）	CLCQI排名
002564	天沃科技	江苏	东部	E	国有弱相对控股	77.0481	44.8211	13.2761	25.6636	46.6135	2999
002565	顺灏股份	上海	东部	C	无国有股份	84.8195	55.1638	11.7571	25.9248	51.0350	1745
002566	益盛药业	吉林	东北	C	无国有股份	75.5970	65.4969	11.1812	26.2869	48.8713	2406
002567	唐人神	湖南	中部	C	国有参股	79.1419	31.0438	16.7357	27.3047	46.4866	3027
002568	百润股份	上海	东部	C	无国有股份	75.4722	51.7473	11.1411	33.6691	48.5965	2484
002569	ST步森	浙江	东部	C	无国有股份	54.9263	51.7137	8.6052	26.0816	37.9690	3593
002570	贝因美	浙江	东部	C	无国有股份	86.8655	58.6064	9.5034	26.4553	52.0517	1469
002571	德力股份	安徽	中部	C	无国有股份	75.7092	58.5988	8.5497	27.7716	47.7264	2750
002572	索菲亚	广东	东部	C	国有参股	89.8773	62.0932	34.8287	28.1285	59.2628	204
002573	清新环境	北京	东部	N	国有弱相对控股	73.8753	51.7308	14.8598	26.9339	47.0152	2911
002574	明牌珠宝	浙江	东部	C	无国有股份	74.8176	79.2994	14.5900	25.7064	51.1666	1708
002575	*ST群兴	广东	东部	C	无国有股份	60.7506	31.0358	35.1810	26.8263	42.6984	3481
002576	通达动力	江苏	东部	C	无国有股份	71.5154	44.8167	34.3247	26.9505	48.9313	2382
002577	雷柏科技	广东	东部	C	无国有股份	73.9880	51.7062	16.7490	26.5747	47.3446	2843
002578	闽发铝业	福建	东部	C	国有弱相对控股	81.4022	55.1726	13.1079	26.4748	50.0770	2047
002579	中京电子	广东	东部	C	国有参股	82.7380	58.6115	35.4104	26.4279	55.5760	629
002580	圣阳股份	山东	东部	C	国有弱相对控股	79.4004	58.6200	36.4119	26.4840	54.4565	883
002581	未名医药	山东	东部	C	国有弱相对控股	68.0378	51.7137	12.1996	28.3706	44.5047	3345

续表

股票代码	公司简称	省份	地区	行业代码	控股类型	公司治理（CLCQI–CG）	社会责任（CLCQI–SR）	企业创新（CLCQI–EI）	绩效与价值（CLCQI–PV）	中国上市公司质量指数（CLCQI）	CLCQI排名
002582	好想你	河南	中部	C	无国有股份	79.5004	62.0744	10.9030	29.5972	50.6912	1847
002583	海能达	广东	东部	C	无国有股份	84.4971	55.1698	42.7930	25.9252	57.1142	409
002584	西陇科学	广东	东部	C	无国有股份	79.3135	58.6064	16.7130	26.9622	50.5995	1878
002585	双星新材	江苏	东部	C	国有参股	74.5449	58.6253	12.6496	28.7048	48.3179	2569
002586	*ST围海	浙江	东部	E	无国有股份	62.5511	51.7288	32.2652	25.8063	45.6844	3176
002587	奥拓电子	广东	东部	C	国有参股	80.2985	65.5265	14.1713	25.6625	51.1983	1697
002588	史丹利	山东	东部	C	国有参股	72.7645	58.6164	15.0807	27.7166	47.8436	2715
002589	瑞康医药	山东	东部	F	国有参股	76.0356	44.8567	11.6822	26.5946	46.1278	3093
002590	万安科技	浙江	东部	C	无国有股份	80.0127	58.6274	14.9237	26.5631	50.4247	1924
002591	恒大高新	江西	中部	C	无国有股份	81.5552	72.3917	11.5507	24.3281	51.8730	1523
002592	ST八菱	广西	西部	C	无国有股份	71.9424	51.7288	12.9570	22.9845	44.8738	3299
002593	日上集团	福建	东部	C	无国有股份	78.7531	44.8336	13.8180	26.4301	47.5974	2773
002594	比亚迪	广东	东部	C	国有参股	89.5363	68.9743	33.0738	37.7217	62.2058	56
002595	豪迈科技	山东	东部	C	国有参股	86.9648	48.2819	36.0218	28.5815	56.3780	501
002596	海南瑞泽	海南	东部	C	无国有股份	82.5720	51.7137	10.3087	26.2296	49.4050	2236
002597	金禾实业	安徽	中部	C	无国有股份	85.6221	65.5134	13.1100	28.3490	53.7851	1018
002598	山东章鼓	山东	东部	C	国有强相对控股	81.9063	72.4302	54.7736	26.4990	61.2065	84
002599	盛通股份	北京	东部	C	无国有股份	83.6763	41.3710	11.6471	25.5158	48.3845	2544

续表

股票代码	公司简称	省份	地区	行业代码	控股类型	公司治理（*CLCQI-CG*）	社会责任（*CLCQI-SR*）	企业创新（*CLCQI-EI*）	绩效与价值（*CLCQI-PV*）	中国上市公司质量指数（*CLCQI*）	*CLCQI* 排名
002600	领益智造	广东	东部	C	无国有股份	83.3408	75.8832	37.0416	28.3303	59.2097	209
002601	龙佰集团	河南	中部	C	无国有股份	79.6001	65.5396	13.1419	30.0532	51.8127	1539
002602	世纪华通	浙江	东部	I	国有参股	81.9936	31.0386	16.7572	27.8091	47.7569	2739
002603	以岭药业	河北	东部	C	无国有股份	80.8746	58.6361	16.1447	29.4217	51.7296	1559
002605	姚记科技	上海	东部	I	无国有股份	78.1709	68.9685	13.7500	29.0459	51.6251	1585
002606	大连电瓷	辽宁	东北	C	国有参股	69.0186	44.8266	11.9081	27.3038	43.5390	3431
002607	中公教育	安徽	中部	P	无国有股份	78.7227	55.1847	16.9991	40.4953	53.2904	1135
002608	江苏国信	江苏	东部	D	国有绝对控股	83.6925	44.8410	15.7325	28.4534	50.4630	1919
002609	捷顺科技	广东	东部	I	无国有股份	76.2319	51.7573	30.8807	26.8915	51.1554	1711
002610	爱康科技	江苏	东部	C	无国有股份	69.3850	65.4990	30.6262	27.9641	50.6951	1846
002611	东方精工	广东	东部	C	国有参股	86.9968	65.4990	12.5374	26.2499	53.6935	1041
002612	朗姿股份	北京	东部	C	无国有股份	72.4290	65.5487	13.0673	28.8982	48.6419	2477
002613	北玻股份	河南	中部	C	无国有股份	73.2593	58.6411	14.6009	27.1730	47.8133	2724
002614	奥佳华	福建	东部	C	无国有股份	75.6544	68.9705	15.4370	27.4630	50.5605	1890
002615	哈尔斯	浙江	东部	C	国有参股	88.5220	65.5232	15.0052	25.8894	54.7107	822
002616	长青集团	广东	东部	N	无国有股份	82.2665	24.1686	13.2542	27.0686	45.9499	3127
002617	露笑科技	浙江	东部	C	无国有股份	66.4953	37.9284	10.6698	27.5198	41.3013	3535
002618	*ST丹邦	广东	东部	C	无国有股份	56.8700	37.9284	18.9696	24.0428	38.2419	3588

续表

股票代码	公司简称	省份	地区	行业代码	控股类型	公司治理（CLCQI-CG）	社会责任（CLCQI-SR）	企业创新（CLCQI-EI）	绩效与价值（CLCQI-PV）	中国上市公司质量指数（CLCQI）	CLCQI排名
002619	*ST艾格	浙江	东部	I	无国有股份	57.3752	55.1563	18.3493	24.8520	41.1064	3541
002620	瑞和股份	广东	东部	E	无国有股份	74.5273	55.1641	15.0717	26.8149	47.8036	2726
002621	美吉姆	辽宁	东北	P	无国有股份	80.5733	65.4990	12.4934	25.0754	50.8217	1816
002622	融钰集团	吉林	东北	C	无国有股份	76.8662	58.6215	11.5922	25.9794	48.3530	2555
002623	亚玛顿	江苏	东部	C	国有参股	81.1384	44.8211	34.1204	28.7460	53.1891	1155
002624	完美世界	浙江	东部	I	国有参股	83.7006	68.9650	21.3898	28.5122	55.2310	694
002625	光启技术	广东	东部	C	无国有股份	63.7929	37.9284	13.1510	29.5509	41.2244	3538
002626	金达威	福建	东部	C	国有参股	80.9184	24.1627	12.5691	29.4963	45.8797	3138
002627	三峡旅游	湖北	中部	G	国有强相对控股	86.4752	65.5337	12.3522	26.5108	53.5183	1081
002629	ST仁智	浙江	东部	B	无国有股份	80.5632	17.2429	11.7594	26.8476	43.8755	3409
002630	华西能源	四川	西部	C	无国有股份	81.5264	51.7137	53.4473	26.0707	57.5748	347
002631	德尔未来	江苏	东部	C	无国有股份	85.3240	79.3291	11.5682	26.2413	54.9029	775
002632	道明光学	浙江	东部	C	无国有股份	81.5079	37.9543	11.1988	26.5323	47.1692	2875
002633	申科股份	浙江	东部	C	无国有股份	71.8313	58.6139	10.4347	26.2529	46.1748	3084
002634	棒杰股份	浙江	东部	C	国有参股	78.6021	24.1280	11.3951	26.3995	43.9390	3400
002635	安洁科技	江苏	东部	C	国有参股	78.5885	55.1976	14.4777	26.9282	49.3426	2257
002636	金安国纪	上海	东部	C	无国有股份	70.3500	44.8092	13.2676	26.8151	44.2187	3375
002637	赞宇科技	浙江	东部	C	国有参股	84.0209	31.0440	37.9671	27.2819	52.6789	1272

续表

股票代码	公司简称	省份	地区	行业代码	控股类型	公司治理（CLCQI-CG）	社会责任（CLCQI-SR）	企业创新（CLCQI-EI）	绩效与价值（CLCQI-PV）	中国上市公司质量指数（CLCQI）	CLCQI排名
002638	勤上股份	广东	东部	C	无国有股份	61.1142	34.4783	10.4433	25.2853	38.0274	3590
002639	雪人股份	福建	东部	C	无国有股份	79.8884	48.2712	34.8831	25.7247	52.6038	1293
002640	*ST跨境	山西	中部	F	国有参股	77.9218	44.8211	18.8624	24.8849	47.8856	2703
002641	永高股份	浙江	东部	C	国有参股	78.8688	55.1819	36.7895	27.5214	54.0631	956
002642	荣联科技	北京	东部	I	无国有股份	80.4117	44.8211	14.3570	24.8313	47.9671	2672
002643	万润股份	山东	东部	C	国有弱相对控股	79.9746	58.6233	15.3766	27.9673	50.8505	1806
002644	佛慈制药	甘肃	西部	C	国有绝对控股	80.4580	58.6239	10.4130	26.4796	49.6793	2156
002645	华宏科技	江苏	东部	C	无国有股份	75.7246	55.1590	36.4295	26.9426	52.5853	1298
002646	青青稞酒	青海	西部	C	国有参股	81.7260	75.9589	11.8427	27.7886	53.3999	1112
002647	仁东控股	浙江	东部	J	国有参股	72.4402	55.1714	20.1054	25.5897	47.6703	2757
002648	卫星石化	浙江	东部	C	无国有股份	75.6513	58.6048	33.3509	28.8415	52.9318	1223
002649	博彦科技	北京	东部	I	无国有股份	83.6971	51.7184	9.3591	26.8119	49.8114	2117
002650	加加食品	湖南	中部	C	无国有股份	74.5870	37.9337	10.7346	28.0888	44.6940	3312
002651	利君股份	四川	西部	C	无国有股份	83.2273	31.0421	32.2116	28.8078	51.5915	1594
002652	扬子新材	江苏	东部	C	国有参股	66.6431	65.5141	12.9424	25.9485	45.5599	3194
002653	海思科	西藏	西部	C	国有参股	75.1693	44.8433	16.6202	26.7924	46.8163	2957
002654	万润科技	广东	东部	L	国有弱相对控股	84.4212	55.1563	16.7040	26.4484	51.9948	1484
002655	共达电声	山东	东部	C	无国有股份	78.5442	55.1563	19.1424	26.0305	50.0272	2067

续表

股票代码	公司简称	省份	地区	行业代码	控股类型	公司治理（CLCQI-CG）	社会责任（CLCQI-SR）	企业创新（CLCQI-EI）	绩效与价值（CLCQI-PV）	中国上市公司质量指数（CLCQI）	CLCQI排名
002656	ST摩登	广东	东部	C	无国有股份	63.2794	41.3710	12.2626	25.0630	40.2357	3566
002657	中科金财	北京	东部	I	国有参股	75.2663	58.6064	16.7251	25.9323	48.7256	2443
002658	雪迪龙	北京	东部	C	国有参股	81.3287	55.1833	37.5606	26.2561	54.8851	776
002659	凯文教育	北京	东部	P	国有弱相对控股	69.3520	58.6064	9.9142	24.8817	44.7350	3307
002660	茂硕电源	广东	东部	C	国有参股	82.6600	58.6064	32.8047	26.4068	55.0176	747
002661	克明食品	湖南	中部	C	国有参股	77.4077	58.6241	12.3592	27.9623	49.2191	2303
002662	京威股份	北京	东部	C	无国有股份	76.3872	37.9284	32.2245	27.1033	49.4649	2221
002663	普邦股份	广东	东部	E	国有参股	77.8371	65.4990	54.2392	26.0529	58.3208	280
002664	长鹰信质	浙江	东部	C	无国有股份	75.2384	65.5043	14.9320	26.6768	49.5766	2186
002665	首航高科	甘肃	西部	C	国有参股	67.6011	51.7137	32.1854	25.1180	47.5141	2801
002666	德联集团	广东	东部	C	无国有股份	83.3066	44.8453	14.1265	26.6971	49.5490	2196
002667	鞍重股份	辽宁	东北	C	无国有股份	80.4413	41.3781	15.1267	26.3696	48.0010	2655
002668	奥马电器	广东	东部	C	无国有股份	80.1678	44.8211	12.4974	25.8988	47.7644	2737
002669	康达新材	上海	东部	C	国有弱相对控股	77.2574	44.8231	36.9573	27.5123	51.8960	1517
002671	龙泉股份	山东	东部	C	无国有股份	82.5061	51.7137	10.1805	25.8082	49.2477	2291
002672	东江环保	广东	东部	C	国有绝对控股	86.1141	44.8322	11.7409	26.6041	50.1697	2020
002674	兴业科技	福建	东部	C	国有参股	73.5319	48.3264	11.8980	26.9088	45.7685	3160
002675	东诚药业	山东	东部	C	无国有股份	82.6644	58.6303	11.4625	27.4230	51.0086	1751

续表

股票代码	公司简称	省份	地区	行业代码	控股类型	公司治理（CLCQI-CG）	社会责任（CLCQI-SR）	企业创新（CLCQI-EI）	绩效与价值（CLCQI-PV）	中国上市公司质量指数（CLCQI）	CLCQI排名
002676	顺威股份	广东	东部	C	无国有股份	77.4384	37.9133	14.2208	26.4431	46.1173	3097
002677	浙江美大	浙江	东部	C	国有参股	80.9643	51.7411	12.9135	27.9722	49.7226	2144
002678	珠江钢琴	广东	东部	C	国有绝对控股	85.7455	65.5151	34.2438	26.4763	57.5933	343
002679	福建金森	福建	东部	A	国有绝对控股	73.7795	44.8249	30.8512	26.1853	48.9521	2377
002681	奋达科技	广东	东部	C	无国有股份	85.9191	58.6064	13.8134	26.8113	52.6241	1288
002682	龙洲股份	福建	东部	G	国有强相对控股	74.5729	48.2636	13.0012	25.3975	46.0183	3114
002683	宏大爆破	广东	东部	B	国有弱相对控股	72.9461	44.8418	17.1767	28.6070	46.4918	3025
002684	*ST猛狮	河南	中部	C	无国有股份	63.6428	51.7137	31.6348	23.6946	45.4648	3211
002685	华东重机	江苏	东部	C	无国有股份	75.4831	65.4990	36.0405	24.6211	53.3815	1115
002686	亿利达	浙江	东部	C	国有强相对控股	75.7293	44.8211	34.9957	26.6229	50.6697	1858
002687	乔治白	浙江	东部	C	无国有股份	86.4767	72.4131	54.9700	26.5882	63.0937	34
002688	金河生物	内蒙古	西部	C	无国有股份	81.0458	31.0738	11.7146	26.3344	46.0059	3118
002689	远大智能	辽宁	东北	C	无国有股份	70.0903	51.7137	12.9603	26.4764	45.0043	3281
002690	美亚光电	安徽	中部	C	无国有股份	77.9015	65.5495	21.9887	28.0216	52.3962	1355
002691	冀凯股份	河北	东部	C	无国有股份	69.6486	55.1861	32.4565	25.7560	49.0677	2342
002692	ST远程	江苏	东部	C	国有弱相对控股	67.3325	51.7137	14.6846	25.7712	44.0698	3388
002693	双成药业	海南	东部	C	无国有股份	82.5626	62.0640	15.2971	26.0305	51.9017	1515
002694	顾地科技	湖北	中部	C	无国有股份	66.6749	51.7137	13.0898	25.5262	43.4265	3437

续表

股票代码	公司简称	省份	地区	行业代码	控股类型	公司治理（CLCQI-CG）	社会责任（CLCQI-SR）	企业创新（CLCQI-EI）	绩效与价值（CLCQI-PV）	中国上市公司质量指数（CLCQI）	CLCQI排名
002695	煌上煌	江西	中部	C	无国有股份	79.4432	58.6173	13.4393	27.9162	50.2368	1995
002696	百洋股份	广西	西部	A	无国有股份	81.0594	65.4990	16.5659	26.2666	52.1284	1448
002697	红旗连锁	四川	西部	F	国有参股	64.9816	44.8316	15.0196	27.1530	42.5096	3492
002698	博实股份	黑龙江	东北	C	国有弱相对控股	79.7321	58.6315	36.3150	27.1776	54.7450	813
002699	美盛文化	浙江	东部	R	国有参股	68.8425	65.4990	16.3616	25.4996	47.0091	2915
002700	ST浩源	新疆	西部	D	无国有股份	62.6937	55.1789	33.0356	25.1329	46.2446	3070
002701	奥瑞金	北京	东部	C	国有参股	89.1252	44.8433	33.3436	27.0774	55.8146	587
002702	海欣食品	福建	东部	C	无国有股份	76.6288	62.0862	33.8022	28.1611	53.7652	1021
002703	浙江世宝	浙江	东部	C	无国有股份	78.0003	62.0716	13.3020	27.0064	49.9228	2093
002705	新宝股份	广东	东部	C	国有参股	84.5203	58.6284	21.4511	30.6184	54.5472	857
002706	良信股份	上海	东部	C	国有参股	81.5235	37.9464	23.2844	32.0225	50.9639	1768
002707	众信旅游	北京	东部	L	无国有股份	77.7314	65.4990	11.0318	24.9292	49.3561	2253
002708	光洋股份	江苏	东部	C	国有参股	66.8316	44.8211	14.7439	26.0695	42.9220	3467
002709	天赐材料	广东	东部	C	国有参股	86.8815	37.9363	34.3987	34.5373	55.9571	561
002712	思美传媒	浙江	东部	L	国有强相对控股	75.6905	58.6064	15.7421	25.1393	48.5004	2502
002713	东易日盛	北京	东部	E	国有参股	76.7937	58.6648	35.9635	27.3173	53.5392	1075
002714	牧原股份	河南	中部	A	无国有股份	79.8933	68.9659	35.7696	45.4230	60.8119	99
002715	登云股份	广东	东部	C	无国有股份	81.2224	58.6173	31.8290	27.5014	54.5227	866

续表

股票代码	公司简称	省份	地区	行业代码	控股类型	公司治理（CLCQI-CG）	社会责任（CLCQI-SR）	企业创新（CLCQI-EI）	绩效与价值（CLCQI-PV）	中国上市公司质量指数（CLCQI）	CLCQI排名
002716	金贵银业	湖南	中部	C	国有参股	60.9993	51.7288	31.4224	26.3658	45.0350	3277
002717	岭南股份	广东	东部	N	无国有股份	82.4951	58.6147	17.3828	26.3474	51.8537	1528
002718	友邦吊顶	浙江	东部	C	国有参股	74.1519	58.6167	18.8079	26.4776	48.8342	2415
002719	*ST麦趣	新疆	西部	C	国有参股	66.0168	65.5066	10.0908	25.9932	44.7492	3304
002721	金一文化	北京	东部	C	国有弱相对控股	78.7629	51.7137	9.8302	23.9511	47.2161	2865
002722	金轮股份	江苏	东部	C	无国有股份	87.8151	65.5181	11.4951	25.9218	53.7332	1029
002723	金莱特	广东	东部	C	无国有股份	76.0942	58.6064	33.8410	27.1253	52.7782	1254
002724	海洋王	广东	东部	C	国有参股	81.8370	31.0371	21.0003	26.7494	48.2778	2583
002725	跃岭股份	浙江	东部	C	无国有股份	70.6734	51.7321	14.7617	26.1722	45.5246	3204
002726	龙大肉食	山东	东部	C	国有参股	78.3843	58.6157	40.7542	28.4889	55.4191	661
002727	一心堂	云南	西部	F	国有参股	73.3080	44.8337	13.7728	28.4779	45.9223	3132
002728	特一药业	广东	东部	C	无国有股份	82.3126	58.6508	15.1341	25.8581	51.2140	1693
002729	好利来	福建	东部	C	无国有股份	79.6057	37.9239	11.4112	27.3354	46.6469	2991
002730	电光科技	浙江	东部	C	无国有股份	81.1374	58.6284	36.2304	26.7620	55.1858	705
002731	萃华珠宝	辽宁	东北	C	无国有股份	70.9599	51.7211	11.3478	26.1928	44.9599	3289
002732	燕塘乳业	广东	东部	C	国有绝对控股	90.5899	37.9459	36.6173	27.0368	56.0105	552
002733	雄韬股份	广东	东部	C	国有参股	77.7656	65.5257	35.1657	26.1746	54.5119	869
002734	利民股份	江苏	东部	C	无国有股份	83.4096	44.8352	37.3938	27.2490	54.3801	894

续表

股票代码	公司简称	省份	地区	行业代码	控股类型	公司治理（CLCQI-CG）	社会责任（CLCQI-SR）	企业创新（CLCQI-EI）	绩效与价值（CLCQI-PV）	中国上市公司质量指数（CLCQI）	CLCQI排名
002735	王子新材	广东	东部	C	国有参股	81.8344	44.8307	33.0851	28.3186	53.1550	1166
002737	葵花药业	黑龙江	东北	C	国有参股	78.0265	58.6435	11.7919	27.2618	49.1809	2308
002738	中矿资源	北京	东部	C	无国有股份	82.5916	58.6112	31.2741	27.5045	54.9593	761
002739	万达电影	北京	东部	R	无国有股份	74.6462	58.6064	11.6744	25.5290	47.3666	2838
002740	爱迪尔	福建	东部	C	国有参股	70.2466	55.1714	9.2212	23.7479	44.1556	3379
002741	光华科技	广东	东部	C	无国有股份	86.2703	51.7142	17.8458	26.5391	52.4692	1326
002742	三圣股份	重庆	西部	C	无国有股份	69.6117	65.5081	10.1178	26.3610	46.2847	3065
002743	富煌钢构	安徽	中部	C	无国有股份	83.0044	58.6158	33.4093	26.5041	55.3020	684
002745	木林森	广东	东部	C	无国有股份	73.9587	37.9481	11.7615	26.9091	44.3553	3363
002746	仙坛股份	山东	东部	A	无国有股份	84.3209	58.6199	14.6856	26.2003	52.0086	1481
002747	埃斯顿	江苏	东部	C	无国有股份	92.5130	51.7232	16.7682	30.0391	55.6271	616
002748	世龙实业	江西	中部	C	无国有股份	82.4948	65.4990	54.0364	25.5019	60.0056	145
002749	国光股份	四川	西部	C	无国有股份	84.3329	37.9392	14.7699	26.9042	49.1041	2331
002750	龙津药业	云南	西部	C	国有参股	77.1027	51.7062	55.1051	26.3825	56.2136	520
002751	易尚展示	广东	东部	C	无国有股份	85.1860	58.6092	12.7351	26.1427	51.9485	1504
002752	昇兴股份	福建	东部	C	国有参股	82.1143	51.7355	31.3467	26.4823	53.4959	1089
002753	永东股份	山西	中部	C	无国有股份	84.9316	65.5105	14.9927	26.5716	53.4407	1104
002755	奥赛康	北京	东部	C	无国有股份	89.5375	58.6096	38.4488	26.6563	58.9603	228

续表

股票代码	公司简称	省份	地区	行业代码	控股类型	公司治理（*CLCQI–CG*）	社会责任（*CLCQI–SR*）	企业创新（*CLCQI–EI*）	绩效与价值（*CLCQI–PV*）	中国上市公司质量指数（*CLCQI*）	*CLCQI* 排名
002756	永兴材料	浙江	东部	C	无国有股份	79.4263	44.8516	36.7520	30.3106	53.4263	1107
002757	南兴股份	广东	东部	C	无国有股份	79.0256	58.6222	14.9175	27.5702	50.2796	1974
002758	浙农股份	浙江	东部	F	无国有股份	91.9976	44.8348	17.7488	29.3372	54.4083	889
002759	天际股份	广东	东部	C	无国有股份	71.1134	65.5061	15.5029	27.7376	48.3063	2574
002760	凤形股份	安徽	中部	C	无国有股份	80.9594	51.7168	14.2491	26.6733	49.6594	2165
002761	浙江建投	浙江	东部	E	国有绝对控股	82.1269	31.0411	15.3764	27.7689	47.5244	2791
002762	金发拉比	广东	东部	C	无国有股份	73.3176	51.7346	11.6169	26.3173	45.9899	3122
002763	汇洁股份	广东	东部	C	无国有股份	76.0228	58.6612	11.5500	26.4651	48.1346	2615
002765	蓝黛科技	重庆	西部	C	无国有股份	89.7350	51.7137	12.8108	26.8358	52.9222	1224
002766	*ST索菱	广东	东部	C	无国有股份	72.2897	20.6930	17.1543	25.3399	41.7856	3520
002767	先锋电子	浙江	东部	C	无国有股份	80.1652	48.2725	18.5018	26.0047	49.5085	2210
002768	国恩股份	山东	东部	C	国有参股	81.0613	51.7108	17.2569	28.5254	50.7639	1825
002769	普路通	广东	东部	L	国有参股	80.8181	55.1563	15.0905	26.2004	50.1689	2022
002770	*ST科迪	河南	中部	C	国有参股	61.9980	48.2636	7.6157	25.1194	39.8417	3571
002771	真视通	北京	东部	I	无国有股份	82.5088	58.6177	10.7009	26.5758	50.5803	1884
002772	众兴菌业	甘肃	西部	A	国有参股	71.3809	24.1487	12.3259	27.6808	41.5600	3527
002773	康弘药业	四川	西部	C	无国有股份	66.1226	68.9931	16.3270	27.6077	46.9653	2919
002774	快意电梯	广东	东部	C	无国有股份	79.3313	55.1737	16.2886	26.1886	49.8134	2116

续表

股票代码	公司简称	省份	地区	行业代码	控股类型	公司治理（CLCQI-CG）	社会责任（CLCQI-SR）	企业创新（CLCQI-EI）	绩效与价值（CLCQI-PV）	中国上市公司质量指数（CLCQI）	CLCQI排名
002775	文科园林	广东	东部	E	无国有股份	84.9508	58.6635	35.5027	26.6968	56.5546	481
002776	ST柏龙	广东	东部	M	无国有股份	56.6430	62.1503	15.1706	25.3477	41.3508	3534
002777	久远银海	四川	西部	I	国有强相对控股	79.4915	58.6198	33.9827	27.2574	54.2005	931
002778	中晟高科	江苏	东部	C	国有参股	82.7414	72.4138	38.5386	27.4050	58.5176	267
002779	中坚科技	浙江	东部	C	无国有股份	73.8844	51.7062	35.0208	25.9470	50.8006	1821
002780	三夫户外	北京	东部	F	无国有股份	70.7670	44.8060	13.5273	26.8299	44.4407	3353
002781	奇信股份	广东	东部	E	国有弱相对控股	79.5196	58.6064	52.8596	25.1909	57.4684	361
002782	可立克	广东	东部	C	无国有股份	80.6026	24.1588	13.5927	27.5320	45.4664	3210
002783	凯龙股份	湖北	中部	C	国有弱相对控股	90.1094	72.4432	32.6411	26.2697	60.0059	144
002785	万里石	福建	东部	C	国有参股	77.8136	51.7137	9.6540	26.8375	47.5227	2792
002786	银宝山新	广东	东部	C	国有强相对控股	81.8522	58.6064	14.2971	25.7011	50.8165	1817
002787	华源控股	江苏	东部	C	无国有股份	78.8603	37.9457	15.4051	26.0596	46.8319	2949
002788	鹭燕医药	福建	东部	F	无国有股份	78.2766	17.2538	16.0918	26.9804	43.8622	3410
002789	建艺集团	广东	东部	E	无国有股份	82.2300	58.6150	15.1391	26.5741	51.3556	1659
002790	瑞尔特	福建	东部	C	无国有股份	76.0456	51.7289	20.4923	26.3445	48.8622	2410
002791	坚朗五金	广东	东部	C	无国有股份	73.1903	51.7221	38.9704	34.1699	53.3710	1117
002792	通宇通讯	广东	东部	C	无国有股份	85.0333	58.6450	19.2849	25.8416	53.1274	1176
002793	罗欣药业	浙江	东部	C	无国有股份	84.6624	58.6153	12.8206	26.0851	51.7427	1557

续表

股票代码	公司简称	省份	地区	行业代码	控股类型	公司治理（CLCQI-CG）	社会责任（CLCQI-SR）	企业创新（CLCQI-EI）	绩效与价值（CLCQI-PV）	中国上市公司质量指数（CLCQI）	CLCQI排名
002795	永和智控	浙江	东部	C	无国有股份	78.9723	58.6364	11.0796	26.0446	49.1115	2326
002796	世嘉科技	江苏	东部	C	无国有股份	78.0447	65.5069	13.3660	25.7570	50.1564	2026
002798	帝欧家居	四川	西部	C	国有参股	77.3868	58.6135	13.9322	26.8337	49.2416	2296
002799	环球印务	陕西	西部	C	国有强相对控股	80.6585	58.6146	57.1380	27.3524	59.3213	199
002800	天顺股份	新疆	西部	G	无国有股份	78.3753	51.7232	17.1330	26.3268	49.1169	2325
002801	微光股份	浙江	东部	C	无国有股份	84.4061	44.8179	34.7399	27.5644	54.3242	907
002802	洪汇新材	江苏	东部	C	无国有股份	83.4212	51.7509	34.3555	27.3382	54.8368	790
002803	吉宏股份	福建	东部	I	国有参股	79.6920	44.8278	32.2846	29.7923	52.5060	1315
002805	丰元股份	山东	东部	C	无国有股份	75.2342	51.7137	52.9079	26.0416	54.9427	767
002806	华锋股份	广东	东部	C	国有参股	75.8779	65.4990	57.3526	24.7238	57.8275	318
002808	恒久科技	江苏	东部	C	无国有股份	87.1368	44.8327	14.7457	26.5406	51.1639	1710
002809	红墙股份	广东	东部	C	国有参股	78.7594	37.9205	33.8998	26.5879	50.6188	1873
002810	山东赫达	山东	东部	C	无国有股份	79.2678	51.7233	12.9214	28.8674	49.2667	2288
002811	郑中设计	广东	东部	E	无国有股份	86.7386	48.2895	13.8449	26.3280	51.2898	1670
002812	恩捷股份	云南	西部	C	无国有股份	87.8325	68.9647	32.4940	31.4593	59.8413	157
002813	路畅科技	广东	东部	C	国有参股	71.4339	48.2636	35.9657	26.6685	49.6733	2158
002815	崇达技术	广东	东部	C	无国有股份	87.2382	62.0799	13.2845	26.6754	53.5330	1076
002816	和科达	广东	东部	C	无国有股份	71.4736	37.9209	10.5534	26.8933	43.1116	3449

续表

股票代码	公司简称	省份	地区	行业代码	控股类型	公司治理（CLCQI-CG）	社会责任（CLCQI-SR）	企业创新（CLCQI-EI）	绩效与价值（CLCQI-PV）	中国上市公司质量指数（CLCQI）	CLCQI排名
002817	黄山胶囊	安徽	中部	C	无国有股份	79.4632	58.6158	10.5998	26.4807	49.3178	2269
002818	富森美	四川	西部	L	无国有股份	82.4539	65.5224	10.8425	27.6945	51.9021	1514
002819	东方中科	北京	东部	F	国有强相对控股	74.6599	72.4133	38.2676	27.8972	55.3538	676
002820	桂发祥	天津	东部	C	国有强相对控股	80.2663	62.0754	31.8032	26.1076	54.3054	910
002821	凯莱英	天津	东部	C	国有参股	96.6020	51.7158	41.4269	32.1963	62.7326	46
002822	中装建设	广东	东部	E	无国有股份	77.8441	44.8267	53.9582	26.4379	55.2628	690
002823	凯中精密	广东	东部	C	国有参股	78.6800	51.7207	33.1057	26.5129	52.4795	1324
002824	和胜股份	广东	东部	C	无国有股份	78.6429	41.3864	15.1825	27.2314	47.5095	2804
002825	纳尔股份	上海	东部	C	无国有股份	85.0557	51.7321	36.6777	26.8788	55.8373	585
002826	易明医药	西藏	西部	C	无国有股份	74.5624	44.8188	11.8539	26.4528	45.5318	3200
002827	高争民爆	西藏	西部	C	国有绝对控股	79.1524	51.7736	10.2801	27.2878	48.3050	2576
002828	贝肯能源	新疆	西部	B	无国有股份	69.8252	79.3143	13.5295	25.6245	48.9393	2380
002829	星网宇达	北京	东部	C	无国有股份	85.4953	51.7188	38.4591	28.8688	56.8650	447
002830	名雕股份	广东	东部	E	无国有股份	84.7593	37.9408	31.4623	26.6392	52.5471	1307
002831	裕同科技	广东	东部	C	国有参股	79.4398	68.9678	13.0977	27.8203	51.6957	1567
002832	比音勒芬	广东	东部	C	无国有股份	82.4231	58.6225	31.8659	27.2483	54.9479	764
002833	弘亚数控	广东	东部	C	无国有股份	80.6051	62.0733	35.0357	28.9146	55.7889	591
002835	同为股份	广东	东部	C	无国有股份	74.2143	41.3700	17.6180	26.7598	46.1048	3100

续表

股票代码	公司简称	省份	地区	行业代码	控股类型	公司治理（CLCQI–CG）	社会责任（CLCQI–SR）	企业创新（CLCQI–EI）	绩效与价值（CLCQI–PV）	中国上市公司质量指数（CLCQI）	CLCQI排名
002836	新宏泽	广东	东部	C	无国有股份	69.9373	31.0977	13.2264	26.0783	41.8044	3519
002837	英维克	广东	东部	C	无国有股份	76.8495	41.3779	17.3072	27.6457	47.3193	2847
002838	道恩股份	山东	东部	C	无国有股份	78.1425	51.7242	18.7781	30.3112	50.3491	1948
002840	华统股份	浙江	东部	C	无国有股份	83.6559	58.6094	16.8346	26.8787	52.3404	1380
002841	视源股份	广东	东部	C	无国有股份	78.9721	82.7726	53.7208	30.0422	62.2594	54
002842	翔鹭钨业	广东	东部	C	无国有股份	75.1356	58.6055	13.8493	26.1305	48.1475	2612
002843	泰嘉股份	湖南	中部	C	无国有股份	79.2462	51.7713	17.7042	26.5897	49.6524	2167
002845	同兴达	广东	东部	C	国有参股	78.2773	31.0332	37.3164	27.6412	50.3395	1954
002846	英联股份	广东	东部	C	无国有股份	78.2138	51.7288	13.2066	26.0688	48.2034	2595
002847	盐津铺子	湖南	中部	C	无国有股份	94.7273	82.7798	12.3108	31.6949	60.6938	106
002848	高斯贝尔	湖南	中部	C	国有参股	84.1239	58.6064	15.9074	24.8098	51.8244	1535
002849	威星智能	浙江	东部	C	无国有股份	87.9046	58.6107	17.0462	26.3812	53.9580	979
002850	科达利	广东	东部	C	无国有股份	86.0776	65.5112	15.2800	28.6229	54.4695	878
002851	麦格米特	广东	东部	C	无国有股份	81.0274	58.6160	40.1371	28.0524	56.2439	517
002852	道道全	湖南	中部	C	无国有股份	67.4322	37.9424	15.2976	26.9067	42.4505	3496
002853	皮阿诺	广东	东部	C	无国有股份	85.7879	51.7169	16.9100	27.3254	52.2860	1397
002855	捷荣技术	广东	东部	C	国有参股	88.0839	24.1530	13.1555	26.1000	48.0126	2649
002856	美芝股份	广东	东部	E	国有参股	75.4310	44.8211	9.6609	26.5422	45.4633	3212

续表

股票代码	公司简称	省份	地区	行业代码	控股类型	公司治理（*CLCQI-CG*）	社会责任（*CLCQI-SR*）	企业创新（*CLCQI-EI*）	绩效与价值（*CLCQI-PV*）	中国上市公司质量指数（*CLCQI*）	*CLCQI* 排名
002857	三晖电气	河南	中部	C	无国有股份	69.2688	72.4158	37.7745	26.2899	52.6973	1269
002858	力盛赛车	上海	东部	R	无国有股份	75.4896	65.5139	15.4941	25.9693	49.6141	2174
002859	洁美科技	浙江	东部	C	无国有股份	83.7839	51.7222	34.5463	27.9455	55.1675	714
002860	星帅尔	浙江	东部	C	无国有股份	73.8671	51.7162	11.8698	26.6735	46.3466	3057
002861	瀛通通讯	湖北	中部	C	无国有股份	83.9707	37.9282	12.8961	25.8893	48.3290	2567
002862	实丰文化	广东	东部	C	无国有股份	80.1310	65.4990	51.4389	25.4805	58.5352	265
002863	今飞凯达	浙江	东部	C	无国有股份	73.8627	58.6263	12.9214	26.4117	47.5262	2790
002864	盘龙药业	陕西	西部	C	无国有股份	84.7788	58.6138	33.1841	26.6853	56.0117	551
002865	钧达股份	海南	东部	C	无国有股份	74.3025	37.9521	12.1907	26.6547	44.5157	3342
002866	传艺科技	江苏	东部	C	无国有股份	78.5499	51.7173	15.4233	26.9389	48.9969	2364
002867	周大生	广东	东部	C	无国有股份	80.0077	65.5169	17.4924	28.4781	52.4486	1330
002868	绿康生化	福建	东部	C	无国有股份	76.1676	68.9757	11.0599	26.6581	49.6899	2153
002869	金溢科技	广东	东部	C	无国有股份	79.9793	58.6204	36.0146	26.1865	54.5343	861
002870	香山股份	广东	东部	C	无国有股份	86.0177	44.8781	15.7206	26.8376	50.9923	1759
002871	伟隆股份	山东	东部	C	无国有股份	76.6056	51.7378	31.8897	26.4990	51.4056	1647
002872	ST天圣	重庆	西部	F	国有参股	69.1749	51.7137	10.6879	25.4059	43.9161	3404
002873	新天药业	贵州	西部	C	无国有股份	79.4336	58.6056	34.4439	26.5907	54.1007	949
002875	安奈儿	广东	东部	C	无国有股份	79.8830	51.7186	11.9816	25.6261	48.5139	2500

续表

股票代码	公司简称	省份	地区	行业代码	控股类型	公司治理（*CLCQI–CG*）	社会责任（*CLCQI–SR*）	企业创新（*CLCQI–EI*）	绩效与价值（*CLCQI–PV*）	中国上市公司质量指数（*CLCQI*）	*CLCQI* 排名
002876	三利谱	广东	东部	C	国有参股	81.3063	58.6142	32.6307	26.8059	54.5423	858
002877	智能自控	江苏	东部	C	无国有股份	73.9408	37.9225	16.2503	26.1822	45.0603	3271
002878	元隆雅图	北京	东部	L	无国有股份	81.5882	51.7343	28.0324	27.8727	52.9701	1211
002879	长缆科技	湖南	中部	C	无国有股份	83.0606	55.1688	35.6954	26.6396	55.2985	685
002880	卫光生物	广东	东部	C	国有绝对控股	73.7595	44.8156	12.6304	28.1607	45.7924	3157
002881	美格智能	广东	东部	C	无国有股份	81.4523	51.7195	29.9502	26.4170	52.9332	1222
002882	金龙羽	广东	东部	C	无国有股份	74.7509	48.2772	33.1524	26.3071	50.3492	1947
002883	中设股份	江苏	东部	M	国有参股	78.3503	58.6159	56.6382	26.8758	58.1791	291
002884	凌霄泵业	广东	东部	C	无国有股份	77.1826	44.8475	34.0685	28.5538	51.5523	1604
002885	京泉华	广东	东部	C	无国有股份	78.2413	58.6057	13.0881	26.2547	49.2687	2287
002886	沃特股份	广东	东部	C	无国有股份	76.8753	51.7156	35.9062	26.7065	52.3653	1372
002888	惠威科技	广东	东部	C	无国有股份	78.0416	58.6451	40.1493	26.3490	54.6305	839
002889	东方嘉盛	广东	东部	L	无国有股份	79.0624	48.2609	12.5439	26.9687	48.1150	2619
002890	弘宇股份	山东	东部	C	无国有股份	68.5226	44.8235	32.9778	26.6555	47.3920	2832
002891	中宠股份	山东	东部	C	无国有股份	93.7527	51.7196	33.0061	29.1208	59.1404	215
002892	科力尔	湖南	中部	C	无国有股份	84.5031	51.7347	34.4052	26.6592	55.1073	727
002893	华通热力	北京	东部	D	国有参股	88.6054	51.7295	36.1601	26.3989	57.0333	421
002895	川恒股份	贵州	西部	C	国有参股	79.8865	65.5349	33.0845	26.2917	54.9747	757

续表

股票代码	公司简称	省份	地区	行业代码	控股类型	公司治理（CLCQI-CG）	社会责任（CLCQI-SR）	企业创新（CLCQI-EI）	绩效与价值（CLCQI-PV）	中国上市公司质量指数（CLCQI）	CLCQI排名
002896	中大力德	浙江	东部	C	无国有股份	74.9063	51.7185	13.8799	27.3463	47.3328	2845
002897	意华股份	浙江	东部	C	无国有股份	75.3100	58.6129	16.9402	27.3696	49.1464	2319
002898	赛隆药业	广东	东部	C	无国有股份	71.9146	58.6848	17.3997	25.5427	47.4342	2822
002899	英派斯	山东	东部	C	国有参股	90.4835	44.8335	37.1499	26.2781	56.9180	437
002900	哈三联	黑龙江	东北	C	无国有股份	78.7935	51.7491	15.3845	25.8437	48.8176	2420
002901	大博医疗	福建	东部	C	无国有股份	83.4740	44.8457	38.4897	29.6037	55.2153	696
002902	铭普光磁	广东	东部	C	无国有股份	82.1395	58.6206	56.5094	25.8057	59.4022	191
002903	宇环数控	湖南	中部	C	无国有股份	74.6949	72.4240	37.2208	28.1081	55.2127	697
002905	金逸影视	广东	东部	R	无国有股份	82.6041	44.8211	10.9997	25.4731	48.3330	2565
002906	华阳集团	广东	东部	C	无国有股份	85.0348	58.6305	18.1517	28.8631	53.6547	1047
002907	华森制药	重庆	西部	C	无国有股份	82.0660	37.9256	14.6776	26.4567	48.0649	2636
002908	德生科技	广东	东部	I	无国有股份	88.4350	55.1717	35.5046	27.0885	57.5228	353
002909	集泰股份	广东	东部	C	无国有股份	79.7398	65.5237	57.1864	27.2025	59.9624	148
002910	庄园牧场	甘肃	西部	C	国有弱相对控股	79.3516	58.6059	8.3451	25.8460	48.6620	2472
002911	佛燃能源	广东	东部	D	国有强相对控股	78.4731	68.9884	18.4309	27.5801	52.3187	1387
002912	中新赛克	广东	东部	I	国有弱相对控股	82.0535	51.7192	18.7045	27.2933	51.1435	1714
002913	奥士康	湖南	中部	C	无国有股份	81.1288	37.9317	14.9828	27.9278	48.1198	2617
002915	中欣氟材	浙江	东部	C	无国有股份	74.6008	58.6357	32.8549	26.5711	51.8494	1529

续表

股票代码	公司简称	省份	地区	行业代码	控股类型	公司治理（CLCQI-CG）	社会责任（CLCQI-SR）	企业创新（CLCQI-EI）	绩效与价值（CLCQI-PV）	中国上市公司质量指数（CLCQI）	CLCQI排名
002916	深南电路	广东	东部	C	国有绝对控股	88.0901	75.8716	16.3623	29.1950	57.1880	397
002917	金奥博	广东	东部	C	无国有股份	85.2150	58.6198	34.2189	26.5574	56.3621	505
002918	蒙娜丽莎	广东	东部	C	无国有股份	80.6906	68.9709	35.9939	28.2998	56.8956	440
002919	名臣健康	广东	东部	C	无国有股份	74.8295	51.7216	15.8753	29.6862	48.2866	2581
002920	德赛西威	广东	东部	C	国有绝对控股	87.5865	51.7283	41.8192	31.2088	58.9599	229
002921	联诚精密	山东	东部	C	国有参股	74.9069	72.4263	13.3745	26.8965	50.2257	2001
002922	伊戈尔	广东	东部	C	无国有股份	81.0659	37.9386	14.7949	26.2335	47.6345	2768
002923	润都股份	广东	东部	C	无国有股份	88.3105	58.6275	57.9677	26.4987	62.3366	53
002925	盈趣科技	福建	东部	C	无国有股份	92.5255	58.6291	17.5117	28.8219	56.5124	487
002927	泰永长征	贵州	西部	C	无国有股份	73.0585	37.9442	15.6702	26.1311	44.5818	3326
002928	华夏航空	贵州	西部	G	无国有股份	77.4425	51.7043	13.2642	27.8821	48.3560	2552
002929	润建股份	广西	西部	I	无国有股份	84.6755	65.5125	34.0365	26.8708	57.2221	393
002930	宏川智慧	广东	东部	G	无国有股份	87.4753	62.0866	12.1579	28.3625	53.8253	1007
002931	锋龙股份	浙江	东部	C	无国有股份	73.3169	62.0700	14.9405	26.6823	48.2959	2577
002932	明德生物	湖北	中部	C	无国有股份	78.5082	55.1718	19.9728	33.1797	51.9685	1492
002933	新兴装备	北京	东部	C	无国有股份	75.9571	51.7314	61.4838	26.5503	57.0769	416
002935	天奥电子	四川	西部	C	国有强相对控股	85.7894	51.7303	19.4413	27.2115	52.7664	1257
002937	兴瑞科技	浙江	东部	C	无国有股份	91.5959	68.9745	14.6535	26.4315	56.5231	484

续表

股票代码	公司简称	省份	地区	行业代码	控股类型	公司治理（CLCQI-CG）	社会责任（CLCQI-SR）	企业创新（CLCQI-EI）	绩效与价值（CLCQI-PV）	中国上市公司质量指数（CLCQI）	CLCQI排名
002938	鹏鼎控股	广东	东部	C	无国有股份	90.5299	68.9755	44.7060	28.5293	62.6318	47
002940	昂利康	浙江	东部	C	无国有股份	82.0761	58.6235	12.6763	27.8568	51.1234	1719
002941	新疆交建	新疆	西部	E	国有强相对控股	70.0839	58.6327	52.5641	26.3853	53.9376	986
002942	新农股份	浙江	东部	C	无国有股份	77.1429	51.7177	34.2937	27.1604	52.2637	1406
002943	宇晶股份	湖南	中部	C	无国有股份	77.9360	58.6129	11.3841	26.0650	48.7594	2436
002946	新乳业	四川	西部	C	无国有股份	82.9896	55.1738	11.5118	27.2615	50.5897	1883
002947	恒铭达	江苏	东部	C	无国有股份	79.3450	58.6222	33.8066	26.2938	53.8661	1003
002949	华阳国际	广东	东部	M	国有参股	80.1012	51.7315	12.2734	26.8429	48.9656	2372
002950	奥美医疗	湖北	中部	C	无国有股份	64.8053	58.6301	13.6611	28.8032	44.6496	3316
002951	金时科技	四川	西部	C	无国有股份	73.2741	44.8326	11.4702	26.3764	44.9227	3294
002952	亚世光电	辽宁	东北	C	无国有股份	70.1324	37.9380	13.3560	26.3560	43.0039	3461
002953	日丰股份	广东	东部	C	无国有股份	79.0058	44.8223	15.5870	26.6506	48.1057	2623
002955	鸿合科技	北京	东部	C	无国有股份	76.8256	65.4990	17.0064	25.8145	50.4100	1928
002956	西麦食品	广西	西部	C	无国有股份	76.9227	37.9338	10.2244	26.8961	45.2281	3249
002957	科瑞技术	广东	东部	C	无国有股份	86.8315	58.6160	18.6038	26.4223	53.8513	1004
002959	小熊电器	广东	东部	C	无国有股份	80.5813	58.6226	46.0997	29.9597	57.7358	326
002960	青鸟消防	河北	东部	C	无国有股份	82.2691	58.6139	32.5645	27.9404	55.1977	701
002962	五方光电	湖北	中部	C	无国有股份	77.3441	58.6084	13.1372	25.8599	48.8213	2418

续表

股票代码	公司简称	省份	地区	行业代码	控股类型	公司治理（*CLCQI-CG*）	社会责任（*CLCQI-SR*）	企业创新（*CLCQI-EI*）	绩效与价值（*CLCQI-PV*）	中国上市公司质量指数（*CLCQI*）	*CLCQI* 排名
002963	豪尔赛	北京	东部	E	无国有股份	79.7910	51.7016	14.1260	25.7646	48.9380	2381
002965	祥鑫科技	广东	东部	C	无国有股份	67.0508	44.8158	14.0808	26.7485	43.0459	3454
002967	广电计量	广东	东部	M	国有绝对控股	79.6625	58.6099	55.6197	28.2521	58.8435	241
002968	新大正	重庆	西部	K	国有参股	82.4344	58.6212	15.4928	27.5007	51.7407	1558
002969	嘉美包装	安徽	中部	C	无国有股份	76.2715	62.0523	30.1571	25.5166	52.2270	1412
002970	锐明技术	广东	东部	I	无国有股份	81.5177	58.6188	34.1385	27.2715	55.0455	739
002971	和远气体	湖北	中部	C	无国有股份	71.3043	51.7122	31.3698	25.2798	48.8725	2405
002972	科安达	广东	东部	C	无国有股份	77.4437	41.3661	42.2959	26.5619	52.2821	1400
002973	侨银股份	广东	东部	N	无国有股份	77.0987	44.8253	11.4867	25.7921	46.3086	3061
002975	博杰股份	广东	东部	C	无国有股份	81.8736	58.6181	15.4919	27.0336	51.3989	1652
002976	瑞玛工业	江苏	东部	C	无国有股份	79.6390	65.5113	12.4893	25.2441	50.4912	1913
002977	天箭科技	四川	西部	C	无国有股份	74.2393	58.6124	11.3738	25.7840	47.2083	2867
003816	中国广核	广东	东部	D	国有绝对控股	86.7681	89.6675	44.8159	34.7762	65.8146	13
300001	特锐德	山东	东部	C	国有参股	73.2463	44.8272	15.5598	28.0126	46.1377	3091
300002	神州泰岳	北京	东部	I	无国有股份	75.8106	41.3785	36.2601	28.2772	50.8524	1804
300003	乐普医疗	北京	东部	C	国有弱相对控股	89.1818	75.8672	38.1671	27.7948	61.6349	74
300004	南风股份	广东	东部	C	国有弱相对控股	80.6115	44.8211	12.7214	26.2913	48.0849	2630
300005	探路者	北京	东部	C	无国有股份	91.7405	72.3917	15.8878	26.8154	57.4364	366

续表

股票代码	公司简称	省份	地区	行业代码	控股类型	公司治理（*CLCQI-CG*）	社会责任（*CLCQI-SR*）	企业创新（*CLCQI-EI*）	绩效与价值（*CLCQI-PV*）	中国上市公司质量指数（*CLCQI*）	*CLCQI* 排名
300006	莱美药业	重庆	西部	C	国有参股	76.2352	65.4990	10.9186	26.5052	49.1289	2322
300007	汉威科技	河南	中部	C	无国有股份	85.6575	62.0646	17.5141	26.7084	53.7526	1022
300008	天海防务	上海	东部	E	国有参股	77.6999	55.1714	32.1909	28.5700	52.9363	1219
300009	安科生物	安徽	中部	C	无国有股份	87.2320	65.5356	16.1396	27.6750	54.8698	781
300010	豆神教育	北京	东部	I	无国有股份	73.3472	58.6064	10.2600	24.3593	46.2717	3066
300011	鼎汉技术	北京	东部	C	国有参股	78.4538	51.7062	14.6390	25.8383	48.5248	2497
300012	华测检测	广东	东部	M	无国有股份	87.3948	62.0701	18.6743	29.7215	55.4337	657
300013	新宁物流	江苏	东部	G	国有参股	72.2473	48.2636	17.2938	25.7467	46.0339	3110
300014	亿纬锂能	广东	东部	C	无国有股份	82.8772	58.6090	16.1928	32.6648	53.3470	1124
300015	爱尔眼科	湖南	中部	Q	无国有股份	77.9093	62.0816	14.8800	34.2842	52.0230	1477
300016	北陆药业	北京	东部	C	国有参股	69.6859	55.1642	32.5827	26.5965	49.3146	2273
300017	网宿科技	上海	东部	I	无国有股份	95.3853	68.9566	66.0194	26.4672	68.3183	6
300018	中元股份	湖北	中部	C	无国有股份	73.6821	44.8211	42.6772	26.8895	51.4538	1635
300019	硅宝科技	四川	西部	C	国有参股	87.0909	68.9716	36.0182	28.3853	59.4820	188
300020	银江股份	浙江	东部	I	无国有股份	77.2687	58.6119	34.7332	26.7651	53.3372	1126
300021	大禹节水	甘肃	西部	C	国有参股	80.0715	68.9825	11.4287	26.4043	51.2628	1675
300022	吉峰科技	四川	西部	F	无国有股份	74.2717	58.6064	35.2104	27.2709	52.3594	1374
300023	*ST宝德	陕西	西部	C	无国有股份	72.4067	51.7137	34.4825	28.2435	50.6771	1854

续表

股票代码	公司简称	省份	地区	行业代码	控股类型	公司治理（*CLCQI-CG*）	社会责任（*CLCQI-SR*）	企业创新（*CLCQI-EI*）	绩效与价值（*CLCQI-PV*）	中国上市公司质量指数（*CLCQI*）	*CLCQI* 排名
300024	机器人	辽宁	东北	C	国有弱相对控股	83.3383	68.9491	26.4355	26.4066	55.5664	631
300025	华星创业	浙江	东部	I	无国有股份	83.0221	44.8211	51.2462	26.2675	56.7481	459
300026	红日药业	天津	东部	C	国有弱相对控股	72.1454	31.0411	55.9187	27.2887	51.5202	1616
300027	华谊兄弟	浙江	东部	R	无国有股份	74.0368	62.0565	10.9928	26.6703	47.7893	2731
300029	*ST天龙	江苏	东部	C	无国有股份	71.1592	48.2787	33.2278	28.9633	49.5919	2179
300030	阳普医疗	广东	东部	C	国有参股	82.2876	58.6153	15.9700	28.1975	51.9507	1501
300031	宝通科技	江苏	东部	I	无国有股份	80.9949	55.1744	10.9005	27.8003	49.8043	2118
300032	金龙机电	浙江	东部	C	国有参股	73.4154	41.3710	11.3462	26.9766	44.5852	3324
300033	同花顺	浙江	东部	J	国有参股	80.7998	65.5260	49.9992	30.0202	59.6537	173
300034	钢研高纳	北京	东部	C	国有强相对控股	87.8404	62.0740	16.1047	29.1015	54.9436	766
300035	中科电气	湖南	中部	C	无国有股份	87.3589	58.6188	55.6392	27.4400	61.7242	72
300036	超图软件	北京	东部	I	国有参股	88.5479	65.5049	35.2696	26.9440	59.0348	221
300037	新宙邦	广东	东部	C	国有参股	84.2500	62.0697	56.3300	30.8124	61.9796	64
300038	*ST数知	北京	东部	I	无国有股份	70.7852	37.9284	34.2824	21.5257	46.2413	3073
300039	上海凯宝	上海	东部	C	国有参股	83.8840	75.8761	16.7531	26.3211	54.8659	784
300040	九洲集团	黑龙江	东北	C	国有参股	78.3051	72.4217	11.4457	27.3471	51.3112	1666
300041	回天新材	湖北	中部	C	无国有股份	80.2191	58.6192	35.3295	27.4806	54.8166	795
300042	朗科科技	广东	东部	C	无国有股份	82.9058	41.3877	38.6602	26.5109	53.7302	1030

续表

股票代码	公司简称	省份	地区	行业代码	控股类型	公司治理（*CLCQI-CG*）	社会责任（*CLCQI-SR*）	企业创新（*CLCQI-EI*）	绩效与价值（*CLCQI-PV*）	中国上市公司质量指数（*CLCQI*）	*CLCQI*排名
300043	星辉娱乐	广东	东部	I	国有参股	85.9904	62.0642	10.6193	25.9264	52.3113	1391
300044	*ST赛为	广东	东部	I	无国有股份	68.5395	51.7137	12.5071	26.6543	44.3378	3366
300045	华力创通	北京	东部	C	无国有股份	69.6230	58.6064	24.4237	26.6215	48.1803	2602
300046	台基股份	湖北	中部	C	国有参股	75.8717	44.8211	54.5418	28.8048	55.1814	707
300047	天源迪科	广东	东部	I	无国有股份	85.6580	55.1691	13.8953	26.6434	51.9784	1489
300048	合康新能	北京	东部	C	无国有股份	72.3863	65.4990	37.4179	27.4378	53.1224	1177
300049	福瑞股份	内蒙古	西部	C	国有参股	78.6295	72.4068	12.9859	26.5614	51.5503	1605
300050	世纪鼎利	广东	东部	I	无国有股份	83.7589	72.3917	11.5135	26.1257	53.1964	1153
300051	ST三五	福建	东部	I	无国有股份	52.6780	41.3710	32.8853	26.2933	40.4272	3560
300052	中青宝	广东	东部	I	无国有股份	70.2564	55.1563	30.7671	25.4250	48.8857	2397
300053	欧比特	广东	东部	C	国有弱相对控股	91.3180	41.3710	18.8964	26.1481	53.0492	1196
300054	鼎龙股份	湖北	中部	C	无国有股份	82.9363	51.7319	15.8015	28.3623	51.1852	1702
300055	万邦达	北京	东部	E	国有参股	79.3270	65.5141	14.4068	26.2909	51.0120	1750
300056	中创环保	福建	东部	C	国有参股	81.2848	17.2429	36.0924	25.9844	48.8149	2421
300057	万顺新材	广东	东部	C	无国有股份	85.6565	65.5299	35.0977	26.1530	57.6499	335
300058	蓝色光标	北京	东部	L	无国有股份	77.4066	55.1697	18.5744	27.5658	49.8444	2110
300059	东方财富	上海	东部	J	国有参股	87.5697	62.0616	19.7242	33.2380	56.5915	476
300061	旗天科技	上海	东部	L	无国有股份	81.2579	44.8211	13.2063	25.8895	48.3399	2562

续表

股票代码	公司简称	省份	地区	行业代码	控股类型	公司治理（CLCQI-CG）	社会责任（CLCQI-SR）	企业创新（CLCQI-EI）	绩效与价值（CLCQI-PV）	中国上市公司质量指数（CLCQI）	CLCQI排名
300062	中能电气	福建	东部	C	无国有股份	80.2621	48.2838	13.3244	27.8710	48.9800	2368
300063	天龙集团	广东	东部	L	无国有股份	76.2535	44.8211	26.8772	27.9993	49.5998	2176
300064	*ST金刚	河南	中部	C	国有参股	65.8369	37.9284	32.9707	26.5777	45.2626	3243
300065	海兰信	北京	东部	C	无国有股份	82.2414	58.6105	43.6461	26.8553	57.1312	406
300066	三川智慧	江西	中部	C	无国有股份	74.6428	65.5096	18.2876	26.5823	49.9867	2078
300067	安诺其	上海	东部	C	无国有股份	81.3530	58.6228	41.8052	26.5355	56.3295	510
300068	南都电源	浙江	东部	C	无国有股份	79.0328	65.5034	55.0647	26.9007	59.1768	213
300069	金利华电	山西	中部	C	无国有股份	74.3732	58.5988	11.0993	26.1242	47.2900	2855
300070	碧水源	北京	东部	N	国有参股	80.6864	82.7557	32.7843	27.8947	58.2184	287
300071	*ST嘉信	北京	东部	L	无国有股份	60.4394	24.1431	11.8599	25.8691	36.6365	3604
300072	三聚环保	北京	东部	C	国有强相对控股	87.9881	48.2712	32.5937	26.1461	55.4912	651
300073	当升科技	北京	东部	C	国有弱相对控股	76.6928	44.8339	55.6312	30.2506	56.0911	540
300074	华平股份	上海	东部	I	无国有股份	78.7329	51.7062	32.4832	26.4336	52.3541	1377
300075	数字政通	北京	东部	I	国有参股	82.6068	58.6120	28.5762	26.8757	54.2687	918
300076	GQY视讯	浙江	东部	C	国有弱相对控股	80.4370	55.1807	10.3013	26.9338	49.2456	2293
300077	国民技术	广东	东部	C	国有弱相对控股	61.9215	48.2636	30.9136	27.2299	44.9983	3282
300078	思创医惠	浙江	东部	C	无国有股份	87.6262	51.7185	20.9882	26.0648	53.5221	1079
300079	数码视讯	北京	东部	C	无国有股份	81.0276	55.1620	20.7697	26.2543	51.4029	1650

续表

股票代码	公司简称	省份	地区	行业代码	控股类型	公司治理（CLCQI-CG）	社会责任（CLCQI-SR）	企业创新（CLCQI-EI）	绩效与价值（CLCQI-PV）	中国上市公司质量指数（CLCQI）	CLCQI排名
300080	易成新能	河南	中部	C	国有绝对控股	76.6233	48.2712	10.8734	26.5602	46.7048	2981
300081	恒信东方	北京	东部	M	国有参股	78.1435	79.2994	29.2368	25.4849	55.3709	671
300082	奥克股份	辽宁	东北	C	国有参股	89.2769	75.8801	35.2570	28.1800	61.1892	86
300083	创世纪	广东	东部	C	无国有股份	74.9010	58.6064	40.1878	29.1657	54.0803	953
300084	海默科技	甘肃	西部	B	无国有股份	86.7027	65.4990	19.5719	25.0767	54.6895	827
300085	银之杰	广东	东部	I	无国有股份	78.1930	55.1723	17.2326	27.7823	49.9452	2088
300086	康芝药业	海南	东部	C	国有参股	78.6361	62.0565	34.8700	26.3064	54.3135	909
300087	荃银高科	安徽	中部	A	国有弱相对控股	91.4354	37.9403	37.8672	30.5755	57.4825	359
300088	长信科技	安徽	中部	C	国有弱相对控股	92.3758	58.6217	55.6861	27.2533	63.6941	24
300089	文化长城	广东	东部	C	无国有股份	70.5399	31.0358	12.4914	26.9418	42.1051	3509
300091	金通灵	江苏	东部	C	国有弱相对控股	75.7951	65.5210	54.0334	26.3153	57.5317	350
300092	科新机电	四川	西部	C	国有参股	81.7795	51.7130	37.6958	27.0561	54.7720	808
300093	金刚玻璃	广东	东部	C	无国有股份	76.3157	31.0207	33.9393	25.6852	48.3885	2542
300094	国联水产	广东	东部	C	国有参股	68.7340	51.7137	14.2810	26.4472	44.7187	3311
300095	华伍股份	江西	中部	C	国有参股	71.7367	72.4153	12.7450	27.7677	49.0479	2353
300096	易联众	福建	东部	I	无国有股份	83.7389	72.4149	38.5650	26.4605	58.6859	253
300097	智云股份	辽宁	东北	C	无国有股份	70.9471	44.8211	15.1555	28.1745	45.1767	3256
300098	高新兴	广东	东部	I	无国有股份	74.4170	65.4990	18.8805	25.6837	49.7887	2121

续表

股票代码	公司简称	省份	地区	行业代码	控股类型	公司治理（*CLCQI-CG*）	社会责任（*CLCQI-SR*）	企业创新（*CLCQI-EI*）	绩效与价值（*CLCQI-PV*）	中国上市公司质量指数（*CLCQI*）	*CLCQI* 排名
300099	精准信息	山东	东部	C	无国有股份	77.1143	58.6340	13.9134	26.8834	49.1443	2320
300100	双林股份	浙江	东部	C	无国有股份	75.0539	24.1431	12.4601	27.9495	43.1224	3448
300101	振芯科技	四川	西部	C	无国有股份	73.0451	51.7189	20.5374	28.4406	48.1935	2598
300102	乾照光电	福建	东部	C	国有参股	79.3289	58.6064	16.8702	26.6237	50.5525	1891
300103	达刚控股	陕西	西部	N	无国有股份	75.6867	75.8613	37.4279	25.4328	55.4977	649
300105	龙源技术	山东	东部	C	国有强相对控股	78.2655	58.8440	28.6571	26.1953	52.4131	1349
300106	西部牧业	新疆	西部	A	国有强相对控股	78.4153	65.5141	16.8124	28.1916	51.6036	1592
300107	建新股份	河北	东部	C	国有参股	81.4278	65.5239	33.5881	26.2163	55.6714	610
300108	吉药控股	吉林	东北	C	无国有股份	71.9563	65.5141	9.9859	25.6592	47.0216	2907
300109	新开源	河南	中部	C	国有参股	79.1210	44.8274	13.1984	25.9833	47.5080	2805
300110	华仁药业	山东	东部	C	国有弱相对控股	73.5094	37.9305	11.8861	26.7293	44.1529	3380
300111	向日葵	浙江	东部	C	无国有股份	78.1850	31.0358	12.6954	27.8915	45.4413	3215
300112	万讯自控	广东	东部	C	无国有股份	77.8182	55.1840	17.2887	26.4610	49.4779	2219
300113	顺网科技	浙江	东部	I	无国有股份	81.0198	51.7308	16.6245	26.5361	50.1265	2037
300114	中航电测	陕西	西部	C	国有绝对控股	80.0064	65.5129	17.2137	27.6159	52.1762	1428
300115	长盈精密	广东	东部	C	国有参股	78.0420	31.0387	39.5840	27.8650	50.7557	1830
300116	保力新	陕西	西部	C	国有参股	66.5328	41.3710	8.3186	28.0532	41.4958	3529
300117	嘉寓股份	北京	东部	E	国有参股	78.1190	37.9156	19.1508	26.7966	47.4643	2814

续表

股票代码	公司简称	省份	地区	行业代码	控股类型	公司治理（CLCQI-CG）	社会责任（CLCQI-SR）	企业创新（CLCQI-EI）	绩效与价值（CLCQI-PV）	中国上市公司质量指数（CLCQI）	CLCQI排名
300118	东方日升	浙江	东部	C	国有参股	72.4289	51.7273	16.3862	28.4651	47.1242	2888
300119	瑞普生物	天津	东部	C	无国有股份	89.4508	37.9418	34.8381	27.6712	55.3570	675
300120	经纬辉开	天津	东部	C	国有参股	79.2866	44.8373	35.6313	27.5236	52.4474	1331
300121	阳谷华泰	山东	东部	C	无国有股份	84.5926	65.5281	36.0462	27.8317	57.8334	316
300122	智飞生物	重庆	西部	C	无国有股份	77.5831	62.0669	36.7055	33.9835	56.1802	525
300123	亚光科技	湖南	中部	C	无国有股份	71.8757	51.7111	14.3628	27.1569	46.1687	3085
300124	汇川技术	广东	东部	C	国有参股	88.2599	51.7276	36.5636	33.3186	58.7055	251
300125	聆达股份	辽宁	东北	C	无国有股份	68.9056	37.9133	53.3093	26.8772	50.6304	1869
300126	锐奇股份	上海	东部	C	无国有股份	74.1831	44.8211	40.7397	26.8464	51.2559	1677
300127	银河磁体	四川	西部	C	国有参股	74.2338	44.8409	13.4052	26.9043	45.8268	3149
300128	锦富技术	江苏	东部	C	无国有股份	81.2175	51.7137	11.6319	26.4094	49.1728	2314
300129	泰胜风能	上海	东部	C	国有参股	76.4181	51.7320	16.5188	27.6899	48.5533	2493
300130	新国都	广东	东部	C	无国有股份	81.0501	58.6336	15.0303	25.8108	50.6738	1855
300131	英唐智控	广东	东部	F	无国有股份	79.5499	48.2659	21.3600	28.0092	50.3342	1957
300132	青松股份	福建	东部	C	无国有股份	85.6537	62.0636	11.5086	27.9151	52.8515	1233
300133	华策影视	浙江	东部	R	无国有股份	78.6295	58.6064	12.7705	27.3984	49.6464	2169
300134	大富科技	安徽	中部	C	国有参股	76.9222	65.4990	33.1478	25.7691	53.6656	1045
300135	宝利国际	江苏	东部	C	无国有股份	72.5578	58.6140	14.6444	26.1110	47.2718	2858

续表

股票代码	公司简称	省份	地区	行业代码	控股类型	公司治理（*CLCQI–CG*）	社会责任（*CLCQI–SR*）	企业创新（*CLCQI–EI*）	绩效与价值（*CLCQI–PV*）	中国上市公司质量指数（*CLCQI*）	*CLCQI* 排名
300136	信维通信	广东	东部	C	无国有股份	78.6089	62.0587	15.7926	27.5735	50.8043	1820
300137	先河环保	河北	东部	C	国有参股	85.7581	58.6065	33.4194	26.2712	56.3459	507
300138	晨光生物	河北	东部	C	无国有股份	76.6465	58.6154	35.0823	29.3314	53.8002	1015
300139	晓程科技	北京	东部	C	国有参股	63.2451	51.7137	31.1799	25.8558	45.7550	3163
300140	中环装备	陕西	西部	C	国有强相对控股	70.8652	51.7137	12.8003	24.8618	44.8787	3298
300141	和顺电气	江苏	东部	C	无国有股份	67.6464	44.8211	16.7923	27.1692	43.9325	3402
300142	沃森生物	云南	西部	C	国有弱相对控股	91.6170	58.6097	53.8025	29.5270	63.5805	25
300143	盈康生命	山东	东部	Q	国有参股	83.8936	62.0489	12.1830	28.1504	52.3390	1381
300144	宋城演艺	浙江	东部	R	无国有股份	84.0691	65.5306	14.3590	27.3688	53.1713	1161
300145	中金环境	浙江	东部	C	国有弱相对控股	82.9407	44.8211	12.8260	25.5540	48.8532	2412
300146	汤臣倍健	广东	东部	C	国有参股	91.7729	58.6579	33.9418	28.6352	59.4550	190
300147	香雪制药	广东	东部	C	无国有股份	76.8048	58.6319	54.1870	26.5154	56.9830	427
300148	天舟文化	湖南	中部	I	无国有股份	74.8772	62.0489	39.0030	25.2474	53.3707	1118
300149	睿智医药	广东	东部	M	无国有股份	86.1535	58.6135	42.7887	26.7727	58.5043	270
300150	世纪瑞尔	北京	东部	I	国有参股	76.2675	62.1022	54.3996	26.2979	57.2767	384
300151	昌红科技	广东	东部	C	无国有股份	78.1955	58.6273	33.5662	31.3644	54.6266	840
300152	科融环境	河北	东部	N	无国有股份	61.5132	27.5857	33.9288	26.6123	42.1820	3507
300153	科泰电源	上海	东部	C	无国有股份	78.4405	62.0489	37.8450	25.8597	54.7175	820

续表

股票代码	公司简称	省份	地区	行业代码	控股类型	公司治理（CLCQI-CG）	社会责任（CLCQI-SR）	企业创新（CLCQI-EI）	绩效与价值（CLCQI-PV）	中国上市公司质量指数（CLCQI）	CLCQI排名
300154	瑞凌股份	广东	东部	C	无国有股份	74.1269	51.7389	12.1019	26.4565	46.4461	3034
300155	安居宝	广东	东部	C	无国有股份	75.0423	51.7249	42.5452	26.9401	53.0197	1202
300157	恒泰艾普	北京	东部	B	无国有股份	72.6428	48.2636	14.1552	25.1307	45.4104	3221
300158	振东制药	山西	中部	C	无国有股份	69.2095	44.8584	32.2577	26.6166	47.5182	2798
300159	新研股份	新疆	西部	C	无国有股份	78.8001	51.7137	11.9589	25.5246	48.0500	2641
300160	秀强股份	江苏	东部	C	无国有股份	72.6536	59.4459	12.9456	28.7528	47.7557	2741
300161	华中数控	湖北	中部	C	国有参股	72.6566	51.7191	63.5099	26.9598	56.2624	515
300162	雷曼光电	广东	东部	C	无国有股份	88.4892	58.6064	58.1253	25.1613	62.1020	59
300163	先锋新材	浙江	东部	C	无国有股份	76.1272	55.1563	16.1390	26.3733	48.5454	2494
300164	通源石油	陕西	西部	B	无国有股份	82.3234	65.4990	15.1856	24.1207	51.8215	1537
300165	天瑞仪器	江苏	东部	C	国有参股	76.7032	51.7479	21.8138	26.3887	49.4034	2237
300166	东方国信	北京	东部	I	无国有股份	77.0341	58.6085	19.9896	26.6281	50.2599	1984
300167	迪威迅	广东	东部	I	无国有股份	71.7686	44.8211	17.7135	25.4739	45.3418	3232
300168	万达信息	上海	东部	I	国有参股	79.6890	65.5141	40.4651	27.5302	56.6783	467
300169	天晟新材	江苏	东部	C	国有弱相对控股	75.1660	72.3917	30.9359	25.9395	53.5972	1059
300170	汉得信息	上海	东部	I	无国有股份	78.5313	51.7183	23.6693	26.3762	50.4982	1909
300171	东富龙	上海	东部	C	无国有股份	82.8671	58.6205	37.6511	28.9067	56.6968	465
300172	中电环保	江苏	东部	N	国有参股	78.1121	75.8651	37.2175	27.1883	56.8652	446

续表

股票代码	公司简称	省份	地区	行业代码	控股类型	公司治理（*CLCQI–CG*）	社会责任（*CLCQI–SR*）	企业创新（*CLCQI–EI*）	绩效与价值（*CLCQI–PV*）	中国上市公司质量指数（*CLCQI*）	*CLCQI* 排名
300173	福能东方	广东	东部	C	国有弱相对控股	79.1123	37.9284	11.3827	27.2565	46.4249	3039
300174	元力股份	福建	东部	C	国有参股	91.9985	65.5089	32.4290	26.9815	59.8569	153
300175	朗源股份	山东	东部	C	无国有股份	80.2438	51.7137	9.3563	25.1063	48.0024	2653
300176	派生科技	广东	东部	C	无国有股份	85.6520	55.1563	11.7638	26.3817	51.4824	1628
300177	中海达	广东	东部	C	国有参股	85.6980	51.7513	22.0273	26.8324	53.1554	1164
300178	*ST腾邦	广东	东部	L	国有参股	59.7572	34.4783	13.1738	25.2198	38.0144	3591
300179	四方达	河南	中部	C	国有参股	71.8018	68.9861	53.7089	26.4521	56.4235	497
300180	华峰超纤	上海	东部	C	国有参股	81.6891	65.4990	14.9497	25.7101	51.9180	1508
300181	佐力药业	浙江	东部	C	国有参股	83.8216	69.0060	32.2059	26.6925	56.9938	425
300182	捷成股份	北京	东部	R	无国有股份	75.9663	65.4990	41.7245	26.5130	55.1845	706
300183	东软载波	山东	东部	I	国有参股	81.6447	55.1870	39.9523	27.2587	55.7411	599
300184	力源信息	湖北	中部	F	无国有股份	80.7871	31.0282	18.9972	24.9837	47.0144	2912
300185	通裕重工	山东	东部	C	国有参股	81.4923	58.6282	12.6418	28.5984	51.0691	1734
300187	永清环保	湖南	中部	N	无国有股份	80.5744	51.7137	13.4760	27.8248	49.6382	2171
300188	美亚柏科	福建	东部	I	国有参股	86.7239	65.5106	40.7356	27.7626	59.6039	178
300189	神农科技	海南	东部	A	国有参股	69.9348	51.7137	14.4907	28.2728	45.6973	3172
300190	维尔利	江苏	东部	N	国有参股	74.2916	58.6164	13.3006	27.2557	47.9831	2664
300192	科德教育	江苏	东部	P	无国有股份	74.7366	58.5988	12.3328	27.2899	47.9735	2667

续表

股票代码	公司简称	省份	地区	行业代码	控股类型	公司治理（CLCQI-CG）	社会责任（CLCQI-SR）	企业创新（CLCQI-EI）	绩效与价值（CLCQI-PV）	中国上市公司质量指数（CLCQI）	CLCQI排名
300193	佳士科技	广东	东部	C	无国有股份	85.8236	51.7539	11.8646	26.3167	51.0446	1742
300194	福安药业	重庆	西部	C	无国有股份	70.1575	65.5379	32.6349	26.2259	50.9771	1764
300195	长荣股份	天津	东部	C	国有参股	82.3608	65.4990	14.6993	25.8223	52.1646	1431
300196	长海股份	江苏	东部	C	国有参股	82.6096	58.6092	13.0384	27.5020	51.3184	1665
300197	节能铁汉	广东	东部	N	国有参股	89.5359	68.9491	33.8442	27.1579	59.7151	168
300198	纳川股份	福建	东部	C	国有参股	78.0365	51.7137	31.8586	26.9363	52.0775	1461
300199	翰宇药业	广东	东部	C	国有参股	82.7199	58.5988	18.8710	26.4606	52.2671	1404
300200	高盟新材	北京	东部	C	国有参股	73.9762	58.6257	12.6594	27.5352	47.8000	2728
300201	海伦哲	江苏	东部	C	无国有股份	77.2683	44.8211	20.6668	25.6974	48.1882	2600
300202	*ST聚龙	辽宁	东北	C	无国有股份	58.6826	65.4990	16.0108	26.1320	43.0331	3459
300203	聚光科技	浙江	东部	C	无国有股份	83.7732	51.7233	36.6315	26.6369	55.2533	691
300204	舒泰神	北京	东部	C	无国有股份	74.5272	66.0144	23.2390	25.9153	50.8397	1810
300205	天喻信息	湖北	中部	C	国有强相对控股	84.0839	58.6235	19.7702	26.2235	52.9370	1218
300206	理邦仪器	广东	东部	C	国有参股	77.1315	51.7279	38.8569	30.4895	54.0056	966
300207	欣旺达	广东	东部	C	无国有股份	82.8603	79.3156	19.6598	28.3847	56.0696	544
300208	青岛中程	山东	东部	C	国有强相对控股	68.0149	55.1714	12.8423	27.5977	44.9496	3290
300209	天泽信息	湖南	中部	F	无国有股份	84.8453	48.2636	36.6327	23.6372	54.4135	888
300210	森远股份	辽宁	东北	C	无国有股份	67.4634	55.1563	36.1834	27.3187	49.3252	2264

续表

股票代码	公司简称	省份	地区	行业代码	控股类型	公司治理（CLCQI-CG）	社会责任（CLCQI-SR）	企业创新（CLCQI-EI）	绩效与价值（CLCQI-PV）	中国上市公司质量指数（CLCQI）	CLCQI排名
300211	亿通科技	江苏	东部	C	国有参股	79.5838	41.4694	57.4022	26.5922	56.1824	524
300212	易华录	北京	东部	I	国有强相对控股	84.5385	58.6119	54.6016	27.5353	60.4113	114
300213	佳讯飞鸿	北京	东部	C	无国有股份	74.3663	65.5093	20.1655	26.4661	50.2226	2002
300214	日科化学	山东	东部	C	无国有股份	80.5384	65.5069	14.3596	26.4516	51.5262	1613
300215	电科院	江苏	东部	M	国有弱相对控股	72.9846	72.4582	13.8722	26.6207	49.4922	2215
300217	东方电热	江苏	东部	C	无国有股份	84.4447	51.7535	32.8442	27.1875	54.9066	774
300218	安利股份	安徽	中部	C	国有参股	92.3259	65.5203	37.3590	26.8691	60.9475	96
300219	鸿利智汇	广东	东部	C	国有强相对控股	77.0528	58.6064	14.8176	27.5515	49.4634	2222
300220	金运激光	湖北	中部	C	无国有股份	69.8328	65.4990	12.1326	26.3474	46.7714	2964
300221	银禧科技	广东	东部	C	国有参股	74.8468	51.7062	35.2126	27.9519	51.7252	1562
300222	科大智能	上海	东部	C	国有参股	78.6536	58.6064	19.1666	26.6338	50.7442	1833
300223	北京君正	北京	东部	C	无国有股份	83.3837	58.6278	43.0572	29.0646	58.0252	304
300224	正海磁材	山东	东部	C	国有参股	86.4354	44.9176	14.5430	27.3382	51.0549	1738
300225	金力泰	上海	东部	C	无国有股份	69.1786	44.8076	37.6306	30.0755	49.4376	2227
300226	上海钢联	上海	东部	I	无国有股份	73.0585	65.5188	30.6912	27.4336	52.0479	1471
300227	光韵达	广东	东部	C	无国有股份	83.5670	58.6122	15.3646	27.3439	52.1276	1449
300228	富瑞特装	江苏	东部	C	国有参股	76.5024	58.6064	12.8595	26.9514	48.7017	2457
300229	拓尔思	北京	东部	I	国有参股	77.1932	68.9639	36.3052	27.1880	55.2799	687

续表

股票代码	公司简称	省份	地区	行业代码	控股类型	公司治理（CLCQI–CG）	社会责任（CLCQI–SR）	企业创新（CLCQI–EI）	绩效与价值（CLCQI–PV）	中国上市公司质量指数（CLCQI）	CLCQI排名
300230	永利股份	上海	东部	C	国有参股	80.0160	69.2137	12.8219	26.3686	51.5450	1608
300231	银信科技	北京	东部	I	国有参股	82.3518	68.9806	9.7940	27.1046	52.0227	1478
300232	洲明科技	广东	东部	C	无国有股份	82.2368	51.7173	13.5286	26.2794	49.9279	2091
300233	金城医药	山东	东部	C	无国有股份	80.8608	44.8211	34.1437	25.7628	52.3369	1382
300234	开尔新材	浙江	东部	C	无国有股份	81.0504	51.7327	14.7447	25.7994	49.5789	2185
300235	方直科技	广东	东部	I	无国有股份	74.6176	41.3743	37.3426	26.7644	50.2128	2010
300236	上海新阳	上海	东部	C	国有参股	82.1332	62.0666	59.1958	28.3626	61.0931	89
300237	美晨生态	山东	东部	E	国有弱相对控股	74.6005	55.1571	11.6604	26.8724	47.1639	2877
300238	冠昊生物	广东	东部	C	无国有股份	85.3487	65.4990	33.2178	27.9029	57.5836	345
300239	东宝生物	内蒙古	西部	C	国有参股	75.3552	51.7303	11.8835	26.7258	46.9598	2920
300240	飞力达	江苏	东部	G	国有参股	77.4536	51.7317	38.7140	26.4660	53.1005	1183
300241	瑞丰光电	广东	东部	C	国有参股	79.2936	58.6375	53.3946	26.4084	57.7941	323
300242	佳云科技	广东	东部	I	无国有股份	77.0582	31.0358	15.9108	26.6361	45.3199	3235
300243	瑞丰高材	山东	东部	C	国有参股	75.4285	58.6198	35.0223	28.3524	53.0569	1193
300244	迪安诊断	浙江	东部	Q	国有参股	88.4557	55.1616	37.1532	27.9980	58.0867	297
300245	天玑科技	上海	东部	I	无国有股份	74.1874	72.4171	12.3472	26.6207	49.6621	2163
300246	宝莱特	广东	东部	C	国有参股	78.0183	55.1663	59.2217	29.2953	58.6504	256
300247	融捷健康	安徽	中部	C	国有参股	75.0034	58.6064	10.8687	26.2816	47.5365	2789

续表

股票代码	公司简称	省份	地区	行业代码	控股类型	公司治理（*CLCQI-CG*）	社会责任（*CLCQI-SR*）	企业创新（*CLCQI-EI*）	绩效与价值（*CLCQI-PV*）	中国上市公司质量指数（*CLCQI*）	*CLCQI* 排名
300248	新开普	河南	中部	I	无国有股份	82.8861	58.6146	41.5847	26.9523	57.0016	423
300249	依米康	四川	西部	I	无国有股份	84.9531	44.8211	32.7239	26.7045	53.9253	988
300250	初灵信息	浙江	东部	I	国有参股	78.0860	65.4990	19.8025	25.0988	51.2945	1669
300251	光线传媒	北京	东部	R	无国有股份	76.1302	65.5048	34.3785	27.1220	53.9340	987
300252	金信诺	广东	东部	C	国有参股	85.6294	58.6162	34.5187	26.2220	56.5034	488
300253	卫宁健康	上海	东部	I	国有参股	95.4441	62.0614	36.0860	28.6656	61.8704	68
300254	仟源医药	山西	中部	C	无国有股份	84.1287	51.7137	34.9568	25.1812	54.6952	826
300255	常山药业	河北	东部	C	国有参股	75.7974	44.8240	13.9589	26.7460	46.5208	3019
300256	星星科技	江西	中部	C	无国有股份	76.8456	51.7137	15.5269	26.2848	48.1719	2605
300257	开山股份	浙江	东部	C	无国有股份	87.0631	51.7239	10.2846	27.1753	51.4346	1642
300258	精锻科技	江苏	东部	C	无国有股份	85.4343	65.5108	17.1745	27.3430	54.2710	916
300259	新天科技	河南	中部	C	国有参股	74.6836	55.1740	19.3268	26.8107	48.7176	2449
300260	新莱应材	江苏	东部	C	国有参股	77.5142	65.5121	13.1990	27.1361	50.2563	1986
300261	雅本化学	江苏	东部	C	无国有股份	67.3347	24.1697	15.4505	27.2550	40.4632	3559
300262	巴安水务	上海	东部	N	国有参股	79.9052	62.0565	42.8559	25.8079	56.2937	512
300263	隆华科技	河南	中部	C	国有参股	86.5061	65.5197	14.2356	26.8909	54.0002	968
300264	佳创视讯	广东	东部	I	无国有股份	71.6900	51.7062	14.8857	26.5922	46.0571	3107
300265	通光线缆	江苏	东部	C	国有参股	75.8980	58.6130	54.5580	27.1828	56.8585	450

续表

股票代码	公司简称	省份	地区	行业代码	控股类型	公司治理（CLCQI-CG）	社会责任（CLCQI-SR）	企业创新（CLCQI-EI）	绩效与价值（CLCQI-PV）	中国上市公司质量指数（CLCQI）	CLCQI排名
300266	兴源环境	浙江	东部	N	无国有股份	74.2774	44.8211	14.7380	26.7034	46.0576	3106
300267	尔康制药	湖南	中部	C	无国有股份	79.8083	44.8251	52.0193	26.0526	55.5641	632
300268	佳沃食品	湖南	中部	C	无国有股份	89.9524	58.6064	8.8091	23.5590	52.4235	1344
300269	ST联建	广东	东部	L	无国有股份	55.5440	34.4783	16.2212	26.0323	37.1417	3601
300270	中威电子	浙江	东部	C	无国有股份	78.5151	31.0207	19.5604	25.6170	46.3755	3051
300271	华宇软件	北京	东部	I	国有参股	82.5799	72.4039	13.6975	26.8881	53.3541	1122
300272	开能健康	上海	东部	C	无国有股份	79.5754	65.5122	34.4509	26.4764	55.1663	715
300273	和佳医疗	广东	东部	C	无国有股份	67.6361	44.8238	12.1000	26.5079	42.8250	3473
300274	阳光电源	安徽	中部	C	国有参股	80.2511	48.2762	21.9402	37.6825	53.1505	1169
300275	梅安森	重庆	西部	I	无国有股份	90.6929	55.1563	33.7493	26.3770	57.8947	311
300276	三丰智能	湖北	中部	C	无国有股份	73.4522	55.1487	33.4040	25.3111	50.6618	1861
300277	海联讯	广东	东部	I	国有弱相对控股	80.1507	62.1102	15.3259	27.1187	51.2217	1690
300278	*ST华昌	湖北	中部	C	无国有股份	76.1665	41.3710	33.0183	26.0451	49.7872	2122
300279	和晶科技	江苏	东部	C	无国有股份	80.0824	34.4708	12.7299	26.1910	46.2973	3062
300280	紫天科技	江苏	东部	L	无国有股份	80.8513	58.6072	14.7916	31.4418	51.9504	1502
300281	金明精机	广东	东部	C	国有参股	82.4009	58.6203	35.6777	26.7758	55.5829	628
300282	三盛教育	北京	东部	C	国有参股	75.9855	68.9567	14.0521	24.1917	49.5961	2177
300283	温州宏丰	浙江	东部	C	无国有股份	80.4342	65.5094	57.6820	26.4316	60.1444	135

续表

股票代码	公司简称	省份	地区	行业代码	控股类型	公司治理（*CLCQI-CG*）	社会责任（*CLCQI-SR*）	企业创新（*CLCQI-EI*）	绩效与价值（*CLCQI-PV*）	中国上市公司质量指数（*CLCQI*）	*CLCQI* 排名
300284	苏交科	江苏	东部	M	无国有股份	77.5968	79.3094	14.3081	26.3685	52.3889	1360
300285	国瓷材料	山东	东部	C	无国有股份	82.3751	58.6128	37.3500	29.5648	56.6032	474
300286	安科瑞	上海	东部	C	国有参股	73.9085	51.7239	63.5511	27.4512	56.8950	441
300287	飞利信	北京	东部	I	无国有股份	80.3026	48.2712	15.4090	25.7926	48.8917	2396
300288	朗玛信息	贵州	西部	I	无国有股份	75.1399	58.6277	33.2656	26.5413	52.1385	1443
300289	利德曼	北京	东部	C	国有弱相对控股	74.0645	51.7137	35.5315	26.3302	51.0717	1732
300290	荣科科技	辽宁	东北	I	无国有股份	74.9092	48.2734	32.6733	26.3139	50.3178	1964
300291	华录百纳	北京	东部	R	国有参股	84.0564	34.4783	10.5015	26.3839	47.4906	2810
300292	吴通控股	江苏	东部	I	无国有股份	81.6922	58.6064	37.8268	25.9693	55.5255	640
300293	蓝英装备	辽宁	东北	C	无国有股份	66.6365	75.8493	60.9810	27.7286	57.1603	402
300294	博雅生物	江西	中部	C	无国有股份	73.8293	65.5053	13.5921	27.1595	48.8658	2409
300295	三六五网	江苏	东部	I	无国有股份	72.2359	62.0528	7.2062	26.4949	46.2673	3067
300296	利亚德	北京	东部	C	无国有股份	87.7400	62.0753	35.7564	25.8321	58.0166	305
300297	蓝盾股份	广东	东部	I	无国有股份	76.2622	62.0489	11.6772	25.6999	48.5726	2489
300298	三诺生物	湖南	中部	C	国有参股	84.3272	65.5270	17.8429	29.4141	54.4820	874
300299	富春股份	福建	东部	I	无国有股份	75.7877	62.0565	12.8814	28.2153	49.2537	2290
300300	海峡创新	福建	东部	I	国有弱相对控股	68.9889	58.6064	8.7937	25.1854	44.4416	3352
300301	长方集团	广东	东部	C	无国有股份	72.2116	41.3710	11.8114	26.6077	44.1045	3384

续表

股票代码	公司简称	省份	地区	行业代码	控股类型	公司治理（CLCQI-CG）	社会责任（CLCQI-SR）	企业创新（CLCQI-EI）	绩效与价值（CLCQI-PV）	中国上市公司质量指数（CLCQI）	CLCQI排名
300302	同有科技	北京	东部	I	无国有股份	82.5844	55.1628	10.8933	26.7298	50.1693	2021
300303	聚飞光电	广东	东部	C	无国有股份	82.2518	58.6176	12.6318	26.5628	50.8604	1800
300304	云意电气	江苏	东部	C	国有参股	78.5013	37.9290	17.9324	26.9556	47.4152	2826
300305	裕兴股份	江苏	东部	C	国有参股	80.3641	48.2772	14.3048	26.6846	48.9193	2387
300306	远方信息	浙江	东部	C	无国有股份	75.4509	58.6064	19.3592	26.2826	49.4138	2232
300307	慈星股份	浙江	东部	C	无国有股份	72.8320	51.7137	15.6056	26.0165	46.5151	3020
300308	中际旭创	山东	东部	C	无国有股份	100.0000	37.9257	35.1568	28.0836	59.7411	164
300309	吉艾科技	北京	东部	J	无国有股份	70.7337	51.7288	32.4912	24.6987	48.7257	2442
300310	宜通世纪	广东	东部	I	无国有股份	74.8442	65.5141	31.9901	26.6682	52.8299	1240
300311	任子行	广东	东部	I	无国有股份	72.4905	55.1636	25.8625	26.1920	48.9912	2365
300312	*ST邦讯	北京	东部	I	国有参股	58.7211	44.8362	28.5312	26.1919	42.4681	3495
300313	ST天山	新疆	西部	A	国有参股	74.7671	55.1714	14.8056	30.9301	48.8762	2403
300314	戴维医疗	浙江	东部	C	国有参股	78.9726	51.7227	41.9567	28.2438	54.7997	801
300315	掌趣科技	北京	东部	I	无国有股份	82.5662	55.1638	21.7716	26.8778	52.3748	1369
300316	晶盛机电	浙江	东部	C	无国有股份	79.1355	58.6160	37.5980	29.1939	55.2647	689
300317	珈伟新能	广东	东部	C	无国有股份	74.3526	55.1563	10.4938	27.8808	47.0834	2898
300318	博晖创新	北京	东部	C	国有参股	77.8155	55.1563	10.7333	29.6709	48.9640	2373
300319	麦捷科技	广东	东部	C	国有参股	89.9017	48.2636	11.9498	26.1561	52.1292	1447

续表

股票代码	公司简称	省份	地区	行业代码	控股类型	公司治理（*CLCQI–CG*）	社会责任（*CLCQI–SR*）	企业创新（*CLCQI–EI*）	绩效与价值（*CLCQI–PV*）	中国上市公司质量指数（*CLCQI*）	*CLCQI* 排名
300320	海达股份	江苏	东部	C	无国有股份	75.5113	51.7133	35.6836	27.2495	51.9106	1512
300321	同大股份	山东	东部	C	国有参股	86.0753	48.2793	34.6073	26.7477	55.2804	686
300322	硕贝德	广东	东部	C	无国有股份	79.1016	55.1658	17.3376	26.0650	49.8993	2102
300323	华灿光电	湖北	中部	C	无国有股份	95.2693	65.4990	33.1112	27.5845	61.4509	79
300324	旋极信息	北京	东部	I	无国有股份	83.9022	58.6064	33.2771	25.6633	55.4231	659
300325	*ST德威	江苏	东部	C	无国有股份	59.7972	41.3634	13.5463	25.4499	39.1951	3581
300326	凯利泰	上海	东部	C	无国有股份	82.6373	68.9581	33.3017	26.7098	56.7364	460
300327	中颖电子	上海	东部	C	国有参股	83.7624	51.7358	50.0887	28.7321	58.4661	274
300328	宜安科技	广东	东部	C	国有弱相对控股	87.3804	65.5169	36.6711	26.4898	58.7364	247
300329	海伦钢琴	浙江	东部	C	国有参股	76.6641	65.5056	16.1453	25.9334	50.2039	2011
300330	华虹计通	上海	东部	I	国有弱相对控股	77.6680	65.5141	12.5997	26.8548	50.1280	2036
300331	苏大维格	江苏	东部	C	国有参股	75.1502	44.8308	14.9840	26.5952	46.4303	3037
300332	天壕环境	北京	东部	D	国有参股	82.7862	72.4165	32.6517	26.7695	57.1996	395
300333	兆日科技	广东	东部	I	国有参股	81.5468	41.7421	24.2012	26.6868	50.3920	1931
300334	津膜科技	天津	东部	C	国有强相对控股	72.6893	51.7137	39.4715	26.6581	51.3916	1655
300335	迪森股份	广东	东部	D	国有参股	71.7898	44.8514	37.0658	26.5856	49.5032	2212
300336	新文化	上海	东部	L	无国有股份	71.2114	58.6064	10.2180	24.7977	45.5185	3205
300337	银邦股份	江苏	东部	C	国有弱相对控股	75.2028	58.6064	16.7713	27.4179	49.0808	2340

续表

股票代码	公司简称	省份	地区	行业代码	控股类型	公司治理（CLCQI-CG）	社会责任（CLCQI-SR）	企业创新（CLCQI-EI）	绩效与价值（CLCQI-PV）	中国上市公司质量指数（CLCQI）	CLCQI排名
300338	开元教育	湖南	中部	P	无国有股份	72.0952	79.2994	41.5562	24.5896	55.1916	702
300339	润和软件	江苏	东部	I	国有参股	74.8261	58.6064	30.1105	26.5091	51.3708	1656
300340	科恒股份	广东	东部	C	国有参股	76.6727	79.2994	14.7905	24.6241	51.6781	1571
300341	麦克奥迪	福建	东部	C	国有参股	76.0927	44.8291	35.4551	26.2899	50.8250	1815
300342	天银机电	江苏	东部	C	国有参股	75.0221	79.3237	17.9061	27.1493	52.2759	1402
300343	联创股份	山东	东部	C	无国有股份	65.4851	51.7213	15.6816	26.1093	43.6158	3423
300344	立方数科	北京	东部	I	无国有股份	81.4052	68.9567	35.2768	24.9392	56.1957	521
300345	华民股份	湖南	中部	C	无国有股份	76.8333	48.2636	51.0999	25.9051	54.6691	831
300346	南大光电	江苏	东部	C	国有参股	70.3042	58.6157	62.9610	29.9629	56.9970	424
300347	泰格医药	浙江	东部	M	国有参股	83.7729	62.0657	10.2704	32.0240	52.8791	1230
300348	长亮科技	广东	东部	I	无国有股份	79.3172	51.7174	52.4760	28.3815	57.0751	417
300349	金卡智能	浙江	东部	I	国有参股	78.9980	68.9775	37.4638	26.4846	56.0597	546
300350	华鹏飞	广东	东部	I	无国有股份	73.9199	51.7137	7.9217	26.8454	45.6207	3186
300351	永贵电器	浙江	东部	C	无国有股份	80.6704	68.9491	38.1077	26.6348	56.8908	442
300352	北信源	北京	东部	I	无国有股份	82.1886	72.4148	18.5576	26.2977	54.0236	960
300353	东土科技	北京	东部	C	国有参股	77.4060	58.6064	25.1177	24.7288	50.9591	1771
300354	东华测试	江苏	东部	C	国有参股	80.7894	51.7261	39.7631	26.9818	54.7728	807
300355	蒙草生态	内蒙古	西部	N	国有参股	78.7791	65.5056	13.2700	27.0897	50.7639	1824

续表

股票代码	公司简称	省份	地区	行业代码	控股类型	公司治理（CLCQI-CG）	社会责任（CLCQI-SR）	企业创新（CLCQI-EI）	绩效与价值（CLCQI-PV）	中国上市公司质量指数（CLCQI）	CLCQI排名
300356	ST光一	江苏	东部	C	无国有股份	68.8315	51.7137	13.9475	25.6496	44.4916	3347
300357	我武生物	浙江	东部	C	无国有股份	86.9953	58.6132	13.8476	32.5097	54.4871	872
300358	楚天科技	湖南	中部	C	国有参股	84.3807	44.8299	22.3845	27.4928	51.8269	1533
300359	全通教育	广东	东部	I	国有参股	79.3525	51.7137	29.8933	27.1249	52.2580	1407
300360	炬华科技	浙江	东部	C	无国有股份	76.2812	58.6198	14.5730	26.7895	48.9174	2388
300363	博腾股份	重庆	西部	C	国有弱相对控股	82.7641	51.7320	14.6790	29.7329	51.2345	1684
300364	中文在线	北京	东部	R	国有参股	87.2083	62.0565	20.1969	28.7719	55.4242	658
300365	恒华科技	北京	东部	I	国有参股	82.8214	37.9197	15.5832	26.3262	48.5147	2499
300366	创意信息	四川	西部	I	国有参股	81.3548	51.7062	14.6709	25.4503	49.5946	2178
300367	ST网力	北京	东部	C	国有参股	70.5538	37.9284	36.1932	26.1530	47.6877	2755
300368	汇金股份	河北	东部	C	国有弱相对控股	73.3472	48.2690	35.0248	28.0611	50.5994	1879
300369	绿盟科技	北京	东部	I	国有参股	79.1146	58.6168	35.8817	26.9658	54.3562	902
300370	ST安控	四川	西部	C	无国有股份	64.6734	65.5141	60.9012	25.4834	54.2476	923
300371	汇中股份	河北	东部	C	无国有股份	71.2189	51.7202	35.9958	26.8625	50.1604	2025
300373	扬杰科技	江苏	东部	C	无国有股份	84.0757	58.6204	16.8815	30.3234	53.3805	1116
300374	中铁装配	北京	东部	C	国有弱相对控股	82.5802	51.7190	31.9021	26.6190	53.8251	1008
300375	鹏翎股份	天津	东部	C	无国有股份	79.4338	37.9269	13.0147	26.7732	46.7588	2966
300376	易事特	广东	东部	C	无国有股份	84.9099	34.4921	17.6990	28.1175	49.7069	2147

续表

股票代码	公司简称	省份	地区	行业代码	控股类型	公司治理（CLCQI–CG）	社会责任（CLCQI–SR）	企业创新（CLCQI–EI）	绩效与价值（CLCQI–PV）	中国上市公司质量指数（CLCQI）	CLCQI排名
300377	赢时胜	广东	东部	I	无国有股份	78.4540	48.2953	41.7613	26.3545	53.5668	1067
300378	鼎捷软件	上海	东部	I	无国有股份	88.3140	51.7258	12.4385	28.4843	52.6932	1270
300379	东方通	北京	东部	I	国有参股	78.5268	58.6121	64.4938	27.9030	60.0770	139
300380	安硕信息	上海	东部	I	无国有股份	77.1589	44.8424	32.6235	27.1730	50.9079	1785
300381	溢多利	广东	东部	C	无国有股份	79.1035	65.5091	14.5794	26.6581	51.0482	1741
300382	斯莱克	江苏	东部	C	国有参股	75.5968	58.6289	38.0919	27.2158	53.4554	1099
300383	光环新网	北京	东部	I	无国有股份	94.7602	55.1658	14.7356	27.2751	55.9448	562
300384	三联虹普	北京	东部	M	无国有股份	69.5225	58.6143	59.6415	26.3589	55.1191	725
300385	雪浪环境	江苏	东部	C	国有弱相对控股	77.5574	51.7062	14.3886	25.6939	48.0801	2631
300386	飞天诚信	北京	东部	I	无国有股份	79.4396	58.6125	41.5772	27.4309	55.7409	600
300387	富邦股份	湖北	中部	C	无国有股份	80.1240	82.7599	17.7086	26.1767	54.5495	856
300388	节能国祯	安徽	中部	N	国有参股	80.4579	51.7401	13.5130	26.9633	49.3876	2242
300389	艾比森	广东	东部	C	国有参股	76.8574	51.7221	13.7789	25.9958	47.7560	2740
300390	天华超净	江苏	东部	C	无国有股份	80.2672	51.7222	35.9070	32.1253	55.0779	736
300391	康跃科技	山东	东部	C	无国有股份	74.0473	58.6064	13.0661	27.9110	48.0009	2656
300392	腾信股份	北京	东部	I	无国有股份	81.0514	51.7062	11.8812	26.9768	49.2969	2279
300393	中来股份	江苏	东部	C	无国有股份	75.9040	44.8458	12.5740	27.6064	46.5049	3023
300394	天孚通信	江苏	东部	C	无国有股份	80.5342	58.6289	38.6406	29.0687	56.0033	553

续表

股票代码	公司简称	省份	地区	行业代码	控股类型	公司治理（CLCQI-CG）	社会责任（CLCQI-SR）	企业创新（CLCQI-EI）	绩效与价值（CLCQI-PV）	中国上市公司质量指数（CLCQI）	CLCQI排名
300395	菲利华	湖北	中部	C	无国有股份	80.0310	65.5133	35.8998	30.8356	56.7282	462
300396	迪瑞医疗	吉林	东北	C	国有参股	81.5669	65.5223	20.5851	27.9139	53.5506	1071
300397	天和防务	陕西	西部	C	无国有股份	74.9266	44.8629	18.5573	26.5927	47.0597	2900
300398	飞凯材料	上海	东部	C	无国有股份	85.1486	62.0611	36.7896	27.2085	57.5287	352
300399	天利科技	江西	中部	I	国有弱相对控股	78.4726	51.7145	32.2540	27.5937	52.4954	1319
300400	劲拓股份	广东	东部	C	国有参股	72.5024	51.7109	34.4019	27.1304	50.4206	1926
300401	花园生物	浙江	东部	C	国有参股	82.9743	65.5050	12.0059	27.2525	52.2298	1410
300402	宝色股份	江苏	东部	C	国有绝对控股	79.2273	58.6198	55.9816	27.8706	58.6479	257
300403	汉宇集团	广东	东部	C	无国有股份	76.4620	58.6520	38.7333	27.0666	53.8959	996
300404	博济医药	广东	东部	M	无国有股份	78.4047	58.6120	13.0647	26.5631	49.4074	2235
300405	科隆股份	辽宁	东北	C	无国有股份	75.6729	58.6064	33.3638	26.5852	52.3792	1367
300406	九强生物	北京	东部	C	国有弱相对控股	84.0600	79.3124	16.1356	27.5417	55.6334	614
300407	凯发电气	天津	东部	C	国有参股	90.4649	65.5075	36.2637	26.3540	59.8533	155
300408	三环集团	广东	东部	C	国有参股	79.9652	68.9725	34.1265	29.9288	56.6395	471
300409	道氏技术	广东	东部	C	国有参股	82.9847	51.7355	15.9269	26.7653	50.8309	1814
300410	正业科技	广东	东部	C	无国有股份	73.0535	31.0282	20.0104	25.8974	44.3521	3365
300411	金盾股份	浙江	东部	C	国有参股	66.4947	48.2636	35.4401	26.9720	47.6684	2759
300412	迦南科技	浙江	东部	C	国有参股	69.8014	44.8548	17.3396	27.4456	44.9781	3285

续表

股票代码	公司简称	省份	地区	行业代码	控股类型	公司治理（CLCQI–CG）	社会责任（CLCQI–SR）	企业创新（CLCQI–EI）	绩效与价值（CLCQI–PV）	中国上市公司质量指数（CLCQI）	CLCQI排名
300413	芒果超媒	湖南	中部	R	国有绝对控股	78.6277	55.1686	16.4767	30.8191	50.7265	1838
300414	中光防雷	四川	西部	C	无国有股份	75.2516	44.8249	39.8225	26.7588	51.4786	1630
300415	伊之密	广东	东部	C	无国有股份	80.6961	48.2754	16.4857	27.6786	49.7365	2136
300416	苏试试验	江苏	东部	M	无国有股份	83.1051	51.7167	37.1746	27.2362	55.2435	692
300417	南华仪器	广东	东部	C	无国有股份	79.7757	65.5221	59.0840	24.5600	59.6954	170
300418	昆仑万维	北京	东部	I	无国有股份	75.6014	68.9506	35.4257	30.6341	55.3268	683
300419	浩丰科技	北京	东部	I	无国有股份	73.9266	51.7137	31.6949	27.0124	50.4198	1927
300420	五洋停车	江苏	东部	C	国有参股	81.7490	58.6120	37.5131	26.5638	55.6350	613
300421	力星股份	江苏	东部	C	无国有股份	72.1938	58.6444	57.3735	26.5638	55.7898	590
300422	博世科	广西	西部	N	国有参股	88.3223	58.6116	40.0423	27.3127	58.9573	230
300423	昇辉科技	山东	东部	C	无国有股份	75.0921	44.8107	22.2070	26.8944	47.9235	2687
300424	航新科技	广东	东部	C	无国有股份	84.0941	65.4990	35.3882	25.1766	56.8343	452
300425	中建环能	四川	西部	C	国有弱相对控股	74.0738	58.6165	31.7473	26.5346	51.4051	1648
300426	唐德影视	浙江	东部	R	国有参股	78.8563	48.2636	31.3734	28.6797	52.2267	1413
300427	红相股份	福建	东部	C	无国有股份	79.7882	44.8304	34.5670	28.0557	52.5672	1302
300428	立中集团	河北	东部	C	无国有股份	80.5101	65.5051	38.1534	26.9754	56.4043	498
300429	强力新材	江苏	东部	C	无国有股份	82.7654	65.5100	33.6461	26.2558	56.2258	519
300430	诚益通	北京	东部	C	无国有股份	87.0270	65.5149	35.0680	26.5785	58.2963	281

续表

股票代码	公司简称	省份	地区	行业代码	控股类型	公司治理（CLCQI-CG）	社会责任（CLCQI-SR）	企业创新（CLCQI-EI）	绩效与价值（CLCQI-PV）	中国上市公司质量指数（CLCQI）	CLCQI排名
300432	富临精工	四川	西部	C	无国有股份	73.5685	37.9284	16.5895	27.7084	45.3616	3227
300433	蓝思科技	湖南	中部	C	国有参股	81.5106	68.9739	16.1723	31.9896	54.1822	935
300434	金石亚药	四川	西部	C	无国有股份	75.3625	75.8493	10.9676	25.0942	49.9895	2077
300435	中泰股份	浙江	东部	D	无国有股份	75.2383	55.1647	37.9862	27.2085	52.7694	1256
300436	广生堂	福建	东部	C	无国有股份	80.7944	37.9284	33.6691	27.2834	51.5617	1600
300437	清水源	河南	中部	C	无国有股份	77.3003	58.6064	52.4982	25.1695	56.5031	489
300438	鹏辉能源	广东	东部	C	无国有股份	86.1964	37.9340	13.0490	27.2172	49.5828	2184
300439	美康生物	浙江	东部	C	无国有股份	82.8818	65.4990	56.2669	27.3531	61.0692	91
300440	运达科技	四川	西部	I	无国有股份	73.7763	41.3801	17.3941	27.0462	45.9579	3125
300441	鲍斯股份	浙江	东部	C	无国有股份	86.5171	55.1810	35.6260	26.7165	56.6883	466
300442	普丽盛	上海	东部	C	无国有股份	76.4005	41.3710	34.4842	27.3182	50.4922	1912
300443	金雷股份	山东	东部	C	国有参股	78.0159	58.6187	33.0579	29.7468	54.0474	957
300444	双杰电气	北京	东部	C	无国有股份	82.4971	58.5988	33.9949	26.4006	55.1878	704
300445	康斯特	北京	东部	C	无国有股份	85.7982	44.8162	66.2721	26.6580	60.9606	94
300446	*ST乐材	河北	东部	C	国有强相对控股	75.0992	58.6166	40.0582	25.3776	53.1882	1156
300447	全信股份	江苏	东部	C	无国有股份	72.7345	65.5066	37.1976	27.6140	53.2628	1138
300448	浩云科技	广东	东部	I	国有参股	87.6238	51.7233	33.8415	26.8580	56.2908	513
300449	汉邦高科	北京	东部	C	无国有股份	77.1677	65.4990	12.8663	27.0339	50.0237	2068

续表

股票代码	公司简称	省份	地区	行业代码	控股类型	公司治理（CLCQI-CG）	社会责任（CLCQI-SR）	企业创新（CLCQI-EI）	绩效与价值（CLCQI-PV）	中国上市公司质量指数（CLCQI）	CLCQI排名
300450	先导智能	江苏	东部	C	无国有股份	79.5442	58.6199	46.5000	30.0946	57.4343	367
300451	创业慧康	浙江	东部	I	国有参股	85.9215	58.6114	54.9542	27.3630	60.9919	93
300452	山河药辅	安徽	中部	C	无国有股份	76.7222	62.0765	34.3196	27.7650	53.8056	1014
300453	三鑫医疗	江西	中部	C	无国有股份	79.6546	58.6266	35.1073	28.9673	54.9191	771
300454	深信服	广东	东部	I	无国有股份	82.7954	62.0612	43.6457	30.8732	58.8748	237
300455	康拓红外	北京	东部	C	国有绝对控股	84.5823	51.7258	16.5680	27.0950	51.6792	1569
300456	赛微电子	北京	东部	C	国有参股	94.4054	34.4870	42.4825	26.7537	58.1201	295
300457	赢合科技	广东	东部	C	国有强相对控股	84.5509	37.9333	14.1266	27.5900	49.2332	2298
300458	全志科技	广东	东部	C	国有参股	78.2766	62.0900	29.8450	27.1616	53.3835	1114
300459	金科文化	浙江	东部	I	无国有股份	82.8331	65.4990	14.4500	27.2383	52.6577	1279
300460	惠伦晶体	广东	东部	C	无国有股份	76.7498	37.9284	33.9603	27.5349	50.0650	2057
300461	田中精机	浙江	东部	C	无国有股份	68.3350	48.2787	25.4022	27.3601	46.4963	3024
300462	华铭智能	上海	东部	C	无国有股份	81.5074	58.6130	14.6766	24.3046	50.4064	1930
300463	迈克生物	四川	西部	C	无国有股份	81.6078	58.6178	38.0761	28.9849	56.2972	511
300464	星徽股份	广东	东部	F	无国有股份	73.6174	34.4849	19.8066	26.0220	45.0865	3267
300465	高伟达	北京	东部	I	无国有股份	68.9521	58.6064	28.8603	26.2322	48.7019	2456
300466	赛摩智能	江苏	东部	C	国有参股	76.6255	51.7137	37.0352	26.4834	52.4352	1339
300467	迅游科技	四川	西部	I	无国有股份	87.9433	51.7137	21.1582	26.6463	53.8276	1006

续表

股票代码	公司简称	省份	地区	行业代码	控股类型	公司治理（CLCQI-CG）	社会责任（CLCQI-SR）	企业创新（CLCQI-EI）	绩效与价值（CLCQI-PV）	中国上市公司质量指数（CLCQI）	CLCQI 排名
300468	四方精创	广东	东部	I	国有参股	84.2096	51.7228	33.8915	27.2385	55.0302	744
300469	信息发展	上海	东部	I	无国有股份	78.5904	65.4990	14.2623	26.1054	50.6398	1867
300470	中密控股	四川	西部	C	国有弱相对控股	82.0086	51.7223	11.7886	28.6066	50.0712	2051
300471	厚普股份	四川	西部	C	国有参股	79.5634	41.3710	11.8882	26.1519	46.9466	2923
300472	新元科技	江西	中部	C	国有参股	68.5660	62.0565	14.5480	24.7780	45.8390	3146
300473	德尔股份	辽宁	东北	C	无国有股份	77.7298	65.4990	35.1500	23.7227	53.8775	1000
300474	景嘉微	湖南	中部	C	国有参股	77.1813	51.7252	45.1317	27.6200	54.5626	850
300475	聚隆科技	安徽	中部	C	无国有股份	81.4055	41.3692	59.7975	26.8468	57.4388	365
300476	胜宏科技	广东	东部	C	无国有股份	83.9928	44.8205	13.6141	27.7961	49.9921	2076
300477	合纵科技	北京	东部	C	无国有股份	72.2851	37.9209	11.1778	25.3921	43.1858	3446
300478	杭州高新	浙江	东部	C	无国有股份	67.7563	44.8135	34.6283	25.4007	47.1004	2894
300479	神思电子	山东	东部	C	国有参股	89.9977	51.7307	23.5191	26.2777	55.0319	743
300480	光力科技	河南	中部	C	无国有股份	82.6950	58.6120	48.1800	26.7333	58.1891	290
300481	濮阳惠成	河南	中部	C	无国有股份	83.2291	51.7228	37.6524	27.9117	55.5585	633
300482	万孚生物	广东	东部	C	国有参股	87.4432	41.3826	38.8216	29.6321	56.3570	506
300483	首华燃气	上海	东部	B	无国有股份	81.8489	65.5007	35.0194	25.7379	56.0030	554
300484	蓝海华腾	广东	东部	C	无国有股份	71.6686	44.8211	17.0757	28.0970	45.8300	3148
300485	赛升药业	北京	东部	C	无国有股份	75.7868	65.5085	55.0602	27.5905	58.0507	302

续表

股票代码	公司简称	省份	地区	行业代码	控股类型	公司治理（CLCQI-CG）	社会责任（CLCQI-SR）	企业创新（CLCQI-EI）	绩效与价值（CLCQI-PV）	中国上市公司质量指数（CLCQI）	CLCQI排名
300486	东杰智能	山西	中部	C	无国有股份	87.5276	58.6113	38.7186	26.9176	58.2759	285
300487	蓝晓科技	陕西	西部	C	国有参股	85.6872	58.6162	34.9986	27.1740	56.8605	449
300488	恒锋工具	浙江	东部	C	无国有股份	79.7881	58.6189	37.8273	26.8251	54.9798	754
300489	中飞股份	黑龙江	东北	C	无国有股份	71.6715	55.1563	11.6973	30.0223	46.7871	2960
300490	华自科技	湖南	中部	C	无国有股份	73.5134	65.5045	39.5393	26.2955	53.7128	1032
300491	通合科技	河北	东部	C	无国有股份	69.5464	44.8168	19.6163	26.7334	45.1477	3262
300492	华图山鼎	四川	西部	M	无国有股份	78.4634	44.8621	7.7314	30.4986	47.2856	2856
300493	润欣科技	上海	东部	I	国有参股	87.0634	51.7406	34.3491	26.9411	56.1915	522
300494	盛天网络	湖北	中部	I	无国有股份	73.2785	44.8126	16.9110	26.7503	46.1030	3101
300495	*ST美尚	江苏	东部	N	无国有股份	78.9756	58.6068	32.8468	26.1132	53.4789	1093
300496	中科创达	北京	东部	I	无国有股份	90.7479	44.8311	27.1760	31.0678	56.2260	518
300497	富祥药业	江西	中部	C	无国有股份	89.8384	58.6183	13.1432	27.1397	54.1417	940
300498	温氏股份	广东	东部	A	无国有股份	86.4723	72.4301	36.5696	30.0530	60.2806	125
300499	高澜股份	广东	东部	C	国有参股	78.2598	58.6136	35.9930	27.1484	54.0816	952
300500	启迪设计	江苏	东部	M	无国有股份	83.3228	58.6148	55.7304	26.4071	59.8692	150
300501	海顺新材	上海	东部	C	无国有股份	69.6134	51.7230	32.9873	27.4441	49.0623	2345
300502	新易盛	四川	西部	C	无国有股份	85.2287	51.7244	55.3430	29.2454	60.2301	126
300503	昊志机电	广东	东部	C	无国有股份	77.7015	44.8211	12.7344	27.1952	47.1494	2882

续表

股票代码	公司简称	省份	地区	行业代码	控股类型	公司治理（CLCQI–CG）	社会责任（CLCQI–SR）	企业创新（CLCQI–EI）	绩效与价值（CLCQI–PV）	中国上市公司质量指数（CLCQI）	CLCQI排名
300504	天邑股份	四川	西部	C	无国有股份	80.7232	58.6341	38.2933	26.3497	55.3305	682
300505	川金诺	云南	西部	C	无国有股份	77.5287	58.6089	33.8971	26.2014	53.1326	1175
300506	名家汇	广东	东部	E	国有参股	86.7277	58.6369	11.8016	25.7097	52.2743	1403
300507	苏奥传感	江苏	东部	C	无国有股份	68.4438	51.7191	36.3156	26.8929	49.1217	2323
300508	维宏股份	上海	东部	I	无国有股份	81.8879	51.7123	50.4212	26.6706	57.2639	387
300509	新美星	江苏	东部	C	无国有股份	75.5402	58.6338	23.3462	26.2983	50.2550	1987
300510	金冠股份	吉林	东北	C	国有弱相对控股	75.7778	65.4990	12.3798	26.0373	49.1212	2324
300511	雪榕生物	上海	东部	A	无国有股份	81.0657	58.6181	32.8065	28.2173	54.8346	793
300512	中亚股份	浙江	东部	C	国有参股	73.1181	55.1655	36.9385	26.2419	51.4703	1632
300513	恒实科技	北京	东部	I	无国有股份	79.8863	51.7162	32.0055	26.4218	52.7185	1264
300514	友讯达	广东	东部	C	无国有股份	73.2987	58.6164	37.3507	26.4259	52.1886	1424
300515	三德科技	湖南	中部	C	无国有股份	79.7742	51.7298	30.7958	26.9781	52.5728	1301
300516	久之洋	湖北	中部	C	国有绝对控股	85.4355	51.7244	40.4114	27.2522	56.8282	455
300517	海波重科	湖北	中部	E	无国有股份	76.1701	44.8260	15.7465	26.8754	47.0601	2899
300518	盛讯达	广东	东部	I	无国有股份	78.8550	34.4633	11.5519	28.2253	46.0782	3104
300519	新光药业	浙江	东部	C	无国有股份	68.0686	58.6345	11.8291	27.1788	45.1831	3253
300520	科大国创	安徽	中部	I	国有参股	76.6639	65.5126	14.7845	26.7762	50.1434	2030
300521	爱司凯	广东	东部	C	无国有股份	74.9947	58.6204	32.2730	28.2602	52.3106	1393

续表

股票代码	公司简称	省份	地区	行业代码	控股类型	公司治理（*CLCQI-CG*）	社会责任（*CLCQI-SR*）	企业创新（*CLCQI-EI*）	绩效与价值（*CLCQI-PV*）	中国上市公司质量指数（*CLCQI*）	*CLCQI* 排名
300522	世名科技	江苏	东部	C	国有参股	78.9927	44.8314	17.4218	28.4546	48.9198	2386
300523	辰安科技	北京	东部	I	国有强相对控股	86.7218	44.8307	14.4922	26.5663	50.9534	1773
300525	博思软件	福建	东部	I	国有参股	86.3145	44.8320	14.1147	27.1591	50.8633	1796
300526	中潜股份	广东	东部	C	无国有股份	76.1749	37.9284	31.9852	29.7664	49.9979	2074
300527	中船应急	湖北	中部	C	国有绝对控股	78.6041	72.4115	56.9245	26.4938	60.3117	124
300528	幸福蓝海	江苏	东部	R	国有绝对控股	75.5948	51.7137	11.0502	25.5534	46.5934	3006
300529	健帆生物	广东	东部	C	无国有股份	86.0034	65.5282	38.7246	30.7516	59.6634	172
300530	*ST达志	广东	东部	C	无国有股份	75.0085	65.7820	29.0095	27.3425	52.5082	1314
300531	优博讯	广东	东部	C	无国有股份	93.3249	51.7184	37.9182	26.8822	59.3919	193
300532	今天国际	广东	东部	I	无国有股份	80.1132	65.5313	35.6924	26.4043	55.6145	620
300533	冰川网络	广东	东部	I	无国有股份	77.4481	58.6187	40.0981	26.4490	54.4039	891
300534	陇神戎发	甘肃	西部	C	国有强相对控股	79.7699	65.5095	33.2378	26.3167	54.9611	759
300535	达威股份	四川	西部	C	无国有股份	83.8296	37.9304	36.3392	26.6464	53.1508	1167
300537	广信材料	江苏	东部	C	无国有股份	76.3598	65.4990	35.1954	25.3538	53.7463	1024
300538	同益股份	广东	东部	F	无国有股份	84.8820	58.6265	40.0252	27.5848	57.6480	336
300539	横河精密	浙江	东部	C	无国有股份	79.0689	51.7598	11.8277	26.3940	48.3556	2553
300540	深冷股份	四川	西部	C	无国有股份	71.1472	41.3710	37.8862	26.8169	48.9460	2379
300541	先进数通	北京	东部	I	无国有股份	85.9454	51.7219	33.7186	27.5789	55.7749	594

续表

股票代码	公司简称	省份	地区	行业代码	控股类型	公司治理（CLCQI–CG）	社会责任（CLCQI–SR）	企业创新（CLCQI–EI）	绩效与价值（CLCQI–PV）	中国上市公司质量指数（CLCQI）	CLCQI排名
300542	新晨科技	北京	东部	I	国有参股	78.0800	44.8264	41.3124	27.5218	53.0989	1184
300543	朗科智能	广东	东部	C	无国有股份	76.3005	51.7280	35.4999	26.9059	52.1059	1454
300545	联得装备	广东	东部	C	无国有股份	69.7193	58.6154	36.1659	26.7859	50.6097	1875
300546	雄帝科技	广东	东部	C	无国有股份	82.0473	65.5070	38.6982	25.3927	56.7328	461
300547	川环科技	四川	西部	C	国有参股	77.6449	58.6305	12.1961	27.0297	49.0492	2352
300548	博创科技	浙江	东部	C	国有参股	88.8678	51.7196	14.7117	27.3546	53.0861	1186
300549	优德精密	江苏	东部	C	无国有股份	65.5441	65.5244	16.6575	27.8025	46.3284	3058
300550	和仁科技	浙江	东部	I	国有参股	82.7584	55.1635	14.2835	26.6171	50.8889	1791
300551	古鳌科技	上海	东部	C	无国有股份	71.0646	62.0554	61.8857	27.9507	57.0990	411
300552	万集科技	北京	东部	I	无国有股份	90.0094	62.0583	38.0141	26.5192	59.5451	183
300553	集智股份	浙江	东部	C	无国有股份	75.6549	65.5169	68.6337	26.2952	60.3900	116
300554	三超新材	江苏	东部	C	无国有股份	77.1273	51.7166	35.0704	27.2703	52.4400	1333
300555	路通视信	江苏	东部	C	无国有股份	71.7011	44.8160	38.9711	26.4027	49.7977	2119
300556	丝路视觉	广东	东部	I	无国有股份	84.5047	51.7225	8.6183	27.1092	50.0612	2060
300557	理工光科	湖北	中部	C	国有强相对控股	76.5711	51.7200	19.2084	26.6142	48.8817	2401
300558	贝达药业	浙江	东部	C	无国有股份	88.0667	58.6330	42.1694	30.0510	59.9682	147
300559	佳发教育	四川	西部	I	无国有股份	77.4476	58.6222	33.8341	26.6669	53.2059	1152
300560	中富通	福建	东部	I	国有参股	72.3987	58.6086	10.0123	26.8502	46.4658	3030

续表

股票代码	公司简称	省份	地区	行业代码	控股类型	公司治理（CLCQI-CG）	社会责任（CLCQI-SR）	企业创新（CLCQI-EI）	绩效与价值（CLCQI-PV）	中国上市公司质量指数（CLCQI）	CLCQI排名
300561	汇金科技	广东	东部	I	无国有股份	73.2462	44.8605	41.2647	27.1343	51.0641	1736
300562	乐心医疗	广东	东部	C	无国有股份	81.9812	58.6250	39.7549	27.6036	56.4381	495
300563	神宇股份	江苏	东部	C	无国有股份	80.6349	44.8249	34.7798	26.7033	52.6095	1290
300564	筑博设计	西藏	西部	M	国有参股	75.7934	44.8234	31.8315	26.4881	50.0292	2066
300565	科信技术	广东	东部	C	无国有股份	78.5612	55.1563	14.5045	27.6361	49.5079	2211
300566	激智科技	浙江	东部	C	无国有股份	89.4916	58.6123	37.7796	27.5463	59.0310	222
300567	精测电子	湖北	中部	C	无国有股份	77.5242	58.6202	50.5148	27.0020	56.6562	469
300568	星源材质	广东	东部	C	国有参股	82.3766	51.7266	54.8719	28.2298	58.7415	246
300569	天能重工	山东	东部	C	国有参股	78.6429	44.8283	12.2292	28.2352	47.6860	2756
300570	太辰光	广东	东部	C	无国有股份	76.3899	51.7283	34.0841	26.0940	51.6555	1576
300571	平治信息	浙江	东部	I	国有参股	79.7978	51.7208	52.0774	27.2596	56.9076	438
300572	安车检测	广东	东部	C	无国有股份	92.9288	58.6047	54.0202	26.8567	63.4805	26
300573	兴齐眼药	辽宁	东北	C	无国有股份	82.5316	51.7236	57.2532	28.4627	59.3375	197
300575	中旗股份	江苏	东部	C	无国有股份	76.7482	31.0335	35.1951	27.8938	49.3668	2247
300576	容大感光	广东	东部	C	无国有股份	77.6075	44.8247	34.8342	29.1564	52.0227	1479
300577	开润股份	安徽	中部	C	无国有股份	83.2968	65.5082	33.6473	25.8850	56.3457	508
300578	会畅通讯	上海	东部	I	国有参股	79.3773	51.7171	30.0514	27.7959	52.4678	1328
300579	数字认证	北京	东部	I	国有绝对控股	80.9192	58.6161	20.4585	27.6805	52.1719	1429

续表

股票代码	公司简称	省份	地区	行业代码	控股类型	公司治理（CLCQI-CG）	社会责任（CLCQI-SR）	企业创新（CLCQI-EI）	绩效与价值（CLCQI-PV）	中国上市公司质量指数（CLCQI）	CLCQI排名
300580	贝斯特	江苏	东部	C	无国有股份	78.9378	37.9240	14.0581	27.4788	46.9451	2925
300581	晨曦航空	陕西	西部	C	国有参股	66.2559	51.7198	63.0836	30.8995	54.6019	845
300582	英飞特	浙江	东部	C	无国有股份	88.2102	55.1623	36.2925	27.5664	57.7085	332
300583	赛托生物	山东	东部	C	无国有股份	76.5223	52.1229	32.4269	24.9254	51.1441	1713
300584	海辰药业	江苏	东部	C	无国有股份	84.8216	65.5051	13.7907	26.0466	53.0242	1201
300585	奥联电子	江苏	东部	C	无国有股份	85.0454	48.2636	16.7627	26.4726	51.2284	1686
300586	美联新材	广东	东部	C	无国有股份	81.4928	51.7180	12.3637	25.8281	49.2846	2283
300587	天铁股份	浙江	东部	C	无国有股份	77.2671	58.6165	12.8401	26.9478	49.0043	2362
300588	熙菱信息	新疆	西部	I	无国有股份	73.7714	65.4990	32.6516	26.2421	52.4243	1343
300589	江龙船艇	广东	东部	C	国有参股	92.1276	44.8244	29.7035	29.2568	56.8296	454
300590	移为通信	上海	东部	C	国有参股	78.0159	44.8169	27.2774	27.3696	50.2268	1999
300591	万里马	广东	东部	C	无国有股份	72.9590	51.7062	13.3684	26.1963	46.1623	3086
300592	华凯创意	湖南	中部	R	无国有股份	69.1845	65.5141	14.1060	27.3593	47.1619	2879
300593	新雷能	北京	东部	C	无国有股份	82.4470	58.6116	60.5354	27.8622	60.8432	97
300594	朗进科技	山东	东部	C	国有参股	79.9386	51.7121	39.4760	26.3721	54.2205	926
300595	欧普康视	安徽	中部	C	无国有股份	79.2306	58.6159	55.9042	32.8027	59.8662	151
300596	利安隆	天津	东部	C	国有参股	90.0436	65.5136	35.7319	27.4314	59.8487	156
300597	吉大通信	吉林	东北	I	国有弱相对控股	81.1645	58.6202	38.8514	26.5780	55.6736	609

续表

股票代码	公司简称	省份	地区	行业代码	控股类型	公司治理（CLCQI-CG）	社会责任（CLCQI-SR）	企业创新（CLCQI-EI）	绩效与价值（CLCQI-PV）	中国上市公司质量指数（CLCQI）	CLCQI排名
300598	诚迈科技	江苏	东部	I	无国有股份	79.3519	41.3729	25.8743	29.5362	50.5056	1905
300599	雄塑科技	广东	东部	C	无国有股份	86.3531	58.6148	34.3380	27.0562	56.9651	428
300600	国瑞科技	江苏	东部	C	国有参股	75.1767	48.2673	15.4883	28.4530	47.5217	2795
300601	康泰生物	广东	东部	C	无国有股份	80.1743	68.9742	34.8779	31.0603	57.1565	403
300602	飞荣达	广东	东部	C	国有参股	91.5190	24.1330	55.4948	26.0068	57.8282	317
300603	立昂技术	新疆	西部	I	无国有股份	76.3196	48.2636	28.9956	24.7268	49.7482	2131
300604	长川科技	浙江	东部	C	国有参股	73.3872	55.1724	25.5920	27.5324	49.6323	2172
300605	恒锋信息	福建	东部	I	无国有股份	79.8330	65.5052	37.1043	26.8277	55.8868	572
300606	金太阳	广东	东部	C	无国有股份	80.4345	51.7157	34.2699	26.7411	53.4704	1095
300607	拓斯达	广东	东部	C	国有参股	87.4657	51.7159	45.0581	28.2536	58.8187	243
300608	思特奇	北京	东部	I	无国有股份	74.8823	68.9596	28.5003	26.4189	52.6016	1295
300609	汇纳科技	上海	东部	I	国有参股	87.5641	75.8697	37.3845	25.3826	60.2286	127
300610	晨化股份	江苏	东部	C	无国有股份	85.5770	58.6209	13.2719	27.4841	52.5493	1305
300611	美力科技	浙江	东部	C	无国有股份	77.6681	51.7228	33.4602	26.5080	52.1447	1439
300612	宣亚国际	北京	东部	L	无国有股份	82.9999	41.3710	38.3468	27.5233	53.9558	981
300613	富瀚微	上海	东部	I	无国有股份	80.3403	58.6111	23.5533	28.6405	52.7986	1248
300615	欣天科技	广东	东部	C	无国有股份	79.9698	55.1880	12.1510	26.0609	49.2115	2305
300616	尚品宅配	广东	东部	C	无国有股份	88.7485	65.5103	13.5577	26.9797	54.7824	806

续表

股票代码	公司简称	省份	地区	行业代码	控股类型	公司治理（CLCQI-CG）	社会责任（CLCQI-SR）	企业创新（CLCQI-EI）	绩效与价值（CLCQI-PV）	中国上市公司质量指数（CLCQI）	CLCQI排名
300617	安靠智电	江苏	东部	C	无国有股份	76.0467	72.4346	16.7829	30.0280	52.1475	1436
300618	寒锐钴业	江苏	东部	C	国有参股	85.0850	48.2677	9.5866	28.1066	50.2181	2007
300619	金银河	广东	东部	C	无国有股份	75.4048	58.6037	32.8244	26.4160	52.1214	1450
300620	光库科技	广东	东部	C	国有参股	79.5144	65.5127	37.4126	26.8776	55.8346	586
300621	维业股份	广东	东部	E	国有强相对控股	73.2695	58.6152	34.3524	26.5429	51.6063	1591
300622	博士眼镜	广东	东部	F	无国有股份	81.0560	37.9474	11.5693	27.0556	47.1923	2870
300623	捷捷微电	江苏	东部	C	无国有股份	77.1329	51.7203	35.1104	30.3070	53.2100	1148
300624	万兴科技	西藏	西部	I	无国有股份	84.2499	55.1605	60.1287	28.5508	61.1375	88
300625	三雄极光	广东	东部	C	无国有股份	89.8720	44.8354	14.2228	26.7252	52.1999	1420
300626	华瑞股份	浙江	东部	C	国有参股	79.6354	58.6085	13.2759	26.5151	49.9294	2090
300627	华测导航	上海	东部	C	无国有股份	93.9926	51.7281	44.2175	27.9608	61.1900	85
300628	亿联网络	福建	东部	C	无国有股份	81.8365	44.8265	43.7589	29.5932	55.6087	623
300629	新劲刚	广东	东部	C	无国有股份	66.2143	37.9414	35.8032	27.4595	46.2024	3078
300630	普利制药	海南	东部	C	无国有股份	87.5845	58.6158	20.2751	27.9281	54.8632	786
300631	久吾高科	江苏	东部	C	国有参股	80.8033	58.6187	19.0265	26.9259	51.6509	1578
300632	光莆股份	福建	东部	C	无国有股份	81.2190	65.5082	16.2262	26.1337	52.0925	1458
300633	开立医疗	广东	东部	C	无国有股份	77.0243	68.9546	48.4059	27.1152	57.6129	339
300634	彩讯股份	广东	东部	I	无国有股份	77.7572	58.6125	42.0705	27.1117	55.0868	734

续表

股票代码	公司简称	省份	地区	行业代码	控股类型	公司治理（CLCQI-CG）	社会责任（CLCQI-SR）	企业创新（CLCQI-EI）	绩效与价值（CLCQI-PV）	中国上市公司质量指数（CLCQI）	CLCQI排名
300635	中达安	广东	东部	M	无国有股份	80.5965	58.6186	33.6285	27.1280	54.5391	860
300636	同和药业	江西	中部	C	国有参股	76.9404	44.8142	36.2981	26.8835	51.4788	1629
300637	扬帆新材	浙江	东部	C	无国有股份	70.2604	58.6106	34.1330	25.9634	50.2132	2009
300638	广和通	广东	东部	C	国有参股	93.5575	58.6198	66.3499	28.6102	66.6385	8
300639	凯普生物	广东	东部	C	无国有股份	88.2787	51.7170	36.6523	28.7993	57.5993	341
300640	德艺文创	福建	东部	C	无国有股份	88.2371	55.1800	18.9632	26.3966	53.9636	977
300641	正丹股份	江苏	东部	C	国有参股	80.2516	24.1406	37.6635	26.4940	49.8779	2105
300642	透景生命	上海	东部	C	国有参股	74.5551	58.6175	57.1830	27.9615	57.0416	420
300643	万通智控	浙江	东部	C	无国有股份	82.5974	58.6263	12.4356	26.2884	50.8921	1789
300644	南京聚隆	江苏	东部	C	国有参股	77.7232	37.9453	57.4524	27.2709	55.0893	733
300645	正元智慧	浙江	东部	I	无国有股份	86.6147	44.8292	55.0846	26.8465	59.0988	218
300647	超频三	广东	东部	C	国有参股	83.4094	58.6138	33.0319	27.1795	55.5571	634
300648	星云股份	福建	东部	C	无国有股份	81.1062	55.1692	68.9055	29.8541	61.9625	65
300649	杭州园林	浙江	东部	E	无国有股份	80.9449	55.1587	33.5207	26.4551	53.9697	975
300650	太龙照明	福建	东部	F	无国有股份	82.8907	58.6151	40.5639	27.0760	56.8303	453
300651	金陵体育	江苏	东部	C	无国有股份	70.0278	65.5192	15.9494	27.7738	47.9723	2669
300652	雷迪克	浙江	东部	C	无国有股份	79.6316	65.5186	13.4584	26.6555	51.0360	1744
300653	正海生物	山东	东部	C	国有参股	83.6852	51.7268	12.7368	28.6841	50.9515	1774

续表

股票代码	公司简称	省份	地区	行业代码	控股类型	公司治理（CLCQI-CG）	社会责任（CLCQI-SR）	企业创新（CLCQI-EI）	绩效与价值（CLCQI-PV）	中国上市公司质量指数（CLCQI）	CLCQI 排名
300654	世纪天鸿	山东	东部	R	无国有股份	73.3288	65.5159	22.4910	27.2635	50.4730	1916
300655	晶瑞股份	江苏	东部	C	无国有股份	83.3445	58.6296	34.8946	27.1971	55.9104	566
300656	民德电子	广东	东部	C	无国有股份	75.5362	51.7175	14.8310	27.7968	47.8875	2702
300657	弘信电子	福建	东部	C	无国有股份	86.5105	37.9289	14.1090	26.1904	49.6629	2162
300658	延江股份	福建	东部	C	无国有股份	66.7247	51.7242	14.4195	29.1783	44.6270	3318
300659	中孚信息	山东	东部	I	无国有股份	82.4005	58.6173	58.7632	28.1102	60.5330	110
300660	江苏雷利	江苏	东部	C	无国有股份	77.4156	58.6260	18.6243	27.1951	50.2838	1971
300661	圣邦股份	北京	东部	C	无国有股份	85.1411	51.7191	24.5598	33.0004	54.9763	756
300662	科锐国际	北京	东部	L	无国有股份	80.6235	58.6119	18.9057	29.1293	52.1046	1455
300663	科蓝软件	北京	东部	I	无国有股份	84.6386	48.2709	29.8943	26.7867	53.7716	1020
300664	鹏鹞环保	江苏	东部	N	无国有股份	83.7168	31.0410	33.1777	26.3497	51.3658	1657
300665	飞鹿股份	湖南	中部	C	无国有股份	83.1361	44.8224	34.3625	26.4000	53.4503	1101
300666	江丰电子	浙江	东部	C	无国有股份	82.8502	58.6161	57.5582	27.4962	60.3182	122
300667	必创科技	北京	东部	C	无国有股份	87.9539	58.6201	37.5252	27.2535	58.2930	282
300668	杰恩设计	广东	东部	M	无国有股份	87.3542	65.5128	33.1745	26.1772	57.9478	309
300669	沪宁股份	浙江	东部	C	无国有股份	69.0908	37.9312	56.5918	28.4048	51.7456	1555
300670	大烨智能	江苏	东部	C	无国有股份	72.3138	65.5207	34.4653	26.6565	52.3108	1392
300671	富满电子	广东	东部	I	无国有股份	73.7617	41.3711	35.8785	29.0194	50.1409	2032

续表

股票代码	公司简称	省份	地区	行业代码	控股类型	公司治理（CLCQI–CG）	社会责任（CLCQI–SR）	企业创新（CLCQI–EI）	绩效与价值（CLCQI–PV）	中国上市公司质量指数（CLCQI）	CLCQI排名
300672	国科微	湖南	中部	C	国有参股	58.2373	58.6271	35.5646	27.0577	45.9663	3124
300673	佩蒂股份	浙江	东部	C	无国有股份	83.6699	58.6182	10.7856	27.1121	51.1958	1699
300674	宇信科技	北京	东部	I	无国有股份	83.0141	58.6190	29.7461	28.0280	54.9547	762
300675	建科院	广东	东部	M	国有强相对控股	80.5060	58.6203	34.9350	26.9885	54.7296	817
300676	华大基因	广东	东部	M	无国有股份	84.6600	55.1690	16.3315	32.4268	53.5123	1083
300677	英科医疗	山东	东部	C	无国有股份	82.3228	58.6141	37.4621	62.5233	64.8445	16
300678	中科信息	四川	西部	I	国有强相对控股	77.1707	58.6173	55.3261	27.4541	57.5896	344
300679	电连技术	广东	东部	C	无国有股份	81.3588	58.6190	14.9151	26.6895	50.9918	1760
300680	隆盛科技	江苏	东部	C	无国有股份	72.4014	24.1511	16.3285	28.7777	43.0434	3455
300681	英搏尔	广东	东部	C	国有参股	71.7286	44.8135	42.9328	26.8455	50.7114	1841
300682	朗新科技	江苏	东部	I	无国有股份	75.7956	58.6120	36.2851	27.3034	53.1929	1154
300683	海特生物	湖北	中部	C	无国有股份	72.8981	65.5121	40.1816	26.7311	53.7051	1036
300684	中石科技	北京	东部	C	国有参股	82.1273	51.7382	37.4612	26.9256	54.8353	792
300685	艾德生物	福建	东部	C	无国有股份	80.5895	51.7187	39.8720	30.5947	55.6167	619
300686	智动力	广东	东部	C	无国有股份	77.4298	51.7187	12.4212	25.9884	47.7111	2753
300687	赛意信息	广东	东部	I	无国有股份	79.8676	55.1740	14.7104	27.9991	50.1650	2023
300688	创业黑马	北京	东部	L	无国有股份	70.5647	65.5313	13.6228	27.1510	47.5679	2784
300689	澄天伟业	广东	东部	C	无国有股份	80.4536	44.8101	10.9523	26.9620	47.8339	2717

续表

股票代码	公司简称	省份	地区	行业代码	控股类型	公司治理（*CLCQI-CG*）	社会责任（*CLCQI-SR*）	企业创新（*CLCQI-EI*）	绩效与价值（*CLCQI-PV*）	中国上市公司质量指数（*CLCQI*）	*CLCQI* 排名
300690	双一科技	山东	东部	C	国有参股	69.7065	51.7259	14.5059	30.3772	46.1370	3092
300691	联合光电	广东	东部	C	无国有股份	90.1595	58.6298	46.1735	26.1060	60.6195	108
300692	中环环保	安徽	中部	N	国有参股	80.6048	65.5191	14.3220	27.4347	51.7929	1544
300693	盛弘股份	广东	东部	C	无国有股份	78.6024	24.1537	37.6649	28.4162	49.7010	2148
300694	蠡湖股份	江苏	东部	C	无国有股份	75.7080	44.8210	34.1409	26.0507	50.3472	1949
300695	兆丰股份	浙江	东部	C	无国有股份	79.7339	65.5208	35.8243	27.4119	55.7395	601
300696	爱乐达	四川	西部	C	国有参股	74.9359	51.7246	33.2065	31.7708	52.3171	1389
300697	电工合金	江苏	东部	C	无国有股份	80.2576	58.6280	37.6462	26.4966	55.0506	738
300698	万马科技	浙江	东部	C	无国有股份	70.9452	44.8135	16.5565	26.3092	44.9887	3284
300699	光威复材	山东	东部	C	无国有股份	87.2388	68.9779	37.1523	30.8340	60.3812	117
300700	岱勒新材	湖南	中部	C	无国有股份	80.6135	44.8060	31.9079	26.4538	51.9613	1498
300701	森霸传感	河南	中部	C	国有参股	83.6170	51.7217	57.6557	28.0353	59.7450	163
300702	天宇股份	浙江	东部	C	无国有股份	82.6275	58.6134	34.7469	29.8447	56.2536	516
300703	创源股份	浙江	东部	C	无国有股份	87.3834	51.7281	37.8202	26.4916	56.8995	439
300705	九典制药	湖南	中部	C	无国有股份	73.5532	44.8126	18.9827	28.7502	47.1273	2887
300706	阿石创	福建	东部	C	国有参股	75.2902	41.3654	20.0067	26.4261	46.9288	2928
300707	威唐工业	江苏	东部	C	国有参股	68.9109	51.7144	34.7608	26.7299	48.9561	2376
300708	聚灿光电	江苏	东部	C	无国有股份	78.1427	44.8232	36.1761	27.7079	52.1428	1442

续表

股票代码	公司简称	省份	地区	行业代码	控股类型	公司治理（CLCQI-CG）	社会责任（CLCQI-SR）	企业创新（CLCQI-EI）	绩效与价值（CLCQI-PV）	中国上市公司质量指数（CLCQI）	CLCQI排名
300709	精研科技	江苏	东部	C	无国有股份	79.0983	58.6141	35.8987	26.3899	54.2087	930
300710	万隆光电	浙江	东部	C	无国有股份	82.9653	48.2609	35.2565	26.9456	54.2130	928
300711	广哈通信	广东	东部	C	国有绝对控股	73.5812	51.7185	39.8752	27.7563	52.1043	1456
300712	永福股份	福建	东部	E	国有参股	75.1812	72.4186	33.9253	28.2607	54.7855	805
300713	英可瑞	广东	东部	C	无国有股份	71.0464	44.8060	17.4047	27.4053	45.4717	3208
300715	凯伦股份	江苏	东部	C	无国有股份	81.6304	37.9256	15.1988	28.7386	48.5654	2492
300716	国立科技	广东	东部	C	国有参股	72.7857	58.6064	13.4750	24.0040	46.6012	3003
300717	华信新材	江苏	东部	C	无国有股份	82.6500	79.3121	34.4236	26.9836	58.5874	262
300718	长盛轴承	浙江	东部	C	无国有股份	84.4930	51.7296	55.3160	26.7527	59.3080	200
300719	安达维尔	北京	东部	C	无国有股份	74.2159	58.6327	39.7704	27.7155	53.3642	1119
300720	海川智能	广东	东部	C	无国有股份	81.9359	31.0496	35.2723	27.9855	51.4826	1627
300721	怡达股份	江苏	东部	C	国有参股	80.3055	51.7257	10.4799	27.2352	48.7859	2428
300722	新余国科	江西	中部	C	国有绝对控股	78.0692	58.6314	35.9162	32.7954	55.4045	665
300723	一品红	广东	东部	C	无国有股份	86.6381	58.6071	36.0810	27.2546	57.4762	360
300724	捷佳伟创	广东	东部	C	无国有股份	80.6961	51.7206	13.6934	32.1200	50.8052	1819
300725	药石科技	江苏	东部	C	无国有股份	89.8971	51.7196	36.1632	29.8925	58.4225	276
300726	宏达电子	湖南	中部	C	无国有股份	73.4142	58.6196	11.9184	30.9335	48.2757	2584
300727	润禾材料	浙江	东部	C	无国有股份	76.1873	58.6213	14.1787	28.9351	49.3377	2259

续表

股票代码	公司简称	省份	地区	行业代码	控股类型	公司治理（CLCQI-CG）	社会责任（CLCQI-SR）	企业创新（CLCQI-EI）	绩效与价值（CLCQI-PV）	中国上市公司质量指数（CLCQI）	CLCQI排名
300729	乐歌股份	浙江	东部	C	无国有股份	85.6995	72.4162	23.7405	30.7301	57.5728	348
300730	科创信息	湖南	中部	I	国有参股	76.5405	55.1691	33.6525	27.0694	52.3894	1359
300731	科创新源	广东	东部	C	国有参股	78.2966	65.5121	13.1396	26.3282	50.3554	1945
300732	设研院	河南	中部	M	国有参股	80.7091	51.7219	53.1943	26.9234	57.4116	368
300733	西菱动力	四川	西部	C	无国有股份	68.5819	65.5164	12.5935	27.3201	46.6090	3002
300735	光弘科技	广东	东部	C	国有参股	73.2014	65.5184	12.4757	26.3523	48.1915	2599
300736	百邦科技	北京	东部	O	无国有股份	81.4447	44.8211	12.3439	26.7222	48.4504	2517
300737	科顺股份	广东	东部	C	无国有股份	87.0456	65.5106	35.5098	28.7011	58.9221	234
300738	奥飞数据	广东	东部	I	无国有股份	80.5798	62.0547	11.3195	27.6305	50.7117	1840
300739	明阳电路	广东	东部	C	无国有股份	83.5712	58.6240	33.8481	26.6988	55.6664	611
300740	水羊股份	湖南	中部	C	无国有股份	76.3033	58.6064	15.2267	28.3730	49.4509	2224
300741	华宝股份	西藏	西部	C	无国有股份	80.8634	72.4520	13.1745	29.0903	53.1206	1178
300742	越博动力	江苏	东部	C	国有参股	71.0923	51.7137	28.1543	26.5088	48.4520	2515
300743	天地数码	浙江	东部	C	无国有股份	84.4605	34.5253	34.3225	26.2249	52.3837	1365
300745	欣锐科技	广东	东部	C	无国有股份	84.2697	55.1563	33.4458	24.6540	54.8340	794
300746	汉嘉设计	浙江	东部	M	无国有股份	78.6754	55.1703	35.1615	26.6006	53.4281	1106
300747	锐科激光	湖北	中部	C	国有强相对控股	86.1414	51.7177	41.3251	27.7293	57.4116	369
300748	金力永磁	江西	中部	C	国有参股	81.1405	44.8361	13.7203	27.1579	48.7151	2450

续表

股票代码	公司简称	省份	地区	行业代码	控股类型	公司治理（*CLCQI-CG*）	社会责任（*CLCQI-SR*）	企业创新（*CLCQI-EI*）	绩效与价值（*CLCQI-PV*）	中国上市公司质量指数（*CLCQI*）	*CLCQI* 排名
300749	顶固集创	广东	东部	C	无国有股份	83.2839	62.0728	42.1078	25.8657	57.5125	355
300750	宁德时代	福建	东部	C	无国有股份	77.8490	75.8615	20.0846	38.2410	56.0960	539
300751	迈为股份	江苏	东部	C	国有参股	84.6258	58.6163	17.0805	36.3227	55.1395	718
300752	隆利科技	广东	东部	C	无国有股份	78.9774	44.8219	13.3013	26.9544	47.7131	2752
300753	爱朋医疗	江苏	东部	C	无国有股份	69.7460	58.6230	14.6836	26.6411	46.2889	3064
300755	华致酒行	云南	西部	F	无国有股份	83.5912	58.6159	36.3212	27.5198	56.3730	503
300756	金马游乐	广东	东部	C	无国有股份	79.2692	51.7124	34.1502	25.7380	52.7291	1263
300757	罗博特科	江苏	东部	C	无国有股份	82.4612	65.5136	59.8883	25.8742	61.2577	81
300758	七彩化学	辽宁	东北	C	无国有股份	70.3933	58.6204	33.5406	27.3553	50.4973	1910
300759	康龙化成	北京	东部	M	无国有股份	92.1154	62.0648	47.2460	30.2618	63.1705	33
300760	迈瑞医疗	广东	东部	C	国有参股	84.4196	55.1901	63.5051	36.1179	63.7768	22
300761	立华股份	江苏	东部	A	无国有股份	80.8585	51.7112	14.3946	28.3767	50.0732	2049
300762	上海瀚讯	上海	东部	C	国有参股	83.8861	58.6096	44.5617	27.5293	58.1406	293
300763	锦浪科技	浙江	东部	C	无国有股份	82.8560	51.7242	36.4653	35.8806	57.1642	400
300765	新诺威	河北	东部	C	无国有股份	74.2117	58.6105	13.2492	26.9724	47.8692	2707
300766	每日互动	浙江	东部	I	无国有股份	70.4860	58.6110	64.1018	26.2540	56.3699	504
300767	震安科技	云南	西部	C	无国有股份	79.3370	55.1627	14.7550	29.6987	50.3849	1934
300768	迪普科技	浙江	东部	I	无国有股份	76.6196	51.7126	41.7276	27.3339	53.5837	1063

续表

股票代码	公司简称	省份	地区	行业代码	控股类型	公司治理（CLCQI-CG）	社会责任（CLCQI-SR）	企业创新（CLCQI-EI）	绩效与价值（CLCQI-PV）	中国上市公司质量指数（CLCQI）	CLCQI排名
300769	德方纳米	广东	东部	C	无国有股份	79.8210	51.7103	12.0965	28.7985	49.3039	2277
300770	新媒股份	广东	东部	I	国有绝对控股	81.1113	48.2755	8.5268	28.3297	48.4736	2511
300771	智莱科技	广东	东部	C	无国有股份	81.5405	62.0574	13.7697	26.6911	51.3515	1660
300772	运达股份	浙江	东部	C	国有绝对控股	79.0416	44.8262	42.3654	26.9776	53.5581	1069
300773	拉卡拉	北京	东部	I	国有参股	74.4751	44.8525	8.3071	27.4479	45.0413	3274
300775	三角防务	陕西	西部	C	国有弱相对控股	66.0160	72.4111	32.0304	27.4961	50.5482	1892
300776	帝尔激光	湖北	中部	C	无国有股份	72.3348	17.2434	18.2006	29.3296	42.4929	3493
300777	中简科技	江苏	东部	C	无国有股份	77.0314	58.6130	32.6749	29.9642	53.6305	1052
300778	新城市	广东	东部	M	无国有股份	77.3940	51.7107	12.3198	26.5346	47.8118	2725
300779	惠城环保	山东	东部	C	国有参股	74.4525	58.6203	16.6710	25.8210	48.3635	2551
300780	德恩精工	四川	西部	C	无国有股份	75.4218	51.7199	9.3601	26.2665	46.3653	3054
300781	因赛集团	广东	东部	L	无国有股份	79.2123	65.5214	13.9425	26.8053	51.0029	1754
300782	卓胜微	江苏	东部	C	无国有股份	92.4086	48.2664	48.8788	36.0307	62.9868	36
300783	三只松鼠	安徽	中部	F	无国有股份	77.9028	65.5101	17.6116	26.7546	51.1986	1696
300785	值得买	北京	东部	I	无国有股份	83.3887	51.7149	32.5999	27.4848	54.5039	870
300786	国林科技	山东	东部	C	无国有股份	76.0888	51.7155	12.9525	26.3506	47.3710	2836
300787	海能实业	江西	中部	C	无国有股份	76.1268	48.2677	12.7148	26.5565	46.8729	2941
300788	中信出版	北京	东部	R	国有绝对控股	88.2372	65.5138	13.1751	27.4253	54.6133	843

续表

股票代码	公司简称	省份	地区	行业代码	控股类型	公司治理（CLCQI-CG）	社会责任（CLCQI-SR）	企业创新（CLCQI-EI）	绩效与价值（CLCQI-PV）	中国上市公司质量指数（CLCQI）	CLCQI排名
300789	唐源电气	四川	西部	I	无国有股份	76.0016	44.8119	16.5091	26.4177	47.0286	2906
300790	宇瞳光学	广东	东部	C	无国有股份	79.3093	44.8285	13.8556	26.3183	47.7987	2729
300791	仙乐健康	广东	东部	C	无国有股份	78.2733	51.7136	12.8083	29.5410	49.0133	2360
300792	壹网壹创	浙江	东部	I	无国有股份	73.9488	51.7094	6.4031	28.4368	45.7257	3166
300793	佳禾智能	广东	东部	C	国有参股	79.2003	55.1682	41.3041	25.7106	54.6438	836
300795	*ST米奥	浙江	东部	L	国有参股	74.6868	55.2153	17.6138	25.6791	48.0996	2627
300796	贝斯美	浙江	东部	C	无国有股份	86.8889	72.4033	53.5707	26.0280	62.8372	42
300797	钢研纳克	北京	东部	M	国有绝对控股	80.2883	58.6097	14.7811	26.2618	50.4284	1922
300798	锦鸡股份	江苏	东部	C	无国有股份	66.0885	37.9345	32.2634	25.8464	45.0398	3275
300799	左江科技	北京	东部	I	无国有股份	72.2009	58.6040	66.1788	26.8072	57.6085	340
300800	力合科技	湖南	中部	C	无国有股份	75.6696	51.7117	37.0950	26.8004	52.1437	1441
300801	泰和科技	山东	东部	C	无国有股份	69.8016	37.9380	36.9527	26.9613	47.7422	2744
300802	矩子科技	上海	东部	C	无国有股份	84.6850	58.6131	33.8782	26.9971	56.1909	523
300803	指南针	北京	东部	J	无国有股份	81.1907	44.8219	37.7783	27.0818	53.5257	1078
300805	电声股份	广东	东部	L	无国有股份	76.8094	51.7191	15.0003	26.5013	48.1070	2622
300806	斯迪克	江苏	东部	C	无国有股份	76.1663	44.8105	34.9476	27.6733	51.0959	1729
300807	天迈科技	河南	中部	C	国有参股	72.0844	58.6226	36.9494	25.5412	51.4023	1651
300808	久量股份	广东	东部	C	无国有股份	82.1056	58.6024	18.2057	25.8080	51.7257	1561

续表

股票代码	公司简称	省份	地区	行业代码	控股类型	公司治理（CLCQI-CG）	社会责任（CLCQI-SR）	企业创新（CLCQI-EI）	绩效与价值（CLCQI-PV）	中国上市公司质量指数（CLCQI）	CLCQI排名
300809	华辰装备	江苏	东部	C	无国有股份	83.1975	44.8149	53.1264	25.6001	57.0265	422
300810	中科海讯	北京	东部	I	无国有股份	73.2382	58.6016	50.5127	25.9046	54.6642	832
300811	铂科新材	广东	东部	C	国有参股	71.2897	55.1623	52.4559	28.4527	54.3946	892
300812	易天股份	广东	东部	C	无国有股份	74.0929	65.5094	15.0336	25.1851	48.7666	2434
300813	泰林生物	浙江	东部	C	无国有股份	69.9532	51.7209	36.6701	25.5477	49.4604	2223
300815	玉禾田	安徽	中部	N	无国有股份	82.6056	31.0435	13.1817	27.8680	47.3021	2853
300816	艾可蓝	安徽	中部	N	无国有股份	90.3078	51.7055	41.6905	26.2170	58.7713	245
300817	双飞股份	浙江	东部	C	无国有股份	78.0470	62.0667	54.0148	25.4464	57.6934	333
300818	耐普矿机	江西	中部	C	无国有股份	80.0392	55.1613	11.2009	25.1687	48.8222	2417
300819	聚杰微纤	江苏	东部	C	无国有股份	76.0346	51.7167	10.2533	24.7777	46.4164	3040
300820	英杰电气	四川	西部	C	无国有股份	83.2886	65.5089	15.4284	25.5340	52.6110	1289
300821	东岳硅材	山东	东部	C	无国有股份	80.0469	86.2136	37.8938	25.3709	58.8723	238
300822	贝仕达克	广东	东部	C	无国有股份	74.6015	51.7170	12.8654	25.8222	46.6268	2994
300823	建科机械	天津	东部	C	无国有股份	71.5891	44.8170	32.8150	25.4056	48.2726	2586
300825	阿尔特	北京	东部	M	国有参股	75.0383	51.7137	44.5785	25.0677	52.9550	1215
600004	白云机场	广东	东部	G	国有绝对控股	77.7339	55.1950	11.8265	26.6280	48.3951	2538
600006	东风汽车	湖北	中部	C	国有绝对控股	65.6215	48.2927	14.7716	28.5893	43.5941	3428
600007	中国国贸	北京	东部	K	无国有股份	75.3459	58.6188	12.8271	26.7124	48.1747	2604

续表

股票代码	公司简称	省份	地区	行业代码	控股类型	公司治理（CLCQI-CG）	社会责任（CLCQI-SR）	企业创新（CLCQI-EI）	绩效与价值（CLCQI-PV）	中国上市公司质量指数（CLCQI）	CLCQI排名
600008	首创环保	北京	东部	D	国有强相对控股	86.3215	51.7423	11.6918	27.8964	51.6024	1593
600010	包钢股份	内蒙古	西部	C	国有绝对控股	79.8052	75.8527	43.6591	28.1198	59.0618	220
600011	华能国际	北京	东部	D	国有绝对控股	71.7070	86.2272	40.6133	32.6164	57.8936	312
600018	上港集团	上海	东部	G	国有绝对控股	82.9891	48.2878	12.1220	31.1158	50.6422	1865
600019	宝钢股份	上海	东部	C	国有绝对控股	83.8201	75.8657	46.5073	34.8257	62.9158	39
600020	中原高速	河南	中部	G	国有绝对控股	81.0592	62.0649	32.5766	26.6674	54.9156	773
600021	上海电力	上海	东部	D	国有绝对控股	77.6992	62.0715	18.6981	28.3413	51.2154	1692
600022	山东钢铁	山东	东部	C	国有绝对控股	74.1024	62.0774	38.5013	28.1516	53.6907	1042
600025	华能水电	云南	西部	D	国有绝对控股	80.1331	58.6303	33.8699	30.0597	55.1367	719
600026	中远海能	上海	东部	G	国有强相对控股	94.1148	82.7712	12.2818	28.4781	59.6375	174
600028	中国石化	北京	东部	B	国有绝对控股	87.6772	37.9402	54.5857	58.8516	66.3919	10
600029	南方航空	广东	东部	G	国有绝对控股	81.8245	86.1996	59.0106	29.5761	64.8559	15
600031	三一重工	北京	东部	C	国有参股	77.3269	51.7290	21.3244	36.7597	52.1449	1438
600035	楚天高速	湖北	中部	G	国有绝对控股	77.2736	65.5180	12.6539	26.6711	49.9357	2089
600037	歌华有线	北京	东部	I	国有强相对控股	72.0498	48.3107	28.9988	26.8099	48.5688	2491
600038	中直股份	黑龙江	东北	C	国有绝对控股	72.5921	44.8351	36.4127	28.2654	50.1110	2042
600039	四川路桥	四川	西部	E	国有绝对控股	81.6255	44.8339	35.9710	29.3459	53.9060	995
600048	保利地产	广东	东部	K	国有强相对控股	73.7919	41.3882	14.1243	50.7140	51.2283	1687

续表

股票代码	公司简称	省份	地区	行业代码	控股类型	公司治理（CLCQI–CG）	社会责任（CLCQI–SR）	企业创新（CLCQI–EI）	绩效与价值（CLCQI–PV）	中国上市公司质量指数（CLCQI）	CLCQI排名
600050	中国联通	北京	东部	I	国有强相对控股	82.1340	75.8746	12.4384	36.5539	55.8609	578
600051	宁波联合	浙江	东部	F	国有参股	76.7368	62.0652	11.2371	28.4022	49.3525	2255
600052	浙江广厦	浙江	东部	R	无国有股份	67.5323	55.1843	12.8862	26.9229	44.5985	3323
600053	九鼎投资	江西	中部	J	无国有股份	68.6013	51.7265	11.8445	25.1660	43.8599	3411
600054	黄山旅游	安徽	中部	N	国有强相对控股	70.7216	65.5083	9.2865	26.4722	46.5902	3007
600055	万东医疗	北京	东部	C	无国有股份	73.0639	75.8697	39.1039	26.7993	55.1266	722
600056	中国医药	北京	东部	F	国有绝对控股	75.1355	27.6147	14.2027	28.0735	44.0553	3389
600057	厦门象屿	福建	东部	L	国有绝对控股	76.8919	27.6089	35.0574	29.1702	49.2021	2306
600058	五矿发展	北京	东部	F	国有绝对控股	80.0521	48.2712	20.4818	26.8194	50.0627	2059
600059	古越龙山	浙江	东部	C	国有强相对控股	78.9520	82.7601	10.4095	28.2436	53.1376	1174
600060	海信视像	山东	东部	C	国有参股	63.7982	55.1776	17.8541	27.7347	44.3004	3367
600062	华润双鹤	北京	东部	C	国有绝对控股	87.2272	82.7710	12.5018	27.0227	56.5626	480
600063	皖维高新	安徽	中部	C	国有强相对控股	76.9288	68.9714	35.4038	26.6833	54.8688	782
600064	南京高科	江苏	东部	K	国有强相对控股	79.6004	68.9634	12.3979	28.2500	51.7268	1560
600066	宇通客车	河南	中部	C	国有参股	66.7715	69.0077	20.2440	27.5218	47.9890	2661
600067	冠城大通	福建	东部	K	国有参股	74.9755	68.9537	16.1371	26.7053	50.2370	1994
600068	葛洲坝	湖北	中部	E	国有强相对控股	79.1370	48.2848	40.2592	31.0917	54.7223	819
600070	浙江富润	浙江	东部	I	无国有股份	76.1815	65.5174	10.9897	25.8539	48.9616	2374

续表

股票代码	公司简称	省份	地区	行业代码	控股类型	公司治理（CLCQI-CG）	社会责任（CLCQI-SR）	企业创新（CLCQI-EI）	绩效与价值（CLCQI-PV）	中国上市公司质量指数（CLCQI）	CLCQI排名
600071	凤凰光学	江西	中部	C	国有强相对控股	67.9978	55.1638	12.0018	26.5721	44.5171	3341
600072	中船科技	上海	东部	E	国有强相对控股	80.0483	24.1507	10.7125	26.8390	44.4942	3346
600073	上海梅林	上海	东部	C	国有强相对控股	79.6079	44.8352	14.1163	27.4816	48.2621	2587
600075	新疆天业	新疆	西部	C	国有绝对控股	73.4003	58.6143	34.3076	27.2378	51.8232	1536
600076	康欣新材	山东	东部	C	国有弱相对控股	74.3644	65.5004	31.0022	25.7285	52.2034	1419
600077	宋都股份	浙江	东部	K	无国有股份	77.8044	65.5027	12.2491	27.4432	50.2578	1985
600078	*ST澄星	江苏	东部	C	无国有股份	59.3700	44.8211	9.4262	24.1306	38.3890	3586
600079	人福医药	湖北	中部	C	无国有股份	85.3847	79.2994	33.8037	30.2303	60.3671	119
600080	金花股份	陕西	西部	C	无国有股份	76.8257	37.9556	32.5815	26.1136	49.4683	2220
600081	东风科技	上海	东部	C	国有绝对控股	74.4157	58.6204	14.4965	27.6716	48.3766	2547
600082	海泰发展	天津	东部	K	国有弱相对控股	75.6544	48.2684	12.5136	25.9477	46.4916	3026
600083	*ST博信	江苏	东部	F	无国有股份	69.7156	41.3861	11.3849	26.6515	43.0340	3458
600084	*ST中葡	新疆	西部	C	国有强相对控股	70.5175	62.0489	28.9643	25.8060	49.7587	2128
600085	同仁堂	北京	东部	C	国有绝对控股	78.6492	65.5272	10.1777	27.6419	50.2348	1996
600088	中视传媒	上海	东部	R	国有绝对控股	72.1430	65.5288	12.0494	26.8184	47.8010	2727
600089	特变电工	新疆	西部	C	国有参股	75.6924	44.8357	33.7661	29.7043	51.1816	1703
600090	*ST济堂	新疆	西部	F	无国有股份	63.0000	55.1563	8.6500	23.2411	41.0137	3544
600091	*ST明科	内蒙古	西部	C	国有参股	55.5755	65.4990	6.8589	25.4754	39.7957	3573

续表

股票代码	公司简称	省份	地区	行业代码	控股类型	公司治理（CLCQI-CG）	社会责任（CLCQI-SR）	企业创新（CLCQI-EI）	绩效与价值（CLCQI-PV）	中国上市公司质量指数（CLCQI）	CLCQI排名
600093	*ST易见	云南	西部	L	国有强相对控股	69.5416	58.6064	42.9559	20.3793	50.2936	1967
600094	大名城	上海	东部	K	无国有股份	77.3208	62.0614	13.3651	26.6233	49.5664	2188
600095	湘财股份	黑龙江	东北	J	国有参股	77.3679	37.9537	11.6908	27.3653	45.8197	3151
600096	云天化	云南	西部	C	国有强相对控股	69.2427	68.9793	15.9457	27.1581	48.0226	2648
600097	开创国际	上海	东部	A	国有强相对控股	80.2359	65.5099	12.4942	26.4197	51.0246	1748
600098	广州发展	广东	东部	D	国有绝对控股	70.0633	41.3863	20.5739	27.3382	45.1826	3254
600099	林海股份	江苏	东部	C	国有强相对控股	78.5647	51.7389	34.2782	26.3661	52.6339	1284
600100	同方股份	北京	东部	C	国有弱相对控股	74.6560	41.3785	14.1057	26.7241	45.5713	3191
600101	明星电力	四川	西部	D	国有强相对控股	87.1841	37.9384	33.8849	26.3873	53.9382	985
600103	青山纸业	福建	东部	C	国有弱相对控股	76.3103	75.8493	31.8243	26.1977	54.8158	796
600104	上汽集团	上海	东部	C	国有绝对控股	86.5049	75.8786	74.3195	45.8002	72.2977	2
600105	永鼎股份	江苏	东部	C	无国有股份	72.4722	58.6064	35.8348	25.7851	51.3931	1654
600107	美尔雅	湖北	中部	C	无国有股份	74.9657	65.4990	7.9285	27.2877	48.2187	2592
600108	亚盛集团	甘肃	西部	A	国有弱相对控股	77.5668	58.6064	32.2905	26.4362	52.8848	1229
600110	诺德股份	吉林	东北	C	国有参股	68.0924	48.2712	11.1584	28.0388	43.7190	3417
600111	北方稀土	内蒙古	西部	C	国有强相对控股	79.6053	44.8310	12.0807	27.7443	47.9190	2689
600112	*ST天成	贵州	西部	C	无国有股份	51.9645	20.6930	10.3700	25.3574	32.3031	3615
600113	浙江东日	浙江	东部	L	国有强相对控股	74.3949	62.0646	11.3191	26.6262	47.9880	2662

续表

股票代码	公司简称	省份	地区	行业代码	控股类型	公司治理（CLCQI-CG）	社会责任（CLCQI-SR）	企业创新（CLCQI-EI）	绩效与价值（CLCQI-PV）	中国上市公司质量指数（CLCQI）	CLCQI排名
600114	东睦股份	浙江	东部	C	无国有股份	81.7211	58.6445	36.3681	26.5120	55.3867	667
600115	中国东航	上海	东部	G	国有强相对控股	91.3653	89.6497	32.4999	28.8801	63.7136	23
600116	三峡水利	重庆	西部	D	国有绝对控股	80.1978	62.0741	32.8472	28.5393	55.0945	731
600117	西宁特钢	青海	西部	C	国有绝对控股	75.0273	62.0640	53.4129	26.3879	56.6001	475
600118	中国卫星	北京	东部	C	国有绝对控股	73.1960	55.1792	16.5579	28.3201	47.9469	2679
600119	长江投资	上海	东部	G	国有参股	68.9798	37.9133	13.8417	27.1797	42.8422	3470
600120	浙江东方	浙江	东部	J	国有绝对控股	75.7269	62.0617	14.2453	27.0586	49.2137	2304
600121	郑州煤电	河南	中部	B	国有绝对控股	67.8308	51.7137	10.1638	30.5550	44.5609	3330
600122	ST宏图	江苏	东部	F	无国有股份	62.5336	13.8004	12.0204	24.7179	35.6671	3611
600123	兰花科创	山西	中部	B	国有强相对控股	68.0173	41.4011	32.8542	26.5864	46.6345	2992
600125	铁龙物流	辽宁	东北	G	国有强相对控股	72.8730	68.9638	18.7365	27.0192	49.9959	2075
600126	杭钢股份	浙江	东部	C	国有绝对控股	69.2932	31.0531	15.7434	27.5202	42.4040	3498
600127	金健米业	湖南	中部	C	国有弱相对控股	72.7888	58.6064	60.0001	29.5829	57.3022	377
600128	弘业股份	江苏	东部	F	国有弱相对控股	71.5833	44.8211	33.4513	26.3887	48.6439	2476
600129	太极集团	重庆	西部	C	国有强相对控股	78.2362	72.4312	32.5772	26.6804	55.3447	678
600130	波导股份	浙江	东部	C	无国有股份	64.6618	48.2636	11.4335	26.8091	42.0933	3511
600131	国网信通	四川	西部	I	国有绝对控股	68.3336	58.6132	37.9113	26.5951	50.3564	1943
600132	重庆啤酒	重庆	西部	C	国有参股	78.0153	37.9516	13.1627	32.4924	47.6545	2764

续表

股票代码	公司简称	省份	地区	行业代码	控股类型	公司治理（*CLCQI-CG*）	社会责任（*CLCQI-SR*）	企业创新（*CLCQI-EI*）	绩效与价值（*CLCQI-PV*）	中国上市公司质量指数（*CLCQI*）	*CLCQI* 排名
600133	东湖高新	湖北	中部	E	国有弱相对控股	80.2697	58.6112	32.8099	27.5779	54.3560	903
600135	乐凯胶片	河北	东部	C	国有绝对控股	70.1335	51.7280	33.2462	26.3640	49.0528	2347
600136	当代文体	湖北	中部	R	无国有股份	75.9233	48.2636	10.4452	24.2108	45.7506	3164
600137	浪莎股份	四川	西部	C	国有参股	73.2857	41.3850	11.5357	26.4398	44.4391	3354
600138	中青旅	北京	东部	L	国有弱相对控股	82.1838	68.9556	11.5280	26.1105	52.0501	1470
600141	兴发集团	湖北	中部	C	国有弱相对控股	80.1663	55.1898	55.8175	27.1276	58.2904	283
600143	金发科技	广东	东部	C	国有参股	85.4255	58.6212	16.7301	31.1879	54.1064	948
600146	*ST环球	宁夏	西部	C	无国有股份	61.5185	41.3710	7.0729	23.8151	38.1814	3589
600148	长春一东	吉林	东北	C	国有绝对控股	72.2219	48.2808	19.4411	27.0297	46.7765	2962
600149	廊坊发展	河北	东部	D	国有参股	77.4430	51.7137	11.2520	26.0903	47.5073	2807
600150	中国船舶	上海	东部	C	国有绝对控股	77.1724	37.9402	17.6089	27.9017	47.0572	2901
600151	航天机电	上海	东部	C	国有强相对控股	69.9727	75.8569	12.8338	27.7381	48.8689	2408
600152	维科技术	浙江	东部	C	国有参股	66.6349	58.6064	14.2181	26.5166	44.9177	3295
600153	建发股份	福建	东部	F	国有强相对控股	79.0923	68.9861	36.8452	33.6143	57.7574	324
600155	华创阳安	北京	东部	J	国有参股	84.8640	51.7137	11.9535	27.0279	50.8504	1807
600156	华升股份	湖南	中部	C	国有强相对控股	67.6594	58.6064	10.8223	26.2121	44.5722	3328
600157	永泰能源	山西	中部	D	国有参股	79.6967	58.6215	33.0884	28.7563	54.4786	875
600158	中体产业	天津	东部	R	国有弱相对控股	72.5899	68.9631	15.4062	27.4262	49.3182	2268

续表

股票代码	公司简称	省份	地区	行业代码	控股类型	公司治理（CLCQI-CG）	社会责任（CLCQI-SR）	企业创新（CLCQI-EI）	绩效与价值（CLCQI-PV）	中国上市公司质量指数（CLCQI）	CLCQI排名
600159	大龙地产	北京	东部	K	国有强相对控股	80.2812	58.6258	33.1608	26.4581	54.1530	938
600160	巨化股份	浙江	东部	C	国有绝对控股	73.4194	68.9640	14.4037	26.9016	49.3185	2267
600161	天坛生物	北京	东部	C	国有绝对控股	76.8611	62.0629	32.0437	30.1853	54.0090	964
600162	香江控股	广东	东部	K	无国有股份	80.5953	44.8428	12.1625	26.5437	48.0329	2646
600165	新日恒力	宁夏	西部	C	国有参股	75.3776	51.7137	9.3409	27.8229	46.7320	2971
600166	福田汽车	北京	东部	C	国有强相对控股	68.4782	55.1714	39.6101	27.7317	50.5219	1898
600167	联美控股	辽宁	东北	D	无国有股份	65.7125	44.8378	12.0380	27.6052	42.3196	3504
600168	武汉控股	湖北	中部	D	国有绝对控股	71.5175	37.9424	11.0212	26.8068	43.2043	3445
600169	太原重工	山西	中部	C	国有强相对控股	66.0697	31.0358	34.0792	26.5274	44.5309	3338
600170	上海建工	上海	东部	E	国有强相对控股	66.6558	55.1961	43.7870	30.4914	51.3220	1664
600171	上海贝岭	上海	东部	C	国有弱相对控股	78.3042	55.1746	21.2943	27.1532	50.6450	1863
600172	黄河旋风	河南	中部	C	国有参股	73.4885	51.7137	33.5936	26.0680	50.3882	1933
600173	卧龙地产	浙江	东部	K	无国有股份	77.8995	62.0648	13.2439	27.3680	49.9603	2083
600176	中国巨石	浙江	东部	C	国有弱相对控股	83.1186	62.0716	12.1951	29.7272	52.4290	1340
600177	雅戈尔	浙江	东部	C	无国有股份	81.0153	68.9648	8.4182	29.7162	51.8635	1526
600178	东安动力	黑龙江	东北	C	国有绝对控股	81.1240	58.6180	14.8913	27.3496	51.0579	1737
600179	安通控股	黑龙江	东北	G	无国有股份	74.2454	37.9360	13.1666	27.7099	44.9494	3291
600180	瑞茂通	山东	东部	F	国有参股	77.7151	44.8308	17.3616	26.4796	47.9029	2695

续表

股票代码	公司简称	省份	地区	行业代码	控股类型	公司治理（CLCQI–CG）	社会责任（CLCQI–SR）	企业创新（CLCQI–EI）	绩效与价值（CLCQI–PV）	中国上市公司质量指数（CLCQI）	CLCQI排名
600182	SST佳通	黑龙江	东北	C	国有参股	72.6182	65.5134	11.8733	26.5044	47.8750	2705
600183	生益科技	广东	东部	C	国有强相对控股	88.9512	75.8857	36.9375	28.9766	61.5950	76
600184	光电股份	湖北	中部	C	国有绝对控股	75.4664	62.0709	12.9019	26.5237	48.7085	2451
600185	格力地产	广东	东部	K	国有强相对控股	77.9680	55.1563	12.8814	27.6382	48.9465	2378
600186	莲花健康	河南	中部	C	国有参股	75.9320	51.7137	33.2404	27.3466	51.6146	1587
600187	国中水务	黑龙江	东北	D	无国有股份	67.9251	31.0358	11.7229	26.1728	40.7132	3552
600188	兖州煤业	山东	东部	B	国有强相对控股	92.6290	62.0897	36.8880	31.4913	61.6155	75
600189	泉阳泉	吉林	东北	C	国有强相对控股	73.8476	65.4990	10.0045	30.8698	49.0823	2338
600190	锦州港	辽宁	东北	G	国有强相对控股	79.3586	62.0734	33.9100	26.7141	54.5150	867
600191	*ST华资	内蒙古	西部	C	无国有股份	64.2058	48.2561	6.8846	26.0984	40.8222	3549
600192	长城电工	甘肃	西部	C	国有强相对控股	77.4542	58.6064	13.1237	25.9993	48.8972	2393
600193	创兴资源	上海	东部	E	无国有股份	77.8879	13.8004	10.7207	27.1054	42.1457	3508
600195	中牧股份	北京	东部	C	国有强相对控股	82.4268	62.0715	35.4599	27.6058	56.2748	514
600196	复星医药	上海	东部	C	国有参股	90.0555	68.9827	14.9080	31.4351	57.2100	394
600197	伊力特	新疆	西部	C	国有强相对控股	73.3224	75.8697	32.3836	28.8788	54.4058	890
600198	*ST大唐	北京	东部	C	国有强相对控股	67.4315	51.7137	16.9449	25.6603	44.5337	3336
600199	金种子酒	安徽	中部	C	国有弱相对控股	69.4279	58.6064	32.8285	30.2110	50.6805	1851
600200	江苏吴中	江苏	东部	C	无国有股份	77.3415	48.2636	31.3053	25.6995	50.8621	1798

续表

股票代码	公司简称	省份	地区	行业代码	控股类型	公司治理（CLCQI-CG）	社会责任（CLCQI-SR）	企业创新（CLCQI-EI）	绩效与价值（CLCQI-PV）	中国上市公司质量指数（CLCQI）	CLCQI排名
600201	生物股份	内蒙古	西部	C	国有参股	77.6113	58.6268	13.4827	27.9077	49.5120	2207
600202	哈空调	黑龙江	东北	C	国有强相对控股	81.3731	44.8269	35.1780	26.1272	52.8407	1239
600203	福日电子	福建	东部	C	国有强相对控股	79.2320	48.2712	20.9893	27.2618	49.9468	2087
600206	有研新材	北京	东部	C	国有强相对控股	67.7711	62.0721	24.1246	26.6150	47.8979	2698
600207	安彩高科	河南	中部	D	国有绝对控股	80.8949	58.6064	19.3631	27.5784	51.9161	1510
600208	新湖中宝	浙江	东部	K	国有参股	68.6076	62.0600	12.1869	28.8160	46.3934	3046
600210	紫江企业	上海	东部	C	无国有股份	68.4771	68.9850	11.6725	26.9761	46.8171	2956
600211	西藏药业	西藏	西部	C	国有参股	77.7171	65.5253	10.7585	31.3060	50.8938	1788
600212	江泉实业	山东	东部	S	无国有股份	72.1070	44.8211	13.3622	27.3758	45.0824	3269
600213	亚星客车	江苏	东部	C	国有绝对控股	69.5869	51.7137	13.6079	25.8626	44.7790	3301
600215	长春经开	吉林	东北	K	国有参股	66.0808	41.3880	11.5509	27.0260	41.7072	3523
600216	浙江医药	浙江	东部	C	国有参股	72.6657	72.4499	14.7778	27.1209	49.6695	2161
600217	中再资环	陕西	西部	C	国有参股	79.4125	58.6064	9.5066	27.0634	49.2231	2302
600218	全柴动力	安徽	中部	C	国有强相对控股	72.1316	55.1663	16.5522	26.2977	47.0125	2914
600219	南山铝业	山东	东部	C	国有参股	77.6762	41.3954	42.1556	28.3782	52.8055	1246
600220	江苏阳光	江苏	东部	C	无国有股份	82.0375	65.5233	10.7933	26.7276	51.4841	1626
600221	*ST海航	海南	东部	G	国有参股	66.0966	44.8211	23.8717	25.6845	44.3573	3362
600222	太龙药业	河南	中部	C	国有弱相对控股	75.5961	58.6064	13.0050	26.4776	48.2498	2589

续表

股票代码	公司简称	省份	地区	行业代码	控股类型	公司治理（CLCQI–CG）	社会责任（CLCQI–SR）	企业创新（CLCQI–EI）	绩效与价值（CLCQI–PV）	中国上市公司质量指数（CLCQI）	CLCQI 排名
600223	鲁商发展	山东	东部	K	国有绝对控股	75.1047	51.7284	35.1471	27.5650	51.7218	1563
600225	*ST松江	天津	东部	K	国有强相对控股	64.2551	68.9567	21.5448	23.5776	46.2489	3069
600226	ST瀚叶	浙江	东部	I	国有参股	61.9118	48.2712	9.9985	25.3988	40.3548	3563
600227	圣济堂	贵州	西部	C	国有参股	71.0434	48.2712	11.4265	26.5419	44.5788	3327
600228	返利科技	江西	中部	I	无国有股份	66.0237	65.4990	10.2437	29.6431	45.6939	3173
600229	城市传媒	山东	东部	R	国有绝对控股	74.8933	68.9677	12.2851	27.0416	49.5199	2205
600230	沧州大化	河北	东部	C	国有强相对控股	67.5365	55.1604	30.6727	26.2770	47.9924	2658
600231	凌钢股份	辽宁	东北	C	国有强相对控股	81.6812	65.5082	35.6897	26.9519	56.3746	502
600232	金鹰股份	浙江	东部	C	无国有股份	75.1198	65.5990	9.7151	26.0830	48.3515	2557
600233	圆通速递	辽宁	东北	G	无国有股份	83.6478	62.0684	17.6538	28.8090	53.5024	1086
600234	山水文化	山西	中部	C	无国有股份	72.7875	65.4990	12.1625	28.3518	48.4603	2514
600235	民丰特纸	浙江	东部	C	国有强相对控股	72.3414	58.6121	12.0669	26.1410	46.6770	2984
600237	铜峰电子	安徽	中部	C	国有弱相对控股	79.1313	58.6064	33.8248	26.8410	53.9187	991
600238	海南椰岛	海南	东部	C	国有参股	59.3446	51.7137	10.3224	27.7456	40.4958	3557
600239	*ST云城	云南	西部	K	国有强相对控股	69.3135	51.7137	32.3534	25.9393	48.4380	2523
600241	ST时万	辽宁	东北	C	国有绝对控股	70.0326	48.2636	11.2012	25.8209	43.9480	3397
600242	ST中昌	广东	东部	I	无国有股份	63.7551	44.8211	5.9521	25.3653	39.7569	3575
600243	青海华鼎	青海	西部	C	国有参股	73.0673	68.9491	10.3407	25.6494	48.0498	2642

续表

股票代码	公司简称	省份	地区	行业代码	控股类型	公司治理（CLCQI-CG）	社会责任（CLCQI-SR）	企业创新（CLCQI-EI）	绩效与价值（CLCQI-PV）	中国上市公司质量指数（CLCQI）	CLCQI排名
600246	万通发展	北京	东部	K	无国有股份	70.8991	58.6167	11.7529	27.6144	46.4063	3043
600248	陕西建工	陕西	西部	E	国有绝对控股	74.3634	37.9331	33.5184	29.6722	49.5571	2194
600249	两面针	广西	西部	C	国有强相对控股	78.1431	51.7137	30.4337	26.1994	51.6509	1577
600250	南纺股份	江苏	东部	F	国有绝对控股	79.3930	65.4990	10.8551	26.3996	50.3530	1946
600251	冠农股份	新疆	西部	C	国有强相对控股	86.0030	55.1672	31.4185	26.9631	55.7008	604
600252	中恒集团	广西	西部	C	国有强相对控股	69.0943	51.7309	10.5516	26.3804	44.1028	3385
600255	鑫科材料	安徽	中部	C	无国有股份	68.0713	34.4859	13.7343	26.6511	41.8110	3518
600256	广汇能源	新疆	西部	B	国有参股	85.8896	34.4926	34.3820	27.0764	53.1752	1157
600257	大湖股份	湖南	中部	A	无国有股份	77.5309	72.3992	54.1412	26.7556	59.3894	194
600258	首旅酒店	北京	东部	H	国有强相对控股	79.5309	65.5057	34.1280	26.8390	55.1735	711
600259	广晟有色	海南	东部	B	国有强相对控股	81.5312	44.8211	20.4185	26.7812	50.1146	2041
600260	凯乐科技	湖北	中部	C	无国有股份	64.6196	68.9515	36.2855	26.3303	50.0303	2065
600261	阳光照明	浙江	东部	C	国有参股	81.4121	68.9794	37.7341	26.3667	57.0503	418
600262	北方股份	内蒙古	西部	C	国有绝对控股	87.7548	62.0711	35.6132	26.2940	58.1087	296
600265	*ST景谷	云南	西部	A	无国有股份	71.3665	65.4990	10.2438	26.8504	47.1328	2884
600266	城建发展	北京	东部	K	国有强相对控股	63.8734	55.1744	12.1723	27.7018	43.1854	3447
600267	海正药业	浙江	东部	C	国有强相对控股	72.4072	41.6633	33.2207	28.1137	48.8849	2398
600268	国电南自	江苏	东部	C	国有绝对控股	79.0761	51.7394	35.7085	27.2807	53.3532	1123

续表

股票代码	公司简称	省份	地区	行业代码	控股类型	公司治理（CLCQI-CG）	社会责任（CLCQI-SR）	企业创新（CLCQI-EI）	绩效与价值（CLCQI-PV）	中国上市公司质量指数（CLCQI）	CLCQI排名
600269	赣粤高速	江西	中部	G	国有绝对控股	69.5000	68.9665	12.1148	26.8631	47.2837	2857
600271	航天信息	北京	东部	C	国有强相对控股	76.4926	62.0742	51.1724	26.8563	56.8567	451
600272	开开实业	上海	东部	F	国有强相对控股	77.5581	51.7254	10.8464	26.5459	47.5878	2778
600273	嘉化能源	浙江	东部	C	无国有股份	72.7769	48.2887	34.7217	27.1832	50.0942	2044
600275	*ST昌鱼	湖北	中部	C	无国有股份	67.6419	65.4990	7.3039	28.0310	45.3501	3230
600276	恒瑞医药	江苏	东部	C	国有参股	74.0002	44.8145	21.1400	38.0705	50.0679	2055
600277	亿利洁能	内蒙古	西部	C	无国有股份	77.5085	62.0672	33.5123	26.4864	53.6376	1051
600278	东方创业	上海	东部	F	国有绝对控股	76.5323	51.7278	18.6087	26.7125	48.7719	2432
600279	重庆港九	重庆	西部	G	国有绝对控股	72.5759	48.2794	12.3878	26.6519	45.4128	3220
600280	中央商场	江苏	东部	F	无国有股份	67.7222	51.7137	9.0321	26.3269	43.2341	3442
600281	太化股份	山西	中部	C	国有强相对控股	75.8745	48.2636	8.5796	26.5554	45.9441	3129
600282	南钢股份	江苏	东部	C	无国有股份	78.2354	68.9772	39.0972	27.9406	56.4453	494
600283	钱江水利	浙江	东部	D	国有绝对控股	73.3352	55.1638	11.5006	26.7205	46.5889	3009
600285	羚锐制药	河南	中部	C	无国有股份	84.7198	58.6321	14.9625	26.6774	52.3446	1379
600287	江苏舜天	江苏	东部	F	国有绝对控股	67.6820	58.6179	11.8240	26.9554	44.9691	3288
600288	大恒科技	北京	东部	C	无国有股份	79.4464	82.7518	22.3809	26.1775	55.2119	698
600289	ST信通	黑龙江	东北	I	国有参股	56.7115	48.2636	39.7415	26.5636	44.5133	3344
600290	ST华仪	浙江	东部	C	无国有股份	69.0750	37.9284	54.4896	26.2548	50.7809	1823

续表

股票代码	公司简称	省份	地区	行业代码	控股类型	公司治理（CLCQI-CG）	社会责任（CLCQI-SR）	企业创新（CLCQI-EI）	绩效与价值（CLCQI-PV）	中国上市公司质量指数（CLCQI）	CLCQI排名
600292	远达环保	重庆	西部	N	国有绝对控股	76.2400	58.6217	34.2274	27.1101	52.9123	1227
600293	三峡新材	湖北	中部	C	国有参股	70.8469	62.0640	12.2302	25.1107	46.3720	3052
600295	鄂尔多斯	内蒙古	西部	C	国有参股	69.6868	51.7372	11.8062	28.2721	45.0646	3270
600297	广汇汽车	辽宁	东北	F	无国有股份	75.1117	62.0573	34.0851	28.4584	53.2849	1136
600298	安琪酵母	湖北	中部	C	国有强相对控股	78.5907	62.0718	38.4361	29.6405	55.8444	581
600299	安迪苏	北京	东部	C	国有绝对控股	82.6462	48.2943	11.5364	27.5991	49.5097	2209
600300	ST维维	江苏	东部	C	国有弱相对控股	65.1212	51.7268	30.7588	27.6407	46.8694	2943
600301	*ST南化	广西	西部	C	国有强相对控股	79.6233	58.6064	35.8299	26.3127	54.3844	893
600302	标准股份	陕西	西部	C	国有强相对控股	79.1932	58.7612	35.8915	27.1033	54.4456	885
600303	曙光股份	辽宁	东北	C	无国有股份	71.0504	68.9567	10.8697	26.7982	47.6372	2766
600305	恒顺醋业	江苏	东部	C	国有强相对控股	71.9779	58.6267	12.4773	29.3267	47.4123	2829
600306	*ST商城	辽宁	东北	F	国有参股	64.6105	41.3710	8.6989	25.9958	40.2886	3565
600307	酒钢宏兴	甘肃	西部	C	国有绝对控股	79.9734	68.9567	14.8040	26.6647	51.9598	1500
600308	华泰股份	山东	东部	C	无国有股份	76.4288	75.8633	18.8520	27.0338	52.4799	1323
600309	万华化学	山东	东部	C	国有弱相对控股	78.3940	68.9785	16.6687	34.1513	53.5759	1065
600310	桂东电力	广西	西部	D	国有绝对控股	73.8154	68.9636	15.6175	26.2592	49.5590	2192
600311	ST荣华	甘肃	西部	B	无国有股份	62.4932	31.0282	12.4151	25.1274	38.4164	3585
600312	平高电气	河南	中部	C	国有强相对控股	70.9965	62.0678	54.5067	26.6401	55.2702	688

续表

股票代码	公司简称	省份	地区	行业代码	控股类型	公司治理（CLCQI–CG）	社会责任（CLCQI–SR）	企业创新（CLCQI–EI）	绩效与价值（CLCQI–PV）	中国上市公司质量指数（CLCQI）	CLCQI排名
600313	农发种业	北京	东部	A	国有强相对控股	74.5628	58.6064	15.6998	27.7886	48.7032	2454
600315	上海家化	上海	东部	C	国有参股	83.7034	89.6599	11.9751	27.3554	56.1642	528
600316	洪都航空	江西	中部	C	国有强相对控股	68.3648	51.7214	13.4394	32.3707	45.8847	3137
600318	新力金融	安徽	中部	J	国有参股	74.7424	58.6123	34.9824	27.0909	52.4580	1329
600319	*ST亚星	山东	东部	C	国有弱相对控股	61.4072	51.7137	19.2426	26.1716	42.7114	3479
600320	振华重工	上海	东部	C	国有强相对控股	65.6430	51.7315	36.1887	27.1003	48.0297	2647
600321	正源股份	四川	西部	C	无国有股份	71.6041	79.2994	7.5781	25.7121	48.4802	2507
600322	天房发展	天津	东部	K	国有强相对控股	80.7398	55.1563	32.8794	37.7317	56.5782	477
600323	瀚蓝环境	广东	东部	N	国有强相对控股	79.2557	48.2869	11.1428	28.6775	48.3432	2560
600325	华发股份	广东	东部	K	国有强相对控股	71.8639	48.2860	33.6385	32.1077	50.7431	1834
600326	西藏天路	西藏	西部	C	国有弱相对控股	82.4085	72.4116	33.2761	27.0138	57.2338	390
600327	大东方	江苏	东部	F	无国有股份	68.2180	51.7678	12.7036	27.3999	44.4431	3351
600328	中盐化工	内蒙古	西部	C	国有绝对控股	83.6416	51.7283	14.0942	26.6051	50.6860	1850
600329	中新药业	天津	东部	C	国有参股	88.4412	55.1756	33.9754	27.4834	57.3188	374
600330	天通股份	浙江	东部	C	无国有股份	73.9276	51.7220	13.7985	27.2164	46.8931	2940
600331	宏达股份	四川	西部	C	无国有股份	76.5047	58.6064	30.2776	25.2537	51.7618	1551
600332	白云山	广东	东部	C	国有绝对控股	79.5955	62.0897	33.0988	28.3620	54.8619	787
600333	长春燃气	吉林	东北	D	国有绝对控股	74.4375	65.4990	11.5530	27.4546	48.7741	2431

续表

股票代码	公司简称	省份	地区	行业代码	控股类型	公司治理（*CLCQI-CG*）	社会责任（*CLCQI-SR*）	企业创新（*CLCQI-EI*）	绩效与价值（*CLCQI-PV*）	中国上市公司质量指数（*CLCQI*）	*CLCQI* 排名
600335	国机汽车	天津	东部	F	国有绝对控股	75.1780	41.3928	16.3720	26.7543	46.2431	3072
600336	澳柯玛	山东	东部	C	国有强相对控股	77.1835	58.6213	15.9024	28.7969	50.0463	2063
600337	美克家居	江西	中部	F	国有参股	80.6537	55.1614	17.0960	26.8467	50.6666	1860
600338	西藏珠峰	西藏	西部	B	无国有股份	75.3264	65.5200	31.1067	26.2842	52.7509	1261
600339	中油工程	新疆	西部	B	国有绝对控股	72.8842	44.8352	37.5309	27.5412	50.2704	1978
600340	华夏幸福	河北	东部	K	国有参股	81.5340	75.8543	12.4497	32.2787	54.5514	855
600343	航天动力	陕西	西部	C	国有强相对控股	85.7730	55.1638	54.7185	26.1609	60.0677	140
600345	长江通信	湖北	中部	C	国有强相对控股	76.3058	44.8310	13.4703	26.1729	46.4842	3028
600346	恒力石化	辽宁	东北	C	国有参股	69.9030	44.8401	15.3409	34.7368	46.4396	3035
600348	华阳股份	山西	中部	B	国有绝对控股	74.0989	58.6389	35.1214	27.7104	52.3873	1363
600350	山东高速	山东	东部	G	国有绝对控股	81.4204	55.1956	33.8956	28.9185	54.8562	788
600351	亚宝药业	山西	中部	C	国有参股	84.1957	68.9781	12.0547	26.0966	52.9601	1213
600352	浙江龙盛	浙江	东部	C	国有参股	81.5956	34.4943	32.3322	28.6794	51.4487	1638
600353	旭光电子	四川	西部	C	国有参股	81.1950	51.7287	54.6023	26.2852	57.7291	329
600354	敦煌种业	甘肃	西部	A	国有弱相对控股	69.2710	51.7137	13.0417	25.8672	44.5406	3335
600355	精伦电子	湖北	中部	C	无国有股份	65.8561	65.4990	20.4455	26.1130	46.7846	2961
600356	恒丰纸业	黑龙江	东北	C	国有强相对控股	72.9515	65.5206	34.9892	26.6167	52.6607	1277
600358	国旅联合	江苏	东部	I	国有弱相对控股	62.5623	48.2636	9.9400	26.6745	40.9211	3545

续表

股票代码	公司简称	省份	地区	行业代码	控股类型	公司治理（*CLCQI-CG*）	社会责任（*CLCQI-SR*）	企业创新（*CLCQI-EI*）	绩效与价值（*CLCQI-PV*）	中国上市公司质量指数（*CLCQI*）	*CLCQI* 排名
600359	新农开发	新疆	西部	A	国有强相对控股	70.7441	55.1563	11.8148	27.6182	45.8386	3147
600360	华微电子	吉林	东北	C	无国有股份	67.8293	55.1802	37.3418	26.9111	49.6049	2175
600361	华联综超	北京	东部	F	无国有股份	63.7317	62.0741	12.4845	26.8432	44.0115	3392
600362	江西铜业	江西	中部	C	国有强相对控股	79.2887	75.8697	26.9372	29.5550	55.8722	574
600363	联创光电	江西	中部	C	无国有股份	73.3125	51.7184	12.8393	27.7551	46.5894	3008
600365	ST通葡	吉林	东北	C	无国有股份	58.5415	58.6064	30.1093	25.3466	44.5661	3329
600366	宁波韵升	浙江	东部	C	无国有股份	74.9211	31.0699	14.0249	26.5452	44.0702	3387
600367	红星发展	贵州	西部	C	国有强相对控股	79.3394	68.9615	33.9071	26.2960	55.4354	656
600368	五洲交通	广西	西部	G	国有参股	76.9614	44.8307	11.4979	26.6113	46.4616	3031
600370	三房巷	江苏	东部	C	无国有股份	73.5420	65.5275	35.2683	26.6411	52.9599	1214
600371	万向德农	黑龙江	东北	A	无国有股份	76.4532	62.0760	14.0665	45.0863	53.9775	972
600372	中航电子	北京	东部	C	国有绝对控股	76.7003	48.2766	13.1489	27.8604	47.5165	2799
600373	中文传媒	江西	中部	R	国有绝对控股	68.9548	48.2902	13.8296	27.8253	44.5477	3332
600375	汉马科技	安徽	中部	C	无国有股份	75.4802	58.6064	34.6090	27.0505	52.6675	1274
600376	首开股份	北京	东部	K	国有绝对控股	75.0076	68.9650	33.4515	30.8682	54.7551	812
600377	宁沪高速	江苏	东部	G	国有绝对控股	79.2894	75.8865	11.8148	28.1165	52.4908	1321
600378	昊华科技	四川	西部	C	国有绝对控股	83.7025	44.8330	38.3955	27.1576	54.6744	830
600379	宝光股份	陕西	西部	C	国有弱相对控股	76.6337	58.6260	37.1627	26.7194	53.5598	1068

续表

股票代码	公司简称	省份	地区	行业代码	控股类型	公司治理（CLCQI-CG）	社会责任（CLCQI-SR）	企业创新（CLCQI-EI）	绩效与价值（CLCQI-PV）	中国上市公司质量指数（CLCQI）	CLCQI排名
600380	健康元	广东	东部	C	无国有股份	78.8760	82.7726	14.2353	28.6191	53.9681	976
600381	青海春天	青海	西部	C	国有参股	67.3179	65.4990	9.1405	26.8641	45.2961	3237
600382	*ST广珠	广东	东部	F	国有参股	68.4774	79.3055	30.4197	26.6144	52.0243	1475
600383	金地集团	广东	东部	K	国有参股	81.8782	44.8355	18.3578	35.9836	52.1441	1440
600385	*ST金泰	山东	东部	C	国有参股	58.3646	58.6064	8.7264	27.0219	40.6375	3554
600386	北巴传媒	北京	东部	F	国有绝对控股	74.3313	68.9860	12.2983	26.5496	49.1774	2311
600387	ST海越	浙江	东部	F	国有弱相对控股	68.0375	55.1667	13.3888	26.2082	44.7198	3310
600388	龙净环保	福建	东部	C	国有参股	81.7838	48.2828	36.2481	26.8237	53.9115	994
600389	江山股份	江苏	东部	C	国有弱相对控股	77.0908	65.5362	17.3936	27.1728	50.9387	1778
600390	五矿资本	湖南	中部	J	国有绝对控股	75.3337	44.8330	11.9415	29.4669	46.6134	3000
600391	航发科技	四川	西部	C	国有强相对控股	73.4161	58.6064	32.6651	27.5717	51.5833	1597
600392	盛和资源	四川	西部	C	国有弱相对控股	86.5029	37.9376	13.2541	26.8515	49.6555	2166
600393	ST粤泰	广东	东部	K	无国有股份	60.3429	37.9284	12.2356	25.5035	38.6494	3584
600395	盘江股份	贵州	西部	B	国有绝对控股	83.0816	58.6276	33.8500	27.5823	55.6924	606
600397	安源煤业	江西	中部	B	国有强相对控股	79.0639	65.5141	35.1532	26.7382	55.1679	713
600398	海澜之家	江苏	东部	C	无国有股份	83.1612	68.9712	10.0207	27.7259	52.5458	1308
600399	抚顺特钢	辽宁	东北	C	国有参股	74.2234	17.2505	13.9303	32.6611	43.2283	3443
600400	红豆股份	江苏	东部	C	无国有股份	77.3594	51.7597	13.1405	26.4561	47.9498	2677

续表

股票代码	公司简称	省份	地区	行业代码	控股类型	公司治理（CLCQI-CG）	社会责任（CLCQI-SR）	企业创新（CLCQI-EI）	绩效与价值（CLCQI-PV）	中国上市公司质量指数（CLCQI）	CLCQI排名
600403	ST大有	河南	中部	B	国有绝对控股	60.8710	44.8211	32.1402	26.9637	44.2405	3374
600405	动力源	北京	东部	C	无国有股份	72.6122	75.8418	36.8915	26.7925	54.4976	871
600406	国电南瑞	江苏	东部	I	国有绝对控股	79.0241	55.1963	39.0797	30.6578	55.3695	672
600408	ST安泰	山西	中部	C	无国有股份	62.9527	65.5141	35.7557	26.5098	48.7868	2427
600409	三友化工	河北	东部	C	国有强相对控股	69.2637	68.9848	33.0862	28.0156	51.6743	1572
600410	华胜天成	北京	东部	I	无国有股份	75.9805	48.3037	12.6901	26.7643	46.8669	2944
600415	小商品城	浙江	东部	L	国有绝对控股	66.9850	48.2855	31.6509	28.2175	47.4214	2824
600416	湘电股份	湖南	中部	C	国有强相对控股	69.1195	31.0358	11.5009	29.7289	42.0356	3512
600418	江淮汽车	安徽	中部	C	国有强相对控股	73.0655	55.1638	22.0099	29.0887	49.1749	2312
600419	天润乳业	新疆	西部	C	国有强相对控股	80.6123	58.6204	30.9536	27.0887	54.0009	967
600420	国药现代	上海	东部	C	国有绝对控股	81.4248	37.9356	12.3142	27.1904	47.5207	2796
600421	华嵘控股	湖北	中部	C	无国有股份	67.6727	55.1563	13.6791	22.1134	43.6067	3426
600422	昆药集团	云南	西部	C	国有参股	69.0021	62.0790	33.5342	26.4526	50.2327	1998
600423	柳化股份	广西	西部	C	国有强相对控股	72.3435	48.2636	7.6197	26.6157	44.3548	3364
600425	青松建化	新疆	西部	C	国有强相对控股	67.2205	65.4990	29.1537	26.2665	49.1104	2328
600426	华鲁恒升	山东	东部	C	国有强相对控股	71.8458	65.5079	35.1742	30.1972	53.1486	1171
600428	中远海特	广东	东部	G	国有绝对控股	85.9721	96.5487	33.0445	27.0721	62.2481	55
600429	三元股份	北京	东部	C	国有强相对控股	90.2590	62.0858	30.5349	26.1911	58.0712	300

续表

股票代码	公司简称	省份	地区	行业代码	控股类型	公司治理（CLCQI-CG）	社会责任（CLCQI-SR）	企业创新（CLCQI-EI）	绩效与价值（CLCQI-PV）	中国上市公司质量指数（CLCQI）	CLCQI排名
600433	冠豪高新	广东	东部	C	国有强相对控股	70.7119	75.8619	33.5167	27.1320	53.1504	1170
600435	北方导航	北京	东部	C	国有强相对控股	76.4314	62.0675	34.8449	27.0808	53.6219	1053
600436	片仔癀	福建	东部	C	国有绝对控股	81.8293	62.0946	32.6064	34.8314	57.2750	385
600438	通威股份	四川	西部	C	无国有股份	80.2331	44.8352	14.5405	32.9018	49.9521	2086
600439	瑞贝卡	河南	中部	C	无国有股份	77.5524	62.0576	33.6904	25.7024	53.4933	1090
600444	国机通用	安徽	中部	C	国有强相对控股	85.2754	48.2843	20.4275	26.3426	52.0239	1476
600446	金证股份	广东	东部	I	无国有股份	77.5955	37.9377	40.3596	27.1384	51.5854	1595
600448	华纺股份	山东	东部	C	国有弱相对控股	71.9494	58.6064	35.4054	26.0951	51.1756	1706
600449	宁夏建材	宁夏	西部	C	国有强相对控股	80.0612	72.4144	32.2378	27.9872	56.3310	509
600452	涪陵电力	重庆	西部	D	国有绝对控股	74.9408	51.7224	12.5099	27.5827	47.1323	2885
600455	博通股份	陕西	西部	P	国有弱相对控股	66.8982	55.1563	31.3746	26.6890	47.9799	2665
600456	宝钛股份	陕西	西部	C	国有绝对控股	77.1279	48.2792	52.0616	29.0870	55.7771	593
600458	时代新材	湖南	中部	C	国有绝对控股	69.0362	27.5932	39.1100	27.1624	46.3661	3053
600459	贵研铂业	云南	西部	C	国有强相对控股	74.1022	62.0758	50.1410	28.1795	56.0253	549
600460	士兰微	浙江	东部	C	国有参股	65.4863	62.0712	20.2067	28.2167	46.6007	3004
600461	洪城环境	江西	中部	D	国有强相对控股	72.9068	48.3030	14.8676	27.4162	46.2358	3074
600462	ST九有	湖北	中部	L	无国有股份	60.5458	20.6855	12.3130	28.2203	36.8388	3602
600466	蓝光发展	四川	西部	K	无国有股份	85.6498	31.0443	12.7643	29.6500	48.8819	2400

续表

股票代码	公司简称	省份	地区	行业代码	控股类型	公司治理（CLCQI–CG）	社会责任（CLCQI–SR）	企业创新（CLCQI–EI）	绩效与价值（CLCQI–PV）	中国上市公司质量指数（CLCQI）	CLCQI排名
600467	好当家	山东	东部	A	无国有股份	70.6016	55.1782	11.5117	26.5164	45.4488	3213
600468	百利电气	天津	东部	C	国有绝对控股	68.4356	34.4857	33.8409	26.9255	46.0466	3108
600469	风神股份	河南	中部	C	国有绝对控股	80.5832	62.0655	33.9633	26.6528	54.9990	751
600470	六国化工	安徽	中部	C	国有参股	71.7568	44.8286	55.8120	26.6522	53.2525	1139
600475	华光环能	江苏	东部	N	国有绝对控股	79.5768	58.6228	18.0301	27.8708	51.1978	1698
600476	湘邮科技	湖南	中部	I	国有强相对控股	78.6260	51.7137	14.0477	26.8905	48.7397	2440
600477	杭萧钢构	浙江	东部	C	无国有股份	74.5939	37.9448	14.7533	27.4587	45.3446	3231
600478	科力远	湖南	中部	C	无国有股份	73.8493	34.4783	11.6016	26.7152	43.7106	3418
600479	千金药业	湖南	中部	C	国有强相对控股	77.4440	44.8571	14.9069	26.8997	47.4125	2828
600480	凌云股份	河北	东部	C	国有强相对控股	81.0353	58.6386	35.2990	27.6859	55.1912	703
600481	双良节能	江苏	东部	C	无国有股份	67.7534	44.8542	14.7777	26.8124	43.4881	3434
600482	中国动力	河北	东部	C	国有强相对控股	77.6947	58.6139	35.6214	27.1821	53.7898	1017
600483	福能股份	福建	东部	D	国有绝对控股	76.7047	55.1726	13.3698	27.1587	48.4214	2528
600486	扬农化工	江苏	东部	C	国有强相对控股	77.2473	62.0660	15.1266	30.9342	50.9677	1766
600487	亨通光电	江苏	东部	C	无国有股份	72.6286	44.8265	37.9857	27.3247	50.2037	2012
600488	天药股份	天津	东部	C	国有绝对控股	76.1872	51.7450	34.1194	26.5559	51.6995	1565
600489	中金黄金	北京	东部	B	国有绝对控股	69.5293	68.9867	36.7316	27.9574	52.4954	1320
600490	鹏欣资源	上海	东部	C	国有参股	72.5796	62.0565	10.7236	26.5788	47.1297	2886

续表

股票代码	公司简称	省份	地区	行业代码	控股类型	公司治理（CLCQI-CG）	社会责任（CLCQI-SR）	企业创新（CLCQI-EI）	绩效与价值（CLCQI-PV）	中国上市公司质量指数（CLCQI）	CLCQI排名
600491	龙元建设	浙江	东部	E	无国有股份	84.0981	44.8258	32.1663	27.1622	53.5869	1062
600493	凤竹纺织	福建	东部	C	无国有股份	76.8966	55.1875	14.6070	26.2210	48.5134	2501
600495	晋西车轴	山西	中部	C	国有强相对控股	72.1660	62.0719	54.5121	26.1892	55.6269	617
600496	精工钢构	安徽	中部	C	国有参股	70.4893	48.2736	57.7681	27.5650	53.8816	998
600497	驰宏锌锗	云南	西部	B	国有强相对控股	77.3808	69.0021	60.1294	28.1145	60.3571	120
600498	烽火通信	湖北	中部	C	国有强相对控股	76.3390	68.9705	49.6375	26.7063	57.4852	358
600499	科达制造	广东	东部	C	无国有股份	79.0338	62.0640	34.0202	27.6896	54.6496	834
600500	中化国际	上海	东部	C	国有绝对控股	84.8281	44.8450	54.6466	27.6555	58.5012	272
600501	航天晨光	江苏	东部	C	国有强相对控股	73.4766	41.3785	15.9581	26.9603	45.5291	3201
600502	安徽建工	安徽	中部	E	国有强相对控股	76.2347	31.0538	12.9037	28.1507	44.7704	3302
600503	华丽家族	上海	东部	K	无国有股份	70.7160	62.0546	13.6877	24.4021	46.4326	3036
600505	西昌电力	四川	西部	D	国有绝对控股	80.0306	55.1781	32.0908	26.1255	53.2385	1144
600506	*ST香梨	新疆	西部	A	国有弱相对控股	73.2324	51.7062	11.4129	29.1825	46.6271	2993
600507	方大特钢	江西	中部	C	无国有股份	74.1457	48.3043	33.7416	27.8436	50.6132	1874
600508	上海能源	上海	东部	B	国有绝对控股	69.3643	41.3926	33.9744	27.0896	47.5219	2794
600509	天富能源	新疆	西部	D	国有强相对控股	69.1942	65.4990	36.0353	27.2233	51.5154	1618
600510	黑牡丹	江苏	东部	K	国有绝对控股	67.7562	62.0705	56.1482	27.6772	54.5620	851
600511	国药股份	北京	东部	F	国有绝对控股	64.0087	55.1765	16.6504	29.5854	44.6064	3320

续表

股票代码	公司简称	省份	地区	行业代码	控股类型	公司治理（CLCQI-CG）	社会责任（CLCQI-SR）	企业创新（CLCQI-EI）	绩效与价值（CLCQI-PV）	中国上市公司质量指数（CLCQI）	CLCQI排名
600512	腾达建设	浙江	东部	E	无国有股份	69.8629	58.6131	33.8406	27.2136	50.3086	1965
600513	联环药业	江苏	东部	C	国有强相对控股	72.3931	58.6204	54.5000	27.0783	55.4199	660
600515	*ST基础	海南	东部	K	无国有股份	65.3117	34.4859	14.7799	26.2978	40.8280	3548
600516	方大炭素	甘肃	西部	C	国有参股	72.9287	44.8319	9.8870	26.6248	44.5299	3339
600517	国网英大	上海	东部	J	国有绝对控股	78.8236	44.8498	37.2944	26.8878	52.4377	1337
600518	*ST康美	广东	东部	C	无国有股份	65.5400	41.3785	12.0906	23.1082	40.6179	3555
600519	贵州茅台	贵州	西部	C	国有绝对控股	77.2213	58.6305	11.2168	100.0000	66.9264	7
600520	文一科技	安徽	中部	C	无国有股份	75.6124	58.6064	32.1249	26.0328	51.9691	1491
600521	华海药业	浙江	东部	C	国有参股	68.7649	75.8729	15.9247	29.8513	49.5347	2200
600522	中天科技	江苏	东部	C	国有参股	77.2382	62.0631	38.5979	28.4138	55.0278	745
600523	贵航股份	贵州	西部	C	国有绝对控股	74.6191	62.0806	34.0005	27.0045	52.7110	1267
600525	长园集团	广东	东部	C	国有弱相对控股	78.7545	41.3785	40.1074	26.6730	52.3983	1352
600526	菲达环保	浙江	东部	C	国有强相对控股	65.7701	55.1638	35.3212	26.1494	48.1842	2601
600527	江南高纤	江苏	东部	C	无国有股份	72.0660	65.5522	36.9473	27.6492	52.9610	1212
600528	中铁工业	北京	东部	C	国有强相对控股	86.7718	34.4788	35.6660	27.2960	53.8377	1005
600529	山东药玻	山东	东部	C	国有弱相对控股	74.8677	51.7225	11.7124	29.3256	47.3793	2835
600530	交大昂立	上海	东部	C	国有参股	78.5819	58.6064	10.3545	25.7719	48.7376	2441
600531	豫光金铅	河南	中部	C	国有强相对控股	63.5472	75.8710	38.2339	27.2355	51.2552	1678

续表

股票代码	公司简称	省份	地区	行业代码	控股类型	公司治理（CLCQI-CG）	社会责任（CLCQI-SR）	企业创新（CLCQI-EI）	绩效与价值（CLCQI-PV）	中国上市公司质量指数（CLCQI）	CLCQI排名
600532	未来股份	上海	东部	F	国有参股	71.0753	31.0358	16.8488	30.1745	43.9989	3394
600533	栖霞建设	江苏	东部	K	国有强相对控股	82.6353	68.9665	12.4258	27.0815	52.6546	1280
600535	天士力	天津	东部	C	国有参股	74.3640	62.0748	15.6651	27.1043	48.9659	2371
600536	中国软件	北京	东部	I	国有强相对控股	71.8735	58.6209	20.5473	28.0639	48.6680	2469
600537	亿晶光电	浙江	东部	C	无国有股份	71.2557	24.1431	12.7720	27.0222	41.4337	3532
600538	国发股份	广西	西部	F	国有参股	87.8882	51.7137	9.3859	27.0770	51.5588	1602
600539	狮头股份	山西	中部	L	国有参股	76.5979	51.7137	31.9981	28.6561	51.9598	1499
600540	新赛股份	新疆	西部	A	国有强相对控股	70.2649	72.3917	13.5026	26.9282	48.3973	2537
600543	莫高股份	甘肃	西部	C	国有强相对控股	71.6048	68.9560	7.5429	27.4048	47.3451	2842
600545	卓郎智能	新疆	西部	C	国有参股	78.6887	51.7270	12.3934	25.3628	48.0539	2639
600546	山煤国际	山西	中部	F	国有绝对控股	76.3648	24.1484	33.5439	27.8192	47.8318	2720
600547	山东黄金	山东	东部	B	国有强相对控股	72.4182	51.7203	15.4341	28.9708	47.0548	2902
600548	深高速	广东	东部	G	国有绝对控股	88.8751	34.4997	53.6494	28.0739	58.4733	273
600549	厦门钨业	福建	东部	C	国有强相对控股	79.0236	55.1905	14.3747	27.8620	49.7285	2140
600550	保变电气	河北	东部	C	国有绝对控股	71.3103	27.6008	35.8400	27.5951	46.7310	2973
600551	时代出版	安徽	中部	R	国有绝对控股	77.5013	55.1735	17.7493	26.9481	49.5634	2189
600552	凯盛科技	安徽	中部	C	国有弱相对控股	73.8552	58.6268	12.0847	26.6610	47.4183	2825
600555	*ST海创	海南	东部	K	无国有股份	55.3400	34.4783	11.2223	25.5769	35.9464	3609

续表

股票代码	公司简称	省份	地区	行业代码	控股类型	公司治理（CLCQI-CG）	社会责任（CLCQI-SR）	企业创新（CLCQI-EI）	绩效与价值（CLCQI-PV）	中国上市公司质量指数（CLCQI）	CLCQI 排名
600556	天下秀	广西	西部	I	无国有股份	73.3265	27.5907	11.0580	26.9290	42.4131	3497
600557	康缘药业	江苏	东部	C	无国有股份	79.0093	68.9528	14.8516	25.9516	51.4049	1649
600558	大西洋	四川	西部	C	国有强相对控股	84.6651	58.6155	36.0728	26.3645	56.4640	492
600559	老白干酒	河北	东部	C	国有弱相对控股	71.1696	65.5167	10.0405	30.2538	47.8669	2709
600560	金自天正	北京	东部	C	国有强相对控股	73.1777	62.0707	14.5299	26.4528	48.1009	2625
600561	江西长运	江西	中部	G	国有强相对控股	79.6374	68.9567	11.6089	25.5622	50.9108	1782
600562	国睿科技	江苏	东部	C	国有绝对控股	76.9031	55.1779	19.2866	27.2142	49.6988	2150
600563	法拉电子	福建	东部	C	国有参股	73.2556	44.8414	33.6403	30.9617	50.4969	1911
600565	迪马股份	重庆	西部	K	无国有股份	76.9005	82.7608	33.8047	27.4985	56.8099	456
600566	济川药业	湖北	中部	C	国有参股	85.5261	62.0733	34.1895	28.1690	57.4016	371
600567	山鹰国际	安徽	中部	C	无国有股份	79.8546	62.0805	11.5642	27.0442	50.3278	1961
600568	ST中珠	湖北	中部	C	无国有股份	66.8083	37.9284	8.4062	25.7847	40.5400	3556
600569	安阳钢铁	河南	中部	C	国有绝对控股	78.2663	51.7289	33.5706	26.8859	52.5014	1316
600570	恒生电子	浙江	东部	I	国有参股	72.4855	68.9742	24.0139	31.8328	52.1013	1457
600571	信雅达	浙江	东部	I	无国有股份	70.9763	31.1028	20.9382	26.6703	43.9111	3405
600572	康恩贝	浙江	东部	C	国有弱相对控股	92.1891	68.9688	32.4315	26.4273	60.3141	123
600573	惠泉啤酒	福建	东部	C	国有绝对控股	66.9806	41.3738	31.0110	44.2915	50.2734	1977
600575	淮河能源	安徽	中部	G	国有绝对控股	77.0087	51.7390	13.8964	26.8908	48.0663	2634

续表

股票代码	公司简称	省份	地区	行业代码	控股类型	公司治理（CLCQI-CG）	社会责任（CLCQI-SR）	企业创新（CLCQI-EI）	绩效与价值（CLCQI-PV）	中国上市公司质量指数（CLCQI）	CLCQI排名
600576	祥源文化	浙江	东部	R	无国有股份	80.1892	55.1638	12.6088	26.5611	49.5123	2206
600577	精达股份	安徽	中部	C	无国有股份	68.8949	72.4192	37.6234	26.9452	52.6818	1271
600578	京能电力	北京	东部	D	国有绝对控股	73.4148	44.8382	35.5322	27.7413	50.1334	2035
600579	克劳斯	山东	东部	C	国有参股	85.7752	65.4990	13.8431	25.8113	53.3564	1120
600580	卧龙电驱	浙江	东部	C	国有参股	76.3189	62.0675	14.1619	27.6823	49.5906	2180
600581	八一钢铁	新疆	西部	C	国有绝对控股	71.0061	51.7137	41.3607	27.0764	51.2007	1695
600582	天地科技	北京	东部	C	国有绝对控股	73.0300	41.3953	36.4278	27.2196	49.5118	2208
600583	海油工程	天津	东部	B	国有绝对控股	74.9067	62.1349	20.4006	26.2213	49.9184	2096
600584	长电科技	江苏	东部	C	国有弱相对控股	93.6578	51.7228	39.4051	29.4931	60.4758	113
600585	海螺水泥	安徽	中部	C	国有强相对控股	74.8381	75.8754	39.2032	42.5599	59.7972	160
600586	金晶科技	山东	东部	C	无国有股份	59.4059	51.7294	15.8376	28.5363	41.8234	3517
600587	新华医疗	山东	东部	C	国有强相对控股	68.7713	51.7162	36.3348	26.7852	49.2292	2300
600588	用友网络	北京	东部	I	无国有股份	82.5087	69.0013	17.4666	31.4050	54.6983	825
600589	ST榕泰	广东	东部	C	无国有股份	62.0789	44.8211	11.7365	24.4910	40.0248	3570
600590	泰豪科技	江西	中部	C	国有弱相对控股	73.9307	68.9721	18.4133	26.3349	50.1845	2018
600592	龙溪股份	福建	东部	C	国有强相对控股	80.9525	62.0721	59.0996	26.2627	60.0774	138
600593	*ST圣亚	辽宁	东北	N	国有弱相对控股	64.8010	31.0358	15.9526	25.4721	40.1343	3568
600594	益佰制药	贵州	西部	C	国有参股	77.4884	51.7137	32.1733	26.7821	51.8826	1520

续表

股票代码	公司简称	省份	地区	行业代码	控股类型	公司治理（CLCQI-CG）	社会责任（CLCQI-SR）	企业创新（CLCQI-EI）	绩效与价值（CLCQI-PV）	中国上市公司质量指数（CLCQI）	CLCQI排名
600595	*ST中孚	河南	中部	C	国有参股	61.8605	41.3785	10.7995	26.2666	39.6775	3576
600596	新安股份	浙江	东部	C	国有参股	67.2834	75.8721	14.4081	27.1773	47.9701	2670
600597	光明乳业	上海	东部	C	国有绝对控股	78.4059	68.9795	13.7186	27.6446	51.3641	1658
600598	北大荒	黑龙江	东北	A	国有绝对控股	78.7805	41.4056	11.5245	29.6537	47.4414	2818
600599	ST熊猫	湖南	中部	J	无国有股份	55.8875	34.4783	12.4870	25.8592	36.4890	3605
600600	青岛啤酒	山东	东部	C	国有强相对控股	89.6229	75.8479	31.3451	30.5826	61.1410	87
600601	ST方科	上海	东部	C	国有弱相对控股	68.2671	48.2712	15.0099	26.3602	44.1395	3381
600602	云赛智联	上海	东部	I	国有强相对控股	84.1160	65.5131	16.9017	26.2533	53.4170	1110
600603	广汇物流	四川	西部	S	无国有股份	83.1049	58.6497	11.5306	27.5119	51.2235	1689
600604	市北高新	上海	东部	K	国有参股	75.3821	62.0633	12.0542	25.8285	48.3303	2566
600605	汇通能源	上海	东部	F	国有参股	67.7244	55.1708	8.6166	27.3802	43.9337	3401
600606	绿地控股	上海	东部	K	国有参股	67.7149	31.0488	14.1477	45.0931	45.8461	3144
600608	ST沪科	上海	东部	F	国有弱相对控股	78.7103	44.8211	49.3033	27.4227	54.9236	769
600609	金杯汽车	辽宁	东北	C	国有弱相对控股	62.7765	51.7137	54.8088	27.0441	50.5904	1882
600611	大众交通	上海	东部	G	国有参股	74.8798	75.8529	11.1996	26.6559	50.2338	1997
600612	老凤祥	上海	东部	C	国有强相对控股	71.2138	51.7192	40.8465	29.1465	51.6993	1566
600613	神奇制药	上海	东部	C	国有参股	71.9553	65.4990	12.1623	25.2536	47.3528	2839
600615	*ST丰华	上海	东部	C	无国有股份	67.5246	41.3710	7.1579	25.7720	41.0901	3542

续表

股票代码	公司简称	省份	地区	行业代码	控股类型	公司治理（CLCQI-CG）	社会责任（CLCQI-SR）	企业创新（CLCQI-EI）	绩效与价值（CLCQI-PV）	中国上市公司质量指数（CLCQI）	CLCQI排名
600616	金枫酒业	上海	东部	C	国有强相对控股	74.6112	68.9567	31.1354	29.1721	53.7081	1034
600617	国新能源	山西	中部	D	国有强相对控股	70.5095	37.9284	12.1916	26.1500	42.8689	3469
600618	氯碱化工	上海	东部	C	国有强相对控股	67.3211	82.7618	35.5524	26.7585	53.1428	1172
600619	海立股份	上海	东部	C	国有弱相对控股	74.3019	68.9749	13.8967	26.3071	49.4231	2230
600621	华鑫股份	上海	东部	J	国有绝对控股	69.4472	44.8314	13.7296	28.0578	44.2640	3372
600622	光大嘉宝	上海	东部	K	国有参股	79.2030	55.1711	11.8592	26.5855	48.9751	2370
600623	华谊集团	上海	东部	C	国有绝对控股	71.2697	55.1782	32.2993	26.6794	49.9143	2099
600624	复旦复华	上海	东部	C	国有弱相对控股	78.0332	65.5380	13.5961	25.9905	50.2608	1983
600626	申达股份	上海	东部	C	国有强相对控股	77.4542	65.4990	53.6793	25.1153	57.8212	319
600628	新世界	上海	东部	F	国有弱相对控股	65.8374	55.1614	8.8264	26.4159	42.9784	3463
600629	华建集团	上海	东部	M	国有绝对控股	77.1673	48.2825	52.9145	28.1433	55.7280	603
600630	龙头股份	上海	东部	C	国有强相对控股	68.8118	37.9284	33.6830	25.4403	46.3106	3060
600633	浙数文化	浙江	东部	I	国有绝对控股	81.5127	62.0659	35.8510	26.8397	55.7951	589
600635	大众公用	上海	东部	D	国有参股	85.8306	68.9580	12.4317	26.6044	53.8134	1011
600636	国新文化	上海	东部	I	国有强相对控股	66.2932	65.5137	13.1364	27.2824	45.7922	3158
600637	东方明珠	上海	东部	I	国有绝对控股	78.8640	48.2937	5.6934	27.6395	46.8382	2947
600638	新黄浦	上海	东部	K	国有强相对控股	79.3748	37.9692	11.5933	26.7728	46.4572	3032
600639	浦东金桥	上海	东部	K	国有绝对控股	70.9040	62.0714	12.5280	27.2955	47.0018	2916

续表

股票代码	公司简称	省份	地区	行业代码	控股类型	公司治理（CLCQI-CG）	社会责任（CLCQI-SR）	企业创新（CLCQI-EI）	绩效与价值（CLCQI-PV）	中国上市公司质量指数（CLCQI）	CLCQI排名
600640	号百控股	上海	东部	I	国有绝对控股	68.1357	51.7275	7.6725	25.9687	43.0401	3456
600641	万业企业	上海	东部	K	国有参股	67.1917	41.3771	14.3004	27.4410	42.8036	3474
600642	申能股份	上海	东部	D	国有绝对控股	72.6460	55.1878	12.4466	27.9688	46.8181	2954
600643	爱建集团	上海	东部	J	国有参股	66.1382	51.7261	15.4262	26.8070	44.0012	3393
600644	乐山电力	四川	西部	D	国有绝对控股	87.4770	41.3785	53.9525	26.7173	58.6674	255
600645	中源协和	天津	东部	M	国有参股	75.7841	37.9284	10.2209	26.5479	44.6840	3313
600647	同达创业	上海	东部	F	国有强相对控股	72.5342	41.3634	10.1545	33.3273	45.5809	3190
600648	外高桥	上海	东部	F	国有绝对控股	74.3773	48.2931	11.1208	27.2416	46.0294	3112
600649	城投控股	上海	东部	K	国有强相对控股	73.8917	44.8270	12.8404	27.8313	45.8066	3153
600650	锦江在线	上海	东部	G	国有强相对控股	71.0192	51.7302	33.3243	26.7860	49.5286	2203
600651	飞乐音响	上海	东部	C	国有绝对控股	74.0844	37.9284	34.4009	26.2109	48.7559	2437
600652	*ST游久	上海	东部	I	无国有股份	64.8578	41.3710	27.2084	25.1563	43.8795	3407
600653	申华控股	辽宁	东北	F	国有弱相对控股	67.9988	31.0358	12.4847	26.1362	40.8859	3546
600654	ST中安	上海	东部	I	国有参股	67.3140	34.4783	5.3835	26.4081	39.7761	3574
600655	豫园股份	上海	东部	F	国有参股	85.8419	55.1801	10.7796	29.5194	52.1496	1434
600657	信达地产	北京	东部	K	国有绝对控股	72.5833	55.1687	12.7591	28.2612	46.9257	2929
600658	电子城	北京	东部	K	国有强相对控股	72.9606	62.0731	13.3986	27.5148	48.0536	2640
600660	福耀玻璃	福建	东部	C	国有参股	90.0107	82.7827	14.5854	30.5597	58.9787	226

续表

股票代码	公司简称	省份	地区	行业代码	控股类型	公司治理（*CLCQI–CG*）	社会责任（*CLCQI–SR*）	企业创新（*CLCQI–EI*）	绩效与价值（*CLCQI–PV*）	中国上市公司质量指数（*CLCQI*）	*CLCQI* 排名
600661	昂立教育	上海	东部	P	国有弱相对控股	73.1401	55.1638	14.3767	26.0215	46.9113	2934
600662	强生控股	上海	东部	G	国有强相对控股	76.5431	48.2893	12.0110	28.1681	47.3048	2851
600663	陆家嘴	上海	东部	K	国有绝对控股	73.2801	62.0873	12.7306	29.0750	48.4400	2522
600664	哈药股份	黑龙江	东北	C	国有参股	80.7295	58.6064	10.5366	25.8211	49.6454	2170
600665	天地源	陕西	西部	K	国有绝对控股	79.3844	65.5143	12.3975	26.7044	50.7365	1836
600666	ST瑞德	黑龙江	东北	C	国有参股	72.1332	31.0358	12.6423	25.0230	42.2929	3505
600667	太极实业	江苏	东部	E	国有强相对控股	74.5445	37.9504	14.0094	27.7887	45.2594	3244
600668	尖峰集团	浙江	东部	C	国有弱相对控股	86.1541	65.5075	11.1761	27.1818	53.3184	1129
600671	ST目药	浙江	东部	C	国有弱相对控股	60.2896	31.0358	11.4314	25.8295	37.5149	3597
600673	东阳光	广东	东部	S	国有参股	72.5911	51.7174	13.7492	26.4102	46.1465	3090
600674	川投能源	四川	西部	D	国有绝对控股	79.5398	44.8426	11.3651	28.5645	47.9565	2675
600675	中华企业	上海	东部	K	国有绝对控股	67.9959	58.6193	12.5917	27.3885	45.3567	3228
600676	交运股份	上海	东部	G	国有强相对控股	72.9424	44.8480	15.9159	26.6262	45.7439	3165
600678	四川金顶	四川	西部	C	无国有股份	70.4804	72.4068	8.7882	27.1563	47.5999	2772
600679	上海凤凰	上海	东部	C	国有弱相对控股	73.0778	41.3790	31.1504	26.7895	48.3654	2550
600681	百川能源	湖北	中部	D	国有参股	80.9167	51.7461	12.7223	26.5712	49.3159	2271
600682	南京新百	江苏	东部	F	国有参股	82.7146	48.2644	10.3658	27.5271	49.2805	2286
600683	京投发展	浙江	东部	K	国有强相对控股	77.3533	58.6230	33.6223	28.2229	53.5150	1082

续表

股票代码	公司简称	省份	地区	行业代码	控股类型	公司治理（CLCQI-CG）	社会责任（CLCQI-SR）	企业创新（CLCQI-EI）	绩效与价值（CLCQI-PV）	中国上市公司质量指数（CLCQI）	CLCQI排名
600684	珠江股份	广东	东部	K	国有强相对控股	71.3274	86.1921	11.8345	26.0276	50.3336	1958
600685	中船防务	广东	东部	C	国有强相对控股	80.4818	89.6524	12.8242	29.8955	55.6793	607
600686	金龙汽车	福建	东部	C	国有绝对控股	75.0669	58.6111	34.4407	26.7644	52.3977	1353
600688	上海石化	上海	东部	C	国有绝对控股	89.3668	82.7843	13.8330	27.0004	57.6810	334
600689	上海三毛	上海	东部	C	国有弱相对控股	78.7839	44.8135	11.9026	25.7346	47.0498	2903
600690	海尔智家	山东	东部	C	无国有股份	78.2235	75.8729	26.0795	34.1587	56.4259	496
600691	阳煤化工	山西	中部	C	国有弱相对控股	68.9730	37.9284	30.5352	26.7508	46.0732	3105
600692	亚通股份	上海	东部	K	国有强相对控股	69.4872	44.8211	33.7250	26.6785	47.9327	2683
600693	东百集团	福建	东部	F	无国有股份	77.7471	55.1638	29.7221	26.2071	51.8696	1524
600694	大商股份	辽宁	东北	F	国有参股	70.7842	37.9362	9.9336	27.0608	42.7560	3478
600696	岩石股份	上海	东部	C	无国有股份	75.9379	41.3710	7.5061	28.2999	45.1570	3259
600697	欧亚集团	吉林	东北	F	国有弱相对控股	83.0649	65.5159	9.4645	26.9291	51.6785	1570
600698	湖南天雁	湖南	中部	C	国有强相对控股	77.3009	44.8211	37.2576	26.2873	51.6669	1573
600699	均胜电子	浙江	东部	C	国有参股	76.4405	65.5037	16.2877	27.6697	50.5767	1886
600702	舍得酒业	四川	西部	C	国有参股	70.2618	55.1747	11.1926	31.0330	46.3777	3049
600703	三安光电	湖北	中部	C	无国有股份	75.6432	62.0735	35.0107	29.1993	53.8703	1001
600704	物产中大	浙江	东部	F	国有绝对控股	73.5329	27.6130	26.2043	28.8701	46.0135	3116
600705	中航产融	黑龙江	东北	J	国有绝对控股	74.1220	68.9720	12.3247	31.2728	50.2777	1976

续表

股票代码	公司简称	省份	地区	行业代码	控股类型	公司治理（CLCQI-CG）	社会责任（CLCQI-SR）	企业创新（CLCQI-EI）	绩效与价值（CLCQI-PV）	中国上市公司质量指数（CLCQI）	CLCQI排名
600706	曲江文旅	陕西	西部	N	国有绝对控股	79.0431	58.6174	10.1232	26.1942	48.9830	2367
600707	彩虹股份	陕西	西部	C	国有绝对控股	70.2320	44.8211	31.8363	26.9621	47.9237	2686
600708	光明地产	上海	东部	K	国有绝对控股	75.3956	48.2870	12.3041	27.0324	46.6202	2997
600710	苏美达	江苏	东部	F	国有绝对控股	77.9187	31.0550	40.4634	28.0759	50.9374	1779
600711	盛屯矿业	福建	东部	B	国有参股	75.7261	62.0656	38.8976	27.9824	54.3754	897
600712	南宁百货	广西	西部	F	国有参股	72.7891	51.7137	9.7176	25.6757	45.2351	3248
600713	南京医药	江苏	东部	F	国有强相对控股	80.6067	44.8363	37.2976	26.9842	53.1737	1158
600714	金瑞矿业	青海	西部	C	国有绝对控股	76.6512	51.7137	9.7418	26.3157	46.9448	2926
600715	文投控股	辽宁	东北	R	国有弱相对控股	67.9304	62.0565	13.9866	24.6651	45.4442	3214
600716	凤凰股份	江苏	东部	K	国有绝对控股	70.2340	41.3833	32.9276	26.2005	47.4367	2820
600718	东软集团	辽宁	东北	I	国有参股	93.9353	68.9491	49.2885	26.4735	64.3926	18
600719	大连热电	辽宁	东北	D	国有强相对控股	72.7776	65.5241	11.2594	26.1524	47.7296	2749
600720	祁连山	甘肃	西部	C	国有弱相对控股	81.1475	58.6232	9.5176	27.9834	50.1518	2027
600721	*ST百花	新疆	西部	M	国有参股	80.1736	55.1563	43.0026	24.9247	55.1746	710
600722	金牛化工	河北	东部	C	国有绝对控股	72.1547	51.7062	8.9808	26.3846	45.0101	3280
600723	首商股份	北京	东部	F	国有绝对控股	70.4702	65.5217	9.8513	27.0503	46.7492	2969
600724	宁波富达	浙江	东部	C	国有绝对控股	64.6075	65.5197	9.0531	26.8721	44.1996	3378
600725	云维股份	云南	西部	C	国有强相对控股	77.3626	55.1563	40.9830	26.4536	54.0285	958

续表

股票代码	公司简称	省份	地区	行业代码	控股类型	公司治理（CLCQI-CG）	社会责任（CLCQI-SR）	企业创新（CLCQI-EI）	绩效与价值（CLCQI-PV）	中国上市公司质量指数（CLCQI）	CLCQI排名
600726	华电能源	黑龙江	东北	D	国有强相对控股	72.0087	48.2863	15.4477	26.7465	45.8226	3150
600727	鲁北化工	山东	东部	C	国有强相对控股	78.2165	58.6214	10.5267	26.3180	48.7646	2435
600728	佳都科技	广东	东部	I	国有参股	67.4925	51.7223	14.1904	26.4273	44.2003	3377
600729	重庆百货	重庆	西部	F	国有参股	82.8837	65.5322	13.1228	28.2047	52.6590	1278
600730	中国高科	北京	东部	P	国有弱相对控股	67.8799	48.2636	19.8900	26.6141	45.0230	3278
600731	湖南海利	湖南	中部	C	国有强相对控股	74.3767	65.5005	13.8861	26.9189	49.0827	2337
600732	爱旭股份	上海	东部	C	国有参股	74.6385	51.7184	15.1146	28.7890	47.8333	2719
600733	北汽蓝谷	北京	东部	C	国有强相对控股	74.8393	62.0565	20.0411	26.0715	49.7703	2125
600734	*ST实达	福建	东部	C	国有参股	64.9642	31.0358	11.9542	24.7153	39.2107	3580
600735	新华锦	山东	东部	C	无国有股份	81.1019	51.7277	10.3154	26.0783	48.7826	2430
600736	苏州高新	江苏	东部	K	国有强相对控股	72.5875	48.2751	13.7863	26.7302	45.7161	3169
600737	中粮糖业	新疆	西部	C	国有绝对控股	78.4311	48.2838	14.2366	27.2464	48.2739	2585
600738	丽尚国潮	甘肃	西部	F	国有参股	66.3938	62.0922	8.8242	27.5814	44.5316	3337
600739	辽宁成大	辽宁	东北	F	国有参股	69.6050	55.1686	11.6552	29.5789	45.8431	3145
600740	山西焦化	山西	中部	C	国有绝对控股	80.1633	37.9562	51.2218	27.1999	54.8031	799
600741	华域汽车	上海	东部	C	国有绝对控股	75.0462	62.0780	41.6571	31.4296	55.5190	642
600742	一汽富维	吉林	东北	C	国有强相对控股	69.5826	51.7308	33.3491	27.3938	49.1109	2327
600743	华远地产	北京	东部	K	国有绝对控股	75.9804	55.1808	12.4018	27.0908	47.9223	2688

续表

股票代码	公司简称	省份	地区	行业代码	控股类型	公司治理（CLCQI-CG）	社会责任（CLCQI-SR）	企业创新（CLCQI-EI）	绩效与价值（CLCQI-PV）	中国上市公司质量指数（CLCQI）	CLCQI排名
600744	华银电力	湖南	中部	D	国有绝对控股	68.3634	65.4990	15.0787	26.8619	46.9014	2937
600745	闻泰科技	湖北	中部	C	国有参股	71.0393	72.4190	39.3413	28.8930	54.3701	899
600746	江苏索普	江苏	东部	C	国有绝对控股	70.5243	51.7539	14.7995	28.7214	46.1131	3099
600748	上实发展	上海	东部	K	国有绝对控股	75.1228	62.0614	12.7128	26.9065	48.6275	2481
600749	西藏旅游	西藏	西部	N	国有参股	72.5918	65.4990	9.0892	26.5195	47.3093	2849
600750	江中药业	江西	中部	C	国有强相对控股	88.4467	89.6654	33.1138	26.8191	62.1560	57
600751	海航科技	天津	东部	F	无国有股份	68.8533	34.4783	17.9223	25.5719	42.6905	3482
600753	东方银星	福建	东部	F	无国有股份	69.0782	48.2636	30.6133	28.8383	48.2031	2596
600754	锦江酒店	上海	东部	H	国有绝对控股	79.4818	58.6310	12.2163	28.8688	50.2478	1991
600755	厦门国贸	福建	东部	F	国有强相对控股	72.3330	48.2906	49.8998	29.3095	53.4841	1092
600756	浪潮软件	山东	东部	I	无国有股份	71.2206	58.6149	41.4245	25.9779	52.0598	1467
600757	长江传媒	湖北	中部	R	国有绝对控股	68.8790	65.5159	15.5553	27.3043	47.3161	2848
600758	辽宁能源	辽宁	东北	B	国有强相对控股	75.3615	41.3710	10.5612	26.0500	44.9750	3286
600759	洲际油气	海南	东部	B	国有参股	72.8538	51.7137	11.2637	25.8605	45.6164	3187
600760	中航沈飞	山东	东部	C	国有绝对控股	75.5687	62.0647	36.0745	31.1563	54.5412	859
600761	安徽合力	安徽	中部	C	国有强相对控股	74.6217	62.0899	42.8541	28.1281	54.7650	809
600763	通策医疗	浙江	东部	Q	无国有股份	89.1126	82.7571	13.9980	35.9076	59.8351	158
600764	中国海防	北京	东部	C	国有绝对控股	70.2142	58.6125	15.4632	27.8133	46.9235	2930

续表

股票代码	公司简称	省份	地区	行业代码	控股类型	公司治理（CLCQI-CG）	社会责任（CLCQI-SR）	企业创新（CLCQI-EI）	绩效与价值（CLCQI-PV）	中国上市公司质量指数（CLCQI）	CLCQI排名
600765	中航重机	贵州	西部	C	国有强相对控股	79.7609	44.8270	10.3904	29.2171	48.0108	2650
600766	*ST园城	山东	东部	S	无国有股份	71.9455	55.1563	10.5149	27.3450	45.9909	3121
600767	ST运盛	四川	西部	I	无国有股份	57.1957	41.3710	2.9276	26.1802	36.2145	3608
600768	宁波富邦	浙江	东部	C	无国有股份	71.8185	51.7137	12.1701	26.3489	45.5057	3207
600770	综艺股份	江苏	东部	S	无国有股份	79.3392	44.8211	13.1716	27.1539	47.8817	2704
600771	广誉远	山西	中部	C	国有参股	77.9658	51.7137	12.1653	26.4552	47.9902	2659
600773	西藏城投	西藏	西部	K	国有绝对控股	77.7268	48.2684	12.0179	27.0407	47.4948	2808
600774	汉商集团	湖北	中部	F	国有强相对控股	75.9691	51.7171	9.7523	26.8460	46.8072	2958
600775	南京熊猫	江苏	东部	C	国有强相对控股	89.1763	75.8776	37.5522	25.9810	61.0578	92
600776	东方通信	浙江	东部	C	国有强相对控股	78.2205	58.6289	19.6962	26.2046	50.5729	1887
600778	友好集团	新疆	西部	F	国有参股	73.3461	58.6064	9.7793	25.5335	46.4686	3029
600779	水井坊	四川	西部	C	无国有股份	78.2543	65.5393	10.0391	30.4473	50.7523	1831
600781	ST辅仁	河南	中部	C	无国有股份	50.1258	31.0358	10.4306	24.4924	32.9149	3614
600782	新钢股份	江西	中部	C	国有绝对控股	77.3978	62.0726	44.5088	27.9291	56.1540	530
600783	鲁信创投	山东	东部	J	国有绝对控股	73.8402	41.3971	13.3443	26.5100	45.0420	3273
600784	鲁银投资	山东	东部	C	国有弱相对控股	72.8671	51.7191	10.6591	26.6440	45.6975	3171
600785	新华百货	宁夏	西部	F	无国有股份	64.3826	58.6122	11.8869	26.3259	43.5037	3433
600787	中储股份	天津	东部	G	国有强相对控股	81.7514	55.1792	21.7540	26.8986	52.0529	1468

续表

股票代码	公司简称	省份	地区	行业代码	控股类型	公司治理（CLCQI-CG）	社会责任（CLCQI-SR）	企业创新（CLCQI-EI）	绩效与价值（CLCQI-PV）	中国上市公司质量指数（CLCQI）	CLCQI排名
600789	鲁抗医药	山东	东部	C	国有弱相对控股	69.1040	31.0462	13.3385	27.1164	41.7453	3522
600790	轻纺城	浙江	东部	L	国有强相对控股	84.6917	65.5241	10.8354	27.5517	52.7603	1259
600791	京能置业	北京	东部	K	国有强相对控股	69.0421	44.8211	11.3364	26.4636	43.2232	3444
600792	云煤能源	云南	西部	C	国有绝对控股	77.2059	68.9491	12.5574	26.4862	50.3578	1941
600793	宜宾纸业	四川	西部	C	国有绝对控股	64.4165	58.6064	30.8883	25.5278	47.1172	2892
600794	保税科技	江苏	东部	G	国有强相对控股	83.1749	48.2674	16.3420	26.5828	50.4242	1925
600795	国电电力	辽宁	东北	D	国有绝对控股	77.6246	41.3982	35.3383	32.1118	52.3552	1376
600796	钱江生化	浙江	东部	C	国有强相对控股	74.6512	58.6064	12.1181	26.3331	47.6583	2762
600797	浙大网新	浙江	东部	I	无国有股份	80.6904	48.2860	11.3958	26.1970	48.3475	2559
600800	渤海化学	天津	东部	C	国有强相对控股	68.8208	58.6064	12.5144	26.2926	45.3953	3223
600801	华新水泥	湖北	中部	C	国有参股	85.7875	41.4037	10.4136	29.6494	50.0206	2070
600802	福建水泥	福建	东部	C	国有强相对控股	77.5134	62.0688	9.5801	43.5272	53.1135	1180
600803	新奥股份	河北	东部	D	无国有股份	76.4081	44.8262	16.3007	31.4799	48.4173	2531
600804	鹏博士	四川	西部	I	国有参股	64.0681	51.7137	6.7889	26.9778	41.4865	3530
600805	悦达投资	江苏	东部	S	国有强相对控股	64.1528	37.9284	12.8646	25.7560	40.3623	3562
600807	济南高新	山东	东部	K	国有参股	79.9660	31.0358	13.0712	25.5567	45.6452	3182
600808	马钢股份	安徽	中部	C	国有强相对控股	79.3514	68.9852	17.5611	27.9052	52.5768	1300
600809	山西汾酒	山西	中部	C	国有绝对控股	71.8491	62.0680	13.3557	43.5683	51.6131	1588

续表

股票代码	公司简称	省份	地区	行业代码	控股类型	公司治理（*CLCQI-CG*）	社会责任（*CLCQI-SR*）	企业创新（*CLCQI-EI*）	绩效与价值（*CLCQI-PV*）	中国上市公司质量指数（*CLCQI*）	*CLCQI* 排名
600810	神马股份	河南	中部	C	国有绝对控股	79.4416	37.9449	32.5855	26.9344	50.7191	1839
600811	东方集团	黑龙江	东北	C	国有参股	85.8666	37.9284	9.2733	27.1233	48.6714	2468
600812	华北制药	河北	东部	C	国有绝对控股	68.3221	44.8381	11.7966	26.6943	43.0874	3453
600814	杭州解百	浙江	东部	F	国有绝对控股	73.1789	65.5132	9.2450	26.8901	47.6701	2758
600815	厦工股份	福建	东部	C	国有绝对控股	76.2759	48.2787	33.8858	26.3005	51.1045	1726
600817	宏盛科技	河南	中部	C	无国有股份	69.7445	51.7137	11.9998	28.3652	45.1461	3263
600818	中路股份	上海	东部	C	无国有股份	63.6557	48.2832	11.5088	26.3687	41.5987	3526
600819	耀皮玻璃	上海	东部	C	国有强相对控股	83.5116	51.7225	12.5949	26.6262	50.3386	1955
600820	隧道股份	上海	东部	E	国有强相对控股	67.6978	41.3927	36.5415	28.5359	47.7303	2748
600821	金开新能	天津	东部	D	国有强相对控股	68.7984	58.6064	15.2769	27.6955	46.2896	3063
600822	上海物贸	上海	东部	F	国有强相对控股	64.6147	58.6064	23.2537	27.3223	46.1181	3096
600823	世茂股份	上海	东部	K	国有参股	70.6387	48.2825	12.3158	29.1462	45.2476	3245
600824	益民集团	上海	东部	F	国有强相对控股	72.6870	68.9566	31.3323	26.7377	52.3692	1370
600825	新华传媒	上海	东部	R	国有绝对控股	82.5775	65.4990	11.5763	26.3638	51.7621	1550
600826	兰生股份	上海	东部	L	国有绝对控股	82.5482	51.7305	11.9700	26.3023	49.7484	2130
600827	百联股份	上海	东部	F	国有绝对控股	74.4442	55.1727	11.3108	28.4597	47.4307	2823
600828	茂业商业	四川	西部	F	无国有股份	71.8175	37.9495	9.0606	26.3881	42.8285	3472
600829	人民同泰	黑龙江	东北	F	无国有股份	77.1571	65.5039	14.2471	26.8483	50.2499	1989

续表

股票代码	公司简称	省份	地区	行业代码	控股类型	公司治理（CLCQI-CG）	社会责任（CLCQI-SR）	企业创新（CLCQI-EI）	绩效与价值（CLCQI-PV）	中国上市公司质量指数（CLCQI）	CLCQI排名
600830	香溢融通	浙江	东部	L	国有强相对控股	71.8896	37.9765	9.7356	26.5121	43.0275	3460
600831	广电网络	陕西	西部	I	国有强相对控股	74.7718	31.0557	27.8942	26.2220	46.7014	2982
600833	第一医药	上海	东部	F	国有强相对控股	74.3067	58.6150	12.7397	27.0825	47.8335	2718
600834	申通地铁	上海	东部	G	国有绝对控股	64.5324	62.0706	10.9906	27.2086	44.1238	3382
600835	上海机电	上海	东部	C	国有强相对控股	79.9325	48.2876	11.9834	28.2748	48.6815	2466
600836	上海易连	上海	东部	C	无国有股份	70.6573	41.3785	31.5844	27.3361	47.6206	2770
600838	上海九百	上海	东部	F	国有弱相对控股	67.5838	58.6174	8.4253	26.9809	44.2564	3373
600839	四川长虹	四川	西部	C	国有弱相对控股	67.3342	48.2872	22.9277	27.1195	45.5422	3196
600841	上柴股份	上海	东部	C	国有强相对控股	77.9348	62.0718	14.7572	27.6405	50.3463	1950
600843	上工申贝	上海	东部	C	国有参股	80.8333	58.6064	13.1536	26.0470	50.2668	1980
600844	丹化科技	江苏	东部	C	国有弱相对控股	58.4130	37.9284	9.9925	25.7108	37.4807	3598
600845	宝信软件	上海	东部	I	国有绝对控股	76.4724	48.3011	14.7070	30.6992	48.4503	2518
600846	同济科技	上海	东部	E	国有弱相对控股	83.1441	65.5147	9.8005	27.1510	51.8327	1530
600847	万里股份	重庆	西部	C	无国有股份	68.7827	62.0640	11.5956	26.2609	45.7070	3170
600848	上海临港	上海	东部	K	国有绝对控股	69.0358	68.9676	11.7843	27.6587	47.2310	2862
600850	电科数字	上海	东部	I	国有强相对控股	74.8712	55.1819	15.3236	27.3825	48.1361	2613
600851	海欣股份	上海	东部	C	国有参股	81.5316	65.5290	9.1183	26.3823	50.8612	1799
600853	龙建股份	黑龙江	东北	E	国有强相对控股	83.6163	51.7261	32.9433	27.0347	54.5528	852

续表

股票代码	公司简称	省份	地区	行业代码	控股类型	公司治理（*CLCQI–CG*）	社会责任（*CLCQI–SR*）	企业创新（*CLCQI–EI*）	绩效与价值（*CLCQI–PV*）	中国上市公司质量指数（*CLCQI*）	*CLCQI* 排名
600854	春兰股份	江苏	东部	C	国有参股	75.7218	37.9594	8.1737	26.7123	44.2954	3368
600855	航天长峰	北京	东部	C	国有强相对控股	71.7830	62.0786	14.0778	26.9606	47.5807	2779
600856	ST中天	北京	东部	D	无国有股份	68.6215	24.1431	31.2451	25.1767	43.6133	3425
600857	宁波中百	浙江	东部	F	无国有股份	67.6084	51.7137	10.6122	27.3331	43.7562	3415
600858	银座股份	山东	东部	F	国有强相对控股	76.7258	51.7137	10.3236	26.6738	47.1806	2872
600859	王府井	北京	东部	F	国有强相对控股	73.9130	72.4134	9.5558	28.9941	49.5869	2182
600860	京城股份	北京	东部	C	国有绝对控股	74.9099	51.7213	51.2635	26.0314	54.4827	873
600861	北京城乡	北京	东部	F	国有强相对控股	73.7175	51.7062	8.9250	27.9042	46.0040	3119
600862	中航高科	江苏	东部	C	国有绝对控股	76.9512	58.6246	11.2934	30.7958	49.5318	2201
600864	哈投股份	黑龙江	东北	J	国有绝对控股	65.9073	37.9479	11.6963	26.7580	41.0839	3543
600865	百大集团	浙江	东部	F	国有参股	72.2289	55.1652	8.5962	26.9553	45.6244	3185
600866	星湖科技	广东	东部	C	国有弱相对控股	75.5984	58.6215	11.8462	26.6950	48.0755	2632
600867	通化东宝	吉林	东北	C	无国有股份	92.4582	62.0787	55.0922	27.9465	64.3001	19
600869	远东股份	青海	西部	C	无国有股份	74.0516	51.7137	33.9120	25.8371	50.6194	1872
600870	*ST厦华	福建	东部	C	无国有股份	61.8187	75.8493	7.2772	29.4280	44.9173	3296
600871	石化油服	北京	东部	B	国有绝对控股	86.2298	55.1714	40.6345	26.8161	57.5986	342
600872	中炬高新	广东	东部	C	国有参股	83.4811	41.3984	13.5920	30.3824	49.9162	2098
600873	梅花生物	西藏	西部	C	国有参股	74.5470	55.2067	11.5722	27.2085	47.2164	2864

续表

股票代码	公司简称	省份	地区	行业代码	控股类型	公司治理（CLCQI-CG）	社会责任（CLCQI-SR）	企业创新（CLCQI-EI）	绩效与价值（CLCQI-PV）	中国上市公司质量指数（CLCQI）	CLCQI排名
600874	创业环保	天津	东部	D	国有绝对控股	84.7525	75.8675	55.1328	26.8953	63.0315	35
600875	东方电气	四川	西部	C	国有绝对控股	71.9176	55.1884	36.0906	28.3523	51.3515	1661
600876	洛阳玻璃	河南	中部	C	国有弱相对控股	89.4873	48.2712	12.3290	27.4067	52.3531	1378
600877	电能股份	重庆	西部	C	国有强相对控股	67.9851	44.8211	14.0822	28.8935	43.9570	3396
600879	航天电子	湖北	中部	C	国有弱相对控股	73.5576	62.0619	31.7745	27.3257	51.9186	1507
600880	博瑞传播	四川	西部	R	国有强相对控股	76.4793	55.1638	36.7625	27.0946	52.9924	1206
600881	亚泰集团	吉林	东北	C	国有弱相对控股	72.5633	55.1638	29.7556	26.6910	49.9237	2092
600882	妙可蓝多	上海	东部	C	无国有股份	81.0359	48.2712	32.4709	32.4214	54.2546	921
600883	博闻科技	云南	西部	C	国有参股	75.0551	58.6222	6.9345	26.5021	46.8278	2950
600884	杉杉股份	浙江	东部	C	国有弱相对控股	77.9719	48.2825	31.4389	28.3050	51.7951	1542
600885	宏发股份	湖北	中部	C	国有参股	75.0041	44.8353	33.5155	29.2340	50.7386	1835
600886	国投电力	北京	东部	D	国有绝对控股	82.6565	79.3246	32.8894	31.9500	59.5267	186
600887	伊利股份	内蒙古	西部	C	国有弱相对控股	79.9224	48.3033	14.5447	32.9308	50.3561	1944
600888	新疆众和	新疆	西部	C	国有参股	65.8572	68.9729	34.8361	27.2402	50.4661	1918
600889	南京化纤	江苏	东部	C	国有强相对控股	73.3554	68.9491	49.4174	26.0853	56.0893	542
600892	大晟文化	广东	东部	I	无国有股份	76.3171	34.4783	19.2725	26.4995	46.1780	3082
600893	航发动力	陕西	西部	C	国有绝对控股	79.7458	75.8784	53.6058	31.4150	61.8550	69
600894	广日股份	广东	东部	C	国有绝对控股	78.0790	48.2900	12.4802	27.0628	47.7368	2746

续表

股票代码	公司简称	省份	地区	行业代码	控股类型	公司治理（*CLCQI–CG*）	社会责任（*CLCQI–SR*）	企业创新（*CLCQI–EI*）	绩效与价值（*CLCQI–PV*）	中国上市公司质量指数（*CLCQI*）	*CLCQI* 排名
600895	张江高科	上海	东部	K	国有绝对控股	62.3053	82.7551	11.4861	27.7299	46.5651	3012
600896	*ST海医	海南	东部	Q	国有参股	67.7982	48.2636	10.2811	26.4929	43.0383	3457
600898	ST美讯	山东	东部	C	无国有股份	77.7395	37.9284	10.9095	26.0147	45.4707	3209
600900	长江电力	北京	东部	D	国有绝对控股	69.6876	48.3014	15.6337	40.7602	48.4370	2524
600903	贵州燃气	贵州	西部	D	国有参股	84.6707	75.8634	32.9002	26.6985	58.5024	271
600917	重庆燃气	重庆	西部	D	国有绝对控股	78.1389	68.9728	20.1871	26.7559	52.3279	1384
600929	雪天盐业	湖南	中部	C	国有绝对控股	72.0304	62.0706	33.1384	26.2118	51.3034	1667
600933	爱柯迪	浙江	东部	C	无国有股份	92.4154	72.4210	35.0079	27.2582	61.6454	73
600936	广西广电	广西	西部	I	国有绝对控股	82.5941	58.6234	27.8457	26.3591	53.9900	970
600939	重庆建工	重庆	西部	E	国有绝对控股	80.6494	51.7429	56.3017	27.1542	58.0701	301
600959	江苏有线	江苏	东部	I	国有绝对控股	74.9838	65.5256	4.7154	26.6850	47.4367	2821
600960	渤海汽车	山东	东部	C	国有强相对控股	77.8701	65.5045	10.3161	26.8250	49.7432	2132
600961	株冶集团	湖南	中部	C	国有强相对控股	76.4425	58.6064	18.4093	26.7564	49.7389	2134
600962	国投中鲁	北京	东部	C	国有强相对控股	79.8230	75.8493	12.3439	26.0269	52.2821	1399
600963	岳阳林纸	湖南	中部	C	国有强相对控股	76.2339	58.6160	33.0054	26.9617	52.6275	1286
600965	福成股份	河北	东部	C	无国有股份	63.4995	51.7447	9.6128	26.1704	41.6267	3525
600966	博汇纸业	山东	东部	C	无国有股份	72.4900	68.9678	12.3017	30.0629	49.3172	2270
600967	内蒙一机	内蒙古	西部	C	国有绝对控股	78.1098	48.2756	12.6248	27.3280	47.8422	2716

续表

股票代码	公司简称	省份	地区	行业代码	控股类型	公司治理（CLCQI-CG）	社会责任（CLCQI-SR）	企业创新（CLCQI-EI）	绩效与价值（CLCQI-PV）	中国上市公司质量指数（CLCQI）	CLCQI排名
600968	海油发展	北京	东部	B	国有绝对控股	78.7758	68.9593	18.6870	26.9079	52.3186	1388
600969	郴电国际	湖南	中部	D	国有强相对控股	70.2246	31.0489	11.2898	26.6966	41.6793	3524
600970	中材国际	江苏	东部	E	国有强相对控股	83.0732	48.2869	14.2419	27.5764	50.2148	2008
600971	恒源煤电	安徽	中部	B	国有绝对控股	66.1417	58.6246	15.0751	27.0902	45.0380	3276
600973	宝胜股份	江苏	东部	C	国有强相对控股	74.1581	62.0705	60.6197	26.8166	57.8019	322
600975	新五丰	湖南	中部	A	国有强相对控股	84.6479	44.8289	15.4754	27.1833	50.4744	1915
600976	健民集团	湖北	中部	F	无国有股份	81.7255	68.9737	15.2455	27.9759	53.0793	1188
600977	中国电影	北京	东部	R	国有绝对控股	82.0693	68.9751	11.5948	26.4584	52.1075	1453
600979	广安爱众	四川	西部	D	国有强相对控股	69.0900	48.2837	11.4056	26.6226	43.8153	3413
600980	北矿科技	北京	东部	C	国有强相对控股	78.8114	48.2765	58.2593	26.6960	57.0919	414
600981	汇鸿集团	江苏	东部	F	国有绝对控股	87.2278	34.5005	15.4042	26.7790	49.8418	2112
600982	宁波能源	浙江	东部	D	国有绝对控股	77.6319	62.0789	13.5680	27.0327	49.8364	2114
600983	惠而浦	安徽	中部	C	国有参股	76.6699	48.2787	35.0812	26.7325	51.6091	1589
600984	建设机械	陕西	西部	C	国有强相对控股	81.2964	44.8211	32.0943	27.1169	52.4398	1334
600985	淮北矿业	安徽	中部	B	国有绝对控股	77.5363	27.6101	38.2522	29.0466	50.0681	2054
600986	浙文互联	山东	东部	I	无国有股份	80.7278	58.6064	10.5316	26.0497	49.7008	2149
600987	航民股份	浙江	东部	C	国有参股	69.1728	75.8572	12.9223	26.7156	48.3111	2571
600988	赤峰黄金	内蒙古	西部	B	国有参股	83.6761	79.2994	12.2812	30.7242	55.5026	647

续表

股票代码	公司简称	省份	地区	行业代码	控股类型	公司治理（CLCQI-CG）	社会责任（CLCQI-SR）	企业创新（CLCQI-EI）	绩效与价值（CLCQI-PV）	中国上市公司质量指数（CLCQI）	CLCQI排名
600989	宝丰能源	宁夏	西部	C	无国有股份	75.3950	82.7731	9.4963	29.9647	51.9644	1495
600990	四创电子	安徽	中部	C	国有强相对控股	77.4943	48.2865	19.0949	27.2379	48.8692	2407
600992	贵绳股份	贵州	西部	C	国有弱相对控股	73.0757	65.5204	18.8635	26.3260	49.4125	2233
600993	马应龙	湖北	中部	C	国有参股	70.8685	55.1862	32.6728	27.4452	50.0212	2069
600995	文山电力	云南	西部	D	国有强相对控股	73.5719	58.6211	17.9905	26.5963	48.4691	2513
600996	贵广网络	贵州	西部	I	国有绝对控股	73.9547	58.6260	3.7492	26.1044	45.6517	3180
600997	开滦股份	河北	东部	C	国有绝对控股	80.6154	68.9874	31.2884	27.3021	55.6775	608
600998	九州通	湖北	中部	F	国有参股	84.9945	41.3869	15.3043	29.6429	50.6774	1853
601000	唐山港	河北	东部	G	国有绝对控股	80.1636	48.2901	13.9223	27.3360	48.9274	2383
601001	晋控煤业	山西	中部	B	国有绝对控股	80.3176	44.8211	32.6901	27.9623	52.3788	1368
601002	晋亿实业	浙江	东部	C	无国有股份	81.0633	72.3944	12.4443	26.5552	52.4121	1350
601003	柳钢股份	广西	西部	C	国有绝对控股	75.0005	75.8822	35.6174	28.0131	55.5093	644
601005	重庆钢铁	重庆	西部	C	无国有股份	84.5998	72.4068	15.2498	27.8656	54.7173	821
601006	大秦铁路	山西	中部	G	国有绝对控股	79.5426	62.0970	38.6577	32.3368	56.9473	431
601007	金陵饭店	江苏	东部	H	国有强相对控股	77.5205	68.9669	33.4703	26.6327	54.7055	823
601010	文峰股份	江苏	东部	F	国有参股	67.5219	58.6343	9.4965	26.6468	44.3649	3360
601011	宝泰隆	黑龙江	东北	C	无国有股份	78.5391	72.4148	29.9660	26.4124	54.8742	779
601012	隆基股份	陕西	西部	C	国有参股	86.8185	68.9570	14.2144	38.1975	57.4632	363

续表

股票代码	公司简称	省份	地区	行业代码	控股类型	公司治理（CLCQI-CG）	社会责任（CLCQI-SR）	企业创新（CLCQI-EI）	绩效与价值（CLCQI-PV）	中国上市公司质量指数（CLCQI）	CLCQI排名
601015	陕西黑猫	陕西	西部	C	国有参股	69.5505	44.8436	31.2612	27.2448	47.6102	2771
601018	宁波港	浙江	东部	G	国有绝对控股	78.1493	62.0823	33.3149	28.9580	54.4745	877
601019	山东出版	山东	东部	R	国有绝对控股	77.4706	65.5194	12.3178	27.4712	50.1475	2028
601020	ST华钰	西藏	西部	B	无国有股份	61.0940	58.6116	12.1548	26.8767	42.3795	3501
601021	春秋航空	上海	东部	G	无国有股份	77.2306	65.5052	55.7598	27.4628	58.7357	248
601028	玉龙股份	山东	东部	F	国有参股	69.7964	44.8135	29.0327	31.5773	48.3414	2561
601038	一拖股份	河南	中部	C	国有强相对控股	74.4962	75.8644	14.8665	27.9214	51.1318	1716
601058	赛轮轮胎	山东	东部	C	无国有股份	80.8372	58.6184	15.9337	27.8330	51.2726	1674
601068	中铝国际	北京	东部	E	国有绝对控股	80.2356	68.9567	12.9799	26.2959	51.6077	1590
601069	西部黄金	新疆	西部	B	国有绝对控股	76.6013	44.8365	18.4916	26.4008	47.6645	2761
601086	国芳集团	甘肃	西部	F	无国有股份	72.7563	58.6438	9.6714	26.7974	46.5327	3015
601088	中国神华	北京	东部	B	国有绝对控股	93.0449	48.2951	16.2785	48.0337	59.7264	166
601098	中南传媒	湖南	中部	R	国有绝对控股	84.2014	62.0957	33.2927	27.6849	56.5747	478
601100	恒立液压	江苏	东部	C	无国有股份	71.1596	58.6231	15.7808	35.5541	49.3020	2278
601101	昊华能源	北京	东部	B	国有绝对控股	79.8503	62.0948	34.6432	26.4205	54.7881	803
601106	中国一重	黑龙江	东北	C	国有绝对控股	78.0063	31.0358	32.9331	26.9360	49.1785	2310
601107	四川成渝	四川	西部	G	国有绝对控股	88.8116	41.3897	32.1518	26.8549	54.8772	777
601111	中国国航	北京	东部	G	国有强相对控股	88.3365	41.3785	53.9314	29.0586	59.5923	180

续表

股票代码	公司简称	省份	地区	行业代码	控股类型	公司治理（CLCQI-CG）	社会责任（CLCQI-SR）	企业创新（CLCQI-EI）	绩效与价值（CLCQI-PV）	中国上市公司质量指数（CLCQI）	CLCQI 排名
601113	ST华鼎	浙江	东部	C	国有参股	66.4692	31.0282	15.8862	25.8093	40.8715	3547
601116	三江购物	浙江	东部	F	无国有股份	85.9587	58.6526	12.1479	27.1374	52.3953	1357
601117	中国化学	北京	东部	E	国有强相对控股	82.1393	55.1929	56.5673	29.2286	59.7553	162
601118	海南橡胶	海南	东部	A	国有绝对控股	78.7475	41.3877	14.6628	26.6700	47.3072	2850
601126	四方股份	北京	东部	C	国有参股	76.7574	62.1233	60.6661	27.0765	58.9238	233
601127	小康股份	重庆	西部	C	国有参股	79.5582	65.4990	38.2549	26.5076	55.9260	564
601137	博威合金	浙江	东部	C	无国有股份	79.9045	65.5112	34.9682	26.8507	55.4948	650
601138	工业富联	广东	东部	C	无国有股份	82.1292	86.2097	31.4134	33.8544	60.5294	111
601139	深圳燃气	广东	东部	D	国有绝对控股	70.1636	68.9778	37.0694	27.3427	52.6617	1276
601155	新城控股	江苏	东部	K	国有参股	66.5253	58.6433	12.9893	39.4588	47.8691	2708
601158	重庆水务	重庆	西部	D	国有绝对控股	76.0024	65.5429	11.5520	27.4686	49.4100	2234
601163	三角轮胎	山东	东部	C	国有参股	80.2771	44.8283	35.4959	27.5161	52.8133	1244
601168	西部矿业	青海	西部	B	国有强相对控股	77.2506	75.8644	58.5278	28.9925	61.2336	83
601177	杭齿前进	浙江	东部	C	国有强相对控股	78.7277	75.8663	14.8858	26.3614	52.4385	1336
601179	中国西电	陕西	西部	C	国有绝对控股	73.2173	51.7359	34.5068	27.2293	50.7560	1829
601186	中国铁建	北京	东部	E	国有绝对控股	85.5757	68.9755	33.0599	46.2201	62.7436	45
601188	龙江交通	黑龙江	东北	G	国有绝对控股	80.3174	68.9685	10.9979	26.2677	51.2388	1682
601199	江南水务	江苏	东部	D	国有绝对控股	78.3624	62.0864	11.2006	26.6398	49.5580	2193

续表

股票代码	公司简称	省份	地区	行业代码	控股类型	公司治理（CLCQI-CG）	社会责任（CLCQI-SR）	企业创新（CLCQI-EI）	绩效与价值（CLCQI-PV）	中国上市公司质量指数（CLCQI）	CLCQI排名
601200	上海环境	上海	东部	N	国有绝对控股	73.1418	55.1674	33.7848	27.4334	51.1471	1712
601208	东材科技	四川	西部	C	国有参股	81.8669	58.6192	34.3726	28.3482	55.5012	648
601212	白银有色	甘肃	西部	C	国有参股	81.8457	58.6116	59.5934	26.6864	60.1203	137
601216	君正集团	内蒙古	西部	C	无国有股份	73.5105	58.6395	11.3386	29.9134	47.9462	2681
601218	吉鑫科技	江苏	东部	C	无国有股份	64.9536	58.6466	35.9349	27.1163	48.7445	2439
601222	林洋能源	江苏	东部	C	国有参股	80.1084	62.0672	34.4038	28.4181	55.3387	680
601225	陕西煤业	陕西	西部	B	国有绝对控股	72.5409	55.1892	12.5274	34.4227	48.4059	2533
601226	华电重工	北京	东部	M	国有绝对控股	78.1695	55.1891	37.1207	26.4419	53.5808	1064
601228	广州港	广东	东部	G	国有绝对控股	81.8110	48.2853	36.2329	27.1939	54.0122	962
601231	环旭电子	上海	东部	C	国有参股	81.9883	79.3198	38.5075	27.9941	59.3933	192
601233	桐昆股份	浙江	东部	C	国有参股	80.7145	75.8549	15.7551	29.1363	54.0991	950
601238	广汽集团	广东	东部	C	国有绝对控股	85.3876	65.5173	19.2066	30.8802	55.5440	637
601258	庞大集团	河北	东部	F	国有参股	78.3504	31.0358	12.5627	26.9279	45.2400	3246
601298	青岛港	山东	东部	G	国有绝对控股	81.6917	55.1768	14.6348	28.8293	51.0875	1730
601311	骆驼股份	湖北	中部	C	国有参股	80.5961	58.6195	35.3889	27.4727	54.9773	755
601339	百隆东方	浙江	东部	C	无国有股份	62.4054	62.0707	10.9017	26.5510	43.0908	3451
601360	三六零	天津	东部	I	无国有股份	80.3935	62.0592	21.6517	27.8341	52.7551	1260
601366	利群股份	山东	东部	F	无国有股份	77.9057	51.7363	10.7125	27.0417	47.8256	2722

续表

股票代码	公司简称	省份	地区	行业代码	控股类型	公司治理（CLCQI-CG）	社会责任（CLCQI-SR）	企业创新（CLCQI-EI）	绩效与价值（CLCQI-PV）	中国上市公司质量指数（CLCQI）	CLCQI 排名
601368	绿城水务	广西	西部	D	国有绝对控股	79.1255	58.6207	36.4578	26.5685	54.3770	896
601369	陕鼓动力	陕西	西部	C	国有绝对控股	78.7327	62.0902	36.0380	26.9821	54.7598	810
601388	怡球资源	江苏	东部	C	无国有股份	68.1271	58.6200	11.2401	27.6278	45.1988	3251
601390	中国中铁	北京	东部	E	国有绝对控股	81.8068	58.6331	55.8019	46.2406	64.2382	20
601500	通用股份	江苏	东部	C	国有参股	81.4695	58.6382	15.6529	26.3591	51.1039	1727
601512	中新集团	江苏	东部	K	国有绝对控股	70.5153	51.7237	33.2139	26.8029	49.3082	2276
601515	东风股份	广东	东部	C	国有参股	77.4855	68.9875	34.4481	26.5772	54.8763	778
601518	吉林高速	吉林	东北	G	国有绝对控股	78.8686	55.1661	11.2906	26.4822	48.7010	2459
601519	大智慧	上海	东部	J	无国有股份	70.8787	48.2712	27.8004	28.8042	48.3533	2554
601566	九牧王	福建	东部	C	无国有股份	71.9226	68.9942	10.5810	26.8480	47.9464	2680
601567	三星医疗	浙江	东部	C	无国有股份	73.8480	65.5212	35.4648	26.8454	53.1717	1160
601579	会稽山	浙江	东部	C	国有参股	73.1718	68.9549	9.1303	27.7249	48.3692	2548
601588	北辰实业	北京	东部	K	国有强相对控股	82.1444	68.9610	33.1708	27.0739	56.6045	473
601595	上海电影	上海	东部	R	国有绝对控股	77.5553	62.0565	31.3377	25.8224	53.0537	1194
601598	中国外运	北京	东部	G	国有绝对控股	96.3830	68.9716	37.1346	28.4851	63.4471	27
601599	浙文影业	浙江	东部	C	国有参股	74.3765	37.9284	8.8354	25.2710	43.5247	3432
601600	中国铝业	北京	东部	C	国有强相对控股	86.4427	48.2712	35.0867	29.1213	56.1155	535
601606	长城军工	安徽	中部	C	国有绝对控股	75.6654	58.6205	33.3625	26.6609	52.3970	1354

续表

股票代码	公司简称	省份	地区	行业代码	控股类型	公司治理（CLCQI–CG）	社会责任（CLCQI–SR）	企业创新（CLCQI–EI）	绩效与价值（CLCQI–PV）	中国上市公司质量指数（CLCQI）	CLCQI排名
601607	上海医药	上海	东部	F	国有参股	88.3880	27.5877	38.0869	30.7058	54.7872	804
601608	中信重工	河南	中部	C	国有绝对控股	73.3552	27.5981	39.4464	26.8853	48.0924	2628
601611	中国核建	上海	东部	E	国有绝对控股	75.7745	62.0702	54.9020	28.8239	57.8067	321
601615	明阳智能	广东	东部	C	国有参股	79.6508	48.2785	55.6438	28.7000	57.4058	370
601616	广电电气	上海	东部	C	无国有股份	70.5923	58.6274	34.1170	26.5854	50.5007	1908
601618	中国中冶	北京	东部	E	国有绝对控股	87.2178	55.1875	19.1510	34.4554	55.6093	622
601633	长城汽车	河北	东部	C	无国有股份	90.1755	62.0869	28.0205	36.8157	60.1913	131
601636	旗滨集团	湖南	中部	C	无国有股份	77.7391	62.0831	12.9348	30.0557	50.5090	1903
601666	平煤股份	河南	中部	B	国有绝对控股	67.5596	68.9860	35.3675	28.3883	51.5423	1609
601668	中国建筑	北京	东部	E	国有绝对控股	77.3857	48.2800	38.5170	66.6915	62.5726	49
601669	中国电建	北京	东部	E	国有绝对控股	82.9080	41.3856	71.1735	39.1572	63.3951	28
601677	明泰铝业	河南	中部	C	无国有股份	71.0155	37.9343	15.6662	27.8880	44.2016	3376
601678	滨化股份	山东	东部	C	国有参股	76.3995	44.8372	12.0758	26.9075	46.4274	3038
601689	拓普集团	浙江	东部	C	无国有股份	82.8250	58.6238	15.2895	29.6290	52.3887	1361
601698	中国卫通	北京	东部	I	国有绝对控股	82.8665	68.9557	28.0994	27.9638	56.1008	537
601699	潞安环能	山西	中部	B	国有绝对控股	75.4753	31.0573	14.6599	27.7733	44.7240	3309
601700	风范股份	江苏	东部	C	无国有股份	68.9610	51.7137	32.9409	25.9173	48.4090	2532
601717	郑煤机	河南	中部	C	国有强相对控股	72.3304	58.6185	36.0351	28.5398	52.0669	1463

续表

股票代码	公司简称	省份	地区	行业代码	控股类型	公司治理（CLCQI-CG）	社会责任（CLCQI-SR）	企业创新（CLCQI-EI）	绩效与价值（CLCQI-PV）	中国上市公司质量指数（CLCQI）	CLCQI排名
601718	际华集团	北京	东部	C	国有绝对控股	75.2191	37.9284	11.3123	26.2466	44.6010	3322
601727	上海电气	上海	东部	C	国有绝对控股	77.7013	55.1823	16.4582	31.4925	50.5226	1897
601766	中国中车	北京	东部	C	国有绝对控股	85.4954	62.0739	53.1890	34.6094	62.7994	44
601777	力帆科技	重庆	西部	C	无国有股份	71.8762	44.8211	14.8675	27.2719	45.2651	3242
601789	宁波建工	浙江	东部	E	国有弱相对控股	83.3405	31.0523	13.7666	27.0650	47.5136	2803
601798	蓝科高新	甘肃	西部	C	国有绝对控股	82.5716	51.7137	15.4287	26.0340	50.3799	1936
601799	星宇股份	江苏	东部	C	无国有股份	66.1449	51.7227	17.4923	31.6552	45.6286	3184
601800	中国交建	北京	东部	E	国有绝对控股	90.5711	48.2850	35.5023	45.5342	61.9552	66
601801	皖新传媒	安徽	中部	R	国有绝对控股	73.8192	62.0767	12.8880	27.1396	48.2017	2597
601808	中海油服	天津	东部	B	国有绝对控股	91.1392	55.1742	17.1470	27.7193	55.0910	732
601811	新华文轩	四川	西部	R	国有绝对控股	81.6834	55.1739	13.9535	27.3497	50.5775	1885
601828	美凯龙	上海	东部	L	无国有股份	91.5067	89.6487	10.7646	28.7444	59.3890	195
601857	中国石油	北京	东部	B	国有绝对控股	87.3613	48.2880	72.2183	67.1503	73.4189	1
601858	中国科传	北京	东部	R	国有绝对控股	84.3546	58.6213	13.3501	27.1818	52.0005	1483
601865	福莱特	浙江	东部	C	无国有股份	68.1634	62.0642	13.8061	32.0288	47.3434	2844
601866	中远海发	上海	东部	G	国有强相对控股	73.0181	41.3878	12.7726	29.2222	45.2755	3239
601869	长飞光纤	湖北	中部	C	国有强相对控股	79.6223	62.0711	35.4489	26.8399	54.9594	760
601872	招商轮船	上海	东部	G	国有绝对控股	81.7616	44.8366	33.4488	27.7199	53.0499	1195

续表

股票代码	公司简称	省份	地区	行业代码	控股类型	公司治理（CLCQI–CG）	社会责任（CLCQI–SR）	企业创新（CLCQI–EI）	绩效与价值（CLCQI–PV）	中国上市公司质量指数（CLCQI）	CLCQI排名
601877	正泰电器	浙江	东部	C	无国有股份	80.5439	65.5196	34.7389	31.5576	56.8827	443
601882	海天精工	浙江	东部	C	无国有股份	77.1182	58.6326	16.3272	28.0403	49.9177	2097
601886	江河集团	北京	东部	E	国有参股	70.9056	48.2987	38.0475	27.3128	50.0448	2064
601888	中国中免	北京	东部	L	国有绝对控股	78.2657	58.6212	15.1911	41.8402	53.5977	1058
601890	亚星锚链	江苏	东部	C	无国有股份	72.7487	65.5155	12.9714	26.5232	48.1519	2611
601898	中煤能源	北京	东部	B	国有绝对控股	83.7777	55.1810	15.0189	31.9826	52.7876	1250
601899	紫金矿业	福建	东部	B	国有弱相对控股	83.0643	55.1906	61.2583	35.2120	62.5590	50
601900	南方传媒	广东	东部	R	国有绝对控股	68.3287	48.2863	12.5129	27.3660	43.9185	3403
601908	京运通	北京	东部	C	国有参股	70.3484	51.7193	11.3422	30.9400	45.9007	3135
601918	新集能源	安徽	中部	B	国有强相对控股	74.5891	48.2758	32.3261	26.9433	50.2781	1975
601919	中远海控	天津	东部	G	国有绝对控股	84.3514	62.0565	13.9673	35.8278	54.7994	802
601928	凤凰传媒	江苏	东部	R	国有绝对控股	75.8421	62.0842	16.0498	27.6126	49.7626	2127
601929	吉视传媒	吉林	东北	I	国有强相对控股	76.8352	55.1603	6.2626	26.5395	46.8955	2938
601933	永辉超市	福建	东部	F	无国有股份	67.0245	34.5096	56.5742	28.2241	50.3571	1942
601949	中国出版	北京	东部	R	国有绝对控股	80.5170	58.6204	12.9521	27.1549	50.3790	1937
601952	苏垦农发	江苏	东部	C	国有绝对控股	81.3815	58.6273	11.0713	28.5537	50.6994	1843
601958	金钼股份	陕西	西部	B	国有绝对控股	70.3631	62.1478	57.4410	26.3837	55.5515	636
601965	中国汽研	重庆	西部	M	国有绝对控股	87.7846	58.6319	40.3872	28.5295	59.1184	217

续表

股票代码	公司简称	省份	地区	行业代码	控股类型	公司治理（CLCQI-CG）	社会责任（CLCQI-SR）	企业创新（CLCQI-EI）	绩效与价值（CLCQI-PV）	中国上市公司质量指数（CLCQI）	CLCQI排名
601966	玲珑轮胎	山东	东部	C	无国有股份	71.1185	62.0706	15.1706	29.2712	48.1099	2620
601968	宝钢包装	上海	东部	C	国有绝对控股	82.4315	58.6299	32.5002	27.4234	55.1230	724
601969	海南矿业	海南	东部	B	国有参股	72.1589	68.9491	12.7277	26.3487	48.3386	2563
601975	招商南油	江苏	东部	G	国有强相对控股	82.2799	51.7137	33.7265	27.1883	54.2114	929
601985	中国核电	北京	东部	D	国有绝对控股	84.2686	68.9825	16.1503	33.6538	55.6983	605
601989	中国重工	北京	东部	C	国有绝对控股	75.2908	55.1776	16.6913	28.4989	48.8559	2411
601991	大唐发电	北京	东部	D	国有绝对控股	79.7078	55.1967	12.4753	31.0010	50.4079	1929
601992	金隅集团	北京	东部	C	国有强相对控股	88.8051	55.1882	15.5476	30.6200	54.5648	849
601996	丰林集团	广西	西部	C	国有参股	85.6342	58.6306	30.5579	26.3767	55.7540	596
601999	出版传媒	辽宁	东北	R	国有绝对控股	68.1196	68.9594	13.1154	26.9231	46.9456	2924
603000	人民网	北京	东部	I	国有绝对控股	77.7684	68.9741	27.4214	27.1879	53.7347	1028
603001	奥康国际	浙江	东部	C	无国有股份	83.4556	58.7301	12.0833	26.0393	51.1182	1720
603002	宏昌电子	广东	东部	C	无国有股份	72.9229	58.6445	15.2935	27.0598	47.7895	2730
603003	龙宇燃油	上海	东部	F	无国有股份	75.6613	44.8135	19.9657	26.1368	47.5139	2802
603005	晶方科技	江苏	东部	C	国有强相对控股	73.8336	62.0664	14.8978	30.4346	49.4316	2228
603006	联明股份	上海	东部	C	无国有股份	76.9615	58.6216	10.7426	26.7162	48.4054	2534
603007	ST花王	江苏	东部	E	国有参股	70.8453	65.5090	15.4313	26.1142	47.7793	2734
603008	喜临门	浙江	东部	C	无国有股份	77.7402	44.8271	13.5510	27.3548	47.3691	2837

续表

股票代码	公司简称	省份	地区	行业代码	控股类型	公司治理（CLCQI–CG）	社会责任（CLCQI–SR）	企业创新（CLCQI–EI）	绩效与价值（CLCQI–PV）	中国上市公司质量指数（CLCQI）	CLCQI排名
603009	北特科技	上海	东部	C	无国有股份	64.0475	58.6064	56.9936	26.2277	52.3656	1371
603010	万盛股份	浙江	东部	C	无国有股份	77.9221	34.4867	36.2145	29.0817	50.8552	1802
603011	合锻智能	安徽	中部	C	国有参股	75.8510	65.5246	36.5353	26.5301	54.1087	946
603012	创力集团	上海	东部	C	无国有股份	80.8145	65.5062	34.0619	26.3030	55.5398	639
603013	亚普股份	江苏	东部	C	国有绝对控股	77.3001	65.5302	16.9543	26.8536	50.8538	1803
603015	弘讯科技	浙江	东部	C	无国有股份	80.1622	31.0627	20.5882	26.5361	47.4760	2812
603016	新宏泰	江苏	东部	C	国有弱相对控股	68.8965	48.3181	38.5598	27.6310	49.4260	2229
603018	华设集团	江苏	东部	M	无国有股份	84.2998	55.1754	55.6182	27.5764	60.0140	143
603019	中科曙光	天津	东部	C	国有弱相对控股	80.2324	62.0671	31.7391	28.2396	54.8107	798
603020	爱普股份	上海	东部	C	无国有股份	73.4418	44.8204	12.8550	27.0080	45.4228	3218
603021	山东华鹏	山东	东部	C	国有参股	80.2561	58.6064	31.3478	25.9794	53.6578	1046
603022	新通联	上海	东部	C	无国有股份	62.3694	65.5035	10.7806	26.6791	43.5992	3427
603023	威帝股份	黑龙江	东北	C	无国有股份	73.9176	51.7426	34.8953	26.7316	50.9904	1761
603025	大豪科技	北京	东部	C	国有强相对控股	74.8606	44.8514	52.5791	31.9205	55.1679	712
603026	石大胜华	山东	东部	C	国有参股	80.7589	65.5136	16.6969	28.2135	52.5233	1311
603027	千禾味业	四川	西部	C	无国有股份	81.8505	51.7202	13.1438	31.0542	50.8905	1790
603028	赛福天	江苏	东部	C	无国有股份	82.3538	44.8278	15.3329	26.5468	49.3690	2245
603029	天鹅股份	山东	东部	C	无国有股份	77.5104	65.5295	17.2439	25.8993	50.7572	1828

续表

股票代码	公司简称	省份	地区	行业代码	控股类型	公司治理（CLCQI–CG）	社会责任（CLCQI–SR）	企业创新（CLCQI–EI）	绩效与价值（CLCQI–PV）	中国上市公司质量指数（CLCQI）	CLCQI排名
603030	全筑股份	上海	东部	E	无国有股份	67.4421	44.8172	12.1449	26.5711	42.7712	3477
603031	安德利	安徽	中部	F	无国有股份	73.2737	44.8211	13.4200	26.7970	45.4159	3219
603033	三维股份	浙江	东部	C	无国有股份	76.8377	58.6210	31.6989	27.6902	52.7905	1249
603035	常熟汽饰	江苏	东部	C	无国有股份	74.1559	65.5133	12.9448	26.9709	48.8211	2419
603036	如通股份	江苏	东部	C	无国有股份	82.5444	58.6171	33.5899	26.0661	55.0448	740
603037	凯众股份	上海	东部	C	国有参股	60.1309	51.7457	37.9917	26.6702	46.0801	3103
603038	华立股份	广东	东部	C	无国有股份	70.3132	55.1665	11.7863	26.0643	45.2736	3241
603039	泛微网络	上海	东部	I	无国有股份	72.6237	62.0557	38.0459	30.8628	53.6827	1043
603040	新坐标	浙江	东部	C	无国有股份	72.0984	51.7211	15.4848	27.5540	46.5830	3010
603041	美思德	江苏	东部	C	无国有股份	74.2475	37.9352	15.6614	27.2318	45.3295	3234
603042	华脉科技	江苏	东部	C	无国有股份	72.9485	58.6064	16.0195	26.1785	47.7189	2751
603043	广州酒家	广东	东部	C	国有绝对控股	85.7426	44.8378	33.0366	28.2362	54.6891	828
603045	福达合金	浙江	东部	C	无国有股份	84.4244	44.8249	15.8945	26.3043	50.2485	1990
603050	科林电气	河北	东部	C	无国有股份	76.8492	58.6207	41.1535	27.0050	54.5147	868
603053	成都燃气	四川	西部	D	国有强相对控股	84.2160	75.8650	54.6772	26.3941	62.6001	48
603055	台华新材	浙江	东部	C	无国有股份	83.4129	55.1637	12.4124	26.3017	50.6976	1844
603056	德邦股份	上海	东部	G	无国有股份	74.9535	48.2827	21.1755	27.3369	48.2931	2579
603058	永吉股份	贵州	西部	C	无国有股份	68.8582	58.6126	33.6022	26.6269	49.7123	2145

续表

股票代码	公司简称	省份	地区	行业代码	控股类型	公司治理（CLCQI-CG）	社会责任（CLCQI-SR）	企业创新（CLCQI-EI）	绩效与价值（CLCQI-PV）	中国上市公司质量指数（CLCQI）	CLCQI排名
603059	倍加洁	江苏	东部	C	无国有股份	66.9341	31.0370	13.6310	26.3432	40.7412	3551
603060	国检集团	北京	东部	M	国有绝对控股	84.3368	58.6355	55.4352	27.6713	60.5349	109
603063	禾望电气	广东	东部	C	无国有股份	72.2209	58.6112	14.7500	28.4371	47.7393	2745
603066	音飞储存	江苏	东部	G	国有弱相对控股	74.0182	62.0582	38.1949	27.1043	53.3311	1127
603067	振华股份	湖北	中部	C	无国有股份	70.4394	58.6124	33.5951	26.7482	50.3737	1940
603068	博通集成	上海	东部	C	无国有股份	78.3987	65.5080	48.4375	26.2693	57.4405	364
603069	海汽集团	海南	东部	G	国有绝对控股	76.8924	65.6843	11.5869	28.6956	50.1009	2043
603076	乐惠国际	浙江	东部	C	无国有股份	72.7904	51.7234	15.0414	28.8036	47.0838	2897
603077	和邦生物	四川	西部	C	国有参股	69.2143	65.4990	8.7738	26.3232	45.8461	3143
603078	江化微	江苏	东部	C	无国有股份	66.0519	51.7208	14.0527	27.2447	43.8006	3414
603079	圣达生物	浙江	东部	C	无国有股份	69.1080	58.6205	12.3192	27.0938	45.6736	3178
603080	新疆火炬	新疆	西部	D	无国有股份	74.8111	58.6134	11.8315	26.2123	47.6358	2767
603081	大丰实业	浙江	东部	C	无国有股份	71.1646	51.7155	14.9102	26.3428	45.7909	3159
603083	剑桥科技	上海	东部	C	无国有股份	77.3140	65.4990	24.5126	25.2375	51.9624	1496
603085	天成自控	浙江	东部	C	国有参股	77.8597	65.4990	16.2968	26.6416	50.8885	1792
603086	先达股份	山东	东部	C	无国有股份	70.2476	44.8125	33.9220	26.8259	48.3118	2570
603088	宁波精达	浙江	东部	C	无国有股份	66.5764	37.9813	36.2584	27.0839	46.3504	3056
603089	正裕工业	浙江	东部	C	无国有股份	79.9129	37.9416	12.3309	26.8502	46.8351	2948

续表

股票代码	公司简称	省份	地区	行业代码	控股类型	公司治理（CLCQI-CG）	社会责任（CLCQI-SR）	企业创新（CLCQI-EI）	绩效与价值（CLCQI-PV）	中国上市公司质量指数（CLCQI）	CLCQI排名
603090	宏盛股份	江苏	东部	C	无国有股份	71.9421	65.5123	34.6221	26.1517	52.0660	1464
603096	新经典	天津	东部	R	无国有股份	78.1272	68.9678	12.5135	28.0375	51.1081	1725
603098	森特股份	北京	东部	E	无国有股份	73.4809	51.7152	35.5870	26.5275	50.8989	1786
603099	长白山	吉林	东北	N	国有绝对控股	72.3413	65.5088	9.2134	26.0569	47.1197	2890
603100	川仪股份	重庆	西部	C	国有绝对控股	80.6499	44.8339	58.5641	27.3511	57.5356	349
603101	汇嘉时代	新疆	西部	F	无国有股份	70.4642	51.7137	10.2812	25.9183	44.4785	3349
603103	横店影视	浙江	东部	R	无国有股份	78.9936	62.1174	11.3170	26.6425	49.8391	2113
603105	芯能科技	浙江	东部	C	无国有股份	60.7359	51.7246	15.7890	26.9586	41.9505	3516
603106	恒银科技	天津	东部	C	无国有股份	71.7349	51.7405	21.2161	26.0266	47.2049	2868
603108	润达医疗	上海	东部	F	国有弱相对控股	79.9204	58.6126	12.3548	27.3438	50.0670	2056
603109	神驰机电	重庆	西部	C	无国有股份	72.8129	51.7304	14.5543	26.6357	46.4545	3033
603110	东方材料	浙江	东部	C	无国有股份	65.0796	58.6472	53.7780	28.5306	52.7172	1265
603111	康尼机电	江苏	东部	C	国有弱相对控股	69.9861	62.0489	38.2829	26.8045	51.6595	1574
603113	金能科技	山东	东部	C	无国有股份	81.4789	58.6076	34.9174	28.0367	55.3753	670
603115	海星股份	江苏	东部	C	无国有股份	75.4748	58.6430	36.2483	26.3237	52.8169	1243
603116	红蜻蜓	浙江	东部	C	无国有股份	65.2499	68.9895	11.6917	26.1089	45.3140	3236
603117	万林物流	江苏	东部	L	无国有股份	74.1746	65.5143	30.9898	26.5671	52.3367	1383
603118	共进股份	广东	东部	C	国有参股	70.7372	44.8465	35.4272	26.7104	48.7849	2429

续表

股票代码	公司简称	省份	地区	行业代码	控股类型	公司治理（*CLCQI-CG*）	社会责任（*CLCQI-SR*）	企业创新（*CLCQI-EI*）	绩效与价值（*CLCQI-PV*）	中国上市公司质量指数（*CLCQI*）	*CLCQI*排名
603121	华培动力	上海	东部	C	无国有股份	69.1538	44.8436	31.2654	25.7899	47.0886	2896
603123	翠微股份	北京	东部	F	国有绝对控股	68.1855	68.9648	12.2432	26.7572	46.7569	2967
603126	中材节能	天津	东部	M	国有绝对控股	84.3146	62.0726	34.5318	26.9150	56.6718	468
603127	昭衍新药	北京	东部	M	无国有股份	78.3246	58.6133	31.8990	31.8377	54.4611	881
603128	华贸物流	上海	东部	G	国有强相对控股	75.7679	51.7317	18.6214	28.7976	48.9906	2366
603129	春风动力	浙江	东部	C	无国有股份	75.9622	44.8354	19.3804	33.6363	49.3954	2239
603131	上海沪工	上海	东部	C	国有参股	84.0231	51.7250	16.3097	29.0119	51.8829	1519
603133	碳元科技	江苏	东部	C	无国有股份	72.9675	51.7137	11.3327	25.2995	45.5355	3197
603136	天目湖	江苏	东部	N	国有参股	66.3952	51.7283	30.5601	27.0988	47.2040	2869
603138	海量数据	北京	东部	I	无国有股份	77.2510	48.2580	36.1814	27.3751	52.2192	1416
603139	康惠制药	陕西	西部	C	无国有股份	69.7348	58.6158	32.9264	26.3456	49.8580	2107
603156	养元饮品	河北	东部	C	无国有股份	64.2172	65.5375	12.9841	27.9517	45.1023	3265
603157	*ST拉夏	新疆	西部	C	无国有股份	59.4098	55.1638	8.0187	23.0049	39.3935	3578
603158	腾龙股份	江苏	东部	C	无国有股份	73.5663	44.8372	14.2931	27.7481	45.9477	3128
603159	上海亚虹	上海	东部	C	无国有股份	72.8518	58.6332	14.7777	26.8173	47.5955	2775
603160	汇顶科技	广东	东部	C	无国有股份	85.9384	41.3788	53.4435	29.7762	58.7150	250
603161	科华控股	江苏	东部	C	无国有股份	70.4818	58.6195	13.4591	26.7403	46.3625	3055
603165	荣晟环保	浙江	东部	C	无国有股份	84.2367	75.8722	37.1294	27.0776	59.2708	203

续表

股票代码	公司简称	省份	地区	行业代码	控股类型	公司治理（*CLCQI-CG*）	社会责任（*CLCQI-SR*）	企业创新（*CLCQI-EI*）	绩效与价值（*CLCQI-PV*）	中国上市公司质量指数（*CLCQI*）	*CLCQI* 排名
603166	福达股份	广西	西部	C	无国有股份	77.6669	51.7441	34.9039	26.6413	52.4694	1325
603167	渤海轮渡	山东	东部	G	国有强相对控股	73.0365	58.6321	11.5173	26.4877	46.9348	2927
603168	莎普爱思	浙江	东部	C	无国有股份	75.7703	37.9284	31.2028	25.7426	48.6736	2467
603169	兰石重装	甘肃	西部	C	国有绝对控股	70.7387	58.6064	32.5271	25.7143	50.0204	2071
603177	德创环保	浙江	东部	N	无国有股份	71.3163	44.8211	39.7758	26.1055	49.7312	2138
603178	圣龙股份	浙江	东部	C	无国有股份	67.1354	65.4990	36.5440	26.1447	50.5240	1896
603179	新泉股份	江苏	东部	C	无国有股份	76.5382	55.1840	57.7221	29.1643	57.7283	330
603180	金牌厨柜	福建	东部	C	无国有股份	77.1134	58.6201	36.8147	28.0320	54.0093	963
603181	皇马科技	浙江	东部	C	无国有股份	84.5324	55.1649	37.3781	28.2087	56.6155	472
603183	建研院	江苏	东部	M	无国有股份	67.8353	48.2670	11.4922	26.7097	43.3500	3439
603185	上机数控	江苏	东部	C	无国有股份	61.6202	51.7182	36.8050	38.3011	49.3421	2258
603186	华正新材	浙江	东部	C	无国有股份	78.5995	55.1687	36.3230	26.6740	53.6482	1049
603187	海容冷链	山东	东部	C	无国有股份	80.6284	51.7224	34.6879	29.9629	54.4380	886
603188	亚邦股份	江苏	东部	C	国有参股	82.3289	48.2712	32.8446	25.0840	53.0122	1205
603189	网达软件	上海	东部	I	无国有股份	73.8363	58.6136	34.3173	27.1548	51.9787	1488
603192	汇得科技	上海	东部	C	无国有股份	78.2145	51.7206	15.9454	26.6577	48.8974	2392
603195	公牛集团	浙江	东部	C	无国有股份	76.4619	62.0822	13.6419	27.8415	49.5859	2183
603196	日播时尚	上海	东部	C	无国有股份	66.1954	62.0489	15.4796	25.2821	45.2020	3250

续表

股票代码	公司简称	省份	地区	行业代码	控股类型	公司治理（CLCQI-CG）	社会责任（CLCQI-SR）	企业创新（CLCQI-EI）	绩效与价值（CLCQI-PV）	中国上市公司质量指数（CLCQI）	CLCQI排名
603197	保隆科技	上海	东部	C	无国有股份	68.4346	44.8297	15.4846	26.5175	43.8246	3412
603198	迎驾贡酒	安徽	中部	C	无国有股份	73.8344	65.5283	31.9524	29.2315	53.0614	1192
603199	九华旅游	安徽	中部	N	国有绝对控股	72.5477	68.9597	9.6573	26.7818	47.9899	2660
603200	上海洗霸	上海	东部	N	无国有股份	72.1226	65.5097	15.6734	27.3607	48.6504	2475
603203	快克股份	江苏	东部	C	无国有股份	75.6385	51.7250	20.9961	27.4441	49.0744	2341
603208	江山欧派	浙江	东部	C	无国有股份	73.4117	44.8131	14.0370	31.4280	46.7510	2968
603214	爱婴室	上海	东部	F	国有参股	83.3835	65.5145	13.2953	26.8468	52.5513	1304
603217	元利科技	山东	东部	C	无国有股份	73.6825	31.0296	13.9988	26.6179	43.5817	3429
603218	日月股份	浙江	东部	C	无国有股份	79.2345	58.6219	32.6085	29.2340	54.3173	908
603220	中贝通信	湖北	中部	I	无国有股份	74.2665	58.6227	7.8354	26.2364	46.6262	2995
603221	爱丽家居	江苏	东部	C	无国有股份	77.8175	58.6067	12.5840	25.1325	48.7179	2448
603222	济民医疗	浙江	东部	C	无国有股份	72.0991	51.7233	11.6187	25.4109	45.2746	3240
603223	恒通股份	山东	东部	G	无国有股份	67.2686	55.1705	43.7651	30.2335	51.4944	1624
603225	新凤鸣	浙江	东部	C	无国有股份	76.4057	58.6135	40.0161	27.3643	54.1986	932
603226	菲林格尔	上海	东部	C	无国有股份	73.3127	65.5086	14.1008	26.0413	48.4818	2506
603227	雪峰科技	新疆	西部	C	国有强相对控股	68.9216	75.8732	51.4284	26.4886	55.8575	579
603228	景旺电子	广东	东部	C	无国有股份	75.5962	44.8349	12.6898	27.5240	46.3827	3048
603229	奥翔药业	浙江	东部	C	无国有股份	70.7182	51.7158	15.7710	29.8968	46.6730	2985

续表

股票代码	公司简称	省份	地区	行业代码	控股类型	公司治理（CLCQI-CG）	社会责任（CLCQI-SR）	企业创新（CLCQI-EI）	绩效与价值（CLCQI-PV）	中国上市公司质量指数（CLCQI）	CLCQI排名
603232	格尔软件	上海	东部	I	国有参股	76.8805	62.0726	64.0103	27.3112	59.6929	171
603233	大参林	广东	东部	F	无国有股份	72.2077	44.8432	13.4875	30.1977	45.8565	3142
603236	移远通信	上海	东部	C	无国有股份	82.0136	44.8151	30.8728	28.5727	52.8454	1235
603238	诺邦股份	浙江	东部	C	无国有股份	73.6942	55.1682	17.6507	29.6918	48.7060	2453
603239	浙江仙通	浙江	东部	C	无国有股份	67.0565	51.7429	54.8075	28.1921	52.5936	1297
603256	宏和科技	上海	东部	C	无国有股份	70.0227	58.6252	33.8434	25.9062	50.0481	2062
603258	电魂网络	浙江	东部	I	无国有股份	65.9620	62.0682	57.4764	28.3548	54.2790	913
603259	药明康德	江苏	东部	M	无国有股份	98.6257	75.8692	50.2253	32.1306	68.9084	5
603260	合盛硅业	浙江	东部	C	无国有股份	73.0857	51.7228	32.6486	28.2942	50.5960	1880
603266	天龙股份	浙江	东部	C	无国有股份	78.1849	48.2660	15.7876	26.6687	48.3386	2564
603267	鸿远电子	北京	东部	C	无国有股份	70.7154	51.7142	34.6159	32.7986	51.1661	1709
603268	松发股份	广东	东部	C	无国有股份	77.7355	65.5072	13.1270	26.5377	50.1801	2019
603269	海鸥股份	江苏	东部	C	无国有股份	77.7719	44.8319	13.4927	26.5121	47.1601	2881
603277	银都股份	浙江	东部	C	国有参股	63.0727	62.0697	35.8201	27.1137	48.4820	2505
603278	大业股份	山东	东部	C	无国有股份	76.3249	58.6165	56.3714	26.2670	57.1635	401
603279	景津环保	山东	东部	C	无国有股份	80.3195	44.8514	34.0373	26.9211	52.3933	1358
603283	赛腾股份	江苏	东部	C	无国有股份	71.4301	58.6360	37.5786	27.7875	51.8300	1532
603286	日盈电子	江苏	东部	C	无国有股份	84.0882	62.0599	57.1816	26.2978	60.9550	95

续表

股票代码	公司简称	省份	地区	行业代码	控股类型	公司治理（CLCQI-CG）	社会责任（CLCQI-SR）	企业创新（CLCQI-EI）	绩效与价值（CLCQI-PV）	中国上市公司质量指数（CLCQI）	CLCQI排名
603288	海天味业	广东	东部	C	国有参股	79.2646	72.4324	34.4953	42.3006	60.0449	142
603289	泰瑞机器	浙江	东部	C	无国有股份	74.1517	58.6319	37.3843	26.4674	52.5492	1306
603290	斯达半导	浙江	东部	C	无国有股份	71.8460	44.8167	16.7043	27.0403	45.5618	3192
603297	永新光学	浙江	东部	C	国有参股	82.1771	58.6228	37.2306	27.2567	55.9245	565
603298	杭叉集团	浙江	东部	C	国有参股	75.1307	58.6235	40.7794	29.6973	54.4260	887
603299	苏盐井神	江苏	东部	C	国有绝对控股	73.5349	68.9634	13.0534	26.5463	49.0057	2361
603300	华铁应急	浙江	东部	L	国有参股	73.1497	44.8211	15.3193	26.8351	45.7557	3162
603301	振德医疗	浙江	东部	C	无国有股份	76.5017	58.6165	18.9376	40.2841	53.2517	1140
603303	得邦照明	浙江	东部	C	无国有股份	75.5121	58.6226	16.6201	26.9193	49.0521	2349
603305	旭升股份	浙江	东部	C	无国有股份	77.6998	58.6204	12.9838	27.4305	49.3274	2263
603306	华懋科技	福建	东部	C	无国有股份	71.5879	58.6207	11.4496	28.0340	46.7267	2977
603308	应流股份	安徽	中部	C	无国有股份	83.3788	44.8275	15.0895	28.2723	50.1616	2024
603309	维力医疗	广东	东部	C	无国有股份	86.0837	58.6217	12.9744	27.0303	52.5792	1299
603311	金海高科	浙江	东部	C	无国有股份	74.0640	55.1771	11.9708	26.7679	46.9883	2918
603313	梦百合	江苏	东部	C	无国有股份	83.2084	62.0678	14.9218	28.2474	52.6397	1283
603315	福鞍股份	辽宁	东北	C	无国有股份	83.2163	48.2749	37.3491	26.4298	54.6050	844
603317	天味食品	四川	西部	C	无国有股份	79.4939	51.7240	53.3698	30.0055	57.7315	328
603318	水发燃气	辽宁	东北	D	国有强相对控股	77.2879	55.1638	35.8501	27.1816	53.1552	1165

续表

股票代码	公司简称	省份	地区	行业代码	控股类型	公司治理（CLCQI–CG）	社会责任（CLCQI–SR）	企业创新（CLCQI–EI）	绩效与价值（CLCQI–PV）	中国上市公司质量指数（CLCQI）	CLCQI排名
603319	湘油泵	湖南	中部	C	无国有股份	68.5806	44.8354	22.0320	29.2180	45.8684	3140
603320	迪贝电气	浙江	东部	C	无国有股份	77.9724	51.7204	16.6097	26.3087	48.8461	2413
603321	梅轮电梯	浙江	东部	C	无国有股份	70.0861	58.6140	60.8745	26.4634	55.6173	618
603322	超讯通信	广东	东部	I	无国有股份	72.4487	58.6064	11.5364	26.7371	46.7620	2965
603326	我乐家居	江苏	东部	C	无国有股份	70.6249	51.7251	12.2572	26.6226	45.1158	3264
603327	福蓉科技	四川	西部	C	国有绝对控股	72.7242	62.0718	33.5557	26.5282	51.7437	1556
603328	依顿电子	广东	东部	C	国有参股	84.5086	37.9989	33.4851	26.2599	52.7653	1258
603329	上海雅仕	上海	东部	G	无国有股份	69.8276	55.4089	15.9321	26.7892	46.1261	3094
603330	上海天洋	上海	东部	C	无国有股份	77.4694	44.8418	13.2939	29.6563	47.7869	2732
603331	百达精工	浙江	东部	C	无国有股份	79.9958	58.6261	33.6844	26.4468	54.1408	941
603332	苏州龙杰	江苏	东部	C	无国有股份	71.6996	58.6288	14.3084	26.1481	46.8728	2942
603333	尚纬股份	四川	西部	C	无国有股份	70.8399	79.3122	54.9747	25.5652	57.6190	338
603335	迪生力	广东	东部	C	无国有股份	73.3013	58.6252	13.4170	26.7250	47.4790	2811
603336	宏辉果蔬	广东	东部	C	无国有股份	74.4524	58.6209	10.5717	26.8926	47.4116	2830
603337	杰克股份	浙江	东部	C	无国有股份	76.0805	55.1785	43.1916	27.9724	54.3404	904
603338	浙江鼎力	浙江	东部	C	无国有股份	76.4947	55.1647	14.2343	30.5894	49.3668	2246
603339	四方科技	江苏	东部	C	无国有股份	68.0596	58.6115	35.1596	26.9217	49.7779	2124
603345	安井食品	福建	东部	C	无国有股份	88.2333	58.6205	33.8919	32.6527	59.0279	223

续表

股票代码	公司简称	省份	地区	行业代码	控股类型	公司治理（CLCQI-CG）	社会责任（CLCQI-SR）	企业创新（CLCQI-EI）	绩效与价值（CLCQI-PV）	中国上市公司质量指数（CLCQI）	CLCQI排名
603348	文灿股份	广东	东部	C	无国有股份	75.5132	37.9365	31.8941	27.0583	49.0392	2355
603351	威尔药业	江苏	东部	C	无国有股份	74.6986	51.7303	55.4169	26.4765	55.3415	679
603355	莱克电气	江苏	东部	C	无国有股份	74.2901	55.2311	38.7161	27.5881	52.6410	1282
603356	华菱精工	安徽	中部	C	无国有股份	74.2251	44.8323	56.8038	26.4135	54.3790	895
603357	设计总院	安徽	中部	M	国有强相对控股	88.6830	58.6207	53.9686	26.8403	61.7701	70
603358	华达科技	江苏	东部	C	无国有股份	69.3933	68.9705	13.1573	27.2735	47.5527	2788
603360	百傲化学	辽宁	东北	C	无国有股份	75.3382	58.6295	11.6797	26.3655	47.8570	2712
603363	傲农生物	福建	东部	C	国有参股	68.4338	44.8332	13.3087	27.9716	43.7532	3416
603365	水星家纺	上海	东部	C	无国有股份	77.6091	55.1830	13.4191	26.7720	48.6979	2461
603366	日出东方	江苏	东部	C	无国有股份	67.4891	37.9284	33.2330	26.3364	45.9156	3133
603367	辰欣药业	山东	东部	C	无国有股份	76.4751	65.5103	57.3244	26.6378	58.5409	264
603368	柳药股份	广西	西部	F	无国有股份	80.0035	48.2694	13.0855	27.7128	48.7871	2426
603369	今世缘	江苏	东部	C	国有强相对控股	94.0138	51.7303	10.8844	30.3472	55.1288	721
603377	东方时尚	北京	东部	P	国有参股	85.5890	44.8419	11.6939	27.3618	50.1411	2031
603378	亚士创能	上海	东部	C	无国有股份	87.0165	55.1778	12.8426	28.7661	52.8433	1236
603379	三美股份	浙江	东部	C	无国有股份	77.8973	65.5052	32.1800	26.1058	53.9472	983
603380	易德龙	江苏	东部	C	无国有股份	72.9379	55.1712	37.2091	27.6298	51.8001	1541
603383	顶点软件	福建	东部	I	无国有股份	70.1715	58.6309	33.6067	26.7897	50.2820	1972

续表

股票代码	公司简称	省份	地区	行业代码	控股类型	公司治理（CLCQI–CG）	社会责任（CLCQI–SR）	企业创新（CLCQI–EI）	绩效与价值（CLCQI–PV）	中国上市公司质量指数（CLCQI）	CLCQI排名
603385	惠达卫浴	河北	东部	C	无国有股份	76.7833	51.7276	36.7692	26.6818	52.4968	1317
603386	广东骏亚	广东	东部	C	无国有股份	76.9757	44.8395	33.3897	26.7154	50.8730	1794
603387	基蛋生物	江苏	东部	C	国有参股	72.2778	58.6206	37.3244	28.2368	52.2283	1411
603388	元成股份	浙江	东部	E	无国有股份	81.8213	62.0537	35.7910	26.5818	55.8402	584
603389	亚振家居	江苏	东部	C	无国有股份	72.4393	44.8135	40.3954	25.6392	50.1866	2017
603390	通达电气	广东	东部	C	无国有股份	74.8330	58.6078	60.8513	25.6962	57.3187	375
603393	新天然气	新疆	西部	D	无国有股份	69.2898	65.5209	11.2387	27.6536	46.7052	2980
603396	金辰股份	辽宁	东北	C	国有参股	71.4690	44.8354	59.7515	28.8100	54.4657	880
603398	邦宝益智	广东	东部	C	无国有股份	81.4525	55.1621	34.8479	26.6003	54.4750	876
603399	吉翔股份	辽宁	东北	C	无国有股份	70.6067	65.4990	10.9955	24.9595	46.5065	3022
603416	信捷电气	江苏	东部	C	无国有股份	60.2859	41.3619	21.6045	31.9608	42.6297	3487
603421	鼎信通讯	山东	东部	I	无国有股份	73.0133	58.6204	35.0280	26.5112	51.6318	1583
603429	集友股份	安徽	中部	C	无国有股份	71.3844	65.5165	13.5025	27.6156	47.9857	2663
603444	吉比特	福建	东部	I	无国有股份	77.1019	82.7845	17.7274	37.3542	56.1425	533
603456	九洲药业	浙江	东部	C	无国有股份	78.3802	51.7354	33.4329	30.3894	53.3963	1113
603458	勘设股份	贵州	西部	M	无国有股份	74.8296	58.6204	52.8324	27.4479	56.1533	531
603466	风语筑	上海	东部	R	无国有股份	73.3723	62.0584	37.2765	28.5321	53.2460	1142
603477	巨星农牧	四川	西部	A	无国有股份	70.5373	44.8278	55.5488	27.1012	52.8241	1241

续表

股票代码	公司简称	省份	地区	行业代码	控股类型	公司治理（CLCQI-CG）	社会责任（CLCQI-SR）	企业创新（CLCQI-EI）	绩效与价值（CLCQI-PV）	中国上市公司质量指数（CLCQI）	CLCQI排名
603486	科沃斯	江苏	东部	C	无国有股份	73.9992	51.7228	61.4287	32.8781	57.8634	313
603488	展鹏科技	江苏	东部	C	无国有股份	70.0414	58.6343	15.4380	27.8047	46.8505	2945
603489	八方股份	江苏	东部	C	无国有股份	77.6945	51.7237	16.9397	30.2285	49.7814	2123
603496	恒为科技	上海	东部	C	无国有股份	75.4475	62.0683	24.1409	26.4144	50.9210	1781
603499	翔港科技	上海	东部	C	无国有股份	68.7654	41.3842	33.3662	26.2778	46.9565	2921
603500	祥和实业	浙江	东部	C	无国有股份	69.8946	58.6239	15.1556	26.4443	46.3936	3045
603501	韦尔股份	上海	东部	C	无国有股份	86.0476	62.0774	44.2873	32.6980	60.7626	101
603505	金石资源	浙江	东部	B	无国有股份	78.0503	51.7206	54.5549	28.1192	56.9190	436
603506	南都物业	浙江	东部	K	无国有股份	79.9181	51.7206	14.3905	26.8701	49.3210	2265
603507	振江股份	江苏	东部	C	无国有股份	76.1463	58.6150	53.4405	26.3035	56.5148	486
603508	思维列控	河南	中部	C	无国有股份	70.1645	65.5282	65.6182	24.3082	57.0957	413
603515	欧普照明	上海	东部	C	无国有股份	78.1038	62.0686	42.0199	27.7673	55.8976	570
603516	淳中科技	北京	东部	C	无国有股份	74.1839	34.4820	19.3825	26.8718	45.4403	3216
603517	绝味食品	湖南	中部	C	无国有股份	78.8362	65.5256	11.3954	30.1131	51.1706	1707
603518	锦泓集团	江苏	东部	C	无国有股份	64.3754	51.7062	11.6750	24.6384	42.0007	3514
603519	立霸股份	江苏	东部	C	国有参股	74.2839	31.0605	17.9954	26.7920	44.6697	3314
603520	司太立	浙江	东部	C	无国有股份	72.0515	37.9409	12.8880	29.1590	44.3791	3359
603527	众源新材	安徽	中部	C	无国有股份	80.0089	48.2903	23.5400	26.5534	50.5935	1881

续表

股票代码	公司简称	省份	地区	行业代码	控股类型	公司治理（*CLCQI-CG*）	社会责任（*CLCQI-SR*）	企业创新（*CLCQI-EI*）	绩效与价值（*CLCQI-PV*）	中国上市公司质量指数（*CLCQI*）	*CLCQI* 排名
603528	多伦科技	江苏	东部	C	无国有股份	72.4783	65.5137	14.4513	26.9537	48.4471	2521
603530	神马电力	江苏	东部	C	无国有股份	64.8680	58.6235	27.5338	26.8299	46.9550	2922
603533	掌阅科技	北京	东部	I	国有参股	70.6900	58.6186	20.7719	29.6338	48.6316	2479
603535	嘉诚国际	广东	东部	G	国有参股	79.0768	58.6097	14.3025	29.5493	50.6700	1857
603536	惠发食品	山东	东部	C	无国有股份	80.5484	58.6307	13.5861	26.2988	50.3059	1966
603538	美诺华	浙江	东部	C	无国有股份	76.7303	44.8263	33.6338	27.7101	51.0704	1733
603551	奥普家居	浙江	东部	C	无国有股份	77.1204	48.2741	32.3102	25.2281	50.8584	1801
603555	ST贵人	福建	东部	C	国有参股	64.8384	55.1789	17.2935	25.0949	43.9446	3398
603556	海兴电力	浙江	东部	C	无国有股份	73.6542	65.5250	37.4547	26.6742	53.4499	1102
603557	ST起步	浙江	东部	C	无国有股份	66.1347	65.7250	23.8977	26.0184	47.5968	2774
603558	健盛集团	浙江	东部	C	无国有股份	75.7630	82.7495	10.0641	25.0729	50.9986	1757
603559	中通国脉	吉林	东北	I	无国有股份	65.8333	65.5013	27.0527	26.3398	48.1540	2610
603566	普莱柯	河南	中部	C	无国有股份	76.6054	44.8522	34.3728	27.5313	51.1274	1717
603567	珍宝岛	黑龙江	东北	C	无国有股份	70.7580	44.8326	11.1086	26.5861	43.8963	3406
603568	伟明环保	浙江	东部	N	无国有股份	82.9554	68.9708	12.5871	28.4474	53.1571	1163
603569	长久物流	北京	东部	L	无国有股份	76.7859	65.5386	13.2056	26.6459	49.8477	2109
603577	汇金通	山东	东部	C	无国有股份	74.5256	44.8352	13.5118	26.6539	45.9013	3134
603578	三星新材	浙江	东部	C	无国有股份	80.5631	51.7204	12.7682	27.2389	49.3466	2256

续表

股票代码	公司简称	省份	地区	行业代码	控股类型	公司治理（CLCQI-CG）	社会责任（CLCQI-SR）	企业创新（CLCQI-EI）	绩效与价值（CLCQI-PV）	中国上市公司质量指数（CLCQI）	CLCQI排名
603579	荣泰健康	上海	东部	C	无国有股份	78.0814	65.5215	16.5052	27.0990	51.1365	1715
603580	艾艾精工	上海	东部	C	无国有股份	71.2132	58.6137	35.2869	26.6452	50.9960	1758
603583	捷昌驱动	浙江	东部	C	无国有股份	75.5953	58.6222	37.4678	29.8580	53.9895	971
603585	苏利股份	江苏	东部	C	无国有股份	75.6507	65.5149	56.0143	26.7054	57.9667	308
603586	金麒麟	山东	东部	C	无国有股份	81.6793	58.6292	57.2013	26.3532	59.4947	187
603587	地素时尚	上海	东部	C	无国有股份	73.8857	51.7465	32.1359	27.1470	50.5302	1894
603588	高能环境	北京	东部	N	无国有股份	74.5188	34.4910	36.6026	28.2409	49.3619	2252
603589	口子窖	安徽	中部	C	无国有股份	84.5095	65.5248	9.5130	30.6997	53.2100	1149
603590	康辰药业	北京	东部	C	国有参股	77.7121	65.5130	13.7740	26.8964	50.3907	1932
603595	东尼电子	浙江	东部	C	国有参股	68.3601	55.2077	14.1502	26.5390	45.0900	3266
603596	伯特利	安徽	中部	C	无国有股份	82.0227	62.0537	16.4029	27.9275	52.3796	1366
603598	引力传媒	北京	东部	L	无国有股份	60.8080	55.1563	24.9893	27.0732	44.3628	3361
603599	广信股份	安徽	中部	C	国有参股	76.0900	44.8294	34.3108	28.1785	51.0672	1735
603600	永艺股份	浙江	东部	C	无国有股份	76.8002	58.6376	38.1325	27.2488	53.9544	982
603601	再升科技	重庆	西部	C	无国有股份	76.2277	58.6264	35.1028	28.7266	53.4872	1091
603602	纵横通信	浙江	东部	I	无国有股份	77.4142	65.5079	8.8250	25.9037	49.0328	2356
603603	博天环境	北京	东部	N	无国有股份	77.8797	65.4990	38.1876	25.5887	55.0114	748
603605	珀莱雅	浙江	东部	C	无国有股份	75.0981	62.0705	12.6771	31.1923	49.6833	2154

续表

股票代码	公司简称	省份	地区	行业代码	控股类型	公司治理（CLCQI-CG）	社会责任（CLCQI-SR）	企业创新（CLCQI-EI）	绩效与价值（CLCQI-PV）	中国上市公司质量指数（CLCQI）	CLCQI排名
603606	东方电缆	浙江	东部	C	国有参股	80.1284	58.6077	36.8175	29.8374	55.6654	612
603607	京华激光	浙江	东部	C	无国有股份	76.3614	51.7244	14.8093	26.7754	47.9589	2674
603608	天创时尚	广东	东部	C	无国有股份	78.8106	51.7137	65.2162	25.0803	58.5946	260
603609	禾丰股份	辽宁	东北	C	无国有股份	75.5369	44.8300	38.2168	27.7297	51.5150	1619
603610	麒盛科技	浙江	东部	C	无国有股份	78.7953	41.3908	57.6386	26.5565	55.8936	571
603611	诺力股份	浙江	东部	C	无国有股份	75.7006	62.0786	36.1917	26.7098	53.5078	1084
603612	索通发展	山东	东部	C	无国有股份	78.8298	65.5118	55.4676	26.9178	59.1817	212
603613	国联股份	北京	东部	I	无国有股份	73.2726	72.4107	28.6893	30.3725	53.5016	1088
603615	茶花股份	福建	东部	C	无国有股份	75.4546	55.2179	13.5593	26.6797	47.8463	2714
603616	韩建河山	北京	东部	C	无国有股份	68.7226	58.6064	15.1655	25.9663	45.8047	3154
603617	君禾股份	浙江	东部	C	无国有股份	79.8978	51.7262	13.8334	26.6894	49.1571	2317
603618	杭电股份	浙江	东部	C	无国有股份	76.1574	58.6265	57.5029	26.5341	57.3910	372
603619	中曼石油	上海	东部	B	无国有股份	79.6986	65.4990	35.3631	24.6823	54.9475	765
603626	科森科技	江苏	东部	C	无国有股份	73.6324	58.6064	35.0817	26.8314	51.9681	1493
603628	清源股份	福建	东部	C	国有参股	77.5491	51.7378	32.7478	26.8183	52.0345	1472
603629	利通电子	江苏	东部	C	无国有股份	78.7676	51.7172	33.1643	26.8342	52.6060	1292
603630	拉芳家化	广东	东部	C	无国有股份	81.5790	44.8430	31.6514	27.0011	52.4386	1335
603633	徕木股份	上海	东部	C	国有参股	74.7555	58.6111	16.5702	26.7293	48.6902	2463

续表

股票代码	公司简称	省份	地区	行业代码	控股类型	公司治理（CLCQI-CG）	社会责任（CLCQI-SR）	企业创新（CLCQI-EI）	绩效与价值（CLCQI-PV）	中国上市公司质量指数（CLCQI）	CLCQI排名
603636	南威软件	福建	东部	I	国有参股	85.5597	58.6232	33.7395	26.5456	56.4016	499
603637	镇海股份	浙江	东部	E	国有弱相对控股	80.0600	51.7362	55.7858	26.3014	57.5170	354
603638	艾迪精密	山东	东部	C	无国有股份	69.2347	55.1662	34.7898	32.7639	51.1177	1721
603639	海利尔	山东	东部	C	无国有股份	78.0572	51.7136	34.4405	27.6567	52.7822	1253
603648	畅联股份	上海	东部	L	国有绝对控股	75.7281	41.3862	15.0250	26.8684	46.2213	3076
603650	彤程新材	上海	东部	C	国有参股	75.8400	62.0803	15.3105	28.1190	49.7399	2133
603655	朗博科技	江苏	东部	C	无国有股份	65.1075	51.7238	56.1089	27.0190	51.7781	1547
603656	泰禾智能	安徽	中部	C	无国有股份	75.6512	51.7253	70.9741	26.6652	58.8804	236
603657	春光科技	浙江	东部	C	无国有股份	70.7417	48.2816	34.6076	27.0882	49.2325	2299
603658	安图生物	河南	中部	C	无国有股份	80.8352	51.7384	60.0091	29.9539	59.5851	182
603659	璞泰来	上海	东部	C	无国有股份	78.0153	62.0706	32.7904	28.5943	54.2234	925
603660	苏州科达	江苏	东部	C	无国有股份	78.6669	65.5061	29.6467	25.9049	53.6982	1040
603661	恒林股份	浙江	东部	C	无国有股份	78.3516	62.0598	33.5262	28.7000	54.5299	864
603662	柯力传感	浙江	东部	C	无国有股份	78.2235	44.8168	10.5009	26.7355	46.7960	2959
603663	三祥新材	福建	东部	C	无国有股份	70.2624	65.5113	56.5849	26.8532	55.9619	559
603665	康隆达	浙江	东部	C	无国有股份	78.5671	58.6439	10.5624	27.6267	49.2426	2294
603666	亿嘉和	江苏	东部	C	无国有股份	70.9050	51.7143	43.6091	29.2684	52.1581	1433
603667	五洲新春	浙江	东部	C	无国有股份	80.3547	62.0737	52.3978	25.9189	58.4122	278

续表

股票代码	公司简称	省份	地区	行业代码	控股类型	公司治理（CLCQI-CG）	社会责任（CLCQI-SR）	企业创新（CLCQI-EI）	绩效与价值（CLCQI-PV）	中国上市公司质量指数（CLCQI）	CLCQI排名
603668	天马科技	福建	东部	C	无国有股份	84.3573	65.5029	15.2014	26.4659	53.2251	1146
603669	灵康药业	西藏	西部	C	无国有股份	65.5601	58.6424	13.3351	27.6576	44.6018	3321
603676	卫信康	西藏	西部	C	无国有股份	67.8832	65.5195	14.0238	26.5189	46.4157	3041
603677	奇精机械	浙江	东部	C	无国有股份	69.5117	65.5322	14.8741	26.3089	47.1866	2871
603678	火炬电子	福建	东部	C	无国有股份	78.6268	58.6161	33.4292	31.7411	54.8643	785
603679	华体科技	四川	西部	C	无国有股份	76.2830	58.6134	22.1865	26.3114	50.3203	1963
603680	今创集团	江苏	东部	C	无国有股份	83.6894	75.8710	37.7063	27.2562	59.2117	208
603681	永冠新材	上海	东部	C	无国有股份	83.9968	58.6164	34.4918	26.4823	55.9101	567
603683	晶华新材	上海	东部	C	无国有股份	75.8829	58.6135	33.1030	26.8997	52.4907	1322
603685	晨丰科技	浙江	东部	C	无国有股份	86.4519	58.6235	35.4302	26.3525	57.0484	419
603686	龙马环卫	福建	东部	C	国有参股	87.0835	58.6219	37.2958	28.0020	58.0864	298
603687	大胜达	浙江	东部	C	无国有股份	81.7507	62.0599	13.5715	26.2303	51.2812	1671
603688	石英股份	江苏	东部	C	无国有股份	68.8591	58.6209	54.7181	27.6427	54.1910	934
603689	皖天然气	安徽	中部	D	国有绝对控股	73.3165	55.1706	38.8064	27.0062	52.1150	1452
603690	至纯科技	上海	东部	C	国有参股	71.5472	55.1810	35.7233	27.3534	50.8790	1793
603696	安记食品	福建	东部	C	无国有股份	69.8662	48.3689	11.8839	27.6332	44.4869	3348
603697	有友食品	重庆	西部	C	无国有股份	72.2617	51.7203	9.5947	28.2033	45.6325	3183
603698	航天工程	北京	东部	M	国有绝对控股	79.8619	51.7221	37.6203	26.6142	53.8807	999

续表

股票代码	公司简称	省份	地区	行业代码	控股类型	公司治理（CLCQI-CG）	社会责任（CLCQI-SR）	企业创新（CLCQI-EI）	绩效与价值（CLCQI-PV）	中国上市公司质量指数（CLCQI）	CLCQI排名
603699	纽威股份	江苏	东部	C	无国有股份	72.1274	44.8632	34.1495	27.0452	49.1716	2315
603700	宁水集团	浙江	东部	C	无国有股份	81.8723	58.6218	37.5248	28.1705	56.0898	541
603701	德宏股份	浙江	东部	C	国有弱相对控股	82.9737	51.7315	36.5380	26.6398	54.9168	772
603703	盛洋科技	浙江	东部	C	无国有股份	76.9181	65.4990	34.3130	25.9427	53.9404	984
603706	东方环宇	新疆	西部	D	无国有股份	78.5310	58.6424	32.7979	26.7927	53.4665	1097
603707	健友股份	江苏	东部	C	国有参股	75.7597	37.9244	37.9519	28.0791	50.6027	1876
603708	家家悦	山东	东部	F	无国有股份	74.8362	31.0653	36.3153	27.4556	48.7212	2445
603709	中源家居	浙江	东部	C	无国有股份	68.5940	58.6194	16.8227	26.2248	46.1512	3088
603711	香飘飘	浙江	东部	C	无国有股份	73.3530	51.7139	11.8361	26.8392	46.1753	3083
603712	七一二	天津	东部	C	国有绝对控股	79.3967	51.7219	22.0917	28.3869	51.0320	1746
603713	密尔克卫	上海	东部	G	无国有股份	68.0033	41.4005	15.6115	31.4942	44.4073	3356
603716	塞力医疗	湖北	中部	F	无国有股份	84.7454	58.6092	11.9354	26.6968	51.7508	1553
603717	天域生态	重庆	西部	E	无国有股份	77.8170	65.4990	10.2046	26.2100	49.5451	2198
603718	海利生物	上海	东部	C	国有参股	73.9942	65.5133	15.6209	26.9535	49.2872	2282
603719	良品铺子	湖北	中部	F	无国有股份	68.3432	55.1666	15.7293	25.6475	45.1700	3258
603721	中广天择	湖南	中部	R	国有绝对控股	74.1643	48.2977	37.3110	26.2786	50.9422	1776
603722	阿科力	江苏	东部	C	无国有股份	70.6839	37.9503	12.8543	26.8022	43.2375	3441
603725	天安新材	广东	东部	C	无国有股份	81.1627	65.5283	33.5570	26.3601	55.5958	624

续表

股票代码	公司简称	省份	地区	行业代码	控股类型	公司治理（CLCQI–CG）	社会责任（CLCQI–SR）	企业创新（CLCQI–EI）	绩效与价值（CLCQI–PV）	中国上市公司质量指数（CLCQI）	CLCQI排名
603726	朗迪集团	浙江	东部	C	无国有股份	75.8934	65.5215	35.2212	26.7405	53.9149	993
603727	博迈科	天津	东部	B	无国有股份	81.0135	58.6295	39.6927	25.7290	55.5706	630
603728	鸣志电器	上海	东部	C	无国有股份	78.6376	58.6111	19.6236	27.5085	51.0486	1740
603729	ST龙韵	上海	东部	L	无国有股份	73.9835	62.0489	12.1281	26.5711	47.9691	2671
603730	岱美股份	上海	东部	C	无国有股份	77.0187	65.5194	12.8223	27.7581	50.1394	2033
603733	仙鹤股份	浙江	东部	C	无国有股份	71.5128	62.0792	32.7170	28.2717	51.5283	1611
603737	三棵树	福建	东部	C	无国有股份	75.9953	82.7636	14.6591	30.8825	53.4651	1098
603738	泰晶科技	湖北	中部	C	无国有股份	74.5764	51.7353	31.8956	26.8739	50.6884	1849
603739	蔚蓝生物	山东	东部	C	无国有股份	81.6464	58.6232	16.7463	26.7030	51.4770	1631
603755	日辰股份	山东	东部	C	无国有股份	77.0142	51.7151	19.1310	28.2217	49.4446	2225
603757	大元泵业	浙江	东部	C	无国有股份	67.8111	31.0612	16.9660	27.6673	42.0936	3510
603758	秦安股份	重庆	西部	C	无国有股份	71.4825	58.6107	12.2056	27.9745	46.8193	2953
603766	隆鑫通用	重庆	西部	C	无国有股份	80.6458	65.5106	16.4891	26.5688	52.0250	1474
603767	中马传动	浙江	东部	C	无国有股份	68.0294	51.7441	33.1670	26.4043	48.2078	2594
603768	常青股份	安徽	中部	C	无国有股份	76.9511	58.6207	19.4268	27.3271	50.2907	1968
603773	沃格光电	江西	中部	C	无国有股份	63.2972	51.7313	36.3826	26.2125	46.9082	2935
603776	永安行	江苏	东部	M	无国有股份	68.5243	41.3713	36.1207	27.5808	47.7347	2747
603777	来伊份	上海	东部	F	无国有股份	86.9346	68.9491	14.0140	26.7907	54.6167	841

续表

股票代码	公司简称	省份	地区	行业代码	控股类型	公司治理（CLCQI-CG）	社会责任（CLCQI-SR）	企业创新（CLCQI-EI）	绩效与价值（CLCQI-PV）	中国上市公司质量指数（CLCQI）	CLCQI排名
603778	乾景园林	北京	东部	E	无国有股份	70.8633	65.4990	15.3716	26.4202	47.8496	2713
603779	ST威龙	山东	东部	C	无国有股份	68.0860	37.9209	30.4718	25.6899	45.4394	3217
603786	科博达	上海	东部	C	无国有股份	82.9394	65.5099	17.5348	27.6884	53.4313	1105
603787	新日股份	江苏	东部	C	无国有股份	75.0753	44.8360	19.6808	28.9323	47.9247	2685
603788	宁波高发	浙江	东部	C	国有参股	76.8596	58.6316	37.6338	26.7056	53.7417	1027
603789	星光农机	浙江	东部	C	无国有股份	70.9457	65.4990	42.2790	25.3118	52.9869	1208
603790	雅运股份	上海	东部	C	无国有股份	75.5864	65.5146	36.3874	25.8804	53.8093	1013
603798	康普顿	山东	东部	C	无国有股份	74.8581	51.7087	12.6526	26.1783	46.7746	2963
603799	华友钴业	浙江	东部	C	无国有股份	74.0793	51.7342	13.6568	30.0020	47.6237	2769
603800	道森股份	江苏	东部	C	无国有股份	73.2554	65.5463	35.9678	25.8222	52.7832	1252
603801	志邦家居	安徽	中部	C	无国有股份	72.4170	62.0780	38.0063	28.3729	52.9730	1210
603803	瑞斯康达	北京	东部	C	无国有股份	79.4197	68.9660	24.9332	26.1884	53.6465	1050
603806	福斯特	浙江	东部	C	无国有股份	74.6414	37.9332	15.5136	31.5494	46.5366	3014
603808	歌力思	广东	东部	C	无国有股份	77.5953	65.5145	12.3848	26.9145	50.0709	2052
603809	豪能股份	四川	西部	C	无国有股份	73.9058	44.8319	13.6449	28.8150	46.2199	3077
603810	丰山集团	江苏	东部	C	无国有股份	82.2862	65.5116	55.3975	28.0384	60.8303	98
603811	诚意药业	浙江	东部	C	无国有股份	74.5102	37.9376	12.5556	27.7277	44.9378	3292
603813	原尚股份	广东	东部	G	无国有股份	72.9104	58.6064	14.6193	24.9561	47.1180	2891

续表

股票代码	公司简称	省份	地区	行业代码	控股类型	公司治理（*CLCQI-CG*）	社会责任（*CLCQI-SR*）	企业创新（*CLCQI-EI*）	绩效与价值（*CLCQI-PV*）	中国上市公司质量指数（*CLCQI*）	*CLCQI* 排名
603815	交建股份	安徽	中部	E	无国有股份	84.3308	44.8325	30.2335	26.2768	53.0731	1189
603816	顾家家居	浙江	东部	C	无国有股份	76.0060	48.2965	16.7462	29.0196	48.2510	2588
603817	海峡环保	福建	东部	D	国有绝对控股	84.5129	58.6232	34.3807	26.3443	56.0609	545
603818	曲美家居	北京	东部	C	国有参股	84.1274	44.8135	13.1409	26.2815	49.5716	2187
603819	神力股份	江苏	东部	C	无国有股份	62.4014	44.8358	14.6832	26.5052	41.2489	3537
603822	嘉澳环保	浙江	东部	C	无国有股份	62.1537	58.6206	12.6529	26.0730	42.7034	3480
603823	百合花	浙江	东部	C	无国有股份	71.3076	48.2854	13.2843	26.6469	45.0844	3268
603825	华扬联众	北京	东部	I	无国有股份	72.8399	55.1720	35.2120	26.9621	51.1947	1700
603826	坤彩科技	福建	东部	C	无国有股份	74.1277	58.6118	12.3675	29.8895	48.3887	2541
603828	柯利达	江苏	东部	E	无国有股份	78.9745	51.7174	36.8265	26.5660	53.3542	1121
603829	洛凯股份	江苏	东部	C	无国有股份	70.6288	58.6156	14.9992	26.7379	46.7282	2976
603833	欧派家居	广东	东部	C	无国有股份	85.5604	51.7189	16.7770	30.9146	53.0660	1191
603838	四通股份	广东	东部	C	无国有股份	74.1975	65.5179	24.1446	25.9896	50.8330	1813
603839	安正时尚	浙江	东部	C	无国有股份	71.0797	48.2888	15.5414	26.3728	45.3767	3226
603843	正平股份	青海	西部	E	无国有股份	79.3729	58.6138	10.5542	26.5623	49.2926	2280
603848	好太太	广东	东部	C	无国有股份	76.3686	65.5164	19.4590	26.9403	51.0018	1755
603855	华荣股份	上海	东部	C	无国有股份	74.1458	55.1973	36.2252	28.0351	52.1917	1421
603856	东宏股份	山东	东部	C	无国有股份	72.9884	44.8275	56.5354	27.4278	54.0835	951

续表

股票代码	公司简称	省份	地区	行业代码	控股类型	公司治理（CLCQI-CG）	社会责任（CLCQI-SR）	企业创新（CLCQI-EI）	绩效与价值（CLCQI-PV）	中国上市公司质量指数（CLCQI）	CLCQI排名
603858	步长制药	山东	东部	C	无国有股份	71.6727	65.5248	54.4145	28.3103	56.4583	493
603859	能科股份	北京	东部	M	无国有股份	81.0957	41.3731	66.1075	27.2090	58.6680	254
603860	中公高科	北京	东部	M	国有强相对控股	76.5495	62.0582	32.6325	26.3249	53.0362	1198
603861	白云电器	广东	东部	C	无国有股份	80.4183	65.5133	55.0973	26.3258	59.5952	179
603863	ST松炀	广东	东部	C	无国有股份	62.8725	58.6025	12.1066	25.8733	42.8290	3471
603866	桃李面包	辽宁	东北	C	无国有股份	77.4132	51.7442	11.9686	29.4298	48.4781	2508
603867	新化股份	浙江	东部	C	国有弱相对控股	69.5659	44.8334	34.9344	27.4069	48.3900	2539
603868	飞科电器	上海	东部	C	国有参股	71.3524	58.6315	13.7216	28.7302	47.2625	2859
603869	新智认知	广西	西部	I	无国有股份	80.9021	58.6154	16.7287	25.9379	50.9834	1762
603871	嘉友国际	北京	东部	G	无国有股份	81.8413	58.6195	16.9835	27.4744	51.7948	1543
603876	鼎胜新材	江苏	东部	C	无国有股份	72.9376	37.9355	15.9937	26.3261	44.6456	3317
603877	太平鸟	浙江	东部	C	国有参股	76.6707	58.6362	12.7051	29.2269	49.3114	2274
603878	武进不锈	江苏	东部	C	无国有股份	75.7746	58.6336	33.3873	26.5548	52.4210	1346
603879	永悦科技	福建	东部	C	无国有股份	78.1816	68.9641	15.8049	26.6598	51.4432	1640
603880	南卫股份	江苏	东部	C	无国有股份	77.4689	44.8312	15.4130	28.0761	47.8139	2723
603881	数据港	上海	东部	I	国有强相对控股	81.5537	41.3758	5.7974	28.2471	47.0491	2904
603882	金域医学	广东	东部	Q	无国有股份	83.5629	68.9624	19.4114	32.5449	55.7880	592
603883	老百姓	湖南	中部	F	无国有股份	80.7807	62.0686	13.4359	28.8489	51.5219	1615

续表

股票代码	公司简称	省份	地区	行业代码	控股类型	公司治理（CLCQI–CG）	社会责任（CLCQI–SR）	企业创新（CLCQI–EI）	绩效与价值（CLCQI–PV）	中国上市公司质量指数（CLCQI）	CLCQI排名
603885	吉祥航空	上海	东部	G	国有参股	74.9219	62.0593	12.6158	26.3526	48.3890	2540
603886	元祖股份	上海	东部	C	无国有股份	75.2717	58.6467	10.8476	27.2500	47.8877	2701
603887	城地香江	上海	东部	I	无国有股份	74.4060	37.9248	31.5624	26.7454	48.4499	2519
603888	新华网	北京	东部	I	国有绝对控股	77.4049	68.9636	27.8226	26.8758	53.5900	1060
603889	新澳股份	浙江	东部	C	无国有股份	75.2841	58.6348	15.2624	26.1353	48.4952	2503
603890	春秋电子	江苏	东部	C	无国有股份	72.2482	51.7226	14.9296	27.9169	46.6228	2996
603893	瑞芯微	福建	东部	C	国有参股	76.4363	51.7290	68.6885	25.7451	58.5078	269
603895	天永智能	上海	东部	C	无国有股份	69.6108	44.8710	22.2861	25.9818	45.5277	3203
603896	寿仙谷	浙江	东部	C	无国有股份	75.3015	65.5221	34.7356	27.6045	53.7972	1016
603897	长城科技	浙江	东部	C	无国有股份	78.6506	51.7196	21.0837	26.8359	50.1439	2029
603898	好莱客	广东	东部	C	无国有股份	81.9924	72.4037	13.6670	26.8753	53.1097	1181
603899	晨光文具	上海	东部	C	国有参股	81.9296	62.0729	37.3555	30.8733	57.2722	386
603900	莱绅通灵	江苏	东部	F	无国有股份	60.6341	62.0930	12.2686	26.4400	42.6313	3486
603901	永创智能	浙江	东部	C	无国有股份	72.3226	58.6215	14.0439	26.3584	47.1206	2889
603903	中持股份	北京	东部	N	无国有股份	79.4542	37.9331	15.9969	27.3730	47.5143	2800
603906	龙蟠科技	江苏	东部	C	国有参股	81.1071	72.4217	34.2420	30.7268	57.8362	315
603908	牧高笛	浙江	东部	C	无国有股份	78.5373	55.2107	11.1812	26.8821	48.6533	2474
603909	合诚股份	福建	东部	M	无国有股份	75.4371	72.4125	10.9872	26.7443	49.9202	2095

续表

股票代码	公司简称	省份	地区	行业代码	控股类型	公司治理（CLCQI-CG）	社会责任（CLCQI-SR）	企业创新（CLCQI-EI）	绩效与价值（CLCQI-PV）	中国上市公司质量指数（CLCQI）	CLCQI排名
603912	佳力图	江苏	东部	C	无国有股份	75.7341	55.1734	16.5734	26.8031	48.5851	2486
603915	国茂股份	江苏	东部	C	无国有股份	66.9004	51.7251	34.0989	28.1860	48.3852	2543
603916	苏博特	江苏	东部	C	无国有股份	70.3761	65.5119	56.3020	27.6915	56.1605	529
603917	合力科技	浙江	东部	C	无国有股份	70.6058	58.6112	13.8147	26.4415	46.4073	3042
603918	金桥信息	上海	东部	I	无国有股份	82.9240	58.6248	52.5113	26.8007	59.1658	214
603919	金徽酒	甘肃	西部	C	国有参股	87.7033	68.9655	32.0405	29.9814	59.3296	198
603920	世运电路	广东	东部	C	无国有股份	71.2022	48.2977	33.4335	27.7701	49.3548	2254
603922	金鸿顺	江苏	东部	C	无国有股份	74.2578	65.4990	14.3277	26.1085	48.9206	2384
603926	铁流股份	浙江	东部	C	无国有股份	76.6341	58.6266	13.3198	26.7806	48.8067	2424
603927	中科软	北京	东部	I	国有强相对控股	75.9695	51.7364	16.9061	27.0546	48.2931	2578
603928	兴业股份	江苏	东部	C	无国有股份	77.2597	44.8194	34.6941	26.7006	51.2408	1680
603929	亚翔集成	江苏	东部	E	无国有股份	80.2704	58.6398	55.7323	26.1318	58.5836	263
603933	睿能科技	福建	东部	C	无国有股份	79.0241	51.7263	38.6156	26.0821	53.6122	1057
603936	博敏电子	广东	东部	C	国有参股	84.9786	58.6125	13.6197	26.5690	52.1495	1435
603937	丽岛新材	江苏	东部	C	无国有股份	80.3305	51.7273	14.0981	26.4319	49.3189	2266
603938	三孚股份	河北	东部	C	无国有股份	78.1256	51.7147	36.6455	26.8279	53.0435	1197
603939	益丰药房	湖南	中部	F	无国有股份	77.9193	62.0670	13.0701	29.6970	50.5161	1899
603948	建业股份	浙江	东部	C	国有参股	69.3055	58.6136	36.9283	25.4018	50.2504	1988

续表

股票代码	公司简称	省份	地区	行业代码	控股类型	公司治理（*CLCQI-CG*）	社会责任（*CLCQI-SR*）	企业创新（*CLCQI-EI*）	绩效与价值（*CLCQI-PV*）	中国上市公司质量指数（*CLCQI*）	*CLCQI* 排名
603949	雪龙集团	浙江	东部	C	无国有股份	74.0811	58.6212	12.0010	25.5458	47.2123	2866
603955	大千生态	江苏	东部	E	国有参股	82.4714	51.7172	33.5008	26.8955	54.1702	937
603956	威派格	上海	东部	C	无国有股份	73.0566	75.8769	18.9864	26.4434	51.0123	1749
603958	哈森股份	江苏	东部	C	无国有股份	73.3846	65.4990	9.7514	25.7374	47.5633	2785
603959	百利科技	湖南	中部	E	无国有股份	67.7481	31.0358	37.1211	27.3621	46.0194	3113
603960	克来机电	上海	东部	C	无国有股份	71.0343	58.6118	18.6589	29.9621	48.4278	2527
603963	大理药业	云南	西部	C	无国有股份	72.4672	72.4333	11.8284	26.4761	48.8366	2414
603966	法兰泰克	江苏	东部	C	无国有股份	77.3271	55.1617	18.4702	27.4252	49.7555	2129
603967	中创物流	山东	东部	G	无国有股份	77.9094	55.1809	40.5644	26.8790	54.2735	915
603968	醋化股份	江苏	东部	C	国有参股	77.1224	58.6277	14.4558	27.3247	49.3654	2249
603969	银龙股份	天津	东部	C	无国有股份	70.1881	58.6186	37.5825	26.3151	50.9633	1769
603970	中农立华	北京	东部	F	无国有股份	76.5984	51.7322	19.6617	28.2307	49.3892	2241
603976	正川股份	重庆	西部	C	无国有股份	66.8751	41.3791	12.5896	32.8368	43.6840	3419
603977	国泰集团	江西	中部	C	国有绝对控股	82.5861	31.0519	33.7571	26.6877	51.1156	1723
603978	深圳新星	广东	东部	C	无国有股份	81.9589	37.9303	12.8676	25.9008	47.5219	2793
603979	金诚信	北京	东部	B	无国有股份	85.5477	58.6129	54.7183	27.4278	60.8117	100
603980	吉华集团	浙江	东部	C	国有参股	68.5595	65.5213	32.0203	26.1480	50.1931	2015
603982	泉峰汽车	江苏	东部	C	国有弱相对控股	76.5790	44.8281	33.9523	26.8018	50.8467	1808

续表

股票代码	公司简称	省份	地区	行业代码	控股类型	公司治理（CLCQI-CG）	社会责任（CLCQI-SR）	企业创新（CLCQI-EI）	绩效与价值（CLCQI-PV）	中国上市公司质量指数（CLCQI）	CLCQI排名
603983	丸美股份	广东	东部	C	无国有股份	76.9105	58.6087	34.1186	27.4731	53.2475	1141
603985	恒润股份	江苏	东部	C	无国有股份	77.8135	51.7281	35.2749	31.2125	53.7427	1026
603986	兆易创新	北京	东部	C	国有参股	82.8100	27.5972	47.3959	30.1093	54.2701	917
603987	康德莱	上海	东部	C	无国有股份	81.8977	58.6181	11.8167	28.4522	51.0282	1747
603988	中电电机	江苏	东部	C	无国有股份	70.3620	48.3222	33.9964	27.5656	49.0838	2335
603989	艾华集团	湖南	中部	C	无国有股份	76.5812	58.6229	15.2234	27.7016	49.3960	2238
603990	麦迪科技	江苏	东部	I	无国有股份	71.1967	68.9708	17.2586	27.2668	49.0927	2333
603991	至正股份	广东	东部	C	无国有股份	73.5992	44.8211	35.1577	28.5971	50.3437	1951
603992	松霖科技	福建	东部	C	无国有股份	74.5162	62.0660	19.4434	26.6970	49.6793	2155
603993	洛阳钼业	河南	中部	B	国有弱相对控股	78.1390	48.2885	19.4920	29.7886	49.8444	2111
603995	甬金股份	浙江	东部	C	无国有股份	74.4403	58.6204	70.1715	27.7317	59.5364	185
603996	*ST中新	浙江	东部	C	无国有股份	52.2549	44.8211	22.8048	24.5808	38.3313	3587
603997	继峰股份	浙江	东部	C	无国有股份	73.3737	58.6613	33.5760	25.4859	51.2353	1683
603998	方盛制药	湖南	中部	C	无国有股份	77.5882	44.8557	53.3893	26.0894	54.9638	758
603999	读者传媒	甘肃	西部	R	国有绝对控股	76.2302	58.6205	13.7163	26.5450	48.6647	2471
688001	华兴源创	江苏	东部	C	国有参股	80.1059	51.7154	39.0922	26.5976	54.2675	919
688002	睿创微纳	山东	东部	C	国有参股	76.6313	24.1323	40.7222	31.8583	50.3814	1935
688003	天准科技	江苏	东部	C	国有参股	83.6659	51.7218	39.5650	27.0528	55.9008	569

续表

股票代码	公司简称	省份	地区	行业代码	控股类型	公司治理（CLCQI–CG）	社会责任（CLCQI–SR）	企业创新（CLCQI–EI）	绩效与价值（CLCQI–PV）	中国上市公司质量指数（CLCQI）	CLCQI 排名
688005	容百科技	浙江	东部	C	无国有股份	82.2780	58.6100	34.1544	27.6465	55.4452	655
688006	杭可科技	浙江	东部	C	无国有股份	77.6122	44.8233	36.1760	28.9653	52.2449	1409
688007	光峰科技	广东	东部	C	无国有股份	84.1421	75.8550	58.2955	25.9425	63.1798	32
688008	澜起科技	上海	东部	C	无国有股份	93.2283	58.6177	64.5205	28.5062	66.1146	11
688009	中国通号	北京	东部	C	国有绝对控股	77.7241	82.7640	56.8821	28.6501	62.0432	61
688010	福光股份	福建	东部	C	国有参股	80.8115	65.5082	53.2053	25.9717	59.2848	202
688011	新光光电	黑龙江	东北	C	无国有股份	74.8393	65.5067	59.1911	26.7574	58.2893	284
688012	中微公司	上海	东部	C	国有强相对控股	84.8632	58.6064	41.0798	29.5801	58.3472	279
688015	交控科技	北京	东部	C	国有弱相对控股	89.0054	44.8330	34.9077	27.3052	56.1350	534
688016	心脉医疗	上海	东部	C	无国有股份	80.6224	58.6180	16.9187	30.2012	51.9757	1490
688018	乐鑫科技	上海	东部	I	无国有股份	80.3161	44.8279	21.5482	27.3800	50.0053	2073
688019	安集科技	上海	东部	C	国有参股	77.8552	51.7125	19.1365	31.1123	50.5043	1906
688020	方邦股份	广东	东部	C	无国有股份	71.3880	58.6090	14.5786	27.3781	47.1068	2893
688021	奥福环保	山东	东部	C	国有参股	75.5703	44.8315	11.9584	28.1938	46.3930	3047
688022	瀚川智能	江苏	东部	C	无国有股份	83.1002	51.7255	35.2829	26.3722	54.6485	835
688023	安恒信息	浙江	东部	I	无国有股份	94.8672	58.6129	35.4152	29.6946	61.2455	82
688025	杰普特	广东	东部	C	无国有股份	85.8362	44.8135	39.7266	26.9122	55.7299	602
688026	洁特生物	广东	东部	C	无国有股份	76.8030	44.8233	53.7027	26.1516	54.7231	818

续表

股票代码	公司简称	省份	地区	行业代码	控股类型	公司治理（CLCQI-CG）	社会责任（CLCQI-SR）	企业创新（CLCQI-EI）	绩效与价值（CLCQI-PV）	中国上市公司质量指数（CLCQI）	CLCQI排名
688028	沃尔德	北京	东部	C	无国有股份	85.8221	58.6238	32.5835	26.1299	56.1716	527
688029	南微医学	江苏	东部	C	无国有股份	85.0817	51.7268	54.3597	27.8408	59.6238	176
688030	山石网科	江苏	东部	I	无国有股份	80.8774	58.6124	56.9986	26.7630	59.2333	207
688033	天宜上佳	北京	东部	C	国有参股	79.3458	65.5034	56.2320	25.7596	59.2501	205
688036	传音控股	广东	东部	C	无国有股份	76.3767	51.7265	38.2909	33.4344	54.3264	906
688037	芯源微	辽宁	东北	C	国有参股	80.3161	58.6181	58.2461	28.0743	59.5869	181
688039	当虹科技	浙江	东部	I	无国有股份	78.4750	58.6197	60.2431	26.8476	58.9435	232
688051	佳华科技	北京	东部	I	无国有股份	75.0419	44.8250	54.1315	26.1653	54.1082	947
688058	宝兰德	北京	东部	I	国有参股	77.1427	65.5271	36.0920	27.3256	54.7359	815
688066	航天宏图	北京	东部	I	国有参股	79.4063	44.8095	52.5342	27.4046	55.8419	582
688068	热景生物	北京	东部	C	无国有股份	75.4721	51.7330	34.5964	27.7836	51.8140	1538
688078	龙软科技	北京	东部	I	无国有股份	79.5703	58.6172	28.8136	26.3958	52.9824	1209
688080	映翰通	北京	东部	C	无国有股份	73.2799	51.7125	39.3338	25.3645	51.2767	1672
688081	兴图新科	湖北	中部	C	无国有股份	77.8785	58.6110	61.0965	25.0950	58.4361	275
688086	紫晶存储	广东	东部	C	无国有股份	69.6861	72.4166	36.9636	25.1709	52.4224	1345
688088	虹软科技	浙江	东部	I	无国有股份	79.9383	51.7246	42.3296	28.8703	55.4175	662
688089	嘉必优	湖北	中部	C	国有参股	75.0471	58.6198	32.3978	27.1916	52.0893	1459
688090	瑞松科技	广东	东部	C	无国有股份	73.0706	51.7137	35.3501	25.2925	50.3784	1938

续表

股票代码	公司简称	省份	地区	行业代码	控股类型	公司治理（CLCQI-CG）	社会责任（CLCQI-SR）	企业创新（CLCQI-EI）	绩效与价值（CLCQI-PV）	中国上市公司质量指数（CLCQI）	CLCQI排名
688098	申联生物	上海	东部	C	无国有股份	74.0458	51.7178	54.8963	27.0447	55.1164	726
688099	晶晨股份	上海	东部	I	国有参股	91.5863	58.6105	44.5918	28.3781	61.4390	80
688100	威胜信息	湖南	中部	C	无国有股份	86.3572	58.6202	61.3917	25.2931	61.9375	67
688101	三达膜	陕西	西部	C	无国有股份	79.9703	51.7165	32.9717	26.4566	52.9541	1216
688108	赛诺医疗	天津	东部	C	无国有股份	82.1417	51.7081	18.7640	26.3401	50.9507	1775
688111	金山办公	北京	东部	I	无国有股份	69.5103	58.6185	21.8517	32.8481	49.1792	2309
688116	天奈科技	江苏	东部	C	无国有股份	78.0668	58.6144	13.4153	29.0174	49.9563	2085
688118	普元信息	上海	东部	I	无国有股份	75.5342	51.7217	29.8254	26.1434	50.4729	1917
688122	西部超导	陕西	西部	C	国有强相对控股	76.4408	65.5365	34.5181	29.9593	54.8003	800
688123	聚辰股份	上海	东部	C	无国有股份	66.9186	51.7174	38.6195	27.1713	49.0417	2354
688128	中国电研	广东	东部	C	国有绝对控股	83.5861	44.8363	55.1158	26.5383	57.8176	320
688138	清溢光电	广东	东部	C	无国有股份	77.9718	51.7163	33.3804	27.0638	52.3882	1362
688139	海尔生物	山东	东部	C	国有参股	81.1935	65.5112	36.2164	29.5856	56.9438	432
688158	优刻得	上海	东部	I	国有参股	76.0103	55.1563	15.3936	24.6076	47.9082	2694
688159	有方科技	广东	东部	C	无国有股份	75.2026	24.1657	43.9721	24.1054	48.5267	2496
688166	博瑞医药	江苏	东部	C	无国有股份	79.6152	51.7227	17.9819	28.2730	50.2691	1979
688168	安博通	北京	东部	I	无国有股份	75.9565	48.2660	17.5226	26.3130	47.7053	2754
688169	石头科技	北京	东部	C	无国有股份	74.6368	51.7188	63.8877	35.2521	59.2031	210

续表

股票代码	公司简称	省份	地区	行业代码	控股类型	公司治理（CLCQI–CG）	社会责任（CLCQI–SR）	企业创新（CLCQI–EI）	绩效与价值（CLCQI–PV）	中国上市公司质量指数（CLCQI）	CLCQI排名
688178	万德斯	江苏	东部	N	无国有股份	80.6793	44.8188	34.3770	25.6900	52.2924	1395
688181	八亿时空	北京	东部	C	无国有股份	78.2460	44.8247	54.7929	26.0178	55.4851	653
688186	广大特材	江苏	东部	C	无国有股份	78.6906	51.7232	33.0287	25.5324	52.2236	1415
688188	柏楚电子	上海	东部	I	无国有股份	73.8247	51.7187	35.1134	29.8997	51.7853	1546
688189	南新制药	湖南	中部	C	国有弱相对控股	67.2366	65.5066	55.3120	25.3684	54.1251	942
688196	卓越新能	福建	东部	C	国有参股	82.3588	48.2857	56.5074	28.1533	58.5262	266
688198	佰仁医疗	北京	东部	C	国有参股	86.7295	58.6180	54.8225	28.1143	61.4776	78
688199	久日新材	天津	东部	C	国有参股	88.4446	65.5217	12.5152	26.2830	54.2799	912
688200	华峰测控	北京	东部	C	国有参股	76.4620	51.7253	58.6591	27.1430	56.8612	448
688202	美迪西	上海	东部	M	无国有股份	89.1210	51.7133	45.5628	30.4689	60.1352	136
688208	道通科技	广东	东部	C	无国有股份	72.1970	58.6235	41.4629	25.8047	52.4161	1348
688218	江苏北人	江苏	东部	C	无国有股份	78.2882	51.7154	32.3009	25.9228	52.0134	1480
688228	开普云	广东	东部	I	无国有股份	75.5873	44.8202	32.0676	25.3078	49.6984	2151
688233	神工股份	辽宁	东北	C	国有参股	85.2183	58.6129	54.4782	25.6175	60.1793	132
688258	卓易信息	江苏	东部	I	无国有股份	78.6853	62.0582	42.1526	26.5139	55.8418	583
688268	华特气体	广东	东部	C	无国有股份	74.2436	58.6188	32.5992	27.5921	51.9081	1513
688278	特宝生物	福建	东部	C	无国有股份	81.1385	44.8132	36.0881	25.0756	52.6639	1275
688288	鸿泉物联	浙江	东部	C	国有参股	75.1228	51.7202	63.1749	27.3500	57.2796	382

股票代码	公司简称	省份	地区	行业代码	控股类型	公司治理（CLCQI-CG）	社会责任（CLCQI-SR）	企业创新（CLCQI-EI）	绩效与价值（CLCQI-PV）	中国上市公司质量指数（CLCQI）	CLCQI排名
688298	东方生物	浙江	东部	C	无国有股份	85.6535	24.1415	17.0414	36.3469	50.3776	1939
688299	长阳科技	浙江	东部	C	无国有股份	86.4089	34.4791	54.1023	27.6344	57.4645	362
688300	联瑞新材	江苏	东部	C	国有参股	74.4651	51.7255	52.7165	27.3775	54.9326	768
688310	迈得医疗	浙江	东部	C	无国有股份	79.7408	31.0630	34.1503	26.9184	50.1155	2040
688321	微芯生物	广东	东部	C	国有弱相对控股	80.2985	72.4068	62.0314	26.9851	62.1330	58
688333	铂力特	陕西	西部	C	国有参股	82.4984	65.5025	56.8827	30.2461	61.7628	71
688357	建龙微纳	河南	中部	C	无国有股份	75.7107	72.4191	32.1171	28.1014	54.5959	847
688358	祥生医疗	江苏	东部	C	无国有股份	75.0516	58.6211	58.2264	26.8307	57.1668	399
688363	华熙生物	山东	东部	C	无国有股份	81.9530	58.6169	54.7102	28.8027	59.7165	167
688366	昊海生科	上海	东部	C	无国有股份	91.5103	58.6033	33.5681	26.9347	58.8419	242
688368	晶丰明源	上海	东部	I	无国有股份	82.5831	51.7315	60.3396	28.7547	60.0495	141
688369	致远互联	北京	东部	I	无国有股份	78.9173	58.6173	10.8686	28.0190	49.5380	2199
688388	嘉元科技	广东	东部	C	无国有股份	83.3799	65.5108	32.5710	28.3488	56.7800	457
688389	普门科技	广东	东部	C	无国有股份	81.9811	51.7241	59.4721	27.4402	59.3055	201
688396	华润微	江苏	东部	C	国有绝对控股	87.9611	58.6099	32.9990	26.2440	57.1367	404
688398	赛特新材	福建	东部	C	无国有股份	81.7067	31.0325	12.4119	25.6461	46.2315	3075
688399	硕世生物	江苏	东部	C	无国有股份	77.3608	51.7301	56.4146	39.4715	59.8546	154

第4章
中国国有控股上市公司质量指数总排名

中国国有控股上市公司质量指数总排名如表 4-1 所示。

表4-1　中国国有控股上市公司质量指数总排名（按指数分值从高到低排列）

股票代码	公司简称	省份	地区	行业代码	控股类型	公司治理（CLCQI-CG）	社会责任（CLCQI-SR）	企业创新（CLCQI-EI）	绩效与价值（CLCQI-PV）	中国上市公司质量指数（CLCQI）	CLCQI 排名
601857	中国石油	北京	东部	B	国有绝对控股	87.3613	48.2880	72.2183	67.1503	73.4189	1
600104	上汽集团	上海	东部	C	国有绝对控股	86.5049	75.8786	74.3195	45.8002	72.2977	2
600519	贵州茅台	贵州	西部	C	国有绝对控股	77.2213	58.6305	11.2168	100.0000	66.9264	3
000725	京东方A	北京	东部	C	国有弱相对控股	85.3916	68.9800	67.2678	33.8666	66.4238	4
600028	中国石化	北京	东部	B	国有绝对控股	87.6772	37.9402	54.5857	58.8516	66.3919	5
000002	万科A	广东	东部	K	国有强相对控股	88.0060	82.7728	13.3787	62.8906	66.0167	6
003816	中国广核	广东	东部	D	国有绝对控股	86.7681	89.6675	44.8159	34.7762	65.8146	7
000050	深天马A	广东	东部	C	国有绝对控股	84.1005	89.6566	56.7396	27.7037	65.3625	8
600029	南方航空	广东	东部	G	国有绝对控股	81.8245	86.1996	59.0106	29.5761	64.8559	9
601390	中国中铁	北京	东部	E	国有绝对控股	81.8068	58.6331	55.8019	46.2406	64.2382	10
600115	中国东航	上海	东部	G	国有强相对控股	91.3653	89.6497	32.4999	28.8801	63.7136	11
300088	长信科技	安徽	中部	C	国有弱相对控股	92.3758	58.6217	55.6861	27.2533	63.6941	12
300142	沃森生物	云南	西部	C	国有弱相对控股	91.6170	58.6097	53.8025	29.5270	63.5805	13
601598	中国外运	北京	东部	G	国有绝对控股	96.3830	68.9716	37.1346	28.4851	63.4471	14
601669	中国电建	北京	东部	E	国有绝对控股	82.9080	41.3856	71.1735	39.1572	63.3951	15
002339	积成电子	山东	东部	C	国有弱相对控股	84.4391	72.4204	60.4992	26.4313	63.3464	16

续表

股票代码	公司简称	省份	地区	行业代码	控股类型	公司治理（CLCQI-CG）	社会责任（CLCQI-SR）	企业创新（CLCQI-EI）	绩效与价值（CLCQI-PV）	中国上市公司质量指数（CLCQI）	CLCQI排名
002230	科大讯飞	安徽	中部	I	国有弱相对控股	91.7647	68.9717	44.9551	28.9661	63.2842	17
600874	创业环保	天津	东部	D	国有绝对控股	84.7525	75.8675	55.1328	26.8953	63.0315	18
000962	东方钽业	宁夏	西部	C	国有强相对控股	86.3879	68.9567	56.1503	27.2986	62.9534	19
600019	宝钢股份	上海	东部	C	国有绝对控股	83.8201	75.8657	46.5073	34.8257	62.9158	20
002179	中航光电	河南	中部	C	国有绝对控股	88.9824	75.8814	41.3524	30.4637	62.8616	21
002092	中泰化学	新疆	西部	C	国有弱相对控股	85.5951	68.9634	57.8807	26.6919	62.8317	22
601766	中国中车	北京	东部	C	国有绝对控股	85.4954	62.0739	53.1890	34.6094	62.7994	23
601186	中国铁建	北京	东部	E	国有绝对控股	85.5757	68.9755	33.0599	46.2201	62.7436	24
603053	成都燃气	四川	西部	D	国有强相对控股	84.2160	75.8650	54.6772	26.3941	62.6001	25
601668	中国建筑	北京	东部	E	国有绝对控股	77.3857	48.2800	38.5170	66.6915	62.5726	26
601899	紫金矿业	福建	东部	B	国有弱相对控股	83.0643	55.1906	61.2583	35.2120	62.5590	27
000538	云南白药	云南	西部	C	国有强相对控股	89.6821	48.3249	57.0511	31.5495	62.4192	28
002246	北化股份	四川	西部	C	国有绝对控股	86.5358	68.9600	54.2991	26.3323	62.4012	29
600428	中远海特	广东	东部	G	国有绝对控股	85.9721	96.5487	33.0445	27.0721	62.2481	30
600750	江中药业	江西	中部	C	国有强相对控股	88.4467	89.6654	33.1138	26.8191	62.1560	31
688321	微芯生物	广东	东部	C	国有弱相对控股	80.2985	72.4068	62.0314	26.9851	62.1330	32
688009	中国通号	北京	东部	C	国有绝对控股	77.7241	82.7640	56.8821	28.6501	62.0432	33
000630	铜陵有色	安徽	中部	C	国有强相对控股	83.7918	62.0878	61.6997	27.4662	62.0364	34

续表

股票代码	公司简称	省份	地区	行业代码	控股类型	公司治理（CLCQI-CG）	社会责任（CLCQI-SR）	企业创新（CLCQI-EI）	绩效与价值（CLCQI-PV）	中国上市公司质量指数（CLCQI）	CLCQI排名
000338	潍柴动力	山东	东部	C	国有弱相对控股	86.9514	68.9886	43.1352	33.1059	62.0324	35
601800	中国交建	北京	东部	E	国有绝对控股	90.5711	48.2850	35.5023	45.5342	61.9552	36
600893	航发动力	陕西	西部	C	国有绝对控股	79.7458	75.8784	53.6058	31.4150	61.8550	37
603357	设计总院	安徽	中部	M	国有强相对控股	88.6830	58.6207	53.9686	26.8403	61.7701	38
300003	乐普医疗	北京	东部	C	国有弱相对控股	89.1818	75.8672	38.1671	27.7948	61.6349	39
600188	兖州煤业	山东	东部	B	国有强相对控股	92.6290	62.0897	36.8880	31.4913	61.6155	40
600183	生益科技	广东	东部	C	国有强相对控股	88.9512	75.8857	36.9375	28.9766	61.5950	41
601168	西部矿业	青海	西部	B	国有强相对控股	77.2506	75.8644	58.5278	28.9925	61.2336	42
002598	山东章鼓	山东	东部	C	国有强相对控股	81.9063	72.4302	54.7736	26.4990	61.2065	43
600600	青岛啤酒	山东	东部	C	国有强相对控股	89.6229	75.8479	31.3451	30.5826	61.1410	44
600775	南京熊猫	江苏	东部	C	国有强相对控股	89.1763	75.8776	37.5522	25.9810	61.0578	45
000531	穗恒运A	广东	东部	D	国有绝对控股	79.1732	72.4208	55.9128	28.0166	60.7191	46
603060	国检集团	北京	东部	M	国有绝对控股	84.3368	58.6355	55.4352	27.6713	60.5349	47
000568	泸州老窖	四川	西部	C	国有绝对控股	84.1657	68.9718	33.7590	38.9005	60.4890	48
600584	长电科技	江苏	东部	C	国有弱相对控股	93.6578	51.7228	39.4051	29.4931	60.4758	49
300212	易华录	北京	东部	I	国有强相对控股	84.5385	58.6119	54.6016	27.5353	60.4113	50
600497	驰宏锌锗	云南	西部	B	国有强相对控股	77.3808	69.0021	60.1294	28.1145	60.3571	51
600572	康恩贝	浙江	东部	C	国有弱相对控股	92.1891	68.9688	32.4315	26.4273	60.3141	52

续表

股票代码	公司简称	省份	地区	行业代码	控股类型	公司治理（CLCQI-CG）	社会责任（CLCQI-SR）	企业创新（CLCQI-EI）	绩效与价值（CLCQI-PV）	中国上市公司质量指数（CLCQI）	CLCQI排名
300527	中船应急	湖北	中部	C	国有绝对控股	78.6041	72.4115	56.9245	26.4938	60.3117	53
002063	远光软件	广东	东部	I	国有弱相对控股	88.3567	68.9589	38.8048	27.0008	60.1977	54
002449	国星光电	广东	东部	C	国有弱相对控股	96.8904	55.1837	33.0795	26.1072	60.1764	55
002267	陕天然气	陕西	西部	D	国有绝对控股	89.0302	72.4196	35.2348	26.5965	60.1711	56
600592	龙溪股份	福建	东部	C	国有强相对控股	80.9525	62.0721	59.0996	26.2627	60.0774	57
600343	航天动力	陕西	西部	C	国有强相对控股	85.7730	55.1638	54.7185	26.1609	60.0677	58
002783	凯龙股份	湖北	中部	C	国有弱相对控股	90.1094	72.4432	32.6411	26.2697	60.0059	59
002396	星网锐捷	福建	东部	C	国有强相对控股	87.5398	62.0602	44.8530	26.7973	59.9949	60
600585	海螺水泥	安徽	中部	C	国有强相对控股	74.8381	75.8754	39.2032	42.5599	59.7972	61
000591	太阳能	重庆	西部	D	国有强相对控股	83.4062	51.7306	57.1158	28.8880	59.7672	62
601117	中国化学	北京	东部	E	国有强相对控股	82.1393	55.1929	56.5673	29.2286	59.7553	63
601088	中国神华	北京	东部	B	国有绝对控股	93.0449	48.2951	16.2785	48.0337	59.7264	64
600026	中远海能	上海	东部	G	国有强相对控股	94.1148	82.7712	12.2818	28.4781	59.6375	65
601111	中国国航	北京	东部	G	国有强相对控股	88.3365	41.3785	53.9314	29.0586	59.5923	66
600886	国投电力	北京	东部	D	国有绝对控股	82.6565	79.3246	32.8894	31.9500	59.5267	67
000985	大庆华科	黑龙江	东北	C	国有绝对控股	77.8622	65.5295	38.6908	42.5914	59.3603	68
002799	环球印务	陕西	西部	C	国有强相对控股	80.6585	58.6146	57.1380	27.3524	59.3213	69
002307	北新路桥	新疆	西部	E	国有绝对控股	82.5204	58.6215	53.7401	26.7897	59.2468	70

续表

股票代码	公司简称	省份	地区	行业代码	控股类型	公司治理（CLCQI-CG）	社会责任（CLCQI-SR）	企业创新（CLCQI-EI）	绩效与价值（CLCQI-PV）	中国上市公司质量指数（CLCQI）	CLCQI排名
002202	金风科技	新疆	西部	C	国有弱相对控股	80.8432	75.8722	40.8922	29.1777	59.1910	71
000021	深科技	广东	东部	C	国有强相对控股	87.0976	68.9696	34.2543	28.3736	59.1287	72
601965	中国汽研	重庆	西部	M	国有绝对控股	87.7846	58.6319	40.3872	28.5295	59.1184	73
600010	包钢股份	内蒙古	西部	C	国有绝对控股	79.8052	75.8527	43.6591	28.1198	59.0618	74
002376	新北洋	山东	东部	C	国有弱相对控股	85.7758	58.6290	46.4703	26.3273	58.9806	75
000039	中集集团	广东	东部	C	国有弱相对控股	94.4686	68.9852	15.1799	31.1953	58.9700	76
002920	德赛西威	广东	东部	C	国有绝对控股	87.5865	51.7283	41.8192	31.2088	58.9599	77
000880	潍柴重机	山东	东部	C	国有绝对控股	84.9178	44.8260	57.2931	26.8281	58.8567	78
002415	海康威视	浙江	东部	C	国有强相对控股	76.8445	82.7891	33.2286	36.2122	58.8549	79
002967	广电计量	广东	东部	M	国有绝对控股	79.6625	58.6099	55.6197	28.2521	58.8435	80
300328	宜安科技	广东	东部	C	国有弱相对控股	87.3804	65.5169	36.6711	26.4898	58.7364	81
002304	洋河股份	江苏	东部	C	国有强相对控股	82.9226	62.1070	32.9165	38.5402	58.7034	82
600644	乐山电力	四川	西部	D	国有绝对控股	87.4770	41.3785	53.9525	26.7173	58.6674	83
300402	宝色股份	江苏	东部	C	国有绝对控股	79.2273	58.6198	55.9816	27.8706	58.6479	84
000006	深振业A	广东	东部	K	国有强相对控股	94.7350	75.8709	12.3451	27.0721	58.5117	85
600500	中化国际	上海	东部	C	国有绝对控股	84.8281	44.8450	54.6466	27.6555	58.5012	86
600548	深高速	广东	东部	G	国有绝对控股	88.8751	34.4997	53.6494	28.0739	58.4733	87
000090	天健集团	广东	东部	E	国有强相对控股	90.0077	62.0876	30.4196	28.0565	58.4143	88

续表

股票代码	公司简称	省份	地区	行业代码	控股类型	公司治理（CLCQI-CG）	社会责任（CLCQI-SR）	企业创新（CLCQI-EI）	绩效与价值（CLCQI-PV）	中国上市公司质量指数（CLCQI）	CLCQI排名
688012	中微公司	上海	东部	C	国有强相对控股	84.8632	58.6064	41.0798	29.5801	58.3472	89
600141	兴发集团	湖北	中部	C	国有弱相对控股	80.1663	55.1898	55.8175	27.1276	58.2904	90
000731	四川美丰	四川	西部	C	国有弱相对控股	83.6955	79.3128	31.2537	26.3121	58.2039	91
600262	北方股份	内蒙古	西部	C	国有绝对控股	87.7548	62.0711	35.6132	26.2940	58.1087	92
000544	中原环保	河南	中部	D	国有绝对控股	82.1385	75.8815	35.4854	26.9596	58.0746	93
600429	三元股份	北京	东部	C	国有强相对控股	90.2590	62.0858	30.5349	26.1911	58.0712	94
600939	重庆建工	重庆	西部	E	国有绝对控股	80.6494	51.7429	56.3017	27.1542	58.0701	95
000550	江铃汽车	江西	中部	C	国有强相对控股	81.4410	96.8567	19.7624	27.8172	58.0117	96
000937	冀中能源	河北	东部	B	国有绝对控股	87.5255	62.0919	33.5528	27.4956	57.9085	97
600011	华能国际	北京	东部	D	国有绝对控股	71.7070	86.2272	40.6133	32.6164	57.8936	98
600626	申达股份	上海	东部	C	国有强相对控股	77.4542	65.4990	53.6793	25.1153	57.8212	99
688128	中国电研	广东	东部	C	国有绝对控股	83.5861	44.8363	55.1158	26.5383	57.8176	100
601611	中国核建	上海	东部	E	国有绝对控股	75.7745	62.0702	54.9020	28.8239	57.8067	101
600973	宝胜股份	江苏	东部	C	国有强相对控股	74.1581	62.0705	60.6197	26.8166	57.8019	102
600153	建发股份	福建	东部	F	国有强相对控股	79.0923	68.9861	36.8452	33.6143	57.7574	103
000949	新乡化纤	河南	中部	C	国有绝对控股	76.3297	65.5044	54.3534	26.0750	57.7470	104
600688	上海石化	上海	东部	C	国有绝对控股	89.3668	82.7843	13.8330	27.0004	57.6810	105
600871	石化油服	北京	东部	B	国有绝对控股	86.2298	55.1714	40.6345	26.8161	57.5986	106

续表

股票代码	公司简称	省份	地区	行业代码	控股类型	公司治理（CLCQI-CG）	社会责任（CLCQI-SR）	企业创新（CLCQI-EI）	绩效与价值（CLCQI-PV）	中国上市公司质量指数（CLCQI）	CLCQI排名
002678	珠江钢琴	广东	东部	C	国有绝对控股	85.7455	65.5151	34.2438	26.4763	57.5933	107
300678	中科信息	四川	西部	I	国有强相对控股	77.1707	58.6173	55.3261	27.4541	57.5896	108
002371	北方华创	北京	东部	C	国有绝对控股	87.4879	75.8616	17.9696	30.4508	57.5810	109
603100	川仪股份	重庆	西部	C	国有绝对控股	80.6499	44.8339	58.5641	27.3511	57.5356	110
300091	金通灵	江苏	东部	C	国有弱相对控股	75.7951	65.5210	54.0334	26.3153	57.5317	111
603637	镇海股份	浙江	东部	E	国有弱相对控股	80.0600	51.7362	55.7858	26.3014	57.5170	112
000729	燕京啤酒	北京	东部	C	国有绝对控股	86.7859	62.0783	33.2657	27.2604	57.4944	113
600498	烽火通信	湖北	中部	C	国有强相对控股	76.3390	68.9705	49.6375	26.7063	57.4852	114
300087	荃银高科	安徽	中部	A	国有弱相对控股	91.4354	37.9403	37.8672	30.5755	57.4825	115
002781	奇信股份	广东	东部	E	国有弱相对控股	79.5196	58.6064	52.8596	25.1909	57.4684	116
300747	锐科激光	湖北	中部	C	国有强相对控股	86.1414	51.7177	41.3251	27.7293	57.4116	117
002110	三钢闽光	福建	东部	C	国有绝对控股	86.1736	55.1895	38.1098	28.0846	57.3910	118
600127	金健米业	湖南	中部	C	国有弱相对控股	72.7888	58.6064	60.0001	29.5829	57.3022	119
000858	五粮液	四川	西部	C	国有绝对控股	72.3352	89.6803	13.3125	49.0014	57.2990	120
002237	恒邦股份	山东	东部	C	国有强相对控股	81.5185	65.5190	40.2253	27.2708	57.2980	121
000851	高鸿股份	贵州	西部	F	国有弱相对控股	83.9919	58.6064	41.0959	26.7464	57.2935	122
600436	片仔癀	福建	东部	C	国有绝对控股	81.8293	62.0946	32.6064	34.8314	57.2750	123
000565	渝三峡A	重庆	西部	C	国有强相对控股	84.9153	65.5130	34.4498	26.2973	57.2574	124

续表

股票代码	公司简称	省份	地区	行业代码	控股类型	公司治理（*CLCQI-CG*）	社会责任（*CLCQI-SR*）	企业创新（*CLCQI-EI*）	绩效与价值（*CLCQI-PV*）	中国上市公司质量指数（*CLCQI*）	*CLCQI*排名
000738	航发控制	江苏	东部	C	国有绝对控股	86.7185	58.6137	33.4356	28.3548	57.2553	125
600326	西藏天路	西藏	西部	C	国有弱相对控股	82.4085	72.4116	33.2761	27.0138	57.2338	126
002916	深南电路	广东	东部	C	国有绝对控股	88.0901	75.8716	16.3623	29.1950	57.1880	127
001965	招商公路	天津	东部	G	国有绝对控股	90.7621	72.4263	14.6219	28.3386	57.1778	128
688396	华润微	江苏	东部	C	国有绝对控股	87.9611	58.6099	32.9990	26.2440	57.1367	129
002281	光迅科技	湖北	中部	C	国有强相对控股	81.9785	89.6710	20.3681	27.2255	57.1221	130
002389	航天彩虹	浙江	东部	C	国有强相对控股	82.2403	65.5049	34.4213	29.9653	57.0974	131
600980	北矿科技	北京	东部	C	国有强相对控股	78.8114	48.2765	58.2593	26.6960	57.0919	132
000906	浙商中拓	浙江	东部	F	国有强相对控股	84.3578	58.6221	37.4103	27.7381	56.9530	133
000539	粤电力A	广东	东部	D	国有绝对控股	81.2684	96.5716	14.5896	28.1573	56.9503	134
601006	大秦铁路	山西	中部	G	国有绝对控股	79.5426	62.0970	38.6577	32.3368	56.9473	135
000566	海南海药	海南	东部	C	国有弱相对控股	79.7376	51.7288	52.6635	26.9938	56.9355	136
000905	厦门港务	福建	东部	G	国有绝对控股	84.4869	58.6113	38.1300	26.8391	56.9222	137
000589	贵州轮胎	贵州	西部	C	国有弱相对控股	82.8680	65.5201	34.4584	28.0506	56.8795	138
002393	力生制药	天津	东部	C	国有绝对控股	84.4746	65.5146	34.1701	25.6894	56.8734	139
600271	航天信息	北京	东部	C	国有强相对控股	76.4926	62.0742	51.1724	26.8563	56.8567	140
300516	久之洋	湖北	中部	C	国有绝对控股	85.4355	51.7244	40.4114	27.2522	56.8282	141
603126	中材节能	天津	东部	M	国有绝对控股	84.3146	62.0726	34.5318	26.9150	56.6718	142

续表

股票代码	公司简称	省份	地区	行业代码	控股类型	公司治理（*CLCQI-CG*）	社会责任（*CLCQI-SR*）	企业创新（*CLCQI-EI*）	绩效与价值（*CLCQI-PV*）	中国上市公司质量指数（*CLCQI*）	*CLCQI* 排名
601588	北辰实业	北京	东部	K	国有强相对控股	82.1444	68.9610	33.1708	27.0739	56.6045	143
600117	西宁特钢	青海	西部	C	国有绝对控股	75.0273	62.0640	53.4129	26.3879	56.6001	144
600322	天房发展	天津	东部	K	国有强相对控股	80.7398	55.1563	32.8794	37.7317	56.5782	145
601098	中南传媒	湖南	中部	R	国有绝对控股	84.2014	62.0957	33.2927	27.6849	56.5747	146
600062	华润双鹤	北京	东部	C	国有绝对控股	87.2272	82.7710	12.5018	27.0227	56.5626	147
000915	华特达因	山东	东部	C	国有弱相对控股	80.6008	72.4233	32.8741	27.4697	56.5460	148
000596	古井贡酒	安徽	中部	C	国有绝对控股	76.0377	72.4179	35.5477	32.6287	56.5445	149
000833	粤桂股份	广西	西部	S	国有绝对控股	81.1556	68.9702	35.2761	26.6400	56.5230	150
000969	安泰科技	北京	东部	C	国有强相对控股	86.1963	55.1902	35.6153	26.4916	56.5030	151
600558	大西洋	四川	西部	C	国有强相对控股	84.6651	58.6155	36.0728	26.3645	56.4640	152
600231	凌钢股份	辽宁	东北	C	国有强相对控股	81.6812	65.5082	35.6897	26.9519	56.3746	153
600449	宁夏建材	宁夏	西部	C	国有强相对控股	80.0612	72.4144	32.2378	27.9872	56.3310	154
600195	中牧股份	北京	东部	C	国有强相对控股	82.4268	62.0715	35.4599	27.6058	56.2748	155
000625	长安汽车	重庆	西部	C	国有强相对控股	78.8289	82.8169	22.0247	31.2665	56.1757	156
600782	新钢股份	江西	中部	C	国有绝对控股	77.3978	62.0726	44.5088	27.9291	56.1540	157
002047	宝鹰股份	广东	东部	E	国有弱相对控股	92.7840	65.5026	13.2001	26.2938	56.1525	158
688015	交控科技	北京	东部	C	国有弱相对控股	89.0054	44.8330	34.9077	27.3052	56.1350	159
601600	中国铝业	北京	东部	C	国有强相对控股	86.4427	48.2712	35.0867	29.1213	56.1155	160

续表

股票代码	公司简称	省份	地区	行业代码	控股类型	公司治理（CLCQI-CG）	社会责任（CLCQI-SR）	企业创新（CLCQI-EI）	绩效与价值（CLCQI-PV）	中国上市公司质量指数（CLCQI）	CLCQI排名
000998	隆平高科	湖南	中部	A	国有弱相对控股	82.6088	58.6261	37.0804	27.4206	56.1087	161
601698	中国卫通	北京	东部	I	国有绝对控股	82.8665	68.9557	28.0994	27.9638	56.1008	162
000968	蓝焰控股	山西	中部	B	国有绝对控股	75.5259	82.7545	34.6213	26.2067	56.0995	163
300073	当升科技	北京	东部	C	国有弱相对控股	76.6928	44.8339	55.6312	30.2506	56.0911	164
600889	南京化纤	江苏	东部	C	国有强相对控股	73.3554	68.9491	49.4174	26.0853	56.0893	165
000919	金陵药业	江苏	东部	C	国有绝对控股	87.6255	55.1890	30.5989	26.5381	56.0828	166
603817	海峡环保	福建	东部	D	国有绝对控股	84.5129	58.6232	34.3807	26.3443	56.0609	167
600459	贵研铂业	云南	西部	C	国有强相对控股	74.1022	62.0758	50.1410	28.1795	56.0253	168
002017	东信和平	广东	东部	C	国有强相对控股	77.7702	65.5154	43.0046	25.9161	56.0154	169
002732	燕塘乳业	广东	东部	C	国有绝对控股	90.5899	37.9459	36.6173	27.0368	56.0105	170
002338	奥普光电	吉林	东北	C	国有强相对控股	78.4170	65.5208	39.2464	27.7491	55.9815	171
002059	云南旅游	云南	西部	N	国有绝对控股	79.9690	72.4128	31.9511	26.6616	55.9051	172
000155	川能动力	四川	西部	D	国有强相对控股	76.0592	79.2994	32.3315	28.4067	55.8866	173
600362	江西铜业	江西	中部	C	国有强相对控股	79.2887	75.8697	26.9372	29.5550	55.8722	174
002268	卫士通	四川	西部	I	国有强相对控股	75.6759	51.7186	56.0696	26.5054	55.8684	175
600050	中国联通	北京	东部	I	国有强相对控股	82.1340	75.8746	12.4384	36.5539	55.8609	176
603227	雪峰科技	新疆	西部	C	国有强相对控股	68.9216	75.8732	51.4284	26.4886	55.8575	177
600298	安琪酵母	湖北	中部	C	国有强相对控股	78.5907	62.0718	38.4361	29.6405	55.8444	178

续表

股票代码	公司简称	省份	地区	行业代码	控股类型	公司治理（CLCQI-CG）	社会责任（CLCQI-SR）	企业创新（CLCQI-EI）	绩效与价值（CLCQI-PV）	中国上市公司质量指数（CLCQI）	CLCQI排名
002155	湖南黄金	湖南	中部	B	国有强相对控股	80.2771	58.6123	40.8270	26.9208	55.7983	179
600633	浙数文化	浙江	东部	I	国有绝对控股	81.5127	62.0659	35.8510	26.8397	55.7951	180
600456	宝钛股份	陕西	西部	C	国有绝对控股	77.1279	48.2792	52.0616	29.0870	55.7771	181
000151	中成股份	北京	东部	F	国有强相对控股	79.8216	65.4990	37.9315	25.6424	55.7504	182
600629	华建集团	上海	东部	M	国有绝对控股	77.1673	48.2825	52.9145	28.1433	55.7280	183
600251	冠农股份	新疆	西部	C	国有强相对控股	86.0030	55.1672	31.4185	26.9631	55.7008	184
601985	中国核电	北京	东部	D	国有绝对控股	84.2686	68.9825	16.1503	33.6538	55.6983	185
600395	盘江股份	贵州	西部	B	国有绝对控股	83.0816	58.6276	33.8500	27.5823	55.6924	186
600685	中船防务	广东	东部	C	国有强相对控股	80.4818	89.6524	12.8242	29.8955	55.6793	187
600997	开滦股份	河北	东部	C	国有绝对控股	80.6154	68.9874	31.2884	27.3021	55.6775	188
300597	吉大通信	吉林	东北	I	国有弱相对控股	81.1645	58.6202	38.8514	26.5780	55.6736	189
300406	九强生物	北京	东部	C	国有弱相对控股	84.0600	79.3124	16.1356	27.5417	55.6334	190
600495	晋西车轴	山西	中部	C	国有强相对控股	72.1660	62.0719	54.5121	26.1892	55.6269	191
601618	中国中冶	北京	东部	E	国有绝对控股	87.2178	55.1875	19.1510	34.4554	55.6093	192
000898	鞍钢股份	辽宁	东北	C	国有绝对控股	92.1940	55.1887	17.4124	27.8267	55.5951	193
300024	机器人	辽宁	东北	C	国有弱相对控股	83.3383	68.9491	26.4355	26.4066	55.5664	194
002030	达安基因	广东	东部	C	国有强相对控股	84.7328	62.0659	18.1237	34.9057	55.5542	195
601958	金钼股份	陕西	西部	B	国有绝对控股	70.3631	62.1478	57.4410	26.3837	55.5515	196

续表

股票代码	公司简称	省份	地区	行业代码	控股类型	公司治理（CLCQI-CG）	社会责任（CLCQI-SR）	企业创新（CLCQI-EI）	绩效与价值（CLCQI-PV）	中国上市公司质量指数（CLCQI）	CLCQI排名
601238	广汽集团	广东	东部	C	国有绝对控股	85.3876	65.5173	19.2066	30.8802	55.5440	197
600741	华域汽车	上海	东部	C	国有绝对控股	75.0462	62.0780	41.6571	31.4296	55.5190	198
000733	振华科技	贵州	西部	C	国有强相对控股	69.2027	58.6115	55.6837	31.6157	55.5135	199
601003	柳钢股份	广西	西部	C	国有绝对控股	75.0005	75.8822	35.6174	28.0131	55.5093	200
000099	中信海直	广东	东部	G	国有强相对控股	84.8112	79.3067	14.9089	26.8257	55.5087	201
000960	锡业股份	云南	西部	C	国有强相对控股	80.8637	89.6573	14.3738	27.3594	55.5087	202
300072	三聚环保	北京	东部	C	国有强相对控股	87.9881	48.2712	32.5937	26.1461	55.4912	203
600367	红星发展	贵州	西部	C	国有强相对控股	79.3394	68.9615	33.9071	26.2960	55.4354	204
600513	联环药业	江苏	东部	C	国有强相对控股	72.3931	58.6204	54.5000	27.0783	55.4199	205
000756	新华制药	山东	东部	C	国有强相对控股	87.3552	72.4344	14.1257	27.1230	55.4132	206
300722	新余国科	江西	中部	C	国有绝对控股	78.0692	58.6314	35.9162	32.7954	55.4045	207
000423	东阿阿胶	山东	东部	C	国有强相对控股	81.0648	62.0932	34.1740	27.2964	55.3988	208
600406	国电南瑞	江苏	东部	I	国有绝对控股	79.0241	55.1963	39.0797	30.6578	55.3695	209
000547	航天发展	福建	东部	C	国有弱相对控股	81.2531	75.8616	18.7786	30.9057	55.3626	210
002819	东方中科	北京	东部	F	国有强相对控股	74.6599	72.4133	38.2676	27.8972	55.3538	211
002106	莱宝高科	广东	东部	C	国有弱相对控股	80.2392	58.6185	38.1495	27.3334	55.3517	212
600129	太极集团	重庆	西部	C	国有强相对控股	78.2362	72.4312	32.5772	26.6804	55.3447	213
002096	南岭民爆	湖南	中部	C	国有绝对控股	78.9757	72.4147	31.5244	26.3211	55.3376	214

续表

股票代码	公司简称	省份	地区	行业代码	控股类型	公司治理（CLCQI-CG）	社会责任（CLCQI-SR）	企业创新（CLCQI-EI）	绩效与价值（CLCQI-PV）	中国上市公司质量指数（CLCQI）	CLCQI排名
600312	平高电气	河南	中部	C	国有强相对控股	70.9965	62.0678	54.5067	26.6401	55.2702	215
000581	威孚高科	江苏	东部	C	国有弱相对控股	81.2794	55.1877	35.5511	29.3284	55.2322	216
000932	华菱钢铁	湖南	中部	C	国有强相对控股	73.6559	68.9868	39.8870	29.7268	55.2195	217
000983	山西焦煤	山西	中部	B	国有绝对控股	74.9189	75.8786	34.0359	28.2086	55.2087	218
600480	凌云股份	河北	东部	C	国有强相对控股	81.0353	58.6386	35.2990	27.6859	55.1912	219
002507	涪陵榨菜	重庆	西部	C	国有强相对控股	93.5207	51.7162	10.8044	31.4150	55.1803	220
002204	大连重工	辽宁	东北	C	国有绝对控股	79.1746	65.5639	34.7960	26.8467	55.1753	221
600258	首旅酒店	北京	东部	H	国有强相对控股	79.5309	65.5057	34.1280	26.8390	55.1735	222
603025	大豪科技	北京	东部	C	国有强相对控股	74.8606	44.8514	52.5791	31.9205	55.1679	223
600397	安源煤业	江西	中部	B	国有强相对控股	79.0639	65.5141	35.1532	26.7382	55.1679	224
000629	攀钢钒钛	四川	西部	C	国有绝对控股	80.5464	89.6573	14.4827	26.3241	55.1447	225
600025	华能水电	云南	西部	D	国有绝对控股	80.1331	58.6303	33.8699	30.0597	55.1367	226
002479	富春环保	浙江	东部	D	国有弱相对控股	89.7530	62.0837	16.5392	26.4414	55.1319	227
603369	今世缘	江苏	东部	C	国有强相对控股	94.0138	51.7303	10.8844	30.3472	55.1288	228
601968	宝钢包装	上海	东部	C	国有绝对控股	82.4315	58.6299	32.5002	27.4234	55.1230	229
600116	三峡水利	重庆	西部	D	国有绝对控股	80.1978	62.0741	32.8472	28.5393	55.0945	230
601808	中海油服	天津	东部	B	国有绝对控股	91.1392	55.1742	17.1470	27.7193	55.0910	231
000830	鲁西化工	山东	东部	C	国有强相对控股	77.9908	65.5191	35.3534	27.8248	55.0511	232

续表

股票代码	公司简称	省份	地区	行业代码	控股类型	公司治理（CLCQI-CG）	社会责任（CLCQI-SR）	企业创新（CLCQI-EI）	绩效与价值（CLCQI-PV）	中国上市公司质量指数（CLCQI）	CLCQI排名
000950	重药控股	重庆	西部	F	国有绝对控股	77.2011	68.9659	34.7762	27.4369	55.0398	233
600469	风神股份	河南	中部	C	国有绝对控股	80.5832	62.0655	33.9633	26.6528	54.9990	234
002049	紫光国微	河北	东部	C	国有强相对控股	80.1993	72.3964	19.9782	32.1901	54.9824	235
300534	陇神戎发	甘肃	西部	C	国有强相对控股	79.7699	65.5095	33.2378	26.3167	54.9611	236
601869	长飞光纤	湖北	中部	C	国有强相对控股	79.6223	62.0711	35.4489	26.8399	54.9594	237
000948	南天信息	云南	西部	I	国有强相对控股	83.9745	37.9387	44.9704	26.7173	54.9540	238
300034	钢研高纳	北京	东部	C	国有强相对控股	87.8404	62.0740	16.1047	29.1015	54.9436	239
600608	ST沪科	上海	东部	F	国有弱相对控股	78.7103	44.8211	49.3033	27.4227	54.9236	240
002465	海格通信	广东	东部	C	国有弱相对控股	82.7215	75.8828	18.4481	27.0351	54.9194	241
603701	德宏股份	浙江	东部	C	国有弱相对控股	82.9737	51.7315	36.5380	26.6398	54.9168	242
600020	中原高速	河南	中部	G	国有绝对控股	81.0592	62.0649	32.5766	26.6674	54.9156	243
601107	四川成渝	四川	西部	G	国有绝对控股	88.8116	41.3897	32.1518	26.8549	54.8772	244
000777	中核科技	江苏	东部	C	国有弱相对控股	78.0150	65.5135	35.6798	26.8039	54.8700	245
600063	皖维高新	安徽	中部	C	国有强相对控股	76.9288	68.9714	35.4038	26.6833	54.8688	246
600332	白云山	广东	东部	C	国有绝对控股	79.5955	62.0897	33.0988	28.3620	54.8619	247
600350	山东高速	山东	东部	G	国有绝对控股	81.4204	55.1956	33.8956	28.9185	54.8562	248
002258	利尔化学	四川	西部	C	国有强相对控股	83.2037	51.7202	33.9204	28.1101	54.8511	249
600103	青山纸业	福建	东部	C	国有弱相对控股	76.3103	75.8493	31.8243	26.1977	54.8158	250

续表

股票代码	公司简称	省份	地区	行业代码	控股类型	公司治理（CLCQI-CG）	社会责任（CLCQI-SR）	企业创新（CLCQI-EI）	绩效与价值（CLCQI-PV）	中国上市公司质量指数（CLCQI）	CLCQI排名
002523	天桥起重	湖南	中部	C	国有强相对控股	84.7864	48.2926	35.5989	26.1498	54.8157	251
603019	中科曙光	天津	东部	C	国有弱相对控股	80.2324	62.0671	31.7391	28.2396	54.8107	252
600740	山西焦化	山西	中部	C	国有绝对控股	80.1633	37.9562	51.2218	27.1999	54.8031	253
688122	西部超导	陕西	西部	C	国有强相对控股	76.4408	65.5365	34.5181	29.9593	54.8003	254
601919	中远海控	天津	东部	G	国有绝对控股	84.3514	62.0565	13.9673	35.8278	54.7994	255
601101	昊华能源	北京	东部	B	国有绝对控股	79.8503	62.0948	34.6432	26.4205	54.7881	256
600761	安徽合力	安徽	中部	C	国有强相对控股	74.6217	62.0899	42.8541	28.1281	54.7650	257
601369	陕鼓动力	陕西	西部	C	国有绝对控股	78.7327	62.0902	36.0380	26.9821	54.7598	258
600376	首开股份	北京	东部	K	国有绝对控股	75.0076	68.9650	33.4515	30.8682	54.7551	259
002698	博实股份	黑龙江	东北	C	国有弱相对控股	79.7321	58.6315	36.3150	27.1776	54.7450	260
002080	中材科技	江苏	东部	C	国有绝对控股	89.2463	58.6215	14.1890	29.6480	54.7416	261
000859	国风塑业	安徽	中部	C	国有弱相对控股	80.8739	58.6134	35.0333	26.3342	54.7318	262
300675	建科院	广东	东部	M	国有强相对控股	80.5060	58.6203	34.9350	26.9885	54.7296	263
600068	葛洲坝	湖北	中部	E	国有强相对控股	79.1370	48.2848	40.2592	31.0917	54.7223	264
601007	金陵饭店	江苏	东部	H	国有强相对控股	77.5205	68.9669	33.4703	26.6327	54.7055	265
603043	广州酒家	广东	东部	C	国有绝对控股	85.7426	44.8378	33.0366	28.2362	54.6891	266
000619	海螺型材	安徽	中部	C	国有强相对控股	83.8037	51.7386	34.1446	26.2903	54.6838	267
600378	昊华科技	四川	西部	C	国有绝对控股	83.7025	44.8330	38.3955	27.1576	54.6744	268

续表

股票代码	公司简称	省份	地区	行业代码	控股类型	公司治理（*CLCQI-CG*）	社会责任（*CLCQI-SR*）	企业创新（*CLCQI-EI*）	绩效与价值（*CLCQI-PV*）	中国上市公司质量指数（*CLCQI*）	*CLCQI* 排名
000799	酒鬼酒	湖南	中部	C	国有强相对控股	77.4297	58.6220	30.3309	35.3013	54.6567	269
000598	兴蓉环境	四川	西部	D	国有绝对控股	90.0850	62.0896	12.2065	27.3684	54.6308	270
002116	中国海诚	上海	东部	E	国有绝对控股	75.2469	41.3942	58.2775	26.6089	54.6156	271
300788	中信出版	北京	东部	R	国有绝对控股	88.2372	65.5138	13.1751	27.4253	54.6133	272
000965	天保基建	天津	东部	K	国有绝对控股	86.5822	72.4204	12.0037	26.7969	54.5959	273
002254	泰和新材	山东	东部	C	国有弱相对控股	88.6923	65.5364	12.2081	27.3565	54.5881	274
601992	金隅集团	北京	东部	C	国有强相对控股	88.8051	55.1882	15.5476	30.6200	54.5648	275
600510	黑牡丹	江苏	东部	K	国有绝对控股	67.7562	62.0705	56.1482	27.6772	54.5620	276
600853	龙建股份	黑龙江	东北	E	国有强相对控股	83.6163	51.7261	32.9433	27.0347	54.5528	277
000698	沈阳化工	辽宁	东北	C	国有强相对控股	74.6792	72.4143	34.9349	27.3266	54.5525	278
600760	中航沈飞	山东	东部	C	国有绝对控股	75.5687	62.0647	36.0745	31.1563	54.5412	279
002140	东华科技	安徽	中部	E	国有绝对控股	87.5389	37.9496	35.3617	26.9832	54.5262	280
600190	锦州港	辽宁	东北	G	国有强相对控股	79.3586	62.0734	33.9100	26.7141	54.5150	281
600860	京城股份	北京	东部	C	国有绝对控股	74.9099	51.7213	51.2635	26.0314	54.4827	282
601018	宁波港	浙江	东部	G	国有绝对控股	78.1493	62.0823	33.3149	28.9580	54.4745	283
000027	深圳能源	广东	东部	D	国有绝对控股	80.6443	82.7765	12.3155	29.3273	54.4691	284
000886	海南高速	海南	东部	K	国有弱相对控股	83.8134	51.7352	32.1733	26.9606	54.4604	285
002580	圣阳股份	山东	东部	C	国有弱相对控股	79.4004	58.6200	36.4119	26.4840	54.4565	286

续表

股票代码	公司简称	省份	地区	行业代码	控股类型	公司治理（*CLCQI-CG*）	社会责任（*CLCQI-SR*）	企业创新（*CLCQI-EI*）	绩效与价值（*CLCQI-PV*）	中国上市公司质量指数（*CLCQI*）	*CLCQI* 排名
600302	标准股份	陕西	西部	C	国有强相对控股	79.1932	58.7612	35.8915	27.1033	54.4456	287
600197	伊力特	新疆	西部	C	国有强相对控股	73.3224	75.8697	32.3836	28.8788	54.4058	288
600301	*ST南化	广西	西部	C	国有强相对控股	79.6233	58.6064	35.8299	26.3127	54.3844	289
601368	绿城水务	广西	西部	D	国有绝对控股	79.1255	58.6207	36.4578	26.5685	54.3770	290
000049	德赛电池	广东	东部	C	国有强相对控股	75.8128	58.6183	39.3244	29.5313	54.3656	291
000768	中航西飞	陕西	西部	C	国有绝对控股	80.3699	55.1920	32.0079	30.1372	54.3626	292
600133	东湖高新	湖北	中部	E	国有弱相对控股	80.2697	58.6112	32.8099	27.5779	54.3560	293
002025	航天电器	贵州	西部	C	国有强相对控股	75.8330	58.6147	38.3639	30.1402	54.3332	294
002820	桂发祥	天津	东部	C	国有强相对控股	80.2663	62.0754	31.8032	26.1076	54.3054	295
002046	国机精工	河南	中部	C	国有绝对控股	77.0005	62.0727	36.4938	27.2252	54.2162	296
601975	招商南油	江苏	东部	G	国有强相对控股	82.2799	51.7137	33.7265	27.1883	54.2114	297
002777	久远银海	四川	西部	I	国有强相对控股	79.4915	58.6198	33.9827	27.2574	54.2005	298
000797	中国武夷	福建	东部	K	国有绝对控股	76.0677	68.9840	33.6084	26.7255	54.1777	299
600159	大龙地产	北京	东部	K	国有强相对控股	80.2812	58.6258	33.1608	26.4581	54.1530	300
688189	南新制药	湖南	中部	C	国有弱相对控股	67.2366	65.5066	55.3120	25.3684	54.1251	301
000153	丰原药业	安徽	中部	C	国有强相对控股	71.1039	55.1622	53.2985	26.9780	54.1201	302
600725	云维股份	云南	西部	C	国有强相对控股	77.3626	55.1563	40.9830	26.4536	54.0285	303
000920	南方汇通	贵州	西部	C	国有强相对控股	79.8144	58.6197	33.0340	26.7580	54.0150	304

续表

股票代码	公司简称	省份	地区	行业代码	控股类型	公司治理（CLCQI-CG）	社会责任（CLCQI-SR）	企业创新（CLCQI-EI）	绩效与价值（CLCQI-PV）	中国上市公司质量指数（CLCQI）	CLCQI排名
601228	广州港	广东	东部	G	国有绝对控股	81.8110	48.2853	36.2329	27.1939	54.0122	305
600161	天坛生物	北京	东部	C	国有绝对控股	76.8611	62.0629	32.0437	30.1853	54.0090	306
600419	天润乳业	新疆	西部	C	国有强相对控股	80.6123	58.6204	30.9536	27.0887	54.0009	307
600936	广西广电	广西	西部	I	国有绝对控股	82.5941	58.6234	27.8457	26.3591	53.9900	308
000045	深纺织A	广东	东部	C	国有强相对控股	80.5996	58.6272	32.3501	25.8781	53.9735	309
600101	明星电力	四川	西部	D	国有强相对控股	87.1841	37.9384	33.8849	26.3873	53.9382	310
002941	新疆交建	新疆	西部	E	国有强相对控股	70.0839	58.6327	52.5641	26.3853	53.9376	311
000888	峨眉山A	四川	西部	N	国有强相对控股	78.7819	65.5114	30.1060	26.2438	53.9216	312
000831	五矿稀土	山西	中部	C	国有强相对控股	88.5995	58.6152	14.5944	27.0731	53.9192	313
600237	铜峰电子	安徽	中部	C	国有弱相对控股	79.1313	58.6064	33.8248	26.8410	53.9187	314
002238	天威视讯	广东	东部	I	国有绝对控股	81.2736	58.7037	28.9858	27.2202	53.9172	315
600039	四川路桥	四川	西部	E	国有绝对控股	81.6255	44.8339	35.9710	29.3459	53.9060	316
002091	江苏国泰	江苏	东部	F	国有强相对控股	86.1660	65.5151	13.3997	27.6569	53.8878	317
603698	航天工程	北京	东部	M	国有绝对控股	79.8619	51.7221	37.6203	26.6142	53.8807	318
600528	中铁工业	北京	东部	C	国有强相对控股	86.7718	34.4788	35.6660	27.2960	53.8377	319
300374	中铁装配	北京	东部	C	国有弱相对控股	82.5802	51.7190	31.9021	26.6190	53.8251	320
002332	仙琚制药	浙江	东部	C	国有弱相对控股	83.3958	44.8325	34.1442	27.6010	53.8123	321
600482	中国动力	河北	东部	C	国有强相对控股	77.6947	58.6139	35.6214	27.1821	53.7898	322

续表

股票代码	公司简称	省份	地区	行业代码	控股类型	公司治理（CLCQI-CG）	社会责任（CLCQI-SR）	企业创新（CLCQI-EI）	绩效与价值（CLCQI-PV）	中国上市公司质量指数（CLCQI）	CLCQI排名
002128	露天煤业	内蒙古	西部	B	国有绝对控股	75.8612	58.6378	37.4010	28.5220	53.7509	323
001979	招商蛇口	广东	东部	K	国有绝对控股	77.0099	68.9851	14.1095	39.0892	53.7459	324
603000	人民网	北京	东部	I	国有绝对控股	77.7684	68.9741	27.4214	27.1879	53.7347	325
600616	金枫酒业	上海	东部	C	国有强相对控股	74.6112	68.9567	31.1354	29.1721	53.7081	326
000933	神火股份	河南	中部	C	国有弱相对控股	85.0149	44.8467	30.0319	27.8541	53.7029	327
600022	山东钢铁	山东	东部	C	国有绝对控股	74.1024	62.0774	38.5013	28.1516	53.6907	328
600435	北方导航	北京	东部	C	国有强相对控股	76.4314	62.0675	34.8449	27.0808	53.6219	329
000657	中钨高新	海南	东部	C	国有绝对控股	77.5823	58.6064	35.5387	26.7502	53.6192	330
601888	中国中免	北京	东部	L	国有绝对控股	78.2657	58.6212	15.1911	41.8402	53.5977	331
300169	天晟新材	江苏	东部	C	国有弱相对控股	75.1660	72.3917	30.9359	25.9395	53.5972	332
603888	新华网	北京	东部	I	国有绝对控股	77.4049	68.9636	27.8226	26.8758	53.5900	333
000488	晨鸣纸业	山东	东部	C	国有弱相对控股	82.3718	44.8284	34.0888	28.3865	53.5874	334
601226	华电重工	北京	东部	M	国有绝对控股	78.1695	55.1891	37.1207	26.4419	53.5808	335
600309	万华化学	山东	东部	C	国有弱相对控股	78.3940	68.9785	16.6687	34.1513	53.5759	336
000409	云鼎科技	山东	东部	I	国有弱相对控股	88.5392	65.5141	8.3446	26.6483	53.5738	337
600379	宝光股份	陕西	西部	C	国有弱相对控股	76.6337	58.6260	37.1627	26.7194	53.5598	338
300772	运达股份	浙江	东部	C	国有绝对控股	79.0416	44.8262	42.3654	26.9776	53.5581	339
001914	招商积余	广东	东部	K	国有绝对控股	87.9823	58.6194	13.6746	27.3292	53.5531	340

续表

股票代码	公司简称	省份	地区	行业代码	控股类型	公司治理（CLCQI-CG）	社会责任（CLCQI-SR）	企业创新（CLCQI-EI）	绩效与价值（CLCQI-PV）	中国上市公司质量指数（CLCQI）	CLCQI排名
000607	华媒控股	浙江	东部	R	国有绝对控股	85.3859	68.9491	12.4197	26.2445	53.5418	341
002627	三峡旅游	湖北	中部	G	国有强相对控股	86.4752	65.5337	12.3522	26.5108	53.5183	342
600683	京投发展	浙江	东部	K	国有强相对控股	77.3533	58.6230	33.6223	28.2229	53.5150	343
002480	新筑股份	四川	西部	C	国有强相对控股	77.9653	58.6064	34.2950	26.6773	53.5054	344
600755	厦门国贸	福建	东部	F	国有强相对控股	72.3330	48.2906	49.8998	29.3095	53.4841	345
000570	苏常柴A	江苏	东部	C	国有强相对控股	80.9851	51.7109	33.1254	26.7112	53.4535	346
000665	湖北广电	湖北	中部	R	国有绝对控股	77.5494	58.6064	35.3580	26.1707	53.4250	347
600602	云赛智联	上海	东部	I	国有强相对控股	84.1160	65.5131	16.9017	26.2533	53.4170	348
000528	柳工	广西	西部	C	国有强相对控股	80.4029	48.2989	35.5995	27.5618	53.4164	349
600268	国电南自	江苏	东部	C	国有绝对控股	79.0761	51.7394	35.7085	27.2807	53.3532	350
000061	农产品	广东	东部	L	国有强相对控股	77.2474	89.6650	10.4822	27.6046	53.3463	351
603066	音飞储存	江苏	东部	G	国有弱相对控股	74.0182	62.0582	38.1949	27.1043	53.3311	352
600668	尖峰集团	浙江	东部	C	国有弱相对控股	86.1541	65.5075	11.1761	27.1818	53.3184	353
000417	合肥百货	安徽	中部	F	国有强相对控股	84.3156	72.4194	10.2460	26.6209	53.2936	354
600505	西昌电力	四川	西部	D	国有绝对控股	80.0306	55.1781	32.0908	26.1255	53.2385	355
000780	ST平能	内蒙古	西部	B	国有绝对控股	76.5278	65.5141	31.5000	25.9976	53.2376	356
000425	徐工机械	江苏	东部	C	国有强相对控股	76.1225	48.2948	41.8975	28.5518	53.2107	357
002314	南山控股	广东	东部	K	国有绝对控股	86.8434	58.6154	12.9158	28.3808	53.2080	358

续表

股票代码	公司简称	省份	地区	行业代码	控股类型	公司治理（CLCQI-CG）	社会责任（CLCQI-SR）	企业创新（CLCQI-EI）	绩效与价值（CLCQI-PV）	中国上市公司质量指数（CLCQI）	CLCQI排名
300446	*ST乐材	河北	东部	C	国有强相对控股	75.0992	58.6166	40.0582	25.3776	53.1882	359
600713	南京医药	江苏	东部	F	国有强相对控股	80.6067	44.8363	37.2976	26.9842	53.1737	360
603318	水发燃气	辽宁	东北	D	国有强相对控股	77.2879	55.1638	35.8501	27.1816	53.1552	361
000825	太钢不锈	山西	中部	C	国有绝对控股	76.4457	79.3326	18.9844	27.5022	53.1506	362
600433	冠豪高新	广东	东部	C	国有强相对控股	70.7119	75.8619	33.5167	27.1320	53.1504	363
600426	华鲁恒升	山东	东部	C	国有强相对控股	71.8458	65.5079	35.1742	30.1972	53.1486	364
600618	氯碱化工	上海	东部	C	国有强相对控股	67.3211	82.7618	35.5524	26.7585	53.1428	365
001896	豫能控股	河南	中部	D	国有绝对控股	78.2188	51.7288	33.6409	29.4589	53.1398	366
600059	古越龙山	浙江	东部	C	国有强相对控股	78.9520	82.7601	10.4095	28.2436	53.1376	367
600802	福建水泥	福建	东部	C	国有强相对控股	77.5134	62.0688	9.5801	43.5272	53.1135	368
000993	闽东电力	福建	东部	D	国有绝对控股	80.0565	82.7495	10.5015	26.2734	53.1037	369
000529	广弘控股	广东	东部	C	国有绝对控股	88.2189	31.0615	32.1336	26.7832	53.0693	370
601595	上海电影	上海	东部	R	国有绝对控股	77.5553	62.0565	31.3377	25.8224	53.0537	371
601872	招商轮船	上海	东部	G	国有绝对控股	81.7616	44.8366	33.4488	27.7199	53.0499	372
300053	欧比特	广东	东部	C	国有弱相对控股	91.3180	41.3710	18.8964	26.1481	53.0492	373
603860	中公高科	北京	东部	M	国有强相对控股	76.5495	62.0582	32.6325	26.3249	53.0362	374
000938	紫光股份	北京	东部	C	国有绝对控股	78.4533	62.0634	25.9100	28.5738	53.0163	375
600880	博瑞传播	四川	西部	R	国有强相对控股	76.4793	55.1638	36.7625	27.0946	52.9924	376

续表

股票代码	公司简称	省份	地区	行业代码	控股类型	公司治理（CLCQI-CG）	社会责任（CLCQI-SR）	企业创新（CLCQI-EI）	绩效与价值（CLCQI-PV）	中国上市公司质量指数（CLCQI）	CLCQI排名
300205	天喻信息	湖北	中部	C	国有强相对控股	84.0839	58.6235	19.7702	26.2235	52.9370	377
000157	中联重科	湖南	中部	C	国有弱相对控股	86.0499	44.8386	20.0896	31.0113	52.9165	378
600292	远达环保	重庆	西部	N	国有绝对控股	76.2400	58.6217	34.2274	27.1101	52.9123	379
600108	亚盛集团	甘肃	西部	A	国有弱相对控股	77.5668	58.6064	32.2905	26.4362	52.8848	380
600202	哈空调	黑龙江	东北	C	国有强相对控股	81.3731	44.8269	35.1780	26.1272	52.8407	381
601898	中煤能源	北京	东部	B	国有绝对控股	83.7777	55.1810	15.0189	31.9826	52.7876	382
002344	海宁皮城	浙江	东部	L	国有绝对控股	84.3844	65.5183	11.9553	27.2516	52.7855	383
002033	丽江股份	云南	西部	N	国有强相对控股	76.9178	89.6755	9.3110	26.7553	52.7694	384
002935	天奥电子	四川	西部	C	国有强相对控股	85.7894	51.7303	19.4413	27.2115	52.7664	385
600790	轻纺城	浙江	东部	L	国有强相对控股	84.6917	65.5241	10.8354	27.5517	52.7603	386
600523	贵航股份	贵州	西部	C	国有绝对控股	74.6191	62.0806	34.0005	27.0045	52.7110	387
601139	深圳燃气	广东	东部	D	国有绝对控股	70.1636	68.9778	37.0694	27.3427	52.6617	388
600356	恒丰纸业	黑龙江	东北	C	国有强相对控股	72.9515	65.5206	34.9892	26.6167	52.6607	389
600533	栖霞建设	江苏	东部	K	国有强相对控股	82.6353	68.9665	12.4258	27.0815	52.6546	390
600099	林海股份	江苏	东部	C	国有强相对控股	78.5647	51.7389	34.2782	26.3661	52.6339	391
000878	云南铜业	云南	西部	C	国有强相对控股	80.9298	62.0783	19.0898	28.5156	52.6305	392
600963	岳阳林纸	湖南	中部	C	国有强相对控股	76.2339	58.6160	33.0054	26.9617	52.6275	393
000959	首钢股份	北京	东部	C	国有绝对控股	78.9460	41.3785	38.1659	28.7563	52.6074	394

续表

股票代码	公司简称	省份	地区	行业代码	控股类型	公司治理（CLCQI-CG）	社会责任（CLCQI-SR）	企业创新（CLCQI-EI）	绩效与价值（CLCQI-PV）	中国上市公司质量指数（CLCQI）	CLCQI排名
600808	马钢股份	安徽	中部	C	国有强相对控股	79.3514	68.9852	17.5611	27.9052	52.5768	395
002208	合肥城建	安徽	中部	K	国有绝对控股	71.2119	68.9615	33.9183	27.7957	52.5616	396
000737	南风化工	山西	中部	C	国有强相对控股	75.0021	58.6139	33.8220	27.8809	52.5276	397
600569	安阳钢铁	河南	中部	C	国有绝对控股	78.2663	51.7289	33.5706	26.8859	52.5014	398
300399	天利科技	江西	中部	I	国有弱相对控股	78.4726	51.7145	32.2540	27.5937	52.4954	399
600489	中金黄金	北京	东部	B	国有绝对控股	69.5293	68.9867	36.7316	27.9574	52.4954	400
600377	宁沪高速	江苏	东部	G	国有绝对控股	79.2894	75.8865	11.8148	28.1165	52.4908	401
600984	建设机械	陕西	西部	C	国有强相对控股	81.2964	44.8211	32.0943	27.1169	52.4398	402
601177	杭齿前进	浙江	东部	C	国有强相对控股	78.7277	75.8663	14.8858	26.3614	52.4385	403
600517	国网英大	上海	东部	J	国有绝对控股	78.8236	44.8498	37.2944	26.8878	52.4377	404
000158	常山北明	河北	东部	I	国有弱相对控股	69.6921	72.4068	35.2030	26.6361	52.4375	405
600176	中国巨石	浙江	东部	C	国有弱相对控股	83.1186	62.0716	12.1951	29.7272	52.4290	406
000066	中国长城	广东	东部	C	国有强相对控股	82.8677	55.1814	19.8175	28.1591	52.4275	407
002101	广东鸿图	广东	东部	C	国有绝对控股	76.2728	55.1784	35.1784	26.4163	52.4257	408
002461	珠江啤酒	广东	东部	C	国有绝对控股	80.4254	44.8437	32.6603	27.9628	52.4195	409
300105	龙源技术	山东	东部	C	国有强相对控股	78.2655	58.8440	28.6571	26.1953	52.4131	410
002430	杭氧股份	浙江	东部	C	国有绝对控股	73.1694	58.6187	34.9086	29.4281	52.3993	411
600525	长园集团	广东	东部	C	国有弱相对控股	78.7545	41.3785	40.1074	26.6730	52.3983	412

续表

股票代码	公司简称	省份	地区	行业代码	控股类型	公司治理（CLCQI–CG）	社会责任（CLCQI–SR）	企业创新（CLCQI–EI）	绩效与价值（CLCQI–PV）	中国上市公司质量指数（CLCQI）	CLCQI排名
600686	金龙汽车	福建	东部	C	国有绝对控股	75.0669	58.6111	34.4407	26.7644	52.3977	413
601606	长城军工	安徽	中部	C	国有绝对控股	75.6654	58.6205	33.3625	26.6609	52.3970	414
600348	华阳股份	山西	中部	B	国有绝对控股	74.0989	58.6389	35.1214	27.7104	52.3873	415
000541	佛山照明	广东	东部	C	国有弱相对控股	79.5960	44.8497	35.1941	27.1287	52.3868	416
601001	晋控煤业	山西	中部	B	国有绝对控股	80.3176	44.8211	32.6901	27.9623	52.3788	417
600824	益民集团	上海	东部	F	国有强相对控股	72.6870	68.9566	31.3323	26.7377	52.3692	418
600795	国电电力	辽宁	东北	D	国有绝对控股	77.6246	41.3982	35.3383	32.1118	52.3552	419
600876	洛阳玻璃	河南	中部	C	国有弱相对控股	89.4873	48.2712	12.3290	27.4067	52.3531	420
600917	重庆燃气	重庆	西部	D	国有绝对控股	78.1389	68.9728	20.1871	26.7559	52.3279	421
002911	佛燃能源	广东	东部	D	国有强相对控股	78.4731	68.9884	18.4309	27.5801	52.3187	422
600968	海油发展	北京	东部	B	国有绝对控股	78.7758	68.9593	18.6870	26.9079	52.3186	423
600962	国投中鲁	北京	东部	C	国有强相对控股	79.8230	75.8493	12.3439	26.0269	52.2821	424
000543	皖能电力	安徽	中部	D	国有绝对控股	79.7125	31.0461	44.7489	27.1400	52.2767	425
002152	广电运通	广东	东部	C	国有绝对控股	81.4151	65.5198	15.0523	27.2501	52.2170	426
600076	康欣新材	山东	东部	C	国有弱相对控股	74.3644	65.5004	31.0022	25.7285	52.2034	427
000069	华侨城A	广东	东部	K	国有绝对控股	82.4011	51.7168	12.5031	35.8721	52.1866	428
002401	中远海科	上海	东部	I	国有强相对控股	74.3202	58.6141	34.2136	27.2758	52.1819	429
300114	中航电测	陕西	西部	C	国有绝对控股	80.0064	65.5129	17.2137	27.6159	52.1762	430

续表

股票代码	公司简称	省份	地区	行业代码	控股类型	公司治理（CLCQI-CG）	社会责任（CLCQI-SR）	企业创新（CLCQI-EI）	绩效与价值（CLCQI-PV）	中国上市公司质量指数（CLCQI）	CLCQI排名
300579	数字认证	北京	东部	I	国有绝对控股	80.9192	58.6161	20.4585	27.6805	52.1719	431
002112	三变科技	浙江	东部	C	国有弱相对控股	79.2337	44.8060	34.9694	26.9130	52.1365	432
000800	一汽解放	吉林	东北	C	国有绝对控股	76.9700	68.9943	19.5072	28.3717	52.1315	433
603689	皖天然气	安徽	中部	D	国有绝对控股	73.3165	55.1706	38.8064	27.0062	52.1150	434
600977	中国电影	北京	东部	R	国有绝对控股	82.0693	68.9751	11.5948	26.4584	52.1075	435
300711	广哈通信	广东	东部	C	国有绝对控股	73.5812	51.7185	39.8752	27.7563	52.1043	436
000862	银星能源	宁夏	西部	D	国有强相对控股	83.5515	65.5141	11.4235	26.2041	52.0834	437
601717	郑煤机	河南	中部	C	国有强相对控股	72.3304	58.6185	36.0351	28.5398	52.0669	438
000877	天山股份	新疆	西部	C	国有强相对控股	76.8505	51.7365	32.6506	28.1167	52.0600	439
600787	中储股份	天津	东部	G	国有强相对控股	81.7514	55.1792	21.7540	26.8986	52.0529	440
600138	中青旅	北京	东部	L	国有弱相对控股	82.1838	68.9556	11.5280	26.1105	52.0501	441
600444	国机通用	安徽	中部	C	国有强相对控股	85.2754	48.2843	20.4275	26.3426	52.0239	442
601858	中国科传	北京	东部	R	国有绝对控股	84.3546	58.6213	13.3501	27.1818	52.0005	443
002654	万润科技	广东	东部	L	国有弱相对控股	84.4212	55.1563	16.7040	26.4484	51.9948	444
600307	酒钢宏兴	甘肃	西部	C	国有绝对控股	79.9734	68.9567	14.8040	26.6647	51.9598	445
000682	东方电子	山东	东部	I	国有弱相对控股	75.8741	55.1597	33.1843	26.7591	51.9503	446
000404	长虹华意	江西	中部	C	国有强相对控股	81.2446	37.9491	35.1106	26.9125	51.9405	447
600879	航天电子	湖北	中部	C	国有弱相对控股	73.5576	62.0619	31.7745	27.3257	51.9186	448

续表

股票代码	公司简称	省份	地区	行业代码	控股类型	公司治理（CLCQI-CG）	社会责任（CLCQI-SR）	企业创新（CLCQI-EI）	绩效与价值（CLCQI-PV）	中国上市公司质量指数（CLCQI）	CLCQI排名
000089	深圳机场	广东	东部	G	国有绝对控股	82.8365	65.5264	11.6346	26.5053	51.9168	449
600207	安彩高科	河南	中部	D	国有绝对控股	80.8949	58.6064	19.3631	27.5784	51.9161	450
002669	康达新材	上海	东部	C	国有弱相对控股	77.2574	44.8231	36.9573	27.5123	51.8960	451
000837	秦川机床	陕西	西部	C	国有强相对控股	79.3602	44.8211	32.5935	27.6205	51.8911	452
000537	广宇发展	天津	东部	K	国有绝对控股	82.6902	58.6214	13.1405	29.4618	51.8628	453
600846	同济科技	上海	东部	E	国有弱相对控股	83.1441	65.5147	9.8005	27.1510	51.8327	454
000031	大悦城	广东	东部	K	国有绝对控股	77.1351	48.2796	33.3153	28.2660	51.8255	455
600075	新疆天业	新疆	西部	C	国有绝对控股	73.4003	58.6143	34.3076	27.2378	51.8232	456
000881	中广核技	辽宁	东北	C	国有弱相对控股	72.2432	62.0622	33.6377	27.5106	51.8118	457
600884	杉杉股份	浙江	东部	C	国有弱相对控股	77.9719	48.2825	31.4389	28.3050	51.7951	458
000430	张家界	湖南	中部	N	国有强相对控股	76.1615	86.1921	8.9804	26.3373	51.7738	459
000600	建投能源	河北	东部	D	国有绝对控股	76.2487	51.7375	33.0239	27.6288	51.7721	460
600825	新华传媒	上海	东部	R	国有绝对控股	82.5775	65.4990	11.5763	26.3638	51.7621	461
603327	福蓉科技	四川	西部	C	国有绝对控股	72.7242	62.0718	33.5557	26.5282	51.7437	462
600064	南京高科	江苏	东部	K	国有强相对控股	79.6004	68.9634	12.3979	28.2500	51.7268	463
600223	鲁商发展	山东	东部	K	国有绝对控股	75.1047	51.7284	35.1471	27.5650	51.7218	464
002528	英飞拓	广东	东部	C	国有弱相对控股	83.3872	58.6064	15.4745	25.8425	51.7014	465
600488	天药股份	天津	东部	C	国有绝对控股	76.1872	51.7450	34.1194	26.5559	51.6995	466

续表

股票代码	公司简称	省份	地区	行业代码	控股类型	公司治理（CLCQI-CG）	社会责任（CLCQI-SR）	企业创新（CLCQI-EI）	绩效与价值（CLCQI-PV）	中国上市公司质量指数（CLCQI）	CLCQI排名
600612	老凤祥	上海	东部	C	国有强相对控股	71.2138	51.7192	40.8465	29.1465	51.6993	467
300455	康拓红外	北京	东部	C	国有绝对控股	84.5823	51.7258	16.5680	27.0950	51.6792	468
600697	欧亚集团	吉林	东北	F	国有弱相对控股	83.0649	65.5159	9.4645	26.9291	51.6785	469
600409	三友化工	河北	东部	C	国有强相对控股	69.2637	68.9848	33.0862	28.0156	51.6743	470
600698	湖南天雁	湖南	中部	C	国有强相对控股	77.3009	44.8211	37.2576	26.2873	51.6669	471
603111	康尼机电	江苏	东部	C	国有弱相对控股	69.9861	62.0489	38.2829	26.8045	51.6595	472
002544	杰赛科技	广东	东部	I	国有强相对控股	76.4917	48.2980	35.1208	27.1640	51.6565	473
600249	两面针	广西	西部	C	国有强相对控股	78.1431	51.7137	30.4337	26.1994	51.6509	474
000685	中山公用	广东	东部	D	国有强相对控股	83.5827	58.6362	12.8305	27.4095	51.6470	475
000999	华润三九	广东	东部	C	国有绝对控股	74.8613	82.7763	11.9849	27.5361	51.6420	476
002419	天虹股份	广东	东部	F	国有强相对控股	80.9121	68.9776	11.5160	26.5080	51.6417	477
002302	西部建设	新疆	西部	C	国有绝对控股	82.2653	58.6146	16.2108	26.7125	51.6186	478
600809	山西汾酒	山西	中部	C	国有绝对控股	71.8491	62.0680	13.3557	43.5683	51.6131	479
601068	中铝国际	北京	东部	E	国有绝对控股	80.2356	68.9567	12.9799	26.2959	51.6077	480
300621	维业股份	广东	东部	E	国有强相对控股	73.2695	58.6152	34.3524	26.5429	51.6063	481
300106	西部牧业	新疆	西部	A	国有强相对控股	78.4153	65.5141	16.8124	28.1916	51.6036	482
600008	首创环保	北京	东部	D	国有强相对控股	86.3215	51.7423	11.6918	27.8964	51.6024	483
600391	航发科技	四川	西部	C	国有强相对控股	73.4161	58.6064	32.6651	27.5717	51.5833	484

续表

股票代码	公司简称	省份	地区	行业代码	控股类型	公司治理（*CLCQI-CG*）	社会责任（*CLCQI-SR*）	企业创新（*CLCQI-EI*）	绩效与价值（*CLCQI-PV*）	中国上市公司质量指数（*CLCQI*）	*CLCQI*排名
000507	珠海港	广东	东部	G	国有强相对控股	86.6107	51.7313	12.4321	26.7068	51.5671	485
000758	中色股份	北京	东部	B	国有强相对控股	78.2189	48.2712	31.6883	26.7781	51.5604	486
000065	北方国际	北京	东部	E	国有绝对控股	77.9834	68.9689	15.9182	27.3286	51.5545	487
002190	成飞集成	四川	西部	C	国有绝对控股	80.3936	65.5038	13.5541	27.4243	51.5499	488
002181	粤传媒	广东	东部	R	国有绝对控股	84.7108	58.6172	10.9685	26.7000	51.5456	489
601666	平煤股份	河南	中部	B	国有绝对控股	67.5596	68.9860	35.3675	28.3883	51.5423	490
300026	红日药业	天津	东部	C	国有弱相对控股	72.1454	31.0411	55.9187	27.2887	51.5202	491
600509	天富能源	新疆	西部	D	国有强相对控股	69.1942	65.4990	36.0353	27.2233	51.5154	492
000561	烽火电子	陕西	西部	C	国有绝对控股	71.6210	58.6064	37.2537	26.4756	51.5090	493
000088	盐田港	广东	东部	G	国有绝对控股	72.5620	62.0763	31.9924	27.0850	51.5060	494
000028	国药一致	广东	东部	F	国有绝对控股	84.8292	48.2879	14.9980	29.2942	51.4980	495
000526	学大教育	福建	东部	P	国有弱相对控股	77.6137	72.3917	12.5898	28.1777	51.4666	496
000988	华工科技	湖北	中部	C	国有弱相对控股	80.5205	62.0617	15.3330	27.4702	51.4516	497
002542	中化岩土	北京	东部	E	国有弱相对控股	80.5565	37.9373	34.3262	26.6870	51.4502	498
000720	新能泰山	山东	东部	K	国有强相对控股	82.9627	58.6215	14.7752	26.0377	51.4428	499
002109	兴化股份	陕西	西部	C	国有绝对控股	75.8704	79.3011	12.9427	26.3980	51.4314	500
002051	中工国际	北京	东部	E	国有绝对控股	77.0031	68.9610	18.3747	26.3974	51.4197	501
300425	中建环能	四川	西部	C	国有弱相对控股	74.0738	58.6165	31.7473	26.5346	51.4051	502

续表

股票代码	公司简称	省份	地区	行业代码	控股类型	公司治理（CLCQI-CG）	社会责任（CLCQI-SR）	企业创新（CLCQI-EI）	绩效与价值（CLCQI-PV）	中国上市公司质量指数（CLCQI）	CLCQI排名
300334	津膜科技	天津	东部	C	国有强相对控股	72.6893	51.7137	39.4715	26.6581	51.3916	503
600597	光明乳业	上海	东部	C	国有绝对控股	78.4059	68.9795	13.7186	27.6446	51.3641	504
600875	东方电气	四川	西部	C	国有绝对控股	71.9176	55.1884	36.0906	28.3523	51.3515	505
600170	上海建工	上海	东部	E	国有强相对控股	66.6558	55.1961	43.7870	30.4914	51.3220	506
600929	雪天盐业	湖南	中部	C	国有绝对控股	72.0304	62.0706	33.1384	26.2118	51.3034	507
000059	华锦股份	辽宁	东北	C	国有强相对控股	70.4515	65.5318	33.0930	26.6669	51.2957	508
000661	长春高新	吉林	东北	C	国有弱相对控股	76.1063	62.0618	12.9563	35.7334	51.2764	509
000402	金融街	北京	东部	K	国有强相对控股	78.1241	68.9627	12.7639	28.4398	51.2568	510
600531	豫光金铅	河南	中部	C	国有强相对控股	63.5472	75.8710	38.2339	27.2355	51.2552	511
000719	中原传媒	河南	中部	R	国有绝对控股	82.2842	58.6375	13.2122	27.5557	51.2406	512
601188	龙江交通	黑龙江	东北	G	国有绝对控股	80.3174	68.9685	10.9979	26.2677	51.2388	513
300363	博腾股份	重庆	西部	C	国有弱相对控股	82.7641	51.7320	14.6790	29.7329	51.2345	514
000521	长虹美菱	安徽	中部	C	国有弱相对控股	75.3012	66.3106	21.3962	27.5307	51.2290	515
600048	保利地产	广东	东部	K	国有强相对控股	73.7919	41.3882	14.1243	50.7140	51.2283	516
300277	海联讯	广东	东部	I	国有弱相对控股	80.1507	62.1102	15.3259	27.1187	51.2217	517
000554	泰山石油	山东	东部	F	国有弱相对控股	78.0815	51.7137	15.2927	36.6874	51.2201	518
600021	上海电力	上海	东部	D	国有绝对控股	77.6992	62.0715	18.6981	28.3413	51.2154	519
600581	八一钢铁	新疆	西部	C	国有绝对控股	71.0061	51.7137	41.3607	27.0764	51.2007	520

续表

股票代码	公司简称	省份	地区	行业代码	控股类型	公司治理（CLCQI-CG）	社会责任（CLCQI-SR）	企业创新（CLCQI-EI）	绩效与价值（CLCQI-PV）	中国上市公司质量指数（CLCQI）	CLCQI排名
600475	华光环能	江苏	东部	N	国有绝对控股	79.5768	58.6228	18.0301	27.8708	51.1978	521
600448	华纺股份	山东	东部	C	国有弱相对控股	71.9494	58.6064	35.4054	26.0951	51.1756	522
601200	上海环境	上海	东部	N	国有绝对控股	73.1418	55.1674	33.7848	27.4334	51.1471	523
002912	中新赛克	广东	东部	I	国有弱相对控股	82.0535	51.7192	18.7045	27.2933	51.1435	524
601038	一拖股份	河南	中部	C	国有强相对控股	74.4962	75.8644	14.8665	27.9214	51.1318	525
000705	浙江震元	浙江	东部	F	国有弱相对控股	81.9181	58.6101	14.2971	26.8349	51.1269	526
603977	国泰集团	江西	中部	C	国有绝对控股	82.5861	31.0519	33.7571	26.6877	51.1156	527
002320	海峡股份	海南	东部	G	国有绝对控股	75.1115	79.3340	11.5611	27.4206	51.1120	528
600815	厦工股份	福建	东部	C	国有绝对控股	76.2759	48.2787	33.8858	26.3005	51.1045	529
000990	诚志股份	江西	中部	C	国有强相对控股	83.7963	58.6163	10.7361	26.5706	51.1008	530
601298	青岛港	山东	东部	G	国有绝对控股	81.6917	55.1768	14.6348	28.8293	51.0875	531
300289	利德曼	北京	东部	C	国有弱相对控股	74.0645	51.7137	35.5315	26.3302	51.0717	532
600178	东安动力	黑龙江	东北	C	国有绝对控股	81.1240	58.6180	14.8913	27.3496	51.0579	533
000885	城发环境	河南	中部	G	国有绝对控股	86.1868	44.8272	14.4825	27.8251	51.0516	534
603712	七一二	天津	东部	C	国有绝对控股	79.3967	51.7219	22.0917	28.3869	51.0320	535
600097	开创国际	上海	东部	A	国有强相对控股	80.2359	65.5099	12.4942	26.4197	51.0246	536
000798	中水渔业	北京	东部	A	国有绝对控股	74.8347	79.2994	11.4043	27.5779	51.0041	537
600486	扬农化工	江苏	东部	C	国有强相对控股	77.2473	62.0660	15.1266	30.9342	50.9677	538

续表

股票代码	公司简称	省份	地区	行业代码	控股类型	公司治理（CLCQI-CG）	社会责任（CLCQI-SR）	企业创新（CLCQI-EI）	绩效与价值（CLCQI-PV）	中国上市公司质量指数（CLCQI）	CLCQI 排名
000156	华数传媒	浙江	东部	R	国有强相对控股	77.8738	68.9900	13.1026	27.3838	50.9645	539
300523	辰安科技	北京	东部	I	国有强相对控股	86.7218	44.8307	14.4922	26.5663	50.9534	540
603721	中广天择	湖南	中部	R	国有绝对控股	74.1643	48.2977	37.3110	26.2786	50.9422	541
600389	江山股份	江苏	东部	C	国有弱相对控股	77.0908	65.5362	17.3936	27.1728	50.9387	542
600710	苏美达	江苏	东部	F	国有绝对控股	77.9187	31.0550	40.4634	28.0759	50.9374	543
000037	深南电A	广东	东部	D	国有强相对控股	77.0596	72.4044	13.0899	26.4978	50.9269	544
600561	江西长运	江西	中部	G	国有强相对控股	79.6374	68.9567	11.6089	25.5622	50.9108	545
002037	保利联合	贵州	西部	C	国有强相对控股	77.5997	44.8304	32.3711	26.6225	50.8943	546
603013	亚普股份	江苏	东部	C	国有绝对控股	77.3001	65.5302	16.9543	26.8536	50.8538	547
002643	万润股份	山东	东部	C	国有弱相对控股	79.9746	58.6233	15.3766	27.9673	50.8505	548
603982	泉峰汽车	江苏	东部	C	国有弱相对控股	76.5790	44.8281	33.9523	26.8018	50.8467	549
002125	湘潭电化	湖南	中部	C	国有强相对控股	79.3459	65.5160	12.3838	27.2142	50.8461	550
002163	海南发展	广东	东部	E	国有弱相对控股	75.9340	65.4990	13.6539	31.6184	50.8338	551
002205	国统股份	新疆	西部	C	国有强相对控股	75.9067	44.8292	36.1836	26.0379	50.8333	552
002786	银宝山新	广东	东部	C	国有强相对控股	81.8522	58.6064	14.2971	25.7011	50.8165	553
601179	中国西电	陕西	西部	C	国有绝对控股	73.2173	51.7359	34.5068	27.2293	50.7560	554
002305	南国置业	湖北	中部	K	国有强相对控股	79.3284	65.5141	13.3664	26.0651	50.7480	555
600325	华发股份	广东	东部	K	国有强相对控股	71.8639	48.2860	33.6385	32.1077	50.7431	556

续表

股票代码	公司简称	省份	地区	行业代码	控股类型	公司治理（*CLCQI-CG*）	社会责任（*CLCQI-SR*）	企业创新（*CLCQI-EI*）	绩效与价值（*CLCQI-PV*）	中国上市公司质量指数（*CLCQI*）	*CLCQI* 排名
600665	天地源	陕西	西部	K	国有绝对控股	79.3844	65.5143	12.3975	26.7044	50.7365	557
300413	芒果超媒	湖南	中部	R	国有绝对控股	78.6277	55.1686	16.4767	30.8191	50.7265	558
600810	神马股份	河南	中部	C	国有绝对控股	79.4416	37.9449	32.5855	26.9344	50.7191	559
601952	苏垦农发	江苏	东部	C	国有绝对控股	81.3815	58.6273	11.0713	28.5537	50.6994	560
000030	富奥股份	吉林	东北	C	国有绝对控股	72.4132	79.3182	14.4187	27.8016	50.6972	561
600328	中盐化工	内蒙古	西部	C	国有绝对控股	83.6416	51.7283	14.0942	26.6051	50.6860	562
600199	金种子酒	安徽	中部	C	国有弱相对控股	69.4279	58.6064	32.8285	30.2110	50.6805	563
002686	亿利达	浙江	东部	C	国有强相对控股	75.7293	44.8211	34.9957	26.6229	50.6697	564
600171	上海贝岭	上海	东部	C	国有弱相对控股	78.3042	55.1746	21.2943	27.1532	50.6450	565
000523	*ST浪奇	广东	东部	C	国有强相对控股	75.0049	31.0358	54.0306	20.7192	50.6433	566
600018	上港集团	上海	东部	G	国有绝对控股	82.9891	48.2878	12.1220	31.1158	50.6422	567
002368	太极股份	北京	东部	I	国有强相对控股	77.3662	65.5205	15.3608	27.1798	50.6416	568
002222	福晶科技	福建	东部	C	国有弱相对控股	78.1821	62.0704	15.7367	27.5980	50.6302	569
002149	西部材料	陕西	西部	C	国有强相对控股	80.8309	58.6429	11.5580	28.6414	50.6007	570
300368	汇金股份	河北	东部	C	国有弱相对控股	73.3472	48.2690	35.0248	28.0611	50.5994	571
600609	金杯汽车	辽宁	东北	C	国有弱相对控股	62.7765	51.7137	54.8088	27.0441	50.5904	572
601811	新华文轩	四川	西部	R	国有绝对控股	81.6834	55.1739	13.9535	27.3497	50.5775	573
600776	东方通信	浙江	东部	C	国有强相对控股	78.2205	58.6289	19.6962	26.2046	50.5729	574

续表

股票代码	公司简称	省份	地区	行业代码	控股类型	公司治理（CLCQI-CG）	社会责任（CLCQI-SR）	企业创新（CLCQI-EI）	绩效与价值（CLCQI-PV）	中国上市公司质量指数（CLCQI）	CLCQI排名
000680	山推股份	山东	东部	C	国有强相对控股	80.0423	55.1838	18.1153	26.5790	50.5623	575
300775	三角防务	陕西	西部	C	国有弱相对控股	66.0160	72.4111	32.0304	27.4961	50.5482	576
000923	河钢资源	河北	东部	B	国有绝对控股	76.8205	68.9681	10.9604	29.0652	50.5318	577
601727	上海电气	上海	东部	C	国有绝对控股	77.7013	55.1823	16.4582	31.4925	50.5226	578
600166	福田汽车	北京	东部	C	国有强相对控股	68.4782	55.1714	39.6101	27.7317	50.5219	579
002013	中航机电	湖北	中部	C	国有绝对控股	84.7385	44.8314	13.8762	28.4705	50.5130	580
000524	岭南控股	广东	东部	L	国有绝对控股	81.9803	58.6542	11.7032	26.3252	50.5122	581
002232	启明信息	吉林	东北	I	国有绝对控股	74.5714	41.3757	37.9596	27.5154	50.5057	582
000029	深深房A	广东	东部	K	国有绝对控股	79.0239	65.5148	12.6961	26.0298	50.4834	583
600975	新五丰	湖南	中部	A	国有强相对控股	84.6479	44.8289	15.4754	27.1833	50.4744	584
002608	江苏国信	江苏	东部	D	国有绝对控股	83.6925	44.8410	15.7325	28.4534	50.4630	585
300797	钢研纳克	北京	东部	M	国有绝对控股	80.2883	58.6097	14.7811	26.2618	50.4284	586
600794	保税科技	江苏	东部	G	国有强相对控股	83.1749	48.2674	16.3420	26.5828	50.4242	587
601991	大唐发电	北京	东部	D	国有绝对控股	79.7078	55.1967	12.4753	31.0010	50.4079	588
601798	蓝科高新	甘肃	西部	C	国有绝对控股	82.5716	51.7137	15.4287	26.0340	50.3799	589
601949	中国出版	北京	东部	R	国有绝对控股	80.5170	58.6204	12.9521	27.1549	50.3790	590
600792	云煤能源	云南	西部	C	国有绝对控股	77.2059	68.9491	12.5574	26.4862	50.3578	591
600131	国网信通	四川	西部	I	国有绝对控股	68.3336	58.6132	37.9113	26.5951	50.3564	592

续表

股票代码	公司简称	省份	地区	行业代码	控股类型	公司治理（CLCQI–CG）	社会责任（CLCQI–SR）	企业创新（CLCQI–EI）	绩效与价值（CLCQI–PV）	中国上市公司质量指数（CLCQI）	CLCQI排名
600887	伊利股份	内蒙古	西部	C	国有弱相对控股	79.9224	48.3033	14.5447	32.9308	50.3561	593
600250	南纺股份	江苏	东部	F	国有绝对控股	79.3930	65.4990	10.8551	26.3996	50.3530	594
600841	上柴股份	上海	东部	C	国有强相对控股	77.9348	62.0718	14.7572	27.6405	50.3463	595
000868	安凯客车	安徽	中部	C	国有强相对控股	70.3343	51.7213	39.6595	26.0674	50.3407	596
002066	瑞泰科技	北京	东部	C	国有强相对控股	73.7532	72.4068	16.4481	26.7531	50.3402	597
600819	耀皮玻璃	上海	东部	C	国有强相对控股	83.5116	51.7225	12.5949	26.6262	50.3386	598
002265	西仪股份	云南	西部	C	国有绝对控股	78.3792	65.4990	13.3606	25.9546	50.3373	599
600684	珠江股份	广东	东部	K	国有强相对控股	71.3274	86.1921	11.8345	26.0276	50.3336	600
000032	深桑达A	广东	东部	E	国有绝对控股	80.3733	27.6011	35.3859	27.8594	50.3315	601
600093	*ST易见	云南	西部	L	国有强相对控股	69.5416	58.6064	42.9559	20.3793	50.2936	602
601918	新集能源	安徽	中部	B	国有强相对控股	74.5891	48.2758	32.3261	26.9433	50.2781	603
600705	中航产融	黑龙江	东北	J	国有绝对控股	74.1220	68.9720	12.3247	31.2728	50.2777	604
600573	惠泉啤酒	福建	东部	C	国有绝对控股	66.9806	41.3738	31.0110	44.2915	50.2734	605
600339	中油工程	新疆	西部	B	国有绝对控股	72.8842	44.8352	37.5309	27.5412	50.2704	606
000666	经纬纺机	北京	东部	J	国有绝对控股	78.1649	58.6092	16.8496	27.3418	50.2627	607
600624	复旦复华	上海	东部	C	国有弱相对控股	78.0332	65.5380	13.5961	25.9905	50.2608	608
600754	锦江酒店	上海	东部	H	国有绝对控股	79.4818	58.6310	12.2163	28.8688	50.2478	609
000011	深物业A	广东	东部	K	国有绝对控股	77.2593	65.5275	12.7993	27.7784	50.2373	610

续表

股票代码	公司简称	省份	地区	行业代码	控股类型	公司治理（CLCQI-CG）	社会责任（CLCQI-SR）	企业创新（CLCQI-EI）	绩效与价值（CLCQI-PV）	中国上市公司质量指数（CLCQI）	CLCQI排名
600085	同仁堂	北京	东部	C	国有绝对控股	78.6492	65.5272	10.1777	27.6419	50.2348	611
002217	合力泰	福建	东部	C	国有弱相对控股	74.1043	48.2712	34.7500	25.5742	50.2259	612
000008	神州高铁	北京	东部	C	国有强相对控股	74.3122	65.4990	21.6144	25.3840	50.2186	613
600970	中材国际	江苏	东部	E	国有强相对控股	83.0732	48.2869	14.2419	27.5764	50.2148	614
600590	泰豪科技	江西	中部	C	国有弱相对控股	73.9307	68.9721	18.4133	26.3349	50.1845	615
002672	东江环保	广东	东部	C	国有绝对控股	86.1141	44.8322	11.7409	26.6041	50.1697	616
600720	祁连山	甘肃	西部	C	国有弱相对控股	81.1475	58.6232	9.5176	27.9834	50.1518	617
601019	山东出版	山东	东部	R	国有绝对控股	77.4706	65.5194	12.3178	27.4712	50.1475	618
600578	京能电力	北京	东部	D	国有绝对控股	73.4148	44.8382	35.5322	27.7413	50.1334	619
300330	华虹计通	上海	东部	I	国有弱相对控股	77.6680	65.5141	12.5997	26.8548	50.1280	620
002114	罗平锌电	云南	西部	C	国有弱相对控股	80.7509	58.6215	12.2728	26.2824	50.1187	621
600259	广晟有色	海南	东部	B	国有强相对控股	81.5312	44.8211	20.4185	26.7812	50.1146	622
600038	中直股份	黑龙江	东北	C	国有绝对控股	72.5921	44.8351	36.4127	28.2654	50.1110	623
603069	海汽集团	海南	东部	G	国有绝对控股	76.8924	65.6843	11.5869	28.6956	50.1009	624
000652	泰达股份	天津	东部	F	国有强相对控股	73.2970	75.8718	12.6874	27.4060	50.0886	625
002578	闽发铝业	福建	东部	C	国有弱相对控股	81.4022	55.1726	13.1079	26.4748	50.0770	626
300470	中密控股	四川	西部	C	国有弱相对控股	82.0086	51.7223	11.7886	28.6066	50.0712	627
600985	淮北矿业	安徽	中部	B	国有绝对控股	77.5363	27.6101	38.2522	29.0466	50.0681	628

续表

股票代码	公司简称	省份	地区	行业代码	控股类型	公司治理（CLCQI-CG）	社会责任（CLCQI-SR）	企业创新（CLCQI-EI）	绩效与价值（CLCQI-PV）	中国上市公司质量指数（CLCQI）	CLCQI排名
603108	润达医疗	上海	东部	F	国有弱相对控股	79.9204	58.6126	12.3548	27.3438	50.0670	629
000557	西部创业	宁夏	西部	G	国有绝对控股	83.1617	51.7288	11.5238	26.9444	50.0649	630
600058	五矿发展	北京	东部	F	国有绝对控股	80.0521	48.2712	20.4818	26.8194	50.0627	631
600336	澳柯玛	山东	东部	C	国有强相对控股	77.1835	58.6213	15.9024	28.7969	50.0463	632
603169	兰石重装	甘肃	西部	C	国有绝对控股	70.7387	58.6064	32.5271	25.7143	50.0204	633
000819	岳阳兴长	湖南	中部	C	国有弱相对控股	76.1968	68.9694	12.9385	26.3888	50.0090	634
600125	铁龙物流	辽宁	东北	G	国有强相对控股	72.8730	68.9638	18.7365	27.0192	49.9959	635
002462	嘉事堂	北京	东部	F	国有强相对控股	78.5136	55.1752	17.1024	27.5035	49.9781	636
000026	飞亚达	广东	东部	F	国有强相对控股	79.5093	55.1871	15.3949	27.1861	49.9573	637
600203	福日电子	福建	东部	C	国有强相对控股	79.2320	48.2712	20.9893	27.2618	49.9468	638
600035	楚天高速	湖北	中部	G	国有绝对控股	77.2736	65.5180	12.6539	26.6711	49.9357	639
600881	亚泰集团	吉林	东北	C	国有弱相对控股	72.5633	55.1638	29.7556	26.6910	49.9237	640
600583	海油工程	天津	东部	B	国有绝对控股	74.9067	62.1349	20.4006	26.2213	49.9184	641
600623	华谊集团	上海	东部	C	国有绝对控股	71.2697	55.1782	32.2993	26.6794	49.9143	642
002183	怡亚通	广东	东部	L	国有弱相对控股	82.7107	44.8330	16.5258	27.1824	49.9100	643
000736	中交地产	重庆	西部	K	国有绝对控股	73.2792	72.4116	12.3903	28.8497	49.8639	644
000757	浩物股份	四川	西部	F	国有强相对控股	76.1238	65.4990	14.6679	26.5952	49.8568	645
603993	洛阳钼业	河南	中部	B	国有弱相对控股	78.1390	48.2885	19.4920	29.7886	49.8444	646

续表

股票代码	公司简称	省份	地区	行业代码	控股类型	公司治理（CLCQI-CG）	社会责任（CLCQI-SR）	企业创新（CLCQI-EI）	绩效与价值（CLCQI-PV）	中国上市公司质量指数（CLCQI）	CLCQI排名
600981	汇鸿集团	江苏	东部	F	国有绝对控股	87.2278	34.5005	15.4042	26.7790	49.8418	647
600982	宁波能源	浙江	东部	D	国有绝对控股	77.6319	62.0789	13.5680	27.0327	49.8364	648
600733	北汽蓝谷	北京	东部	C	国有强相对控股	74.8393	62.0565	20.0411	26.0715	49.7703	649
601928	凤凰传媒	江苏	东部	R	国有绝对控股	75.8421	62.0842	16.0498	27.6126	49.7626	650
600084	*ST中葡	新疆	西部	C	国有强相对控股	70.5175	62.0489	28.9643	25.8060	49.7587	651
600826	兰生股份	上海	东部	L	国有绝对控股	82.5482	51.7305	11.9700	26.3023	49.7484	652
600960	渤海汽车	山东	东部	C	国有强相对控股	77.8701	65.5045	10.3161	26.8250	49.7432	653
600961	株冶集团	湖南	中部	C	国有强相对控股	76.4425	58.6064	18.4093	26.7564	49.7389	654
000717	韶钢松山	广东	东部	C	国有绝对控股	79.5872	44.8267	20.6490	28.1833	49.7345	655
600549	厦门钨业	福建	东部	C	国有强相对控股	79.0236	55.1905	14.3747	27.8620	49.7285	656
002189	中光学	河南	中部	C	国有强相对控股	77.3061	62.0675	13.7759	26.9594	49.7276	657
000501	鄂武商A	湖北	中部	F	国有强相对控股	77.6463	65.5138	10.0085	27.2824	49.7079	658
600562	国睿科技	江苏	东部	C	国有绝对控股	76.9031	55.1779	19.2866	27.2142	49.6988	659
002644	佛慈制药	甘肃	西部	C	国有绝对控股	80.4580	58.6239	10.4130	26.4796	49.6793	660
002276	万马股份	浙江	东部	C	国有弱相对控股	76.9546	58.6141	17.4299	26.4590	49.6747	661
000952	广济药业	湖北	中部	C	国有弱相对控股	79.3229	58.6121	12.6898	26.4074	49.6608	662
600392	盛和资源	四川	西部	C	国有弱相对控股	86.5029	37.9376	13.2541	26.8515	49.6555	663
000823	超声电子	广东	东部	C	国有强相对控股	83.7130	44.8304	13.6180	26.6185	49.5880	664

续表

股票代码	公司简称	省份	地区	行业代码	控股类型	公司治理（CLCQI-CG）	社会责任（CLCQI-SR）	企业创新（CLCQI-EI）	绩效与价值（CLCQI-PV）	中国上市公司质量指数（CLCQI）	CLCQI排名
600859	王府井	北京	东部	F	国有强相对控股	73.9130	72.4134	9.5558	28.9941	49.5869	665
600551	时代出版	安徽	中部	R	国有绝对控股	77.5013	55.1735	17.7493	26.9481	49.5634	666
002068	黑猫股份	江西	中部	C	国有强相对控股	76.0061	65.5603	13.0860	26.8374	49.5630	667
600310	桂东电力	广西	西部	D	国有绝对控股	73.8154	68.9636	15.6175	26.2592	49.5590	668
601199	江南水务	江苏	东部	D	国有绝对控股	78.3624	62.0864	11.2006	26.6398	49.5580	669
600248	陕西建工	陕西	西部	E	国有绝对控股	74.3634	37.9331	33.5184	29.6722	49.5571	670
000883	湖北能源	湖北	中部	D	国有绝对控股	77.2080	62.0964	11.9420	27.8412	49.5463	671
600862	中航高科	江苏	东部	C	国有绝对控股	76.9512	58.6246	11.2934	30.7958	49.5318	672
000722	湖南发展	湖南	中部	D	国有绝对控股	83.9238	44.8266	12.7829	26.7229	49.5308	673
600650	锦江在线	上海	东部	G	国有强相对控股	71.0192	51.7302	33.3243	26.7860	49.5286	674
600229	城市传媒	山东	东部	R	国有绝对控股	74.8933	68.9677	12.2851	27.0416	49.5199	675
600582	天地科技	北京	东部	C	国有绝对控股	73.0300	41.3953	36.4278	27.2196	49.5118	676
600299	安迪苏	北京	东部	C	国有绝对控股	82.6462	48.2943	11.5364	27.5991	49.5097	677
000632	三木集团	福建	东部	F	国有弱相对控股	78.4929	58.6064	13.0590	26.7893	49.4972	678
300215	电科院	江苏	东部	M	国有弱相对控股	72.9846	72.4582	13.8722	26.6207	49.4922	679
000701	厦门信达	福建	东部	F	国有弱相对控股	75.1611	48.2712	27.7599	26.5318	49.4901	680
300219	鸿利智汇	广东	东部	C	国有强相对控股	77.0528	58.6064	14.8176	27.5515	49.4634	681
603005	晶方科技	江苏	东部	C	国有强相对控股	73.8336	62.0664	14.8978	30.4346	49.4316	682

续表

股票代码	公司简称	省份	地区	行业代码	控股类型	公司治理（CLCQI-CG）	社会责任（CLCQI-SR）	企业创新（CLCQI-EI）	绩效与价值（CLCQI-PV）	中国上市公司质量指数（CLCQI）	CLCQI排名
603016	新宏泰	江苏	东部	C	国有弱相对控股	68.8965	48.3181	38.5598	27.6310	49.4260	683
600619	海立股份	上海	东部	C	国有弱相对控股	74.3019	68.9749	13.8967	26.3071	49.4231	684
600992	贵绳股份	贵州	西部	C	国有弱相对控股	73.0757	65.5204	18.8635	26.3260	49.4125	685
601158	重庆水务	重庆	西部	D	国有绝对控股	76.0024	65.5429	11.5520	27.4686	49.4100	686
000829	天音控股	江西	中部	F	国有弱相对控股	73.0070	52.3711	27.6660	26.9824	49.3373	687
600160	巨化股份	浙江	东部	C	国有绝对控股	73.4194	68.9640	14.4037	26.9016	49.3185	688
600158	中体产业	天津	东部	R	国有弱相对控股	72.5899	68.9631	15.4062	27.4262	49.3182	689
000809	铁岭新城	辽宁	东北	N	国有强相对控股	74.9135	72.4068	9.0435	26.7185	49.3147	690
601512	中新集团	江苏	东部	K	国有绝对控股	70.5153	51.7237	33.2139	26.8029	49.3082	691
300076	GQY视讯	浙江	东部	C	国有弱相对控股	80.4370	55.1807	10.3013	26.9338	49.2456	692
000761	本钢板材	辽宁	东北	C	国有绝对控股	71.1548	72.4122	15.9616	26.9048	49.2423	693
002057	中钢天源	安徽	中部	C	国有强相对控股	74.8654	58.6228	19.4669	26.4046	49.2341	694
300457	赢合科技	广东	东部	C	国有强相对控股	84.5509	37.9333	14.1266	27.5900	49.2332	695
600587	新华医疗	山东	东部	C	国有强相对控股	68.7713	51.7162	36.3348	26.7852	49.2292	696
600120	浙江东方	浙江	东部	J	国有绝对控股	75.7269	62.0617	14.2453	27.0586	49.2137	697
600057	厦门象屿	福建	东部	L	国有绝对控股	76.8919	27.6089	35.0574	29.1702	49.2021	698
000411	英特集团	浙江	东部	F	国有绝对控股	77.2324	51.7129	17.4656	28.1915	49.1909	699
601106	中国一重	黑龙江	东北	C	国有绝对控股	78.0063	31.0358	32.9331	26.9360	49.1785	700

续表

股票代码	公司简称	省份	地区	行业代码	控股类型	公司治理（*CLCQI-CG*）	社会责任（*CLCQI-SR*）	企业创新（*CLCQI-EI*）	绩效与价值（*CLCQI-PV*）	中国上市公司质量指数（*CLCQI*）	*CLCQI*排名
600386	北巴传媒	北京	东部	F	国有绝对控股	74.3313	68.9860	12.2983	26.5496	49.1774	701
600418	江淮汽车	安徽	中部	C	国有强相对控股	73.0655	55.1638	22.0099	29.0887	49.1749	702
000552	靖远煤电	甘肃	西部	B	国有绝对控股	78.7408	58.6344	10.6282	27.0270	49.1739	703
000025	特力A	广东	东部	F	国有强相对控股	79.6074	58.6098	9.2331	26.7108	49.1588	704
000901	航天科技	黑龙江	东北	C	国有强相对控股	80.2410	51.7137	13.9992	25.9541	49.1418	705
300510	金冠股份	吉林	东北	C	国有弱相对控股	75.7778	65.4990	12.3798	26.0373	49.1212	706
600742	一汽富维	吉林	东北	C	国有强相对控股	69.5826	51.7308	33.3491	27.3938	49.1109	707
600425	青松建化	新疆	西部	C	国有强相对控股	67.2205	65.4990	29.1537	26.2665	49.1104	708
000801	四川九洲	四川	西部	C	国有绝对控股	76.4925	58.6177	14.9596	26.8309	49.0893	709
600731	湖南海利	湖南	中部	C	国有强相对控股	74.3767	65.5005	13.8861	26.9189	49.0827	710
600189	泉阳泉	吉林	东北	C	国有强相对控股	73.8476	65.4990	10.0045	30.8698	49.0823	711
000789	万年青	江西	中部	C	国有强相对控股	76.5225	58.6251	12.6559	28.5912	49.0817	712
300337	银邦股份	江苏	东部	C	国有弱相对控股	75.2028	58.6064	16.7713	27.4179	49.0808	713
600135	乐凯胶片	河北	东部	C	国有绝对控股	70.1335	51.7280	33.2462	26.3640	49.0528	714
000514	渝开发	重庆	西部	K	国有绝对控股	81.1680	51.7165	11.8210	25.8548	49.0526	715
000987	越秀金控	广东	东部	J	国有绝对控股	82.4896	37.9338	13.4756	30.6006	49.0312	716
000727	冠捷科技	江苏	东部	C	国有强相对控股	74.0537	58.6064	18.9489	27.2511	49.0150	717
603299	苏盐井神	江苏	东部	C	国有绝对控股	73.5349	68.9634	13.0534	26.5463	49.0057	718

续表

股票代码	公司简称	省份	地区	行业代码	控股类型	公司治理（CLCQI-CG）	社会责任（CLCQI-SR）	企业创新（CLCQI-EI）	绩效与价值（CLCQI-PV）	中国上市公司质量指数（CLCQI）	CLCQI 排名
603128	华贸物流	上海	东部	G	国有强相对控股	75.7679	51.7317	18.6214	28.7976	48.9906	719
600706	曲江文旅	陕西	西部	N	国有绝对控股	79.0431	58.6174	10.1232	26.1942	48.9830	720
002679	福建金森	福建	东部	A	国有绝对控股	73.7795	44.8249	30.8512	26.1853	48.9521	721
600185	格力地产	广东	东部	K	国有强相对控股	77.9680	55.1563	12.8814	27.6382	48.9465	722
601000	唐山港	河北	东部	G	国有绝对控股	80.1636	48.2901	13.9223	27.3360	48.9274	723
000927	中国铁物	天津	东部	F	国有绝对控股	73.4298	62.0565	16.5049	27.6898	48.9038	724
600192	长城电工	甘肃	西部	C	国有强相对控股	77.4542	58.6064	13.1237	25.9993	48.8972	725
600267	海正药业	浙江	东部	C	国有强相对控股	72.4072	41.6633	33.2207	28.1137	48.8849	726
300557	理工光科	湖北	中部	C	国有强相对控股	76.5711	51.7200	19.2084	26.6142	48.8817	727
000421	南京公用	江苏	东部	D	国有绝对控股	78.3968	51.7418	13.4228	28.2783	48.8741	728
600990	四创电子	安徽	中部	C	国有强相对控股	77.4943	48.2865	19.0949	27.2379	48.8692	729
600151	航天机电	上海	东部	C	国有强相对控股	69.9727	75.8569	12.8338	27.7381	48.8689	730
601989	中国重工	北京	东部	C	国有绝对控股	75.2908	55.1776	16.6913	28.4989	48.8559	731
300145	中金环境	浙江	东部	C	国有弱相对控股	82.9407	44.8211	12.8260	25.5540	48.8532	732
000822	山东海化	山东	东部	C	国有强相对控股	75.9219	65.5233	10.3458	26.2392	48.8262	733
002386	天原股份	四川	西部	C	国有强相对控股	80.7397	44.8366	15.8780	26.4540	48.8105	734
002187	广百股份	广东	东部	F	国有绝对控股	75.6901	65.5207	10.6303	26.2819	48.8007	735
600333	长春燃气	吉林	东北	D	国有绝对控股	74.4375	65.4990	11.5530	27.4546	48.7741	736

续表

股票代码	公司简称	省份	地区	行业代码	控股类型	公司治理（CLCQI–CG）	社会责任（CLCQI–SR）	企业创新（CLCQI–EI）	绩效与价值（CLCQI–PV）	中国上市公司质量指数（CLCQI）	CLCQI排名
600278	东方创业	上海	东部	F	国有绝对控股	76.5323	51.7278	18.6087	26.7125	48.7719	737
600727	鲁北化工	山东	东部	C	国有强相对控股	78.2165	58.6214	10.5267	26.3180	48.7646	738
600651	飞乐音响	上海	东部	C	国有绝对控股	74.0844	37.9284	34.4009	26.2109	48.7559	739
002097	山河智能	湖南	中部	C	国有弱相对控股	81.2560	44.8387	13.3363	27.4057	48.7469	740
600476	湘邮科技	湖南	中部	I	国有强相对控股	78.6260	51.7137	14.0477	26.8905	48.7397	741
600184	光电股份	湖北	中部	C	国有绝对控股	75.4664	62.0709	12.9019	26.5237	48.7085	742
600313	农发种业	北京	东部	A	国有强相对控股	74.5628	58.6064	15.6998	27.7886	48.7032	743
002552	宝鼎科技	浙江	东部	C	国有强相对控股	77.6377	58.6139	11.5259	26.1962	48.7014	744
601518	吉林高速	吉林	东北	G	国有绝对控股	78.8686	55.1661	11.2906	26.4822	48.7010	745
002200	ST云投	云南	西部	A	国有弱相对控股	70.3040	65.5141	22.1071	25.2753	48.6890	746
600835	上海机电	上海	东部	C	国有强相对控股	79.9325	48.2876	11.9834	28.2748	48.6815	747
600536	中国软件	北京	东部	I	国有强相对控股	71.8735	58.6209	20.5473	28.0639	48.6680	748
603999	读者传媒	甘肃	西部	R	国有绝对控股	76.2302	58.6205	13.7163	26.5450	48.6647	749
002910	庄园牧场	甘肃	西部	C	国有弱相对控股	79.3516	58.6059	8.3451	25.8460	48.6620	750
600128	弘业股份	江苏	东部	F	国有弱相对控股	71.5833	44.8211	33.4513	26.3887	48.6439	751
000922	佳电股份	黑龙江	东北	C	国有强相对控股	84.0524	37.9345	12.4546	27.3412	48.6374	752
600748	上实发展	上海	东部	K	国有绝对控股	75.1228	62.0614	12.7128	26.9065	48.6275	753
600037	歌华有线	北京	东部	I	国有强相对控股	72.0498	48.3107	28.9988	26.8099	48.5688	754

续表

股票代码	公司简称	省份	地区	行业代码	控股类型	公司治理（CLCQI-CG）	社会责任（CLCQI-SR）	企业创新（CLCQI-EI）	绩效与价值（CLCQI-PV）	中国上市公司质量指数（CLCQI）	CLCQI排名
000759	中百集团	湖北	中部	F	国有强相对控股	73.3998	65.5161	13.5597	26.4664	48.5159	755
002712	思美传媒	浙江	东部	L	国有强相对控股	75.6905	58.6064	15.7421	25.1393	48.5004	756
000014	沙河股份	广东	东部	K	国有强相对控股	72.8009	68.9613	11.8678	26.6137	48.4915	757
000070	特发信息	广东	东部	C	国有强相对控股	81.0402	44.8275	13.7486	26.3451	48.4762	758
300770	新媒股份	广东	东部	I	国有绝对控股	81.1113	48.2755	8.5268	28.3297	48.4736	759
600995	文山电力	云南	西部	D	国有强相对控股	73.5719	58.6211	17.9905	26.5963	48.4691	760
000721	西安饮食	陕西	西部	H	国有弱相对控股	73.4688	65.5141	12.5113	26.9354	48.4507	761
600845	宝信软件	上海	东部	I	国有绝对控股	76.4724	48.3011	14.7070	30.6992	48.4503	762
600663	陆家嘴	上海	东部	K	国有绝对控股	73.2801	62.0873	12.7306	29.0750	48.4400	763
600239	*ST云城	云南	西部	K	国有强相对控股	69.3135	51.7137	32.3534	25.9393	48.4380	764
600900	长江电力	北京	东部	D	国有绝对控股	69.6876	48.3014	15.6337	40.7602	48.4370	765
000852	石化机械	湖北	中部	C	国有绝对控股	75.9941	55.1563	16.5976	25.7510	48.4283	766
600483	福能股份	福建	东部	D	国有绝对控股	76.7047	55.1726	13.3698	27.1587	48.4214	767
000713	丰乐种业	安徽	中部	A	国有强相对控股	73.2427	58.6133	16.3883	28.2027	48.4174	768
601225	陕西煤业	陕西	西部	B	国有绝对控股	72.5409	55.1892	12.5274	34.4227	48.4059	769
000909	数源科技	浙江	东部	K	国有强相对控股	74.7941	44.8279	25.4296	26.6993	48.4025	770
600540	新赛股份	新疆	西部	A	国有强相对控股	70.2649	72.3917	13.5026	26.9282	48.3973	771
600004	白云机场	广东	东部	G	国有绝对控股	77.7339	55.1950	11.8265	26.6280	48.3951	772

续表

股票代码	公司简称	省份	地区	行业代码	控股类型	公司治理（CLCQI–CG）	社会责任（CLCQI–SR）	企业创新（CLCQI–EI）	绩效与价值（CLCQI–PV）	中国上市公司质量指数（CLCQI）	CLCQI排名
603867	新化股份	浙江	东部	C	国有弱相对控股	69.5659	44.8334	34.9344	27.4069	48.3900	773
600081	东风科技	上海	东部	C	国有绝对控股	74.4157	58.6204	14.4965	27.6716	48.3766	774
600679	上海凤凰	上海	东部	C	国有弱相对控股	73.0778	41.3790	31.1504	26.7895	48.3654	775
000060	中金岭南	广东	东部	C	国有强相对控股	75.6001	55.1855	14.9014	27.4016	48.3486	776
600323	瀚蓝环境	广东	东部	N	国有强相对控股	79.2557	48.2869	11.1428	28.6775	48.3432	777
000019	深粮控股	广东	东部	F	国有绝对控股	78.7403	44.8459	16.2830	27.3865	48.3262	778
002827	高争民爆	西藏	西部	C	国有绝对控股	79.1524	51.7736	10.2801	27.2878	48.3050	779
603927	中科软	北京	东部	I	国有强相对控股	75.9695	51.7364	16.9061	27.0546	48.2931	780
600737	中粮糖业	新疆	西部	C	国有绝对控股	78.4311	48.2838	14.2366	27.2464	48.2739	781
600073	上海梅林	上海	东部	C	国有强相对控股	79.6079	44.8352	14.1163	27.4816	48.2621	782
600222	太龙药业	河南	中部	C	国有弱相对控股	75.5961	58.6064	13.0050	26.4776	48.2498	783
601801	皖新传媒	安徽	中部	R	国有绝对控股	73.8192	62.0767	12.8880	27.1396	48.2017	784
600526	菲达环保	浙江	东部	C	国有强相对控股	65.7701	55.1638	35.3212	26.1494	48.1842	785
000702	正虹科技	湖南	中部	C	国有弱相对控股	77.6474	51.7137	13.2291	26.8719	48.1798	786
002561	徐家汇	上海	东部	F	国有强相对控股	77.4313	58.6300	9.0011	26.3916	48.1652	787
000551	创元科技	江苏	东部	S	国有强相对控股	75.0500	51.7121	17.7193	27.3512	48.1585	788
600850	电科数字	上海	东部	I	国有强相对控股	74.8712	55.1819	15.3236	27.3825	48.1361	789
000548	湖南投资	湖南	中部	G	国有强相对控股	78.4461	51.7188	11.2359	26.8730	48.1017	790

续表

股票代码	公司简称	省份	地区	行业代码	控股类型	公司治理（CLCQI-CG）	社会责任（CLCQI-SR）	企业创新（CLCQI-EI）	绩效与价值（CLCQI-PV）	中国上市公司质量指数（CLCQI）	CLCQI排名
600560	金自天正	北京	东部	C	国有强相对控股	73.1777	62.0707	14.5299	26.4528	48.1009	791
601608	中信重工	河南	中部	C	国有绝对控股	73.3552	27.5981	39.4464	26.8853	48.0924	792
300004	南风股份	广东	东部	C	国有弱相对控股	80.6115	44.8211	12.7214	26.2913	48.0849	793
300385	雪浪环境	江苏	东部	C	国有弱相对控股	77.5574	51.7062	14.3886	25.6939	48.0801	794
600866	星湖科技	广东	东部	C	国有弱相对控股	75.5984	58.6215	11.8462	26.6950	48.0755	795
600575	淮河能源	安徽	中部	G	国有绝对控股	77.0087	51.7390	13.8964	26.8908	48.0663	796
000826	启迪环境	湖北	中部	N	国有强相对控股	79.2674	51.7213	10.2366	26.1925	48.0606	797
600658	电子城	北京	东部	K	国有强相对控股	72.9606	62.0731	13.3986	27.5148	48.0536	798
000503	国新健康	海南	东部	I	国有弱相对控股	76.1345	51.7213	16.0547	26.5040	48.0489	799
600320	振华重工	上海	东部	C	国有强相对控股	65.6430	51.7315	36.1887	27.1003	48.0297	800
600096	云天化	云南	西部	C	国有强相对控股	69.2427	68.9793	15.9457	27.1581	48.0226	801
600765	中航重机	贵州	西部	C	国有强相对控股	79.7609	44.8270	10.3904	29.2171	48.0108	802
002400	省广集团	广东	东部	L	国有弱相对控股	69.0658	62.0640	20.9544	27.5220	48.0073	803
000928	中钢国际	吉林	东北	E	国有绝对控股	70.5032	37.9430	36.9082	26.9111	48.0021	804
000628	高新发展	四川	西部	E	国有强相对控股	70.9375	44.8259	31.8432	26.1273	47.9993	805
600230	沧州大化	河北	东部	C	国有强相对控股	67.5365	55.1604	30.6727	26.2770	47.9924	806
603199	九华旅游	安徽	中部	N	国有绝对控股	72.5477	68.9597	9.6573	26.7818	47.9899	807
600113	浙江东日	浙江	东部	L	国有强相对控股	74.3949	62.0646	11.3191	26.6262	47.9880	808

续表

股票代码	公司简称	省份	地区	行业代码	控股类型	公司治理（CLCQI-CG）	社会责任（CLCQI-SR）	企业创新（CLCQI-EI）	绩效与价值（CLCQI-PV）	中国上市公司质量指数（CLCQI）	CLCQI排名
600455	博通股份	陕西	西部	P	国有弱相对控股	66.8982	55.1563	31.3746	26.6890	47.9799	809
000860	顺鑫农业	北京	东部	C	国有强相对控股	76.3723	55.1853	10.1742	28.4597	47.9765	810
000762	西藏矿业	西藏	西部	B	国有弱相对控股	74.4619	62.0565	10.2807	27.2929	47.9726	811
600674	川投能源	四川	西部	D	国有绝对控股	79.5398	44.8426	11.3651	28.5645	47.9565	812
000590	启迪药业	湖南	中部	C	国有强相对控股	74.4993	65.4990	9.3497	25.8436	47.9554	813
600118	中国卫星	北京	东部	C	国有绝对控股	73.1960	55.1792	16.5579	28.3201	47.9469	814
600692	亚通股份	上海	东部	K	国有强相对控股	69.4872	44.8211	33.7250	26.6785	47.9327	815
000695	滨海能源	天津	东部	C	国有强相对控股	76.0434	58.6064	10.6197	26.3780	47.9267	816
600707	彩虹股份	陕西	西部	C	国有绝对控股	70.2320	44.8211	31.8363	26.9621	47.9237	817
600743	华远地产	北京	东部	K	国有绝对控股	75.9804	55.1808	12.4018	27.0908	47.9223	818
600111	北方稀土	内蒙古	西部	C	国有强相对控股	79.6053	44.8310	12.0807	27.7443	47.9190	819
000400	许继电气	河南	中部	C	国有强相对控股	68.1898	62.0637	22.2130	27.5538	47.9165	820
000635	英力特	宁夏	西部	C	国有绝对控股	72.2655	69.1064	10.2401	26.3764	47.9143	821
000903	云内动力	云南	西部	C	国有强相对控股	75.8448	51.7242	14.2310	27.8365	47.9019	822
000807	云铝股份	云南	西部	C	国有绝对控股	74.4582	55.1789	13.9420	28.2005	47.8986	823
600206	有研新材	北京	东部	C	国有强相对控股	67.7711	62.0721	24.1246	26.6150	47.8979	824
002061	浙江交科	浙江	东部	E	国有绝对控股	67.7393	44.8289	35.8799	27.5890	47.8933	825
600559	老白干酒	河北	东部	C	国有弱相对控股	71.1696	65.5167	10.0405	30.2538	47.8669	826

续表

股票代码	公司简称	省份	地区	行业代码	控股类型	公司治理（CLCQI-CG）	社会责任（CLCQI-SR）	企业创新（CLCQI-EI）	绩效与价值（CLCQI-PV）	中国上市公司质量指数（CLCQI）	CLCQI排名
600967	内蒙一机	内蒙古	西部	C	国有绝对控股	78.1098	48.2756	12.6248	27.3280	47.8422	827
600833	第一医药	上海	东部	F	国有强相对控股	74.3067	58.6150	12.7397	27.0825	47.8335	828
600546	山煤国际	山西	中部	F	国有绝对控股	76.3648	24.1484	33.5439	27.8192	47.8318	829
000786	北新建材	北京	东部	C	国有强相对控股	72.9077	55.1787	14.3540	30.0789	47.8304	830
600088	中视传媒	上海	东部	R	国有绝对控股	72.1430	65.5288	12.0494	26.8184	47.8010	831
002077	大港股份	江苏	东部	C	国有强相对控股	73.6838	65.5066	8.9803	26.7441	47.7816	832
002243	力合科创	广东	东部	C	国有强相对控股	78.0058	51.7213	10.9427	26.4907	47.7717	833
600894	广日股份	广东	东部	C	国有绝对控股	78.0790	48.2900	12.4802	27.0628	47.7368	834
600820	隧道股份	上海	东部	E	国有强相对控股	67.6978	41.3927	36.5415	28.5359	47.7303	835
600719	大连热电	辽宁	东北	D	国有强相对控股	72.7776	65.5241	11.2594	26.1524	47.7296	836
600814	杭州解百	浙江	东部	F	国有绝对控股	73.1789	65.5132	9.2450	26.8901	47.6701	837
601069	西部黄金	新疆	西部	B	国有绝对控股	76.6013	44.8365	18.4916	26.4008	47.6645	838
600796	钱江生化	浙江	东部	C	国有强相对控股	74.6512	58.6064	12.1181	26.3331	47.6583	839
600272	开开实业	上海	东部	F	国有强相对控股	77.5581	51.7254	10.8464	26.5459	47.5878	840
600855	航天长峰	北京	东部	C	国有强相对控股	71.7830	62.0786	14.0778	26.9606	47.5807	841
000605	渤海股份	北京	东部	D	国有强相对控股	80.7868	41.3794	12.5930	26.1587	47.5799	842
002343	慈文传媒	浙江	东部	R	国有弱相对控股	74.6939	58.6064	12.4374	25.6641	47.5720	843
000636	风华高科	广东	东部	C	国有弱相对控股	70.8241	31.0518	35.8848	29.5539	47.5528	844

续表

股票代码	公司简称	省份	地区	行业代码	控股类型	公司治理（CLCQI-CG）	社会责任（CLCQI-SR）	企业创新（CLCQI-EI）	绩效与价值（CLCQI-PV）	中国上市公司质量指数（CLCQI）	CLCQI排名
002761	浙江建投	浙江	东部	E	国有绝对控股	82.1269	31.0411	15.3764	27.7689	47.5244	845
600508	上海能源	上海	东部	B	国有绝对控股	69.3643	41.3926	33.9744	27.0896	47.5219	846
600420	国药现代	上海	东部	C	国有绝对控股	81.4248	37.9356	12.3142	27.1904	47.5207	847
600372	中航电子	北京	东部	C	国有绝对控股	76.7003	48.2766	13.1489	27.8604	47.5165	848
601789	宁波建工	浙江	东部	E	国有弱相对控股	83.3405	31.0523	13.7666	27.0650	47.5136	849
600773	西藏城投	西藏	西部	K	国有绝对控股	77.7268	48.2684	12.0179	27.0407	47.4948	850
000958	东方能源	河北	东部	J	国有绝对控股	80.6556	37.9303	12.5031	28.0560	47.4664	851
000519	中兵红箭	湖南	中部	C	国有强相对控股	77.9321	44.8274	13.7336	27.2227	47.4493	852
600598	北大荒	黑龙江	东北	A	国有绝对控股	78.7805	41.4056	11.5245	29.6537	47.4414	853
600716	凤凰股份	江苏	东部	K	国有绝对控股	70.2340	41.3833	32.9276	26.2005	47.4367	854
600959	江苏有线	江苏	东部	I	国有绝对控股	74.9838	65.5256	4.7154	26.6850	47.4367	855
600827	百联股份	上海	东部	F	国有绝对控股	74.4442	55.1727	11.3108	28.4597	47.4307	856
600415	小商品城	浙江	东部	L	国有绝对控股	66.9850	48.2855	31.6509	28.2175	47.4214	857
600552	凯盛科技	安徽	中部	C	国有弱相对控股	73.8552	58.6268	12.0847	26.6610	47.4183	858
002186	全聚德	北京	东部	H	国有强相对控股	76.2874	51.7137	13.0225	26.1494	47.4139	859
600479	千金药业	湖南	中部	C	国有强相对控股	77.4440	44.8571	14.9069	26.8997	47.4125	860
600305	恒顺醋业	江苏	东部	C	国有强相对控股	71.9779	58.6267	12.4773	29.3267	47.4123	861
600529	山东药玻	山东	东部	C	国有弱相对控股	74.8677	51.7225	11.7124	29.3256	47.3793	862

续表

股票代码	公司简称	省份	地区	行业代码	控股类型	公司治理（CLCQI-CG）	社会责任（CLCQI-SR）	企业创新（CLCQI-EI）	绩效与价值（CLCQI-PV）	中国上市公司质量指数（CLCQI）	CLCQI 排名
002297	博云新材	湖南	中部	C	国有弱相对控股	72.6346	58.6064	13.9035	26.8799	47.3455	863
600543	莫高股份	甘肃	西部	C	国有强相对控股	71.6048	68.9560	7.5429	27.4048	47.3451	864
600757	长江传媒	湖北	中部	R	国有绝对控股	68.8790	65.5159	15.5553	27.3043	47.3161	865
601118	海南橡胶	海南	东部	A	国有绝对控股	78.7475	41.3877	14.6628	26.6700	47.3072	866
600662	强生控股	上海	东部	G	国有强相对控股	76.5431	48.2893	12.0110	28.1681	47.3048	867
000058	深赛格	广东	东部	L	国有绝对控股	74.1243	58.6540	10.8416	26.7329	47.2994	868
600269	赣粤高速	江西	中部	G	国有绝对控股	69.5000	68.9665	12.1148	26.8631	47.2837	869
600848	上海临港	上海	东部	K	国有绝对控股	69.0358	68.9676	11.7843	27.6587	47.2310	870
002721	金一文化	北京	东部	C	国有弱相对控股	78.7629	51.7137	9.8302	23.9511	47.2161	871
600858	银座股份	山东	东部	F	国有强相对控股	76.7258	51.7137	10.3236	26.6738	47.1806	872
000505	京粮控股	海南	东部	C	国有强相对控股	74.3912	51.7137	13.7147	27.6587	47.1712	873
300237	美晨生态	山东	东部	E	国有弱相对控股	74.6005	55.1571	11.6604	26.8724	47.1639	874
000532	华金资本	广东	东部	S	国有强相对控股	74.0160	51.7204	14.6638	27.4606	47.1624	875
000815	美利云	宁夏	西部	C	国有强相对控股	75.4570	51.7213	13.3437	26.1187	47.1394	876
600452	涪陵电力	重庆	西部	D	国有绝对控股	74.9408	51.7224	12.5099	27.5827	47.1323	877
603099	长白山	吉林	东北	N	国有绝对控股	72.3413	65.5088	9.2134	26.0569	47.1197	878
600793	宜宾纸业	四川	西部	C	国有绝对控股	64.4165	58.6064	30.8883	25.5278	47.1172	879
600150	中国船舶	上海	东部	C	国有绝对控股	77.1724	37.9402	17.6089	27.9017	47.0572	880

续表

股票代码	公司简称	省份	地区	行业代码	控股类型	公司治理（CLCQI-CG）	社会责任（CLCQI-SR）	企业创新（CLCQI-EI）	绩效与价值（CLCQI-PV）	中国上市公司质量指数（CLCQI）	CLCQI排名
600547	山东黄金	山东	东部	B	国有强相对控股	72.4182	51.7203	15.4341	28.9708	47.0548	881
600689	上海三毛	上海	东部	C	国有弱相对控股	78.7839	44.8135	11.9026	25.7346	47.0498	882
603881	数据港	上海	东部	I	国有强相对控股	81.5537	41.3758	5.7974	28.2471	47.0491	883
002573	清新环境	北京	东部	N	国有弱相对控股	73.8753	51.7308	14.8598	26.9339	47.0152	884
000504	南华生物	湖南	中部	M	国有弱相对控股	69.1902	62.0640	14.6003	28.4332	47.0140	885
600218	全柴动力	安徽	中部	C	国有强相对控股	72.1316	55.1663	16.5522	26.2977	47.0125	886
600639	浦东金桥	上海	东部	K	国有绝对控股	70.9040	62.0714	12.5280	27.2955	47.0018	887
601999	出版传媒	辽宁	东北	R	国有绝对控股	68.1196	68.9594	13.1154	26.9231	46.9456	888
600714	金瑞矿业	青海	西部	C	国有绝对控股	76.6512	51.7137	9.7418	26.3157	46.9448	889
603167	渤海轮渡	山东	东部	G	国有强相对控股	73.0365	58.6321	11.5173	26.4877	46.9348	890
600657	信达地产	北京	东部	K	国有绝对控股	72.5833	55.1687	12.7591	28.2612	46.9257	891
600764	中国海防	北京	东部	C	国有绝对控股	70.2142	58.6125	15.4632	27.8133	46.9235	892
000599	青岛双星	山东	东部	C	国有强相对控股	72.9217	58.6064	12.1946	26.0924	46.9216	893
000709	河钢股份	河北	东部	C	国有绝对控股	66.6613	68.9841	13.2729	29.0186	46.9213	894
600661	昂立教育	上海	东部	P	国有弱相对控股	73.1401	55.1638	14.3767	26.0215	46.9113	895
600744	华银电力	湖南	中部	D	国有绝对控股	68.3634	65.4990	15.0787	26.8619	46.9014	896
601929	吉视传媒	吉林	东北	I	国有强相对控股	76.8352	55.1603	6.2626	26.5395	46.8955	897
002321	*ST华英	河南	中部	A	国有弱相对控股	60.9712	65.4990	32.7214	24.5500	46.8951	898

续表

股票代码	公司简称	省份	地区	行业代码	控股类型	公司治理（CLCQI-CG）	社会责任（CLCQI-SR）	企业创新（CLCQI-EI）	绩效与价值（CLCQI-PV）	中国上市公司质量指数（CLCQI）	CLCQI排名
600300	ST维维	江苏	东部	C	国有弱相对控股	65.1212	51.7268	30.7588	27.6407	46.8694	899
600637	东方明珠	上海	东部	I	国有绝对控股	78.8640	48.2937	5.6934	27.6395	46.8382	900
002349	精华制药	江苏	东部	C	国有强相对控股	66.8464	44.8211	33.5524	26.5936	46.8206	901
600642	申能股份	上海	东部	D	国有绝对控股	72.6460	55.1878	12.4466	27.9688	46.8181	902
600774	汉商集团	湖北	中部	F	国有强相对控股	75.9691	51.7171	9.7523	26.8460	46.8072	903
600148	长春一东	吉林	东北	C	国有绝对控股	72.2219	48.2808	19.4411	27.0297	46.7765	904
603123	翠微股份	北京	东部	F	国有绝对控股	68.1855	68.9648	12.2432	26.7572	46.7569	905
600723	首商股份	北京	东部	F	国有绝对控股	70.4702	65.5217	9.8513	27.0503	46.7492	906
600550	保变电气	河北	东部	C	国有绝对控股	71.3103	27.6008	35.8400	27.5951	46.7310	907
000788	北大医药	重庆	西部	C	国有强相对控股	72.0070	58.6105	12.8913	26.2334	46.7310	908
000957	中通客车	山东	东部	C	国有强相对控股	73.7326	51.7137	14.0844	26.6489	46.7292	909
300080	易成新能	河南	中部	C	国有绝对控股	76.6233	48.2712	10.8734	26.5602	46.7048	910
600831	广电网络	陕西	西部	I	国有强相对控股	74.7718	31.0557	27.8942	26.2220	46.7014	911
600235	民丰特纸	浙江	东部	C	国有强相对控股	72.3414	58.6121	12.0669	26.1410	46.6770	912
000850	华茂股份	安徽	中部	C	国有强相对控股	77.4045	44.8292	11.8553	26.4326	46.6654	913
600123	兰花科创	山西	中部	B	国有强相对控股	68.0173	41.4011	32.8542	26.5864	46.6345	914
600506	*ST香梨	新疆	西部	A	国有弱相对控股	73.2324	51.7062	11.4129	29.1825	46.6271	915
600708	光明地产	上海	东部	K	国有绝对控股	75.3956	48.2870	12.3041	27.0324	46.6202	916

续表

股票代码	公司简称	省份	地区	行业代码	控股类型	公司治理（CLCQI-CG）	社会责任（CLCQI-SR）	企业创新（CLCQI-EI）	绩效与价值（CLCQI-PV）	中国上市公司质量指数（CLCQI）	CLCQI排名
002564	天沃科技	江苏	东部	E	国有弱相对控股	77.0481	44.8211	13.2761	25.6636	46.6135	917
600390	五矿资本	湖南	中部	J	国有绝对控股	75.3337	44.8330	11.9415	29.4669	46.6134	918
300528	幸福蓝海	江苏	东部	R	国有绝对控股	75.5948	51.7137	11.0502	25.5534	46.5934	919
600054	黄山旅游	安徽	中部	N	国有强相对控股	70.7216	65.5083	9.2865	26.4722	46.5902	920
600283	钱江水利	浙江	东部	D	国有绝对控股	73.3352	55.1638	11.5006	26.7205	46.5889	921
600895	张江高科	上海	东部	K	国有绝对控股	62.3053	82.7551	11.4861	27.7299	46.5651	922
002121	科陆电子	广东	东部	C	国有弱相对控股	78.9921	34.4859	15.9117	26.2954	46.5259	923
000410	ST沈机	辽宁	东北	C	国有强相对控股	70.4095	65.5141	10.1414	26.0194	46.5241	924
002683	宏大爆破	广东	东部	B	国有弱相对控股	72.9461	44.8418	17.1767	28.6070	46.4918	925
600082	海泰发展	天津	东部	K	国有弱相对控股	75.6544	48.2684	12.5136	25.9477	46.4916	926
600345	长江通信	湖北	中部	C	国有强相对控股	76.3058	44.8310	13.4703	26.1729	46.4842	927
600638	新黄浦	上海	东部	K	国有强相对控股	79.3748	37.9692	11.5933	26.7728	46.4572	928
300173	福能东方	广东	东部	C	国有弱相对控股	79.1123	37.9284	11.3827	27.2565	46.4249	929
600458	时代新材	湖南	中部	C	国有绝对控股	69.0362	27.5932	39.1100	27.1624	46.3661	930
000553	安道麦A	湖北	中部	C	国有绝对控股	82.1312	31.0254	10.7584	26.6177	46.3124	931
600630	龙头股份	上海	东部	C	国有强相对控股	68.8118	37.9284	33.6830	25.4403	46.3106	932
600821	金开新能	天津	东部	D	国有强相对控股	68.7984	58.6064	15.2769	27.6955	46.2896	933
600225	*ST松江	天津	东部	K	国有强相对控股	64.2551	68.9567	21.5448	23.5776	46.2489	934

续表

股票代码	公司简称	省份	地区	行业代码	控股类型	公司治理（CLCQI-CG）	社会责任（CLCQI-SR）	企业创新（CLCQI-EI）	绩效与价值（CLCQI-PV）	中国上市公司质量指数（CLCQI）	CLCQI排名
000900	现代投资	湖南	中部	G	国有强相对控股	72.7819	51.7272	12.6355	27.3793	46.2438	935
600335	国机汽车	天津	东部	F	国有绝对控股	75.1780	41.3928	16.3720	26.7543	46.2431	936
600461	洪城环境	江西	中部	D	国有强相对控股	72.9068	48.3030	14.8676	27.4162	46.2358	937
603648	畅联股份	上海	东部	L	国有绝对控股	75.7281	41.3862	15.0250	26.8684	46.2213	938
000911	南宁糖业	广西	西部	C	国有强相对控股	67.7382	65.5141	12.7836	26.8795	46.1990	939
000973	佛塑科技	广东	东部	C	国有弱相对控股	78.2484	37.9401	12.8604	26.3493	46.1498	940
600822	上海物贸	上海	东部	F	国有强相对控股	64.6147	58.6064	23.2537	27.3223	46.1181	941
002053	云南能投	云南	西部	C	国有绝对控股	78.4409	41.3936	9.4048	26.6003	46.1165	942
600746	江苏索普	江苏	东部	C	国有绝对控股	70.5243	51.7539	14.7995	28.7214	46.1131	943
002100	天康生物	新疆	西部	C	国有弱相对控股	69.1231	58.6204	13.6205	27.6926	46.0896	944
600691	阳煤化工	山西	中部	C	国有弱相对控股	68.9730	37.9284	30.5352	26.7508	46.0732	945
600468	百利电气	天津	东部	C	国有绝对控股	68.4356	34.4857	33.8409	26.9255	46.0466	946
600648	外高桥	上海	东部	F	国有绝对控股	74.3773	48.2931	11.1208	27.2416	46.0294	947
002682	龙洲股份	福建	东部	G	国有强相对控股	74.5729	48.2636	13.0012	25.3975	46.0183	948
600704	物产中大	浙江	东部	F	国有绝对控股	73.5329	27.6130	26.2043	28.8701	46.0135	949
600861	北京城乡	北京	东部	F	国有强相对控股	73.7175	51.7062	8.9250	27.9042	46.0040	950
000707	*ST双环	湖北	中部	C	国有弱相对控股	65.8146	44.8211	32.9301	25.4446	45.9962	951
000558	莱茵体育	浙江	东部	K	国有弱相对控股	70.5860	58.6215	11.4622	26.6193	45.9749	952

续表

股票代码	公司简称	省份	地区	行业代码	控股类型	公司治理（CLCQI-CG）	社会责任（CLCQI-SR）	企业创新（CLCQI-EI）	绩效与价值（CLCQI-PV）	中国上市公司质量指数（CLCQI）	CLCQI排名
000978	桂林旅游	广西	西部	N	国有弱相对控股	69.7218	65.5141	9.0783	25.6810	45.9517	953
600281	太化股份	山西	中部	C	国有强相对控股	75.8745	48.2636	8.5796	26.5554	45.9441	954
600316	洪都航空	江西	中部	C	国有强相对控股	68.3648	51.7214	13.4394	32.3707	45.8847	955
000970	中科三环	北京	东部	C	国有弱相对控股	77.2869	41.4023	10.6341	26.4771	45.8712	956
600359	新农开发	新疆	西部	A	国有强相对控股	70.7441	55.1563	11.8148	27.6182	45.8386	957
600726	华电能源	黑龙江	东北	D	国有强相对控股	72.0087	48.2863	15.4477	26.7465	45.8226	958
000811	冰轮环境	山东	东部	C	国有强相对控股	73.6356	44.8263	14.4824	26.9570	45.8139	959
600649	城投控股	上海	东部	K	国有强相对控股	73.8917	44.8270	12.8404	27.8313	45.8066	960
002880	卫光生物	广东	东部	C	国有绝对控股	73.7595	44.8156	12.6304	28.1607	45.7924	961
600636	国新文化	上海	东部	I	国有强相对控股	66.2932	65.5137	13.1364	27.2824	45.7922	962
600676	交运股份	上海	东部	G	国有强相对控股	72.9424	44.8480	15.9159	26.6262	45.7439	963
600736	苏州高新	江苏	东部	K	国有强相对控股	72.5875	48.2751	13.7863	26.7302	45.7161	964
600784	鲁银投资	山东	东部	C	国有弱相对控股	72.8671	51.7191	10.6591	26.6440	45.6975	965
002083	孚日股份	山东	东部	C	国有弱相对控股	72.9514	51.7216	11.2471	26.0199	45.6932	966
000753	漳州发展	福建	东部	F	国有强相对控股	76.7998	41.3869	10.3765	26.7436	45.6891	967
600996	贵广网络	贵州	西部	I	国有绝对控股	73.9547	58.6260	3.7492	26.1044	45.6517	968
000096	广聚能源	广东	东部	F	国有绝对控股	79.2985	34.4749	10.1112	26.9309	45.6456	969
600647	同达创业	上海	东部	F	国有强相对控股	72.5342	41.3634	10.1545	33.3273	45.5809	970

续表

股票代码	公司简称	省份	地区	行业代码	控股类型	公司治理（CLCQI-CG）	社会责任（CLCQI-SR）	企业创新（CLCQI-EI）	绩效与价值（CLCQI-PV）	中国上市公司质量指数（CLCQI）	CLCQI排名
600100	同方股份	北京	东部	C	国有弱相对控股	74.6560	41.3785	14.1057	26.7241	45.5713	971
600839	四川长虹	四川	西部	C	国有弱相对控股	67.3342	48.2872	22.9277	27.1195	45.5422	972
600501	航天晨光	江苏	东部	C	国有强相对控股	73.4766	41.3785	15.9581	26.9603	45.5291	973
600715	文投控股	辽宁	东北	R	国有弱相对控股	67.9304	62.0565	13.9866	24.6651	45.4442	974
600279	重庆港九	重庆	西部	G	国有绝对控股	72.5759	48.2794	12.3878	26.6519	45.4128	975
600800	渤海化学	天津	东部	C	国有强相对控股	68.8208	58.6064	12.5144	26.2926	45.3953	976
600675	中华企业	上海	东部	K	国有绝对控股	67.9959	58.6193	12.5917	27.3885	45.3567	977
000917	电广传媒	湖南	中部	I	国有弱相对控股	74.4341	55.1638	4.2011	25.7643	45.3295	978
601866	中远海发	上海	东部	G	国有强相对控股	73.0181	41.3878	12.7726	29.2222	45.2755	979
600667	太极实业	江苏	东部	E	国有强相对控股	74.5445	37.9504	14.0094	27.7887	45.2594	980
002087	新野纺织	河南	中部	C	国有弱相对控股	72.4053	48.2597	11.8211	26.6875	45.2372	981
000016	深康佳A	广东	东部	C	国有弱相对控股	70.7619	44.8465	16.2449	27.6643	45.1968	982
600098	广州发展	广东	东部	D	国有绝对控股	70.0633	41.3863	20.5739	27.3382	45.1826	983
000428	华天酒店	湖南	中部	H	国有强相对控股	74.0171	44.8211	11.4191	26.1532	45.1521	984
000912	泸天化	四川	西部	C	国有强相对控股	77.8042	31.0509	13.4158	26.3880	45.0595	985
600783	鲁信创投	山东	东部	J	国有绝对控股	73.8402	41.3971	13.3443	26.5100	45.0420	986
600971	恒源煤电	安徽	中部	B	国有绝对控股	66.1417	58.6246	15.0751	27.0902	45.0380	987
600730	中国高科	北京	东部	P	国有弱相对控股	67.8799	48.2636	19.8900	26.6141	45.0230	988

续表

股票代码	公司简称	省份	地区	行业代码	控股类型	公司治理（CLCQI-CG）	社会责任（CLCQI-SR）	企业创新（CLCQI-EI）	绩效与价值（CLCQI-PV）	中国上市公司质量指数（CLCQI）	CLCQI排名
600722	金牛化工	河北	东部	C	国有绝对控股	72.1547	51.7062	8.9808	26.3846	45.0101	989
300077	国民技术	广东	东部	C	国有弱相对控股	61.9215	48.2636	30.9136	27.2299	44.9983	990
600758	辽宁能源	辽宁	东北	B	国有强相对控股	75.3615	41.3710	10.5612	26.0500	44.9750	991
600287	江苏舜天	江苏	东部	F	国有绝对控股	67.6820	58.6179	11.8240	26.9554	44.9691	992
300208	青岛中程	山东	东部	C	国有强相对控股	68.0149	55.1714	12.8423	27.5977	44.9496	993
300140	中环装备	陕西	西部	C	国有强相对控股	70.8652	51.7137	12.8003	24.8618	44.8787	994
600213	亚星客车	江苏	东部	C	国有绝对控股	69.5869	51.7137	13.6079	25.8626	44.7790	995
600502	安徽建工	安徽	中部	E	国有强相对控股	76.2347	31.0538	12.9037	28.1507	44.7704	996
002659	凯文教育	北京	东部	P	国有弱相对控股	69.3520	58.6064	9.9142	24.8817	44.7350	997
000610	西安旅游	陕西	西部	N	国有弱相对控股	63.2945	72.4105	9.6234	26.4983	44.7286	998
601699	潞安环能	山西	中部	B	国有绝对控股	75.4753	31.0573	14.6599	27.7733	44.7240	999
600387	ST海越	浙江	东部	F	国有弱相对控股	68.0375	55.1667	13.3888	26.2082	44.7198	1000
000422	湖北宜化	湖北	中部	C	国有弱相对控股	72.2390	44.8211	11.5294	26.7311	44.6074	1001
600511	国药股份	北京	东部	F	国有绝对控股	64.0087	55.1765	16.6504	29.5854	44.6064	1002
601718	际华集团	北京	东部	C	国有绝对控股	75.2191	37.9284	11.3123	26.2466	44.6010	1003
600156	华升股份	湖南	中部	C	国有强相对控股	67.6594	58.6064	10.8223	26.2121	44.5722	1004
600121	郑州煤电	河南	中部	B	国有绝对控股	67.8308	51.7137	10.1638	30.5550	44.5609	1005
600373	中文传媒	江西	中部	R	国有绝对控股	68.9548	48.2902	13.8296	27.8253	44.5477	1006

续表

股票代码	公司简称	省份	地区	行业代码	控股类型	公司治理（CLCQI-CG）	社会责任（CLCQI-SR）	企业创新（CLCQI-EI）	绩效与价值（CLCQI-PV）	中国上市公司质量指数（CLCQI）	CLCQI排名
002263	大东南	浙江	东部	C	国有弱相对控股	69.0317	51.7137	12.2022	26.9455	44.5466	1007
600354	敦煌种业	甘肃	西部	A	国有弱相对控股	69.2710	51.7137	13.0417	25.8672	44.5406	1008
600198	*ST大唐	北京	东部	C	国有强相对控股	67.4315	51.7137	16.9449	25.6603	44.5337	1009
600169	太原重工	山西	中部	C	国有强相对控股	66.0697	31.0358	34.0792	26.5274	44.5309	1010
600071	凤凰光学	江西	中部	C	国有强相对控股	67.9978	55.1638	12.0018	26.5721	44.5171	1011
002581	未名医药	山东	东部	C	国有弱相对控股	68.0378	51.7137	12.1996	28.3706	44.5047	1012
600072	中船科技	上海	东部	E	国有强相对控股	80.0483	24.1507	10.7125	26.8390	44.4942	1013
000793	华闻集团	海南	东部	R	国有弱相对控股	72.4600	41.3936	14.2581	25.6702	44.4622	1014
300300	海峡创新	福建	东部	I	国有弱相对控股	68.9889	58.6064	8.7937	25.1854	44.4416	1015
000778	新兴铸管	河北	东部	C	国有强相对控股	73.4794	34.5030	14.8122	27.4440	44.3906	1016
600423	柳化股份	广西	西部	C	国有强相对控股	72.3435	48.2636	7.6197	26.6157	44.3548	1017
600621	华鑫股份	上海	东部	J	国有绝对控股	69.4472	44.8314	13.7296	28.0578	44.2640	1018
600838	上海九百	上海	东部	F	国有弱相对控股	67.5838	58.6174	8.4253	26.9809	44.2564	1019
600403	ST大有	河南	中部	B	国有绝对控股	60.8710	44.8211	32.1402	26.9637	44.2405	1020
600724	宁波富达	浙江	东部	C	国有绝对控股	64.6075	65.5197	9.0531	26.8721	44.1996	1021
300110	华仁药业	山东	东部	C	国有弱相对控股	73.5094	37.9305	11.8861	26.7293	44.1529	1022
600601	ST方科	上海	东部	C	国有弱相对控股	68.2671	48.2712	15.0099	26.3602	44.1395	1023
600834	申通地铁	上海	东部	G	国有绝对控股	64.5324	62.0706	10.9906	27.2086	44.1238	1024

续表

股票代码	公司简称	省份	地区	行业代码	控股类型	公司治理（CLCQI-CG）	社会责任（CLCQI-SR）	企业创新（CLCQI-EI）	绩效与价值（CLCQI-PV）	中国上市公司质量指数（CLCQI）	CLCQI排名
600252	中恒集团	广西	西部	C	国有强相对控股	69.0943	51.7309	10.5516	26.3804	44.1028	1025
002692	ST远程	江苏	东部	C	国有弱相对控股	67.3325	51.7137	14.6846	25.7712	44.0698	1026
600056	中国医药	北京	东部	F	国有绝对控股	75.1355	27.6147	14.2027	28.0735	44.0553	1027
000692	惠天热电	辽宁	东北	D	国有强相对控股	71.5942	44.8362	11.6835	25.4105	44.0524	1028
600877	电能股份	重庆	西部	C	国有强相对控股	67.9851	44.8211	14.0822	28.8935	43.9570	1029
600241	ST时万	辽宁	东北	C	国有绝对控股	70.0326	48.2636	11.2012	25.8209	43.9480	1030
000655	金岭矿业	山东	东部	B	国有绝对控股	68.5173	48.2992	12.4544	27.1994	43.9425	1031
601900	南方传媒	广东	东部	R	国有绝对控股	68.3287	48.2863	12.5129	27.3660	43.9185	1032
600979	广安爱众	四川	西部	D	国有强相对控股	69.0900	48.2837	11.4056	26.6226	43.8153	1033
600006	东风汽车	湖北	中部	C	国有绝对控股	65.6215	48.2927	14.7716	28.5893	43.5941	1034
600791	京能置业	北京	东部	K	国有强相对控股	69.0421	44.8211	11.3364	26.4636	43.2232	1035
600168	武汉控股	湖北	中部	D	国有绝对控股	71.5175	37.9424	11.0212	26.8068	43.2043	1036
600266	城建发展	北京	东部	K	国有强相对控股	63.8734	55.1744	12.1723	27.7018	43.1854	1037
600812	华北制药	河北	东部	C	国有绝对控股	68.3221	44.8381	11.7966	26.6943	43.0874	1038
600640	号百控股	上海	东部	I	国有绝对控股	68.1357	51.7275	7.6725	25.9687	43.0401	1039
600830	香溢融通	浙江	东部	L	国有强相对控股	71.8896	37.9765	9.7356	26.5121	43.0275	1040
600628	新世界	上海	东部	F	国有弱相对控股	65.8374	55.1614	8.8264	26.4159	42.9784	1041
000897	津滨发展	天津	东部	K	国有弱相对控股	70.5011	41.3785	12.8007	23.8467	42.9290	1042

续表

股票代码	公司简称	省份	地区	行业代码	控股类型	公司治理（CLCQI-CG）	社会责任（CLCQI-SR）	企业创新（CLCQI-EI）	绩效与价值（CLCQI-PV）	中国上市公司质量指数（CLCQI）	CLCQI排名
600617	国新能源	山西	中部	D	国有强相对控股	70.5095	37.9284	12.1916	26.1500	42.8689	1043
600319	*ST亚星	山东	东部	C	国有弱相对控股	61.4072	51.7137	19.2426	26.1716	42.7114	1044
600126	杭钢股份	浙江	东部	C	国有绝对控股	69.2932	31.0531	15.7434	27.5202	42.4040	1045
000856	冀东装备	河北	东部	C	国有强相对控股	63.5797	51.7137	13.6457	25.7219	42.3486	1046
600416	湘电股份	湖南	中部	C	国有强相对控股	69.1195	31.0358	11.5009	29.7289	42.0356	1047
600789	鲁抗医药	山东	东部	C	国有弱相对控股	69.1040	31.0462	13.3385	27.1164	41.7453	1048
600969	郴电国际	湖南	中部	D	国有强相对控股	70.2246	31.0489	11.2898	26.6966	41.6793	1049
600864	哈投股份	黑龙江	东北	J	国有绝对控股	65.9073	37.9479	11.6963	26.7580	41.0839	1050
600358	国旅联合	江苏	东部	I	国有弱相对控股	62.5623	48.2636	9.9400	26.6745	40.9211	1051
600653	申华控股	辽宁	东北	F	国有弱相对控股	67.9988	31.0358	12.4847	26.1362	40.8859	1052
000663	*ST永林	福建	东部	C	国有弱相对控股	66.8376	34.4859	9.9084	26.0444	40.4007	1053
600805	悦达投资	江苏	东部	S	国有强相对控股	64.1528	37.9284	12.8646	25.7560	40.3623	1054
600593	*ST圣亚	辽宁	东北	N	国有弱相对控股	64.8010	31.0358	15.9526	25.4721	40.1343	1055
600671	ST目药	浙江	东部	C	国有弱相对控股	60.2896	31.0358	11.4314	25.8295	37.5149	1056
600844	丹化科技	江苏	东部	C	国有弱相对控股	58.4130	37.9284	9.9925	25.7108	37.4807	1057

第5章 中国非国有控股上市公司质量指数总排名

中国非国有控股上市公司质量指数总排名如表 5-1 所示。

表5-1　中国非国有控股上市公司质量指数总排名（按指数分值从高到低排列）

股票代码	公司简称	省份	地区	行业代码	控股类型	公司治理（*CLCQI-CG*）	社会责任（*CLCQI-SR*）	企业创新（*CLCQI-EI*）	绩效与价值（*CLCQI-PV*）	中国上市公司质量指数（*CLCQI*）	*CLCQI* 排名
000333	美的集团	广东	东部	C	国有参股	83.4210	75.8919	80.0853	45.3225	72.0999	1
000651	格力电器	广东	东部	C	国有参股	75.1379	68.9730	100.0000	39.2940	70.2246	2
603259	药明康德	江苏	东部	M	无国有股份	98.6257	75.8692	50.2253	32.1306	68.9084	3
300017	网宿科技	上海	东部	I	无国有股份	95.3853	68.9566	66.0194	26.4672	68.3183	4
300638	广和通	广东	东部	C	国有参股	93.5575	58.6198	66.3499	28.6102	66.6385	5
688008	澜起科技	上海	东部	C	无国有股份	93.2283	58.6177	64.5205	28.5062	66.1146	6
300677	英科医疗	山东	东部	C	无国有股份	82.3228	58.6141	37.4621	62.5233	64.8445	7
002410	广联达	北京	东部	I	无国有股份	87.4878	89.6866	42.5687	30.9650	64.7031	8
600718	东软集团	辽宁	东北	I	国有参股	93.9353	68.9491	49.2885	26.4735	64.3926	9
600867	通化东宝	吉林	东北	C	无国有股份	92.4582	62.0787	55.0922	27.9465	64.3001	10
000063	中兴通讯	广东	东部	C	国有参股	96.0059	62.1014	42.6866	30.4433	63.8657	11
300760	迈瑞医疗	广东	东部	C	国有参股	84.4196	55.1901	63.5051	36.1179	63.7768	12
300572	安车检测	广东	东部	C	无国有股份	92.9288	58.6047	54.0202	26.8567	63.4805	13
002422	科伦药业	四川	西部	C	国有参股	86.1815	96.5634	38.0475	26.9412	63.3019	14
688007	光峰科技	广东	东部	C	无国有股份	84.1421	75.8550	58.2955	25.9425	63.1798	15
300759	康龙化成	北京	东部	M	无国有股份	92.1154	62.0648	47.2460	30.2618	63.1705	16

续表

股票代码	公司简称	省份	地区	行业代码	控股类型	公司治理（CLCQI-CG）	社会责任（CLCQI-SR）	企业创新（CLCQI-EI）	绩效与价值（CLCQI-PV）	中国上市公司质量指数（CLCQI）	CLCQI排名
002687	乔治白	浙江	东部	C	无国有股份	86.4767	72.4131	54.9700	26.5882	63.0937	17
300782	卓胜微	江苏	东部	C	无国有股份	92.4086	48.2664	48.8788	36.0307	62.9868	18
002414	高德红外	湖北	中部	C	无国有股份	76.4444	82.7785	58.6963	32.8291	62.9411	19
002145	中核钛白	甘肃	西部	C	国有参股	90.4952	62.0616	52.7636	27.1434	62.8459	20
300796	贝斯美	浙江	东部	C	无国有股份	86.8889	72.4033	53.5707	26.0280	62.8372	21
002821	凯莱英	天津	东部	C	国有参股	96.6020	51.7158	41.4269	32.1963	62.7326	22
002938	鹏鼎控股	广东	东部	C	无国有股份	90.5299	68.9755	44.7060	28.5293	62.6318	23
002923	润都股份	广东	东部	C	无国有股份	88.3105	58.6275	57.9677	26.4987	62.3366	24
002841	视源股份	广东	东部	C	无国有股份	78.9721	82.7726	53.7208	30.0422	62.2594	25
002594	比亚迪	广东	东部	C	国有参股	89.5363	68.9743	33.0738	37.7217	62.2058	26
300162	雷曼光电	广东	东部	C	无国有股份	88.4892	58.6064	58.1253	25.1613	62.1020	27
002340	格林美	广东	东部	C	国有参股	82.1250	68.9726	59.7480	27.6383	62.0551	28
300037	新宙邦	广东	东部	C	国有参股	84.2500	62.0697	56.3300	30.8124	61.9796	29
300648	星云股份	福建	东部	C	无国有股份	81.1062	55.1692	68.9055	29.8541	61.9625	30
688100	威胜信息	湖南	中部	C	无国有股份	86.3572	58.6202	61.3917	25.2931	61.9375	31
300253	卫宁健康	上海	东部	I	国有参股	95.4441	62.0614	36.0860	28.6656	61.8704	32
688333	铂力特	陕西	西部	C	国有参股	82.4984	65.5025	56.8827	30.2461	61.7628	33
300035	中科电气	湖南	中部	C	无国有股份	87.3589	58.6188	55.6392	27.4400	61.7242	34

续表

股票代码	公司简称	省份	地区	行业代码	控股类型	公司治理（CLCQI-CG）	社会责任（CLCQI-SR）	企业创新（CLCQI-EI）	绩效与价值（CLCQI-PV）	中国上市公司质量指数（CLCQI）	CLCQI排名
600933	爱柯迪	浙江	东部	C	无国有股份	92.4154	72.4210	35.0079	27.2582	61.6454	35
000637	茂化实华	广东	东部	C	国有参股	87.9837	79.3265	39.4606	26.2216	61.5400	36
688198	佰仁医疗	北京	东部	C	国有参股	86.7295	58.6180	54.8225	28.1143	61.4776	37
300323	华灿光电	湖北	中部	C	无国有股份	95.2693	65.4990	33.1112	27.5845	61.4509	38
688099	晶晨股份	上海	东部	I	国有参股	91.5863	58.6105	44.5918	28.3781	61.4390	39
300757	罗博特科	江苏	东部	C	无国有股份	82.4612	65.5136	59.8883	25.8742	61.2577	40
688023	安恒信息	浙江	东部	I	无国有股份	94.8672	58.6129	35.4152	29.6946	61.2455	41
300627	华测导航	上海	东部	C	无国有股份	93.9926	51.7281	44.2175	27.9608	61.1900	42
300082	奥克股份	辽宁	东北	C	国有参股	89.2769	75.8801	35.2570	28.1800	61.1892	43
300624	万兴科技	西藏	西部	I	无国有股份	84.2499	55.1605	60.1287	28.5508	61.1375	44
300236	上海新阳	上海	东部	C	国有参股	82.1332	62.0666	59.1958	28.3626	61.0931	45
002300	太阳电缆	福建	东部	C	国有参股	83.0183	62.0766	59.3860	26.6984	61.0706	46
300439	美康生物	浙江	东部	C	无国有股份	82.8818	65.4990	56.2669	27.3531	61.0692	47
300451	创业慧康	浙江	东部	I	国有参股	85.9215	58.6114	54.9542	27.3630	60.9919	48
300445	康斯特	北京	东部	C	无国有股份	85.7982	44.8162	66.2721	26.6580	60.9606	49
603286	日盈电子	江苏	东部	C	无国有股份	84.0882	62.0599	57.1816	26.2978	60.9550	50
300218	安利股份	安徽	中部	C	国有参股	92.3259	65.5203	37.3590	26.8691	60.9475	51
300593	新雷能	北京	东部	C	无国有股份	82.4470	58.6116	60.5354	27.8622	60.8432	52

续表

股票代码	公司简称	省份	地区	行业代码	控股类型	公司治理（CLCQI–CG）	社会责任（CLCQI–SR）	企业创新（CLCQI–EI）	绩效与价值（CLCQI–PV）	中国上市公司质量指数（CLCQI）	CLCQI排名
603810	丰山集团	江苏	东部	C	无国有股份	82.2862	65.5116	55.3975	28.0384	60.8303	53
002714	牧原股份	河南	中部	A	无国有股份	79.8933	68.9659	35.7696	45.4230	60.8119	54
603979	金诚信	北京	东部	B	无国有股份	85.5477	58.6129	54.7183	27.4278	60.8117	55
603501	韦尔股份	上海	东部	C	无国有股份	86.0476	62.0774	44.2873	32.6980	60.7626	56
002129	中环股份	天津	东部	C	国有参股	80.7424	96.5561	32.6030	29.8267	60.7576	57
002493	荣盛石化	浙江	东部	C	无国有股份	84.0118	96.5599	17.9491	36.2739	60.7470	58
002498	汉缆股份	山东	东部	C	无国有股份	79.7195	68.9777	58.0445	27.4667	60.7101	59
002847	盐津铺子	湖南	中部	C	无国有股份	94.7273	82.7798	12.3108	31.6949	60.6938	60
000100	TCL科技	广东	东部	C	国有参股	82.9159	75.8682	40.4533	32.0453	60.6486	61
300691	联合光电	广东	东部	C	无国有股份	90.1595	58.6298	46.1735	26.1060	60.6195	62
300659	中孚信息	山东	东部	I	无国有股份	82.4005	58.6173	58.7632	28.1102	60.5330	63
601138	工业富联	广东	东部	C	无国有股份	82.1292	86.2097	31.4134	33.8544	60.5294	64
002136	安纳达	安徽	中部	C	国有参股	80.5857	65.5240	57.9107	27.0080	60.3970	65
300553	集智股份	浙江	东部	C	无国有股份	75.6549	65.5169	68.6337	26.2952	60.3900	66
300699	光威复材	山东	东部	C	无国有股份	87.2388	68.9779	37.1523	30.8340	60.3812	67
000555	神州信息	广东	东部	I	国有参股	90.5756	41.3848	55.6785	27.2166	60.3778	68
600079	人福医药	湖北	中部	C	无国有股份	85.3847	79.2994	33.8037	30.2303	60.3671	69
002458	益生股份	山东	东部	A	无国有股份	85.8875	58.6226	54.3217	25.2768	60.3319	70

续表

股票代码	公司简称	省份	地区	行业代码	控股类型	公司治理（CLCQI–CG）	社会责任（CLCQI–SR）	企业创新（CLCQI–EI）	绩效与价值（CLCQI–PV）	中国上市公司质量指数（CLCQI）	CLCQI 排名
300666	江丰电子	浙江	东部	C	无国有股份	82.8502	58.6161	57.5582	27.4962	60.3182	71
300498	温氏股份	广东	东部	A	无国有股份	86.4723	72.4301	36.5696	30.0530	60.2806	72
300502	新易盛	四川	西部	C	无国有股份	85.2287	51.7244	55.3430	29.2454	60.2301	73
300609	汇纳科技	上海	东部	I	国有参股	87.5641	75.8697	37.3845	25.3826	60.2286	74
000876	新希望	四川	西部	C	国有参股	83.2325	82.7676	34.1614	30.6612	60.2057	75
002241	歌尔股份	山东	东部	C	国有参股	88.1694	55.1744	45.1612	30.4947	60.1998	76
601633	长城汽车	河北	东部	C	无国有股份	90.1755	62.0869	28.0205	36.8157	60.1913	77
688233	神工股份	辽宁	东北	C	国有参股	85.2183	58.6129	54.4782	25.6175	60.1793	78
300283	温州宏丰	浙江	东部	C	无国有股份	80.4342	65.5094	57.6820	26.4316	60.1444	79
688202	美迪西	上海	东部	M	无国有股份	89.1210	51.7133	45.5628	30.4689	60.1352	80
601212	白银有色	甘肃	西部	C	国有参股	81.8457	58.6116	59.5934	26.6864	60.1203	81
300379	东方通	北京	东部	I	国有参股	78.5268	58.6121	64.4938	27.9030	60.0770	82
688368	晶丰明源	上海	东部	I	无国有股份	82.5831	51.7315	60.3396	28.7547	60.0495	83
603288	海天味业	广东	东部	C	国有参股	79.2646	72.4324	34.4953	42.3006	60.0449	84
603018	华设集团	江苏	东部	M	无国有股份	84.2998	55.1754	55.6182	27.5764	60.0140	85
002748	世龙实业	江西	中部	C	无国有股份	82.4948	65.4990	54.0364	25.5019	60.0056	86
300558	贝达药业	浙江	东部	C	无国有股份	88.0667	58.6330	42.1694	30.0510	59.9682	87
002909	集泰股份	广东	东部	C	无国有股份	79.7398	65.5237	57.1864	27.2025	59.9624	88

续表

股票代码	公司简称	省份	地区	行业代码	控股类型	公司治理（CLCQI-CG）	社会责任（CLCQI-SR）	企业创新（CLCQI-EI）	绩效与价值（CLCQI-PV）	中国上市公司质量指数（CLCQI）	CLCQI排名
002262	恩华药业	江苏	东部	C	国有参股	87.4396	72.4056	35.5707	27.9126	59.9290	89
300500	启迪设计	江苏	东部	M	无国有股份	83.3228	58.6148	55.7304	26.4071	59.8692	90
300595	欧普康视	安徽	中部	C	无国有股份	79.2306	58.6159	55.9042	32.8027	59.8662	91
000895	双汇发展	河南	中部	C	国有参股	87.1235	62.1167	39.1060	31.4950	59.8618	92
300174	元力股份	福建	东部	C	国有参股	91.9985	65.5089	32.4290	26.9815	59.8569	93
688399	硕世生物	江苏	东部	C	无国有股份	77.3608	51.7301	56.4146	39.4715	59.8546	94
300407	凯发电气	天津	东部	C	国有参股	90.4649	65.5075	36.2637	26.3540	59.8533	95
300596	利安隆	天津	东部	C	国有参股	90.0436	65.5136	35.7319	27.4314	59.8487	96
002812	恩捷股份	云南	西部	C	无国有股份	87.8325	68.9647	32.4940	31.4593	59.8413	97
600763	通策医疗	浙江	东部	Q	无国有股份	89.1126	82.7571	13.9980	35.9076	59.8351	98
002315	焦点科技	江苏	东部	I	国有参股	81.4535	89.7117	34.9606	27.1660	59.8218	99
300701	森霸传感	河南	中部	C	国有参股	83.6170	51.7217	57.6557	28.0353	59.7450	100
300308	中际旭创	山东	东部	C	无国有股份	100.0000	37.9257	35.1568	28.0836	59.7411	101
002438	江苏神通	江苏	东部	C	无国有股份	87.6424	65.5048	39.6014	27.7520	59.7410	102
688363	华熙生物	山东	东部	C	无国有股份	81.9530	58.6169	54.7102	28.8027	59.7165	103
300197	节能铁汉	广东	东部	N	国有参股	89.5359	68.9491	33.8442	27.1579	59.7151	104
000513	丽珠集团	广东	东部	C	国有参股	97.1402	72.4375	13.8524	28.8153	59.6960	105
300417	南华仪器	广东	东部	C	无国有股份	79.7757	65.5221	59.0840	24.5600	59.6954	106

续表

股票代码	公司简称	省份	地区	行业代码	控股类型	公司治理（CLCQI-CG）	社会责任（CLCQI-SR）	企业创新（CLCQI-EI）	绩效与价值（CLCQI-PV）	中国上市公司质量指数（CLCQI）	CLCQI排名
603232	格尔软件	上海	东部	I	国有参股	76.8805	62.0726	64.0103	27.3112	59.6929	107
300529	健帆生物	广东	东部	C	无国有股份	86.0034	65.5282	38.7246	30.7516	59.6634	108
300033	同花顺	浙江	东部	J	国有参股	80.7998	65.5260	49.9992	30.0202	59.6537	109
002159	三特索道	湖北	中部	N	国有参股	79.9136	100.0000	30.1001	26.5763	59.6295	110
688029	南微医学	江苏	东部	C	无国有股份	85.0817	51.7268	54.3597	27.8408	59.6238	111
002296	辉煌科技	河南	中部	C	国有参股	80.2037	58.6113	60.7263	26.3958	59.6174	112
300188	美亚柏科	福建	东部	I	国有参股	86.7239	65.5106	40.7356	27.7626	59.6039	113
603861	白云电器	广东	东部	C	无国有股份	80.4183	65.5133	55.0973	26.3258	59.5952	114
688037	芯源微	辽宁	东北	C	国有参股	80.3161	58.6181	58.2461	28.0743	59.5869	115
603658	安图生物	河南	中部	C	无国有股份	80.8352	51.7384	60.0091	29.9539	59.5851	116
300552	万集科技	北京	东部	I	无国有股份	90.0094	62.0583	38.0141	26.5192	59.5451	117
002085	万丰奥威	浙江	东部	C	无国有股份	84.6022	51.7397	56.1750	26.8206	59.5420	118
603995	甬金股份	浙江	东部	C	无国有股份	74.4403	58.6204	70.1715	27.7317	59.5364	119
603586	金麒麟	山东	东部	C	无国有股份	81.6793	58.6292	57.2013	26.3532	59.4947	120
300019	硅宝科技	四川	西部	C	国有参股	87.0909	68.9716	36.0182	28.3853	59.4820	121
002012	凯恩股份	浙江	东部	C	国有参股	86.8392	72.4114	36.0322	26.6453	59.4652	122
300146	汤臣倍健	广东	东部	C	国有参股	91.7729	58.6579	33.9418	28.6352	59.4550	123
002902	铭普光磁	广东	东部	C	无国有股份	82.1395	58.6206	56.5094	25.8057	59.4022	124

续表

股票代码	公司简称	省份	地区	行业代码	控股类型	公司治理（CLCQI–CG）	社会责任（CLCQI–SR）	企业创新（CLCQI–EI）	绩效与价值（CLCQI–PV）	中国上市公司质量指数（CLCQI）	CLCQI排名
601231	环旭电子	上海	东部	C	国有参股	81.9883	79.3198	38.5075	27.9941	59.3933	125
300531	优博讯	广东	东部	C	无国有股份	93.3249	51.7184	37.9182	26.8822	59.3919	126
600257	大湖股份	湖南	中部	A	无国有股份	77.5309	72.3992	54.1412	26.7556	59.3894	127
601828	美凯龙	上海	东部	L	无国有股份	91.5067	89.6487	10.7646	28.7444	59.3890	128
300573	兴齐眼药	辽宁	东北	C	无国有股份	82.5316	51.7236	57.2532	28.4627	59.3375	129
603919	金徽酒	甘肃	西部	C	国有参股	87.7033	68.9655	32.0405	29.9814	59.3296	130
300718	长盛轴承	浙江	东部	C	无国有股份	84.4930	51.7296	55.3160	26.7527	59.3080	131
688389	普门科技	广东	东部	C	无国有股份	81.9811	51.7241	59.4721	27.4402	59.3055	132
688010	福光股份	福建	东部	C	国有参股	80.8115	65.5082	53.2053	25.9717	59.2848	133
603165	荣晟环保	浙江	东部	C	无国有股份	84.2367	75.8722	37.1294	27.0776	59.2708	134
002572	索菲亚	广东	东部	C	国有参股	89.8773	62.0932	34.8287	28.1285	59.2628	135
688033	天宜上佳	北京	东部	C	国有参股	79.3458	65.5034	56.2320	25.7596	59.2501	136
688030	山石网科	江苏	东部	I	无国有股份	80.8774	58.6124	56.9986	26.7630	59.2333	137
603680	今创集团	江苏	东部	C	无国有股份	83.6894	75.8710	37.7063	27.2562	59.2117	138
002600	领益智造	广东	东部	C	无国有股份	83.3408	75.8832	37.0416	28.3303	59.2097	139
688169	石头科技	北京	东部	C	无国有股份	74.6368	51.7188	63.8877	35.2521	59.2031	140
603612	索通发展	山东	东部	C	无国有股份	78.8298	65.5118	55.4676	26.9178	59.1817	141
300068	南都电源	浙江	东部	C	无国有股份	79.0328	65.5034	55.0647	26.9007	59.1768	142

续表

股票代码	公司简称	省份	地区	行业代码	控股类型	公司治理（CLCQI–CG）	社会责任（CLCQI–SR）	企业创新（CLCQI–EI）	绩效与价值（CLCQI–PV）	中国上市公司质量指数（CLCQI）	CLCQI 排名
603918	金桥信息	上海	东部	I	无国有股份	82.9240	58.6248	52.5113	26.8007	59.1658	143
002891	中宠股份	山东	东部	C	无国有股份	93.7527	51.7196	33.0061	29.1208	59.1404	144
300645	正元智慧	浙江	东部	I	无国有股份	86.6147	44.8292	55.0846	26.8465	59.0988	145
002362	汉王科技	北京	东部	C	国有参股	87.0005	58.6064	42.7244	27.7851	59.0823	146
300036	超图软件	北京	东部	I	国有参股	88.5479	65.5049	35.2696	26.9440	59.0348	147
300566	激智科技	浙江	东部	C	无国有股份	89.4916	58.6123	37.7796	27.5463	59.0310	148
603345	安井食品	福建	东部	C	无国有股份	88.2333	58.6205	33.8919	32.6527	59.0279	149
002138	顺络电子	广东	东部	C	无国有股份	87.2405	65.5217	36.9563	27.4984	58.9903	150
600660	福耀玻璃	福建	东部	C	国有参股	90.0107	82.7827	14.5854	30.5597	58.9787	151
002755	奥赛康	北京	东部	C	无国有股份	89.5375	58.6096	38.4488	26.6563	58.9603	152
300422	博世科	广西	西部	N	国有参股	88.3223	58.6116	40.0423	27.3127	58.9573	153
000977	浪潮信息	山东	东部	C	无国有股份	83.1650	62.0616	47.0130	27.9071	58.9546	154
688039	当虹科技	浙江	东部	I	无国有股份	78.4750	58.6197	60.2431	26.8476	58.9435	155
601126	四方股份	北京	东部	C	国有参股	76.7574	62.1233	60.6661	27.0765	58.9238	156
300737	科顺股份	广东	东部	C	无国有股份	87.0456	65.5106	35.5098	28.7011	58.9221	157
002402	和而泰	广东	东部	C	无国有股份	80.5866	51.7228	60.1521	27.5804	58.9186	158
603656	泰禾智能	安徽	中部	C	无国有股份	75.6512	51.7253	70.9741	26.6652	58.8804	159
300454	深信服	广东	东部	I	无国有股份	82.7954	62.0612	43.6457	30.8732	58.8748	160

续表

股票代码	公司简称	省份	地区	行业代码	控股类型	公司治理（CLCQI-CG）	社会责任（CLCQI-SR）	企业创新（CLCQI-EI）	绩效与价值（CLCQI-PV）	中国上市公司质量指数（CLCQI）	CLCQI排名
300821	东岳硅材	山东	东部	C	无国有股份	80.0469	86.2136	37.8938	25.3709	58.8723	161
688366	昊海生科	上海	东部	C	无国有股份	91.5103	58.6033	33.5681	26.9347	58.8419	162
300607	拓斯达	广东	东部	C	国有参股	87.4657	51.7159	45.0581	28.2536	58.8187	163
002236	大华股份	浙江	东部	C	国有参股	85.4459	75.8641	30.4142	28.6931	58.8141	164
300816	艾可蓝	安徽	中部	N	无国有股份	90.3078	51.7055	41.6905	26.2170	58.7713	165
300568	星源材质	广东	东部	C	国有参股	82.3766	51.7266	54.8719	28.2298	58.7415	166
601021	春秋航空	上海	东部	G	无国有股份	77.2306	65.5052	55.7598	27.4628	58.7357	167
002282	博深股份	河北	东部	C	无国有股份	84.5833	79.3126	31.5661	26.7383	58.7280	168
603160	汇顶科技	广东	东部	C	无国有股份	85.9384	41.3788	53.4435	29.7762	58.7150	169
300124	汇川技术	广东	东部	C	国有参股	88.2599	51.7276	36.5636	33.3186	58.7055	170
300096	易联众	福建	东部	I	无国有股份	83.7389	72.4149	38.5650	26.4605	58.6859	171
603859	能科股份	北京	东部	M	无国有股份	81.0957	41.3731	66.1075	27.2090	58.6680	172
300246	宝莱特	广东	东部	C	国有参股	78.0183	55.1663	59.2217	29.2953	58.6504	173
002250	联化科技	浙江	东部	C	国有参股	85.3486	72.4171	33.7918	27.5235	58.6413	174
000035	中国天楹	江苏	东部	N	无国有股份	84.6109	82.7571	31.8680	23.9861	58.6280	175
603608	天创时尚	广东	东部	C	无国有股份	78.8106	51.7137	65.2162	25.0803	58.5946	176
000042	中洲控股	广东	东部	K	国有参股	85.6777	72.4123	33.5111	27.0300	58.5926	177
300717	华信新材	江苏	东部	C	无国有股份	82.6500	79.3121	34.4236	26.9836	58.5874	178

续表

股票代码	公司简称	省份	地区	行业代码	控股类型	公司治理（CLCQI-CG）	社会责任（CLCQI-SR）	企业创新（CLCQI-EI）	绩效与价值（CLCQI-PV）	中国上市公司质量指数（CLCQI）	CLCQI排名
603929	亚翔集成	江苏	东部	E	无国有股份	80.2704	58.6398	55.7323	26.1318	58.5836	179
603367	辰欣药业	山东	东部	C	无国有股份	76.4751	65.5103	57.3244	26.6378	58.5409	180
002862	实丰文化	广东	东部	C	无国有股份	80.1310	65.4990	51.4389	25.4805	58.5352	181
688196	卓越新能	福建	东部	C	国有参股	82.3588	48.2857	56.5074	28.1533	58.5262	182
002778	中晟高科	江苏	东部	C	国有参股	82.7414	72.4138	38.5386	27.4050	58.5176	183
603893	瑞芯微	福建	东部	C	国有参股	76.4363	51.7290	68.6885	25.7451	58.5078	184
300149	睿智医药	广东	东部	M	无国有股份	86.1535	58.6135	42.7887	26.7727	58.5043	185
600903	贵州燃气	贵州	西部	D	国有参股	84.6707	75.8634	32.9002	26.6985	58.5024	186
300327	中颖电子	上海	东部	C	国有参股	83.7624	51.7358	50.0887	28.7321	58.4661	187
688081	兴图新科	湖北	中部	C	无国有股份	77.8785	58.6110	61.0965	25.0950	58.4361	188
300725	药石科技	江苏	东部	C	无国有股份	89.8971	51.7196	36.1632	29.8925	58.4225	189
603667	五洲新春	浙江	东部	C	无国有股份	80.3547	62.0737	52.3978	25.9189	58.4122	190
002663	普邦股份	广东	东部	E	国有参股	77.8371	65.4990	54.2392	26.0529	58.3208	191
300430	诚益通	北京	东部	C	无国有股份	87.0270	65.5149	35.0680	26.5785	58.2963	192
300667	必创科技	北京	东部	C	无国有股份	87.9539	58.6201	37.5252	27.2535	58.2930	193
688011	新光光电	黑龙江	东北	C	无国有股份	74.8393	65.5067	59.1911	26.7574	58.2893	194
300486	东杰智能	山西	中部	C	无国有股份	87.5276	58.6113	38.7186	26.9176	58.2759	195
002311	海大集团	广东	东部	C	国有参股	82.5652	62.0769	40.6253	31.0418	58.2231	196

续表

股票代码	公司简称	省份	地区	行业代码	控股类型	公司治理（CLCQI-CG）	社会责任（CLCQI-SR）	企业创新（CLCQI-EI）	绩效与价值（CLCQI-PV）	中国上市公司质量指数（CLCQI）	CLCQI排名
300070	碧水源	北京	东部	N	国有参股	80.6864	82.7557	32.7843	27.8947	58.2184	197
000688	国城矿业	重庆	西部	B	国有参股	73.0771	79.3004	52.0401	26.6339	58.1924	198
300480	光力科技	河南	中部	C	无国有股份	82.6950	58.6120	48.1800	26.7333	58.1891	199
002883	中设股份	江苏	东部	M	国有参股	78.3503	58.6159	56.6382	26.8758	58.1791	200
002010	传化智联	浙江	东部	L	国有参股	80.4109	75.8835	38.8620	27.3216	58.1497	201
300762	上海瀚讯	上海	东部	C	国有参股	83.8861	58.6096	44.5617	27.5293	58.1406	202
000963	华东医药	浙江	东部	F	国有参股	79.5268	75.8649	38.3852	29.0234	58.1233	203
300456	赛微电子	北京	东部	C	国有参股	94.4054	34.4870	42.4825	26.7537	58.1201	204
300244	迪安诊断	浙江	东部	Q	国有参股	88.4557	55.1616	37.1532	27.9980	58.0867	205
603686	龙马环卫	福建	东部	C	国有参股	87.0835	58.6219	37.2958	28.0020	58.0864	206
300485	赛升药业	北京	东部	C	无国有股份	75.7868	65.5085	55.0602	27.5905	58.0507	207
000726	鲁泰A	山东	东部	C	国有参股	83.2527	75.8633	34.4408	25.8395	58.0286	208
300223	北京君正	北京	东部	C	无国有股份	83.3837	58.6278	43.0572	29.0646	58.0252	209
300296	利亚德	北京	东部	C	无国有股份	87.7400	62.0753	35.7564	25.8321	58.0166	210
002325	洪涛股份	广东	东部	E	无国有股份	84.7759	65.4990	38.4599	26.2261	57.9837	211
603585	苏利股份	江苏	东部	C	无国有股份	75.6507	65.5149	56.0143	26.7054	57.9667	212
300668	杰恩设计	广东	东部	M	无国有股份	87.3542	65.5128	33.1745	26.1772	57.9478	213
300275	梅安森	重庆	西部	I	无国有股份	90.6929	55.1563	33.7493	26.3770	57.8947	214

续表

股票代码	公司简称	省份	地区	行业代码	控股类型	公司治理（CLCQI-CG）	社会责任（CLCQI-SR）	企业创新（CLCQI-EI）	绩效与价值（CLCQI-PV）	中国上市公司质量指数（CLCQI）	CLCQI排名
603486	科沃斯	江苏	东部	C	无国有股份	73.9992	51.7228	61.4287	32.8781	57.8634	215
002218	拓日新能	广东	东部	C	国有参股	83.9379	44.8254	52.9671	27.7759	57.8364	216
603906	龙蟠科技	江苏	东部	C	国有参股	81.1071	72.4217	34.2420	30.7268	57.8362	217
300121	阳谷华泰	山东	东部	C	无国有股份	84.5926	65.5281	36.0462	27.8317	57.8334	218
300602	飞荣达	广东	东部	C	国有参股	91.5190	24.1330	55.4948	26.0068	57.8282	219
002806	华锋股份	广东	东部	C	国有参股	75.8779	65.4990	57.3526	24.7238	57.8275	220
300241	瑞丰光电	广东	东部	C	国有参股	79.2936	58.6375	53.3946	26.4084	57.7941	221
002959	小熊电器	广东	东部	C	无国有股份	80.5813	58.6226	46.0997	29.9597	57.7358	222
002167	东方锆业	广东	东部	C	国有参股	81.3879	79.2994	33.3944	26.4116	57.7318	223
603317	天味食品	四川	西部	C	无国有股份	79.4939	51.7240	53.3698	30.0055	57.7315	224
600353	旭光电子	四川	西部	C	国有参股	81.1950	51.7287	54.6023	26.2852	57.7291	225
603179	新泉股份	江苏	东部	C	无国有股份	76.5382	55.1840	57.7221	29.1643	57.7283	226
002352	顺丰控股	广东	东部	G	国有参股	80.1797	55.1809	41.5190	36.2545	57.7164	227
300582	英飞特	浙江	东部	C	无国有股份	88.2102	55.1623	36.2925	27.5664	57.7085	228
300817	双飞股份	浙江	东部	C	无国有股份	78.0470	62.0667	54.0148	25.4464	57.6934	229
300057	万顺新材	广东	东部	C	无国有股份	85.6565	65.5299	35.0977	26.1530	57.6499	230
300538	同益股份	广东	东部	F	无国有股份	84.8820	58.6265	40.0252	27.5848	57.6480	231
002055	得润电子	广东	东部	C	无国有股份	75.7172	65.4990	54.1627	26.8073	57.6461	232

续表

股票代码	公司简称	省份	地区	行业代码	控股类型	公司治理（*CLCQI–CG*）	社会责任（*CLCQI–SR*）	企业创新（*CLCQI–EI*）	绩效与价值（*CLCQI–PV*）	中国上市公司质量指数（*CLCQI*）	*CLCQI* 排名
603333	尚纬股份	四川	西部	C	无国有股份	70.8399	79.3122	54.9747	25.5652	57.6190	233
300633	开立医疗	广东	东部	C	无国有股份	77.0243	68.9546	48.4059	27.1152	57.6129	234
300799	左江科技	北京	东部	I	无国有股份	72.2009	58.6040	66.1788	26.8072	57.6085	235
300639	凯普生物	广东	东部	C	无国有股份	88.2787	51.7170	36.6523	28.7993	57.5993	236
300238	冠昊生物	广东	东部	C	无国有股份	85.3487	65.4990	33.2178	27.9029	57.5836	237
002630	华西能源	四川	西部	C	无国有股份	81.5264	51.7137	53.4473	26.0707	57.5748	238
300729	乐歌股份	浙江	东部	C	无国有股份	85.6995	72.4162	23.7405	30.7301	57.5728	239
002432	九安医疗	天津	东部	C	无国有股份	85.0280	58.6104	37.6901	28.7549	57.5295	240
300398	飞凯材料	上海	东部	C	无国有股份	85.1486	62.0611	36.7896	27.2085	57.5287	241
002908	德生科技	广东	东部	I	无国有股份	88.4350	55.1717	35.5046	27.0885	57.5228	242
300749	顶固集创	广东	东部	C	无国有股份	83.2839	62.0728	42.1078	25.8657	57.5125	243
002527	新时达	上海	东部	C	无国有股份	83.8981	62.0565	39.7931	26.6722	57.4944	244
300723	一品红	广东	东部	C	无国有股份	86.6381	58.6071	36.0810	27.2546	57.4762	245
688299	长阳科技	浙江	东部	C	无国有股份	86.4089	34.4791	54.1023	27.6344	57.4645	246
601012	隆基股份	陕西	西部	C	国有参股	86.8185	68.9570	14.2144	38.1975	57.4632	247
603068	博通集成	上海	东部	C	无国有股份	78.3987	65.5080	48.4375	26.2693	57.4405	248
300475	聚隆科技	安徽	中部	C	无国有股份	81.4055	41.3692	59.7975	26.8468	57.4388	249
300005	探路者	北京	东部	C	无国有股份	91.7405	72.3917	15.8878	26.8154	57.4364	250

续表

股票代码	公司简称	省份	地区	行业代码	控股类型	公司治理（CLCQI-CG）	社会责任（CLCQI-SR）	企业创新（CLCQI-EI）	绩效与价值（CLCQI-PV）	中国上市公司质量指数（CLCQI）	CLCQI排名
300450	先导智能	江苏	东部	C	无国有股份	79.5442	58.6199	46.5000	30.0946	57.4343	251
300732	设研院	河南	中部	M	国有参股	80.7091	51.7219	53.1943	26.9234	57.4116	252
601615	明阳智能	广东	东部	C	国有参股	79.6508	48.2785	55.6438	28.7000	57.4058	253
600566	济川药业	湖北	中部	C	国有参股	85.5261	62.0733	34.1895	28.1690	57.4016	254
603618	杭电股份	浙江	东部	C	无国有股份	76.1574	58.6265	57.5029	26.5341	57.3910	255
600329	中新药业	天津	东部	C	国有参股	88.4412	55.1756	33.9754	27.4834	57.3188	256
603390	通达电气	广东	东部	C	无国有股份	74.8330	58.6078	60.8513	25.6962	57.3187	257
002067	景兴纸业	浙江	东部	C	无国有股份	75.9580	89.6531	34.1106	26.6251	57.3096	258
000902	新洋丰	湖北	中部	C	无国有股份	91.7345	44.8357	33.0306	29.0424	57.2859	259
688288	鸿泉物联	浙江	东部	C	国有参股	75.1228	51.7202	63.1749	27.3500	57.2796	260
002526	山东矿机	山东	东部	C	无国有股份	75.2634	65.5009	53.7339	26.3983	57.2768	261
300150	世纪瑞尔	北京	东部	I	国有参股	76.2675	62.1022	54.3996	26.2979	57.2767	262
603899	晨光文具	上海	东部	C	国有参股	81.9296	62.0729	37.3555	30.8733	57.2722	263
300508	维宏股份	上海	东部	I	无国有股份	81.8879	51.7123	50.4212	26.6706	57.2639	264
002550	千红制药	江苏	东部	C	无国有股份	77.6423	58.6789	54.1985	26.1347	57.2321	265
002475	立讯精密	广东	东部	C	国有参股	80.7941	75.8771	23.7187	35.1565	57.2321	266
002929	润建股份	广西	西部	I	无国有股份	84.6755	65.5125	34.0365	26.8708	57.2221	267
600196	复星医药	上海	东部	C	国有参股	90.0555	68.9827	14.9080	31.4351	57.2100	268

续表

股票代码	公司简称	省份	地区	行业代码	控股类型	公司治理（CLCQI-CG）	社会责任（CLCQI-SR）	企业创新（CLCQI-EI）	绩效与价值（CLCQI-PV）	中国上市公司质量指数（CLCQI）	CLCQI排名
300332	天壕环境	北京	东部	D	国有参股	82.7862	72.4165	32.6517	26.7695	57.1996	269
002405	四维图新	北京	东部	I	国有参股	77.8720	65.5039	47.6191	26.7760	57.1922	270
688358	祥生医疗	江苏	东部	C	无国有股份	75.0516	58.6211	58.2264	26.8307	57.1668	271
300763	锦浪科技	浙江	东部	C	无国有股份	82.8560	51.7242	36.4653	35.8806	57.1642	272
603278	大业股份	山东	东部	C	无国有股份	76.3249	58.6165	56.3714	26.2670	57.1635	273
300293	蓝英装备	辽宁	东北	C	无国有股份	66.6365	75.8493	60.9810	27.7286	57.1603	274
300601	康泰生物	广东	东部	C	无国有股份	80.1743	68.9742	34.8779	31.0603	57.1565	275
002318	久立特材	浙江	东部	C	无国有股份	86.2980	58.6320	34.7258	27.4904	57.1317	276
300065	海兰信	北京	东部	C	无国有股份	82.2414	58.6105	43.6461	26.8553	57.1312	277
002298	中电兴发	安徽	中部	I	国有参股	81.1654	51.7188	50.5921	27.1523	57.1305	278
002583	海能达	广东	东部	C	无国有股份	84.4971	55.1698	42.7930	25.9252	57.1142	279
002486	嘉麟杰	上海	东部	C	无国有股份	84.6958	65.5066	33.9046	26.4977	57.1096	280
300551	古鳌科技	上海	东部	C	无国有股份	71.0646	62.0554	61.8857	27.9507	57.0990	281
603508	思维列控	河南	中部	C	无国有股份	70.1645	65.5282	65.6182	24.3082	57.0957	282
002178	延华智能	上海	东部	M	无国有股份	77.1204	75.8418	42.1356	25.7147	57.0802	283
002933	新兴装备	北京	东部	C	无国有股份	75.9571	51.7314	61.4838	26.5503	57.0769	284
300348	长亮科技	广东	东部	I	无国有股份	79.3172	51.7174	52.4760	28.3815	57.0751	285
600261	阳光照明	浙江	东部	C	国有参股	81.4121	68.9794	37.7341	26.3667	57.0503	286

续表

股票代码	公司简称	省份	地区	行业代码	控股类型	公司治理（CLCQI–CG）	社会责任（CLCQI–SR）	企业创新（CLCQI–EI）	绩效与价值（CLCQI–PV）	中国上市公司质量指数（CLCQI）	CLCQI排名
603685	晨丰科技	浙江	东部	C	无国有股份	86.4519	58.6235	35.4302	26.3525	57.0484	287
300642	透景生命	上海	东部	C	国有参股	74.5551	58.6175	57.1830	27.9615	57.0416	288
002893	华通热力	北京	东部	D	国有参股	88.6054	51.7295	36.1601	26.3989	57.0333	289
300809	华辰装备	江苏	东部	C	无国有股份	83.1975	44.8149	53.1264	25.6001	57.0265	290
300248	新开普	河南	中部	I	无国有股份	82.8861	58.6146	41.5847	26.9523	57.0016	291
300346	南大光电	江苏	东部	C	国有参股	70.3042	58.6157	62.9610	29.9629	56.9970	292
300181	佐力药业	浙江	东部	C	国有参股	83.8216	69.0060	32.2059	26.6925	56.9938	293
002557	洽洽食品	安徽	中部	C	无国有股份	92.7025	68.9822	11.4149	29.1158	56.9903	294
300147	香雪制药	广东	东部	C	无国有股份	76.8048	58.6319	54.1870	26.5154	56.9830	295
300599	雄塑科技	广东	东部	C	无国有股份	86.3531	58.6148	34.3380	27.0562	56.9651	296
688139	海尔生物	山东	东部	C	国有参股	81.1935	65.5112	36.2164	29.5856	56.9438	297
000925	众合科技	浙江	东部	C	无国有股份	84.9526	62.0565	35.5935	26.0976	56.9326	298
603505	金石资源	浙江	东部	B	无国有股份	78.0503	51.7206	54.5549	28.1192	56.9190	299
002899	英派斯	山东	东部	C	国有参股	90.4835	44.8335	37.1499	26.2781	56.9180	300
300571	平治信息	浙江	东部	I	国有参股	79.7978	51.7208	52.0774	27.2596	56.9076	301
300703	创源股份	浙江	东部	C	无国有股份	87.3834	51.7281	37.8202	26.4916	56.8995	302
002918	蒙娜丽莎	广东	东部	C	无国有股份	80.6906	68.9709	35.9939	28.2998	56.8956	303
300286	安科瑞	上海	东部	C	国有参股	73.9085	51.7239	63.5511	27.4512	56.8950	304

续表

股票代码	公司简称	省份	地区	行业代码	控股类型	公司治理（CLCQI-CG）	社会责任（CLCQI-SR）	企业创新（CLCQI-EI）	绩效与价值（CLCQI-PV）	中国上市公司质量指数（CLCQI）	CLCQI排名
300351	永贵电器	浙江	东部	C	无国有股份	80.6704	68.9491	38.1077	26.6348	56.8908	305
601877	正泰电器	浙江	东部	C	无国有股份	80.5439	65.5196	34.7389	31.5576	56.8827	306
300172	中电环保	江苏	东部	N	国有参股	78.1121	75.8651	37.2175	27.1883	56.8652	307
002829	星网宇达	北京	东部	C	无国有股份	85.4953	51.7188	38.4591	28.8688	56.8650	308
688200	华峰测控	北京	东部	C	国有参股	76.4620	51.7253	58.6591	27.1430	56.8612	309
300487	蓝晓科技	陕西	西部	C	国有参股	85.6872	58.6162	34.9986	27.1740	56.8605	310
300265	通光线缆	江苏	东部	C	国有参股	75.8980	58.6130	54.5580	27.1828	56.8585	311
300424	航新科技	广东	东部	C	无国有股份	84.0941	65.4990	35.3882	25.1766	56.8343	312
300650	太龙照明	福建	东部	F	无国有股份	82.8907	58.6151	40.5639	27.0760	56.8303	313
300589	江龙船艇	广东	东部	C	国有参股	92.1276	44.8244	29.7035	29.2568	56.8296	314
600565	迪马股份	重庆	西部	K	无国有股份	76.9005	82.7608	33.8047	27.4985	56.8099	315
688388	嘉元科技	广东	东部	C	无国有股份	83.3799	65.5108	32.5710	28.3488	56.7800	316
002385	大北农	北京	东部	C	国有参股	78.6267	48.2976	53.2812	29.5975	56.7509	317
300025	华星创业	浙江	东部	I	无国有股份	83.0221	44.8211	51.2462	26.2675	56.7481	318
300326	凯利泰	上海	东部	C	无国有股份	82.6373	68.9581	33.3017	26.7098	56.7364	319
300546	雄帝科技	广东	东部	C	无国有股份	82.0473	65.5070	38.6982	25.3927	56.7328	320
300395	菲利华	湖北	中部	C	无国有股份	80.0310	65.5133	35.8998	30.8356	56.7282	321
002008	大族激光	广东	东部	C	国有参股	91.8044	48.2875	28.7168	28.0781	56.7278	322

续表

股票代码	公司简称	省份	地区	行业代码	控股类型	公司治理（CLCQI–CG）	社会责任（CLCQI–SR）	企业创新（CLCQI–EI）	绩效与价值（CLCQI–PV）	中国上市公司质量指数（CLCQI）	CLCQI 排名
002206	海利得	浙江	东部	C	无国有股份	74.9845	89.6911	33.1926	26.5171	56.7152	323
300171	东富龙	上海	东部	C	无国有股份	82.8671	58.6205	37.6511	28.9067	56.6968	324
300441	鲍斯股份	浙江	东部	C	无国有股份	86.5171	55.1810	35.6260	26.7165	56.6883	325
300168	万达信息	上海	东部	I	国有参股	79.6890	65.5141	40.4651	27.5302	56.6783	326
300567	精测电子	湖北	中部	C	无国有股份	77.5242	58.6202	50.5148	27.0020	56.6562	327
002373	千方科技	北京	东部	I	国有参股	86.7601	51.7261	36.4283	27.6275	56.6555	328
300408	三环集团	广东	东部	C	国有参股	79.9652	68.9725	34.1265	29.9288	56.6395	329
603181	皇马科技	浙江	东部	C	无国有股份	84.5324	55.1649	37.3781	28.2087	56.6155	330
300285	国瓷材料	山东	东部	C	无国有股份	82.3751	58.6128	37.3500	29.5648	56.6032	331
300059	东方财富	上海	东部	J	国有参股	87.5697	62.0616	19.7242	33.2380	56.5915	332
002079	苏州固锝	江苏	东部	C	无国有股份	84.8844	82.7555	17.7384	26.6189	56.5695	333
002775	文科园林	广东	东部	E	无国有股份	84.9508	58.6635	35.5027	26.6968	56.5546	334
002937	兴瑞科技	浙江	东部	C	无国有股份	91.5959	68.9745	14.6535	26.4315	56.5231	335
603507	振江股份	江苏	东部	C	无国有股份	76.1463	58.6150	53.4405	26.3035	56.5148	336
002925	盈趣科技	福建	东部	C	无国有股份	92.5255	58.6291	17.5117	28.8219	56.5124	337
300252	金信诺	广东	东部	C	国有参股	85.6294	58.6162	34.5187	26.2220	56.5034	338
300437	清水源	河南	中部	C	无国有股份	77.3003	58.6064	52.4982	25.1695	56.5031	339
002127	南极电商	江苏	东部	L	无国有股份	82.5561	58.6162	36.2151	29.7596	56.4978	340

续表

股票代码	公司简称	省份	地区	行业代码	控股类型	公司治理（*CLCQI–CG*）	社会责任（*CLCQI–SR*）	企业创新（*CLCQI–EI*）	绩效与价值（*CLCQI–PV*）	中国上市公司质量指数（*CLCQI*）	*CLCQI*排名
603858	步长制药	山东	东部	C	无国有股份	71.6727	65.5248	54.4145	28.3103	56.4583	341
600282	南钢股份	江苏	东部	C	无国有股份	78.2354	68.9772	39.0972	27.9406	56.4453	342
300562	乐心医疗	广东	东部	C	无国有股份	81.9812	58.6250	39.7549	27.6036	56.4381	343
600690	海尔智家	山东	东部	C	无国有股份	78.2235	75.8729	26.0795	34.1587	56.4259	344
300179	四方达	河南	中部	C	国有参股	71.8018	68.9861	53.7089	26.4521	56.4235	345
300428	立中集团	河北	东部	C	无国有股份	80.5101	65.5051	38.1534	26.9754	56.4043	346
603636	南威软件	福建	东部	I	国有参股	85.5597	58.6232	33.7395	26.5456	56.4016	347
002514	宝馨科技	江苏	东部	C	无国有股份	79.1338	79.2994	32.8388	25.1063	56.3928	348
002595	豪迈科技	山东	东部	C	国有参股	86.9648	48.2819	36.0218	28.5815	56.3780	349
300755	华致酒行	云南	西部	F	无国有股份	83.5912	58.6159	36.3212	27.5198	56.3730	350
300766	每日互动	浙江	东部	I	无国有股份	70.4860	58.6110	64.1018	26.2540	56.3699	351
002917	金奥博	广东	东部	C	无国有股份	85.2150	58.6198	34.2189	26.5574	56.3621	352
300482	万孚生物	广东	东部	C	国有参股	87.4432	41.3826	38.8216	29.6321	56.3570	353
300137	先河环保	河北	东部	C	国有参股	85.7581	58.6065	33.4194	26.2712	56.3459	354
300577	开润股份	安徽	中部	C	无国有股份	83.2968	65.5082	33.6473	25.8850	56.3457	355
300067	安诺其	上海	东部	C	无国有股份	81.3530	58.6228	41.8052	26.5355	56.3295	356
300463	迈克生物	四川	西部	C	无国有股份	81.6078	58.6178	38.0761	28.9849	56.2972	357
300262	巴安水务	上海	东部	N	国有参股	79.9052	62.0565	42.8559	25.8079	56.2937	358

续表

股票代码	公司简称	省份	地区	行业代码	控股类型	公司治理（CLCQI-CG）	社会责任（CLCQI-SR）	企业创新（CLCQI-EI）	绩效与价值（CLCQI-PV）	中国上市公司质量指数（CLCQI）	CLCQI排名
300448	浩云科技	广东	东部	I	国有参股	87.6238	51.7233	33.8415	26.8580	56.2908	359
300161	华中数控	湖北	中部	C	国有参股	72.6566	51.7191	63.5099	26.9598	56.2624	360
300702	天宇股份	浙江	东部	C	无国有股份	82.6275	58.6134	34.7469	29.8447	56.2536	361
002851	麦格米特	广东	东部	C	无国有股份	81.0274	58.6160	40.1371	28.0524	56.2439	362
300496	中科创达	北京	东部	I	无国有股份	90.7479	44.8311	27.1760	31.0678	56.2260	363
300429	强力新材	江苏	东部	C	无国有股份	82.7654	65.5100	33.6461	26.2558	56.2258	364
002750	龙津药业	云南	西部	C	国有参股	77.1027	51.7062	55.1051	26.3825	56.2136	365
300344	立方数科	北京	东部	I	无国有股份	81.4052	68.9567	35.2768	24.9392	56.1957	366
300493	润欣科技	上海	东部	I	国有参股	87.0634	51.7406	34.3491	26.9411	56.1915	367
300802	矩子科技	上海	东部	C	无国有股份	84.6850	58.6131	33.8782	26.9971	56.1909	368
300211	亿通科技	江苏	东部	C	国有参股	79.5838	41.4694	57.4022	26.5922	56.1824	369
300122	智飞生物	重庆	西部	C	无国有股份	77.5831	62.0669	36.7055	33.9835	56.1802	370
688028	沃尔德	北京	东部	C	无国有股份	85.8221	58.6238	32.5835	26.1299	56.1716	371
600315	上海家化	上海	东部	C	国有参股	83.7034	89.6599	11.9751	27.3554	56.1642	372
603916	苏博特	江苏	东部	C	无国有股份	70.3761	65.5119	56.3020	27.6915	56.1605	373
603458	勘设股份	贵州	西部	M	无国有股份	74.8296	58.6204	52.8324	27.4479	56.1533	374
603444	吉比特	福建	东部	I	无国有股份	77.1019	82.7845	17.7274	37.3542	56.1425	375
300750	宁德时代	福建	东部	C	无国有股份	77.8490	75.8615	20.0846	38.2410	56.0960	376

续表

股票代码	公司简称	省份	地区	行业代码	控股类型	公司治理（CLCQI-CG）	社会责任（CLCQI-SR）	企业创新（CLCQI-EI）	绩效与价值（CLCQI-PV）	中国上市公司质量指数（CLCQI）	CLCQI排名
603700	宁水集团	浙江	东部	C	无国有股份	81.8723	58.6218	37.5248	28.1705	56.0898	377
300207	欣旺达	广东	东部	C	无国有股份	82.8603	79.3156	19.6598	28.3847	56.0696	378
300349	金卡智能	浙江	东部	I	国有参股	78.9980	68.9775	37.4638	26.4846	56.0597	379
002407	多氟多	河南	中部	C	无国有股份	78.8589	68.9491	36.5352	27.4301	56.0505	380
002497	雅化集团	四川	西部	C	国有参股	82.9775	58.6104	32.9526	29.8368	56.0323	381
002864	盘龙药业	陕西	西部	C	无国有股份	84.7788	58.6138	33.1841	26.6853	56.0117	382
300394	天孚通信	江苏	东部	C	无国有股份	80.5342	58.6289	38.6406	29.0687	56.0033	383
300483	首华燃气	上海	东部	B	无国有股份	81.8489	65.5007	35.0194	25.7379	56.0030	384
000869	张裕A	山东	东部	C	国有参股	76.3989	82.7700	30.3414	27.8300	56.0008	385
002135	东南网架	浙江	东部	C	无国有股份	80.3379	37.9332	57.3491	26.8188	55.9997	386
002023	海特高新	四川	西部	C	国有参股	82.4480	58.6125	37.4109	26.9095	55.9807	387
603663	三祥新材	福建	东部	C	无国有股份	70.2624	65.5113	56.5849	26.8532	55.9619	388
000034	神州数码	广东	东部	F	国有参股	89.8240	20.6962	50.0616	27.6588	55.9611	389
002709	天赐材料	广东	东部	C	国有参股	86.8815	37.9363	34.3987	34.5373	55.9571	390
300383	光环新网	北京	东部	I	无国有股份	94.7602	55.1658	14.7356	27.2751	55.9448	391
002139	拓邦股份	广东	东部	C	无国有股份	87.3442	68.9656	18.7103	27.6704	55.9422	392
601127	小康股份	重庆	西部	C	国有参股	79.5582	65.4990	38.2549	26.5076	55.9260	393
603297	永新光学	浙江	东部	C	国有参股	82.1771	58.6228	37.2306	27.2567	55.9245	394

续表

股票代码	公司简称	省份	地区	行业代码	控股类型	公司治理（CLCQI-CG）	社会责任（CLCQI-SR）	企业创新（CLCQI-EI）	绩效与价值（CLCQI-PV）	中国上市公司质量指数（CLCQI）	CLCQI排名
300655	晶瑞股份	江苏	东部	C	无国有股份	83.3445	58.6296	34.8946	27.1971	55.9104	395
603681	永冠新材	上海	东部	C	无国有股份	83.9968	58.6164	34.4918	26.4823	55.9101	396
688003	天准科技	江苏	东部	C	国有参股	83.6659	51.7218	39.5650	27.0528	55.9008	397
603515	欧普照明	上海	东部	C	无国有股份	78.1038	62.0686	42.0199	27.7673	55.8976	398
603610	麒盛科技	浙江	东部	C	无国有股份	78.7953	41.3908	57.6386	26.5565	55.8936	399
300605	恒锋信息	福建	东部	I	无国有股份	79.8330	65.5052	37.1043	26.8277	55.8868	400
002036	联创电子	江西	中部	C	国有参股	86.5052	51.7097	34.7153	26.2711	55.8694	401
002317	众生药业	广东	东部	C	无国有股份	79.1819	69.0175	36.9560	25.8039	55.8675	402
002484	江海股份	江苏	东部	C	国有参股	85.2963	51.7262	35.5852	27.4285	55.8516	403
688066	航天宏图	北京	东部	I	国有参股	79.4063	44.8095	52.5342	27.4046	55.8419	404
688258	卓易信息	江苏	东部	I	无国有股份	78.6853	62.0582	42.1526	26.5139	55.8418	405
603388	元成股份	浙江	东部	E	无国有股份	81.8213	62.0537	35.7910	26.5818	55.8402	406
002825	纳尔股份	上海	东部	C	无国有股份	85.0557	51.7321	36.6777	26.8788	55.8373	407
300620	光库科技	广东	东部	C	国有参股	79.5144	65.5127	37.4126	26.8776	55.8346	408
002701	奥瑞金	北京	东部	C	国有参股	89.1252	44.8433	33.3436	27.0774	55.8146	409
300421	力星股份	江苏	东部	C	无国有股份	72.1938	58.6444	57.3735	26.5638	55.7898	410
002833	弘亚数控	广东	东部	C	无国有股份	80.6051	62.0733	35.0357	28.9146	55.7889	411
603882	金域医学	广东	东部	Q	无国有股份	83.5629	68.9624	19.4114	32.5449	55.7880	412

续表

股票代码	公司简称	省份	地区	行业代码	控股类型	公司治理（CLCQI-CG）	社会责任（CLCQI-SR）	企业创新（CLCQI-EI）	绩效与价值（CLCQI-PV）	中国上市公司质量指数（CLCQI）	CLCQI排名
300541	先进数通	北京	东部	I	无国有股份	85.9454	51.7219	33.7186	27.5789	55.7749	413
000671	阳光城	福建	东部	K	国有参股	82.0275	82.7745	13.1869	31.5621	55.7551	414
601996	丰林集团	广西	西部	C	国有参股	85.6342	58.6306	30.5579	26.3767	55.7540	415
002335	科华数据	福建	东部	C	无国有股份	82.1237	51.7538	39.3694	29.0647	55.7526	416
300183	东软载波	山东	东部	I	国有参股	81.6447	55.1870	39.9523	27.2587	55.7411	417
300386	飞天诚信	北京	东部	I	无国有股份	79.4396	58.6125	41.5772	27.4309	55.7409	418
300695	兆丰股份	浙江	东部	C	无国有股份	79.7339	65.5208	35.8243	27.4119	55.7395	419
688025	杰普特	广东	东部	C	无国有股份	85.8362	44.8135	39.7266	26.9122	55.7299	420
300107	建新股份	河北	东部	C	国有参股	81.4278	65.5239	33.5881	26.2163	55.6714	421
300739	明阳电路	广东	东部	C	无国有股份	83.5712	58.6240	33.8481	26.6988	55.6664	422
603606	东方电缆	浙江	东部	C	国有参股	80.1284	58.6077	36.8175	29.8374	55.6654	423
300420	五洋停车	江苏	东部	C	国有参股	81.7490	58.6120	37.5131	26.5638	55.6350	424
002212	天融信	广东	东部	I	无国有股份	87.5175	41.3802	38.0173	27.2532	55.6308	425
002747	埃斯顿	江苏	东部	C	无国有股份	92.5130	51.7232	16.7682	30.0391	55.6271	426
603321	梅轮电梯	浙江	东部	C	无国有股份	70.0861	58.6140	60.8745	26.4634	55.6173	427
300685	艾德生物	福建	东部	C	无国有股份	80.5895	51.7187	39.8720	30.5947	55.6167	428
300532	今天国际	广东	东部	I	无国有股份	80.1132	65.5313	35.6924	26.4043	55.6145	429
002221	东华能源	江苏	东部	F	无国有股份	84.6766	51.7241	34.9697	27.9652	55.6145	430

续表

股票代码	公司简称	省份	地区	行业代码	控股类型	公司治理（CLCQI–CG）	社会责任（CLCQI–SR）	企业创新（CLCQI–EI）	绩效与价值（CLCQI–PV）	中国上市公司质量指数（CLCQI）	CLCQI排名
300628	亿联网络	福建	东部	C	无国有股份	81.8365	44.8265	43.7589	29.5932	55.6087	431
603725	天安新材	广东	东部	C	无国有股份	81.1627	65.5283	33.5570	26.3601	55.5958	432
002153	石基信息	北京	东部	I	国有参股	86.6042	75.8686	14.6910	26.5384	55.5948	433
002035	华帝股份	广东	东部	C	无国有股份	80.8976	75.8655	26.4168	26.2610	55.5875	434
300281	金明精机	广东	东部	C	国有参股	82.4009	58.6203	35.6777	26.7758	55.5829	435
002579	中京电子	广东	东部	C	国有参股	82.7380	58.6115	35.4104	26.4279	55.5760	436
603727	博迈科	天津	东部	B	无国有股份	81.0135	58.6295	39.6927	25.7290	55.5706	437
300267	尔康制药	湖南	中部	C	无国有股份	79.8083	44.8251	52.0193	26.0526	55.5641	438
300481	濮阳惠成	河南	中部	C	无国有股份	83.2291	51.7228	37.6524	27.9117	55.5585	439
300647	超频三	广东	东部	C	国有参股	83.4094	58.6138	33.0319	27.1795	55.5571	440
002214	大立科技	浙江	东部	C	国有参股	79.7458	51.7134	41.0006	30.7390	55.5402	441
603012	创力集团	上海	东部	C	无国有股份	80.8145	65.5062	34.0619	26.3030	55.5398	442
300292	吴通控股	江苏	东部	I	无国有股份	81.6922	58.6064	37.8268	25.9693	55.5255	443
000908	景峰医药	湖南	中部	C	国有参股	70.0300	65.4990	56.8033	25.3087	55.5247	444
600988	赤峰黄金	内蒙古	西部	B	国有参股	83.6761	79.2994	12.2812	30.7242	55.5026	445
601208	东材科技	四川	西部	C	国有参股	81.8669	58.6192	34.3726	28.3482	55.5012	446
300103	达刚控股	陕西	西部	N	无国有股份	75.6867	75.8613	37.4279	25.4328	55.4977	447
601137	博威合金	浙江	东部	C	无国有股份	79.9045	65.5112	34.9682	26.8507	55.4948	448

续表

股票代码	公司简称	省份	地区	行业代码	控股类型	公司治理（CLCQI–CG）	社会责任（CLCQI–SR）	企业创新（CLCQI–EI）	绩效与价值（CLCQI–PV）	中国上市公司质量指数（CLCQI）	CLCQI排名
002375	亚厦股份	浙江	东部	E	国有参股	80.6341	62.0619	35.3236	27.4403	55.4877	449
688181	八亿时空	北京	东部	C	无国有股份	78.2460	44.8247	54.7929	26.0178	55.4851	450
002045	国光电器	广东	东部	C	无国有股份	91.2823	58.6172	18.1868	26.1375	55.4772	451
688005	容百科技	浙江	东部	C	无国有股份	82.2780	58.6100	34.1544	27.6465	55.4452	452
300012	华测检测	广东	东部	M	无国有股份	87.3948	62.0701	18.6743	29.7215	55.4337	453
300364	中文在线	北京	东部	R	国有参股	87.2083	62.0565	20.1969	28.7719	55.4242	454
300324	旋极信息	北京	东部	I	无国有股份	83.9022	58.6064	33.2771	25.6633	55.4231	455
002726	龙大肉食	山东	东部	C	国有参股	78.3843	58.6157	40.7542	28.4889	55.4191	456
688088	虹软科技	浙江	东部	I	无国有股份	79.9383	51.7246	42.3296	28.8703	55.4175	457
000718	苏宁环球	吉林	东北	K	国有参股	84.4040	82.7733	12.4670	26.9538	55.4094	458
600114	东睦股份	浙江	东部	C	无国有股份	81.7211	58.6445	36.3681	26.5120	55.3867	459
002050	三花智控	浙江	东部	C	国有参股	82.3965	51.7405	35.8296	29.9915	55.3835	460
002391	长青股份	江苏	东部	C	国有参股	71.7145	58.6183	56.7219	26.2132	55.3762	461
603113	金能科技	山东	东部	C	无国有股份	81.4789	58.6076	34.9174	28.0367	55.3753	462
300081	恒信东方	北京	东部	M	国有参股	78.1435	79.2994	29.2368	25.4849	55.3709	463
002275	桂林三金	广西	西部	C	国有参股	79.7766	65.5233	34.1980	27.1172	55.3580	464
300119	瑞普生物	天津	东部	C	无国有股份	89.4508	37.9418	34.8381	27.6712	55.3570	465
603351	威尔药业	江苏	东部	C	无国有股份	74.6986	51.7303	55.4169	26.4765	55.3415	466

续表

股票代码	公司简称	省份	地区	行业代码	控股类型	公司治理（CLCQI-CG）	社会责任（CLCQI-SR）	企业创新（CLCQI-EI）	绩效与价值（CLCQI-PV）	中国上市公司质量指数（CLCQI）	CLCQI排名
601222	林洋能源	江苏	东部	C	国有参股	80.1084	62.0672	34.4038	28.4181	55.3387	467
300504	天邑股份	四川	西部	C	无国有股份	80.7232	58.6341	38.2933	26.3497	55.3305	468
300418	昆仑万维	北京	东部	I	无国有股份	75.6014	68.9506	35.4257	30.6341	55.3268	469
002743	富煌钢构	安徽	中部	C	无国有股份	83.0044	58.6158	33.4093	26.5041	55.3020	470
002879	长缆科技	湖南	中部	C	无国有股份	83.0606	55.1688	35.6954	26.6396	55.2985	471
300321	同大股份	山东	东部	C	国有参股	86.0753	48.2793	34.6073	26.7477	55.2804	472
300229	拓尔思	北京	东部	I	国有参股	77.1932	68.9639	36.3052	27.1880	55.2799	473
300316	晶盛机电	浙江	东部	C	无国有股份	79.1355	58.6160	37.5980	29.1939	55.2647	474
002822	中装建设	广东	东部	E	无国有股份	77.8441	44.8267	53.9582	26.4379	55.2628	475
300203	聚光科技	浙江	东部	C	无国有股份	83.7732	51.7233	36.6315	26.6369	55.2533	476
300416	苏试试验	江苏	东部	M	无国有股份	83.1051	51.7167	37.1746	27.2362	55.2435	477
002624	完美世界	浙江	东部	I	国有参股	83.7006	68.9650	21.3898	28.5122	55.2310	478
002901	大博医疗	福建	东部	C	无国有股份	83.4740	44.8457	38.4897	29.6037	55.2153	479
002903	宇环数控	湖南	中部	C	无国有股份	74.6949	72.4240	37.2208	28.1081	55.2127	480
600288	大恒科技	北京	东部	C	无国有股份	79.4464	82.7518	22.3809	26.1775	55.2119	481
000584	哈工智能	江苏	东部	C	无国有股份	77.6097	65.5050	38.8278	26.3061	55.2117	482
002960	青鸟消防	河北	东部	C	无国有股份	82.2691	58.6139	32.5645	27.9404	55.1977	483
300338	开元教育	湖南	中部	P	无国有股份	72.0952	79.2994	41.5562	24.5896	55.1916	484

续表

股票代码	公司简称	省份	地区	行业代码	控股类型	公司治理（CLCQI-CG）	社会责任（CLCQI-SR）	企业创新（CLCQI-EI）	绩效与价值（CLCQI-PV）	中国上市公司质量指数（CLCQI）	CLCQI 排名
300444	双杰电气	北京	东部	C	无国有股份	82.4971	58.5988	33.9949	26.4006	55.1878	485
002730	电光科技	浙江	东部	C	无国有股份	81.1374	58.6284	36.2304	26.7620	55.1858	486
300182	捷成股份	北京	东部	R	无国有股份	75.9663	65.4990	41.7245	26.5130	55.1845	487
300046	台基股份	湖北	中部	C	国有参股	75.8717	44.8211	54.5418	28.8048	55.1814	488
600721	*ST百花	新疆	西部	M	国有参股	80.1736	55.1563	43.0026	24.9247	55.1746	489
002859	洁美科技	浙江	东部	C	无国有股份	83.7839	51.7222	34.5463	27.9455	55.1675	490
300272	开能健康	上海	东部	C	无国有股份	79.5754	65.5122	34.4509	26.4764	55.1663	491
002439	启明星辰	北京	东部	I	无国有股份	77.4550	65.5014	37.3381	27.5416	55.1603	492
300751	迈为股份	江苏	东部	C	国有参股	84.6258	58.6163	17.0805	36.3227	55.1395	493
600055	万东医疗	北京	东部	C	无国有股份	73.0639	75.8697	39.1039	26.7993	55.1266	494
002286	保龄宝	山东	东部	C	无国有股份	90.1624	62.0725	13.8619	27.9020	55.1237	495
300384	三联虹普	北京	东部	M	无国有股份	69.5225	58.6143	59.6415	26.3589	55.1191	496
688098	申联生物	上海	东部	C	无国有股份	74.0458	51.7178	54.8963	27.0447	55.1164	497
002892	科力尔	湖南	中部	C	无国有股份	84.5031	51.7347	34.4052	26.6592	55.1073	498
002088	鲁阳节能	山东	东部	C	国有参股	81.5443	58.6419	34.5582	27.1133	55.1040	499
002555	三七互娱	安徽	中部	I	无国有股份	83.1551	68.9733	20.7869	29.3466	55.1021	500
002283	天润工业	山东	东部	C	无国有股份	73.1585	51.7187	56.0292	27.4894	55.0994	501
300644	南京聚隆	江苏	东部	C	国有参股	77.7232	37.9453	57.4524	27.2709	55.0893	502

续表

股票代码	公司简称	省份	地区	行业代码	控股类型	公司治理（CLCQI-CG）	社会责任（CLCQI-SR）	企业创新（CLCQI-EI）	绩效与价值（CLCQI-PV）	中国上市公司质量指数（CLCQI）	CLCQI排名
300634	彩讯股份	广东	东部	I	无国有股份	77.7572	58.6125	42.0705	27.1117	55.0868	503
002229	鸿博股份	福建	东部	C	无国有股份	84.9318	55.1744	31.3444	26.2679	55.0847	504
300390	天华超净	江苏	东部	C	无国有股份	80.2672	51.7222	35.9070	32.1253	55.0779	505
300697	电工合金	江苏	东部	C	无国有股份	80.2576	58.6280	37.6462	26.4966	55.0506	506
002970	锐明技术	广东	东部	I	无国有股份	81.5177	58.6188	34.1385	27.2715	55.0455	507
603036	如通股份	江苏	东部	C	无国有股份	82.5444	58.6171	33.5899	26.0661	55.0448	508
000676	智度股份	广东	东部	I	无国有股份	90.9341	37.9284	34.1528	24.5799	55.0384	509
300479	神思电子	山东	东部	C	国有参股	89.9977	51.7307	23.5191	26.2777	55.0319	510
300468	四方精创	广东	东部	I	国有参股	84.2096	51.7228	33.8915	27.2385	55.0302	511
600522	中天科技	江苏	东部	C	国有参股	77.2382	62.0631	38.5979	28.4138	55.0278	512
002156	通富微电	江苏	东部	C	国有参股	90.9556	58.6139	14.2679	27.9606	55.0181	513
002660	茂硕电源	广东	东部	C	国有参股	82.6600	58.6064	32.8047	26.4068	55.0176	514
603603	博天环境	北京	东部	N	无国有股份	77.8797	65.4990	38.1876	25.5887	55.0114	515
000967	盈峰环境	浙江	东部	N	无国有股份	87.8457	37.9415	35.4837	28.3377	55.0107	516
002078	太阳纸业	山东	东部	C	无国有股份	79.7209	62.0697	33.3751	28.5302	55.0064	517
002474	榕基软件	福建	东部	I	无国有股份	79.9502	62.0619	35.6552	26.2703	54.9880	518
300488	恒锋工具	浙江	东部	C	无国有股份	79.7881	58.6189	37.8273	26.8251	54.9798	519
601311	骆驼股份	湖北	中部	C	国有参股	80.5961	58.6195	35.3889	27.4727	54.9773	520

续表

股票代码	公司简称	省份	地区	行业代码	控股类型	公司治理（CLCQI-CG）	社会责任（CLCQI-SR）	企业创新（CLCQI-EI）	绩效与价值（CLCQI-PV）	中国上市公司质量指数（CLCQI）	CLCQI排名
300661	圣邦股份	北京	东部	C	无国有股份	85.1411	51.7191	24.5598	33.0004	54.9763	521
002895	川恒股份	贵州	西部	C	国有参股	79.8865	65.5349	33.0845	26.2917	54.9747	522
603998	方盛制药	湖南	中部	C	无国有股份	77.5882	44.8557	53.3893	26.0894	54.9638	523
002738	中矿资源	北京	东部	C	无国有股份	82.5916	58.6112	31.2741	27.5045	54.9593	524
300674	宇信科技	北京	东部	I	无国有股份	83.0141	58.6190	29.7461	28.0280	54.9547	525
002832	比音勒芬	广东	东部	C	无国有股份	82.4231	58.6225	31.8659	27.2483	54.9479	526
603619	中曼石油	上海	东部	B	无国有股份	79.6986	65.4990	35.3631	24.6823	54.9475	527
002805	丰元股份	山东	东部	C	无国有股份	75.2342	51.7137	52.9079	26.0416	54.9427	528
688300	联瑞新材	江苏	东部	C	国有参股	74.4651	51.7255	52.7165	27.3775	54.9326	529
300453	三鑫医疗	江西	中部	C	无国有股份	79.6546	58.6266	35.1073	28.9673	54.9191	530
300217	东方电热	江苏	东部	C	无国有股份	84.4447	51.7535	32.8442	27.1875	54.9066	531
002631	德尔未来	江苏	东部	C	无国有股份	85.3240	79.3291	11.5682	26.2413	54.9029	532
002658	雪迪龙	北京	东部	C	国有参股	81.3287	55.1833	37.5606	26.2561	54.8851	533
601515	东风股份	广东	东部	C	国有参股	77.4855	68.9875	34.4481	26.5772	54.8763	534
601011	宝泰隆	黑龙江	东北	C	无国有股份	78.5391	72.4148	29.9660	26.4124	54.8742	535
300009	安科生物	安徽	中部	C	无国有股份	87.2320	65.5356	16.1396	27.6750	54.8698	536
002099	海翔药业	浙江	东部	C	无国有股份	79.0233	65.5255	33.3475	27.0376	54.8671	537
300039	上海凯宝	上海	东部	C	国有参股	83.8840	75.8761	16.7531	26.3211	54.8659	538

续表

股票代码	公司简称	省份	地区	行业代码	控股类型	公司治理（*CLCQI–CG*）	社会责任（*CLCQI–SR*）	企业创新（*CLCQI–EI*）	绩效与价值（*CLCQI–PV*）	中国上市公司质量指数（*CLCQI*）	*CLCQI* 排名
603678	火炬电子	福建	东部	C	无国有股份	78.6268	58.6161	33.4292	31.7411	54.8643	539
300630	普利制药	海南	东部	C	无国有股份	87.5845	58.6158	20.2751	27.9281	54.8632	540
002802	洪汇新材	江苏	东部	C	无国有股份	83.4212	51.7509	34.3555	27.3382	54.8368	541
002294	信立泰	广东	东部	C	国有参股	91.2844	51.7343	18.1051	27.7671	54.8367	542
300684	中石科技	北京	东部	C	国有参股	82.1273	51.7382	37.4612	26.9256	54.8353	543
300511	雪榕生物	上海	东部	A	无国有股份	81.0657	58.6181	32.8065	28.2173	54.8346	544
300745	欣锐科技	广东	东部	C	无国有股份	84.2697	55.1563	33.4458	24.6540	54.8340	545
300041	回天新材	湖北	中部	C	无国有股份	80.2191	58.6192	35.3295	27.4806	54.8166	546
300314	戴维医疗	浙江	东部	C	国有参股	78.9726	51.7227	41.9567	28.2438	54.7997	547
601607	上海医药	上海	东部	F	国有参股	88.3880	27.5877	38.0869	30.7058	54.7872	548
300712	永福股份	福建	东部	E	国有参股	75.1812	72.4186	33.9253	28.2607	54.7855	549
300616	尚品宅配	广东	东部	C	无国有股份	88.7485	65.5103	13.5577	26.9797	54.7824	550
300354	东华测试	江苏	东部	C	国有参股	80.7894	51.7261	39.7631	26.9818	54.7728	551
300092	科新机电	四川	西部	C	国有参股	81.7795	51.7130	37.6958	27.0561	54.7720	552
000626	远大控股	江苏	东部	F	国有参股	71.8816	65.5141	45.7410	28.1220	54.7585	553
688058	宝兰德	北京	东部	I	国有参股	77.1427	65.5271	36.0920	27.3256	54.7359	554
688026	洁特生物	广东	东部	C	无国有股份	76.8030	44.8233	53.7027	26.1516	54.7231	555
300153	科泰电源	上海	东部	C	无国有股份	78.4405	62.0489	37.8450	25.8597	54.7175	556

续表

股票代码	公司简称	省份	地区	行业代码	控股类型	公司治理（CLCQI–CG）	社会责任（CLCQI–SR）	企业创新（CLCQI–EI）	绩效与价值（CLCQI–PV）	中国上市公司质量指数（CLCQI）	CLCQI排名
601005	重庆钢铁	重庆	西部	C	无国有股份	84.5998	72.4068	15.2498	27.8656	54.7173	557
002615	哈尔斯	浙江	东部	C	国有参股	88.5220	65.5232	15.0052	25.8894	54.7107	558
002322	理工环科	浙江	东部	I	无国有股份	87.0089	72.4445	11.5154	26.9165	54.7024	559
600588	用友网络	北京	东部	I	无国有股份	82.5087	69.0013	17.4666	31.4050	54.6983	560
300254	仟源医药	山西	中部	C	无国有股份	84.1287	51.7137	34.9568	25.1812	54.6952	561
300084	海默科技	甘肃	西部	B	无国有股份	86.7027	65.4990	19.5719	25.0767	54.6895	562
300345	华民股份	湖南	中部	C	无国有股份	76.8333	48.2636	51.0999	25.9051	54.6691	563
300810	中科海讯	北京	东部	I	无国有股份	73.2382	58.6016	50.5127	25.9046	54.6642	564
600499	科达制造	广东	东部	C	无国有股份	79.0338	62.0640	34.0202	27.6896	54.6496	565
688022	瀚川智能	江苏	东部	C	无国有股份	83.1002	51.7255	35.2829	26.3722	54.6485	566
300793	佳禾智能	广东	东部	C	国有参股	79.2003	55.1682	41.3041	25.7106	54.6438	567
002130	沃尔核材	广东	东部	C	无国有股份	81.3879	58.6111	32.8934	26.8617	54.6409	568
002888	惠威科技	广东	东部	C	无国有股份	78.0416	58.6451	40.1493	26.3490	54.6305	569
300151	昌红科技	广东	东部	C	无国有股份	78.1955	58.6273	33.5662	31.3644	54.6266	570
603777	来伊份	上海	东部	F	无国有股份	86.9346	68.9491	14.0140	26.7907	54.6167	571
603315	福鞍股份	辽宁	东北	C	无国有股份	83.2163	48.2749	37.3491	26.4298	54.6050	572
300581	晨曦航空	陕西	西部	C	国有参股	66.2559	51.7198	63.0836	30.8995	54.6019	573
688357	建龙微纳	河南	中部	C	无国有股份	75.7107	72.4191	32.1171	28.1014	54.5959	574

续表

股票代码	公司简称	省份	地区	行业代码	控股类型	公司治理（CLCQI-CG）	社会责任（CLCQI-SR）	企业创新（CLCQI-EI）	绩效与价值（CLCQI-PV）	中国上市公司质量指数（CLCQI）	CLCQI排名
300474	景嘉微	湖南	中部	C	国有参股	77.1813	51.7252	45.1317	27.6200	54.5626	575
000012	南玻A	广东	东部	C	国有参股	89.6846	62.0739	12.2238	27.6917	54.5526	576
600340	华夏幸福	河北	东部	K	国有参股	81.5340	75.8543	12.4497	32.2787	54.5514	577
300387	富邦股份	湖北	中部	C	无国有股份	80.1240	82.7599	17.7086	26.1767	54.5495	578
002705	新宝股份	广东	东部	C	国有参股	84.5203	58.6284	21.4511	30.6184	54.5472	579
002876	三利谱	广东	东部	C	国有参股	81.3063	58.6142	32.6307	26.8059	54.5423	580
300635	中达安	广东	东部	M	无国有股份	80.5965	58.6186	33.6285	27.1280	54.5391	581
002869	金溢科技	广东	东部	C	无国有股份	79.9793	58.6204	36.0146	26.1865	54.5343	582
002169	智光电气	广东	东部	C	无国有股份	79.4625	58.6221	36.4069	26.6981	54.5342	583
002207	准油股份	新疆	西部	B	无国有股份	79.1793	51.7062	42.0909	26.7465	54.5324	584
603661	恒林股份	浙江	东部	C	无国有股份	78.3516	62.0598	33.5262	28.7000	54.5299	585
002715	登云股份	广东	东部	C	无国有股份	81.2224	58.6173	31.8290	27.5014	54.5227	586
603050	科林电气	河北	东部	C	无国有股份	76.8492	58.6207	41.1535	27.0050	54.5147	587
002733	雄韬股份	广东	东部	C	国有参股	77.7656	65.5257	35.1657	26.1746	54.5119	588
300785	值得买	北京	东部	I	无国有股份	83.3887	51.7149	32.5999	27.4848	54.5039	589
600405	动力源	北京	东部	C	无国有股份	72.6122	75.8418	36.8915	26.7925	54.4976	590
300357	我武生物	浙江	东部	C	无国有股份	86.9953	58.6132	13.8476	32.5097	54.4871	591
300298	三诺生物	湖南	中部	C	国有参股	84.3272	65.5270	17.8429	29.4141	54.4820	592

续表

股票代码	公司简称	省份	地区	行业代码	控股类型	公司治理（CLCQI-CG）	社会责任（CLCQI-SR）	企业创新（CLCQI-EI）	绩效与价值（CLCQI-PV）	中国上市公司质量指数（CLCQI）	CLCQI排名
600157	永泰能源	山西	中部	D	国有参股	79.6967	58.6215	33.0884	28.7563	54.4786	593
603398	邦宝益智	广东	东部	C	无国有股份	81.4525	55.1621	34.8479	26.6003	54.4750	594
002850	科达利	广东	东部	C	无国有股份	86.0776	65.5112	15.2800	28.6229	54.4695	595
603396	金辰股份	辽宁	东北	C	国有参股	71.4690	44.8354	59.7515	28.8100	54.4657	596
603127	昭衍新药	北京	东部	M	无国有股份	78.3246	58.6133	31.8990	31.8377	54.4611	597
002042	华孚时尚	安徽	中部	C	无国有股份	72.8028	82.7955	32.5761	25.6017	54.4561	598
603187	海容冷链	山东	东部	C	无国有股份	80.6284	51.7224	34.6879	29.9629	54.4380	599
603298	杭叉集团	浙江	东部	C	国有参股	75.1307	58.6235	40.7794	29.6973	54.4260	600
300209	天泽信息	湖南	中部	F	无国有股份	84.8453	48.2636	36.6327	23.6372	54.4135	601
002758	浙农股份	浙江	东部	F	无国有股份	91.9976	44.8348	17.7488	29.3372	54.4083	602
300533	冰川网络	广东	东部	I	无国有股份	77.4481	58.6187	40.0981	26.4490	54.4039	603
300811	铂科新材	广东	东部	C	国有参股	71.2897	55.1623	52.4559	28.4527	54.3946	604
002734	利民股份	江苏	东部	C	无国有股份	83.4096	44.8352	37.3938	27.2490	54.3801	605
603356	华菱精工	安徽	中部	C	无国有股份	74.2251	44.8323	56.8038	26.4135	54.3790	606
600711	盛屯矿业	福建	东部	B	国有参股	75.7261	62.0656	38.8976	27.9824	54.3754	607
002180	纳思达	广东	东部	C	国有参股	84.2510	44.8445	36.6869	26.4368	54.3737	608
600745	闻泰科技	湖北	中部	C	国有参股	71.0393	72.4190	39.3413	28.8930	54.3701	609
300369	绿盟科技	北京	东部	I	国有参股	79.1146	58.6168	35.8817	26.9658	54.3562	610

续表

股票代码	公司简称	省份	地区	行业代码	控股类型	公司治理（CLCQI-CG）	社会责任（CLCQI-SR）	企业创新（CLCQI-EI）	绩效与价值（CLCQI-PV）	中国上市公司质量指数（CLCQI）	CLCQI排名
603337	杰克股份	浙江	东部	C	无国有股份	76.0805	55.1785	43.1916	27.9724	54.3404	611
688036	传音控股	广东	东部	C	无国有股份	76.3767	51.7265	38.2909	33.4344	54.3264	612
002801	微光股份	浙江	东部	C	无国有股份	84.4061	44.8179	34.7399	27.5644	54.3242	613
603218	日月股份	浙江	东部	C	无国有股份	79.2345	58.6219	32.6085	29.2340	54.3173	614
300086	康芝药业	海南	东部	C	国有参股	78.6361	62.0565	34.8700	26.3064	54.3135	615
002014	永新股份	安徽	中部	C	国有参股	83.9861	44.8576	36.1021	26.9582	54.2830	616
688199	久日新材	天津	东部	C	国有参股	88.4446	65.5217	12.5152	26.2830	54.2799	617
603258	电魂网络	浙江	东部	I	无国有股份	65.9620	62.0682	57.4764	28.3548	54.2790	618
002459	晶澳科技	河北	东部	C	国有参股	81.7297	44.8340	34.6929	31.6838	54.2765	619
603967	中创物流	山东	东部	G	无国有股份	77.9094	55.1809	40.5644	26.8790	54.2735	620
300258	精锻科技	江苏	东部	C	无国有股份	85.4343	65.5108	17.1745	27.3430	54.2710	621
603986	兆易创新	北京	东部	C	国有参股	82.8100	27.5972	47.3959	30.1093	54.2701	622
300075	数字政通	北京	东部	I	国有参股	82.6068	58.6120	28.5762	26.8757	54.2687	623
688001	华兴源创	江苏	东部	C	国有参股	80.1059	51.7154	39.0922	26.5976	54.2675	624
002560	通达股份	河南	中部	C	国有参股	74.4001	72.4265	34.0246	27.3240	54.2600	625
600882	妙可蓝多	上海	东部	C	无国有股份	81.0359	48.2712	32.4709	32.4214	54.2546	626
002197	证通电子	广东	东部	I	无国有股份	84.0651	51.7137	31.0597	26.6241	54.2511	627
300370	ST安控	四川	西部	C	无国有股份	64.6734	65.5141	60.9012	25.4834	54.2476	628

续表

股票代码	公司简称	省份	地区	行业代码	控股类型	公司治理（CLCQI-CG）	社会责任（CLCQI-SR）	企业创新（CLCQI-EI）	绩效与价值（CLCQI-PV）	中国上市公司质量指数（CLCQI）	CLCQI排名
002337	赛象科技	天津	东部	C	无国有股份	75.3435	65.4915	39.1801	25.7217	54.2276	629
603659	璞泰来	上海	东部	C	无国有股份	78.0153	62.0706	32.7904	28.5943	54.2234	630
300594	朗进科技	山东	东部	C	国有参股	79.9386	51.7121	39.4760	26.3721	54.2205	631
300710	万隆光电	浙江	东部	C	无国有股份	82.9653	48.2609	35.2565	26.9456	54.2130	632
300709	精研科技	江苏	东部	C	无国有股份	79.0983	58.6141	35.8987	26.3899	54.2087	633
603225	新凤鸣	浙江	东部	C	无国有股份	76.4057	58.6135	40.0161	27.3643	54.1986	634
002416	爱施德	广东	东部	F	无国有股份	79.1056	58.6548	34.5105	27.4150	54.1963	635
603688	石英股份	江苏	东部	C	无国有股份	68.8591	58.6209	54.7181	27.6427	54.1910	636
300433	蓝思科技	湖南	中部	C	国有参股	81.5106	68.9739	16.1723	31.9896	54.1822	637
603955	大千生态	江苏	东部	E	国有参股	82.4714	51.7172	33.5008	26.8955	54.1702	638
002403	爱仕达	浙江	东部	C	无国有股份	88.6982	65.5084	11.4811	26.1956	54.1506	639
300497	富祥药业	江西	中部	C	无国有股份	89.8384	58.6183	13.1432	27.1397	54.1417	640
603331	百达精工	浙江	东部	C	无国有股份	79.9958	58.6261	33.6844	26.4468	54.1408	641
002299	圣农发展	福建	东部	A	无国有股份	84.2109	68.9755	15.0286	28.3483	54.1235	642
002481	双塔食品	山东	东部	C	无国有股份	75.9697	65.5099	33.8640	28.5254	54.1185	643
603011	合锻智能	安徽	中部	C	国有参股	75.8510	65.5246	36.5353	26.5301	54.1087	644
688051	佳华科技	北京	东部	I	无国有股份	75.0419	44.8250	54.1315	26.1653	54.1082	645
600143	金发科技	广东	东部	C	国有参股	85.4255	58.6212	16.7301	31.1879	54.1064	646

续表

股票代码	公司简称	省份	地区	行业代码	控股类型	公司治理（CLCQI–CG）	社会责任（CLCQI–SR）	企业创新（CLCQI–EI）	绩效与价值（CLCQI–PV）	中国上市公司质量指数（CLCQI）	CLCQI排名
002873	新天药业	贵州	西部	C	无国有股份	79.4336	58.6056	34.4439	26.5907	54.1007	647
601233	桐昆股份	浙江	东部	C	国有参股	80.7145	75.8549	15.7551	29.1363	54.0991	648
603856	东宏股份	山东	东部	C	无国有股份	72.9884	44.8275	56.5354	27.4278	54.0835	649
300499	高澜股份	广东	东部	C	国有参股	78.2598	58.6136	35.9930	27.1484	54.0816	650
300083	创世纪	广东	东部	C	无国有股份	74.9010	58.6064	40.1878	29.1657	54.0803	651
002056	横店东磁	浙江	东部	C	国有参股	85.6365	62.0803	16.4108	28.9093	54.0761	652
000703	恒逸石化	广西	西部	C	无国有股份	76.5402	62.0739	33.9957	29.3649	54.0675	653
002641	永高股份	浙江	东部	C	国有参股	78.8688	55.1819	36.7895	27.5214	54.0631	654
300443	金雷股份	山东	东部	C	国有参股	78.0159	58.6187	33.0579	29.7468	54.0474	655
000810	创维数字	四川	西部	C	国有参股	86.3761	65.5093	15.5648	26.1502	54.0274	656
300352	北信源	北京	东部	I	无国有股份	82.1886	72.4148	18.5576	26.2977	54.0236	657
603180	金牌厨柜	福建	东部	C	无国有股份	77.1134	58.6201	36.8147	28.0320	54.0093	658
002520	日发精机	浙江	东部	C	无国有股份	90.7129	55.1647	14.4166	26.2514	54.0060	659
300206	理邦仪器	广东	东部	C	国有参股	77.1315	51.7279	38.8569	30.4895	54.0056	660
300263	隆华科技	河南	中部	C	国有参股	86.5061	65.5197	14.2356	26.8909	54.0002	661
000848	承德露露	河北	东部	C	国有参股	87.9986	51.7518	11.3953	35.0185	53.9959	662
603583	捷昌驱动	浙江	东部	C	无国有股份	75.5953	58.6222	37.4678	29.8580	53.9895	663
600371	万向德农	黑龙江	东北	A	无国有股份	76.4532	62.0760	14.0665	45.0863	53.9775	664

续表

股票代码	公司简称	省份	地区	行业代码	控股类型	公司治理（CLCQI-CG）	社会责任（CLCQI-SR）	企业创新（CLCQI-EI）	绩效与价值（CLCQI-PV）	中国上市公司质量指数（CLCQI）	CLCQI排名
002372	伟星新材	浙江	东部	C	无国有股份	85.7962	62.0913	15.5330	28.9347	53.9725	665
300649	杭州园林	浙江	东部	E	无国有股份	80.9449	55.1587	33.5207	26.4551	53.9697	666
600380	健康元	广东	东部	C	无国有股份	78.8760	82.7726	14.2353	28.6191	53.9681	667
300640	德艺文创	福建	东部	C	无国有股份	88.2371	55.1800	18.9632	26.3966	53.9636	668
000603	盛达资源	北京	东部	B	国有参股	81.2463	51.7165	33.3239	28.1669	53.9625	669
002849	威星智能	浙江	东部	C	无国有股份	87.9046	58.6107	17.0462	26.3812	53.9580	670
002032	苏泊尔	浙江	东部	C	国有参股	85.5136	58.6368	18.4690	29.0488	53.9570	671
300612	宣亚国际	北京	东部	L	无国有股份	82.9999	41.3710	38.3468	27.5233	53.9558	672
603600	永艺股份	浙江	东部	C	无国有股份	76.8002	58.6376	38.1325	27.2488	53.9544	673
603379	三美股份	浙江	东部	C	无国有股份	77.8973	65.5052	32.1800	26.1058	53.9472	674
603703	盛洋科技	浙江	东部	C	无国有股份	76.9181	65.4990	34.3130	25.9427	53.9404	675
300251	光线传媒	北京	东部	R	无国有股份	76.1302	65.5048	34.3785	27.1220	53.9340	676
300249	依米康	四川	西部	I	无国有股份	84.9531	44.8211	32.7239	26.7045	53.9253	677
603726	朗迪集团	浙江	东部	C	无国有股份	75.8934	65.5215	35.2212	26.7405	53.9149	678
600388	龙净环保	福建	东部	C	国有参股	81.7838	48.2828	36.2481	26.8237	53.9115	679
300403	汉宇集团	广东	东部	C	无国有股份	76.4620	58.6520	38.7333	27.0666	53.8959	680
600496	精工钢构	安徽	中部	C	国有参股	70.4893	48.2736	57.7681	27.5650	53.8816	681
300473	德尔股份	辽宁	东北	C	无国有股份	77.7298	65.4990	35.1500	23.7227	53.8775	682

续表

股票代码	公司简称	省份	地区	行业代码	控股类型	公司治理（CLCQI-CG）	社会责任（CLCQI-SR）	企业创新（CLCQI-EI）	绩效与价值（CLCQI-PV）	中国上市公司质量指数（CLCQI）	CLCQI 排名
600703	三安光电	湖北	中部	C	无国有股份	75.6432	62.0735	35.0107	29.1993	53.8703	683
000913	钱江摩托	浙江	东部	C	国有参股	76.9611	58.6238	35.2236	28.9901	53.8702	684
002947	恒铭达	江苏	东部	C	无国有股份	79.3450	58.6222	33.8066	26.2938	53.8661	685
002957	科瑞技术	广东	东部	C	无国有股份	86.8315	58.6160	18.6038	26.4223	53.8513	686
300467	迅游科技	四川	西部	I	无国有股份	87.9433	51.7137	21.1582	26.6463	53.8276	687
002930	宏川智慧	广东	东部	G	无国有股份	87.4753	62.0866	12.1579	28.3625	53.8253	688
002483	润邦股份	江苏	东部	C	无国有股份	89.1436	58.6192	12.8462	27.2008	53.8198	689
000976	华铁股份	广东	东部	C	无国有股份	84.7547	72.4068	11.5408	26.9742	53.8146	690
600635	大众公用	上海	东部	D	国有参股	85.8306	68.9580	12.4317	26.6044	53.8134	691
603790	雅运股份	上海	东部	C	无国有股份	75.5864	65.5146	36.3874	25.8804	53.8093	692
300452	山河药辅	安徽	中部	C	无国有股份	76.7222	62.0765	34.3196	27.7650	53.8056	693
300138	晨光生物	河北	东部	C	无国有股份	76.6465	58.6154	35.0823	29.3314	53.8002	694
603896	寿仙谷	浙江	东部	C	无国有股份	75.3015	65.5221	34.7356	27.6045	53.7972	695
002597	金禾实业	安徽	中部	C	无国有股份	85.6221	65.5134	13.1100	28.3490	53.7851	696
002001	新和成	浙江	东部	C	国有参股	87.6614	55.1929	14.5412	30.1083	53.7788	697
300663	科蓝软件	北京	东部	I	无国有股份	84.6386	48.2709	29.8943	26.7867	53.7716	698
002702	海欣食品	福建	东部	C	无国有股份	76.6288	62.0862	33.8022	28.1611	53.7652	699
300007	汉威科技	河南	中部	C	无国有股份	85.6575	62.0646	17.5141	26.7084	53.7526	700

续表

股票代码	公司简称	省份	地区	行业代码	控股类型	公司治理（*CLCQI-CG*）	社会责任（*CLCQI-SR*）	企业创新（*CLCQI-EI*）	绩效与价值（*CLCQI-PV*）	中国上市公司质量指数（*CLCQI*）	*CLCQI*排名
300537	广信材料	江苏	东部	C	无国有股份	76.3598	65.4990	35.1954	25.3538	53.7463	701
603985	恒润股份	江苏	东部	C	无国有股份	77.8135	51.7281	35.2749	31.2125	53.7427	702
603788	宁波高发	浙江	东部	C	国有参股	76.8596	58.6316	37.6338	26.7056	53.7417	703
002722	金轮股份	江苏	东部	C	无国有股份	87.8151	65.5181	11.4951	25.9218	53.7332	704
300042	朗科科技	广东	东部	C	无国有股份	82.9058	41.3877	38.6602	26.5109	53.7302	705
002448	中原内配	河南	中部	C	无国有股份	83.3628	44.8359	34.9266	26.6652	53.7221	706
300490	华自科技	湖南	中部	C	无国有股份	73.5134	65.5045	39.5393	26.2955	53.7128	707
002494	华斯股份	河北	东部	C	国有参股	83.9171	51.6987	30.7334	24.9705	53.7109	708
000623	吉林敖东	吉林	东北	C	国有参股	81.3608	55.1718	29.9073	27.6227	53.7072	709
300683	海特生物	湖北	中部	C	无国有股份	72.8981	65.5121	40.1816	26.7311	53.7051	710
002351	漫步者	广东	东部	C	国有参股	80.8503	51.7397	34.3467	26.9194	53.7002	711
002460	赣锋锂业	江西	中部	C	无国有股份	80.5020	75.8748	11.4164	31.3330	53.6985	712
603660	苏州科达	江苏	东部	C	无国有股份	78.6669	65.5061	29.6467	25.9049	53.6982	713
002611	东方精工	广东	东部	C	国有参股	86.9968	65.4990	12.5374	26.2499	53.6935	714
603039	泛微网络	上海	东部	I	无国有股份	72.6237	62.0557	38.0459	30.8628	53.6827	715
000656	金科股份	重庆	西部	K	无国有股份	83.6965	62.0753	12.9902	33.1223	53.6685	716
300134	大富科技	安徽	中部	C	国有参股	76.9222	65.4990	33.1478	25.7691	53.6656	717
603021	山东华鹏	山东	东部	C	国有参股	80.2561	58.6064	31.3478	25.9794	53.6578	718

续表

股票代码	公司简称	省份	地区	行业代码	控股类型	公司治理（CLCQI–CG）	社会责任（CLCQI–SR）	企业创新（CLCQI–EI）	绩效与价值（CLCQI–PV）	中国上市公司质量指数（CLCQI）	CLCQI排名
002906	华阳集团	广东	东部	C	无国有股份	85.0348	58.6305	18.1517	28.8631	53.6547	719
002134	天津普林	天津	东部	C	国有参股	79.4530	58.6139	32.0595	26.6549	53.6489	720
603186	华正新材	浙江	东部	C	无国有股份	78.5995	55.1687	36.3230	26.6740	53.6482	721
603803	瑞斯康达	北京	东部	C	无国有股份	79.4197	68.9660	24.9332	26.1884	53.6465	722
600277	亿利洁能	内蒙古	西部	C	无国有股份	77.5085	62.0672	33.5123	26.4864	53.6376	723
300777	中简科技	江苏	东部	C	无国有股份	77.0314	58.6130	32.6749	29.9642	53.6305	724
002027	分众传媒	广东	东部	L	无国有股份	78.7235	68.9730	12.8326	36.8743	53.6204	725
002038	双鹭药业	北京	东部	C	国有参股	84.5076	62.0732	19.6796	26.2628	53.6156	726
603933	睿能科技	福建	东部	C	无国有股份	79.0241	51.7263	38.6156	26.0821	53.6122	727
600491	龙元建设	浙江	东部	E	无国有股份	84.0981	44.8258	32.1663	27.1622	53.5869	728
300768	迪普科技	浙江	东部	I	无国有股份	76.6196	51.7126	41.7276	27.3339	53.5837	729
300377	赢时胜	广东	东部	I	无国有股份	78.4540	48.2953	41.7613	26.3545	53.5668	730
300396	迪瑞医疗	吉林	东北	C	国有参股	81.5669	65.5223	20.5851	27.9139	53.5506	731
002022	科华生物	上海	东部	C	国有参股	89.5321	51.7210	14.0300	28.6837	53.5479	732
000159	国际实业	新疆	西部	F	无国有股份	87.2915	65.5228	10.5760	26.7377	53.5447	733
002713	东易日盛	北京	东部	E	国有参股	76.7937	58.6648	35.9635	27.3173	53.5392	734
002815	崇达技术	广东	东部	C	无国有股份	87.2382	62.0799	13.2845	26.6754	53.5330	735
002293	罗莱生活	江苏	东部	C	无国有股份	87.7587	58.6402	13.4797	27.7454	53.5318	736

续表

股票代码	公司简称	省份	地区	行业代码	控股类型	公司治理（*CLCQI-CG*）	社会责任（*CLCQI-SR*）	企业创新（*CLCQI-EI*）	绩效与价值（*CLCQI-PV*）	中国上市公司质量指数（*CLCQI*）	*CLCQI*排名
300803	指南针	北京	东部	J	无国有股份	81.1907	44.8219	37.7783	27.0818	53.5257	737
300078	思创医惠	浙江	东部	C	无国有股份	87.6262	51.7185	20.9882	26.0648	53.5221	738
002365	永安药业	湖北	中部	C	国有参股	73.1558	44.8262	54.8493	26.2583	53.5207	739
300676	华大基因	广东	东部	M	无国有股份	84.6600	55.1690	16.3315	32.4268	53.5123	740
603611	诺力股份	浙江	东部	C	无国有股份	75.7006	62.0786	36.1917	26.7098	53.5078	741
600233	圆通速递	辽宁	东北	G	无国有股份	83.6478	62.0684	17.6538	28.8090	53.5024	742
002413	雷科防务	江苏	东部	C	国有参股	80.3186	44.8211	39.5304	26.9821	53.5022	743
603613	国联股份	北京	东部	I	无国有股份	73.2726	72.4107	28.6893	30.3725	53.5016	744
002752	昇兴股份	福建	东部	C	国有参股	82.1143	51.7355	31.3467	26.4823	53.4959	745
600439	瑞贝卡	河南	中部	C	无国有股份	77.5524	62.0576	33.6904	25.7024	53.4933	746
603601	再升科技	重庆	西部	C	无国有股份	76.2277	58.6264	35.1028	28.7266	53.4872	747
300495	*ST美尚	江苏	东部	N	无国有股份	78.9756	58.6068	32.8468	26.1132	53.4789	748
002174	游族网络	福建	东部	I	无国有股份	73.9410	62.0675	40.2296	26.1773	53.4768	749
300606	金太阳	广东	东部	C	无国有股份	80.4345	51.7157	34.2699	26.7411	53.4704	750
002357	富临运业	四川	西部	G	无国有股份	84.2289	72.4141	11.4690	26.4834	53.4683	751
603706	东方环宇	新疆	西部	D	无国有股份	78.5310	58.6424	32.7979	26.7927	53.4665	752
603737	三棵树	福建	东部	C	无国有股份	75.9953	82.7636	14.6591	30.8825	53.4651	753
300382	斯莱克	江苏	东部	C	国有参股	75.5968	58.6289	38.0919	27.2158	53.4554	754

续表

股票代码	公司简称	省份	地区	行业代码	控股类型	公司治理（CLCQI-CG）	社会责任（CLCQI-SR）	企业创新（CLCQI-EI）	绩效与价值（CLCQI-PV）	中国上市公司质量指数（CLCQI）	CLCQI 排名
300665	飞鹿股份	湖南	中部	C	无国有股份	83.1361	44.8224	34.3625	26.4000	53.4503	755
603556	海兴电力	浙江	东部	C	无国有股份	73.6542	65.5250	37.4547	26.6742	53.4499	756
000899	赣能股份	江西	中部	D	无国有股份	74.1442	65.5335	35.4853	27.4605	53.4499	757
002753	永东股份	山西	中部	C	无国有股份	84.9316	65.5105	14.9927	26.5716	53.4407	758
603786	科博达	上海	东部	C	无国有股份	82.9394	65.5099	17.5348	27.6884	53.4313	759
300746	汉嘉设计	浙江	东部	M	无国有股份	78.6754	55.1703	35.1615	26.6006	53.4281	760
002756	永兴材料	浙江	东部	C	无国有股份	79.4263	44.8516	36.7520	30.3106	53.4263	761
002090	金智科技	江苏	东部	C	无国有股份	84.0573	65.5113	17.3462	26.0213	53.4242	762
002646	青青稞酒	青海	西部	C	国有参股	81.7260	75.9589	11.8427	27.7886	53.3999	763
603456	九洲药业	浙江	东部	C	无国有股份	78.3802	51.7354	33.4329	30.3894	53.3963	764
300458	全志科技	广东	东部	C	国有参股	78.2766	62.0900	29.8450	27.1616	53.3835	765
002685	华东重机	江苏	东部	C	无国有股份	75.4831	65.4990	36.0405	24.6211	53.3815	766
300373	扬杰科技	江苏	东部	C	无国有股份	84.0757	58.6204	16.8815	30.3234	53.3805	767
002791	坚朗五金	广东	东部	C	无国有股份	73.1903	51.7221	38.9704	34.1699	53.3710	768
300148	天舟文化	湖南	中部	I	无国有股份	74.8772	62.0489	39.0030	25.2474	53.3707	769
300719	安达维尔	北京	东部	C	无国有股份	74.2159	58.6327	39.7704	27.7155	53.3642	770
600579	克劳斯	山东	东部	C	国有参股	85.7752	65.4990	13.8431	25.8113	53.3564	771
603828	柯利达	江苏	东部	E	无国有股份	78.9745	51.7174	36.8265	26.5660	53.3542	772

续表

股票代码	公司简称	省份	地区	行业代码	控股类型	公司治理（CLCQI-CG）	社会责任（CLCQI-SR）	企业创新（CLCQI-EI）	绩效与价值（CLCQI-PV）	中国上市公司质量指数（CLCQI）	CLCQI排名
300271	华宇软件	北京	东部	I	国有参股	82.5799	72.4039	13.6975	26.8881	53.3541	773
300014	亿纬锂能	广东	东部	C	无国有股份	82.8772	58.6090	16.1928	32.6648	53.3470	774
300020	银江股份	浙江	东部	I	无国有股份	77.2687	58.6119	34.7332	26.7651	53.3372	775
000403	派林生物	山西	中部	C	国有参股	81.2259	44.8247	32.2609	30.6312	53.3240	776
002024	苏宁易购	江苏	东部	F	国有参股	69.7834	68.9605	39.6405	28.5301	53.3181	777
002161	远望谷	广东	东部	C	国有参股	83.3792	68.9491	16.8150	25.0333	53.3154	778
002253	川大智胜	四川	西部	I	国有参股	82.7128	58.6280	23.6971	26.7507	53.3064	779
002227	奥特迅	广东	东部	C	无国有股份	77.6724	51.7284	38.4066	27.1452	53.2958	780
002607	中公教育	安徽	中部	P	无国有股份	78.7227	55.1847	16.9991	40.4953	53.2904	781
600297	广汇汽车	辽宁	东北	F	无国有股份	75.1117	62.0573	34.0851	28.4584	53.2849	782
002244	滨江集团	浙江	东部	K	国有参股	74.4307	62.0681	34.2175	29.3749	53.2697	783
300447	全信股份	江苏	东部	C	无国有股份	72.7345	65.5066	37.1976	27.6140	53.2628	784
600470	六国化工	安徽	中部	C	国有参股	71.7568	44.8286	55.8120	26.6522	53.2525	785
603301	振德医疗	浙江	东部	C	无国有股份	76.5017	58.6165	18.9376	40.2841	53.2517	786
603983	丸美股份	广东	东部	C	无国有股份	76.9105	58.6087	34.1186	27.4731	53.2475	787
603466	风语筑	上海	东部	R	无国有股份	73.3723	62.0584	37.2765	28.5321	53.2460	788
002249	大洋电机	广东	东部	C	无国有股份	79.5342	75.8569	16.8813	26.6965	53.2426	789
603668	天马科技	福建	东部	C	无国有股份	84.3573	65.5029	15.2014	26.4659	53.2251	790

续表

股票代码	公司简称	省份	地区	行业代码	控股类型	公司治理（CLCQI–CG）	社会责任（CLCQI–SR）	企业创新（CLCQI–EI）	绩效与价值（CLCQI–PV）	中国上市公司质量指数（CLCQI）	CLCQI 排名
300623	捷捷微电	江苏	东部	C	无国有股份	77.1329	51.7203	35.1104	30.3070	53.2100	791
603589	口子窖	安徽	中部	C	无国有股份	84.5095	65.5248	9.5130	30.6997	53.2100	792
002316	亚联发展	广东	东部	I	无国有股份	81.8910	51.7062	32.4812	24.7918	53.2065	793
300559	佳发教育	四川	西部	I	无国有股份	77.4476	58.6222	33.8341	26.6669	53.2059	794
300050	世纪鼎利	广东	东部	I	无国有股份	83.7589	72.3917	11.5135	26.1257	53.1964	795
300682	朗新科技	江苏	东部	I	无国有股份	75.7956	58.6120	36.2851	27.3034	53.1929	796
002623	亚玛顿	江苏	东部	C	国有参股	81.1384	44.8211	34.1204	28.7460	53.1891	797
600256	广汇能源	新疆	西部	B	国有参股	85.8896	34.4926	34.3820	27.0764	53.1752	798
002485	希努尔	山东	东部	N	无国有股份	86.9292	65.5019	10.9665	25.5309	53.1730	799
601567	三星医疗	浙江	东部	C	无国有股份	73.8480	65.5212	35.4648	26.8454	53.1717	800
300144	宋城演艺	浙江	东部	R	无国有股份	84.0691	65.5306	14.3590	27.3688	53.1713	801
002360	同德化工	山西	中部	C	无国有股份	82.2823	72.4204	12.6053	27.4888	53.1692	802
603568	伟明环保	浙江	东部	N	无国有股份	82.9554	68.9708	12.5871	28.4474	53.1571	803
300177	中海达	广东	东部	C	国有参股	85.6980	51.7513	22.0273	26.8324	53.1554	804
002735	王子新材	广东	东部	C	国有参股	81.8344	44.8307	33.0851	28.3186	53.1550	805
300535	达威股份	四川	西部	C	无国有股份	83.8296	37.9304	36.3392	26.6464	53.1508	806
300274	阳光电源	安徽	中部	C	国有参股	80.2511	48.2762	21.9402	37.6825	53.1505	807
300505	川金诺	云南	西部	C	无国有股份	77.5287	58.6089	33.8971	26.2014	53.1326	808

续表

股票代码	公司简称	省份	地区	行业代码	控股类型	公司治理（CLCQI-CG）	社会责任（CLCQI-SR）	企业创新（CLCQI-EI）	绩效与价值（CLCQI-PV）	中国上市公司质量指数（CLCQI）	CLCQI排名
002792	通宇通讯	广东	东部	C	无国有股份	85.0333	58.6450	19.2849	25.8416	53.1274	809
300048	合康新能	北京	东部	C	无国有股份	72.3863	65.4990	37.4179	27.4378	53.1224	810
300741	华宝股份	西藏	西部	C	无国有股份	80.8634	72.4520	13.1745	29.0903	53.1206	811
002384	东山精密	江苏	东部	C	国有参股	83.7631	62.0617	16.5075	27.9946	53.1147	812
603898	好莱客	广东	东部	C	无国有股份	81.9924	72.4037	13.6670	26.8753	53.1097	813
300240	飞力达	江苏	东部	G	国有参股	77.4536	51.7317	38.7140	26.4660	53.1005	814
300542	新晨科技	北京	东部	I	国有参股	78.0800	44.8264	41.3124	27.5218	53.0989	815
000586	汇源通信	四川	西部	C	无国有股份	82.5488	65.5066	18.2536	26.3864	53.0928	816
300548	博创科技	浙江	东部	C	国有参股	88.8678	51.7196	14.7117	27.3546	53.0861	817
002374	中锐股份	山东	东部	C	无国有股份	79.5887	58.6064	30.2498	25.6367	53.0856	818
600976	健民集团	湖北	中部	F	无国有股份	81.7255	68.9737	15.2455	27.9759	53.0793	819
603815	交建股份	安徽	中部	E	无国有股份	84.3308	44.8325	30.2335	26.2768	53.0731	820
603833	欧派家居	广东	东部	C	无国有股份	85.5604	51.7189	16.7770	30.9146	53.0660	821
603198	迎驾贡酒	安徽	中部	C	无国有股份	73.8344	65.5283	31.9524	29.2315	53.0614	822
300243	瑞丰高材	山东	东部	C	国有参股	75.4285	58.6198	35.0223	28.3524	53.0569	823
603938	三孚股份	河北	东部	C	无国有股份	78.1256	51.7147	36.6455	26.8279	53.0435	824
002554	惠博普	湖南	中部	B	国有参股	83.7373	65.4990	16.6453	25.5310	53.0316	825
000419	通程控股	湖南	中部	F	国有参股	86.3799	65.5072	9.6686	26.8606	53.0269	826

续表

股票代码	公司简称	省份	地区	行业代码	控股类型	公司治理（CLCQI-CG）	社会责任（CLCQI-SR）	企业创新（CLCQI-EI）	绩效与价值（CLCQI-PV）	中国上市公司质量指数（CLCQI）	CLCQI排名
300584	海辰药业	江苏	东部	C	无国有股份	84.8216	65.5051	13.7907	26.0466	53.0242	827
300155	安居宝	广东	东部	C	无国有股份	75.0423	51.7249	42.5452	26.9401	53.0197	828
002533	金杯电工	湖南	中部	C	国有参股	82.6751	65.5350	17.1583	26.7426	53.0176	829
603188	亚邦股份	江苏	东部	C	国有参股	82.3289	48.2712	32.8446	25.0840	53.0122	830
001696	宗申动力	重庆	西部	C	无国有股份	75.4445	58.6383	35.5469	27.6293	52.9903	831
603789	星光农机	浙江	东部	C	无国有股份	70.9457	65.4990	42.2790	25.3118	52.9869	832
688078	龙软科技	北京	东部	I	无国有股份	79.5703	58.6172	28.8136	26.3958	52.9824	833
603801	志邦家居	安徽	中部	C	无国有股份	72.4170	62.0780	38.0063	28.3729	52.9730	834
002878	元隆雅图	北京	东部	L	无国有股份	81.5882	51.7343	28.0324	27.8727	52.9701	835
600527	江南高纤	江苏	东部	C	无国有股份	72.0660	65.5522	36.9473	27.6492	52.9610	836
600351	亚宝药业	山西	中部	C	国有参股	84.1957	68.9781	12.0547	26.0966	52.9601	837
600370	三房巷	江苏	东部	C	无国有股份	73.5420	65.5275	35.2683	26.6411	52.9599	838
300825	阿尔特	北京	东部	M	国有参股	75.0383	51.7137	44.5785	25.0677	52.9550	839
688101	三达膜	陕西	西部	C	无国有股份	79.9703	51.7165	32.9717	26.4566	52.9541	840
002436	兴森科技	广东	东部	C	国有参股	76.3397	58.6211	33.9612	27.2721	52.9393	841
300008	天海防务	上海	东部	E	国有参股	77.6999	55.1714	32.1909	28.5700	52.9363	842
002358	ST森源	河南	中部	C	国有参股	72.9896	51.7137	48.2109	25.3640	52.9361	843
002196	方正电机	浙江	东部	C	无国有股份	70.5849	65.5066	41.6967	26.1401	52.9343	844

续表

股票代码	公司简称	省份	地区	行业代码	控股类型	公司治理（CLCQI-CG）	社会责任（CLCQI-SR）	企业创新（CLCQI-EI）	绩效与价值（CLCQI-PV）	中国上市公司质量指数（CLCQI）	CLCQI排名
002881	美格智能	广东	东部	C	无国有股份	81.4523	51.7195	29.9502	26.4170	52.9332	845
002648	卫星石化	浙江	东部	C	无国有股份	75.6513	58.6048	33.3509	28.8415	52.9318	846
002765	蓝黛科技	重庆	西部	C	无国有股份	89.7350	51.7137	12.8108	26.8358	52.9222	847
002441	众业达	广东	东部	F	无国有股份	79.9140	72.4316	16.6495	27.0412	52.9205	848
002269	美邦服饰	上海	东部	C	无国有股份	85.0791	68.9491	10.8161	25.4556	52.9011	849
300347	泰格医药	浙江	东部	M	国有参股	83.7729	62.0657	10.2704	32.0240	52.8791	850
002394	联发股份	江苏	东部	C	国有参股	83.1008	68.9695	12.2759	27.2476	52.8528	851
000534	万泽股份	广东	东部	C	国有参股	74.7668	58.6173	36.0843	27.7449	52.8524	852
300132	青松股份	福建	东部	C	无国有股份	85.6537	62.0636	11.5086	27.9151	52.8515	853
000961	中南建设	江苏	东部	K	无国有股份	82.8979	55.1915	16.8738	32.1340	52.8461	854
603236	移远通信	上海	东部	C	无国有股份	82.0136	44.8151	30.8728	28.5727	52.8454	855
603378	亚士创能	上海	东部	C	无国有股份	87.0165	55.1778	12.8426	28.7661	52.8433	856
002242	九阳股份	山东	东部	C	国有参股	79.1539	58.6471	26.4931	28.3404	52.8424	857
002064	华峰化学	浙江	东部	C	国有参股	83.8951	62.0641	14.1201	28.5965	52.8408	858
300310	宜通世纪	广东	东部	I	无国有股份	74.8442	65.5141	31.9901	26.6682	52.8299	859
603477	巨星农牧	四川	西部	A	无国有股份	70.5373	44.8278	55.5488	27.1012	52.8241	860
002468	申通快递	浙江	东部	G	无国有股份	78.8355	75.8615	16.9713	26.0456	52.8191	861
603115	海星股份	江苏	东部	C	无国有股份	75.4748	58.6430	36.2483	26.3237	52.8169	862

续表

股票代码	公司简称	省份	地区	行业代码	控股类型	公司治理（CLCQI–CG）	社会责任（CLCQI–SR）	企业创新（CLCQI–EI）	绩效与价值（CLCQI–PV）	中国上市公司质量指数（CLCQI）	CLCQI排名
601163	三角轮胎	山东	东部	C	国有参股	80.2771	44.8283	35.4959	27.5161	52.8133	863
002515	金字火腿	浙江	东部	C	国有参股	75.7732	58.6477	33.8075	27.7697	52.8104	864
600219	南山铝业	山东	东部	C	国有参股	77.6762	41.3954	42.1556	28.3782	52.8055	865
002084	海鸥住工	广东	东部	C	无国有股份	86.2386	55.1714	16.4898	26.9202	52.7992	866
300613	富瀚微	上海	东部	I	无国有股份	80.3403	58.6111	23.5533	28.6405	52.7986	867
603033	三维股份	浙江	东部	C	无国有股份	76.8377	58.6210	31.6989	27.6902	52.7905	868
603800	道森股份	江苏	东部	C	无国有股份	73.2554	65.5463	35.9678	25.8222	52.7832	869
603639	海利尔	山东	东部	C	无国有股份	78.0572	51.7136	34.4405	27.6567	52.7822	870
002723	金莱特	广东	东部	C	无国有股份	76.0942	58.6064	33.8410	27.1253	52.7782	871
300435	中泰股份	浙江	东部	D	无国有股份	75.2383	55.1647	37.9862	27.2085	52.7694	872
603328	依顿电子	广东	东部	C	国有参股	84.5086	37.9989	33.4851	26.2599	52.7653	873
601360	三六零	天津	东部	I	无国有股份	80.3935	62.0592	21.6517	27.8341	52.7551	874
600338	西藏珠峰	西藏	西部	B	无国有股份	75.3264	65.5200	31.1067	26.2842	52.7509	875
002399	海普瑞	广东	东部	C	无国有股份	87.1433	58.6156	11.4449	27.2292	52.7460	876
300756	金马游乐	广东	东部	C	无国有股份	79.2692	51.7124	34.1502	25.7380	52.7291	877
300513	恒实科技	北京	东部	I	无国有股份	79.8863	51.7162	32.0055	26.4218	52.7185	878
603110	东方材料	浙江	东部	C	无国有股份	65.0796	58.6472	53.7780	28.5306	52.7172	879
002287	奇正藏药	西藏	西部	C	国有参股	75.0709	89.6800	11.5085	27.7271	52.7138	880

续表

股票代码	公司简称	省份	地区	行业代码	控股类型	公司治理（CLCQI-CG）	社会责任（CLCQI-SR）	企业创新（CLCQI-EI）	绩效与价值（CLCQI-PV）	中国上市公司质量指数（CLCQI）	CLCQI排名
002342	巨力索具	河北	东部	C	国有参股	78.8237	51.7133	33.5702	26.8159	52.7045	881
002857	三晖电气	河南	中部	C	无国有股份	69.2688	72.4158	37.7745	26.2899	52.6973	882
300378	鼎捷软件	上海	东部	I	无国有股份	88.3140	51.7258	12.4385	28.4843	52.6932	883
600577	精达股份	安徽	中部	C	无国有股份	68.8949	72.4192	37.6234	26.9452	52.6818	884
002637	赞宇科技	浙江	东部	C	国有参股	84.0209	31.0440	37.9671	27.2819	52.6789	885
002553	南方轴承	江苏	东部	C	国有参股	73.5621	58.6187	35.9620	29.0302	52.6676	886
600375	汉马科技	安徽	中部	C	无国有股份	75.4802	58.6064	34.6090	27.0505	52.6675	887
688278	特宝生物	福建	东部	C	无国有股份	81.1385	44.8132	36.0881	25.0756	52.6639	888
600729	重庆百货	重庆	西部	F	国有参股	82.8837	65.5322	13.1228	28.2047	52.6590	889
300459	金科文化	浙江	东部	I	无国有股份	82.8331	65.4990	14.4500	27.2383	52.6577	890
002506	协鑫集成	上海	东部	C	国有参股	90.5155	24.1431	31.7109	25.8887	52.6420	891
603355	莱克电气	江苏	东部	C	无国有股份	74.2901	55.2311	38.7161	27.5881	52.6410	892
603313	梦百合	江苏	东部	C	无国有股份	83.2084	62.0678	14.9218	28.2474	52.6397	893
000716	黑芝麻	广西	西部	C	无国有股份	72.8010	44.8278	51.6581	25.7976	52.6256	894
002681	奋达科技	广东	东部	C	无国有股份	85.9191	58.6064	13.8134	26.8113	52.6241	895
300820	英杰电气	四川	西部	C	无国有股份	83.2886	65.5089	15.4284	25.5340	52.6110	896
300563	神宇股份	江苏	东部	C	无国有股份	80.6349	44.8249	34.7798	26.7033	52.6095	897
603629	利通电子	江苏	东部	C	无国有股份	78.7676	51.7172	33.1643	26.8342	52.6060	898

续表

股票代码	公司简称	省份	地区	行业代码	控股类型	公司治理（*CLCQI–CG*）	社会责任（*CLCQI–SR*）	企业创新（*CLCQI–EI*）	绩效与价值（*CLCQI–PV*）	中国上市公司质量指数（*CLCQI*）	*CLCQI* 排名
002639	雪人股份	福建	东部	C	无国有股份	79.8884	48.2712	34.8831	25.7247	52.6038	899
002115	三维通信	浙江	东部	L	无国有股份	78.2586	65.5099	24.4730	26.3087	52.6017	900
300608	思特奇	北京	东部	I	无国有股份	74.8823	68.9596	28.5003	26.4189	52.6016	901
002119	康强电子	浙江	东部	C	国有参股	81.3786	72.4190	12.7867	26.4951	52.5954	902
603239	浙江仙通	浙江	东部	C	无国有股份	67.0565	51.7429	54.8075	28.1921	52.5936	903
002645	华宏科技	江苏	东部	C	无国有股份	75.7246	55.1590	36.4295	26.9426	52.5853	904
603309	维力医疗	广东	东部	C	无国有股份	86.0837	58.6217	12.9744	27.0303	52.5792	905
300515	三德科技	湖南	中部	C	无国有股份	79.7742	51.7298	30.7958	26.9781	52.5728	906
300427	红相股份	福建	东部	C	无国有股份	79.7882	44.8304	34.5670	28.0557	52.5672	907
603214	爱婴室	上海	东部	F	国有参股	83.3835	65.5145	13.2953	26.8468	52.5513	908
300610	晨化股份	江苏	东部	C	无国有股份	85.5770	58.6209	13.2719	27.4841	52.5493	909
603289	泰瑞机器	浙江	东部	C	无国有股份	74.1517	58.6319	37.3843	26.4674	52.5492	910
002830	名雕股份	广东	东部	E	无国有股份	84.7593	37.9408	31.4623	26.6392	52.5471	911
600398	海澜之家	江苏	东部	C	无国有股份	83.1612	68.9712	10.0207	27.7259	52.5458	912
002126	银轮股份	浙江	东部	C	无国有股份	89.5051	44.8289	15.1960	27.9085	52.5427	913
603026	石大胜华	山东	东部	C	国有参股	80.7589	65.5136	16.6969	28.2135	52.5233	914
000818	航锦科技	辽宁	东北	C	无国有股份	75.4735	58.6315	33.7594	27.1305	52.5186	915
002404	嘉欣丝绸	浙江	东部	C	无国有股份	91.5481	44.8531	12.0481	27.0228	52.5125	916

续表

股票代码	公司简称	省份	地区	行业代码	控股类型	公司治理（CLCQI-CG）	社会责任（CLCQI-SR）	企业创新（CLCQI-EI）	绩效与价值（CLCQI-PV）	中国上市公司质量指数（CLCQI）	CLCQI排名
300530	*ST达志	广东	东部	C	无国有股份	75.0085	65.7820	29.0095	27.3425	52.5082	917
002803	吉宏股份	福建	东部	I	国有参股	79.6920	44.8278	32.2846	29.7923	52.5060	918
603385	惠达卫浴	河北	东部	C	无国有股份	76.7833	51.7276	36.7692	26.6818	52.4968	919
002151	北斗星通	北京	东部	C	国有参股	86.2546	51.7137	15.3954	28.6337	52.4964	920
603683	晶华新材	上海	东部	C	无国有股份	75.8829	58.6135	33.1030	26.8997	52.4907	921
600308	华泰股份	山东	东部	C	无国有股份	76.4288	75.8633	18.8520	27.0338	52.4799	922
002823	凯中精密	广东	东部	C	国有参股	78.6800	51.7207	33.1057	26.5129	52.4795	923
603166	福达股份	广西	西部	C	无国有股份	77.6669	51.7441	34.9039	26.6413	52.4694	924
002741	光华科技	广东	东部	C	无国有股份	86.2703	51.7142	17.8458	26.5391	52.4692	925
002233	塔牌集团	广东	东部	C	无国有股份	85.5510	62.0823	9.6189	28.0488	52.4687	926
300578	会畅通讯	上海	东部	I	国有参股	79.3773	51.7171	30.0514	27.7959	52.4678	927
600318	新力金融	安徽	中部	J	国有参股	74.7424	58.6123	34.9824	27.0909	52.4580	928
002867	周大生	广东	东部	C	无国有股份	80.0077	65.5169	17.4924	28.4781	52.4486	929
300120	经纬辉开	天津	东部	C	国有参股	79.2866	44.8373	35.6313	27.5236	52.4474	930
002412	汉森制药	湖南	中部	C	无国有股份	86.8657	58.6106	11.8469	26.1549	52.4460	931
300554	三超新材	江苏	东部	C	无国有股份	77.1273	51.7166	35.0704	27.2703	52.4400	932
603630	拉芳家化	广东	东部	C	无国有股份	81.5790	44.8430	31.6514	27.0011	52.4386	933
300466	赛摩智能	江苏	东部	C	国有参股	76.6255	51.7137	37.0352	26.4834	52.4352	934

续表

股票代码	公司简称	省份	地区	行业代码	控股类型	公司治理（CLCQI-CG）	社会责任（CLCQI-SR）	企业创新（CLCQI-EI）	绩效与价值（CLCQI-PV）	中国上市公司质量指数（CLCQI）	CLCQI排名
300588	熙菱信息	新疆	西部	I	无国有股份	73.7714	65.4990	32.6516	26.2421	52.4243	935
300268	佳沃食品	湖南	中部	C	无国有股份	89.9524	58.6064	8.8091	23.5590	52.4235	936
688086	紫晶存储	广东	东部	C	无国有股份	69.6861	72.4166	36.9636	25.1709	52.4224	937
603878	武进不锈	江苏	东部	C	无国有股份	75.7746	58.6336	33.3873	26.5548	52.4210	938
688208	道通科技	广东	东部	C	无国有股份	72.1970	58.6235	41.4629	25.8047	52.4161	939
601002	晋亿实业	浙江	东部	C	无国有股份	81.0633	72.3944	12.4443	26.5552	52.4121	940
002690	美亚光电	安徽	中部	C	无国有股份	77.9015	65.5495	21.9887	28.0216	52.3962	941
002124	天邦股份	浙江	东部	A	国有参股	81.7610	62.0697	15.2923	29.2907	52.3960	942
601116	三江购物	浙江	东部	F	无国有股份	85.9587	58.6526	12.1479	27.1374	52.3953	943
603279	景津环保	山东	东部	C	无国有股份	80.3195	44.8514	34.0373	26.9211	52.3933	944
300730	科创信息	湖南	中部	I	国有参股	76.5405	55.1691	33.6525	27.0694	52.3894	945
300284	苏交科	江苏	东部	M	无国有股份	77.5968	79.3094	14.3081	26.3685	52.3889	946
601689	拓普集团	浙江	东部	C	无国有股份	82.8250	58.6238	15.2895	29.6290	52.3887	947
688138	清溢光电	广东	东部	C	无国有股份	77.9718	51.7163	33.3804	27.0638	52.3882	948
300743	天地数码	浙江	东部	C	无国有股份	84.4605	34.5253	34.3225	26.2249	52.3837	949
603596	伯特利	安徽	中部	C	无国有股份	82.0227	62.0537	16.4029	27.9275	52.3796	950
300405	科隆股份	辽宁	东北	C	无国有股份	75.6729	58.6064	33.3638	26.5852	52.3792	951
300315	掌趣科技	北京	东部	I	无国有股份	82.5662	55.1638	21.7716	26.8778	52.3748	952

续表

股票代码	公司简称	省份	地区	行业代码	控股类型	公司治理（*CLCQI-CG*）	社会责任（*CLCQI-SR*）	企业创新（*CLCQI-EI*）	绩效与价值（*CLCQI-PV*）	中国上市公司质量指数（*CLCQI*）	*CLCQI* 排名
603009	北特科技	上海	东部	C	无国有股份	64.0475	58.6064	56.9936	26.2277	52.3656	953
002886	沃特股份	广东	东部	C	无国有股份	76.8753	51.7156	35.9062	26.7065	52.3653	954
002192	融捷股份	广东	东部	B	无国有股份	70.4822	65.4990	34.5694	29.7174	52.3610	955
300022	吉峰科技	四川	西部	F	无国有股份	74.2717	58.6064	35.2104	27.2709	52.3594	956
002330	得利斯	山东	东部	C	国有参股	85.3082	58.6116	14.2208	26.3882	52.3562	957
300074	华平股份	上海	东部	I	无国有股份	78.7329	51.7062	32.4832	26.4336	52.3541	958
600285	羚锐制药	河南	中部	C	无国有股份	84.7198	58.6321	14.9625	26.6774	52.3446	959
002840	华统股份	浙江	东部	C	无国有股份	83.6559	58.6094	16.8346	26.8787	52.3404	960
300143	盈康生命	山东	东部	Q	国有参股	83.8936	62.0489	12.1830	28.1504	52.3390	961
300233	金城医药	山东	东部	C	无国有股份	80.8608	44.8211	34.1437	25.7628	52.3369	962
603117	万林物流	江苏	东部	L	无国有股份	74.1746	65.5143	30.9898	26.5671	52.3367	963
002482	广田集团	广东	东部	E	国有参股	79.5264	44.8211	36.2898	26.1307	52.3244	964
002559	亚威股份	江苏	东部	C	无国有股份	80.3962	44.8433	34.1476	26.4261	52.3210	965
300696	爱乐达	四川	西部	C	国有参股	74.9359	51.7246	33.2065	31.7708	52.3171	966
002347	泰尔股份	安徽	中部	C	无国有股份	71.3374	65.5569	36.9665	26.2161	52.3158	967
300043	星辉娱乐	广东	东部	I	国有参股	85.9904	62.0642	10.6193	25.9264	52.3113	968
300670	大烨智能	江苏	东部	C	无国有股份	72.3138	65.5207	34.4653	26.6565	52.3108	969
300521	爱司凯	广东	东部	C	无国有股份	74.9947	58.6204	32.2730	28.2602	52.3106	970

续表

股票代码	公司简称	省份	地区	行业代码	控股类型	公司治理（CLCQI-CG）	社会责任（CLCQI-SR）	企业创新（CLCQI-EI）	绩效与价值（CLCQI-PV）	中国上市公司质量指数（CLCQI）	CLCQI排名
002431	棕榈股份	河南	中部	E	国有参股	83.4255	62.0565	13.8377	27.4341	52.3047	971
688178	万德斯	江苏	东部	N	无国有股份	80.6793	44.8188	34.3770	25.6900	52.2924	972
002408	齐翔腾达	山东	东部	C	国有参股	71.4077	62.0717	37.9592	27.2921	52.2887	973
002853	皮阿诺	广东	东部	C	无国有股份	85.7879	51.7169	16.9100	27.3254	52.2860	974
002512	达华智能	福建	东部	C	无国有股份	71.2667	65.4990	37.4666	25.8373	52.2842	975
002972	科安达	广东	东部	C	无国有股份	77.4437	41.3661	42.2959	26.5619	52.2821	976
300342	天银机电	江苏	东部	C	国有参股	75.0221	79.3237	17.9061	27.1493	52.2759	977
300506	名家汇	广东	东部	E	国有参股	86.7277	58.6369	11.8016	25.7097	52.2743	978
300199	翰宇药业	广东	东部	C	国有参股	82.7199	58.5988	18.8710	26.4606	52.2671	979
002165	红宝丽	江苏	东部	C	国有参股	81.3844	41.3804	33.7559	27.0185	52.2667	980
002942	新农股份	浙江	东部	C	无国有股份	77.1429	51.7177	34.2937	27.1604	52.2637	981
300359	全通教育	广东	东部	I	国有参股	79.3525	51.7137	29.8933	27.1249	52.2580	982
000681	视觉中国	江苏	东部	R	国有参股	75.1012	51.7185	37.7194	27.6540	52.2556	983
688006	杭可科技	浙江	东部	C	无国有股份	77.6122	44.8233	36.1760	28.9653	52.2449	984
300401	花园生物	浙江	东部	C	国有参股	82.9743	65.5050	12.0059	27.2525	52.2298	985
603387	基蛋生物	江苏	东部	C	国有参股	72.2778	58.6206	37.3244	28.2368	52.2283	986
002969	嘉美包装	安徽	中部	C	无国有股份	76.2715	62.0523	30.1571	25.5166	52.2270	987
300426	唐德影视	浙江	东部	R	国有参股	78.8563	48.2636	31.3734	28.6797	52.2267	988

续表

股票代码	公司简称	省份	地区	行业代码	控股类型	公司治理（CLCQI-CG）	社会责任（CLCQI-SR）	企业创新（CLCQI-EI）	绩效与价值（CLCQI-PV）	中国上市公司质量指数（CLCQI）	CLCQI排名
002558	巨人网络	重庆	西部	I	无国有股份	76.4455	68.9634	21.5181	27.9931	52.2246	989
688186	广大特材	江苏	东部	C	无国有股份	78.6906	51.7232	33.0287	25.5324	52.2236	990
603138	海量数据	北京	东部	I	无国有股份	77.2510	48.2580	36.1814	27.3751	52.2192	991
002367	康力电梯	江苏	东部	C	无国有股份	86.6132	51.8103	14.8366	27.3267	52.2158	992
300625	三雄极光	广东	东部	C	无国有股份	89.8720	44.8354	14.2228	26.7252	52.1999	993
603855	华荣股份	上海	东部	C	无国有股份	74.1458	55.1973	36.2252	28.0351	52.1917	994
002029	七匹狼	福建	东部	C	国有参股	81.6925	68.9605	12.9922	26.2880	52.1915	995
002219	*ST恒康	甘肃	西部	Q	国有参股	77.2610	37.9284	46.3489	25.3038	52.1894	996
300514	友讯达	广东	东部	C	无国有股份	73.2987	58.6164	37.3507	26.4259	52.1886	997
002015	协鑫能科	江苏	东部	D	无国有股份	90.3712	44.8280	12.2415	27.4258	52.1774	998
002421	达实智能	广东	东部	I	无国有股份	75.4752	58.6395	32.0655	27.0712	52.1669	999
300195	长荣股份	天津	东部	C	国有参股	82.3608	65.4990	14.6993	25.8223	52.1646	1000
002271	东方雨虹	北京	东部	C	国有参股	78.5368	68.9678	13.4316	30.8478	52.1581	1001
603666	亿嘉和	江苏	东部	C	无国有股份	70.9050	51.7143	43.6091	29.2684	52.1581	1002
600655	豫园股份	上海	东部	F	国有参股	85.8419	55.1801	10.7796	29.5194	52.1496	1003
603936	博敏电子	广东	东部	C	国有参股	84.9786	58.6125	13.6197	26.5690	52.1495	1004
300617	安靠智电	江苏	东部	C	无国有股份	76.0467	72.4346	16.7829	30.0280	52.1475	1005
002392	北京利尔	北京	东部	C	无国有股份	83.4363	58.6093	16.2662	26.9048	52.1453	1006

续表

股票代码	公司简称	省份	地区	行业代码	控股类型	公司治理（CLCQI-CG）	社会责任（CLCQI-SR）	企业创新（CLCQI-EI）	绩效与价值（CLCQI-PV）	中国上市公司质量指数（CLCQI）	CLCQI排名
600031	三一重工	北京	东部	C	国有参股	77.3269	51.7290	21.3244	36.7597	52.1449	1007
300611	美力科技	浙江	东部	C	无国有股份	77.6681	51.7228	33.4602	26.5080	52.1447	1008
600383	金地集团	广东	东部	K	国有参股	81.8782	44.8355	18.3578	35.9836	52.1441	1009
300800	力合科技	湖南	中部	C	无国有股份	75.6696	51.7117	37.0950	26.8004	52.1437	1010
300708	聚灿光电	江苏	东部	C	无国有股份	78.1427	44.8232	36.1761	27.7079	52.1428	1011
300288	朗玛信息	贵州	西部	I	无国有股份	75.1399	58.6277	33.2656	26.5413	52.1385	1012
002469	三维化学	山东	东部	C	国有参股	72.4579	58.6402	37.5638	27.3519	52.1299	1013
300319	麦捷科技	广东	东部	C	国有参股	89.9017	48.2636	11.9498	26.1561	52.1292	1014
002696	百洋股份	广西	西部	A	无国有股份	81.0594	65.4990	16.5659	26.2666	52.1284	1015
300227	光韵达	广东	东部	C	无国有股份	83.5670	58.6122	15.3646	27.3439	52.1276	1016
300619	金银河	广东	东部	C	无国有股份	75.4048	58.6037	32.8244	26.4160	52.1214	1017
000009	中国宝安	广东	东部	S	国有参股	85.3682	55.1676	13.5968	27.9135	52.1202	1018
300543	朗科智能	广东	东部	C	无国有股份	76.3005	51.7280	35.4999	26.9059	52.1059	1019
300662	科锐国际	北京	东部	L	无国有股份	80.6235	58.6119	18.9057	29.1293	52.1046	1020
600570	恒生电子	浙江	东部	I	国有参股	72.4855	68.9742	24.0139	31.8328	52.1013	1021
300632	光莆股份	福建	东部	C	无国有股份	81.2190	65.5082	16.2262	26.1337	52.0925	1022
688089	嘉必优	湖北	中部	C	国有参股	75.0471	58.6198	32.3978	27.1916	52.0893	1023
300198	纳川股份	福建	东部	C	国有参股	78.0365	51.7137	31.8586	26.9363	52.0775	1024

续表

股票代码	公司简称	省份	地区	行业代码	控股类型	公司治理（CLCQI-CG）	社会责任（CLCQI-SR）	企业创新（CLCQI-EI）	绩效与价值（CLCQI-PV）	中国上市公司质量指数（CLCQI）	CLCQI排名
000055	方大集团	广东	东部	C	无国有股份	75.7357	55.1682	34.3936	26.4868	52.0699	1025
603090	宏盛股份	江苏	东部	C	无国有股份	71.9421	65.5123	34.6221	26.1517	52.0660	1026
002406	远东传动	河南	中部	C	无国有股份	78.0289	44.8293	36.9359	26.9484	52.0602	1027
600756	浪潮软件	山东	东部	I	无国有股份	71.2206	58.6149	41.4245	25.9779	52.0598	1028
002570	贝因美	浙江	东部	C	无国有股份	86.8655	58.6064	9.5034	26.4553	52.0517	1029
300226	上海钢联	上海	东部	I	无国有股份	73.0585	65.5188	30.6912	27.4336	52.0479	1030
603628	清源股份	福建	东部	C	国有参股	77.5491	51.7378	32.7478	26.8183	52.0345	1031
002377	国创高新	湖北	中部	K	国有参股	74.5270	58.6064	37.0820	24.0314	52.0260	1032
603766	隆鑫通用	重庆	西部	C	无国有股份	80.6458	65.5106	16.4891	26.5688	52.0250	1033
600382	*ST广珠	广东	东部	F	国有参股	68.4774	79.3055	30.4197	26.6144	52.0243	1034
300015	爱尔眼科	湖南	中部	Q	无国有股份	77.9093	62.0816	14.8800	34.2842	52.0230	1035
300231	银信科技	北京	东部	I	国有参股	82.3518	68.9806	9.7940	27.1046	52.0227	1036
300576	容大感光	广东	东部	C	无国有股份	77.6075	44.8247	34.8342	29.1564	52.0227	1037
688218	江苏北人	江苏	东部	C	无国有股份	78.2882	51.7154	32.3009	25.9228	52.0134	1038
002746	仙坛股份	山东	东部	A	无国有股份	84.3209	58.6199	14.6856	26.2003	52.0086	1039
002313	日海智能	广东	东部	C	国有参股	80.2540	65.4990	19.3259	24.8524	52.0048	1040
002003	伟星股份	浙江	东部	C	无国有股份	79.5048	68.9900	15.3803	27.0723	51.9945	1041
000407	胜利股份	山东	东部	D	无国有股份	75.0951	82.7555	14.1926	26.8085	51.9920	1042

续表

股票代码	公司简称	省份	地区	行业代码	控股类型	公司治理（CLCQI–CG）	社会责任（CLCQI–SR）	企业创新（CLCQI–EI）	绩效与价值（CLCQI–PV）	中国上市公司质量指数（CLCQI）	CLCQI排名
002160	常铝股份	江苏	东部	C	国有参股	73.9610	58.6064	34.3382	26.9733	51.9863	1043
603189	网达软件	上海	东部	I	无国有股份	73.8363	58.6136	34.3173	27.1548	51.9787	1044
300047	天源迪科	广东	东部	I	无国有股份	85.6580	55.1691	13.8953	26.6434	51.9784	1045
688016	心脉医疗	上海	东部	C	无国有股份	80.6224	58.6180	16.9187	30.2012	51.9757	1046
600520	文一科技	安徽	中部	C	无国有股份	75.6124	58.6064	32.1249	26.0328	51.9691	1047
002932	明德生物	湖北	中部	C	无国有股份	78.5082	55.1718	19.9728	33.1797	51.9685	1048
603626	科森科技	江苏	东部	C	无国有股份	73.6324	58.6064	35.0817	26.8314	51.9681	1049
002446	盛路通信	广东	东部	C	无国有股份	80.4177	65.4990	17.2254	26.1139	51.9655	1050
600989	宝丰能源	宁夏	西部	C	无国有股份	75.3950	82.7731	9.4963	29.9647	51.9644	1051
603083	剑桥科技	上海	东部	C	无国有股份	77.3140	65.4990	24.5126	25.2375	51.9624	1052
002530	金财互联	江苏	东部	I	无国有股份	79.7627	48.2636	32.8761	24.9673	51.9617	1053
300700	岱勒新材	湖南	中部	C	无国有股份	80.6135	44.8060	31.9079	26.4538	51.9613	1054
600539	狮头股份	山西	中部	L	国有参股	76.5979	51.7137	31.9981	28.6561	51.9598	1055
300030	阳普医疗	广东	东部	C	国有参股	82.2876	58.6153	15.9700	28.1975	51.9507	1056
300280	紫天科技	江苏	东部	L	无国有股份	80.8513	58.6072	14.7916	31.4418	51.9504	1057
002751	易尚展示	广东	东部	C	无国有股份	85.1860	58.6092	12.7351	26.1427	51.9485	1058
000936	华西股份	江苏	东部	C	国有参股	84.8691	65.5103	8.2129	26.0459	51.9282	1059
300180	华峰超纤	上海	东部	C	国有参股	81.6891	65.4990	14.9497	25.7101	51.9180	1060

续表

股票代码	公司简称	省份	地区	行业代码	控股类型	公司治理（*CLCQI-CG*）	社会责任（*CLCQI-SR*）	企业创新（*CLCQI-EI*）	绩效与价值（*CLCQI-PV*）	中国上市公司质量指数（*CLCQI*）	*CLCQI*排名
002463	沪电股份	江苏	东部	C	国有参股	83.2578	58.6192	14.5766	27.6168	51.9155	1061
300320	海达股份	江苏	东部	C	无国有股份	75.5113	51.7133	35.6836	27.2495	51.9106	1062
688268	华特气体	广东	东部	C	无国有股份	74.2436	58.6188	32.5992	27.5921	51.9081	1063
002818	富森美	四川	西部	L	无国有股份	82.4539	65.5224	10.8425	27.6945	51.9021	1064
002693	双成药业	海南	东部	C	无国有股份	82.5626	62.0640	15.2971	26.0305	51.9017	1065
002387	维信诺	江苏	东部	C	无国有股份	86.4731	51.7137	14.8837	26.3134	51.9014	1066
603131	上海沪工	上海	东部	C	国有参股	84.0231	51.7250	16.3097	29.0119	51.8829	1067
600594	益佰制药	贵州	西部	C	国有参股	77.4884	51.7137	32.1733	26.7821	51.8826	1068
000426	兴业矿业	内蒙古	西部	B	国有参股	77.7689	51.7288	30.4608	27.6939	51.8825	1069
002093	国脉科技	福建	东部	I	无国有股份	79.9219	68.9543	14.3906	26.7330	51.8733	1070
002591	恒大高新	江西	中部	C	无国有股份	81.5552	72.3917	11.5507	24.3281	51.8730	1071
600693	东百集团	福建	东部	F	无国有股份	77.7471	55.1638	29.7221	26.2071	51.8696	1072
002395	双象股份	江苏	东部	C	无国有股份	81.1369	65.5363	14.8795	26.4139	51.8645	1073
600177	雅戈尔	浙江	东部	C	无国有股份	81.0153	68.9648	8.4182	29.7162	51.8635	1074
002717	岭南股份	广东	东部	N	无国有股份	82.4951	58.6147	17.3828	26.3474	51.8537	1075
002915	中欣氟材	浙江	东部	C	无国有股份	74.6008	58.6357	32.8549	26.5711	51.8494	1076
002428	云南锗业	云南	西部	C	国有参股	73.7192	58.6064	32.9380	27.8559	51.8302	1077
603283	赛腾股份	江苏	东部	C	无国有股份	71.4301	58.6360	37.5786	27.7875	51.8300	1078

续表

股票代码	公司简称	省份	地区	行业代码	控股类型	公司治理（CLCQI–CG）	社会责任（CLCQI–SR）	企业创新（CLCQI–EI）	绩效与价值（CLCQI–PV）	中国上市公司质量指数（CLCQI）	CLCQI排名
300358	楚天科技	湖南	中部	C	国有参股	84.3807	44.8299	22.3845	27.4928	51.8269	1079
002848	高斯贝尔	湖南	中部	C	国有参股	84.1239	58.6064	15.9074	24.8098	51.8244	1080
300164	通源石油	陕西	西部	B	无国有股份	82.3234	65.4990	15.1856	24.1207	51.8215	1081
688068	热景生物	北京	东部	C	无国有股份	75.4721	51.7330	34.5964	27.7836	51.8140	1082
002601	龙佰集团	河南	中部	C	无国有股份	79.6001	65.5396	13.1419	30.0532	51.8127	1083
603380	易德龙	江苏	东部	C	无国有股份	72.9379	55.1712	37.2091	27.6298	51.8001	1084
603871	嘉友国际	北京	东部	G	无国有股份	81.8413	58.6195	16.9835	27.4744	51.7948	1085
300692	中环环保	安徽	中部	N	国有参股	80.6048	65.5191	14.3220	27.4347	51.7929	1086
002549	凯美特气	湖南	中部	N	国有参股	85.5526	51.7572	14.3387	27.7470	51.7891	1087
688188	柏楚电子	上海	东部	I	无国有股份	73.8247	51.7187	35.1134	29.8997	51.7853	1088
603655	朗博科技	江苏	东部	C	无国有股份	65.1075	51.7238	56.1089	27.0190	51.7781	1089
600331	宏达股份	四川	西部	C	无国有股份	76.5047	58.6064	30.2776	25.2537	51.7618	1090
000516	国际医学	陕西	西部	Q	无国有股份	79.7531	48.2830	26.6454	29.1191	51.7525	1091
603716	塞力医疗	湖北	中部	F	无国有股份	84.7454	58.6092	11.9354	26.6968	51.7508	1092
002144	宏达高科	浙江	东部	C	无国有股份	76.0507	75.8597	16.1885	26.8455	51.7483	1093
300669	沪宁股份	浙江	东部	C	无国有股份	69.0908	37.9312	56.5918	28.4048	51.7456	1094
002793	罗欣药业	浙江	东部	C	无国有股份	84.6624	58.6153	12.8206	26.0851	51.7427	1095
002968	新大正	重庆	西部	K	国有参股	82.4344	58.6212	15.4928	27.5007	51.7407	1096

续表

股票代码	公司简称	省份	地区	行业代码	控股类型	公司治理（CLCQI-CG）	社会责任（CLCQI-SR）	企业创新（CLCQI-EI）	绩效与价值（CLCQI-PV）	中国上市公司质量指数（CLCQI）	CLCQI排名
002603	以岭药业	河北	东部	C	无国有股份	80.8746	58.6361	16.1447	29.4217	51.7296	1097
300808	久量股份	广东	东部	C	无国有股份	82.1056	58.6024	18.2057	25.8080	51.7257	1098
300221	银禧科技	广东	东部	C	国有参股	74.8468	51.7062	35.2126	27.9519	51.7252	1099
002831	裕同科技	广东	东部	C	国有参股	79.4398	68.9678	13.0977	27.8203	51.6957	1100
002120	韵达股份	浙江	东部	G	无国有股份	74.5129	75.8671	19.0047	26.8083	51.6882	1101
300340	科恒股份	广东	东部	C	国有参股	76.6727	79.2994	14.7905	24.6241	51.6781	1102
300570	太辰光	广东	东部	C	无国有股份	76.3899	51.7283	34.0841	26.0940	51.6555	1103
300631	久吾高科	江苏	东部	C	国有参股	80.8033	58.6187	19.0265	26.9259	51.6509	1104
002456	欧菲光	广东	东部	C	无国有股份	72.2838	55.1638	39.4393	26.2561	51.6400	1105
603421	鼎信通讯	山东	东部	I	无国有股份	73.0133	58.6204	35.0280	26.5112	51.6318	1106
002490	山东墨龙	山东	东部	C	无国有股份	79.1370	44.8135	33.8249	25.9468	51.6285	1107
002605	姚记科技	上海	东部	I	无国有股份	78.1709	68.9685	13.7500	29.0459	51.6251	1108
600186	莲花健康	河南	中部	C	国有参股	75.9320	51.7137	33.2404	27.3466	51.6146	1109
600983	惠而浦	安徽	中部	C	国有参股	76.6699	48.2787	35.0812	26.7325	51.6091	1110
002651	利君股份	四川	西部	C	无国有股份	83.2273	31.0421	32.2116	28.8078	51.5915	1111
600446	金证股份	广东	东部	I	无国有股份	77.5955	37.9377	40.3596	27.1384	51.5854	1112
002201	九鼎新材	江苏	东部	C	无国有股份	82.8509	58.6113	15.4037	26.2834	51.5837	1113
002103	广博股份	浙江	东部	L	无国有股份	84.4762	51.7137	17.1905	26.3416	51.5710	1114

续表

股票代码	公司简称	省份	地区	行业代码	控股类型	公司治理（*CLCQI-CG*）	社会责任（*CLCQI-SR*）	企业创新（*CLCQI-EI*）	绩效与价值（*CLCQI-PV*）	中国上市公司质量指数（*CLCQI*）	*CLCQI* 排名
300436	广生堂	福建	东部	C	无国有股份	80.7944	37.9284	33.6691	27.2834	51.5617	1115
600538	国发股份	广西	西部	F	国有参股	87.8882	51.7137	9.3859	27.0770	51.5588	1116
002884	凌霄泵业	广东	东部	C	无国有股份	77.1826	44.8475	34.0685	28.5538	51.5523	1117
300049	福瑞股份	内蒙古	西部	C	国有参股	78.6295	72.4068	12.9859	26.5614	51.5503	1118
300230	永利股份	上海	东部	C	国有参股	80.0160	69.2137	12.8219	26.3686	51.5450	1119
002028	思源电气	上海	东部	C	国有参股	77.1202	44.8290	34.7594	28.0603	51.5394	1120
603733	仙鹤股份	浙江	东部	C	无国有股份	71.5128	62.0792	32.7170	28.2717	51.5283	1121
000301	东方盛虹	江苏	东部	C	国有参股	75.9357	75.8709	13.2654	28.4765	51.5271	1122
300214	日科化学	山东	东部	C	无国有股份	80.5384	65.5069	14.3596	26.4516	51.5262	1123
000078	海王生物	广东	东部	F	无国有股份	78.4424	72.3987	12.6770	27.0130	51.5254	1124
603883	老百姓	湖南	中部	F	无国有股份	80.7807	62.0686	13.4359	28.8489	51.5219	1125
002048	宁波华翔	浙江	东部	C	国有参股	74.6323	79.3086	14.4449	27.5262	51.5198	1126
603609	禾丰股份	辽宁	东北	C	无国有股份	75.5369	44.8300	38.2168	27.7297	51.5150	1127
000576	甘化科工	广东	东部	C	无国有股份	71.2919	58.6110	35.5876	28.3467	51.5126	1128
603223	恒通股份	山东	东部	G	无国有股份	67.2686	55.1705	43.7651	30.2335	51.4944	1129
002020	京新药业	浙江	东部	C	国有参股	83.3810	58.6265	13.1750	26.8504	51.4940	1130
600220	江苏阳光	江苏	东部	C	无国有股份	82.0375	65.5233	10.7933	26.7276	51.4841	1131
300720	海川智能	广东	东部	C	无国有股份	81.9359	31.0496	35.2723	27.9855	51.4826	1132

续表

股票代码	公司简称	省份	地区	行业代码	控股类型	公司治理（CLCQI-CG）	社会责任（CLCQI-SR）	企业创新（CLCQI-EI）	绩效与价值（CLCQI-PV）	中国上市公司质量指数（CLCQI）	CLCQI排名
300176	派生科技	广东	东部	C	无国有股份	85.6520	55.1563	11.7638	26.3817	51.4824	1133
300636	同和药业	江西	中部	C	国有参股	76.9404	44.8142	36.2981	26.8835	51.4788	1134
300414	中光防雷	四川	西部	C	无国有股份	75.2516	44.8249	39.8225	26.7588	51.4786	1135
603739	蔚蓝生物	山东	东部	C	无国有股份	81.6464	58.6232	16.7463	26.7030	51.4770	1136
300512	中亚股份	浙江	东部	C	国有参股	73.1181	55.1655	36.9385	26.2419	51.4703	1137
002518	科士达	广东	东部	C	无国有股份	80.1979	65.5180	14.0285	26.9981	51.4621	1138
300018	中元股份	湖北	中部	C	无国有股份	73.6821	44.8211	42.6772	26.8895	51.4538	1139
600352	浙江龙盛	浙江	东部	C	国有参股	81.5956	34.4943	32.3322	28.6794	51.4487	1140
000836	富通信息	天津	东部	C	国有参股	80.5370	65.4990	14.1882	26.2850	51.4485	1141
603879	永悦科技	福建	东部	C	无国有股份	78.1816	68.9641	15.8049	26.6598	51.4432	1142
300257	开山股份	浙江	东部	C	无国有股份	87.0631	51.7239	10.2846	27.1753	51.4346	1143
002516	旷达科技	江苏	东部	C	国有参股	74.1574	58.6908	30.8943	27.0729	51.4137	1144
002026	山东威达	山东	东部	C	国有参股	86.3378	44.8385	14.7482	28.7860	51.4070	1145
002871	伟隆股份	山东	东部	C	无国有股份	76.6056	51.7378	31.8897	26.4990	51.4056	1146
600557	康缘药业	江苏	东部	C	无国有股份	79.0093	68.9528	14.8516	25.9516	51.4049	1147
300079	数码视讯	北京	东部	C	无国有股份	81.0276	55.1620	20.7697	26.2543	51.4029	1148
300807	天迈科技	河南	中部	C	国有参股	72.0844	58.6226	36.9494	25.5412	51.4023	1149
002975	博杰股份	广东	东部	C	无国有股份	81.8736	58.6181	15.4919	27.0336	51.3989	1150

续表

股票代码	公司简称	省份	地区	行业代码	控股类型	公司治理（CLCQI-CG）	社会责任（CLCQI-SR）	企业创新（CLCQI-EI）	绩效与价值（CLCQI-PV）	中国上市公司质量指数（CLCQI）	CLCQI排名
002226	江南化工	安徽	中部	C	国有参股	73.9771	58.6121	31.2557	27.0555	51.3977	1151
600105	永鼎股份	江苏	东部	C	无国有股份	72.4722	58.6064	35.8348	25.7851	51.3931	1152
300339	润和软件	江苏	东部	I	国有参股	74.8261	58.6064	30.1105	26.5091	51.3708	1153
300664	鹏鹞环保	江苏	东部	N	无国有股份	83.7168	31.0410	33.1777	26.3497	51.3658	1154
002789	建艺集团	广东	东部	E	无国有股份	82.2300	58.6150	15.1391	26.5741	51.3556	1155
300771	智莱科技	广东	东部	C	无国有股份	81.5405	62.0574	13.7697	26.6911	51.3515	1156
002521	齐峰新材	山东	东部	C	国有参股	77.8411	72.4156	13.7600	26.2945	51.3244	1157
002195	二三四五	上海	东部	I	无国有股份	72.2051	58.6148	35.7851	25.9640	51.3223	1158
300196	长海股份	江苏	东部	C	国有参股	82.6096	58.6092	13.0384	27.5020	51.3184	1159
300040	九洲集团	黑龙江	东北	C	国有参股	78.3051	72.4217	11.4457	27.3471	51.3112	1160
300250	初灵信息	浙江	东部	I	国有参股	78.0860	65.4990	19.8025	25.0988	51.2945	1161
002811	郑中设计	广东	东部	E	无国有股份	86.7386	48.2895	13.8449	26.3280	51.2898	1162
603687	大胜达	浙江	东部	C	无国有股份	81.7507	62.0599	13.5715	26.2303	51.2812	1163
688080	映翰通	北京	东部	C	无国有股份	73.2799	51.7125	39.3338	25.3645	51.2767	1164
601058	赛轮轮胎	山东	东部	C	无国有股份	80.8372	58.6184	15.9337	27.8330	51.2726	1165
300021	大禹节水	甘肃	西部	C	国有参股	80.0715	68.9825	11.4287	26.4043	51.2628	1166
300126	锐奇股份	上海	东部	C	无国有股份	74.1831	44.8211	40.7397	26.8464	51.2559	1167
000530	冰山冷热	辽宁	东北	C	无国有股份	70.6296	89.6657	14.4733	26.6211	51.2516	1168

续表

股票代码	公司简称	省份	地区	行业代码	控股类型	公司治理（CLCQI-CG）	社会责任（CLCQI-SR）	企业创新（CLCQI-EI）	绩效与价值（CLCQI-PV）	中国上市公司质量指数（CLCQI）	CLCQI排名
603928	兴业股份	江苏	东部	C	无国有股份	77.2597	44.8194	34.6941	26.7006	51.2408	1169
603997	继峰股份	浙江	东部	C	无国有股份	73.3737	58.6613	33.5760	25.4859	51.2353	1170
300585	奥联电子	江苏	东部	C	无国有股份	85.0454	48.2636	16.7627	26.4726	51.2284	1171
002266	浙富控股	浙江	东部	N	无国有股份	81.3619	58.6146	14.5250	27.9329	51.2252	1172
600603	广汇物流	四川	西部	S	无国有股份	83.1049	58.6497	11.5306	27.5119	51.2235	1173
002728	特一药业	广东	东部	C	无国有股份	82.3126	58.6508	15.1341	25.8581	51.2140	1174
002489	浙江永强	浙江	东部	C	无国有股份	82.0895	58.6424	14.5651	26.6652	51.2115	1175
300783	三只松鼠	安徽	中部	F	无国有股份	77.9028	65.5101	17.6116	26.7546	51.1986	1176
002587	奥拓电子	广东	东部	C	国有参股	80.2985	65.5265	14.1713	25.6625	51.1983	1177
300673	佩蒂股份	浙江	东部	C	无国有股份	83.6699	58.6182	10.7856	27.1121	51.1958	1178
603825	华扬联众	北京	东部	I	无国有股份	72.8399	55.1720	35.2120	26.9621	51.1947	1179
002065	东华软件	北京	东部	I	国有参股	76.4047	68.9640	17.7857	26.8959	51.1876	1180
300054	鼎龙股份	湖北	中部	C	无国有股份	82.9363	51.7319	15.8015	28.3623	51.1852	1181
600089	特变电工	新疆	西部	C	国有参股	75.6924	44.8357	33.7661	29.7043	51.1816	1182
000667	美好置业	云南	西部	K	国有参股	77.4810	72.4068	12.7227	27.1206	51.1781	1183
002476	宝莫股份	山东	东部	C	无国有股份	78.3727	44.8135	32.8095	26.1786	51.1777	1184
603517	绝味食品	湖南	中部	C	无国有股份	78.8362	65.5256	11.3954	30.1131	51.1706	1185
002574	明牌珠宝	浙江	东部	C	无国有股份	74.8176	79.2994	14.5900	25.7064	51.1666	1186

续表

股票代码	公司简称	省份	地区	行业代码	控股类型	公司治理（*CLCQI–CG*）	社会责任（*CLCQI–SR*）	企业创新（*CLCQI–EI*）	绩效与价值（*CLCQI–PV*）	中国上市公司质量指数（*CLCQI*）	*CLCQI* 排名
603267	鸿远电子	北京	东部	C	无国有股份	70.7154	51.7142	34.6159	32.7986	51.1661	1187
002808	恒久科技	江苏	东部	C	无国有股份	87.1368	44.8327	14.7457	26.5406	51.1639	1188
002609	捷顺科技	广东	东部	I	无国有股份	76.2319	51.7573	30.8807	26.8915	51.1554	1189
300583	赛托生物	山东	东部	C	无国有股份	76.5223	52.1229	32.4269	24.9254	51.1441	1190
603579	荣泰健康	上海	东部	C	无国有股份	78.0814	65.5215	16.5052	27.0990	51.1365	1191
603566	普莱柯	河南	中部	C	无国有股份	76.6054	44.8522	34.3728	27.5313	51.1274	1192
002940	昂利康	浙江	东部	C	无国有股份	82.0761	58.6235	12.6763	27.8568	51.1234	1193
603001	奥康国际	浙江	东部	C	无国有股份	83.4556	58.7301	12.0833	26.0393	51.1182	1194
603638	艾迪精密	山东	东部	C	无国有股份	69.2347	55.1662	34.7898	32.7639	51.1177	1195
002536	飞龙股份	河南	中部	C	国有参股	82.5672	58.6348	13.2042	26.6170	51.1172	1196
603096	新经典	天津	东部	R	无国有股份	78.1272	68.9678	12.5135	28.0375	51.1081	1197
601500	通用股份	江苏	东部	C	国有参股	81.4695	58.6382	15.6529	26.3591	51.1039	1198
300806	斯迪克	江苏	东部	C	无国有股份	76.1663	44.8105	34.9476	27.6733	51.0959	1199
002381	双箭股份	浙江	东部	C	无国有股份	83.3301	58.6382	11.1485	26.9045	51.0836	1200
603538	美诺华	浙江	东部	C	无国有股份	76.7303	44.8263	33.6338	27.7101	51.0704	1201
300185	通裕重工	山东	东部	C	国有参股	81.4923	58.6282	12.6418	28.5984	51.0691	1202
603599	广信股份	安徽	中部	C	国有参股	76.0900	44.8294	34.3108	28.1785	51.0672	1203
300561	汇金科技	广东	东部	I	无国有股份	73.2462	44.8605	41.2647	27.1343	51.0641	1204

续表

股票代码	公司简称	省份	地区	行业代码	控股类型	公司治理（CLCQI-CG）	社会责任（CLCQI-SR）	企业创新（CLCQI-EI）	绩效与价值（CLCQI-PV）	中国上市公司质量指数（CLCQI）	CLCQI排名
300224	正海磁材	山东	东部	C	国有参股	86.4354	44.9176	14.5430	27.3382	51.0549	1205
603728	鸣志电器	上海	东部	C	无国有股份	78.6376	58.6111	19.6236	27.5085	51.0486	1206
300381	溢多利	广东	东部	C	无国有股份	79.1035	65.5091	14.5794	26.6581	51.0482	1207
300193	佳士科技	广东	东部	C	无国有股份	85.8236	51.7539	11.8646	26.3167	51.0446	1208
002534	杭锅股份	浙江	东部	C	国有参股	80.4960	58.6362	15.8536	27.4890	51.0368	1209
300652	雷迪克	浙江	东部	C	无国有股份	79.6316	65.5186	13.4584	26.6555	51.0360	1210
002565	顺灏股份	上海	东部	C	无国有股份	84.8195	55.1638	11.7571	25.9248	51.0350	1211
603987	康德莱	上海	东部	C	无国有股份	81.8977	58.6181	11.8167	28.4522	51.0282	1212
603956	威派格	上海	东部	C	无国有股份	73.0566	75.8769	18.9864	26.4434	51.0123	1213
300055	万邦达	北京	东部	E	国有参股	79.3270	65.5141	14.4068	26.2909	51.0120	1214
002675	东诚药业	山东	东部	C	无国有股份	82.6644	58.6303	11.4625	27.4230	51.0086	1215
002434	万里扬	浙江	东部	C	国有参股	83.2724	51.7449	16.1330	26.8267	51.0040	1216
300781	因赛集团	广东	东部	L	无国有股份	79.2123	65.5214	13.9425	26.8053	51.0029	1217
603848	好太太	广东	东部	C	无国有股份	76.3686	65.5164	19.4590	26.9403	51.0018	1218
002292	奥飞娱乐	广东	东部	C	无国有股份	78.0255	55.1638	25.6761	25.5226	51.0007	1219
603558	健盛集团	浙江	东部	C	无国有股份	75.7630	82.7495	10.0641	25.0729	50.9986	1220
603580	艾艾精工	上海	东部	C	无国有股份	71.2132	58.6137	35.2869	26.6452	50.9960	1221
002870	香山股份	广东	东部	C	无国有股份	86.0177	44.8781	15.7206	26.8376	50.9923	1222

续表

股票代码	公司简称	省份	地区	行业代码	控股类型	公司治理（CLCQI-CG）	社会责任（CLCQI-SR）	企业创新（CLCQI-EI）	绩效与价值（CLCQI-PV）	中国上市公司质量指数（CLCQI）	CLCQI排名
300679	电连技术	广东	东部	C	无国有股份	81.3588	58.6190	14.9151	26.6895	50.9918	1223
603023	威帝股份	黑龙江	东北	C	无国有股份	73.9176	51.7426	34.8953	26.7316	50.9904	1224
603869	新智认知	广西	西部	I	无国有股份	80.9021	58.6154	16.7287	25.9379	50.9834	1225
000573	粤宏远A	广东	东部	K	无国有股份	72.2476	58.6064	33.7846	26.1231	50.9777	1226
300194	福安药业	重庆	西部	C	无国有股份	70.1575	65.5379	32.6349	26.2259	50.9771	1227
000559	万向钱潮	浙江	东部	C	国有参股	77.7669	69.0019	14.0618	26.8185	50.9740	1228
002706	良信股份	上海	东部	C	国有参股	81.5235	37.9464	23.2844	32.0225	50.9639	1229
603969	银龙股份	天津	东部	C	无国有股份	70.1881	58.6186	37.5825	26.3151	50.9633	1230
002194	武汉凡谷	湖北	中部	C	无国有股份	79.6113	37.9398	33.8984	26.5897	50.9626	1231
300353	东土科技	北京	东部	C	国有参股	77.4060	58.6064	25.1177	24.7288	50.9591	1232
000669	*ST金鸿	吉林	东北	D	国有参股	72.8051	58.6064	33.2472	25.5784	50.9570	1233
300653	正海生物	山东	东部	C	国有参股	83.6852	51.7268	12.7368	28.6841	50.9515	1234
688108	赛诺医疗	天津	东部	C	无国有股份	82.1417	51.7081	18.7640	26.3401	50.9507	1235
000683	远兴能源	内蒙古	西部	C	国有参股	84.0651	58.6215	9.4384	26.5353	50.9408	1236
603496	恒为科技	上海	东部	C	无国有股份	75.4475	62.0683	24.1409	26.4144	50.9210	1237
000951	中国重汽	山东	东部	C	国有参股	85.5353	37.9353	17.5939	29.9491	50.9105	1238
002240	盛新锂能	广东	东部	C	国有参股	79.3337	65.4990	9.2500	30.0074	50.9102	1239
300380	安硕信息	上海	东部	I	无国有股份	77.1589	44.8424	32.6235	27.1730	50.9079	1240

续表

股票代码	公司简称	省份	地区	行业代码	控股类型	公司治理（CLCQI–CG）	社会责任（CLCQI–SR）	企业创新（CLCQI–EI）	绩效与价值（CLCQI–PV）	中国上市公司质量指数（CLCQI）	CLCQI排名
603098	森特股份	北京	东部	E	无国有股份	73.4809	51.7152	35.5870	26.5275	50.8989	1241
600211	西藏药业	西藏	西部	C	国有参股	77.7171	65.5253	10.7585	31.3060	50.8938	1242
300643	万通智控	浙江	东部	C	无国有股份	82.5974	58.6263	12.4356	26.2884	50.8921	1243
603027	千禾味业	四川	西部	C	无国有股份	81.8505	51.7202	13.1438	31.0542	50.8905	1244
300550	和仁科技	浙江	东部	I	国有参股	82.7584	55.1635	14.2835	26.6171	50.8889	1245
603085	天成自控	浙江	东部	C	国有参股	77.8597	65.4990	16.2968	26.6416	50.8885	1246
603690	至纯科技	上海	东部	C	国有参股	71.5472	55.1810	35.7233	27.3534	50.8790	1247
603386	广东骏亚	广东	东部	C	无国有股份	76.9757	44.8395	33.3897	26.7154	50.8730	1248
000931	中关村	北京	东部	C	国有参股	82.7856	58.6215	12.4620	25.8904	50.8725	1249
300525	博思软件	福建	东部	I	国有参股	86.3145	44.8320	14.1147	27.1591	50.8633	1250
002443	金洲管道	浙江	东部	C	无国有股份	80.7492	58.6259	15.0374	27.0447	50.8622	1251
600200	江苏吴中	江苏	东部	C	无国有股份	77.3415	48.2636	31.3053	25.6995	50.8621	1252
600851	海欣股份	上海	东部	C	国有参股	81.5316	65.5290	9.1183	26.3823	50.8612	1253
300303	聚飞光电	广东	东部	C	无国有股份	82.2518	58.6176	12.6318	26.5628	50.8604	1254
603551	奥普家居	浙江	东部	C	无国有股份	77.1204	48.2741	32.3102	25.2281	50.8584	1255
603010	万盛股份	浙江	东部	C	无国有股份	77.9221	34.4867	36.2145	29.0817	50.8552	1256
300002	神州泰岳	北京	东部	I	无国有股份	75.8106	41.3785	36.2601	28.2772	50.8524	1257
002466	天齐锂业	四川	西部	C	无国有股份	82.8963	62.0565	7.7084	27.3693	50.8510	1258

续表

股票代码	公司简称	省份	地区	行业代码	控股类型	公司治理（CLCQI-CG）	社会责任（CLCQI-SR）	企业创新（CLCQI-EI）	绩效与价值（CLCQI-PV）	中国上市公司质量指数（CLCQI）	CLCQI排名
600155	华创阳安	北京	东部	J	国有参股	84.8640	51.7137	11.9535	27.0279	50.8504	1259
300204	舒泰神	北京	东部	C	无国有股份	74.5272	66.0144	23.2390	25.9153	50.8397	1260
603838	四通股份	广东	东部	C	无国有股份	74.1975	65.5179	24.1446	25.9896	50.8330	1261
300409	道氏技术	广东	东部	C	国有参股	82.9847	51.7355	15.9269	26.7653	50.8309	1262
300341	麦克奥迪	福建	东部	C	国有参股	76.0927	44.8291	35.4551	26.2899	50.8250	1263
002621	美吉姆	辽宁	东北	P	无国有股份	80.5733	65.4990	12.4934	25.0754	50.8217	1264
002510	天汽模	天津	东部	C	无国有股份	73.1816	51.7137	36.6915	25.7601	50.8080	1265
300724	捷佳伟创	广东	东部	C	无国有股份	80.6961	51.7206	13.6934	32.1200	50.8052	1266
300136	信维通信	广东	东部	C	无国有股份	78.6089	62.0587	15.7926	27.5735	50.8043	1267
002779	中坚科技	浙江	东部	C	无国有股份	73.8844	51.7062	35.0208	25.9470	50.8006	1268
002225	濮耐股份	河南	中部	C	国有参股	78.8815	65.5182	13.7134	26.6677	50.7900	1269
600290	ST华仪	浙江	东部	C	无国有股份	69.0750	37.9284	54.4896	26.2548	50.7809	1270
300355	蒙草生态	内蒙古	西部	N	国有参股	78.7791	65.5056	13.2700	27.0897	50.7639	1271
002768	国恩股份	山东	东部	C	国有参股	81.0613	51.7108	17.2569	28.5254	50.7639	1272
002223	鱼跃医疗	江苏	东部	C	国有参股	78.6333	58.6185	16.2851	29.0281	50.7601	1273
000401	冀东水泥	河北	东部	C	国有参股	87.8890	41.3912	9.8329	29.7106	50.7585	1274
603029	天鹅股份	山东	东部	C	无国有股份	77.5104	65.5295	17.2439	25.8993	50.7572	1275
300115	长盈精密	广东	东部	C	国有参股	78.0420	31.0387	39.5840	27.8650	50.7557	1276

续表

股票代码	公司简称	省份	地区	行业代码	控股类型	公司治理（CLCQI–CG）	社会责任（CLCQI–SR）	企业创新（CLCQI–EI）	绩效与价值（CLCQI–PV）	中国上市公司质量指数（CLCQI）	CLCQI排名
600779	水井坊	四川	西部	C	无国有股份	78.2543	65.5393	10.0391	30.4473	50.7523	1277
300222	科大智能	上海	东部	C	国有参股	78.6536	58.6064	19.1666	26.6338	50.7442	1278
600885	宏发股份	湖北	中部	C	国有参股	75.0041	44.8353	33.5155	29.2340	50.7386	1279
002157	正邦科技	江西	中部	A	无国有股份	81.5147	48.2862	16.5929	30.2672	50.7342	1280
300738	奥飞数据	广东	东部	I	无国有股份	80.5798	62.0547	11.3195	27.6305	50.7117	1281
300681	英搏尔	广东	东部	C	国有参股	71.7286	44.8135	42.9328	26.8455	50.7114	1282
000007	*ST全新	广东	东部	K	无国有股份	71.9328	58.6215	11.5801	43.2864	50.7040	1283
603055	台华新材	浙江	东部	C	无国有股份	83.4129	55.1637	12.4124	26.3017	50.6976	1284
002610	爱康科技	江苏	东部	C	无国有股份	69.3850	65.4990	30.6262	27.9641	50.6951	1285
002582	好想你	河南	中部	C	无国有股份	79.5004	62.0744	10.9030	29.5972	50.6912	1286
002457	青龙管业	宁夏	西部	C	无国有股份	77.4891	44.8378	31.9545	26.3092	50.6895	1287
603738	泰晶科技	湖北	中部	C	无国有股份	74.5764	51.7353	31.8956	26.8739	50.6884	1288
002148	北纬科技	北京	东部	I	无国有股份	71.6355	62.0802	30.5068	26.4428	50.6783	1289
600998	九州通	湖北	中部	F	国有参股	84.9945	41.3869	15.3043	29.6429	50.6774	1290
300023	*ST宝德	陕西	西部	C	无国有股份	72.4067	51.7137	34.4825	28.2435	50.6771	1291
300130	新国都	广东	东部	C	无国有股份	81.0501	58.6336	15.0303	25.8108	50.6738	1292
002308	威创股份	广东	东部	C	国有参股	75.3085	62.0489	23.2504	26.3714	50.6737	1293
603535	嘉诚国际	广东	东部	G	国有参股	79.0768	58.6097	14.3025	29.5493	50.6700	1294

续表

股票代码	公司简称	省份	地区	行业代码	控股类型	公司治理（CLCQI-CG）	社会责任（CLCQI-SR）	企业创新（CLCQI-EI）	绩效与价值（CLCQI-PV）	中国上市公司质量指数（CLCQI）	CLCQI排名
002361	神剑股份	安徽	中部	C	无国有股份	80.4414	58.6385	14.9422	26.8293	50.6681	1295
600337	美克家居	江西	中部	F	国有参股	80.6537	55.1614	17.0960	26.8467	50.6666	1296
300276	三丰智能	湖北	中部	C	无国有股份	73.4522	55.1487	33.4040	25.3111	50.6618	1297
000048	京基智农	广东	东部	C	无国有股份	79.9330	65.5165	9.5349	27.7819	50.6531	1298
300469	信息发展	上海	东部	I	无国有股份	78.5904	65.4990	14.2623	26.1054	50.6398	1299
002278	神开股份	上海	东部	C	无国有股份	77.5635	65.5237	15.8740	26.4405	50.6389	1300
300125	聆达股份	辽宁	东北	C	无国有股份	68.9056	37.9133	53.3093	26.8772	50.6304	1301
002324	普利特	上海	东部	C	无国有股份	81.0463	51.7191	16.4364	28.6614	50.6290	1302
600869	远东股份	青海	西部	C	无国有股份	74.0516	51.7137	33.9120	25.8371	50.6194	1303
002809	红墙股份	广东	东部	C	国有参股	78.7594	37.9205	33.8998	26.5879	50.6188	1304
600507	方大特钢	江西	中部	C	无国有股份	74.1457	48.3043	33.7416	27.8436	50.6132	1305
300545	联得装备	广东	东部	C	无国有股份	69.7193	58.6154	36.1659	26.7859	50.6097	1306
603707	健友股份	江苏	东部	C	国有参股	75.7597	37.9244	37.9519	28.0791	50.6027	1307
002584	西陇科学	广东	东部	C	无国有股份	79.3135	58.6064	16.7130	26.9622	50.5995	1308
603260	合盛硅业	浙江	东部	C	无国有股份	73.0857	51.7228	32.6486	28.2942	50.5960	1309
603527	众源新材	安徽	中部	C	无国有股份	80.0089	48.2903	23.5400	26.5534	50.5935	1310
002946	新乳业	四川	西部	C	无国有股份	82.9896	55.1738	11.5118	27.2615	50.5897	1311
002771	真视通	北京	东部	I	无国有股份	82.5088	58.6177	10.7009	26.5758	50.5803	1312

续表

股票代码	公司简称	省份	地区	行业代码	控股类型	公司治理（CLCQI-CG）	社会责任（CLCQI-SR）	企业创新（CLCQI-EI）	绩效与价值（CLCQI-PV）	中国上市公司质量指数（CLCQI）	CLCQI排名
600699	均胜电子	浙江	东部	C	国有参股	76.4405	65.5037	16.2877	27.6697	50.5767	1313
002016	世荣兆业	广东	东部	K	无国有股份	88.6121	37.9374	13.3187	27.0502	50.5617	1314
002614	奥佳华	福建	东部	C	无国有股份	75.6544	68.9705	15.4370	27.4630	50.5605	1315
300102	乾照光电	福建	东部	C	国有参股	79.3289	58.6064	16.8702	26.6237	50.5525	1316
603587	地素时尚	上海	东部	C	无国有股份	73.8857	51.7465	32.1359	27.1470	50.5302	1317
000708	中信特钢	湖北	中部	C	无国有股份	80.5133	48.3130	17.2478	30.5088	50.5290	1318
603178	圣龙股份	浙江	东部	C	无国有股份	67.1354	65.4990	36.5440	26.1447	50.5240	1319
603939	益丰药房	湖南	中部	F	无国有股份	77.9193	62.0670	13.0701	29.6970	50.5161	1320
002273	水晶光电	浙江	东部	C	国有参股	86.1064	44.8360	13.7063	26.4094	50.5116	1321
601636	旗滨集团	湖南	中部	C	无国有股份	77.7391	62.0831	12.9348	30.0557	50.5090	1322
300598	诚迈科技	江苏	东部	I	无国有股份	79.3519	41.3729	25.8743	29.5362	50.5056	1323
688019	安集科技	上海	东部	C	国有参股	77.8552	51.7125	19.1365	31.1123	50.5043	1324
002199	东晶电子	浙江	东部	C	无国有股份	87.0739	44.8135	11.7925	26.3689	50.5023	1325
601616	广电电气	上海	东部	C	无国有股份	70.5923	58.6274	34.1170	26.5854	50.5007	1326
300170	汉得信息	上海	东部	I	无国有股份	78.5313	51.7183	23.6693	26.3762	50.4982	1327
300758	七彩化学	辽宁	东北	C	无国有股份	70.3933	58.6204	33.5406	27.3553	50.4973	1328
600563	法拉电子	福建	东部	C	国有参股	73.2556	44.8414	33.6403	30.9617	50.4969	1329
300442	普丽盛	上海	东部	C	无国有股份	76.4005	41.3710	34.4842	27.3182	50.4922	1330

续表

股票代码	公司简称	省份	地区	行业代码	控股类型	公司治理（*CLCQI–CG*）	社会责任（*CLCQI–SR*）	企业创新（*CLCQI–EI*）	绩效与价值（*CLCQI–PV*）	中国上市公司质量指数（*CLCQI*）	*CLCQI* 排名
002976	瑞玛工业	江苏	东部	C	无国有股份	79.6390	65.5113	12.4893	25.2441	50.4912	1331
300654	世纪天鸿	山东	东部	R	无国有股份	73.3288	65.5159	22.4910	27.2635	50.4730	1332
688118	普元信息	上海	东部	I	无国有股份	75.5342	51.7217	29.8254	26.1434	50.4729	1333
600888	新疆众和	新疆	西部	C	国有参股	65.8572	68.9729	34.8361	27.2402	50.4661	1334
002491	通鼎互联	江苏	东部	C	无国有股份	80.2071	58.6064	15.5125	25.9085	50.4534	1335
000597	东北制药	辽宁	东北	C	国有参股	67.7571	65.5230	34.6046	26.3289	50.4344	1336
002123	梦网科技	辽宁	东北	I	无国有股份	78.8563	65.4990	12.4226	26.2926	50.4250	1337
002590	万安科技	浙江	东部	C	无国有股份	80.0127	58.6274	14.9237	26.5631	50.4247	1338
300400	劲拓股份	广东	东部	C	国有参股	72.5024	51.7109	34.4019	27.1304	50.4206	1339
300419	浩丰科技	北京	东部	I	无国有股份	73.9266	51.7137	31.6949	27.0124	50.4198	1340
002955	鸿合科技	北京	东部	C	无国有股份	76.8256	65.4990	17.0064	25.8145	50.4100	1341
300462	华铭智能	上海	东部	C	无国有股份	81.5074	58.6130	14.6766	24.3046	50.4064	1342
300333	兆日科技	广东	东部	I	国有参股	81.5468	41.7421	24.2012	26.6868	50.3920	1343
603590	康辰药业	北京	东部	C	国有参股	77.7121	65.5130	13.7740	26.8964	50.3907	1344
600172	黄河旋风	河南	中部	C	国有参股	73.4885	51.7137	33.5936	26.0680	50.3882	1345
300767	震安科技	云南	西部	C	无国有股份	79.3370	55.1627	14.7550	29.6987	50.3849	1346
688002	睿创微纳	山东	东部	C	国有参股	76.6313	24.1323	40.7222	31.8583	50.3814	1347
688090	瑞松科技	广东	东部	C	无国有股份	73.0706	51.7137	35.3501	25.2925	50.3784	1348

续表

股票代码	公司简称	省份	地区	行业代码	控股类型	公司治理（CLCQI-CG）	社会责任（CLCQI-SR）	企业创新（CLCQI-EI）	绩效与价值（CLCQI-PV）	中国上市公司质量指数（CLCQI）	CLCQI排名
688298	东方生物	浙江	东部	C	无国有股份	85.6535	24.1415	17.0414	36.3469	50.3776	1349
603067	振华股份	湖北	中部	C	无国有股份	70.4394	58.6124	33.5951	26.7482	50.3737	1350
601933	永辉超市	福建	东部	F	无国有股份	67.0245	34.5096	56.5742	28.2241	50.3571	1351
300731	科创新源	广东	东部	C	国有参股	78.2966	65.5121	13.1396	26.3282	50.3554	1352
002882	金龙羽	广东	东部	C	无国有股份	74.7509	48.2772	33.1524	26.3071	50.3492	1353
002838	道恩股份	山东	东部	C	无国有股份	78.1425	51.7242	18.7781	30.3112	50.3491	1354
300694	蠡湖股份	江苏	东部	C	无国有股份	75.7080	44.8210	34.1409	26.0507	50.3472	1355
603991	至正股份	广东	东部	C	无国有股份	73.5992	44.8211	35.1577	28.5971	50.3437	1356
002845	同兴达	广东	东部	C	国有参股	78.2773	31.0332	37.3164	27.6412	50.3395	1357
300131	英唐智控	广东	东部	F	无国有股份	79.5499	48.2659	21.3600	28.0092	50.3342	1358
002098	浔兴股份	福建	东部	C	无国有股份	76.2907	68.9567	14.3394	26.4214	50.3330	1359
600567	山鹰国际	安徽	中部	C	无国有股份	79.8546	62.0805	11.5642	27.0442	50.3278	1360
002538	司尔特	安徽	中部	C	国有参股	86.1254	44.8383	11.8197	27.1513	50.3277	1361
603679	华体科技	四川	西部	C	无国有股份	76.2830	58.6134	22.1865	26.3114	50.3203	1362
300290	荣科科技	辽宁	东北	I	无国有股份	74.9092	48.2734	32.6733	26.3139	50.3178	1363
600512	腾达建设	浙江	东部	E	无国有股份	69.8629	58.6131	33.8406	27.2136	50.3086	1364
603536	惠发食品	山东	东部	C	无国有股份	80.5484	58.6307	13.5861	26.2988	50.3059	1365
603768	常青股份	安徽	中部	C	无国有股份	76.9511	58.6207	19.4268	27.3271	50.2907	1366

续表

股票代码	公司简称	省份	地区	行业代码	控股类型	公司治理（*CLCQI-CG*）	社会责任（*CLCQI-SR*）	企业创新（*CLCQI-EI*）	绩效与价值（*CLCQI-PV*）	中国上市公司质量指数（*CLCQI*）	*CLCQI* 排名
000816	智慧农业	江苏	东部	C	无国有股份	77.6725	37.9284	31.3932	29.0128	50.2901	1367
002454	松芝股份	上海	东部	C	国有参股	75.2939	68.9589	15.4852	26.9253	50.2898	1368
300660	江苏雷利	江苏	东部	C	无国有股份	77.4156	58.6260	18.6243	27.1951	50.2838	1369
603383	顶点软件	福建	东部	I	无国有股份	70.1715	58.6309	33.6067	26.7897	50.2820	1370
000766	通化金马	吉林	东北	C	国有参股	82.2261	58.5988	11.6378	25.0878	50.2798	1371
002757	南兴股份	广东	东部	C	无国有股份	79.0256	58.6222	14.9175	27.5702	50.2796	1372
688166	博瑞医药	江苏	东部	C	无国有股份	79.6152	51.7227	17.9819	28.2730	50.2691	1373
600843	上工申贝	上海	东部	C	国有参股	80.8333	58.6064	13.1536	26.0470	50.2668	1374
000782	美达股份	广东	东部	C	无国有股份	69.8995	79.3104	19.3098	26.1788	50.2630	1375
300166	东方国信	北京	东部	I	无国有股份	77.0341	58.6085	19.9896	26.6281	50.2599	1376
600077	宋都股份	浙江	东部	K	无国有股份	77.8044	65.5027	12.2491	27.4432	50.2578	1377
300260	新莱应材	江苏	东部	C	国有参股	77.5142	65.5121	13.1990	27.1361	50.2563	1378
300509	新美星	江苏	东部	C	无国有股份	75.5402	58.6338	23.3462	26.2983	50.2550	1379
603948	建业股份	浙江	东部	C	国有参股	69.3055	58.6136	36.9283	25.4018	50.2504	1380
600829	人民同泰	黑龙江	东北	F	无国有股份	77.1571	65.5039	14.2471	26.8483	50.2499	1381
603045	福达合金	浙江	东部	C	无国有股份	84.4244	44.8249	15.8945	26.3043	50.2485	1382
002248	华东数控	山东	东部	C	国有参股	72.5330	51.7137	35.0488	25.8502	50.2426	1383
600067	冠城大通	福建	东部	K	国有参股	74.9755	68.9537	16.1371	26.7053	50.2370	1384

续表

股票代码	公司简称	省份	地区	行业代码	控股类型	公司治理（*CLCQI-CG*）	社会责任（*CLCQI-SR*）	企业创新（*CLCQI-EI*）	绩效与价值（*CLCQI-PV*）	中国上市公司质量指数（*CLCQI*）	*CLCQI* 排名
002695	煌上煌	江西	中部	C	无国有股份	79.4432	58.6173	13.4393	27.9162	50.2368	1385
600611	大众交通	上海	东部	G	国有参股	74.8798	75.8529	11.1996	26.6559	50.2338	1386
600422	昆药集团	云南	西部	C	国有参股	69.0021	62.0790	33.5342	26.4526	50.2327	1387
300590	移为通信	上海	东部	C	国有参股	78.0159	44.8169	27.2774	27.3696	50.2268	1388
002921	联诚精密	山东	东部	C	国有参股	74.9069	72.4263	13.3745	26.8965	50.2257	1389
300213	佳讯飞鸿	北京	东部	C	无国有股份	74.3663	65.5093	20.1655	26.4661	50.2226	1390
000650	仁和药业	江西	中部	C	国有参股	78.9222	65.5142	10.6658	26.7732	50.2225	1391
002203	海亮股份	浙江	东部	C	无国有股份	71.4223	75.8643	18.1123	26.5982	50.2206	1392
002177	御银股份	广东	东部	C	无国有股份	75.7403	62.0569	19.7194	26.6833	50.2193	1393
300618	寒锐钴业	江苏	东部	C	国有参股	85.0850	48.2677	9.5866	28.1066	50.2181	1394
300637	扬帆新材	浙江	东部	C	无国有股份	70.2604	58.6106	34.1330	25.9634	50.2132	1395
300235	方直科技	广东	东部	I	无国有股份	74.6176	41.3743	37.3426	26.7644	50.2128	1396
300329	海伦钢琴	浙江	东部	C	国有参股	76.6641	65.5056	16.1453	25.9334	50.2039	1397
600487	亨通光电	江苏	东部	C	无国有股份	72.6286	44.8265	37.9857	27.3247	50.2037	1398
002548	金新农	广东	东部	C	无国有股份	82.2464	55.1638	11.0565	27.2557	50.1984	1399
000062	深圳华强	广东	东部	F	国有参股	80.3519	51.7268	17.5403	27.1563	50.1969	1400
603980	吉华集团	浙江	东部	C	国有参股	68.5595	65.5213	32.0203	26.1480	50.1931	1401
002420	毅昌股份	广东	东部	C	无国有股份	76.1354	31.0358	42.2736	26.5142	50.1928	1402

续表

股票代码	公司简称	省份	地区	行业代码	控股类型	公司治理（*CLCQI-CG*）	社会责任（*CLCQI-SR*）	企业创新（*CLCQI-EI*）	绩效与价值（*CLCQI-PV*）	中国上市公司质量指数（*CLCQI*）	*CLCQI*排名
603389	亚振家居	江苏	东部	C	无国有股份	72.4393	44.8135	40.3954	25.6392	50.1866	1403
603268	松发股份	广东	东部	C	无国有股份	77.7355	65.5072	13.1270	26.5377	50.1801	1404
300302	同有科技	北京	东部	I	无国有股份	82.5844	55.1628	10.8933	26.7298	50.1693	1405
002769	普路通	广东	东部	L	国有参股	80.8181	55.1563	15.0905	26.2004	50.1689	1406
300687	赛意信息	广东	东部	I	无国有股份	79.8676	55.1740	14.7104	27.9991	50.1650	1407
603308	应流股份	安徽	中部	C	无国有股份	83.3788	44.8275	15.0895	28.2723	50.1616	1408
300371	汇中股份	河北	东部	C	无国有股份	71.2189	51.7202	35.9958	26.8625	50.1604	1409
002796	世嘉科技	江苏	东部	C	无国有股份	78.0447	65.5069	13.3660	25.7570	50.1564	1410
603897	长城科技	浙江	东部	C	无国有股份	78.6506	51.7196	21.0837	26.8359	50.1439	1411
300520	科大国创	安徽	中部	I	国有参股	76.6639	65.5126	14.7845	26.7762	50.1434	1412
603377	东方时尚	北京	东部	P	国有参股	85.5890	44.8419	11.6939	27.3618	50.1411	1413
300671	富满电子	广东	东部	I	无国有股份	73.7617	41.3711	35.8785	29.0194	50.1409	1414
603730	岱美股份	上海	东部	C	无国有股份	77.0187	65.5194	12.8223	27.7581	50.1394	1415
002261	拓维信息	湖南	中部	I	无国有股份	75.7653	72.4068	11.5213	26.6549	50.1351	1416
300113	顺网科技	浙江	东部	I	无国有股份	81.0198	51.7308	16.6245	26.5361	50.1265	1417
000863	三湘印象	上海	东部	K	无国有股份	74.3043	72.7544	13.2545	27.3545	50.1244	1418
688310	迈得医疗	浙江	东部	C	无国有股份	79.7408	31.0630	34.1503	26.9184	50.1155	1419
600273	嘉化能源	浙江	东部	C	无国有股份	72.7769	48.2887	34.7217	27.1832	50.0942	1420

续表

股票代码	公司简称	省份	地区	行业代码	控股类型	公司治理（CLCQI-CG）	社会责任（CLCQI-SR）	企业创新（CLCQI-EI）	绩效与价值（CLCQI-PV）	中国上市公司质量指数（CLCQI）	CLCQI排名
002191	劲嘉股份	广东	东部	C	无国有股份	80.1273	58.6286	12.7594	26.7496	50.0845	1421
002310	东方园林	北京	东部	N	国有参股	80.6112	51.7390	16.5669	27.0187	50.0734	1422
300761	立华股份	江苏	东部	A	无国有股份	80.8585	51.7112	14.3946	28.3767	50.0732	1423
000023	深天地A	广东	东部	C	国有参股	76.3346	72.4133	9.9289	26.7601	50.0716	1424
603808	歌力思	广东	东部	C	无国有股份	77.5953	65.5145	12.3848	26.9145	50.0709	1425
000735	罗牛山	海南	东部	A	无国有股份	76.8409	68.9683	11.3219	26.8914	50.0688	1426
600276	恒瑞医药	江苏	东部	C	国有参股	74.0002	44.8145	21.1400	38.0705	50.0679	1427
300460	惠伦晶体	广东	东部	C	无国有股份	76.7498	37.9284	33.9603	27.5349	50.0650	1428
300556	丝路视觉	广东	东部	I	无国有股份	84.5047	51.7225	8.6183	27.1092	50.0612	1429
000036	华联控股	广东	东部	K	无国有股份	79.8376	58.6310	12.8587	27.0096	50.0538	1430
603256	宏和科技	上海	东部	C	无国有股份	70.0227	58.6252	33.8434	25.9062	50.0481	1431
601886	江河集团	北京	东部	E	国有参股	70.9056	48.2987	38.0475	27.3128	50.0448	1432
600260	凯乐科技	湖北	中部	C	无国有股份	64.6196	68.9515	36.2855	26.3303	50.0303	1433
300564	筑博设计	西藏	西部	M	国有参股	75.7934	44.8234	31.8315	26.4881	50.0292	1434
002655	共达电声	山东	东部	C	无国有股份	78.5442	55.1563	19.1424	26.0305	50.0272	1435
300449	汉邦高科	北京	东部	C	无国有股份	77.1677	65.4990	12.8663	27.0339	50.0237	1436
600993	马应龙	湖北	中部	C	国有参股	70.8685	55.1862	32.6728	27.4452	50.0212	1437
600801	华新水泥	湖北	中部	C	国有参股	85.7875	41.4037	10.4136	29.6494	50.0206	1438

续表

股票代码	公司简称	省份	地区	行业代码	控股类型	公司治理（CLCQI-CG）	社会责任（CLCQI-SR）	企业创新（CLCQI-EI）	绩效与价值（CLCQI-PV）	中国上市公司质量指数（CLCQI）	CLCQI 排名
688018	乐鑫科技	上海	东部	I	无国有股份	80.3161	44.8279	21.5482	27.3800	50.0053	1439
300526	中潜股份	广东	东部	C	无国有股份	76.1749	37.9284	31.9852	29.7664	49.9979	1440
300476	胜宏科技	广东	东部	C	无国有股份	83.9928	44.8205	13.6141	27.7961	49.9921	1441
300434	金石亚药	四川	西部	C	无国有股份	75.3625	75.8493	10.9676	25.0942	49.9895	1442
300066	三川智慧	江西	中部	C	无国有股份	74.6428	65.5096	18.2876	26.5823	49.9867	1443
002004	华邦健康	重庆	西部	C	国有参股	85.6010	44.8551	10.9827	27.2850	49.9864	1444
002505	鹏都农牧	湖南	中部	F	无国有股份	78.3937	62.0565	12.1505	27.5379	49.9805	1445
002301	齐心集团	广东	东部	C	国有参股	77.6655	58.6322	17.0192	26.8136	49.9683	1446
600173	卧龙地产	浙江	东部	K	无国有股份	77.8995	62.0648	13.2439	27.3680	49.9603	1447
688116	天奈科技	江苏	东部	C	无国有股份	78.0668	58.6144	13.4153	29.0174	49.9563	1448
600438	通威股份	四川	西部	C	无国有股份	80.2331	44.8352	14.5405	32.9018	49.9521	1449
300085	银之杰	广东	东部	I	无国有股份	78.1930	55.1723	17.2326	27.7823	49.9452	1450
300626	华瑞股份	浙江	东部	C	国有参股	79.6354	58.6085	13.2759	26.5151	49.9294	1451
300232	洲明科技	广东	东部	C	无国有股份	82.2368	51.7173	13.5286	26.2794	49.9279	1452
002703	浙江世宝	浙江	东部	C	无国有股份	78.0003	62.0716	13.3020	27.0064	49.9228	1453
002216	三全食品	河南	中部	C	无国有股份	78.3952	58.6299	12.7881	28.8433	49.9210	1454
603909	合诚股份	福建	东部	M	无国有股份	75.4371	72.4125	10.9872	26.7443	49.9202	1455
601882	海天精工	浙江	东部	C	无国有股份	77.1182	58.6326	16.3272	28.0403	49.9177	1456

续表

股票代码	公司简称	省份	地区	行业代码	控股类型	公司治理（CLCQI–CG）	社会责任（CLCQI–SR）	企业创新（CLCQI–EI）	绩效与价值（CLCQI–PV）	中国上市公司质量指数（CLCQI）	CLCQI排名
600872	中炬高新	广东	东部	C	国有参股	83.4811	41.3984	13.5920	30.3824	49.9162	1457
000691	亚太实业	甘肃	西部	C	无国有股份	77.2999	51.7288	12.0243	35.2773	49.9035	1458
300322	硕贝德	广东	东部	C	无国有股份	79.1016	55.1658	17.3376	26.0650	49.8993	1459
002162	悦心健康	上海	东部	C	国有参股	77.2303	62.0640	15.1615	26.6578	49.8985	1460
002284	亚太股份	浙江	东部	C	国有参股	78.5809	51.7137	19.8546	26.9067	49.8870	1461
300641	正丹股份	江苏	东部	C	国有参股	80.2516	24.1406	37.6635	26.4940	49.8779	1462
603139	康惠制药	陕西	西部	C	无国有股份	69.7348	58.6158	32.9264	26.3456	49.8580	1463
603569	长久物流	北京	东部	L	无国有股份	76.7859	65.5386	13.2056	26.6459	49.8477	1464
300058	蓝色光标	北京	东部	L	无国有股份	77.4066	55.1697	18.5744	27.5658	49.8444	1465
603103	横店影视	浙江	东部	R	无国有股份	78.9936	62.1174	11.3170	26.6425	49.8391	1466
002264	新华都	福建	东部	F	无国有股份	78.7594	58.6064	14.2041	26.7156	49.8144	1467
002774	快意电梯	广东	东部	C	无国有股份	79.3313	55.1737	16.2886	26.1886	49.8134	1468
002649	博彦科技	北京	东部	I	无国有股份	83.6971	51.7184	9.3591	26.8119	49.8114	1469
300031	宝通科技	江苏	东部	I	无国有股份	80.9949	55.1744	10.9005	27.8003	49.8043	1470
300555	路通视信	江苏	东部	C	无国有股份	71.7011	44.8160	38.9711	26.4027	49.7977	1471
002440	闰土股份	浙江	东部	C	国有参股	79.4988	58.6247	12.6993	26.6346	49.7917	1472
300098	高新兴	广东	东部	I	无国有股份	74.4170	65.4990	18.8805	25.6837	49.7887	1473
300278	*ST华昌	湖北	中部	C	无国有股份	76.1665	41.3710	33.0183	26.0451	49.7872	1474

续表

股票代码	公司简称	省份	地区	行业代码	控股类型	公司治理（CLCQI-CG）	社会责任（CLCQI-SR）	企业创新（CLCQI-EI）	绩效与价值（CLCQI-PV）	中国上市公司质量指数（CLCQI）	CLCQI排名
603489	八方股份	江苏	东部	C	无国有股份	77.6945	51.7237	16.9397	30.2285	49.7814	1475
603339	四方科技	江苏	东部	C	无国有股份	68.0596	58.6115	35.1596	26.9217	49.7779	1476
002224	三力士	浙江	东部	C	无国有股份	76.8274	65.5038	13.0408	26.3950	49.7634	1477
603966	法兰泰克	江苏	东部	C	无国有股份	77.3271	55.1617	18.4702	27.4252	49.7555	1478
300603	立昂技术	新疆	西部	I	无国有股份	76.3196	48.2636	28.9956	24.7268	49.7482	1479
603650	彤程新材	上海	东部	C	国有参股	75.8400	62.0803	15.3105	28.1190	49.7399	1480
000926	福星股份	湖北	中部	K	国有参股	73.4291	72.4122	14.1933	26.6590	49.7369	1481
300415	伊之密	广东	东部	C	无国有股份	80.6961	48.2754	16.4857	27.6786	49.7365	1482
603177	德创环保	浙江	东部	N	无国有股份	71.3163	44.8211	39.7758	26.1055	49.7312	1483
002444	巨星科技	浙江	东部	C	国有参股	80.7313	44.8243	15.0152	30.8417	49.7296	1484
002104	恒宝股份	江苏	东部	C	无国有股份	80.9472	44.8060	20.4367	26.1493	49.7245	1485
002522	浙江众成	浙江	东部	C	无国有股份	74.6118	44.8491	32.3856	26.6950	49.7230	1486
002677	浙江美大	浙江	东部	C	国有参股	80.9643	51.7411	12.9135	27.9722	49.7226	1487
603058	永吉股份	贵州	西部	C	无国有股份	68.8582	58.6126	33.6022	26.6269	49.7123	1488
300376	易事特	广东	东部	C	无国有股份	84.9099	34.4921	17.6990	28.1175	49.7069	1489
300693	盛弘股份	广东	东部	C	无国有股份	78.6024	24.1537	37.6649	28.4162	49.7010	1490
600986	浙文互联	山东	东部	I	无国有股份	80.7278	58.6064	10.5316	26.0497	49.7008	1491
688228	开普云	广东	东部	I	无国有股份	75.5873	44.8202	32.0676	25.3078	49.6984	1492

续表

股票代码	公司简称	省份	地区	行业代码	控股类型	公司治理（CLCQI-CG）	社会责任（CLCQI-SR）	企业创新（CLCQI-EI）	绩效与价值（CLCQI-PV）	中国上市公司质量指数（CLCQI）	CLCQI排名
002519	银河电子	江苏	东部	C	国有参股	81.0947	51.7062	14.0927	26.7380	49.6968	1493
002868	绿康生化	福建	东部	C	无国有股份	76.1676	68.9757	11.0599	26.6581	49.6899	1494
603605	珀莱雅	浙江	东部	C	无国有股份	75.0981	62.0705	12.6771	31.1923	49.6833	1495
603992	松霖科技	福建	东部	C	无国有股份	74.5162	62.0660	19.4434	26.6970	49.6793	1496
002813	路畅科技	广东	东部	C	国有参股	71.4339	48.2636	35.9657	26.6685	49.6733	1497
002215	诺普信	广东	东部	C	无国有股份	69.5815	58.6207	32.2637	26.3792	49.6732	1498
002213	大为股份	广东	东部	C	无国有股份	80.8838	51.7218	13.4476	27.4809	49.6715	1499
600216	浙江医药	浙江	东部	C	国有参股	72.6657	72.4499	14.7778	27.1209	49.6695	1500
300657	弘信电子	福建	东部	C	无国有股份	86.5105	37.9289	14.1090	26.1904	49.6629	1501
300245	天玑科技	上海	东部	I	无国有股份	74.1874	72.4171	12.3472	26.6207	49.6621	1502
002760	凤形股份	安徽	中部	C	无国有股份	80.9594	51.7168	14.2491	26.6733	49.6594	1503
002843	泰嘉股份	湖南	中部	C	无国有股份	79.2462	51.7713	17.7042	26.5897	49.6524	1504
002073	软控股份	山东	东部	C	国有参股	78.3611	55.1638	17.2216	26.3520	49.6513	1505
300133	华策影视	浙江	东部	R	无国有股份	78.6295	58.6064	12.7705	27.3984	49.6464	1506
600664	哈药股份	黑龙江	东北	C	国有参股	80.7295	58.6064	10.5366	25.8211	49.6454	1507
300187	永清环保	湖南	中部	N	无国有股份	80.5744	51.7137	13.4760	27.8248	49.6382	1508
300604	长川科技	浙江	东部	C	国有参股	73.3872	55.1724	25.5920	27.5324	49.6323	1509
000882	华联股份	北京	东部	L	无国有股份	79.3227	62.0787	9.9601	26.3399	49.6179	1510

续表

股票代码	公司简称	省份	地区	行业代码	控股类型	公司治理（CLCQI-CG）	社会责任（CLCQI-SR）	企业创新（CLCQI-EI）	绩效与价值（CLCQI-PV）	中国上市公司质量指数（CLCQI）	CLCQI排名
002858	力盛赛车	上海	东部	R	无国有股份	75.4896	65.5139	15.4941	25.9693	49.6141	1511
600360	华微电子	吉林	东北	C	无国有股份	67.8293	55.1802	37.3418	26.9111	49.6049	1512
300063	天龙集团	广东	东部	L	无国有股份	76.2535	44.8211	26.8772	27.9993	49.5998	1513
300282	三盛教育	北京	东部	C	国有参股	75.9855	68.9567	14.0521	24.1917	49.5961	1514
300366	创意信息	四川	西部	I	国有参股	81.3548	51.7062	14.6709	25.4503	49.5946	1515
300029	*ST天龙	江苏	东部	C	无国有股份	71.1592	48.2787	33.2278	28.9633	49.5919	1516
600580	卧龙电驱	浙江	东部	C	国有参股	76.3189	62.0675	14.1619	27.6823	49.5906	1517
603195	公牛集团	浙江	东部	C	无国有股份	76.4619	62.0822	13.6419	27.8415	49.5859	1518
300438	鹏辉能源	广东	东部	C	无国有股份	86.1964	37.9340	13.0490	27.2172	49.5828	1519
300234	开尔新材	浙江	东部	C	无国有股份	81.0504	51.7327	14.7447	25.7994	49.5789	1520
002664	长鹰信质	浙江	东部	C	无国有股份	75.2384	65.5043	14.9320	26.6768	49.5766	1521
603818	曲美家居	北京	东部	C	国有参股	84.1274	44.8135	13.1409	26.2815	49.5716	1522
600094	大名城	上海	东部	K	无国有股份	77.3208	62.0614	13.3651	26.6233	49.5664	1523
000659	珠海中富	广东	东部	C	无国有股份	80.6720	58.6139	9.0712	26.7431	49.5609	1524
000592	平潭发展	福建	东部	A	无国有股份	81.0873	55.1638	11.4787	26.1952	49.5541	1525
002666	德联集团	广东	东部	C	无国有股份	83.3066	44.8453	14.1265	26.6971	49.5490	1526
603717	天域生态	重庆	西部	E	无国有股份	77.8170	65.4990	10.2046	26.2100	49.5451	1527
688369	致远互联	北京	东部	I	无国有股份	78.9173	58.6173	10.8686	28.0190	49.5380	1528

续表

股票代码	公司简称	省份	地区	行业代码	控股类型	公司治理（CLCQI–CG）	社会责任（CLCQI–SR）	企业创新（CLCQI–EI）	绩效与价值（CLCQI–PV）	中国上市公司质量指数（CLCQI）	CLCQI排名
600521	华海药业	浙江	东部	C	国有参股	68.7649	75.8729	15.9247	29.8513	49.5347	1529
002409	雅克科技	江苏	东部	C	国有参股	76.8187	58.6150	12.8182	29.7478	49.5203	1530
600576	祥源文化	浙江	东部	R	无国有股份	80.1892	55.1638	12.6088	26.5611	49.5123	1531
600201	生物股份	内蒙古	西部	C	国有参股	77.6113	58.6268	13.4827	27.9077	49.5120	1532
002767	先锋电子	浙江	东部	C	无国有股份	80.1652	48.2725	18.5018	26.0047	49.5085	1533
300565	科信技术	广东	东部	C	无国有股份	78.5612	55.1563	14.5045	27.6361	49.5079	1534
300335	迪森股份	广东	东部	D	国有参股	71.7898	44.8514	37.0658	26.5856	49.5032	1535
002354	天神娱乐	辽宁	东北	I	无国有股份	80.2150	51.7137	13.6040	27.7160	49.4929	1536
002105	信隆健康	广东	东部	C	无国有股份	73.2713	65.5224	17.9582	27.0413	49.4888	1537
000639	西王食品	山东	东部	C	国有参股	77.3854	34.5760	32.3560	27.4849	49.4830	1538
300112	万讯自控	广东	东部	C	无国有股份	77.8182	55.1840	17.2887	26.4610	49.4779	1539
600080	金花股份	陕西	西部	C	无国有股份	76.8257	37.9556	32.5815	26.1136	49.4683	1540
002662	京威股份	北京	东部	C	无国有股份	76.3872	37.9284	32.2245	27.1033	49.4649	1541
300813	泰林生物	浙江	东部	C	无国有股份	69.9532	51.7209	36.6701	25.5477	49.4604	1542
300740	水羊股份	湖南	中部	C	无国有股份	76.3033	58.6064	15.2267	28.3730	49.4509	1543
603755	日辰股份	山东	东部	C	无国有股份	77.0142	51.7151	19.1310	28.2217	49.4446	1544
000560	我爱我家	云南	西部	K	无国有股份	83.3527	44.8229	13.6794	26.5544	49.4390	1545
300225	金力泰	上海	东部	C	无国有股份	69.1786	44.8076	37.6306	30.0755	49.4376	1546

续表

股票代码	公司简称	省份	地区	行业代码	控股类型	公司治理（CLCQI-CG）	社会责任（CLCQI-SR）	企业创新（CLCQI-EI）	绩效与价值（CLCQI-PV）	中国上市公司质量指数（CLCQI）	CLCQI排名
002517	恺英网络	福建	东部	I	无国有股份	73.0249	62.0791	19.3473	28.1267	49.4230	1547
300306	远方信息	浙江	东部	C	无国有股份	75.4509	58.6064	19.3592	26.2826	49.4138	1548
300404	博济医药	广东	东部	M	无国有股份	78.4047	58.6120	13.0647	26.5631	49.4074	1549
002596	海南瑞泽	海南	东部	C	无国有股份	82.5720	51.7137	10.3087	26.2296	49.4050	1550
300165	天瑞仪器	江苏	东部	C	国有参股	76.7032	51.7479	21.8138	26.3887	49.4034	1551
603989	艾华集团	湖南	中部	C	无国有股份	76.5812	58.6229	15.2234	27.7016	49.3960	1552
603129	春风动力	浙江	东部	C	无国有股份	75.9622	44.8354	19.3804	33.6363	49.3954	1553
002234	民和股份	山东	东部	A	国有参股	79.8369	58.6053	11.9446	25.1191	49.3943	1554
603970	中农立华	北京	东部	F	无国有股份	76.5984	51.7322	19.6617	28.2307	49.3892	1555
300388	节能国祯	安徽	中部	N	国有参股	80.4579	51.7401	13.5130	26.9633	49.3876	1556
002132	恒星科技	河南	中部	C	无国有股份	73.4653	44.8962	33.3287	26.4009	49.3865	1557
002562	兄弟科技	浙江	东部	C	国有参股	76.3286	37.9728	32.4025	26.7037	49.3838	1558
603028	赛福天	江苏	东部	C	无国有股份	82.3538	44.8278	15.3329	26.5468	49.3690	1559
603338	浙江鼎力	浙江	东部	C	无国有股份	76.4947	55.1647	14.2343	30.5894	49.3668	1560
300575	中旗股份	江苏	东部	C	无国有股份	76.7482	31.0335	35.1951	27.8938	49.3668	1561
002336	人人乐	广东	东部	F	国有参股	80.6275	51.7137	12.8503	27.1498	49.3656	1562
603968	醋化股份	江苏	东部	C	国有参股	77.1224	58.6277	14.4558	27.3247	49.3654	1563
000533	顺钠股份	广东	东部	C	无国有股份	72.4822	72.4068	13.8052	26.9994	49.3648	1564

续表

股票代码	公司简称	省份	地区	行业代码	控股类型	公司治理（CLCQI-CG）	社会责任（CLCQI-SR）	企业创新（CLCQI-EI）	绩效与价值（CLCQI-PV）	中国上市公司质量指数（CLCQI）	CLCQI排名
000893	亚钾国际	广东	东部	C	国有参股	81.2436	58.6064	7.2041	26.5357	49.3631	1565
603588	高能环境	北京	东部	N	无国有股份	74.5188	34.4910	36.6026	28.2409	49.3619	1566
002707	众信旅游	北京	东部	L	无国有股份	77.7314	65.4990	11.0318	24.9292	49.3561	1567
603920	世运电路	广东	东部	C	无国有股份	71.2022	48.2977	33.4335	27.7701	49.3548	1568
600051	宁波联合	浙江	东部	F	国有参股	76.7368	62.0652	11.2371	28.4022	49.3525	1569
603578	三星新材	浙江	东部	C	无国有股份	80.5631	51.7204	12.7682	27.2389	49.3466	1570
002635	安洁科技	江苏	东部	C	国有参股	78.5885	55.1976	14.4777	26.9282	49.3426	1571
603185	上机数控	江苏	东部	C	无国有股份	61.6202	51.7182	36.8050	38.3011	49.3421	1572
300727	润禾材料	浙江	东部	C	无国有股份	76.1873	58.6213	14.1787	28.9351	49.3377	1573
002094	青岛金王	山东	东部	C	无国有股份	74.5125	72.4068	11.7768	25.2620	49.3369	1574
002345	潮宏基	广东	东部	C	无国有股份	84.0422	44.8484	11.9576	26.3806	49.3308	1575
603305	旭升股份	浙江	东部	C	无国有股份	77.6998	58.6204	12.9838	27.4305	49.3274	1576
300210	森远股份	辽宁	东北	C	无国有股份	67.4634	55.1563	36.1834	27.3187	49.3252	1577
603506	南都物业	浙江	东部	K	无国有股份	79.9181	51.7206	14.3905	26.8701	49.3210	1578
603937	丽岛新材	江苏	东部	C	无国有股份	80.3305	51.7273	14.0981	26.4319	49.3189	1579
002817	黄山胶囊	安徽	中部	C	无国有股份	79.4632	58.6158	10.5998	26.4807	49.3178	1580
600966	博汇纸业	山东	东部	C	无国有股份	72.4900	68.9678	12.3017	30.0629	49.3172	1581
600681	百川能源	湖北	中部	D	国有参股	80.9167	51.7461	12.7223	26.5712	49.3159	1582

续表

股票代码	公司简称	省份	地区	行业代码	控股类型	公司治理（CLCQI-CG）	社会责任（CLCQI-SR）	企业创新（CLCQI-EI）	绩效与价值（CLCQI-PV）	中国上市公司质量指数（CLCQI）	CLCQI排名
300016	北陆药业	北京	东部	C	国有参股	69.6859	55.1642	32.5827	26.5965	49.3146	1583
603877	太平鸟	浙江	东部	C	国有参股	76.6707	58.6362	12.7051	29.2269	49.3114	1584
002390	信邦制药	贵州	西部	C	国有参股	76.8975	65.5066	9.1894	27.5444	49.3090	1585
300769	德方纳米	广东	东部	C	无国有股份	79.8210	51.7103	12.0965	28.7985	49.3039	1586
601100	恒立液压	江苏	东部	C	无国有股份	71.1596	58.6231	15.7808	35.5541	49.3020	1587
300392	腾信股份	北京	东部	I	无国有股份	81.0514	51.7062	11.8812	26.9768	49.2969	1588
603843	正平股份	青海	西部	E	无国有股份	79.3729	58.6138	10.5542	26.5623	49.2926	1589
002279	久其软件	北京	东部	I	无国有股份	74.4398	58.6064	20.8177	26.2377	49.2899	1590
603718	海利生物	上海	东部	C	国有参股	73.9942	65.5133	15.6209	26.9535	49.2872	1591
300586	美联新材	广东	东部	C	无国有股份	81.4928	51.7180	12.3637	25.8281	49.2846	1592
002472	双环传动	浙江	东部	C	国有参股	77.8515	58.6185	13.1415	26.8914	49.2845	1593
002102	ST冠福	福建	东部	C	无国有股份	74.3444	62.0791	18.7786	25.9053	49.2817	1594
600682	南京新百	江苏	东部	F	国有参股	82.7146	48.2644	10.3658	27.5271	49.2805	1595
002885	京泉华	广东	东部	C	无国有股份	78.2413	58.6057	13.0881	26.2547	49.2687	1596
002810	山东赫达	山东	东部	C	无国有股份	79.2678	51.7233	12.9214	28.8674	49.2667	1597
002331	皖通科技	安徽	中部	I	无国有股份	80.7523	48.2954	15.4372	26.5174	49.2620	1598
300299	富春股份	福建	东部	I	无国有股份	75.7877	62.0565	12.8814	28.2153	49.2537	1599
002671	龙泉股份	山东	东部	C	无国有股份	82.5061	51.7137	10.1805	25.8082	49.2477	1600

续表

股票代码	公司简称	省份	地区	行业代码	控股类型	公司治理（CLCQI-CG）	社会责任（CLCQI-SR）	企业创新（CLCQI-EI）	绩效与价值（CLCQI-PV）	中国上市公司质量指数（CLCQI）	CLCQI排名
000690	宝新能源	广东	东部	D	国有参股	76.3264	62.0832	11.9963	28.0209	49.2475	1601
603665	康隆达	浙江	东部	C	无国有股份	78.5671	58.6439	10.5624	27.6267	49.2426	1602
002798	帝欧家居	四川	西部	C	国有参股	77.3868	58.6135	13.9322	26.8337	49.2416	1603
603657	春光科技	浙江	东部	C	无国有股份	70.7417	48.2816	34.6076	27.0882	49.2325	1604
000615	奥园美谷	湖北	中部	K	无国有股份	77.8214	58.6215	12.2823	27.3932	49.2265	1605
600217	中再资环	陕西	西部	C	国有参股	79.4125	58.6064	9.5066	27.0634	49.2231	1606
002661	克明食品	湖南	中部	C	国有参股	77.4077	58.6241	12.3592	27.9623	49.2191	1607
300615	欣天科技	广东	东部	C	无国有股份	79.9698	55.1880	12.1510	26.0609	49.2115	1608
002737	葵花药业	黑龙江	东北	C	国有参股	78.0265	58.6435	11.7919	27.2618	49.1809	1609
688111	金山办公	北京	东部	I	无国有股份	69.5103	58.6185	21.8517	32.8481	49.1792	1610
300128	锦富技术	江苏	东部	C	无国有股份	81.2175	51.7137	11.6319	26.4094	49.1728	1611
603699	纽威股份	江苏	东部	C	无国有股份	72.1274	44.8632	34.1495	27.0452	49.1716	1612
603617	君禾股份	浙江	东部	C	无国有股份	79.8978	51.7262	13.8334	26.6894	49.1571	1613
002006	精功科技	浙江	东部	C	国有参股	75.3562	62.0565	14.8937	26.8778	49.1491	1614
002897	意华股份	浙江	东部	C	无国有股份	75.3100	58.6129	16.9402	27.3696	49.1464	1615
300099	精准信息	山东	东部	C	无国有股份	77.1143	58.6340	13.9134	26.8834	49.1443	1616
300006	莱美药业	重庆	西部	C	国有参股	76.2352	65.4990	10.9186	26.5052	49.1289	1617
300507	苏奥传感	江苏	东部	C	无国有股份	68.4438	51.7191	36.3156	26.8929	49.1217	1618

续表

股票代码	公司简称	省份	地区	行业代码	控股类型	公司治理（*CLCQI–CG*）	社会责任（*CLCQI–SR*）	企业创新（*CLCQI–EI*）	绩效与价值（*CLCQI–PV*）	中国上市公司质量指数（*CLCQI*）	*CLCQI* 排名
002800	天顺股份	新疆	西部	G	无国有股份	78.3753	51.7232	17.1330	26.3268	49.1169	1619
002795	永和智控	浙江	东部	C	无国有股份	78.9723	58.6364	11.0796	26.0446	49.1115	1620
000677	恒天海龙	山东	东部	C	国有参股	78.6594	58.5988	11.6168	26.1222	49.1075	1621
000838	财信发展	重庆	西部	K	无国有股份	72.9964	58.6327	21.8717	26.9458	49.1042	1622
002749	国光股份	四川	西部	C	无国有股份	84.3329	37.9392	14.7699	26.9042	49.1041	1623
000785	居然之家	湖北	中部	F	国有参股	76.4258	65.5073	9.4275	27.2694	49.0992	1624
603990	麦迪科技	江苏	东部	I	无国有股份	71.1967	68.9708	17.2586	27.2668	49.0927	1625
603988	中电电机	江苏	东部	C	无国有股份	70.3620	48.3222	33.9964	27.5656	49.0838	1626
002563	森马服饰	浙江	东部	C	无国有股份	78.1666	51.7462	16.5739	26.9574	49.0827	1627
603203	快克股份	江苏	东部	C	无国有股份	75.6385	51.7250	20.9961	27.4441	49.0744	1628
002691	冀凯股份	河北	东部	C	无国有股份	69.6486	55.1861	32.4565	25.7560	49.0677	1629
000612	焦作万方	河南	中部	C	国有参股	82.9055	44.8580	10.6027	28.2239	49.0674	1630
002019	亿帆医药	浙江	东部	C	无国有股份	81.5636	44.8330	14.1480	27.5377	49.0644	1631
300501	海顺新材	上海	东部	C	无国有股份	69.6134	51.7230	32.9873	27.4441	49.0623	1632
002382	蓝帆医疗	山东	东部	C	国有参股	88.1879	24.1527	13.9436	29.4901	49.0593	1633
603303	得邦照明	浙江	东部	C	无国有股份	75.5121	58.6226	16.6201	26.9193	49.0521	1634
000601	韶能股份	广东	东部	D	国有参股	77.0377	58.6282	13.4409	27.0144	49.0511	1635
002193	如意集团	山东	东部	C	国有参股	76.0410	37.9332	32.3548	25.8939	49.0508	1636

续表

股票代码	公司简称	省份	地区	行业代码	控股类型	公司治理（CLCQI–CG）	社会责任（CLCQI–SR）	企业创新（CLCQI–EI）	绩效与价值（CLCQI–PV）	中国上市公司质量指数（CLCQI）	CLCQI排名
300547	川环科技	四川	西部	C	国有参股	77.6449	58.6305	12.1961	27.0297	49.0492	1637
300095	华伍股份	江西	中部	C	国有参股	71.7367	72.4153	12.7450	27.7677	49.0479	1638
688123	聚辰股份	上海	东部	C	无国有股份	66.9186	51.7174	38.6195	27.1713	49.0417	1639
603348	文灿股份	广东	东部	C	无国有股份	75.5132	37.9365	31.8941	27.0583	49.0392	1640
603602	纵横通信	浙江	东部	I	无国有股份	77.4142	65.5079	8.8250	25.9037	49.0328	1641
000997	新大陆	福建	东部	I	国有参股	72.5004	62.0781	19.5993	27.1933	49.0301	1642
300791	仙乐健康	广东	东部	C	无国有股份	78.2733	51.7136	12.8083	29.5410	49.0133	1643
300587	天铁股份	浙江	东部	C	无国有股份	77.2671	58.6165	12.8401	26.9478	49.0043	1644
000536	华映科技	福建	东部	C	国有参股	82.9715	44.8211	11.2599	27.3461	49.0003	1645
002866	传艺科技	江苏	东部	C	无国有股份	78.5499	51.7173	15.4233	26.9389	48.9969	1646
300311	任子行	广东	东部	I	无国有股份	72.4905	55.1636	25.8625	26.1920	48.9912	1647
300062	中能电气	福建	东部	C	无国有股份	80.2621	48.2838	13.3244	27.8710	48.9800	1648
002378	章源钨业	江西	中部	C	国有参股	77.2767	58.6064	13.0356	26.6741	48.9773	1649
600622	光大嘉宝	上海	东部	K	国有参股	79.2030	55.1711	11.8592	26.5855	48.9751	1650
600535	天士力	天津	东部	C	国有参股	74.3640	62.0748	15.6651	27.1043	48.9659	1651
002949	华阳国际	广东	东部	M	国有参股	80.1012	51.7315	12.2734	26.8429	48.9656	1652
300318	博晖创新	北京	东部	C	国有参股	77.8155	55.1563	10.7333	29.6709	48.9640	1653
600070	浙江富润	浙江	东部	I	无国有股份	76.1815	65.5174	10.9897	25.8539	48.9616	1654

续表

股票代码	公司简称	省份	地区	行业代码	控股类型	公司治理（*CLCQI-CG*）	社会责任（*CLCQI-SR*）	企业创新（*CLCQI-EI*）	绩效与价值（*CLCQI-PV*）	中国上市公司质量指数（*CLCQI*）	*CLCQI* 排名
002539	云图控股	四川	西部	C	无国有股份	81.4798	44.8480	13.7081	27.5861	48.9573	1655
300707	威唐工业	江苏	东部	C	国有参股	68.9109	51.7144	34.7608	26.7299	48.9561	1656
300540	深冷股份	四川	西部	C	无国有股份	71.1472	41.3710	37.8862	26.8169	48.9460	1657
002828	贝肯能源	新疆	西部	B	无国有股份	69.8252	79.3143	13.5295	25.6245	48.9393	1658
002963	豪尔赛	北京	东部	E	无国有股份	79.7910	51.7016	14.1260	25.7646	48.9380	1659
002576	通达动力	江苏	东部	C	无国有股份	71.5154	44.8167	34.3247	26.9505	48.9313	1660
603922	金鸿顺	江苏	东部	C	无国有股份	74.2578	65.4990	14.3277	26.1085	48.9206	1661
002209	达意隆	广东	东部	C	国有参股	77.5169	44.8211	22.7751	26.5418	48.9204	1662
300522	世名科技	江苏	东部	C	国有参股	78.9927	44.8314	17.4218	28.4546	48.9198	1663
300305	裕兴股份	江苏	东部	C	国有参股	80.3641	48.2772	14.3048	26.6846	48.9193	1664
300360	炬华科技	浙江	东部	C	无国有股份	76.2812	58.6198	14.5730	26.7895	48.9174	1665
002133	广宇集团	浙江	东部	K	无国有股份	79.4505	51.7237	13.2950	26.8446	48.9089	1666
002041	登海种业	山东	东部	A	国有参股	75.1346	55.1783	16.2035	29.3067	48.8979	1667
603192	汇得科技	上海	东部	C	无国有股份	78.2145	51.7206	15.9454	26.6577	48.8974	1668
002007	华兰生物	河南	中部	C	国有参股	77.9273	48.2731	14.7081	30.1653	48.8948	1669
002551	尚荣医疗	广东	东部	C	国有参股	74.8433	65.5192	11.2474	27.5095	48.8920	1670
300287	飞利信	北京	东部	I	无国有股份	80.3026	48.2712	15.4090	25.7926	48.8917	1671
300052	中青宝	广东	东部	I	无国有股份	70.2564	55.1563	30.7671	25.4250	48.8857	1672

续表

股票代码	公司简称	省份	地区	行业代码	控股类型	公司治理（CLCQI–CG）	社会责任（CLCQI–SR）	企业创新（CLCQI–EI）	绩效与价值（CLCQI–PV）	中国上市公司质量指数（CLCQI）	CLCQI排名
000711	京蓝科技	黑龙江	东北	E	无国有股份	80.3155	58.6064	9.2493	24.4628	48.8827	1673
600466	蓝光发展	四川	西部	K	无国有股份	85.6498	31.0443	12.7643	29.6500	48.8819	1674
002043	兔宝宝	浙江	东部	C	无国有股份	75.7547	58.6281	14.5647	27.4718	48.8770	1675
300313	ST天山	新疆	西部	A	国有参股	74.7671	55.1714	14.8056	30.9301	48.8762	1676
002971	和远气体	湖北	中部	C	无国有股份	71.3043	51.7122	31.3698	25.2798	48.8725	1677
002566	益盛药业	吉林	东北	C	无国有股份	75.5970	65.4969	11.1812	26.2869	48.8713	1678
300294	博雅生物	江西	中部	C	无国有股份	73.8293	65.5053	13.5921	27.1595	48.8658	1679
002790	瑞尔特	福建	东部	C	无国有股份	76.0456	51.7289	20.4923	26.3445	48.8622	1680
603320	迪贝电气	浙江	东部	C	无国有股份	77.9724	51.7204	16.6097	26.3087	48.8461	1681
603963	大理药业	云南	西部	C	无国有股份	72.4672	72.4333	11.8284	26.4761	48.8366	1682
002718	友邦吊顶	浙江	东部	C	国有参股	74.1519	58.6167	18.8079	26.4776	48.8342	1683
300818	耐普矿机	江西	中部	C	无国有股份	80.0392	55.1613	11.2009	25.1687	48.8222	1684
002962	五方光电	湖北	中部	C	无国有股份	77.3441	58.6084	13.1372	25.8599	48.8213	1685
603035	常熟汽饰	江苏	东部	C	无国有股份	74.1559	65.5133	12.9448	26.9709	48.8211	1686
002900	哈三联	黑龙江	东北	C	无国有股份	78.7935	51.7491	15.3845	25.8437	48.8176	1687
300056	中创环保	福建	东部	C	国有参股	81.2848	17.2429	36.0924	25.9844	48.8149	1688
002171	楚江新材	安徽	中部	C	国有参股	81.0810	31.0462	24.9233	26.9549	48.8127	1689
603926	铁流股份	浙江	东部	C	无国有股份	76.6341	58.6266	13.3198	26.7806	48.8067	1690

续表

股票代码	公司简称	省份	地区	行业代码	控股类型	公司治理（CLCQI-CG）	社会责任（CLCQI-SR）	企业创新（CLCQI-EI）	绩效与价值（CLCQI-PV）	中国上市公司质量指数（CLCQI）	CLCQI排名
603368	柳药股份	广西	西部	F	无国有股份	80.0035	48.2694	13.0855	27.7128	48.7871	1691
600408	ST安泰	山西	中部	C	无国有股份	62.9527	65.5141	35.7557	26.5098	48.7868	1692
300721	怡达股份	江苏	东部	C	国有参股	80.3055	51.7257	10.4799	27.2352	48.7859	1693
603118	共进股份	广东	东部	C	国有参股	70.7372	44.8465	35.4272	26.7104	48.7849	1694
600735	新华锦	山东	东部	C	无国有股份	81.1019	51.7277	10.3154	26.0783	48.7826	1695
002277	友阿股份	湖南	中部	F	国有参股	76.1904	65.5051	9.0884	26.6007	48.7698	1696
300812	易天股份	广东	东部	C	无国有股份	74.0929	65.5094	15.0336	25.1851	48.7666	1697
002943	宇晶股份	湖南	中部	C	无国有股份	77.9360	58.6129	11.3841	26.0650	48.7594	1698
601218	吉鑫科技	江苏	东部	C	无国有股份	64.9536	58.6466	35.9349	27.1163	48.7445	1699
600530	交大昂立	上海	东部	C	国有参股	78.5819	58.6064	10.3545	25.7719	48.7376	1700
300309	吉艾科技	北京	东部	J	无国有股份	70.7337	51.7288	32.4912	24.6987	48.7257	1701
002657	中科金财	北京	东部	I	国有参股	75.2663	58.6064	16.7251	25.9323	48.7256	1702
002295	精艺股份	广东	东部	C	无国有股份	77.6028	44.8309	21.9270	26.2929	48.7244	1703
603708	家家悦	山东	东部	F	无国有股份	74.8362	31.0653	36.3153	27.4556	48.7212	1704
002198	嘉应制药	广东	东部	C	国有参股	80.5103	51.7062	10.7571	26.4382	48.7210	1705
002054	德美化工	广东	东部	C	无国有股份	75.2880	62.0842	13.2442	26.5737	48.7201	1706
603221	爱丽家居	江苏	东部	C	无国有股份	77.8175	58.6067	12.5840	25.1325	48.7179	1707
300259	新天科技	河南	中部	C	国有参股	74.6836	55.1740	19.3268	26.8107	48.7176	1708

续表

股票代码	公司简称	省份	地区	行业代码	控股类型	公司治理（*CLCQI–CG*）	社会责任（*CLCQI–SR*）	企业创新（*CLCQI–EI*）	绩效与价值（*CLCQI–PV*）	中国上市公司质量指数（*CLCQI*）	*CLCQI* 排名
300748	金力永磁	江西	中部	C	国有参股	81.1405	44.8361	13.7203	27.1579	48.7151	1709
002251	步步高	湖南	中部	F	无国有股份	79.8150	51.7407	11.6357	26.7672	48.7060	1710
603238	诺邦股份	浙江	东部	C	无国有股份	73.6942	55.1682	17.6507	29.6918	48.7060	1711
002333	罗普斯金	江苏	东部	C	无国有股份	76.7122	58.6064	12.6197	26.8095	48.7022	1712
300465	高伟达	北京	东部	I	无国有股份	68.9521	58.6064	28.8603	26.2322	48.7019	1713
300228	富瑞特装	江苏	东部	C	国有参股	76.5024	58.6064	12.8595	26.9514	48.7017	1714
002075	沙钢股份	江苏	东部	C	国有参股	74.2297	58.6177	14.8800	28.9577	48.6999	1715
603365	水星家纺	上海	东部	C	无国有股份	77.6091	55.1830	13.4191	26.7720	48.6979	1716
002353	杰瑞股份	山东	东部	C	无国有股份	81.7070	41.3841	14.2272	27.8469	48.6976	1717
603633	徕木股份	上海	东部	C	国有参股	74.7555	58.6111	16.5702	26.7293	48.6902	1718
002081	金螳螂	江苏	东部	E	国有参股	73.7690	55.1747	19.1289	28.3116	48.6875	1719
603168	莎普爱思	浙江	东部	C	无国有股份	75.7703	37.9284	31.2028	25.7426	48.6736	1720
600811	东方集团	黑龙江	东北	C	国有参股	85.8666	37.9284	9.2733	27.1233	48.6714	1721
000953	河化股份	广西	西部	C	国有参股	75.1886	58.6064	14.6613	27.4668	48.6654	1722
002185	华天科技	甘肃	西部	C	国有参股	77.7768	51.7186	13.2796	28.5234	48.6553	1723
603908	牧高笛	浙江	东部	C	无国有股份	78.5373	55.2107	11.1812	26.8821	48.6533	1724
603200	上海洗霸	上海	东部	N	无国有股份	72.1226	65.5097	15.6734	27.3607	48.6504	1725
002612	朗姿股份	北京	东部	C	无国有股份	72.4290	65.5487	13.0673	28.8982	48.6419	1726

续表

股票代码	公司简称	省份	地区	行业代码	控股类型	公司治理（*CLCQI-CG*）	社会责任（*CLCQI-SR*）	企业创新（*CLCQI-EI*）	绩效与价值（*CLCQI-PV*）	中国上市公司质量指数（*CLCQI*）	*CLCQI* 排名
603533	掌阅科技	北京	东部	I	国有参股	70.6900	58.6186	20.7719	29.6338	48.6316	1727
000910	大亚圣象	江苏	东部	C	无国有股份	63.5801	65.5042	32.9712	27.1183	48.6315	1728
002245	蔚蓝锂芯	江苏	东部	C	无国有股份	78.9173	44.8263	13.8219	30.2575	48.6196	1729
000150	宜华健康	广东	东部	Q	无国有股份	81.0117	51.7137	11.3413	24.7494	48.6173	1730
002568	百润股份	上海	东部	C	无国有股份	75.4722	51.7473	11.1411	33.6691	48.5965	1731
002327	富安娜	广东	东部	C	国有参股	89.9300	24.1731	11.0372	27.1528	48.5936	1732
603912	佳力图	江苏	东部	C	无国有股份	75.7341	55.1734	16.5734	26.8031	48.5851	1733
002111	威海广泰	山东	东部	C	国有参股	75.1578	58.6253	14.9194	26.9645	48.5819	1734
000889	中嘉博创	河北	东部	I	国有参股	76.4632	65.4990	8.0972	26.1902	48.5771	1735
300297	蓝盾股份	广东	东部	I	无国有股份	76.2622	62.0489	11.6772	25.6999	48.5726	1736
000572	海马汽车	海南	东部	C	无国有股份	68.7555	65.4990	23.1817	26.4285	48.5705	1737
300715	凯伦股份	江苏	东部	C	无国有股份	81.6304	37.9256	15.1988	28.7386	48.5654	1738
300129	泰胜风能	上海	东部	C	国有参股	76.4181	51.7320	16.5188	27.6899	48.5533	1739
300163	先锋新材	浙江	东部	C	无国有股份	76.1272	55.1563	16.1390	26.3733	48.5454	1740
002252	上海莱士	上海	东部	C	国有参股	83.9971	41.3975	9.5872	27.2660	48.5424	1741
688159	有方科技	广东	东部	C	无国有股份	75.2026	24.1657	43.9721	24.1054	48.5267	1742
300011	鼎汉技术	北京	东部	C	国有参股	78.4538	51.7062	14.6390	25.8383	48.5248	1743
300365	恒华科技	北京	东部	I	国有参股	82.8214	37.9197	15.5832	26.3262	48.5147	1744

续表

股票代码	公司简称	省份	地区	行业代码	控股类型	公司治理（*CLCQI-CG*）	社会责任（*CLCQI-SR*）	企业创新（*CLCQI-EI*）	绩效与价值（*CLCQI-PV*）	中国上市公司质量指数（*CLCQI*）	*CLCQI*排名
002875	安奈儿	广东	东部	C	无国有股份	79.8830	51.7186	11.9816	25.6261	48.5139	1745
600493	凤竹纺织	福建	东部	C	无国有股份	76.8966	55.1875	14.6070	26.2210	48.5134	1746
603889	新澳股份	浙江	东部	C	无国有股份	75.2841	58.6348	15.2624	26.1353	48.4952	1747
603277	银都股份	浙江	东部	C	国有参股	63.0727	62.0697	35.8201	27.1137	48.4820	1748
603226	菲林格尔	上海	东部	C	无国有股份	73.3127	65.5086	14.1008	26.0413	48.4818	1749
600321	正源股份	四川	西部	C	无国有股份	71.6041	79.2994	7.5781	25.7121	48.4802	1750
603866	桃李面包	辽宁	东北	C	无国有股份	77.4132	51.7442	11.9686	29.4298	48.4781	1751
002158	汉钟精机	上海	东部	C	国有参股	74.3249	58.6287	14.4331	28.2537	48.4743	1752
002427	ST尤夫	浙江	东部	C	无国有股份	72.6986	44.8211	32.5163	24.6634	48.4717	1753
600234	山水文化	山西	中部	C	无国有股份	72.7875	65.4990	12.1625	28.3518	48.4603	1754
300742	越博动力	江苏	东部	C	国有参股	71.0923	51.7137	28.1543	26.5088	48.4520	1755
300736	百邦科技	北京	东部	O	无国有股份	81.4447	44.8211	12.3439	26.7222	48.4504	1756
603887	城地香江	上海	东部	I	无国有股份	74.4060	37.9248	31.5624	26.7454	48.4499	1757
002540	亚太科技	江苏	东部	C	国有参股	74.8455	58.6478	14.7241	27.0732	48.4485	1758
603528	多伦科技	江苏	东部	C	无国有股份	72.4783	65.5137	14.4513	26.9537	48.4471	1759
000935	四川双马	四川	西部	C	国有参股	73.8966	68.9538	8.7630	27.1105	48.4319	1760
603960	克来机电	上海	东部	C	无国有股份	71.0343	58.6118	18.6589	29.9621	48.4278	1761
002146	荣盛发展	河北	东部	K	国有参股	79.5810	41.3968	12.6971	31.3496	48.4187	1762

续表

股票代码	公司简称	省份	地区	行业代码	控股类型	公司治理（CLCQI-CG）	社会责任（CLCQI-SR）	企业创新（CLCQI-EI）	绩效与价值（CLCQI-PV）	中国上市公司质量指数（CLCQI）	CLCQI 排名
600803	新奥股份	河北	东部	D	无国有股份	76.4081	44.8262	16.3007	31.4799	48.4173	1763
601700	风范股份	江苏	东部	C	无国有股份	68.9610	51.7137	32.9409	25.9173	48.4090	1764
603006	联明股份	上海	东部	C	无国有股份	76.9615	58.6216	10.7426	26.7162	48.4054	1765
002211	宏达新材	上海	东部	C	无国有股份	78.5302	51.7137	13.1790	26.3826	48.4006	1766
603885	吉祥航空	上海	东部	G	国有参股	74.9219	62.0593	12.6158	26.3526	48.3890	1767
603826	坤彩科技	福建	东部	C	无国有股份	74.1277	58.6118	12.3675	29.8895	48.3887	1768
300093	金刚玻璃	广东	东部	C	无国有股份	76.3157	31.0207	33.9393	25.6852	48.3885	1769
603915	国茂股份	江苏	东部	C	无国有股份	66.9004	51.7251	34.0989	28.1860	48.3852	1770
002599	盛通股份	北京	东部	C	无国有股份	83.6763	41.3710	11.6471	25.5158	48.3845	1771
002546	新联电子	江苏	东部	C	无国有股份	72.6438	65.5185	14.5942	26.3199	48.3841	1772
002379	宏创控股	山东	东部	C	无国有股份	75.7711	58.6064	14.6951	25.3681	48.3804	1773
601579	会稽山	浙江	东部	C	国有参股	73.1718	68.9549	9.1303	27.7249	48.3692	1774
002095	生意宝	浙江	东部	I	无国有股份	75.4727	65.5306	8.6719	26.4550	48.3668	1775
300779	惠城环保	山东	东部	C	国有参股	74.4525	58.6203	16.6710	25.8210	48.3635	1776
002928	华夏航空	贵州	西部	G	无国有股份	77.4425	51.7043	13.2642	27.8821	48.3560	1777
300539	横河精密	浙江	东部	C	无国有股份	79.0689	51.7598	11.8277	26.3940	48.3556	1778
601519	大智慧	上海	东部	J	无国有股份	70.8787	48.2712	27.8004	28.8042	48.3533	1779
002622	融钰集团	吉林	东北	C	无国有股份	76.8662	58.6215	11.5922	25.9794	48.3530	1780

续表

股票代码	公司简称	省份	地区	行业代码	控股类型	公司治理（CLCQI-CG）	社会责任（CLCQI-SR）	企业创新（CLCQI-EI）	绩效与价值（CLCQI-PV）	中国上市公司质量指数（CLCQI）	CLCQI排名
002398	垒知集团	福建	东部	C	无国有股份	80.4140	44.8284	13.4074	27.1264	48.3529	1781
600232	金鹰股份	浙江	东部	C	无国有股份	75.1198	65.5990	9.7151	26.0830	48.3515	1782
600797	浙大网新	浙江	东部	I	无国有股份	80.6904	48.2860	11.3958	26.1970	48.3475	1783
601028	玉龙股份	山东	东部	F	国有参股	69.7964	44.8135	29.0327	31.5773	48.3414	1784
300061	旗天科技	上海	东部	L	无国有股份	81.2579	44.8211	13.2063	25.8895	48.3399	1785
601969	海南矿业	海南	东部	B	国有参股	72.1589	68.9491	12.7277	26.3487	48.3386	1786
603266	天龙股份	浙江	东部	C	无国有股份	78.1849	48.2660	15.7876	26.6687	48.3386	1787
002905	金逸影视	广东	东部	R	无国有股份	82.6041	44.8211	10.9997	25.4731	48.3330	1788
600604	市北高新	上海	东部	K	国有参股	75.3821	62.0633	12.0542	25.8285	48.3303	1789
002861	瀛通通讯	湖北	中部	C	无国有股份	83.9707	37.9282	12.8961	25.8893	48.3290	1790
002585	双星新材	江苏	东部	C	国有参股	74.5449	58.6253	12.6496	28.7048	48.3179	1791
603086	先达股份	山东	东部	C	无国有股份	70.2476	44.8125	33.9220	26.8259	48.3118	1792
600987	航民股份	浙江	东部	C	国有参股	69.1728	75.8572	12.9223	26.7156	48.3111	1793
002545	东方铁塔	山东	东部	C	国有参股	78.4254	51.7302	12.7058	26.5579	48.3103	1794
002532	天山铝业	浙江	东部	C	无国有股份	68.3239	44.8355	36.3002	27.9738	48.3084	1795
002759	天际股份	广东	东部	C	无国有股份	71.1134	65.5061	15.5029	27.7376	48.3063	1796
002473	*ST圣莱	浙江	东部	C	无国有股份	60.1701	34.4859	62.9839	25.8713	48.3055	1797
002931	锋龙股份	浙江	东部	C	无国有股份	73.3169	62.0700	14.9405	26.6823	48.2959	1798

续表

股票代码	公司简称	省份	地区	行业代码	控股类型	公司治理（CLCQI-CG）	社会责任（CLCQI-SR）	企业创新（CLCQI-EI）	绩效与价值（CLCQI-PV）	中国上市公司质量指数（CLCQI）	CLCQI 排名
603056	德邦股份	上海	东部	G	无国有股份	74.9535	48.2827	21.1755	27.3369	48.2931	1799
002228	合兴包装	福建	东部	C	无国有股份	79.8576	44.8235	14.6683	26.7618	48.2907	1800
002919	名臣健康	广东	东部	C	无国有股份	74.8295	51.7216	15.8753	29.6862	48.2866	1801
000710	贝瑞基因	四川	西部	M	无国有股份	74.7765	62.0489	11.2045	27.2785	48.2785	1802
002724	海洋王	广东	东部	C	国有参股	81.8370	31.0371	21.0003	26.7494	48.2778	1803
300726	宏达电子	湖南	中部	C	无国有股份	73.4142	58.6196	11.9184	30.9335	48.2757	1804
300823	建科机械	天津	东部	C	无国有股份	71.5891	44.8170	32.8150	25.4056	48.2726	1805
603816	顾家家居	浙江	东部	C	无国有股份	76.0060	48.2965	16.7462	29.0196	48.2510	1806
002334	英威腾	广东	东部	C	无国有股份	79.8487	37.9562	19.5352	26.8170	48.2442	1807
002108	沧州明珠	河北	东部	C	国有参股	78.8719	51.7352	10.5774	27.2627	48.2402	1808
600107	美尔雅	湖北	中部	C	无国有股份	74.9657	65.4990	7.9285	27.2877	48.2187	1809
002319	乐通股份	广东	东部	C	无国有股份	74.0913	65.4990	10.8996	26.2931	48.2146	1810
603767	中马传动	浙江	东部	C	无国有股份	68.0294	51.7441	33.1670	26.4043	48.2078	1811
002846	英联股份	广东	东部	C	无国有股份	78.2138	51.7288	13.2066	26.0688	48.2034	1812
600753	东方银星	福建	东部	F	无国有股份	69.0782	48.2636	30.6133	28.8383	48.2031	1813
300101	振芯科技	四川	西部	C	无国有股份	73.0451	51.7189	20.5374	28.4406	48.1935	1814
300735	光弘科技	广东	东部	C	国有参股	73.2014	65.5184	12.4757	26.3523	48.1915	1815
300201	海伦哲	江苏	东部	C	无国有股份	77.2683	44.8211	20.6668	25.6974	48.1882	1816

续表

股票代码	公司简称	省份	地区	行业代码	控股类型	公司治理（CLCQI-CG）	社会责任（CLCQI-SR）	企业创新（CLCQI-EI）	绩效与价值（CLCQI-PV）	中国上市公司质量指数（CLCQI）	CLCQI排名
300045	华力创通	北京	东部	C	无国有股份	69.6230	58.6064	24.4237	26.6215	48.1803	1817
600007	中国国贸	北京	东部	K	无国有股份	75.3459	58.6188	12.8271	26.7124	48.1747	1818
300256	星星科技	江西	中部	C	无国有股份	76.8456	51.7137	15.5269	26.2848	48.1719	1819
002355	兴民智通	山东	东部	C	无国有股份	73.3855	51.7137	23.5774	25.3800	48.1718	1820
002256	*ST兆新	广东	东部	D	无国有股份	66.7766	51.7137	36.3778	25.6574	48.1576	1821
603559	中通国脉	吉林	东北	I	无国有股份	65.8333	65.5013	27.0527	26.3398	48.1540	1822
601890	亚星锚链	江苏	东部	C	无国有股份	72.7487	65.5155	12.9714	26.5232	48.1519	1823
002842	翔鹭钨业	广东	东部	C	无国有股份	75.1356	58.6055	13.8493	26.1305	48.1475	1824
000751	锌业股份	辽宁	东北	C	无国有股份	70.2781	72.4068	12.4820	26.6650	48.1349	1825
002763	汇洁股份	广东	东部	C	无国有股份	76.0228	58.6612	11.5500	26.4651	48.1346	1826
002076	ST雪莱	广东	东部	C	无国有股份	75.0268	51.7137	18.8458	26.3570	48.1262	1827
002913	奥士康	湖南	中部	C	无国有股份	81.1288	37.9317	14.9828	27.9278	48.1198	1828
002556	辉隆股份	安徽	中部	F	无国有股份	75.1509	51.7402	17.1598	27.4555	48.1172	1829
002889	东方嘉盛	广东	东部	L	无国有股份	79.0624	48.2609	12.5439	26.9687	48.1150	1830
601966	玲珑轮胎	山东	东部	C	无国有股份	71.1185	62.0706	15.1706	29.2712	48.1099	1831
000752	*ST西发	西藏	西部	C	国有参股	67.0064	58.6215	8.8722	42.9554	48.1091	1832
300805	电声股份	广东	东部	L	无国有股份	76.8094	51.7191	15.0003	26.5013	48.1070	1833
002953	日丰股份	广东	东部	C	无国有股份	79.0058	44.8223	15.5870	26.6506	48.1057	1834

续表

股票代码	公司简称	省份	地区	行业代码	控股类型	公司治理（CLCQI–CG）	社会责任（CLCQI–SR）	企业创新（CLCQI–EI）	绩效与价值（CLCQI–PV）	中国上市公司质量指数（CLCQI）	CLCQI 排名
002363	隆基机械	山东	东部	C	无国有股份	75.5945	58.6665	12.0184	26.6335	48.0998	1835
300795	*ST米奥	浙江	东部	L	国有参股	74.6868	55.2153	17.6138	25.6791	48.0996	1836
002346	柘中股份	上海	东部	C	无国有股份	70.7523	72.4466	11.3310	26.6058	48.0856	1837
002031	巨轮智能	广东	东部	C	无国有股份	77.4733	51.7137	13.6882	26.3370	48.0683	1838
000633	合金投资	新疆	西部	C	无国有股份	76.6522	58.6215	7.5939	28.3694	48.0652	1839
002907	华森制药	重庆	西部	C	无国有股份	82.0660	37.9256	14.6776	26.4567	48.0649	1840
000996	中国中期	北京	东部	F	无国有股份	71.5092	72.4068	8.4669	27.6251	48.0643	1841
600545	卓郎智能	新疆	西部	C	国有参股	78.6887	51.7270	12.3934	25.3628	48.0539	1842
300159	新研股份	新疆	西部	C	无国有股份	78.8001	51.7137	11.9589	25.5246	48.0500	1843
600243	青海华鼎	青海	西部	C	国有参股	73.0673	68.9491	10.3407	25.6494	48.0498	1844
002082	万邦德	浙江	东部	C	无国有股份	79.0385	37.9475	19.5520	27.2779	48.0374	1845
000918	嘉凯城	浙江	东部	K	国有参股	73.9005	65.4990	11.5084	25.3918	48.0347	1846
600162	香江控股	广东	东部	K	无国有股份	80.5953	44.8428	12.1625	26.5437	48.0329	1847
002855	捷荣技术	广东	东部	C	国有参股	88.0839	24.1530	13.1555	26.1000	48.0126	1848
000697	炼石航空	陕西	西部	C	国有参股	70.4450	75.8493	9.7660	25.9984	48.0082	1849
300175	朗源股份	山东	东部	C	无国有股份	80.2438	51.7137	9.3563	25.1063	48.0024	1850
002667	鞍重股份	辽宁	东北	C	无国有股份	80.4413	41.3781	15.1267	26.3696	48.0010	1851
300391	康跃科技	山东	东部	C	无国有股份	74.0473	58.6064	13.0661	27.9110	48.0009	1852

续表

股票代码	公司简称	省份	地区	行业代码	控股类型	公司治理（CLCQI-CG）	社会责任（CLCQI-SR）	企业创新（CLCQI-EI）	绩效与价值（CLCQI-PV）	中国上市公司质量指数（CLCQI）	CLCQI排名
600771	广誉远	山西	中部	C	国有参股	77.9658	51.7137	12.1653	26.4552	47.9902	1853
600066	宇通客车	河南	中部	C	国有参股	66.7715	69.0077	20.2440	27.5218	47.9890	1854
603429	集友股份	安徽	中部	C	无国有股份	71.3844	65.5165	13.5025	27.6156	47.9857	1855
300190	维尔利	江苏	东部	N	国有参股	74.2916	58.6164	13.3006	27.2557	47.9831	1856
300192	科德教育	江苏	东部	P	无国有股份	74.7366	58.5988	12.3328	27.2899	47.9735	1857
300651	金陵体育	江苏	东部	C	无国有股份	70.0278	65.5192	15.9494	27.7738	47.9723	1858
600596	新安股份	浙江	东部	C	国有参股	67.2834	75.8721	14.4081	27.1773	47.9701	1859
603729	ST龙韵	上海	东部	L	无国有股份	73.9835	62.0489	12.1281	26.5711	47.9691	1860
002642	荣联科技	北京	东部	I	无国有股份	80.4117	44.8211	14.3570	24.8313	47.9671	1861
002429	兆驰股份	广东	东部	C	国有参股	77.5776	44.8211	14.9610	28.8576	47.9608	1862
603607	京华激光	浙江	东部	C	无国有股份	76.3614	51.7244	14.8093	26.7754	47.9589	1863
600400	红豆股份	江苏	东部	C	无国有股份	77.3594	51.7597	13.1405	26.4561	47.9498	1864
002074	国轩高科	安徽	中部	C	无国有股份	71.1559	62.0782	13.4965	29.8955	47.9473	1865
601566	九牧王	福建	东部	C	无国有股份	71.9226	68.9942	10.5810	26.8480	47.9464	1866
601216	君正集团	内蒙古	西部	C	无国有股份	73.5105	58.6395	11.3386	29.9134	47.9462	1867
002537	海联金汇	山东	东部	C	国有参股	74.1077	58.6064	14.1011	26.7550	47.9430	1868
603787	新日股份	江苏	东部	C	无国有股份	75.0753	44.8360	19.6808	28.9323	47.9247	1869
300423	昇辉科技	山东	东部	C	无国有股份	75.0921	44.8107	22.2070	26.8944	47.9235	1870

续表

股票代码	公司简称	省份	地区	行业代码	控股类型	公司治理（CLCQI-CG）	社会责任（CLCQI-SR）	企业创新（CLCQI-EI）	绩效与价值（CLCQI-PV）	中国上市公司质量指数（CLCQI）	CLCQI排名
000723	美锦能源	山西	中部	C	无国有股份	70.9809	44.8473	30.6561	26.6714	47.9185	1871
000821	京山轻机	湖北	中部	C	国有参股	66.4810	72.4068	17.9857	27.4491	47.9128	1872
688158	优刻得	上海	东部	I	国有参股	76.0103	55.1563	15.3936	24.6076	47.9082	1873
600180	瑞茂通	山东	东部	F	国有参股	77.7151	44.8308	17.3616	26.4796	47.9029	1874
000068	华控赛格	广东	东部	M	国有参股	77.3728	58.6064	8.3548	25.9184	47.8906	1875
603886	元祖股份	上海	东部	C	无国有股份	75.2717	58.6467	10.8476	27.2500	47.8877	1876
300656	民德电子	广东	东部	C	无国有股份	75.5362	51.7175	14.8310	27.7968	47.8875	1877
002640	*ST跨境	山西	中部	F	国有参股	77.9218	44.8211	18.8624	24.8849	47.8856	1878
600770	综艺股份	江苏	东部	S	无国有股份	79.3392	44.8211	13.1716	27.1539	47.8817	1879
600182	SST佳通	黑龙江	东北	C	国有参股	72.6182	65.5134	11.8733	26.5044	47.8750	1880
002328	新朋股份	上海	东部	C	无国有股份	76.4029	51.7390	13.8812	27.0927	47.8714	1881
300765	新诺威	河北	东部	C	无国有股份	74.2117	58.6105	13.2492	26.9724	47.8692	1882
601155	新城控股	江苏	东部	K	国有参股	66.5253	58.6433	12.9893	39.4588	47.8691	1883
002117	东港股份	山东	东部	C	国有参股	76.5769	51.7529	14.4763	26.2746	47.8576	1884
000887	中鼎股份	安徽	中部	C	国有参股	73.5276	58.6141	14.0618	27.3669	47.8572	1885
603360	百傲化学	辽宁	东北	C	无国有股份	75.3382	58.6295	11.6797	26.3655	47.8570	1886
603778	乾景园林	北京	东部	E	无国有股份	70.8633	65.4990	15.3716	26.4202	47.8496	1887
603615	茶花股份	福建	东部	C	无国有股份	75.4546	55.2179	13.5593	26.6797	47.8463	1888

续表

股票代码	公司简称	省份	地区	行业代码	控股类型	公司治理（*CLCQI–CG*）	社会责任（*CLCQI–SR*）	企业创新（*CLCQI–EI*）	绩效与价值（*CLCQI–PV*）	中国上市公司质量指数（*CLCQI*）	*CLCQI*排名
002588	史丹利	山东	东部	C	国有参股	72.7645	58.6164	15.0807	27.7166	47.8436	1889
300689	澄天伟业	广东	东部	C	无国有股份	80.4536	44.8101	10.9523	26.9620	47.8339	1890
600732	爱旭股份	上海	东部	C	国有参股	74.6385	51.7184	15.1146	28.7890	47.8333	1891
601366	利群股份	山东	东部	F	无国有股份	77.9057	51.7363	10.7125	27.0417	47.8256	1892
603880	南卫股份	江苏	东部	C	无国有股份	77.4689	44.8312	15.4130	28.0761	47.8139	1893
002613	北玻股份	河南	中部	C	无国有股份	73.2593	58.6411	14.6009	27.1730	47.8133	1894
300778	新城市	广东	东部	M	无国有股份	77.3940	51.7107	12.3198	26.5346	47.8118	1895
002620	瑞和股份	广东	东部	E	无国有股份	74.5273	55.1641	15.0717	26.8149	47.8036	1896
300200	高盟新材	北京	东部	C	国有参股	73.9762	58.6257	12.6594	27.5352	47.8000	1897
300790	宇瞳光学	广东	东部	C	无国有股份	79.3093	44.8285	13.8556	26.3183	47.7987	1898
603002	宏昌电子	广东	东部	C	无国有股份	72.9229	58.6445	15.2935	27.0598	47.7895	1899
300027	华谊兄弟	浙江	东部	R	无国有股份	74.0368	62.0565	10.9928	26.6703	47.7893	1900
603330	上海天洋	上海	东部	C	无国有股份	77.4694	44.8418	13.2939	29.6563	47.7869	1901
603007	ST花王	江苏	东部	E	国有参股	70.8453	65.5090	15.4313	26.1142	47.7793	1902
002397	梦洁股份	湖南	中部	C	无国有股份	71.0983	37.9881	35.2689	26.3093	47.7686	1903
002668	奥马电器	广东	东部	C	无国有股份	80.1678	44.8211	12.4974	25.8988	47.7644	1904
000613	*ST东海A	海南	东部	H	无国有股份	69.7493	68.9491	11.7129	28.7160	47.7637	1905
002602	世纪华通	浙江	东部	I	国有参股	81.9936	31.0386	16.7572	27.8091	47.7569	1906

续表

股票代码	公司简称	省份	地区	行业代码	控股类型	公司治理（CLCQI-CG）	社会责任（CLCQI-SR）	企业创新（CLCQI-EI）	绩效与价值（CLCQI-PV）	中国上市公司质量指数（CLCQI）	CLCQI排名
300389	艾比森	广东	东部	C	国有参股	76.8574	51.7221	13.7789	25.9958	47.7560	1907
300160	秀强股份	江苏	东部	C	无国有股份	72.6536	59.4459	12.9456	28.7528	47.7557	1908
000672	上峰水泥	甘肃	西部	C	国有参股	73.5699	62.0702	9.5993	28.3628	47.7490	1909
000975	银泰黄金	内蒙古	西部	B	无国有股份	76.6550	51.7310	12.1864	27.5367	47.7431	1910
300801	泰和科技	山东	东部	C	无国有股份	69.8016	37.9380	36.9527	26.9613	47.7422	1911
603063	禾望电气	广东	东部	C	无国有股份	72.2209	58.6112	14.7500	28.4371	47.7393	1912
603776	永安行	江苏	东部	M	无国有股份	68.5243	41.3713	36.1207	27.5808	47.7347	1913
002571	德力股份	安徽	中部	C	无国有股份	75.7092	58.5988	8.5497	27.7716	47.7264	1914
603042	华脉科技	江苏	东部	C	无国有股份	72.9485	58.6064	16.0195	26.1785	47.7189	1915
300752	隆利科技	广东	东部	C	无国有股份	78.9774	44.8219	13.3013	26.9544	47.7131	1916
300686	智动力	广东	东部	C	无国有股份	77.4298	51.7187	12.4212	25.9884	47.7111	1917
688168	安博通	北京	东部	I	无国有股份	75.9565	48.2660	17.5226	26.3130	47.7053	1918
300367	ST网力	北京	东部	C	国有参股	70.5538	37.9284	36.1932	26.1530	47.6877	1919
300569	天能重工	山东	东部	C	国有参股	78.6429	44.8283	12.2292	28.2352	47.6860	1920
002647	仁东控股	浙江	东部	J	国有参股	72.4402	55.1714	20.1054	25.5897	47.6703	1921
300411	金盾股份	浙江	东部	C	国有参股	66.4947	48.2636	35.4401	26.9720	47.6684	1922
002303	美盈森	广东	东部	C	国有参股	82.0256	37.9695	13.1653	26.1122	47.6668	1923
002289	宇顺电子	广东	东部	C	无国有股份	80.3813	44.8211	10.0324	27.1005	47.6573	1924

续表

股票代码	公司简称	省份	地区	行业代码	控股类型	公司治理（CLCQI-CG）	社会责任（CLCQI-SR）	企业创新（CLCQI-EI）	绩效与价值（CLCQI-PV）	中国上市公司质量指数（CLCQI）	CLCQI排名
600132	重庆啤酒	重庆	西部	C	国有参股	78.0153	37.9516	13.1627	32.4924	47.6545	1925
002052	ST同洲	广东	东部	C	无国有股份	62.9004	58.6064	37.5490	24.7629	47.6516	1926
600303	曙光股份	辽宁	东北	C	无国有股份	71.0504	68.9567	10.8697	26.7982	47.6372	1927
603080	新疆火炬	新疆	西部	D	无国有股份	74.8111	58.6134	11.8315	26.2123	47.6358	1928
002922	伊戈尔	广东	东部	C	无国有股份	81.0659	37.9386	14.7949	26.2335	47.6345	1929
603799	华友钴业	浙江	东部	C	无国有股份	74.0793	51.7342	13.6568	30.0020	47.6237	1930
600836	上海易连	上海	东部	C	无国有股份	70.6573	41.3785	31.5844	27.3361	47.6206	1931
601015	陕西黑猫	陕西	西部	C	国有参股	69.5505	44.8436	31.2612	27.2448	47.6102	1932
600678	四川金顶	四川	西部	C	无国有股份	70.4804	72.4068	8.7882	27.1563	47.5999	1933
002593	日上集团	福建	东部	C	无国有股份	78.7531	44.8336	13.8180	26.4301	47.5974	1934
603557	ST起步	浙江	东部	C	无国有股份	66.1347	65.7250	23.8977	26.0184	47.5968	1935
603159	上海亚虹	上海	东部	C	无国有股份	72.8518	58.6332	14.7777	26.8173	47.5955	1936
002309	中利集团	江苏	东部	C	国有参股	74.7782	58.6064	13.7023	24.5891	47.5900	1937
002547	春兴精工	江苏	东部	C	无国有股份	82.1629	37.9284	14.2187	24.7616	47.5886	1938
002424	贵州百灵	贵州	西部	C	国有参股	74.9551	58.6259	10.8992	26.4865	47.5774	1939
000739	普洛药业	浙江	东部	C	无国有股份	81.0268	34.4871	13.7754	28.9534	47.5772	1940
300688	创业黑马	北京	东部	L	无国有股份	70.5647	65.5313	13.6228	27.1510	47.5679	1941
603958	哈森股份	江苏	东部	C	无国有股份	73.3846	65.4990	9.7514	25.7374	47.5633	1942

续表

股票代码	公司简称	省份	地区	行业代码	控股类型	公司治理（*CLCQI–CG*）	社会责任（*CLCQI–SR*）	企业创新（*CLCQI–EI*）	绩效与价值（*CLCQI–PV*）	中国上市公司质量指数（*CLCQI*）	*CLCQI*排名
000571	ST大洲	海南	东部	S	无国有股份	72.3481	37.9435	31.7507	26.3122	47.5590	1943
603358	华达科技	江苏	东部	C	无国有股份	69.3933	68.9705	13.1573	27.2735	47.5527	1944
300247	融捷健康	安徽	中部	C	国有参股	75.0034	58.6064	10.8687	26.2816	47.5365	1945
002863	今飞凯达	浙江	东部	C	无国有股份	73.8627	58.6263	12.9214	26.4117	47.5262	1946
002785	万里石	福建	东部	C	国有参股	77.8136	51.7137	9.6540	26.8375	47.5227	1947
603978	深圳新星	广东	东部	C	无国有股份	81.9589	37.9303	12.8676	25.9008	47.5219	1948
300600	国瑞科技	江苏	东部	C	国有参股	75.1767	48.2673	15.4883	28.4530	47.5217	1949
000415	渤海租赁	新疆	西部	L	国有参股	75.5222	55.1714	10.3358	27.8671	47.5185	1950
300158	振东制药	山西	中部	C	无国有股份	69.2095	44.8584	32.2577	26.6166	47.5182	1951
603903	中持股份	北京	东部	N	无国有股份	79.4542	37.9331	15.9969	27.3730	47.5143	1952
002665	首航高科	甘肃	西部	C	国有参股	67.6011	51.7137	32.1854	25.1180	47.5141	1953
603003	龙宇燃油	上海	东部	F	无国有股份	75.6613	44.8135	19.9657	26.1368	47.5139	1954
002824	和胜股份	广东	东部	C	无国有股份	78.6429	41.3864	15.1825	27.2314	47.5095	1955
300109	新开源	河南	中部	C	国有参股	79.1210	44.8274	13.1984	25.9833	47.5080	1956
000046	泛海控股	北京	东部	J	国有参股	72.7261	62.0640	11.5992	27.1498	47.5073	1957
600149	廊坊发展	河北	东部	D	国有参股	77.4430	51.7137	11.2520	26.0903	47.5073	1958
002467	二六三	北京	东部	I	国有参股	76.4216	51.7406	11.7536	27.2489	47.4927	1959
300291	华录百纳	北京	东部	R	国有参股	84.0564	34.4783	10.5015	26.3839	47.4906	1960

续表

股票代码	公司简称	省份	地区	行业代码	控股类型	公司治理（CLCQI-CG）	社会责任（CLCQI-SR）	企业创新（CLCQI-EI）	绩效与价值（CLCQI-PV）	中国上市公司质量指数（CLCQI）	CLCQI排名
603335	迪生力	广东	东部	C	无国有股份	73.3013	58.6252	13.4170	26.7250	47.4790	1961
603015	弘讯科技	浙江	东部	C	无国有股份	80.1622	31.0627	20.5882	26.5361	47.4760	1962
300117	嘉寓股份	北京	东部	E	国有参股	78.1190	37.9156	19.1508	26.7966	47.4643	1963
000989	九芝堂	湖南	中部	C	国有参股	78.1264	44.8806	14.1301	26.6209	47.4639	1964
000813	德展健康	新疆	西部	C	国有参股	71.7066	65.5131	11.8867	26.2205	47.4421	1965
002471	中超控股	江苏	东部	C	无国有股份	74.6716	51.7288	15.9394	26.4847	47.4370	1966
002898	赛隆药业	广东	东部	C	无国有股份	71.9146	58.6848	17.3997	25.5427	47.4342	1967
300304	云意电气	江苏	东部	C	国有参股	78.5013	37.9290	17.9324	26.9556	47.4152	1968
603336	宏辉果蔬	广东	东部	C	无国有股份	74.4524	58.6209	10.5717	26.8926	47.4116	1969
000520	长航凤凰	湖北	中部	G	国有参股	74.7627	51.7062	14.5973	27.2513	47.3933	1970
002890	弘宇股份	山东	东部	C	无国有股份	68.5226	44.8235	32.9778	26.6555	47.3920	1971
002166	莱茵生物	广西	西部	C	国有参股	81.4696	37.9428	12.3834	26.5092	47.3833	1972
002433	太安堂	广东	东部	C	无国有股份	67.8071	79.3073	9.3397	25.9702	47.3794	1973
300786	国林科技	山东	东部	C	无国有股份	76.0888	51.7155	12.9525	26.3506	47.3710	1974
603008	喜临门	浙江	东部	C	无国有股份	77.7402	44.8271	13.5510	27.3548	47.3691	1975
002739	万达电影	北京	东部	R	无国有股份	74.6462	58.6064	11.6744	25.5290	47.3666	1976
600613	神奇制药	上海	东部	C	国有参股	71.9553	65.4990	12.1623	25.2536	47.3528	1977
000790	华神科技	四川	西部	C	无国有股份	72.8202	58.6168	14.0775	26.4647	47.3523	1978

续表

股票代码	公司简称	省份	地区	行业代码	控股类型	公司治理（*CLCQI-CG*）	社会责任（*CLCQI-SR*）	企业创新（*CLCQI-EI*）	绩效与价值（*CLCQI-PV*）	中国上市公司质量指数（*CLCQI*）	*CLCQI* 排名
002577	雷柏科技	广东	东部	C	无国有股份	73.9880	51.7062	16.7490	26.5747	47.3446	1979
601865	福莱特	浙江	东部	C	无国有股份	68.1634	62.0642	13.8061	32.0288	47.3434	1980
002896	中大力德	浙江	东部	C	无国有股份	74.9063	51.7185	13.8799	27.3463	47.3328	1981
000631	顺发恒业	吉林	东北	K	国有参股	75.1788	55.1694	11.7732	26.4905	47.3242	1982
002837	英维克	广东	东部	C	无国有股份	76.8495	41.3779	17.3072	27.6457	47.3193	1983
600749	西藏旅游	西藏	西部	N	国有参股	72.5918	65.4990	9.0892	26.5195	47.3093	1984
000608	阳光股份	广西	西部	K	无国有股份	77.7250	48.2787	11.6607	26.5555	47.3028	1985
300815	玉禾田	安徽	中部	N	无国有股份	82.6056	31.0435	13.1817	27.8680	47.3021	1986
300069	金利华电	山西	中部	C	无国有股份	74.3732	58.5988	11.0993	26.1242	47.2900	1987
300492	华图山鼎	四川	西部	M	无国有股份	78.4634	44.8621	7.7314	30.4986	47.2856	1988
300135	宝利国际	江苏	东部	C	无国有股份	72.5578	58.6140	14.6444	26.1110	47.2718	1989
603868	飞科电器	上海	东部	C	国有参股	71.3524	58.6315	13.7216	28.7302	47.2625	1990
000416	民生控股	山东	东部	J	无国有股份	76.2957	51.7328	11.5880	26.6433	47.2567	1991
002511	中顺洁柔	广东	东部	C	无国有股份	82.2852	27.5919	15.0260	28.7363	47.2421	1992
002118	紫鑫药业	吉林	东北	C	无国有股份	68.1668	51.7137	29.5628	25.1258	47.2178	1993
600873	梅花生物	西藏	西部	C	国有参股	74.5470	55.2067	11.5722	27.2085	47.2164	1994
603949	雪龙集团	浙江	东部	C	无国有股份	74.0811	58.6212	12.0010	25.5458	47.2123	1995
002977	天箭科技	四川	西部	C	无国有股份	74.2393	58.6124	11.3738	25.7840	47.2083	1996

续表

股票代码	公司简称	省份	地区	行业代码	控股类型	公司治理（CLCQI–CG）	社会责任（CLCQI–SR）	企业创新（CLCQI–EI）	绩效与价值（CLCQI–PV）	中国上市公司质量指数（CLCQI）	CLCQI排名
603106	恒银科技	天津	东部	C	无国有股份	71.7349	51.7405	21.2161	26.0266	47.2049	1997
603136	天目湖	江苏	东部	N	国有参股	66.3952	51.7283	30.5601	27.0988	47.2040	1998
300622	博士眼镜	广东	东部	F	无国有股份	81.0560	37.9474	11.5693	27.0556	47.1923	1999
603677	奇精机械	浙江	东部	C	无国有股份	69.5117	65.5322	14.8741	26.3089	47.1866	2000
002348	高乐股份	广东	东部	C	无国有股份	69.2671	58.5988	21.5927	25.4216	47.1706	2001
002632	道明光学	浙江	东部	C	无国有股份	81.5079	37.9543	11.1988	26.5323	47.1692	2002
002380	科远智慧	江苏	东部	I	无国有股份	77.0387	51.7345	9.4575	26.7921	47.1652	2003
300592	华凯创意	湖南	中部	R	无国有股份	69.1845	65.5141	14.1060	27.3593	47.1619	2004
002137	实益达	广东	东部	C	无国有股份	77.7806	44.8211	13.7685	26.2893	47.1614	2005
603269	海鸥股份	江苏	东部	C	无国有股份	77.7719	44.8319	13.4927	26.5121	47.1601	2006
300503	昊志机电	广东	东部	C	无国有股份	77.7015	44.8211	12.7344	27.1952	47.1494	2007
600265	*ST景谷	云南	西部	A	无国有股份	71.3665	65.4990	10.2438	26.8504	47.1328	2008
600490	鹏欣资源	上海	东部	C	国有参股	72.5796	62.0565	10.7236	26.5788	47.1297	2009
300705	九典制药	湖南	中部	C	无国有股份	73.5532	44.8126	18.9827	28.7502	47.1273	2010
300118	东方日升	浙江	东部	C	国有参股	72.4289	51.7273	16.3862	28.4651	47.1242	2011
603901	永创智能	浙江	东部	C	无国有股份	72.3226	58.6215	14.0439	26.3584	47.1206	2012
603813	原尚股份	广东	东部	G	无国有股份	72.9104	58.6064	14.6193	24.9561	47.1180	2013
688020	方邦股份	广东	东部	C	无国有股份	71.3880	58.6090	14.5786	27.3781	47.1068	2014

续表

股票代码	公司简称	省份	地区	行业代码	控股类型	公司治理（CLCQI-CG）	社会责任（CLCQI-SR）	企业创新（CLCQI-EI）	绩效与价值（CLCQI-PV）	中国上市公司质量指数（CLCQI）	CLCQI排名
300478	杭州高新	浙江	东部	C	无国有股份	67.7563	44.8135	34.6283	25.4007	47.1004	2015
000982	中银绒业	宁夏	西部	C	国有参股	75.1377	58.6215	8.5941	26.0892	47.0894	2016
603121	华培动力	上海	东部	C	无国有股份	69.1538	44.8436	31.2654	25.7899	47.0886	2017
603076	乐惠国际	浙江	东部	C	无国有股份	72.7904	51.7234	15.0414	28.8036	47.0838	2018
300317	珈伟新能	广东	东部	C	无国有股份	74.3526	55.1563	10.4938	27.8808	47.0834	2019
300517	海波重科	湖北	中部	E	无国有股份	76.1701	44.8260	15.7465	26.8754	47.0601	2020
300397	天和防务	陕西	西部	C	无国有股份	74.9266	44.8629	18.5573	26.5927	47.0597	2021
000056	皇庭国际	广东	东部	L	无国有股份	71.8062	65.4990	9.9366	26.0406	47.0448	2022
300789	唐源电气	四川	西部	I	无国有股份	76.0016	44.8119	16.5091	26.4177	47.0286	2023
300108	吉药控股	吉林	东北	C	无国有股份	71.9563	65.5141	9.9859	25.6592	47.0216	2024
002508	老板电器	浙江	东部	C	无国有股份	69.3039	55.1806	19.0704	28.8340	47.0212	2025
002435	长江健康	江苏	东部	C	无国有股份	73.6108	58.6315	10.8339	26.4488	47.0180	2026
000510	新金路	四川	西部	C	国有参股	70.0118	65.4990	12.4402	26.7961	47.0166	2027
300184	力源信息	湖北	中部	F	无国有股份	80.7871	31.0282	18.9972	24.9837	47.0144	2028
002699	美盛文化	浙江	东部	R	国有参股	68.8425	65.4990	16.3616	25.4996	47.0091	2029
002350	北京科锐	北京	东部	C	国有参股	79.9977	37.9381	13.1393	26.7261	46.9992	2030
603311	金海高科	浙江	东部	C	无国有股份	74.0640	55.1771	11.9708	26.7679	46.9883	2031
002773	康弘药业	四川	西部	C	无国有股份	66.1226	68.9931	16.3270	27.6077	46.9653	2032

续表

股票代码	公司简称	省份	地区	行业代码	控股类型	公司治理（*CLCQI–CG*）	社会责任（*CLCQI–SR*）	企业创新（*CLCQI–EI*）	绩效与价值（*CLCQI–PV*）	中国上市公司质量指数（*CLCQI*）	*CLCQI* 排名
300239	东宝生物	内蒙古	西部	C	国有参股	75.3552	51.7303	11.8835	26.7258	46.9598	2033
603499	翔港科技	上海	东部	C	无国有股份	68.7654	41.3842	33.3662	26.2778	46.9565	2034
603530	神马电力	江苏	东部	C	无国有股份	64.8680	58.6235	27.5338	26.8299	46.9550	2035
300471	厚普股份	四川	西部	C	国有参股	79.5634	41.3710	11.8882	26.1519	46.9466	2036
300580	贝斯特	江苏	东部	C	无国有股份	78.9378	37.9240	14.0581	27.4788	46.9451	2037
300706	阿石创	福建	东部	C	国有参股	75.2902	41.3654	20.0067	26.4261	46.9288	2038
002455	百川股份	江苏	东部	C	无国有股份	77.3390	44.8470	13.3679	26.3181	46.9158	2039
603773	沃格光电	江西	中部	C	无国有股份	63.2972	51.7313	36.3826	26.2125	46.9082	2040
000715	中兴商业	辽宁	东北	F	国有参股	73.8272	58.6243	9.4809	26.7485	46.9078	2041
600330	天通股份	浙江	东部	C	无国有股份	73.9276	51.7220	13.7985	27.2164	46.8931	2042
300787	海能实业	江西	中部	C	无国有股份	76.1268	48.2677	12.7148	26.5565	46.8729	2043
603332	苏州龙杰	江苏	东部	C	无国有股份	71.6996	58.6288	14.3084	26.1481	46.8728	2044
600410	华胜天成	北京	东部	I	无国有股份	75.9805	48.3037	12.6901	26.7643	46.8669	2045
603488	展鹏科技	江苏	东部	C	无国有股份	70.0414	58.6343	15.4380	27.8047	46.8505	2046
002011	盾安环境	浙江	东部	C	国有参股	75.8289	51.7137	12.0881	25.3594	46.8461	2047
603089	正裕工业	浙江	东部	C	无国有股份	79.9129	37.9416	12.3309	26.8502	46.8351	2048
002787	华源控股	江苏	东部	C	无国有股份	78.8603	37.9457	15.4051	26.0596	46.8319	2049
600883	博闻科技	云南	西部	C	国有参股	75.0551	58.6222	6.9345	26.5021	46.8278	2050

续表

股票代码	公司简称	省份	地区	行业代码	控股类型	公司治理（CLCQI–CG）	社会责任（CLCQI–SR）	企业创新（CLCQI–EI）	绩效与价值（CLCQI–PV）	中国上市公司质量指数（CLCQI）	CLCQI排名
002291	星期六	广东	东部	C	国有参股	72.8784	31.0358	32.3973	26.1450	46.8224	2051
603758	秦安股份	重庆	西部	C	无国有股份	71.4825	58.6107	12.2056	27.9745	46.8193	2052
000038	深大通	广东	东部	L	无国有股份	76.9472	41.3710	15.7257	26.7499	46.8171	2053
600210	紫江企业	上海	东部	C	无国有股份	68.4771	68.9850	11.6725	26.9761	46.8171	2054
002653	海思科	西藏	西部	C	国有参股	75.1693	44.8433	16.6202	26.7924	46.8163	2055
603662	柯力传感	浙江	东部	C	无国有股份	78.2235	44.8168	10.5009	26.7355	46.7960	2056
300489	中飞股份	黑龙江	东北	C	无国有股份	71.6715	55.1563	11.6973	30.0223	46.7871	2057
600355	精伦电子	湖北	中部	C	无国有股份	65.8561	65.4990	20.4455	26.1130	46.7846	2058
603798	康普顿	山东	东部	C	无国有股份	74.8581	51.7087	12.6526	26.1783	46.7746	2059
300220	金运激光	湖北	中部	C	无国有股份	69.8328	65.4990	12.1326	26.3474	46.7714	2060
603322	超讯通信	广东	东部	I	无国有股份	72.4487	58.6064	11.5364	26.7371	46.7620	2061
300375	鹏翎股份	天津	东部	C	无国有股份	79.4338	37.9269	13.0147	26.7732	46.7588	2062
603208	江山欧派	浙江	东部	C	无国有股份	73.4117	44.8131	14.0370	31.4280	46.7510	2063
000929	兰州黄河	甘肃	西部	C	国有参股	71.4843	65.5141	8.1107	26.7730	46.7362	2064
600165	新日恒力	宁夏	西部	C	国有参股	75.3776	51.7137	9.3409	27.8229	46.7320	2065
002452	长高集团	湖南	中部	C	无国有股份	75.0647	44.8444	16.1219	27.0199	46.7319	2066
603829	洛凯股份	江苏	东部	C	无国有股份	70.6288	58.6156	14.9992	26.7379	46.7282	2067
603306	华懋科技	福建	东部	C	无国有股份	71.5879	58.6207	11.4496	28.0340	46.7267	2068

续表

股票代码	公司简称	省份	地区	行业代码	控股类型	公司治理（CLCQI-CG）	社会责任（CLCQI-SR）	企业创新（CLCQI-EI）	绩效与价值（CLCQI-PV）	中国上市公司质量指数（CLCQI）	CLCQI排名
002495	佳隆股份	广东	东部	C	无国有股份	78.6234	44.8108	10.1602	26.0901	46.7255	2069
000040	东旭蓝天	广东	东部	D	无国有股份	70.5576	58.6064	16.1862	25.8527	46.7144	2070
603393	新天然气	新疆	西部	D	无国有股份	69.2898	65.5209	11.2387	27.6536	46.7052	2071
002113	*ST天润	湖南	中部	I	国有参股	69.4553	68.9567	9.8140	26.3955	46.6873	2072
603229	奥翔药业	浙江	东部	C	无国有股份	70.7182	51.7158	15.7710	29.8968	46.6730	2073
002502	鼎龙文化	广东	东部	R	无国有股份	81.4225	31.0358	14.4803	26.1698	46.6629	2074
000546	金圆股份	吉林	东北	N	无国有股份	75.2114	44.8182	15.6182	26.8998	46.6559	2075
002044	美年健康	江苏	东部	Q	无国有股份	73.3095	55.1865	12.2453	26.3913	46.6486	2076
002259	*ST升达	四川	西部	D	无国有股份	68.2569	65.5141	13.0385	27.6420	46.6481	2077
002729	好利来	福建	东部	C	无国有股份	79.6057	37.9239	11.4112	27.3354	46.6469	2078
300822	贝仕达克	广东	东部	C	无国有股份	74.6015	51.7170	12.8654	25.8222	46.6268	2079
603220	中贝通信	湖北	中部	I	无国有股份	74.2665	58.6227	7.8354	26.2364	46.6262	2080
603890	春秋电子	江苏	东部	C	无国有股份	72.2482	51.7226	14.9296	27.9169	46.6228	2081
000890	法尔胜	江苏	东部	C	无国有股份	74.6216	58.6064	7.7345	25.7234	46.6174	2082
000638	*ST万方	吉林	东北	I	无国有股份	67.5523	68.9567	11.9900	27.3881	46.6094	2083
300733	西菱动力	四川	西部	C	无国有股份	68.5819	65.5164	12.5935	27.3201	46.6090	2084
300716	国立科技	广东	东部	C	国有参股	72.7857	58.6064	13.4750	24.0040	46.6012	2085
600460	士兰微	浙江	东部	C	国有参股	65.4863	62.0712	20.2067	28.2167	46.6007	2086

续表

股票代码	公司简称	省份	地区	行业代码	控股类型	公司治理（CLCQI-CG）	社会责任（CLCQI-SR）	企业创新（CLCQI-EI）	绩效与价值（CLCQI-PV）	中国上市公司质量指数（CLCQI）	CLCQI 排名
002288	超华科技	广东	东部	C	无国有股份	71.3088	58.6139	12.1241	27.4347	46.5991	2087
600363	联创光电	江西	中部	C	无国有股份	73.3125	51.7184	12.8393	27.7551	46.5894	2088
603040	新坐标	浙江	东部	C	无国有股份	72.0984	51.7211	15.4848	27.5540	46.5830	2089
002141	贤丰控股	广东	东部	C	无国有股份	75.1251	51.7137	12.3335	25.1986	46.5735	2090
002239	奥特佳	江苏	东部	C	国有参股	75.6428	44.8211	11.2400	29.2976	46.5527	2091
603806	福斯特	浙江	东部	C	无国有股份	74.6414	37.9332	15.5136	31.5494	46.5366	2092
601086	国芳集团	甘肃	西部	F	无国有股份	72.7563	58.6438	9.6714	26.7974	46.5327	2093
002168	惠程科技	广东	东部	I	国有参股	75.2213	51.7137	12.0615	25.0846	46.5290	2094
300255	常山药业	河北	东部	C	国有参股	75.7974	44.8240	13.9589	26.7460	46.5208	2095
300307	慈星股份	浙江	东部	C	无国有股份	72.8320	51.7137	15.6056	26.0165	46.5151	2096
002411	延安必康	陕西	西部	C	无国有股份	70.7333	65.5141	10.7512	24.9450	46.5069	2097
603399	吉翔股份	辽宁	东北	C	无国有股份	70.6067	65.4990	10.9955	24.9595	46.5065	2098
300393	中来股份	江苏	东部	C	无国有股份	75.9040	44.8458	12.5740	27.6064	46.5049	2099
300461	田中精机	浙江	东部	C	无国有股份	68.3350	48.2787	25.4022	27.3601	46.4963	2100
002567	唐人神	湖南	中部	C	国有参股	79.1419	31.0438	16.7357	27.3047	46.4866	2101
600778	友好集团	新疆	西部	F	国有参股	73.3461	58.6064	9.7793	25.5335	46.4686	2102
300560	中富通	福建	东部	I	国有参股	72.3987	58.6086	10.0123	26.8502	46.4658	2103
600368	五洲交通	广西	西部	G	国有参股	76.9614	44.8307	11.4979	26.6113	46.4616	2104

续表

股票代码	公司简称	省份	地区	行业代码	控股类型	公司治理（CLCQI-CG）	社会责任（CLCQI-SR）	企业创新（CLCQI-EI）	绩效与价值（CLCQI-PV）	中国上市公司质量指数（CLCQI）	CLCQI排名
603109	神驰机电	重庆	西部	C	无国有股份	72.8129	51.7304	14.5543	26.6357	46.4545	2105
300154	瑞凌股份	广东	东部	C	无国有股份	74.1269	51.7389	12.1019	26.4565	46.4461	2106
600346	恒力石化	辽宁	东北	C	国有参股	69.9030	44.8401	15.3409	34.7368	46.4396	2107
600503	华丽家族	上海	东部	K	无国有股份	70.7160	62.0546	13.6877	24.4021	46.4326	2108
300331	苏大维格	江苏	东部	C	国有参股	75.1502	44.8308	14.9840	26.5952	46.4303	2109
601678	滨化股份	山东	东部	C	国有参股	76.3995	44.8372	12.0758	26.9075	46.4274	2110
300819	聚杰微纤	江苏	东部	C	无国有股份	76.0346	51.7167	10.2533	24.7777	46.4164	2111
603676	卫信康	西藏	西部	C	无国有股份	67.8832	65.5195	14.0238	26.5189	46.4157	2112
603917	合力科技	浙江	东部	C	无国有股份	70.6058	58.6112	13.8147	26.4415	46.4073	2113
600246	万通发展	北京	东部	K	无国有股份	70.8991	58.6167	11.7529	27.6144	46.4063	2114
000700	模塑科技	江苏	东部	C	无国有股份	75.9085	44.9757	12.7390	26.9692	46.3999	2115
603500	祥和实业	浙江	东部	C	无国有股份	69.8946	58.6239	15.1556	26.4443	46.3936	2116
600208	新湖中宝	浙江	东部	K	国有参股	68.6076	62.0600	12.1869	28.8160	46.3934	2117
688021	奥福环保	山东	东部	C	国有参股	75.5703	44.8315	11.9584	28.1938	46.3930	2118
603228	景旺电子	广东	东部	C	无国有股份	75.5962	44.8349	12.6898	27.5240	46.3827	2119
600702	舍得酒业	四川	西部	C	国有参股	70.2618	55.1747	11.1926	31.0330	46.3777	2120
002002	鸿达兴业	江苏	东部	C	国有参股	79.6530	37.9360	11.0333	26.4732	46.3766	2121
300270	中威电子	浙江	东部	C	无国有股份	78.5151	31.0207	19.5604	25.6170	46.3755	2122

续表

股票代码	公司简称	省份	地区	行业代码	控股类型	公司治理（CLCQI–CG）	社会责任（CLCQI–SR）	企业创新（CLCQI–EI）	绩效与价值（CLCQI–PV）	中国上市公司质量指数（CLCQI）	CLCQI排名
600293	三峡新材	湖北	中部	C	国有参股	70.8469	62.0640	12.2302	25.1107	46.3720	2123
300780	德恩精工	四川	西部	C	无国有股份	75.4218	51.7199	9.3601	26.2665	46.3653	2124
603161	科华控股	江苏	东部	C	无国有股份	70.4818	58.6195	13.4591	26.7403	46.3625	2125
603088	宁波精达	浙江	东部	C	无国有股份	66.5764	37.9813	36.2584	27.0839	46.3504	2126
002860	星帅尔	浙江	东部	C	无国有股份	73.8671	51.7162	11.8698	26.6735	46.3466	2127
300549	优德精密	江苏	东部	C	无国有股份	65.5441	65.5244	16.6575	27.8025	46.3284	2128
002973	侨银股份	广东	东部	N	无国有股份	77.0987	44.8253	11.4867	25.7921	46.3086	2129
300279	和晶科技	江苏	东部	C	无国有股份	80.0824	34.4708	12.7299	26.1910	46.2973	2130
300753	爱朋医疗	江苏	东部	C	无国有股份	69.7460	58.6230	14.6836	26.6411	46.2889	2131
002742	三圣股份	重庆	西部	C	无国有股份	69.6117	65.5081	10.1178	26.3610	46.2847	2132
300010	豆神教育	北京	东部	I	无国有股份	73.3472	58.6064	10.2600	24.3593	46.2717	2133
300295	三六五网	江苏	东部	I	无国有股份	72.2359	62.0528	7.2062	26.4949	46.2673	2134
000795	英洛华	山西	中部	C	无国有股份	73.5232	51.7137	12.4994	26.3322	46.2493	2135
002700	ST浩源	新疆	西部	D	无国有股份	62.6937	55.1789	33.0356	25.1329	46.2446	2136
300038	*ST数知	北京	东部	I	无国有股份	70.7852	37.9284	34.2824	21.5257	46.2413	2137
688398	赛特新材	福建	东部	C	无国有股份	81.7067	31.0325	12.4119	25.6461	46.2315	2138
603809	豪能股份	四川	西部	C	无国有股份	73.9058	44.8319	13.6449	28.8150	46.2199	2139
300629	新劲刚	广东	东部	C	无国有股份	66.2143	37.9414	35.8032	27.4595	46.2024	2140

续表

股票代码	公司简称	省份	地区	行业代码	控股类型	公司治理（CLCQI-CG）	社会责任（CLCQI-SR）	企业创新（CLCQI-EI）	绩效与价值（CLCQI-PV）	中国上市公司质量指数（CLCQI）	CLCQI排名
000585	*ST东电	海南	东部	C	无国有股份	65.2531	75.8720	9.9985	26.8638	46.1977	2141
000606	ST顺利	青海	西部	I	国有参股	73.6605	65.4990	4.8877	23.6679	46.1836	2142
600892	大晟文化	广东	东部	I	无国有股份	76.3171	34.4783	19.2725	26.4995	46.1780	2143
603711	香飘飘	浙江	东部	C	无国有股份	73.3530	51.7139	11.8361	26.8392	46.1753	2144
002633	申科股份	浙江	东部	C	无国有股份	71.8313	58.6139	10.4347	26.2529	46.1748	2145
300123	亚光科技	湖南	中部	C	无国有股份	71.8757	51.7111	14.3628	27.1569	46.1687	2146
300591	万里马	广东	东部	C	无国有股份	72.9590	51.7062	13.3684	26.1963	46.1623	2147
000593	大通燃气	四川	西部	D	国有参股	73.0947	51.7137	12.7687	26.4267	46.1553	2148
603709	中源家居	浙江	东部	C	无国有股份	68.5940	58.6194	16.8227	26.2248	46.1512	2149
600673	东阳光	广东	东部	S	国有参股	72.5911	51.7174	13.7492	26.4102	46.1465	2150
300001	特锐德	山东	东部	C	国有参股	73.2463	44.8272	15.5598	28.0126	46.1377	2151
300690	双一科技	山东	东部	C	国有参股	69.7065	51.7259	14.5059	30.3772	46.1370	2152
002589	瑞康医药	山东	东部	F	国有参股	76.0356	44.8567	11.6822	26.5946	46.1278	2153
603329	上海雅仕	上海	东部	G	无国有股份	69.8276	55.4089	15.9321	26.7892	46.1261	2154
002524	光正眼科	新疆	西部	Q	无国有股份	70.0867	58.6064	12.6875	27.0508	46.1259	2155
002676	顺威股份	广东	东部	C	无国有股份	77.4384	37.9133	14.2208	26.4431	46.1173	2156
002835	同为股份	广东	东部	C	无国有股份	74.2143	41.3700	17.6180	26.7598	46.1048	2157
300494	盛天网络	湖北	中部	I	无国有股份	73.2785	44.8126	16.9110	26.7503	46.1030	2158

续表

股票代码	公司简称	省份	地区	行业代码	控股类型	公司治理（CLCQI–CG）	社会责任（CLCQI–SR）	企业创新（CLCQI–EI）	绩效与价值（CLCQI–PV）	中国上市公司质量指数（CLCQI）	CLCQI排名
603037	凯众股份	上海	东部	C	国有参股	60.1309	51.7457	37.9917	26.6702	46.0801	2159
300518	盛讯达	广东	东部	I	无国有股份	78.8550	34.4633	11.5519	28.2253	46.0782	2160
300266	兴源环境	浙江	东部	N	无国有股份	74.2774	44.8211	14.7380	26.7034	46.0576	2161
300264	佳创视讯	广东	东部	I	无国有股份	71.6900	51.7062	14.8857	26.5922	46.0571	2162
002184	海得控制	上海	东部	C	无国有股份	71.6023	48.3829	16.7695	27.1674	46.0441	2163
300013	新宁物流	江苏	东部	G	国有参股	72.2473	48.2636	17.2938	25.7467	46.0339	2164
002131	利欧股份	浙江	东部	I	国有参股	73.2980	51.7153	9.0153	28.6133	46.0329	2165
603959	百利科技	湖南	中部	E	无国有股份	67.7481	31.0358	37.1211	27.3621	46.0194	2166
002107	沃华医药	山东	东部	C	无国有股份	66.1359	65.5297	13.7503	27.9360	46.0179	2167
002062	宏润建设	浙江	东部	E	无国有股份	69.4849	48.2893	20.6860	27.3347	46.0082	2168
002688	金河生物	内蒙古	西部	C	无国有股份	81.0458	31.0738	11.7146	26.3344	46.0059	2169
600766	*ST园城	山东	东部	S	无国有股份	71.9455	55.1563	10.5149	27.3450	45.9909	2170
002762	金发拉比	广东	东部	C	无国有股份	73.3176	51.7346	11.6169	26.3173	45.9899	2171
300672	国科微	湖南	中部	C	国有参股	58.2373	58.6271	35.5646	27.0577	45.9663	2172
300440	运达科技	四川	西部	I	无国有股份	73.7763	41.3801	17.3941	27.0462	45.9579	2173
002616	长青集团	广东	东部	N	无国有股份	82.2665	24.1686	13.2542	27.0686	45.9499	2174
603158	腾龙股份	江苏	东部	C	无国有股份	73.5663	44.8372	14.2931	27.7481	45.9477	2175
000622	恒立实业	湖南	中部	C	国有参股	70.3965	58.6215	11.9557	26.3869	45.9397	2176

续表

股票代码	公司简称	省份	地区	行业代码	控股类型	公司治理（CLCQI-CG）	社会责任（CLCQI-SR）	企业创新（CLCQI-EI）	绩效与价值（CLCQI-PV）	中国上市公司质量指数（CLCQI）	CLCQI排名
002543	万和电气	广东	东部	C	国有参股	74.2469	41.3987	16.4908	26.8682	45.9238	2177
002727	一心堂	云南	西部	F	国有参股	73.3080	44.8337	13.7728	28.4779	45.9223	2178
603366	日出东方	江苏	东部	C	无国有股份	67.4891	37.9284	33.2330	26.3364	45.9156	2179
603577	汇金通	山东	东部	C	无国有股份	74.5256	44.8352	13.5118	26.6539	45.9013	2180
601908	京运通	北京	东部	C	国有参股	70.3484	51.7193	11.3422	30.9400	45.9007	2181
000668	荣丰控股	上海	东部	K	无国有股份	63.2465	79.3300	11.3835	25.6915	45.8977	2182
002626	金达威	福建	东部	C	国有参股	80.9184	24.1627	12.5691	29.4963	45.8797	2183
603319	湘油泵	湖南	中部	C	无国有股份	68.5806	44.8354	22.0320	29.2180	45.8684	2184
002274	华昌化工	江苏	东部	C	国有参股	70.3574	58.6315	11.9414	26.1243	45.8571	2185
603233	大参林	广东	东部	F	无国有股份	72.2077	44.8432	13.4875	30.1977	45.8565	2186
603077	和邦生物	四川	西部	C	国有参股	69.2143	65.4990	8.7738	26.3232	45.8461	2187
600606	绿地控股	上海	东部	K	国有参股	67.7149	31.0488	14.1477	45.0931	45.8461	2188
600739	辽宁成大	辽宁	东北	F	国有参股	69.6050	55.1686	11.6552	29.5789	45.8431	2189
300472	新元科技	江西	中部	C	国有参股	68.5660	62.0565	14.5480	24.7780	45.8390	2190
300484	蓝海华腾	广东	东部	C	无国有股份	71.6686	44.8211	17.0757	28.0970	45.8300	2191
300127	银河磁体	四川	西部	C	国有参股	74.2338	44.8409	13.4052	26.9043	45.8268	2192
600095	湘财股份	黑龙江	东北	J	国有参股	77.3679	37.9537	11.6908	27.3653	45.8197	2193
603616	韩建河山	北京	东部	C	无国有股份	68.7226	58.6064	15.1655	25.9663	45.8047	2194

续表

股票代码	公司简称	省份	地区	行业代码	控股类型	公司治理（CLCQI-CG）	社会责任（CLCQI-SR）	企业创新（CLCQI-EI）	绩效与价值（CLCQI-PV）	中国上市公司质量指数（CLCQI）	CLCQI 排名
000408	藏格控股	青海	西部	C	国有参股	71.5036	31.0358	29.3520	26.7044	45.8033	2195
000517	荣安地产	浙江	东部	K	国有参股	66.7419	62.0687	14.0365	27.9268	45.7961	2196
603081	大丰实业	浙江	东部	C	无国有股份	71.1646	51.7155	14.9102	26.3428	45.7909	2197
002674	兴业科技	福建	东部	C	国有参股	73.5319	48.3264	11.8980	26.9088	45.7685	2198
002478	常宝股份	江苏	东部	C	无国有股份	83.5406	24.1558	11.2458	25.9093	45.7661	2199
603300	华铁应急	浙江	东部	L	国有参股	73.1497	44.8211	15.3193	26.8351	45.7557	2200
300139	晓程科技	北京	东部	C	国有参股	63.2451	51.7137	31.1799	25.8558	45.7550	2201
600136	当代文体	湖北	中部	R	无国有股份	75.9233	48.2636	10.4452	24.2108	45.7506	2202
300792	壹网壹创	浙江	东部	I	无国有股份	73.9488	51.7094	6.4031	28.4368	45.7257	2203
002417	深南股份	广东	东部	I	无国有股份	75.5840	41.3785	12.2981	27.2943	45.7236	2204
002425	凯撒文化	广东	东部	I	无国有股份	75.2892	31.0435	20.7459	27.1936	45.7198	2205
600847	万里股份	重庆	西部	C	无国有股份	68.7827	62.0640	11.5956	26.2609	45.7070	2206
300189	神农科技	海南	东部	A	国有参股	69.9348	51.7137	14.4907	28.2728	45.6973	2207
600228	返利科技	江西	中部	I	无国有股份	66.0237	65.4990	10.2437	29.6431	45.6939	2208
002586	*ST围海	浙江	东部	E	无国有股份	62.5511	51.7288	32.2652	25.8063	45.6844	2209
002529	海源复材	福建	东部	C	无国有股份	72.0391	51.7137	11.6169	27.1358	45.6800	2210
603079	圣达生物	浙江	东部	C	无国有股份	69.1080	58.6205	12.3192	27.0938	45.6736	2211
000921	海信家电	广东	东部	C	国有参股	75.1874	34.4800	15.9406	28.8790	45.6548	2212

续表

股票代码	公司简称	省份	地区	行业代码	控股类型	公司治理（CLCQI–CG）	社会责任（CLCQI–SR）	企业创新（CLCQI–EI）	绩效与价值（CLCQI–PV）	中国上市公司质量指数（CLCQI）	CLCQI排名
600807	济南高新	山东	东部	K	国有参股	79.9660	31.0358	13.0712	25.5567	45.6452	2213
603697	有友食品	重庆	西部	C	无国有股份	72.2617	51.7203	9.5947	28.2033	45.6325	2214
601799	星宇股份	江苏	东部	C	无国有股份	66.1449	51.7227	17.4923	31.6552	45.6286	2215
600865	百大集团	浙江	东部	F	国有参股	72.2289	55.1652	8.5962	26.9553	45.6244	2216
300350	华鹏飞	广东	东部	I	无国有股份	73.9199	51.7137	7.9217	26.8454	45.6207	2217
600759	洲际油气	海南	东部	B	国有参股	72.8538	51.7137	11.2637	25.8605	45.6164	2218
000796	凯撒旅业	海南	东部	L	国有参股	75.8840	41.3785	11.3137	27.1398	45.6081	2219
000004	国华网安	广东	东部	I	无国有股份	74.9569	37.9284	15.0771	27.6478	45.5994	2220
603290	斯达半导	浙江	东部	C	无国有股份	71.8460	44.8167	16.7043	27.0403	45.5618	2221
002369	卓翼科技	广东	东部	C	无国有股份	80.6093	31.0358	12.1382	24.9339	45.5602	2222
002652	扬子新材	江苏	东部	C	国有参股	66.6431	65.5141	12.9424	25.9485	45.5599	2223
002487	大金重工	辽宁	东北	C	无国有股份	72.9884	44.8076	13.0628	28.0952	45.5528	2224
603133	碳元科技	江苏	东部	C	无国有股份	72.9675	51.7137	11.3327	25.2995	45.5355	2225
000506	中润资源	山东	东部	B	无国有股份	68.2756	65.5141	9.9015	25.6656	45.5341	2226
002170	芭田股份	广东	东部	C	无国有股份	73.8645	44.8267	12.6077	26.9673	45.5332	2227
002826	易明医药	西藏	西部	C	无国有股份	74.5624	44.8188	11.8539	26.4528	45.5318	2228
002383	合众思壮	北京	东部	C	国有参股	76.4207	31.0358	19.8426	25.3436	45.5281	2229
603895	天永智能	上海	东部	C	无国有股份	69.6108	44.8710	22.2861	25.9818	45.5277	2230

续表

股票代码	公司简称	省份	地区	行业代码	控股类型	公司治理（CLCQI-CG）	社会责任（CLCQI-SR）	企业创新（CLCQI-EI）	绩效与价值（CLCQI-PV）	中国上市公司质量指数（CLCQI）	CLCQI排名
002725	跃岭股份	浙江	东部	C	无国有股份	70.6734	51.7321	14.7617	26.1722	45.5246	2231
300336	新文化	上海	东部	L	无国有股份	71.2114	58.6064	10.2180	24.7977	45.5185	2232
002445	中南文化	江苏	东部	R	无国有股份	71.5124	48.2636	13.4228	27.9152	45.5079	2233
600768	宁波富邦	浙江	东部	C	无国有股份	71.8185	51.7137	12.1701	26.3489	45.5057	2234
300713	英可瑞	广东	东部	C	无国有股份	71.0464	44.8060	17.4047	27.4053	45.4717	2235
600898	ST美讯	山东	东部	C	无国有股份	77.7395	37.9284	10.9095	26.0147	45.4707	2236
002782	可立克	广东	东部	C	无国有股份	80.6026	24.1588	13.5927	27.5320	45.4664	2237
002684	*ST猛狮	河南	中部	C	无国有股份	63.6428	51.7137	31.6348	23.6946	45.4648	2238
002856	美芝股份	广东	东部	E	国有参股	75.4310	44.8211	9.6609	26.5422	45.4633	2239
600467	好当家	山东	东部	A	无国有股份	70.6016	55.1782	11.5117	26.5164	45.4488	2240
300111	向日葵	浙江	东部	C	无国有股份	78.1850	31.0358	12.6954	27.8915	45.4413	2241
603516	淳中科技	北京	东部	C	无国有股份	74.1839	34.4820	19.3825	26.8718	45.4403	2242
603779	ST威龙	山东	东部	C	无国有股份	68.0860	37.9209	30.4718	25.6899	45.4394	2243
603020	爱普股份	上海	东部	C	无国有股份	73.4418	44.8204	12.8550	27.0080	45.4228	2244
603031	安德利	安徽	中部	F	无国有股份	73.2737	44.8211	13.4200	26.7970	45.4159	2245
300157	恒泰艾普	北京	东部	B	无国有股份	72.6428	48.2636	14.1552	25.1307	45.4104	2246
002306	中科云网	北京	东部	I	无国有股份	75.6309	37.9435	10.7646	29.2505	45.4095	2247
000678	襄阳轴承	湖北	中部	C	国有参股	69.8666	58.6064	11.0760	25.7599	45.3928	2248

续表

股票代码	公司简称	省份	地区	行业代码	控股类型	公司治理（CLCQI-CG）	社会责任（CLCQI-SR）	企业创新（CLCQI-EI）	绩效与价值（CLCQI-PV）	中国上市公司质量指数（CLCQI）	CLCQI排名
002451	摩恩电气	上海	东部	C	无国有股份	75.3794	41.3634	12.0156	26.5000	45.3844	2249
603839	安正时尚	浙江	东部	C	无国有股份	71.0797	48.2888	15.5414	26.3728	45.3767	2250
300432	富临精工	四川	西部	C	无国有股份	73.5685	37.9284	16.5895	27.7084	45.3616	2251
002122	ST天马	浙江	东部	C	无国有股份	73.5488	48.2636	10.2516	26.5789	45.3541	2252
600275	*ST昌鱼	湖北	中部	C	无国有股份	67.6419	65.4990	7.3039	28.0310	45.3501	2253
600477	杭萧钢构	浙江	东部	C	无国有股份	74.5939	37.9448	14.7533	27.4587	45.3446	2254
300167	迪威迅	广东	东部	I	无国有股份	71.7686	44.8211	17.7135	25.4739	45.3418	2255
603041	美思德	江苏	东部	C	无国有股份	74.2475	37.9352	15.6614	27.2318	45.3295	2256
300242	佳云科技	广东	东部	I	无国有股份	77.0582	31.0358	15.9108	26.6361	45.3199	2257
603116	红蜻蜓	浙江	东部	C	无国有股份	65.2499	68.9895	11.6917	26.1089	45.3140	2258
600381	青海春天	青海	西部	C	国有参股	67.3179	65.4990	9.1405	26.8641	45.2961	2259
002182	云海金属	江苏	东部	C	国有参股	75.9047	31.0429	17.1234	27.3905	45.2906	2260
603222	济民医疗	浙江	东部	C	无国有股份	72.0991	51.7233	11.6187	25.4109	45.2746	2261
603038	华立股份	广东	东部	C	无国有股份	70.3132	55.1665	11.7863	26.0643	45.2736	2262
601777	力帆科技	重庆	西部	C	无国有股份	71.8762	44.8211	14.8675	27.2719	45.2651	2263
300064	*ST金刚	河南	中部	C	国有参股	65.8369	37.9284	32.9707	26.5777	45.2626	2264
600823	世茂股份	上海	东部	K	国有参股	70.6387	48.2825	12.3158	29.1462	45.2476	2265
601258	庞大集团	河北	东部	F	国有参股	78.3504	31.0358	12.5627	26.9279	45.2400	2266

续表

股票代码	公司简称	省份	地区	行业代码	控股类型	公司治理（CLCQI–CG）	社会责任（CLCQI–SR）	企业创新（CLCQI–EI）	绩效与价值（CLCQI–PV）	中国上市公司质量指数（CLCQI）	CLCQI排名
600712	南宁百货	广西	西部	F	国有参股	72.7891	51.7137	9.7176	25.6757	45.2351	2267
002956	西麦食品	广西	西部	C	无国有股份	76.9227	37.9338	10.2244	26.8961	45.2281	2268
603196	日播时尚	上海	东部	C	无国有股份	66.1954	62.0489	15.4796	25.2821	45.2020	2269
601388	怡球资源	江苏	东部	C	无国有股份	68.1271	58.6200	11.2401	27.6278	45.1988	2270
300519	新光药业	浙江	东部	C	无国有股份	68.0686	58.6345	11.8291	27.1788	45.1831	2271
002447	*ST晨鑫	辽宁	东北	I	无国有股份	72.1690	44.8211	14.1026	27.0769	45.1805	2272
300097	智云股份	辽宁	东北	C	无国有股份	70.9471	44.8211	15.1555	28.1745	45.1767	2273
000540	中天金融	贵州	西部	K	国有参股	65.9793	62.0692	12.4978	27.8800	45.1717	2274
603719	良品铺子	湖北	中部	F	无国有股份	68.3432	55.1666	15.7293	25.6475	45.1700	2275
600696	岩石股份	上海	东部	C	无国有股份	75.9379	41.3710	7.5061	28.2999	45.1570	2276
000525	ST红太阳	江苏	东部	C	国有参股	60.7630	51.7420	33.3482	25.6565	45.1503	2277
300491	通合科技	河北	东部	C	无国有股份	69.5464	44.8168	19.6163	26.7334	45.1477	2278
600817	宏盛科技	河南	中部	C	无国有股份	69.7445	51.7137	11.9998	28.3652	45.1461	2279
603326	我乐家居	江苏	东部	C	无国有股份	70.6249	51.7251	12.2572	26.6226	45.1158	2280
603156	养元饮品	河北	东部	C	无国有股份	64.2172	65.5375	12.9841	27.9517	45.1023	2281
603595	东尼电子	浙江	东部	C	国有参股	68.3601	55.2077	14.1502	26.5390	45.0900	2282
300464	星徽股份	广东	东部	F	无国有股份	73.6174	34.4849	19.8066	26.0220	45.0865	2283
603823	百合花	浙江	东部	C	无国有股份	71.3076	48.2854	13.2843	26.6469	45.0844	2284

续表

股票代码	公司简称	省份	地区	行业代码	控股类型	公司治理（CLCQI-CG）	社会责任（CLCQI-SR）	企业创新（CLCQI-EI）	绩效与价值（CLCQI-PV）	中国上市公司质量指数（CLCQI）	CLCQI排名
600212	江泉实业	山东	东部	S	无国有股份	72.1070	44.8211	13.3622	27.3758	45.0824	2285
600295	鄂尔多斯	内蒙古	西部	C	国有参股	69.6868	51.7372	11.8062	28.2721	45.0646	2286
002877	智能自控	江苏	东部	C	无国有股份	73.9408	37.9225	16.2503	26.1822	45.0603	2287
300773	拉卡拉	北京	东部	I	国有参股	74.4751	44.8525	8.3071	27.4479	45.0413	2288
300798	锦鸡股份	江苏	东部	C	无国有股份	66.0885	37.9345	32.2634	25.8464	45.0398	2289
002716	金贵银业	湖南	中部	C	国有参股	60.9993	51.7288	31.4224	26.3658	45.0350	2290
002272	川润股份	四川	西部	C	无国有股份	67.3382	58.6064	12.7244	27.0000	45.0211	2291
002689	远大智能	辽宁	东北	C	无国有股份	70.0903	51.7137	12.9603	26.4764	45.0043	2292
002496	ST辉丰	江苏	东部	C	无国有股份	70.9047	24.1431	32.2054	26.2673	44.9912	2293
300698	万马科技	浙江	东部	C	无国有股份	70.9452	44.8135	16.5565	26.3092	44.9887	2294
300412	迦南科技	浙江	东部	C	国有参股	69.8014	44.8548	17.3396	27.4456	44.9781	2295
002426	胜利精密	江苏	东部	C	无国有股份	67.6750	51.7137	17.7110	26.4016	44.9697	2296
002731	萃华珠宝	辽宁	东北	C	无国有股份	70.9599	51.7211	11.3478	26.1928	44.9599	2297
600179	安通控股	黑龙江	东北	G	无国有股份	74.2454	37.9360	13.1666	27.7099	44.9494	2298
603811	诚意药业	浙江	东部	C	无国有股份	74.5102	37.9376	12.5556	27.7277	44.9378	2299
000820	*ST节能	江西	中部	C	国有参股	61.3736	41.3861	6.9336	51.1277	44.9260	2300
002951	金时科技	四川	西部	C	无国有股份	73.2741	44.8326	11.4702	26.3764	44.9227	2301
600152	维科技术	浙江	东部	C	国有参股	66.6349	58.6064	14.2181	26.5166	44.9177	2302

续表

股票代码	公司简称	省份	地区	行业代码	控股类型	公司治理（CLCQI-CG）	社会责任（CLCQI-SR）	企业创新（CLCQI-EI）	绩效与价值（CLCQI-PV）	中国上市公司质量指数（CLCQI）	CLCQI排名
600870	*ST厦华	福建	东部	C	无国有股份	61.8187	75.8493	7.2772	29.4280	44.9173	2303
002513	蓝丰生化	江苏	东部	C	国有参股	68.5032	31.0358	32.2714	25.5390	44.8957	2304
002592	ST八菱	广西	西部	C	无国有股份	71.9424	51.7288	12.9570	22.9845	44.8738	2305
002388	新亚制程	广东	东部	C	无国有股份	83.2552	17.2659	12.2606	25.8894	44.8164	2306
000803	北清环能	四川	西部	N	国有参股	68.0811	44.8362	12.1180	33.5506	44.7691	2307
002719	*ST麦趣	新疆	西部	C	国有参股	66.0168	65.5066	10.0908	25.9932	44.7492	2308
002021	ST中捷	浙江	东部	C	国有参股	68.0611	31.0282	31.9614	25.8704	44.7386	2309
002150	通润装备	江苏	东部	C	国有参股	67.4918	58.6233	11.6371	26.4816	44.7380	2310
300094	国联水产	广东	东部	C	国有参股	68.7340	51.7137	14.2810	26.4472	44.7187	2311
002650	加加食品	湖南	中部	C	无国有股份	74.5870	37.9337	10.7346	28.0888	44.6940	2312
600645	中源协和	天津	东部	M	国有参股	75.7841	37.9284	10.2209	26.5479	44.6840	2313
603519	立霸股份	江苏	东部	C	国有参股	74.2839	31.0605	17.9954	26.7920	44.6697	2314
002531	天顺风能	江苏	东部	C	国有参股	75.6305	34.4896	11.6417	27.6049	44.6552	2315
002950	奥美医疗	湖北	中部	C	无国有股份	64.8053	58.6301	13.6611	28.8032	44.6496	2316
603876	鼎胜新材	江苏	东部	C	无国有股份	72.9376	37.9355	15.9937	26.3261	44.6456	2317
300658	延江股份	福建	东部	C	无国有股份	66.7247	51.7242	14.4195	29.1783	44.6270	2318
603669	灵康药业	西藏	西部	C	无国有股份	65.5601	58.6424	13.3351	27.6576	44.6018	2319
600052	浙江广厦	浙江	东部	R	无国有股份	67.5323	55.1843	12.8862	26.9229	44.5985	2320

续表

股票代码	公司简称	省份	地区	行业代码	控股类型	公司治理（CLCQI-CG）	社会责任（CLCQI-SR）	企业创新（CLCQI-EI）	绩效与价值（CLCQI-PV）	中国上市公司质量指数（CLCQI）	CLCQI排名
300032	金龙机电	浙江	东部	C	国有参股	73.4154	41.3710	11.3462	26.9766	44.5852	2321
002341	新纶科技	广东	东部	C	无国有股份	77.9222	31.0358	12.7298	24.8540	44.5837	2322
002927	泰永长征	贵州	西部	C	无国有股份	73.0585	37.9442	15.6702	26.1311	44.5818	2323
600227	圣济堂	贵州	西部	C	国有参股	71.0434	48.2712	11.4265	26.5419	44.5788	2324
600365	ST通葡	吉林	东北	C	无国有股份	58.5415	58.6064	30.1093	25.3466	44.5661	2325
002437	誉衡药业	黑龙江	东北	C	国有参股	75.3598	37.9284	10.1864	26.7217	44.5509	2326
002418	康盛股份	浙江	东部	C	无国有股份	77.9221	31.0358	11.0620	26.0298	44.5441	2327
600738	丽尚国潮	甘肃	西部	F	国有参股	66.3938	62.0922	8.8242	27.5814	44.5316	2328
600516	方大炭素	甘肃	西部	C	国有参股	72.9287	44.8319	9.8870	26.6248	44.5299	2329
002503	搜于特	广东	东部	C	国有参股	66.8047	58.6064	12.7940	25.7981	44.5212	2330
002865	钧达股份	海南	东部	C	无国有股份	74.3025	37.9521	12.1907	26.6547	44.5157	2331
000955	欣龙控股	海南	东部	C	无国有股份	66.5119	51.7213	16.1450	27.6889	44.5142	2332
600289	ST信通	黑龙江	东北	I	国有参股	56.7115	48.2636	39.7415	26.5636	44.5133	2333
300356	ST光一	江苏	东部	C	无国有股份	68.8315	51.7137	13.9475	25.6496	44.4916	2334
603696	安记食品	福建	东部	C	无国有股份	69.8662	48.3689	11.8839	27.6332	44.4869	2335
603101	汇嘉时代	新疆	西部	F	无国有股份	70.4642	51.7137	10.2812	25.9183	44.4785	2336
600327	大东方	江苏	东部	F	无国有股份	68.2180	51.7678	12.7036	27.3999	44.4431	2337
002780	三夫户外	北京	东部	F	无国有股份	70.7670	44.8060	13.5273	26.8299	44.4407	2338

续表

股票代码	公司简称	省份	地区	行业代码	控股类型	公司治理（CLCQI-CG）	社会责任（CLCQI-SR）	企业创新（CLCQI-EI）	绩效与价值（CLCQI-PV）	中国上市公司质量指数（CLCQI）	CLCQI排名
600137	浪莎股份	四川	西部	C	国有参股	73.2857	41.3850	11.5357	26.4398	44.4391	2339
000861	海印股份	广东	东部	L	国有参股	71.0438	48.2760	10.1895	26.9228	44.4275	2340
603713	密尔克卫	上海	东部	G	无国有股份	68.0033	41.4005	15.6115	31.4942	44.4073	2341
002488	金固股份	浙江	东部	C	国有参股	71.6438	45.0155	12.1994	26.2079	44.4017	2342
603520	司太立	浙江	东部	C	无国有股份	72.0515	37.9409	12.8880	29.1590	44.3791	2343
601010	文峰股份	江苏	东部	F	国有参股	67.5219	58.6343	9.4965	26.6468	44.3649	2344
603598	引力传媒	北京	东部	L	无国有股份	60.8080	55.1563	24.9893	27.0732	44.3628	2345
600221	*ST海航	海南	东部	G	国有参股	66.0966	44.8211	23.8717	25.6845	44.3573	2346
002745	木林森	广东	东部	C	无国有股份	73.9587	37.9481	11.7615	26.9091	44.3553	2347
300410	正业科技	广东	东部	C	无国有股份	73.0535	31.0282	20.0104	25.8974	44.3521	2348
300044	*ST赛为	广东	东部	I	无国有股份	68.5395	51.7137	12.5071	26.6543	44.3378	2349
600060	海信视像	山东	东部	C	国有参股	63.7982	55.1776	17.8541	27.7347	44.3004	2350
600854	春兰股份	江苏	东部	C	国有参股	75.7218	37.9594	8.1737	26.7123	44.2954	2351
000545	金浦钛业	吉林	东北	C	国有参股	72.5325	41.3785	12.3744	26.3306	44.2773	2352
000995	皇台酒业	甘肃	西部	C	国有参股	68.3104	20.6930	28.5059	32.5489	44.2665	2353
000971	ST高升	湖北	中部	I	无国有股份	68.6179	27.5781	30.5397	26.2963	44.2659	2354
002636	金安国纪	上海	东部	C	无国有股份	70.3500	44.8092	13.2676	26.8151	44.2187	2355
601677	明泰铝业	河南	中部	C	无国有股份	71.0155	37.9343	15.6662	27.8880	44.2016	2356

续表

股票代码	公司简称	省份	地区	行业代码	控股类型	公司治理（CLCQI-CG）	社会责任（CLCQI-SR）	企业创新（CLCQI-EI）	绩效与价值（CLCQI-PV）	中国上市公司质量指数（CLCQI）	CLCQI排名
600728	佳都科技	广东	东部	I	国有参股	67.4925	51.7223	14.1904	26.4273	44.2003	2357
002740	爱迪尔	福建	东部	C	国有参股	70.2466	55.1714	9.2212	23.7479	44.1556	2358
002058	*ST威尔	上海	东部	C	无国有股份	66.2306	58.6064	10.1152	27.2279	44.1132	2359
300301	长方集团	广东	东部	C	无国有股份	72.2116	41.3710	11.8114	26.6077	44.1045	2360
002290	禾盛新材	江苏	东部	C	无国有股份	68.8501	44.8135	15.5917	26.7791	44.0752	2361
600366	宁波韵升	浙江	东部	C	无国有股份	74.9211	31.0699	14.0249	26.5452	44.0702	2362
002541	鸿路钢构	安徽	中部	C	国有参股	66.8525	44.8276	13.8174	31.1385	44.0133	2363
600361	华联综超	北京	东部	F	无国有股份	63.7317	62.0741	12.4845	26.8432	44.0115	2364
600643	爱建集团	上海	东部	J	国有参股	66.1382	51.7261	15.4262	26.8070	44.0012	2365
600532	未来股份	上海	东部	F	国有参股	71.0753	31.0358	16.8488	30.1745	43.9989	2366
002231	奥维通信	辽宁	东北	C	无国有股份	75.6577	31.0282	13.5916	25.3029	43.9614	2367
603555	ST贵人	福建	东部	C	国有参股	64.8384	55.1789	17.2935	25.0949	43.9446	2368
002634	棒杰股份	浙江	东部	C	国有参股	78.6021	24.1280	11.3951	26.3995	43.9390	2369
600605	汇通能源	上海	东部	F	国有参股	67.7244	55.1708	8.6166	27.3802	43.9337	2370
300141	和顺电气	江苏	东部	C	无国有股份	67.6464	44.8211	16.7923	27.1692	43.9325	2371
002872	ST天圣	重庆	西部	F	国有参股	69.1749	51.7137	10.6879	25.4059	43.9161	2372
600571	信雅达	浙江	东部	I	无国有股份	70.9763	31.1028	20.9382	26.6703	43.9111	2373
603567	珍宝岛	黑龙江	东北	C	无国有股份	70.7580	44.8326	11.1086	26.5861	43.8963	2374

续表

股票代码	公司简称	省份	地区	行业代码	控股类型	公司治理（CLCQI-CG）	社会责任（CLCQI-SR）	企业创新（CLCQI-EI）	绩效与价值（CLCQI-PV）	中国上市公司质量指数（CLCQI）	CLCQI排名
600652	*ST游久	上海	东部	I	无国有股份	64.8578	41.3710	27.2084	25.1563	43.8795	2375
000005	ST星源	广东	东部	N	无国有股份	61.5281	68.9567	12.1308	25.9886	43.8780	2376
002629	ST仁智	浙江	东部	B	无国有股份	80.5632	17.2429	11.7594	26.8476	43.8755	2377
002788	鹭燕医药	福建	东部	F	无国有股份	78.2766	17.2538	16.0918	26.9804	43.8622	2378
600053	九鼎投资	江西	中部	J	无国有股份	68.6013	51.7265	11.8445	25.1660	43.8599	2379
603197	保隆科技	上海	东部	C	无国有股份	68.4346	44.8297	15.4846	26.5175	43.8246	2380
603078	江化微	江苏	东部	C	无国有股份	66.0519	51.7208	14.0527	27.2447	43.8006	2381
600857	宁波中百	浙江	东部	F	无国有股份	67.6084	51.7137	10.6122	27.3331	43.7562	2382
603363	傲农生物	福建	东部	C	国有参股	68.4338	44.8332	13.3087	27.9716	43.7532	2383
600110	诺德股份	吉林	东北	C	国有参股	68.0924	48.2712	11.1584	28.0388	43.7190	2384
600478	科力远	湖南	中部	C	无国有股份	73.8493	34.4783	11.6016	26.7152	43.7106	2385
603976	正川股份	重庆	西部	C	无国有股份	66.8751	41.3791	12.5896	32.8368	43.6840	2386
002235	安妮股份	福建	东部	I	无国有股份	71.5457	51.7137	5.1037	25.0585	43.6607	2387
000020	深华发A	广东	东部	C	国有参股	73.1177	34.4783	12.8535	26.6189	43.6442	2388
002009	天奇股份	江苏	东部	C	无国有股份	70.2301	37.9372	15.3889	27.0577	43.6248	2389
300343	联创股份	山东	东部	C	无国有股份	65.4851	51.7213	15.6816	26.1093	43.6158	2390
000802	ST北文	北京	东部	R	国有参股	68.5025	51.7288	10.5560	25.3677	43.6134	2391
600856	ST中天	北京	东部	D	无国有股份	68.6215	24.1431	31.2451	25.1767	43.6133	2392

续表

股票代码	公司简称	省份	地区	行业代码	控股类型	公司治理（CLCQI-CG）	社会责任（CLCQI-SR）	企业创新（CLCQI-EI）	绩效与价值（CLCQI-PV）	中国上市公司质量指数（CLCQI）	CLCQI排名
600421	华嵘控股	湖北	中部	C	无国有股份	67.6727	55.1563	13.6791	22.1134	43.6067	2393
603022	新通联	上海	东部	C	无国有股份	62.3694	65.5035	10.7806	26.6791	43.5992	2394
603217	元利科技	山东	东部	C	无国有股份	73.6825	31.0296	13.9988	26.6179	43.5817	2395
002069	獐子岛	辽宁	东北	A	国有参股	70.9713	37.9284	13.6828	27.0638	43.5803	2396
002606	大连电瓷	辽宁	东北	C	国有参股	69.0186	44.8266	11.9081	27.3038	43.5390	2397
601599	浙文影业	浙江	东部	C	国有参股	74.3765	37.9284	8.8354	25.2710	43.5247	2398
600785	新华百货	宁夏	西部	F	无国有股份	64.3826	58.6122	11.8869	26.3259	43.5037	2399
600481	双良节能	江苏	东部	C	无国有股份	67.7534	44.8542	14.7777	26.8124	43.4881	2400
000595	宝塔实业	宁夏	西部	C	国有参股	65.2466	58.6215	10.7191	25.7770	43.4800	2401
000010	美丽生态	广东	东部	E	国有参股	68.2496	55.1563	8.1857	24.9000	43.4354	2402
002694	顾地科技	湖北	中部	C	无国有股份	66.6749	51.7137	13.0898	25.5262	43.4265	2403
000620	新华联	北京	东部	K	国有参股	72.5565	37.9532	11.9205	25.0402	43.3597	2404
603183	建研院	江苏	东部	M	无国有股份	67.8353	48.2670	11.4922	26.7097	43.3500	2405
000413	东旭光电	河北	东部	C	国有参股	67.2376	44.8211	15.6119	26.1294	43.2729	2406
603722	阿科力	江苏	东部	C	无国有股份	70.6839	37.9503	12.8543	26.8022	43.2375	2407
600280	中央商场	江苏	东部	F	无国有股份	67.7222	51.7137	9.0321	26.3269	43.2341	2408
600399	抚顺特钢	辽宁	东北	C	国有参股	74.2234	17.2505	13.9303	32.6611	43.2283	2409
300477	合纵科技	北京	东部	C	无国有股份	72.2851	37.9209	11.1778	25.3921	43.1858	2410

续表

股票代码	公司简称	省份	地区	行业代码	控股类型	公司治理（*CLCQI-CG*）	社会责任（*CLCQI-SR*）	企业创新（*CLCQI-EI*）	绩效与价值（*CLCQI-PV*）	中国上市公司质量指数（*CLCQI*）	*CLCQI* 排名
300100	双林股份	浙江	东部	C	无国有股份	75.0539	24.1431	12.4601	27.9495	43.1224	2411
002816	和科达	广东	东部	C	无国有股份	71.4736	37.9209	10.5534	26.8933	43.1116	2412
000812	陕西金叶	陕西	西部	C	国有参股	73.9475	31.0432	11.2415	26.4933	43.1071	2413
601339	百隆东方	浙江	东部	C	无国有股份	62.4054	62.0707	10.9017	26.5510	43.0908	2414
000732	泰禾集团	福建	东部	K	无国有股份	66.0696	41.3785	19.2783	26.3988	43.0900	2415
002965	祥鑫科技	广东	东部	C	无国有股份	67.0508	44.8158	14.0808	26.7485	43.0459	2416
300680	隆盛科技	江苏	东部	C	无国有股份	72.4014	24.1511	16.3285	28.7777	43.0434	2417
600896	*ST海医	海南	东部	Q	国有参股	67.7982	48.2636	10.2811	26.4929	43.0383	2418
600083	*ST博信	江苏	东部	F	无国有股份	69.7156	41.3861	11.3849	26.6515	43.0340	2419
300202	*ST聚龙	辽宁	东北	C	无国有股份	58.6826	65.4990	16.0108	26.1320	43.0331	2420
002952	亚世光电	辽宁	东北	C	无国有股份	70.1324	37.9380	13.3560	26.3560	43.0039	2421
002453	华软科技	江苏	东部	I	无国有股份	77.4298	24.1431	8.6897	26.6439	42.9923	2422
002154	报喜鸟	浙江	东部	C	无国有股份	67.1483	44.8355	13.4145	26.6970	42.9418	2423
002329	皇氏集团	广西	西部	C	国有参股	68.7228	44.8211	10.6977	26.3184	42.9314	2424
002708	光洋股份	江苏	东部	C	国有参股	66.8316	44.8211	14.7439	26.0695	42.9220	2425
002312	川发龙蟒	四川	西部	C	无国有股份	67.0696	44.8211	12.4198	27.4758	42.9039	2426
600119	长江投资	上海	东部	G	国有参股	68.9798	37.9133	13.8417	27.1797	42.8422	2427
603863	ST松炀	广东	东部	C	无国有股份	62.8725	58.6025	12.1066	25.8733	42.8290	2428

续表

股票代码	公司简称	省份	地区	行业代码	控股类型	公司治理（CLCQI-CG）	社会责任（CLCQI-SR）	企业创新（CLCQI-EI）	绩效与价值（CLCQI-PV）	中国上市公司质量指数（CLCQI）	CLCQI排名
600828	茂业商业	四川	西部	F	无国有股份	71.8175	37.9495	9.0606	26.3881	42.8285	2429
300273	和佳医疗	广东	东部	C	无国有股份	67.6361	44.8238	12.1000	26.5079	42.8250	2430
600641	万业企业	上海	东部	K	国有参股	67.1917	41.3771	14.3004	27.4410	42.8036	2431
002270	华明装备	山东	东部	C	国有参股	67.1441	44.8154	10.9464	28.1304	42.8018	2432
002247	聚力文化	浙江	东部	I	无国有股份	64.7330	58.6064	7.9011	26.0938	42.7878	2433
603030	全筑股份	上海	东部	E	无国有股份	67.4421	44.8172	12.1449	26.5711	42.7712	2434
600694	大商股份	辽宁	东北	F	国有参股	70.7842	37.9362	9.9336	27.0608	42.7560	2435
603822	嘉澳环保	浙江	东部	C	无国有股份	62.1537	58.6206	12.6529	26.0730	42.7034	2436
002575	*ST群兴	广东	东部	C	无国有股份	60.7506	31.0358	35.1810	26.8263	42.6984	2437
600751	海航科技	天津	东部	F	无国有股份	68.8533	34.4783	17.9223	25.5719	42.6905	2438
002210	*ST飞马	广东	东部	L	无国有股份	62.4102	37.9284	12.7760	37.9022	42.6841	2439
002280	联络互动	浙江	东部	F	无国有股份	70.2988	27.5857	19.4284	25.9762	42.6371	2440
000679	大连友谊	辽宁	东北	F	无国有股份	70.5840	41.3861	8.4179	26.0440	42.6361	2441
603900	莱绅通灵	江苏	东部	F	无国有股份	60.6341	62.0930	12.2686	26.4400	42.6313	2442
603416	信捷电气	江苏	东部	C	无国有股份	60.2859	41.3619	21.6045	31.9608	42.6297	2443
000420	吉林化纤	吉林	东北	C	国有参股	65.9731	51.7137	9.8911	25.9855	42.6209	2444
000564	*ST大集	陕西	西部	F	国有参股	63.1697	58.6064	9.2235	26.7989	42.6033	2445
000892	欢瑞世纪	重庆	西部	R	无国有股份	65.9743	51.7137	10.4070	25.3403	42.5633	2446

续表

股票代码	公司简称	省份	地区	行业代码	控股类型	公司治理（CLCQI-CG）	社会责任（CLCQI-SR）	企业创新（CLCQI-EI）	绩效与价值（CLCQI-PV）	中国上市公司质量指数（CLCQI）	CLCQI排名
002086	*ST东洋	山东	东部	A	无国有股份	57.8444	31.0358	42.3248	25.0965	42.5322	2447
002697	红旗连锁	四川	西部	F	国有参股	64.9816	44.8316	15.0196	27.1530	42.5096	2448
300776	帝尔激光	湖北	中部	C	无国有股份	72.3348	17.2434	18.2006	29.3296	42.4929	2449
002176	江特电机	江西	中部	C	国有参股	68.4495	41.3785	11.3978	26.4149	42.4698	2450
300312	*ST邦讯	北京	东部	I	国有参股	58.7211	44.8362	28.5312	26.1919	42.4681	2451
002852	道道全	湖南	中部	C	无国有股份	67.4322	37.9424	15.2976	26.9067	42.4505	2452
600556	天下秀	广西	西部	I	无国有股份	73.3265	27.5907	11.0580	26.9290	42.4131	2453
000930	中粮科技	安徽	中部	C	国有参股	60.7752	58.6119	12.3983	27.2515	42.3944	2454
002326	永太科技	浙江	东部	C	无国有股份	71.0455	31.0276	13.2092	26.6660	42.3807	2455
601020	ST华钰	西藏	西部	B	无国有股份	61.0940	58.6116	12.1548	26.8767	42.3795	2456
002188	*ST巴士	浙江	东部	L	无国有股份	70.5610	34.4783	10.1490	27.5950	42.3247	2457
600167	联美控股	辽宁	东北	D	无国有股份	65.7125	44.8378	12.0380	27.6052	42.3196	2458
600666	ST瑞德	黑龙江	东北	C	国有参股	72.1332	31.0358	12.6423	25.0230	42.2929	2459
000017	深中华A	广东	东部	C	国有参股	63.8054	34.4783	22.4625	28.0460	42.1979	2460
300152	科融环境	河北	东部	N	无国有股份	61.5132	27.5857	33.9288	26.6123	42.1820	2461
600193	创兴资源	上海	东部	E	无国有股份	77.8879	13.8004	10.7207	27.1054	42.1457	2462
300089	文化长城	广东	东部	C	无国有股份	70.5399	31.0358	12.4914	26.9418	42.1051	2463
603757	大元泵业	浙江	东部	C	无国有股份	67.8111	31.0612	16.9660	27.6673	42.0936	2464

续表

股票代码	公司简称	省份	地区	行业代码	控股类型	公司治理（CLCQI-CG）	社会责任（CLCQI-SR）	企业创新（CLCQI-EI）	绩效与价值（CLCQI-PV）	中国上市公司质量指数（CLCQI）	CLCQI排名
600130	波导股份	浙江	东部	C	无国有股份	64.6618	48.2636	11.4335	26.8091	42.0933	2465
002255	海陆重工	江苏	东部	C	无国有股份	62.4099	51.7137	12.1926	27.3946	42.0082	2466
603518	锦泓集团	江苏	东部	C	无国有股份	64.3754	51.7062	11.6750	24.6384	42.0007	2467
000687	*ST华讯	河北	东部	C	国有参股	63.7857	51.7288	13.1645	24.2493	41.9688	2468
603105	芯能科技	浙江	东部	C	无国有股份	60.7359	51.7246	15.7890	26.9586	41.9505	2469
600586	金晶科技	山东	东部	C	无国有股份	59.4059	51.7294	15.8376	28.5363	41.8234	2470
600255	鑫科材料	安徽	中部	C	无国有股份	68.0713	34.4859	13.7343	26.6511	41.8110	2471
002836	新宏泽	广东	东部	C	无国有股份	69.9373	31.0977	13.2264	26.0783	41.8044	2472
002766	*ST索菱	广东	东部	C	无国有股份	72.2897	20.6930	17.1543	25.3399	41.7856	2473
002442	龙星化工	河北	东部	C	国有参股	66.3723	37.9381	15.1750	26.0300	41.7821	2474
600215	长春经开	吉林	东北	K	国有参股	66.0808	41.3880	11.5509	27.0260	41.7072	2475
600965	福成股份	河北	东部	C	无国有股份	63.4995	51.7447	9.6128	26.1704	41.6267	2476
600818	中路股份	上海	东部	C	无国有股份	63.6557	48.2832	11.5088	26.3687	41.5987	2477
002772	众兴菌业	甘肃	西部	A	国有参股	71.3809	24.1487	12.3259	27.6808	41.5600	2478
002501	*ST利源	吉林	东北	C	国有参股	71.6572	24.1431	7.5187	31.0316	41.5460	2479
300116	保力新	陕西	西部	C	国有参股	66.5328	41.3710	8.3186	28.0532	41.4958	2480
600804	鹏博士	四川	西部	I	国有参股	64.0681	51.7137	6.7889	26.9778	41.4865	2481
002370	亚太药业	浙江	东部	C	无国有股份	64.0233	17.2429	34.1036	25.8455	41.4779	2482

续表

股票代码	公司简称	省份	地区	行业代码	控股类型	公司治理（*CLCQI-CG*）	社会责任（*CLCQI-SR*）	企业创新（*CLCQI-EI*）	绩效与价值（*CLCQI-PV*）	中国上市公司质量指数（*CLCQI*）	*CLCQI* 排名
600537	亿晶光电	浙江	东部	C	无国有股份	71.2557	24.1431	12.7720	27.0222	41.4337	2483
002173	创新医疗	浙江	东部	Q	国有参股	70.6291	31.0358	11.1858	25.0136	41.3976	2484
002776	ST柏龙	广东	东部	M	无国有股份	56.6430	62.1503	15.1706	25.3477	41.3508	2485
002617	露笑科技	浙江	东部	C	无国有股份	66.4953	37.9284	10.6698	27.5198	41.3013	2486
002172	澳洋健康	江苏	东部	C	无国有股份	65.3216	44.8211	9.7394	25.8372	41.2590	2487
603819	神力股份	江苏	东部	C	无国有股份	62.4014	44.8358	14.6832	26.5052	41.2489	2488
002625	光启技术	广东	东部	C	无国有股份	63.7929	37.9284	13.1510	29.5509	41.2244	2489
002164	宁波东力	浙江	东部	C	国有参股	63.6658	37.9284	12.2030	30.3954	41.1950	2490
000806	ST银河	广西	西部	C	无国有股份	63.5473	17.2505	32.8426	26.2076	41.1269	2491
002619	*ST艾格	浙江	东部	I	无国有股份	57.3752	55.1563	18.3493	24.8520	41.1064	2492
600615	*ST丰华	上海	东部	C	无国有股份	67.5246	41.3710	7.1579	25.7720	41.0901	2493
600090	*ST济堂	新疆	西部	F	无国有股份	63.0000	55.1563	8.6500	23.2411	41.0137	2494
601113	ST华鼎	浙江	东部	C	国有参股	66.4692	31.0282	15.8862	25.8093	40.8715	2495
600515	*ST基础	海南	东部	K	无国有股份	65.3117	34.4859	14.7799	26.2978	40.8280	2496
600191	*ST华资	内蒙古	西部	C	无国有股份	64.2058	48.2561	6.8846	26.0984	40.8222	2497
002364	中恒电气	浙江	东部	C	国有参股	60.8719	44.8530	15.8720	26.1881	40.7982	2498

续表

股票代码	公司简称	省份	地区	行业代码	控股类型	公司治理（CLCQI-CG）	社会责任（CLCQI-SR）	企业创新（CLCQI-EI）	绩效与价值（CLCQI-PV）	中国上市公司质量指数（CLCQI）	CLCQI排名
603059	倍加洁	江苏	东部	C	无国有股份	66.9341	31.0370	13.6310	26.3432	40.7412	2499
600187	国中水务	黑龙江	东北	D	无国有股份	67.9251	31.0358	11.7229	26.1728	40.7132	2500
002005	ST德豪	安徽	中部	C	国有参股	74.4537	17.2505	9.7236	25.3876	40.6607	2501
600385	*ST金泰	山东	东部	C	国有参股	58.3646	58.6064	8.7264	27.0219	40.6375	2502
600518	*ST康美	广东	东部	C	无国有股份	65.5400	41.3785	12.0906	23.1082	40.6179	2503
600568	ST中珠	湖北	中部	C	无国有股份	66.8083	37.9284	8.4062	25.7847	40.5400	2504
600238	海南椰岛	海南	东部	C	国有参股	59.3446	51.7137	10.3224	27.7456	40.4958	2505
002366	台海核电	四川	西部	C	国有参股	59.1730	31.0358	32.3321	22.7625	40.4816	2506
300261	雅本化学	江苏	东部	C	无国有股份	67.3347	24.1697	15.4505	27.2550	40.4632	2507
300051	ST三五	福建	东部	I	无国有股份	52.6780	41.3710	32.8853	26.2933	40.4272	2508
600226	ST瀚叶	浙江	东部	I	国有参股	61.9118	48.2712	9.9985	25.3988	40.3548	2509
000616	ST海投	辽宁	东北	K	无国有股份	55.6729	55.1865	12.5696	28.9816	40.3065	2510
600306	*ST商城	辽宁	东北	F	国有参股	64.6105	41.3710	8.6989	25.9958	40.2886	2511
002656	ST摩登	广东	东部	C	无国有股份	63.2794	41.3710	12.2626	25.0630	40.2357	2512
000518	四环生物	江苏	东部	C	国有参股	68.3456	24.1431	11.1616	28.0957	40.2159	2513
000509	*ST华塑	四川	西部	Q	无国有股份	63.0365	37.9360	11.0010	27.7608	40.0454	2514

续表

股票代码	公司简称	省份	地区	行业代码	控股类型	公司治理（*CLCQI-CG*）	社会责任（*CLCQI-SR*）	企业创新（*CLCQI-EI*）	绩效与价值（*CLCQI-PV*）	中国上市公司质量指数（*CLCQI*）	*CLCQI* 排名
600589	ST榕泰	广东	东部	C	无国有股份	62.0789	44.8211	11.7365	24.4910	40.0248	2515
002770	*ST科迪	河南	中部	C	国有参股	61.9980	48.2636	7.6157	25.1194	39.8417	2516
000673	*ST当代	山西	中部	R	无国有股份	62.5706	41.3861	10.7030	25.7225	39.8074	2517
600091	*ST明科	内蒙古	西部	C	国有参股	55.5755	65.4990	6.8589	25.4754	39.7957	2518
600654	ST中安	上海	东部	I	国有参股	67.3140	34.4783	5.3835	26.4081	39.7761	2519
600242	ST中昌	广东	东部	I	无国有股份	63.7551	44.8211	5.9521	25.3653	39.7569	2520
600595	*ST中孚	河南	中部	C	国有参股	61.8605	41.3785	10.7995	26.2666	39.6775	2521
000839	中信国安	北京	东部	I	国有参股	65.3841	41.3785	3.9473	25.4958	39.5238	2522
603157	*ST拉夏	新疆	西部	C	无国有股份	59.4098	55.1638	8.0187	23.0049	39.3935	2523
002089	ST新海	江苏	东部	C	无国有股份	60.3698	44.8362	9.4550	26.2386	39.3240	2524
600734	*ST实达	福建	东部	C	国有参股	64.9642	31.0358	11.9542	24.7153	39.2107	2525
300325	*ST德威	江苏	东部	C	无国有股份	59.7972	41.3634	13.5463	25.4499	39.1951	2526
002464	*ST众应	浙江	东部	I	无国有股份	64.2811	41.3710	2.9994	25.5846	38.9141	2527
002535	ST林重	河南	中部	C	无国有股份	63.2079	34.4859	9.5437	25.7899	38.8123	2528
600393	ST粤泰	广东	东部	K	无国有股份	60.3429	37.9284	12.2356	25.5035	38.6494	2529
600311	ST荣华	甘肃	西部	B	无国有股份	62.4932	31.0282	12.4151	25.1274	38.4164	2530

续表

股票代码	公司简称	省份	地区	行业代码	控股类型	公司治理（CLCQI–CG）	社会责任（CLCQI–SR）	企业创新（CLCQI–EI）	绩效与价值（CLCQI–PV）	中国上市公司质量指数（CLCQI）	CLCQI排名
600078	*ST澄星	江苏	东部	C	无国有股份	59.3700	44.8211	9.4262	24.1306	38.3890	2531
603996	*ST中新	浙江	东部	C	无国有股份	52.2549	44.8211	22.8048	24.5808	38.3313	2532
002618	*ST丹邦	广东	东部	C	无国有股份	56.8700	37.9284	18.9696	24.0428	38.2419	2533
600146	*ST环球	宁夏	西部	C	无国有股份	61.5185	41.3710	7.0729	23.8151	38.1814	2534
002638	勤上股份	广东	东部	C	无国有股份	61.1142	34.4783	10.4433	25.2853	38.0274	2535
300178	*ST腾邦	广东	东部	L	国有参股	59.7572	34.4783	13.1738	25.2198	38.0144	2536
002504	ST弘高	北京	东部	E	国有参股	59.7680	41.3710	7.0744	25.9182	38.0073	2537
002569	ST步森	浙江	东部	C	无国有股份	54.9263	51.7137	8.6052	26.0816	37.9690	2538
000980	*ST众泰	浙江	东部	C	无国有股份	58.9093	44.8211	9.8097	22.4952	37.8726	2539
000981	*ST银亿	甘肃	西部	C	国有参股	63.3663	24.1431	11.1202	26.4947	37.8157	2540
002356	*ST赫美	广东	东部	F	无国有股份	60.8683	31.0358	10.9978	25.5557	37.5912	2541
002175	*ST东网	广西	西部	C	国有参股	60.2462	34.4783	10.7348	23.5943	37.3158	2542
000835	*ST长动	四川	西部	I	无国有股份	56.5817	51.7288	2.4250	25.1498	37.1644	2543
300269	ST联建	广东	东部	L	无国有股份	55.5440	34.4783	16.2212	26.0323	37.1417	2544
600462	ST九有	湖北	中部	L	无国有股份	60.5458	20.6855	12.3130	28.2203	36.8388	2545
000587	*ST金洲	黑龙江	东北	C	国有参股	55.6744	44.8211	6.9640	25.4480	36.7478	2546

续表

股票代码	公司简称	省份	地区	行业代码	控股类型	公司治理（*CLCQI-CG*）	社会责任（*CLCQI-SR*）	企业创新（*CLCQI-EI*）	绩效与价值（*CLCQI-PV*）	中国上市公司质量指数（*CLCQI*）	*CLCQI* 排名
300071	*ST嘉信	北京	东部	L	无国有股份	60.4394	24.1431	11.8599	25.8691	36.6365	2547
600599	ST熊猫	湖南	中部	J	无国有股份	55.8875	34.4783	12.4870	25.8592	36.4890	2548
002323	*ST雅博	山东	东部	E	无国有股份	61.8653	17.2429	11.8862	26.7319	36.3928	2549
002147	*ST新光	安徽	中部	K	无国有股份	57.1500	31.0358	13.3733	24.6555	36.3539	2550
600767	ST运盛	四川	西部	I	无国有股份	57.1957	41.3710	2.9276	26.1802	36.2145	2551
600555	*ST海创	海南	东部	K	无国有股份	55.3400	34.4783	11.2223	25.5769	35.9464	2552
000609	*ST中迪	北京	东部	S	国有参股	58.3282	41.3710	9.8926	17.6502	35.9280	2553
600122	ST宏图	江苏	东部	F	无国有股份	62.5336	13.8004	12.0204	24.7179	35.6671	2554
002470	*ST金正	山东	东部	C	国有参股	58.2974	24.1431	11.1687	24.9852	35.4205	2555
002072	*ST凯瑞	湖北	中部	I	无国有股份	58.9477	20.6930	2.6664	26.0628	33.7320	2556
600781	ST辅仁	河南	中部	C	无国有股份	50.1258	31.0358	10.4306	24.4924	32.9149	2557
600112	*ST天成	贵州	西部	C	无国有股份	51.9645	20.6930	10.3700	25.3574	32.3031	2558

第6章
中国上市公司质量指数—地区排名

6.1 上市公司质量总指数（*CLCQI*）的地区排名

上市公司质量总指数（*CLCQI*）地区排名如图 6-1 所示。

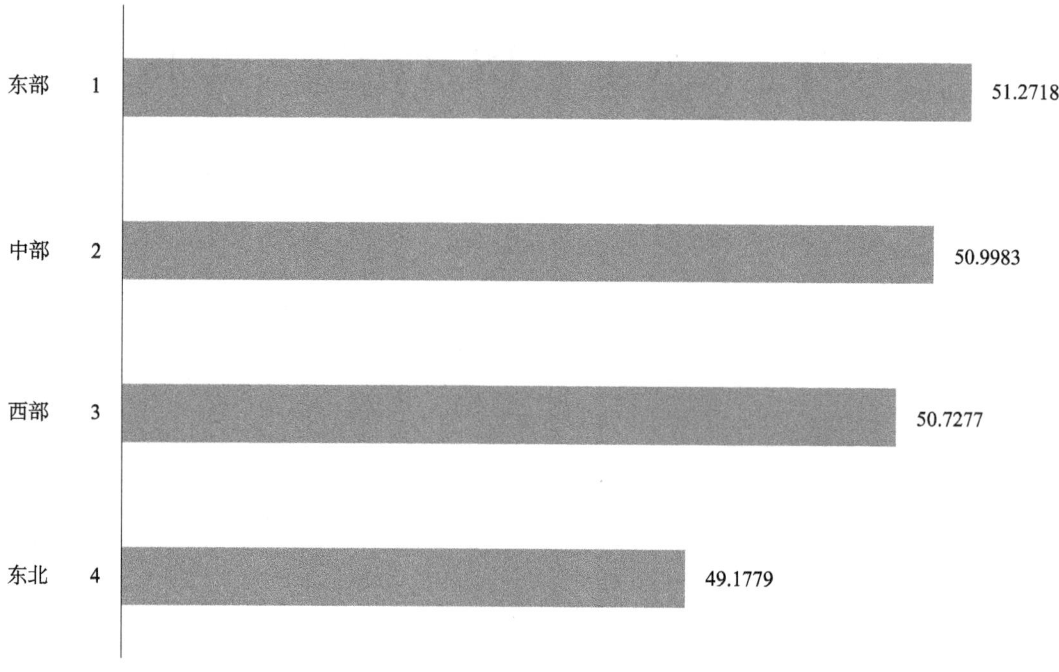

图6-1 上市公司质量总指数（*CLCQI*）地区排名

注：条形图左边的数字是排名，右边是得分（下同）。

6.2　公司治理分项指数（*CLCQI-CG*）的地区排名

公司治理分项指数（*CLCQI-CG*）地区排名如图 6-2 所示。

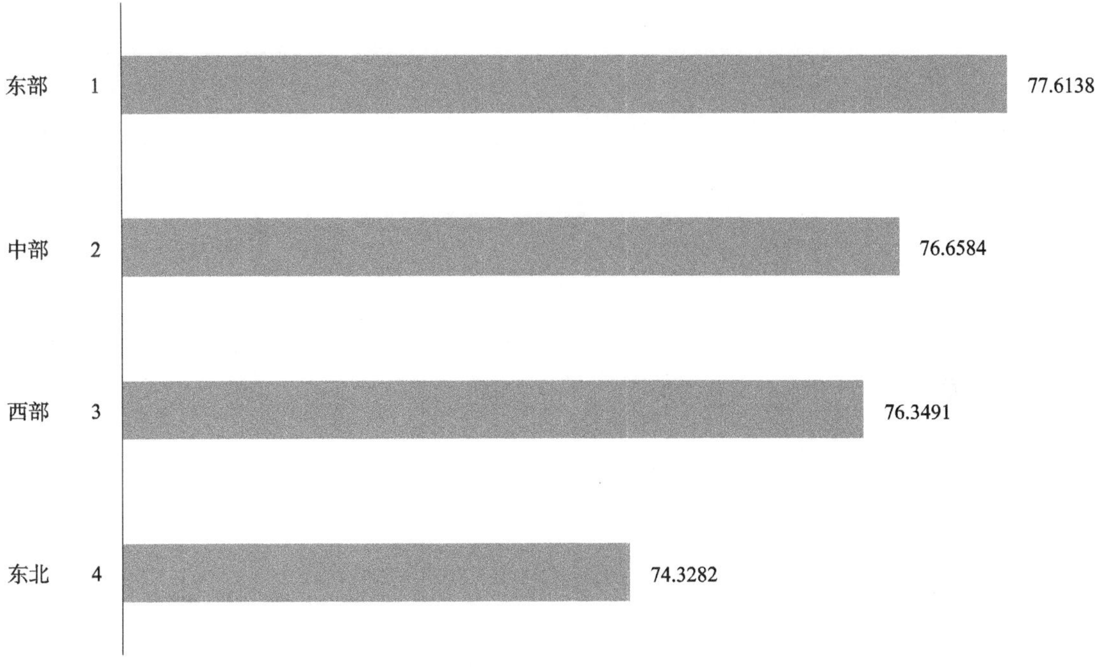

图6-2　公司治理分项指数（*CLCQI-CG*）地区排名

6.3 社会责任分项指数（*CLCQI-SR*）的地区排名

社会责任分项指数（*CLCQI-SR*）地区排名如图 6-3 所示。

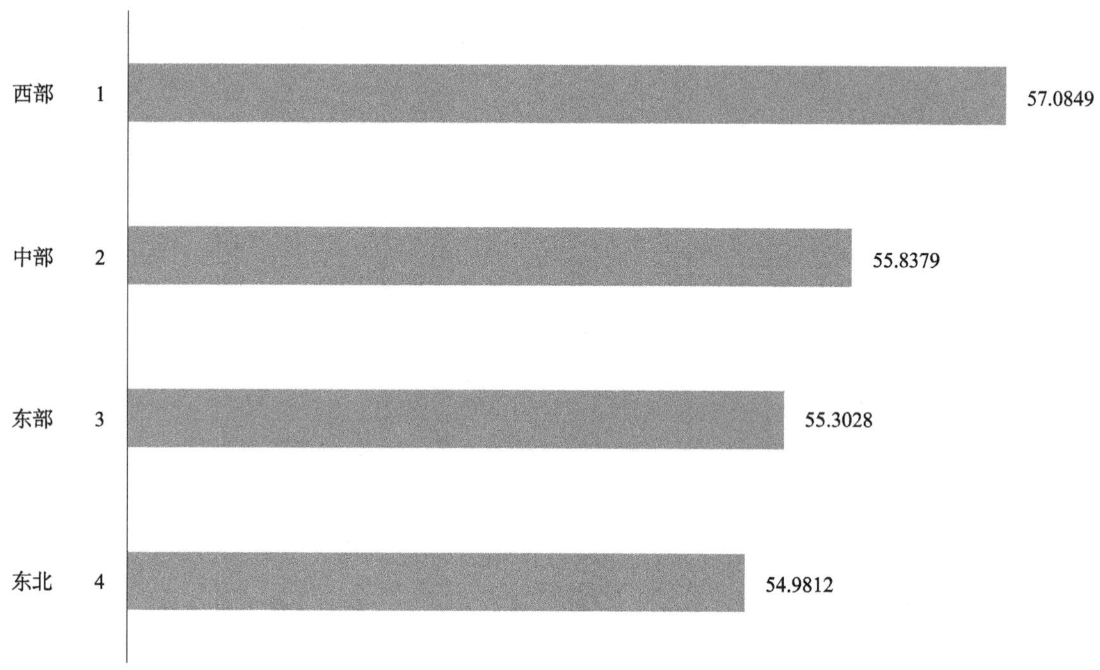

图6-3 社会责任分项指数（*CLCQI-SR*）地区排名

6.4　企业创新分项指数（*CLCQI-EI*）的地区排名

企业创新分项指数（*CLCQI-EI*）地区排名如图 6-4 所示。

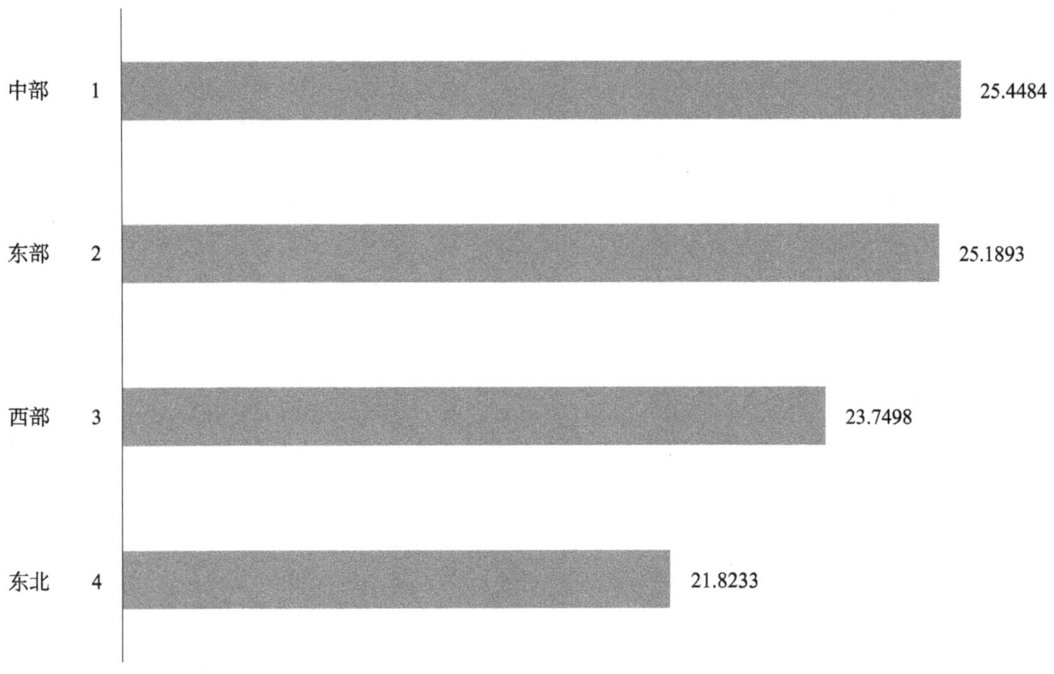

图6-4　企业创新分项指数（*CLCQI-EI*）地区排名

6.5 绩效与价值分项指数（*CLCQI–PV*）的地区排名

绩效与价值分项指数（*CLCQI–PV*）地区排名如图 6–5 所示。

图6–5 绩效与价值分项指数（*CLCQI–PV*）地区排名

第7章
中国上市公司质量指数—行业排名

7.1 上市公司质量总指数（*CLCQI*）的行业排名

上市公司质量总指数（*CLCQI*）行业排名如图 7-1 所示。

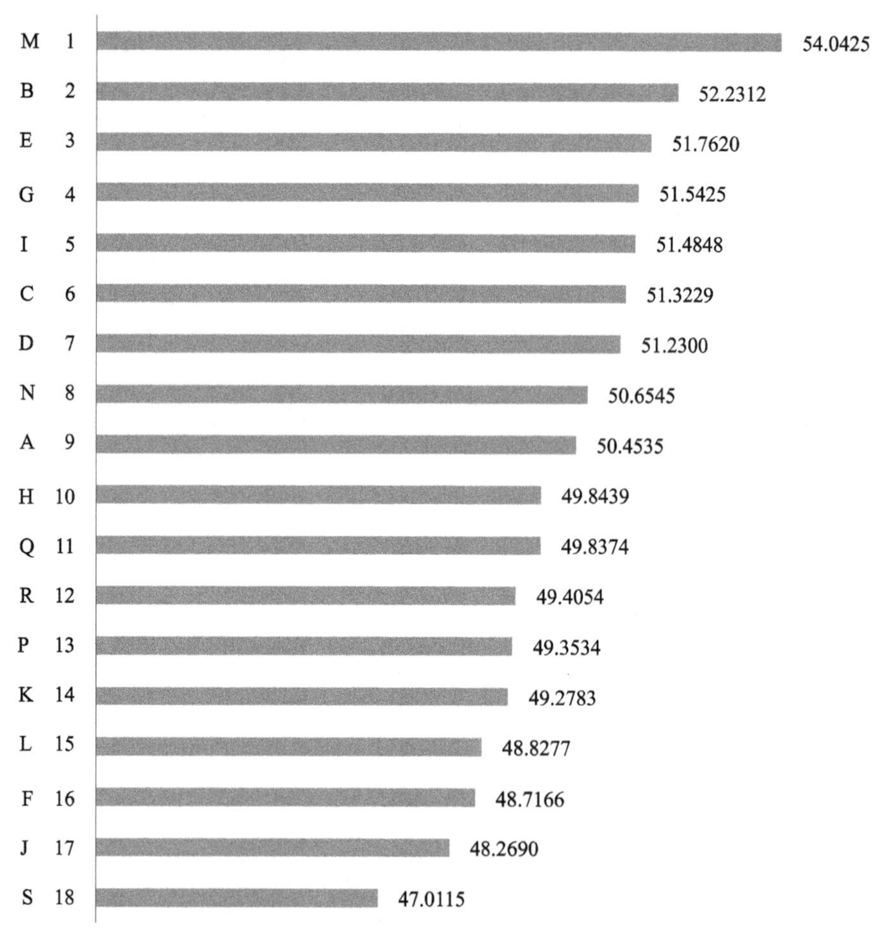

图7-1 上市公司质量总指数（*CLCQI*）行业排名

注：居民服务、修理和其他服务业（O）只有 1 家上市公司，难以代表该行业整体水平，故排名时剔除。

7.2 公司治理分项指数（*CLCQI-CG*）的行业排名

公司治理分项指数（*CLCQI-CG*）行业排名如图 7-2 所示。

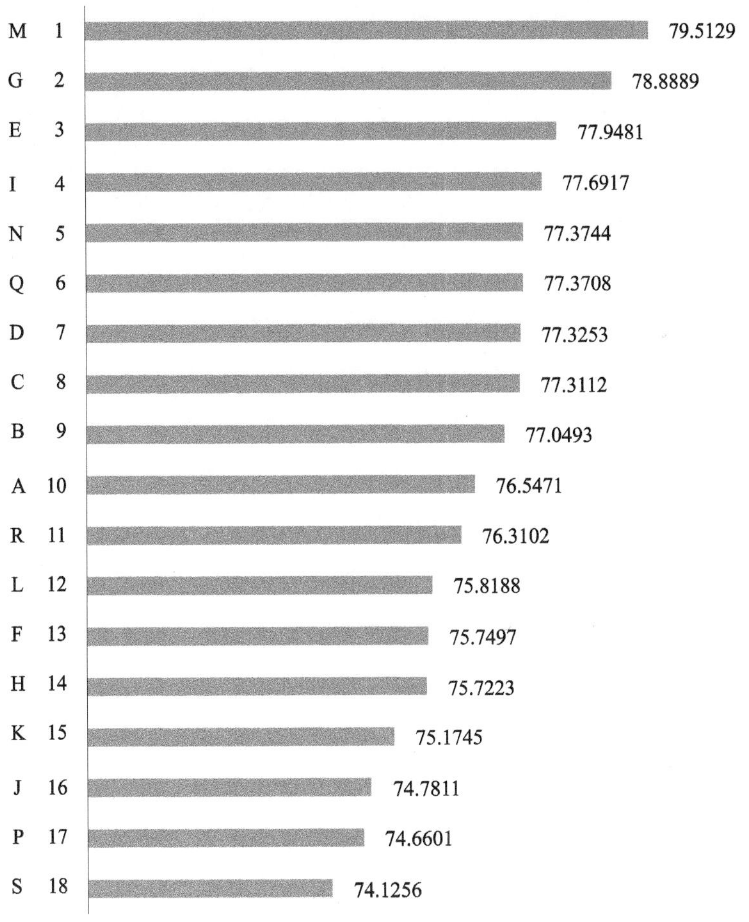

图7-2 公司治理分项指数（*CLCQI-CG*）行业排名

注：居民服务、修理和其他服务业（O）只有 1 家上市公司，难以代表该行业整体水平，故排名时剔除。

7.3 社会责任分项指数（*CLCQI-SR*）的行业排名

社会责任分项指数（*CLCQI-SR*）行业排名如图 7-3 所示。

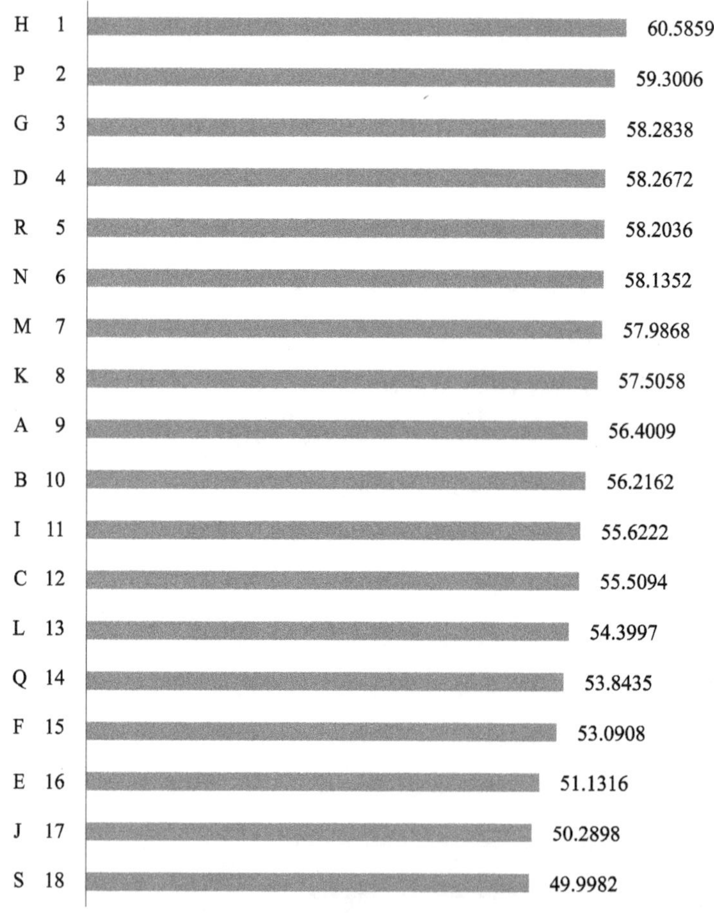

图7-3 社会责任分项指数（*CLCQI-SR*）行业排名

注：居民服务、修理和其他服务业（O）只有 1 家上市公司，难以代表该行业整体水平，故排名时剔除。

7.4 企业创新分项指数（*CLCQI-EI*）的行业排名

企业创新分项指数（*CLCQI-EI*）行业排名如图 7-4 所示。

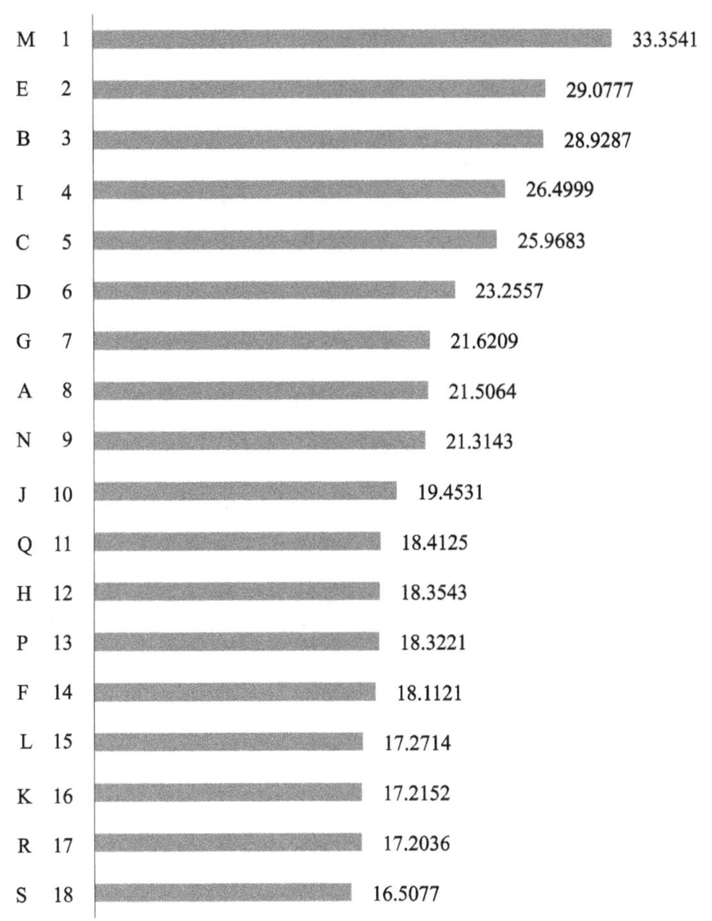

图7-4 企业创新分项指数（*CLCQI-EI*）行业排名

注：居民服务、修理和其他服务业（O）只有 1 家上市公司，难以代表该行业整体水平，故排名时剔除。

7.5 绩效与价值分项指数（*CLCQI-PV*）的行业排名

绩效与价值分项指数（*CLCQI-PV*）行业排名如图 7-5 所示。

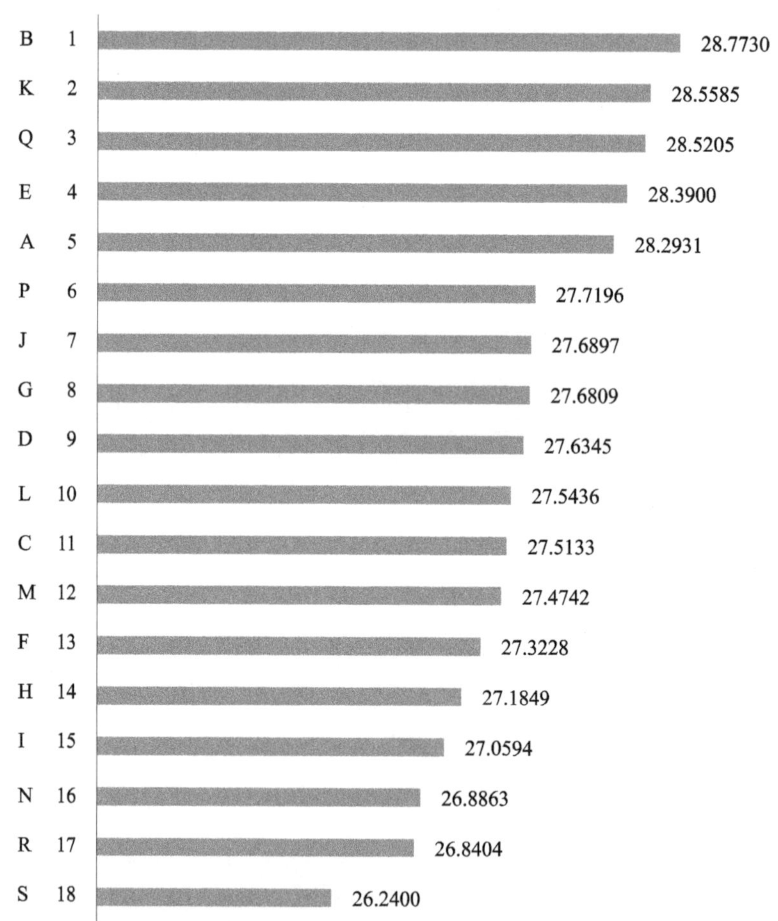

图7-5 绩效与价值分项指数（*CLCQI-PV*）行业排名

注：居民服务、修理和其他服务业（O）只有 1 家上市公司，难以代表该行业整体水平，故排名时剔除。

第8章 中国上市公司质量指数—所有制排名

8.1 上市公司质量总指数（*CLCQI*）的所有制排名

上市公司质量总指数（*CLCQI*）所有制排名如图 8-1 所示。

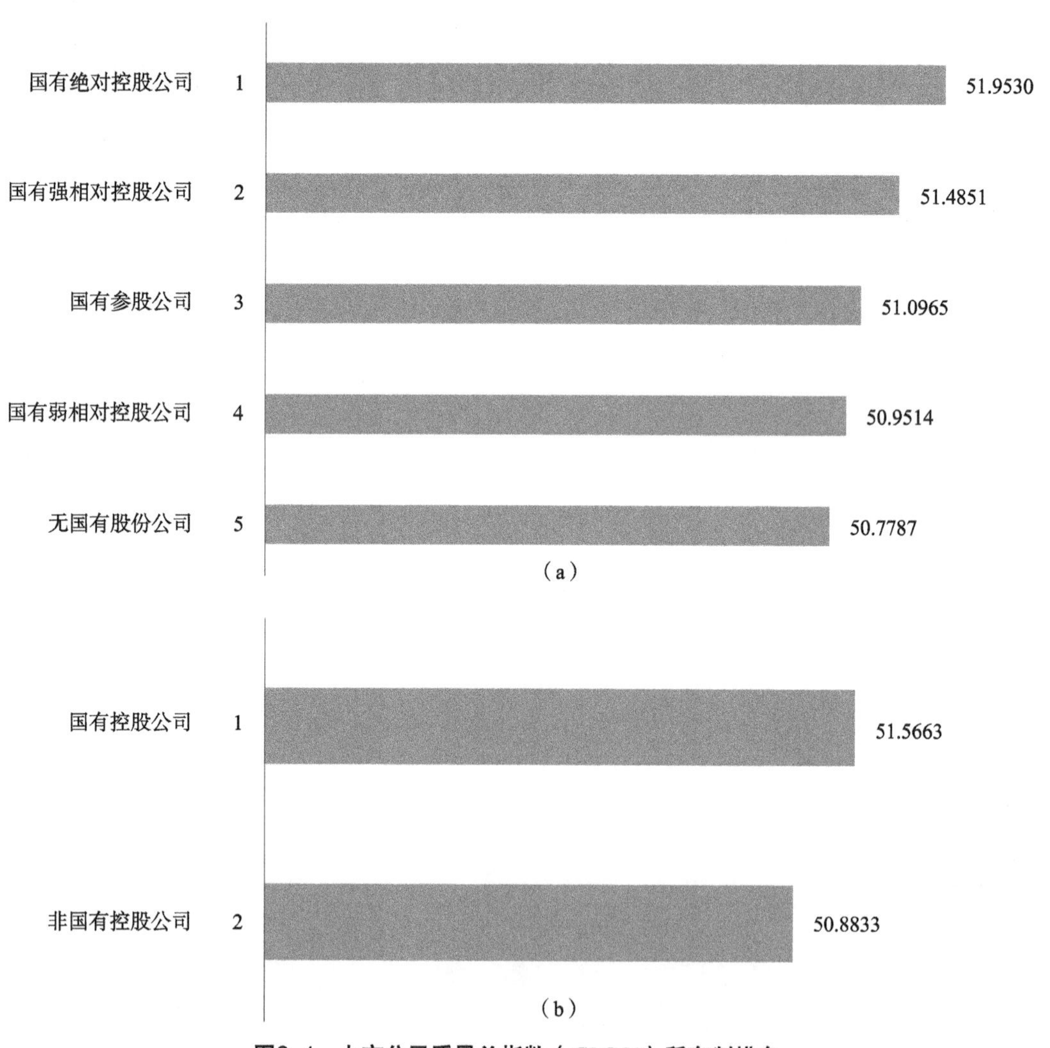

图8-1 上市公司质量总指数（*CLCQI*）所有制排名

8.2 公司治理分项指数（*CLCQI-CG*）的所有制排名

公司治理分项指数（*CLCQI-CG*）所有制排名如图 8-2 所示。

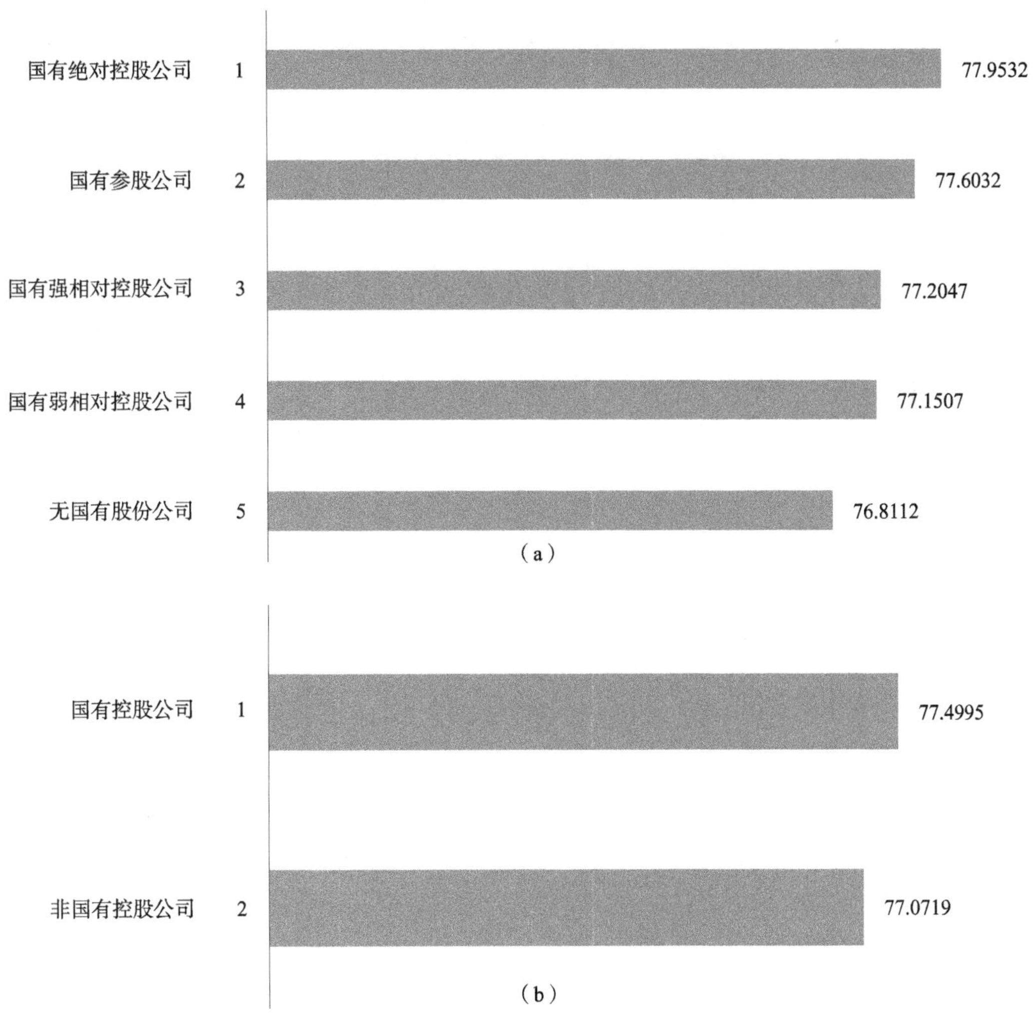

图8-2 公司治理分项指数（*CLCQI-CG*）所有制排名

8.3 社会责任分项指数（*CLCQI-SR*）的所有制排名

社会责任分项指数（*CLCQI-SR*）所有制排名如图 8-3 所示。

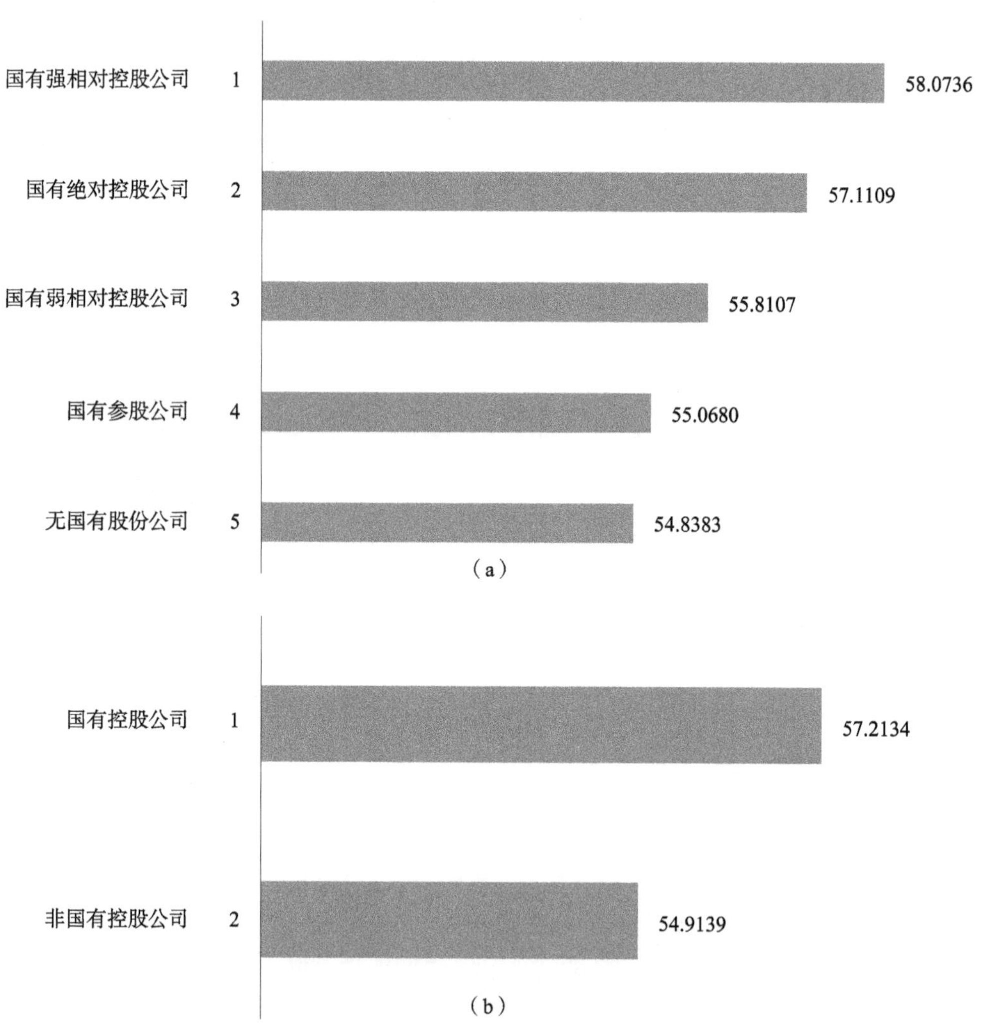

图8-3 社会责任分项指数（*CLCQI-SR*）所有制排名

8.4　企业创新分项指数（*CLCQI-EI*）的所有制排名

企业创新分项指数（*CLCQI-EI*）所有制排名如图 8-4 所示。

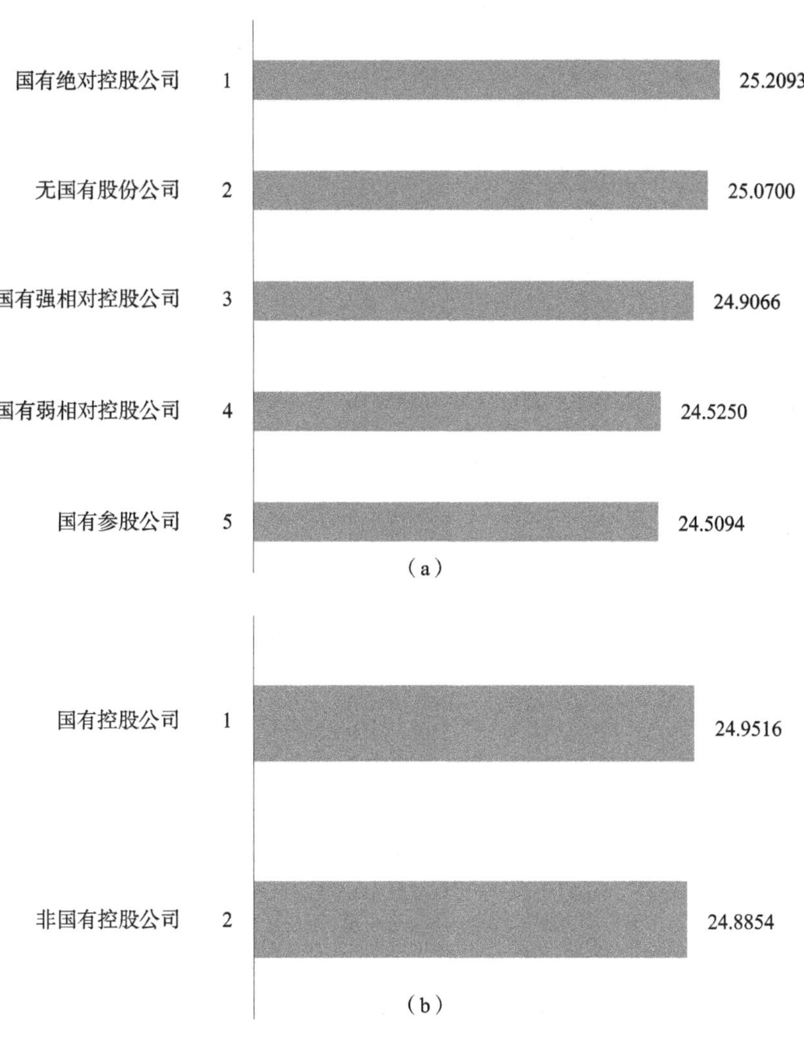

图8-4　企业创新分项指数（*CLCQI-EI*）所有制排名

8.5 绩效与价值分项指数（*CLCQI–PV*）的所有制排名

绩效与价值分项指数（*CLCQI–PV*）所有制排名如图 8-5 所示。

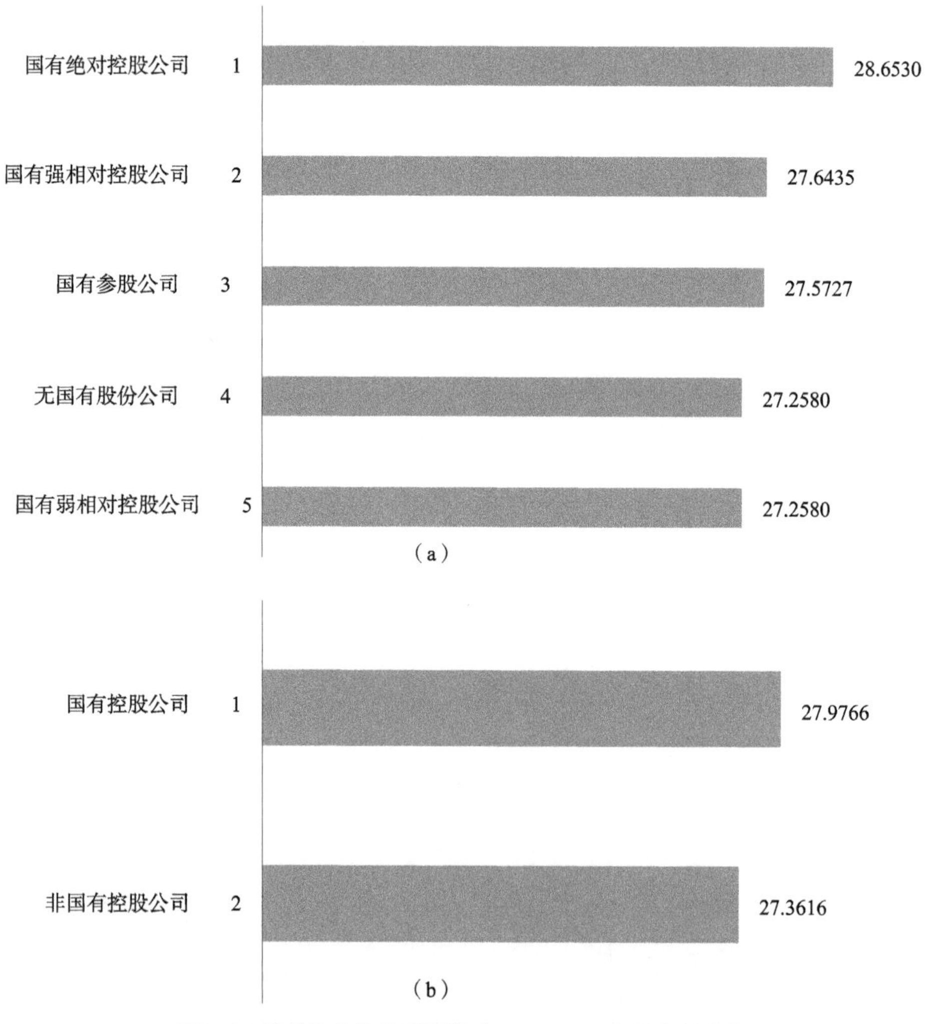

图8–5 绩效与价值分项指数（*CLCQI–PV*）所有制排名

第9章
中国上市公司质量指数—最终控制人排名

9.1 上市公司质量总指数（*CLCQI*）的最终控制人排名

上市公司质量总指数（*CLCQI*）最终控制人排名如图 9-1 所示。

图9-1 上市公司质量总指数（*CLCQI*）最终控制人排名

9.2　公司治理分项指数（*CLCQI-CG*）的最终控制人排名

公司治理分项指数（*CLCQI-CG*）最终控制人排名如图 9-2 所示。

图9-2　公司治理分项指数（*CLCQI-CG*）最终控制人排名

9.3　社会责任分项指数（*CLCQI-SR*）的最终控制人排名

社会责任分项指数（*CLCQI-SR*）最终控制人排名如图 9-3 所示。

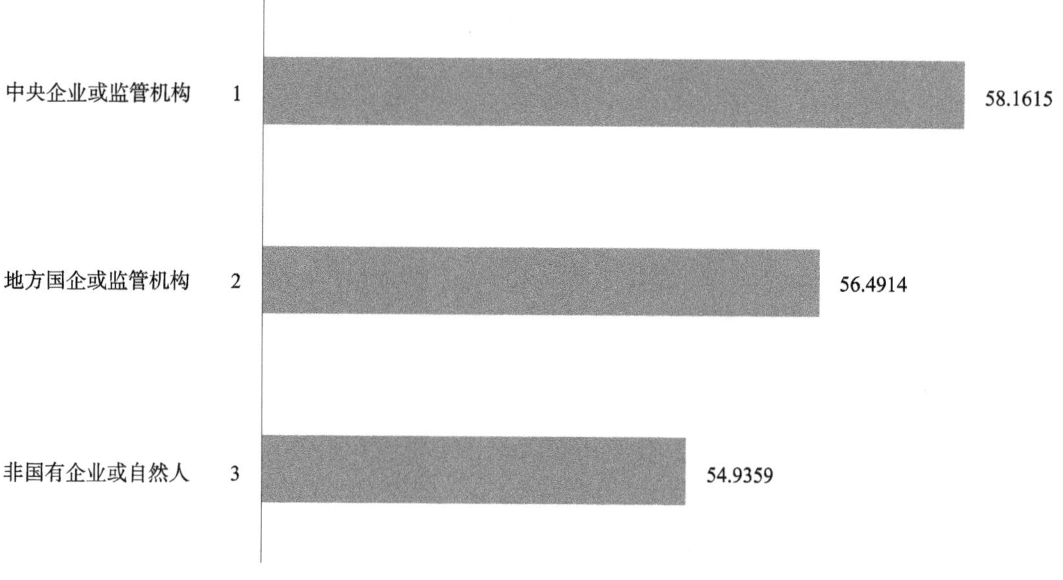

图9-3　社会责任分项指数（*CLCQI-SR*）最终控制人排名

9.4 企业创新分项指数（*CLCQI-EI*）的最终控制人排名

企业创新分项指数（*CLCQI-EI*）最终控制人排名如图 9-4 所示。

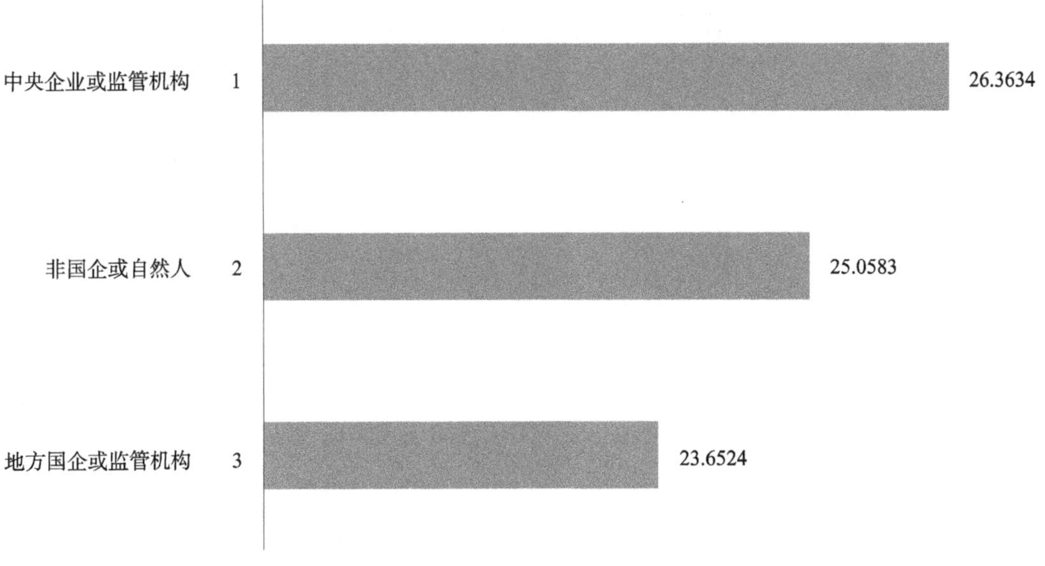

图9-4 企业创新分项指数（*CLCQI-EI*）最终控制人排名

9.5 绩效与价值分项指数（*CLCQI-PV*）的最终控制人排名

绩效与价值分项指数（*CLCQI-PV*）最终控制人排名如图 9-5 所示。

图9-5 绩效与价值分项指数（*CLCQI-PV*）最终控制人排名

第10章
中国上市公司质量指数—上市板块排名

10.1 上市公司质量总指数（*CLCQI*）的板块排名

上市公司质量总指数（*CLCQI*）板块排名如图 10-1 所示。

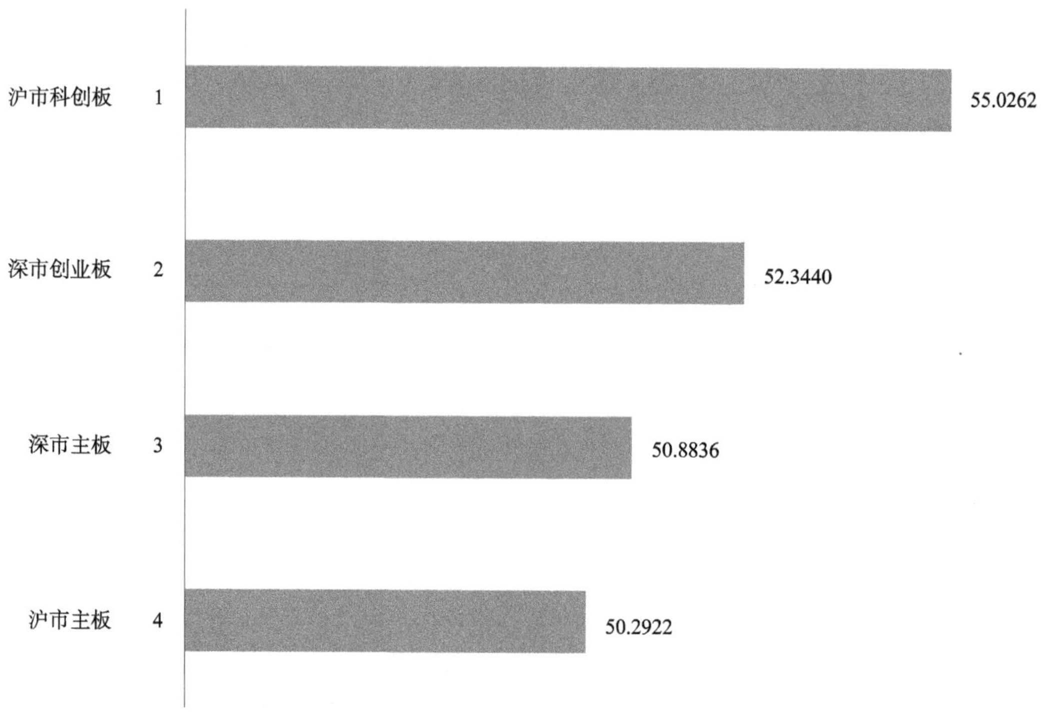

图10-1 上市公司质量总指数（*CLCQI*）板块排名

10.2　公司治理分项指数（*CLCQI–CG*）的板块排名

公司治理分项指数（*CLCQI–CG*）板块排名如图 10–2 所示。

图10–2　公司治理分项指数（*CLCQI–CG*）板块排名

10.3 社会责任分项指数（*CLCQI-SR*）的板块排名

社会责任分项指数（*CLCQI-SR*）板块排名如图 10-3 所示。

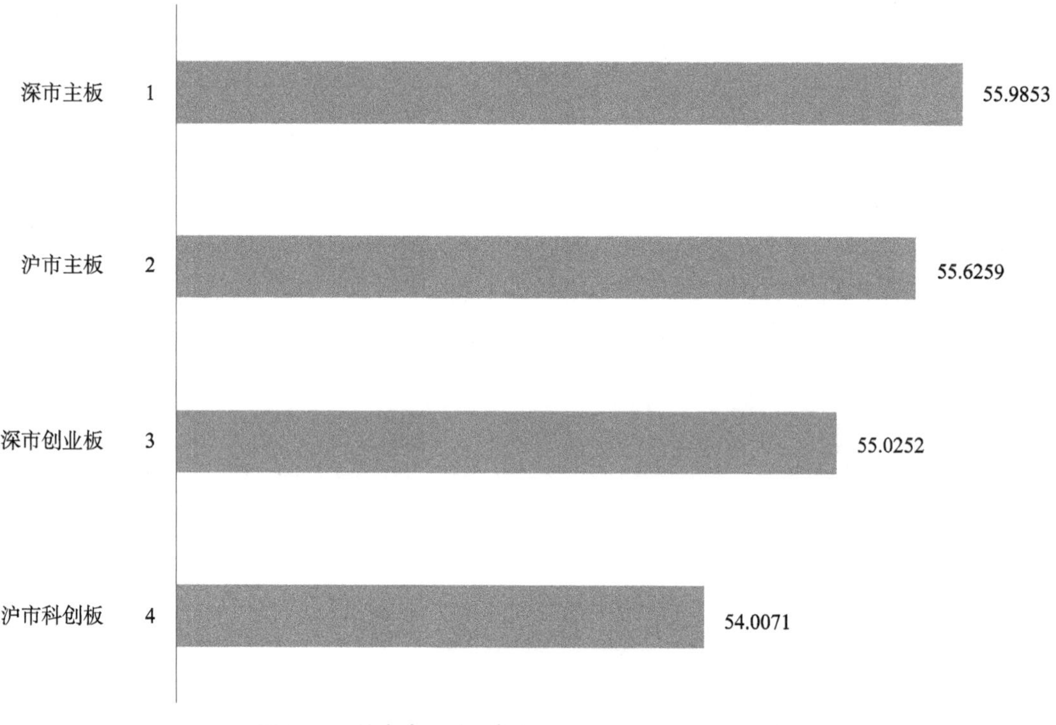

图10-3 社会责任分项指数（*CLCQI-SR*）板块排名

10.4　企业创新分项指数（*CLCQI–EI*）的板块排名

企业创新分项指数（*CLCQI–EI*）板块排名如图 10-4 所示。

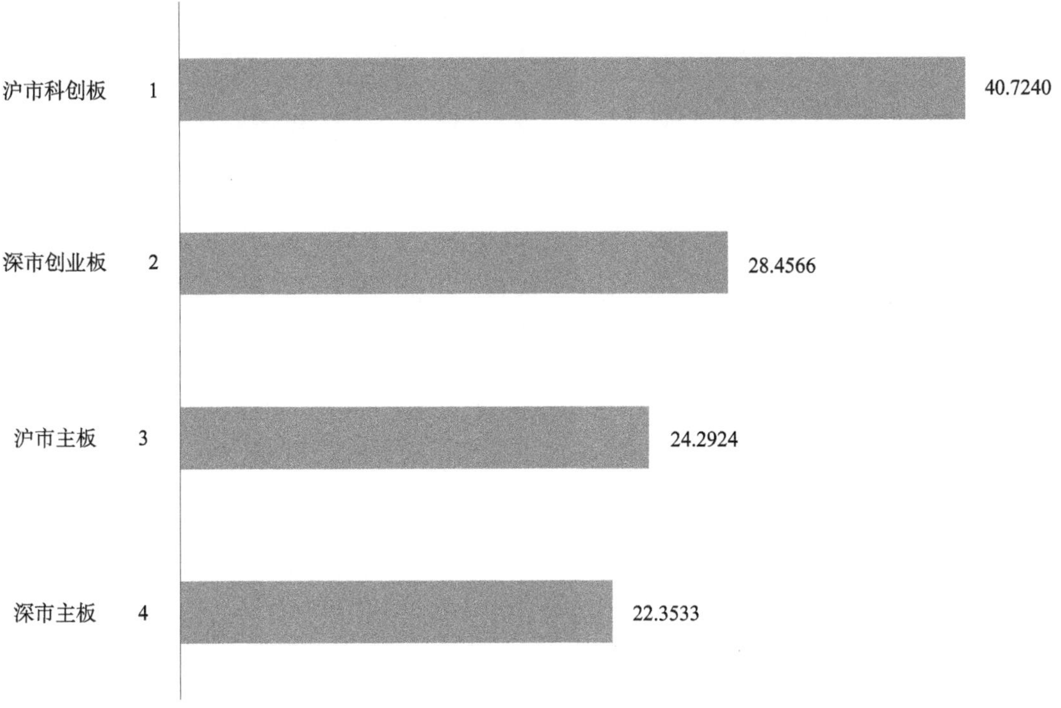

图10-4　企业创新分项指数（*CLCQI–EI*）板块排名

10.5 绩效与价值分项指数（*CLCQI-PV*）的板块排名

绩效与价值分项指数（*CLCQI-PV*）板块排名如图 10-5 所示。

图10-5 绩效与价值分项指数（*CLCQI-PV*）板块排名

第11章
中国上市公司质量指数—前100名

11.1 上市公司质量指数（*CLCQI*）前100排名

上市公司质量指数（*CLCQI*）前 100 排名如表 11-1 所示。

表11-1 上市公司质量指数（*CLCQI*）前100排名（按指数分值从高到低排列）

股票代码	公司简称	省份	地区	行业代码	控股类型	公司治理（*CLCQI-CG*）	社会责任（*CLCQI-SR*）	企业创新（*CLCQI-EI*）	绩效与价值（*CLCQI-PV*）	中国上市公司质量指数（*CLCQI*）	*CLCQI* 排名
601857	中国石油	北京	东部	B	国有绝对控股	87.3613	48.2880	72.2183	67.1503	73.4189	1
600104	上汽集团	上海	东部	C	国有绝对控股	86.5049	75.8786	74.3195	45.8002	72.2977	2
000333	美的集团	广东	东部	C	国有参股	83.4210	75.8919	80.0853	45.3225	72.0999	3
000651	格力电器	广东	东部	C	国有参股	75.1379	68.9730	100.0000	39.2940	70.2246	4
603259	药明康德	江苏	东部	M	无国有股份	98.6257	75.8692	50.2253	32.1306	68.9084	5
300017	网宿科技	上海	东部	I	无国有股份	95.3853	68.9566	66.0194	26.4672	68.3183	6

续表

股票代码	公司简称	省份	地区	行业代码	控股类型	公司治理（CLCQI-CG）	社会责任（CLCQI-SR）	企业创新（CLCQI-EI）	绩效与价值（CLCQI-PV）	中国上市公司质量指数（CLCQI）	CLCQI排名
600519	贵州茅台	贵州	西部	C	国有绝对控股	77.2213	58.6305	11.2168	100.0000	66.9264	7
300638	广和通	广东	东部	C	国有参股	93.5575	58.6198	66.3499	28.6102	66.6385	8
000725	京东方A	北京	东部	C	国有弱相对控股	85.3916	68.9800	67.2678	33.8666	66.4238	9
600028	中国石化	北京	东部	B	国有绝对控股	87.6772	37.9402	54.5857	58.8516	66.3919	10
688008	澜起科技	上海	东部	C	无国有股份	93.2283	58.6177	64.5205	28.5062	66.1146	11
000002	万科A	广东	东部	K	国有强相对控股	88.0060	82.7728	13.3787	62.8906	66.0167	12
003816	中国广核	广东	东部	D	国有绝对控股	86.7681	89.6675	44.8159	34.7762	65.8146	13
000050	深天马A	广东	东部	C	国有绝对控股	84.1005	89.6566	56.7396	27.7037	65.3625	14
600029	南方航空	广东	东部	G	国有绝对控股	81.8245	86.1996	59.0106	29.5761	64.8559	15
300677	英科医疗	山东	东部	C	无国有股份	82.3228	58.6141	37.4621	62.5233	64.8445	16
002410	广联达	北京	东部	I	无国有股份	87.4878	89.6866	42.5687	30.9650	64.7031	17
600718	东软集团	辽宁	东北	I	国有参股	93.9353	68.9491	49.2885	26.4735	64.3926	18
600867	通化东宝	吉林	东北	C	无国有股份	92.4582	62.0787	55.0922	27.9465	64.3001	19
601390	中国中铁	北京	东部	E	国有绝对控股	81.8068	58.6331	55.8019	46.2406	64.2382	20
000063	中兴通讯	广东	东部	C	国有参股	96.0059	62.1014	42.6866	30.4433	63.8657	21
300760	迈瑞医疗	广东	东部	C	国有参股	84.4196	55.1901	63.5051	36.1179	63.7768	22

续表

股票代码	公司简称	省份	地区	行业代码	控股类型	公司治理（CLCQI-CG）	社会责任（CLCQI-SR）	企业创新（CLCQI-EI）	绩效与价值（CLCQI-PV）	中国上市公司质量指数（CLCQI）	CLCQI排名
600115	中国东航	上海	东部	G	国有强相对控股	91.3653	89.6497	32.4999	28.8801	63.7136	23
300088	长信科技	安徽	中部	C	国有弱相对控股	92.3758	58.6217	55.6861	27.2533	63.6941	24
300142	沃森生物	云南	西部	C	国有弱相对控股	91.6170	58.6097	53.8025	29.5270	63.5805	25
300572	安车检测	广东	东部	C	无国有股份	92.9288	58.6047	54.0202	26.8567	63.4805	26
601598	中国外运	北京	东部	G	国有绝对控股	96.3830	68.9716	37.1346	28.4851	63.4471	27
601669	中国电建	北京	东部	E	国有绝对控股	82.9080	41.3856	71.1735	39.1572	63.3951	28
002339	积成电子	山东	东部	C	国有弱相对控股	84.4391	72.4204	60.4992	26.4313	63.3464	29
002422	科伦药业	四川	西部	C	国有参股	86.1815	96.5634	38.0475	26.9412	63.3019	30
002230	科大讯飞	安徽	中部	I	国有弱相对控股	91.7647	68.9717	44.9551	28.9661	63.2842	31
688007	光峰科技	广东	东部	C	无国有股份	84.1421	75.8550	58.2955	25.9425	63.1798	32
300759	康龙化成	北京	东部	M	无国有股份	92.1154	62.0648	47.2460	30.2618	63.1705	33
002687	乔治白	浙江	东部	C	无国有股份	86.4767	72.4131	54.9700	26.5882	63.0937	34
600874	创业环保	天津	东部	D	国有绝对控股	84.7525	75.8675	55.1328	26.8953	63.0315	35
300782	卓胜微	江苏	东部	C	无国有股份	92.4086	48.2664	48.8788	36.0307	62.9868	36
000962	东方钽业	宁夏	西部	C	国有强相对控股	86.3879	68.9567	56.1503	27.2986	62.9534	37
002414	高德红外	湖北	中部	C	无国有股份	76.4444	82.7785	58.6963	32.8291	62.9411	38

续表

股票代码	公司简称	省份	地区	行业代码	控股类型	公司治理（CLCQI-CG）	社会责任（CLCQI-SR）	企业创新（CLCQI-EI）	绩效与价值（CLCQI-PV）	中国上市公司质量指数（CLCQI）	CLCQI 排名
600019	宝钢股份	上海	东部	C	国有绝对控股	83.8201	75.8657	46.5073	34.8257	62.9158	39
002179	中航光电	河南	中部	C	国有绝对控股	88.9824	75.8814	41.3524	30.4637	62.8616	40
002145	中核钛白	甘肃	西部	C	国有参股	90.4952	62.0616	52.7636	27.1434	62.8459	41
300796	贝斯美	浙江	东部	C	无国有股份	86.8889	72.4033	53.5707	26.0280	62.8372	42
002092	中泰化学	新疆	西部	C	国有弱相对控股	85.5951	68.9634	57.8807	26.6919	62.8317	43
601766	中国中车	北京	东部	C	国有绝对控股	85.4954	62.0739	53.1890	34.6094	62.7994	44
601186	中国铁建	北京	东部	E	国有绝对控股	85.5757	68.9755	33.0599	46.2201	62.7436	45
002821	凯莱英	天津	东部	C	国有参股	96.6020	51.7158	41.4269	32.1963	62.7326	46
002938	鹏鼎控股	广东	东部	C	无国有股份	90.5299	68.9755	44.7060	28.5293	62.6318	47
603053	成都燃气	四川	西部	D	国有强相对控股	84.2160	75.8650	54.6772	26.3941	62.6001	48
601668	中国建筑	北京	东部	E	国有绝对控股	77.3857	48.2800	38.5170	66.6915	62.5726	49
601899	紫金矿业	福建	东部	B	国有弱相对控股	83.0643	55.1906	61.2583	35.2120	62.5590	50
000538	云南白药	云南	西部	C	国有强相对控股	89.6821	48.3249	57.0511	31.5495	62.4192	51
002246	北化股份	四川	西部	C	国有绝对控股	86.5358	68.9600	54.2991	26.3323	62.4012	52
002923	润都股份	广东	东部	C	无国有股份	88.3105	58.6275	57.9677	26.4987	62.3366	53
002841	视源股份	广东	东部	C	无国有股份	78.9721	82.7726	53.7208	30.0422	62.2594	54

续表

股票代码	公司简称	省份	地区	行业代码	控股类型	公司治理（*CLCQI-CG*）	社会责任（*CLCQI-SR*）	企业创新（*CLCQI-EI*）	绩效与价值（*CLCQI-PV*）	中国上市公司质量指数（*CLCQI*）	*CLCQI* 排名
600428	中远海特	广东	东部	G	国有绝对控股	85.9721	96.5487	33.0445	27.0721	62.2481	55
002594	比亚迪	广东	东部	C	国有参股	89.5363	68.9743	33.0738	37.7217	62.2058	56
600750	江中药业	江西	中部	C	国有强相对控股	88.4467	89.6654	33.1138	26.8191	62.1560	57
688321	微芯生物	广东	东部	C	国有弱相对控股	80.2985	72.4068	62.0314	26.9851	62.1330	58
300162	雷曼光电	广东	东部	C	无国有股份	88.4892	58.6064	58.1253	25.1613	62.1020	59
002340	格林美	广东	东部	C	国有参股	82.1250	68.9726	59.7480	27.6383	62.0551	60
688009	中国通号	北京	东部	C	国有绝对控股	77.7241	82.7640	56.8821	28.6501	62.0432	61
000630	铜陵有色	安徽	中部	C	国有强相对控股	83.7918	62.0878	61.6997	27.4662	62.0364	62
000338	潍柴动力	山东	东部	C	国有弱相对控股	86.9514	68.9886	43.1352	33.1059	62.0324	63
300037	新宙邦	广东	东部	C	国有参股	84.2500	62.0697	56.3300	30.8124	61.9796	64
300648	星云股份	福建	东部	C	无国有股份	81.1062	55.1692	68.9055	29.8541	61.9625	65
601800	中国交建	北京	东部	E	国有绝对控股	90.5711	48.2850	35.5023	45.5342	61.9552	66
688100	威胜信息	湖南	中部	C	无国有股份	86.3572	58.6202	61.3917	25.2931	61.9375	67
300253	卫宁健康	上海	东部	I	国有参股	95.4441	62.0614	36.0860	28.6656	61.8704	68
600893	航发动力	陕西	西部	C	国有绝对控股	79.7458	75.8784	53.6058	31.4150	61.8550	69
603357	设计总院	安徽	中部	M	国有强相对控股	88.6830	58.6207	53.9686	26.8403	61.7701	70

续表

股票代码	公司简称	省份	地区	行业代码	控股类型	公司治理（CLCQI-CG）	社会责任（CLCQI-SR）	企业创新（CLCQI-EI）	绩效与价值（CLCQI-PV）	中国上市公司质量指数（CLCQI）	CLCQI 排名
688333	铂力特	陕西	西部	C	国有参股	82.4984	65.5025	56.8827	30.2461	61.7628	71
300035	中科电气	湖南	中部	C	无国有股份	87.3589	58.6188	55.6392	27.4400	61.7242	72
600933	爱柯迪	浙江	东部	C	无国有股份	92.4154	72.4210	35.0079	27.2582	61.6454	73
300003	乐普医疗	北京	东部	C	国有弱相对控股	89.1818	75.8672	38.1671	27.7948	61.6349	74
600188	兖州煤业	山东	东部	B	国有强相对控股	92.6290	62.0897	36.8880	31.4913	61.6155	75
600183	生益科技	广东	东部	C	国有强相对控股	88.9512	75.8857	36.9375	28.9766	61.5950	76
000637	茂化实华	广东	东部	C	国有参股	87.9837	79.3265	39.4606	26.2216	61.5400	77
688198	佰仁医疗	北京	东部	C	国有参股	86.7295	58.6180	54.8225	28.1143	61.4776	78
300323	华灿光电	湖北	中部	C	无国有股份	95.2693	65.4990	33.1112	27.5845	61.4509	79
688099	晶晨股份	上海	东部	I	国有参股	91.5863	58.6105	44.5918	28.3781	61.4390	80
300757	罗博特科	江苏	东部	C	无国有股份	82.4612	65.5136	59.8883	25.8742	61.2577	81
688023	安恒信息	浙江	东部	I	无国有股份	94.8672	58.6129	35.4152	29.6946	61.2455	82
601168	西部矿业	青海	西部	B	国有强相对控股	77.2506	75.8644	58.5278	28.9925	61.2336	83
002598	山东章鼓	山东	东部	C	国有强相对控股	81.9063	72.4302	54.7736	26.4990	61.2065	84
300627	华测导航	上海	东部	C	无国有股份	93.9926	51.7281	44.2175	27.9608	61.1900	85
300082	奥克股份	辽宁	东北	C	国有参股	89.2769	75.8801	35.2570	28.1800	61.1892	86

续表

股票代码	公司简称	省份	地区	行业代码	控股类型	公司治理（CLCQI-CG）	社会责任（CLCQI-SR）	企业创新（CLCQI-EI）	绩效与价值（CLCQI-PV）	中国上市公司质量指数（CLCQI）	CLCQI排名
600600	青岛啤酒	山东	东部	C	国有强相对控股	89.6229	75.8479	31.3451	30.5826	61.1410	87
300624	万兴科技	西藏	西部	I	无国有股份	84.2499	55.1605	60.1287	28.5508	61.1375	88
300236	上海新阳	上海	东部	C	国有参股	82.1332	62.0666	59.1958	28.3626	61.0931	89
002300	太阳电缆	福建	东部	C	国有参股	83.0183	62.0766	59.3860	26.6984	61.0706	90
300439	美康生物	浙江	东部	C	无国有股份	82.8818	65.4990	56.2669	27.3531	61.0692	91
600775	南京熊猫	江苏	东部	C	国有强相对控股	89.1763	75.8776	37.5522	25.9810	61.0578	92
300451	创业慧康	浙江	东部	I	国有参股	85.9215	58.6114	54.9542	27.3630	60.9919	93
300445	康斯特	北京	东部	C	无国有股份	85.7982	44.8162	66.2721	26.6580	60.9606	94
603286	日盈电子	江苏	东部	C	无国有股份	84.0882	62.0599	57.1816	26.2978	60.9550	95
300218	安利股份	安徽	中部	C	国有参股	92.3259	65.5203	37.3590	26.8691	60.9475	96
300593	新雷能	北京	东部	C	无国有股份	82.4470	58.6116	60.5354	27.8622	60.8432	97
603810	丰山集团	江苏	东部	C	无国有股份	82.2862	65.5116	55.3975	28.0384	60.8303	98
002714	牧原股份	河南	中部	A	无国有股份	79.8933	68.9659	35.7696	45.4230	60.8119	99
603979	金诚信	北京	东部	B	无国有股份	85.5477	58.6129	54.7183	27.4278	60.8117	100

11.2　上市公司质量指数（*CLCQI*）前100名省份分布

上市公司质量指数（*CLCQI*）前 100 名省份分布如图 11-1 所示。

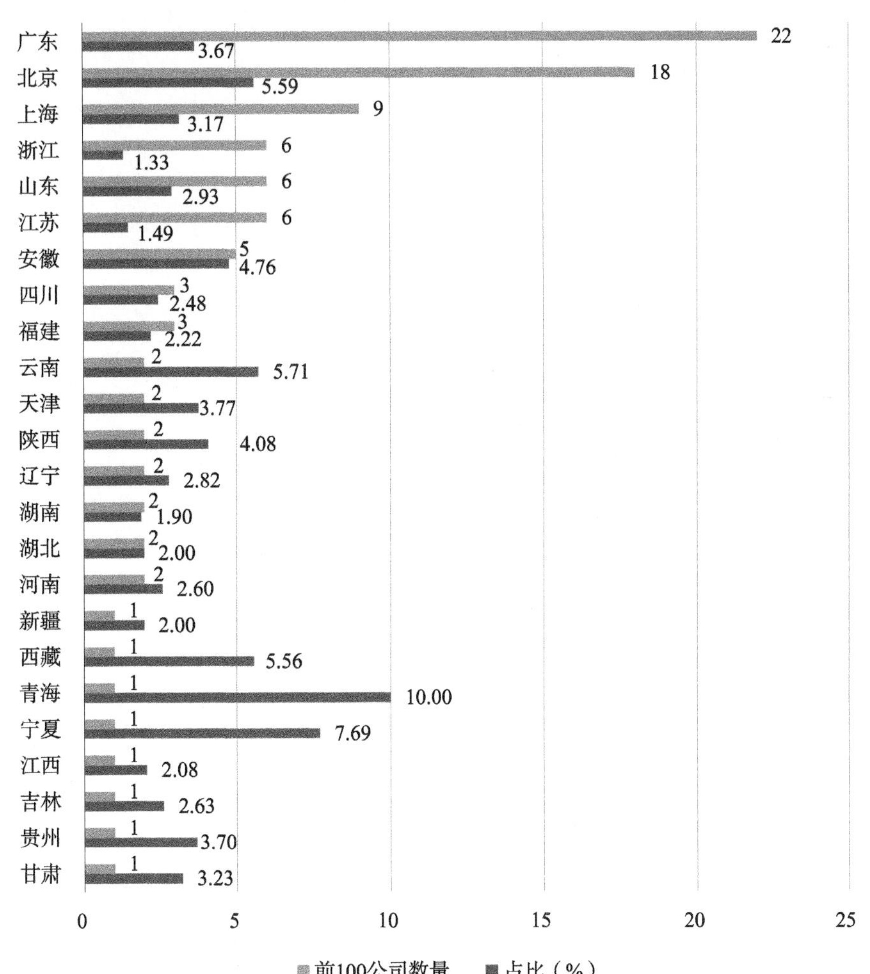

图11-1　上市公司质量指数（*CLCQI*）前100名省份分布

注：图中占比是指在所属省份样本公司中的占比。

11.3 上市公司质量指数（*CLCQI*）前100名地区分布

上市公司质量指数（*CLCQI*）前 100 名地区分布如图 11-2 所示。

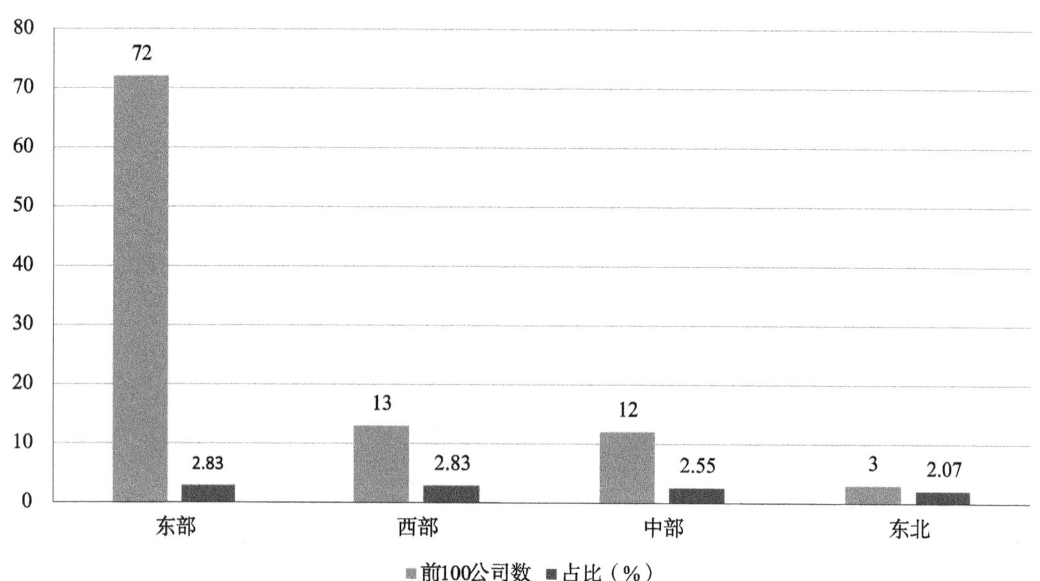

图11-2 上市公司质量指数（*CLCQI*）前100名地区分布

注：图中占比是指在所属地区样本公司中的占比。

11.4　上市公司质量指数（*CLCQI*）前100名行业分布

上市公司质量指数（*CLCQI*）前 100 名行业分布如图 11-3 所示。

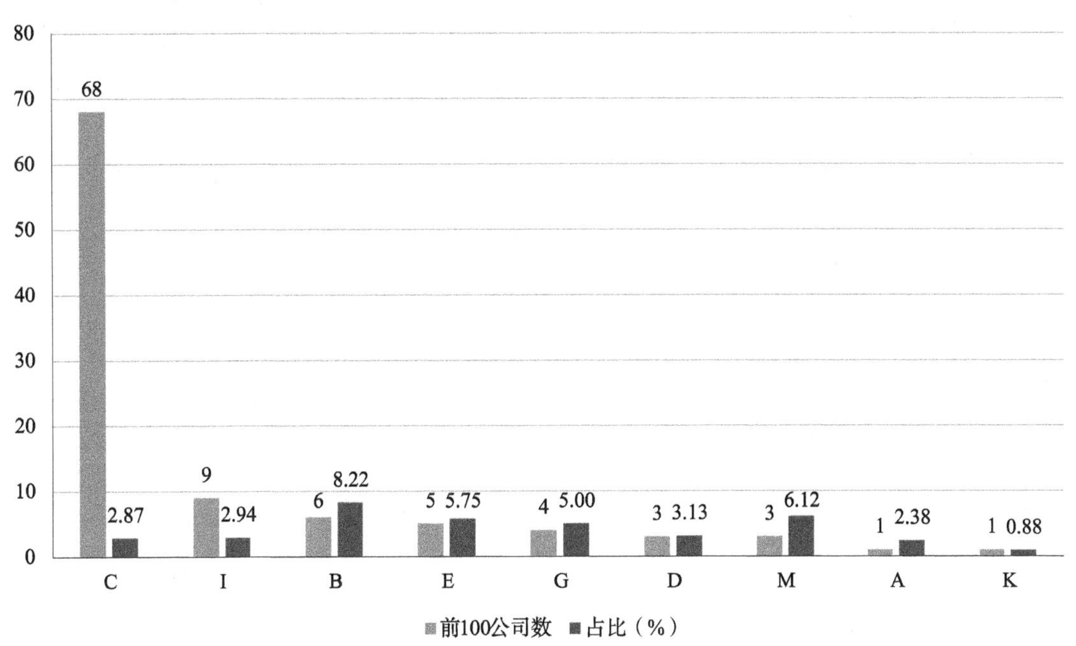

图11-3　上市公司质量指数（*CLCQI*）前100名行业分布

注：图中占比是指在所属行业样本公司中的占比。

11.5 上市公司质量指数（*CLCQI*）前100名所有制分布

上市公司质量指数（*CLCQI*）前 100 名所有制分布如图 11-4 所示。

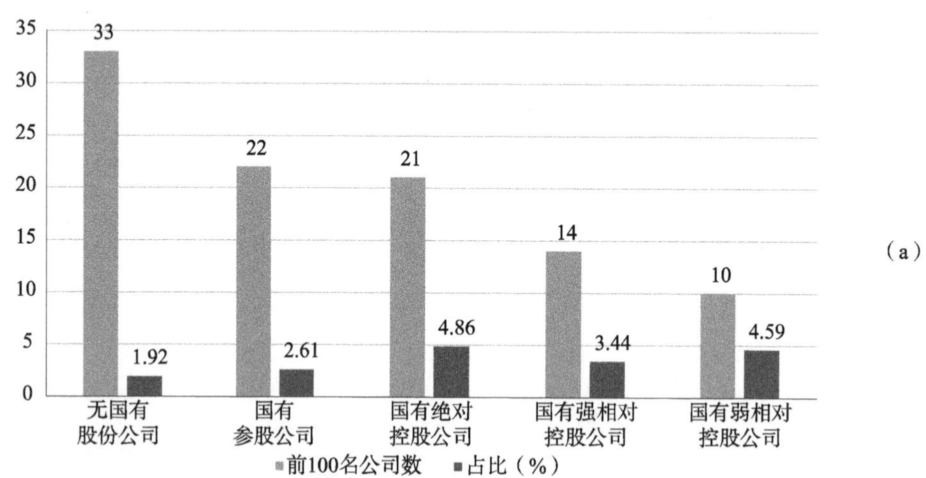

（a）

注：图中占比是指在所属所有制样本公司中的占比。

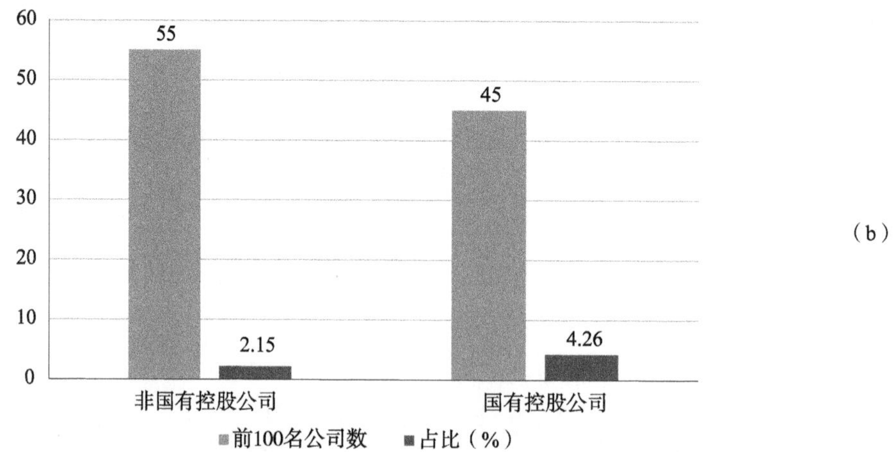

（b）

图11-4　上市公司质量指数（*CLCQI*）前100名所有制分布

注：图中占比是指在所属所有制样本公司中的占比。

11.6　上市公司质量指数（*CLCQI*）前100名实际控制人分布

上市公司质量指数（*CLCQI*）前 100 名实际控制人分布如图 11-5 所示。

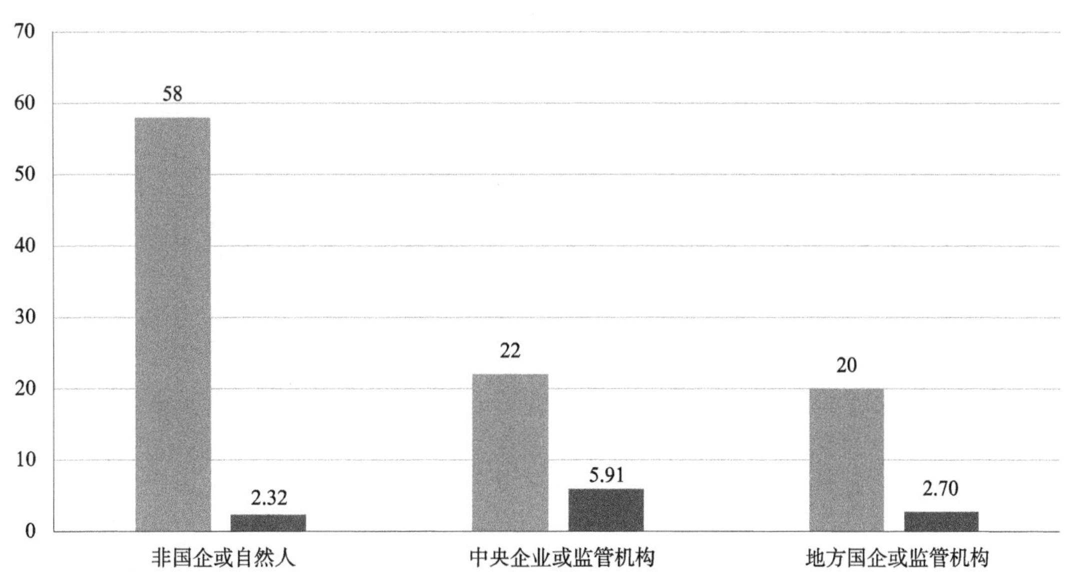

图11-5　上市公司质量指数（*CLCQI*）前100名实际控制人分布

注：图中占比是指在所属实际控制人样本公司中的占比。

11.7 上市公司质量指数（*CLCQI*）前100名上市板块分布

上市公司质量指数（*CLCQI*）前 100 名上市板块分布如图 11-6 所示。

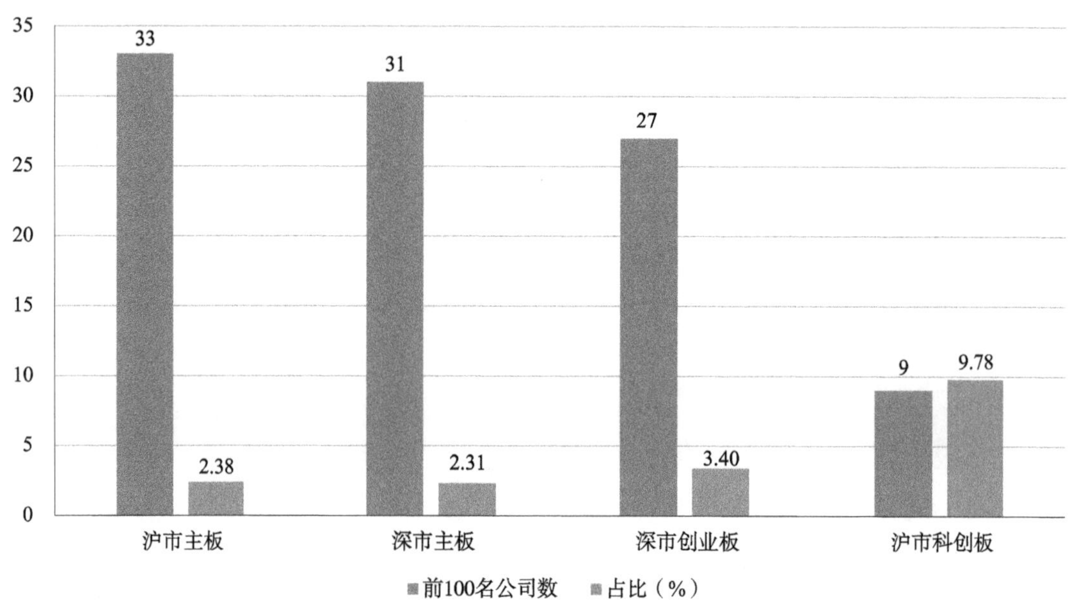

图11-6 上市公司质量指数（*CLCQI*）前100名上市板块分布

注：图中占比是指在所属上市板块样本公司中的占比。

附：中国上市公司治理分类指数报告系列

[1] 高明华，等.《中国上市公司高管薪酬指数报告 2009》[M]. 北京：经济科学出版社，2010.

[2] 高明华，等.《中国上市公司信息披露指数报告 2010》[M]. 北京：经济科学出版社，2010.

[3] 高明华，等.《中国上市公司高管薪酬指数报告 2011》[M]. 北京：经济科学出版社，2011.

[4] 高明华，等.《中国上市公司财务治理指数报告 2011》[M]. 北京：经济科学出版社，2011.

[5] 高明华，等.《中国上市公司信息披露指数报告 2012》[M]. 北京：经济科学出版社，2012.

[6] 高明华，等.《中国上市公司企业家能力指数报告 2012》[M]. 北京：经济科学出版社，2012.

[7] 高明华，杜雯翠，等.《中国上市公司高管薪酬指数报告 2013》[M]. 北京：经济科学出版社，2013.

[8] 高明华，张会丽，等.《中国上市公司财务治理指数报告 2013》[M]. 北京：经济科学出版社，2013.

[9] 高明华，苏然，方芳，等.《中国上市公司董事会治理指数报告 2013》[M]. 北京：经济科学出版社，2013.

[10] 高明华，张祚禄，杨丹，等.《中国上市公司自愿性信息披露指数报告 2014》[M]. 北京：经济科学出版社，2014.

[11] 高明华，万峰，等.《中国上市公司企业家能力指数报告 2014》[M]. 北京：经济科学出版社，2014.

[12] 高明华，张会丽，等.《中国上市公司财务治理指数报告 2015》[M]. 北京：经济科学出版社，2015.

[13] 高明华，蔡卫星，等.《中国上市公司董事会治理指数报告 2015》[M].北京：经济科学出版社，2015.

[14] 高明华，蔡卫星，赵旋，等.《中国上市公司中小投资者权益保护指数报告 2015》[M].北京：经济科学出版社，2015.

[15] 高明华，张惠琳，等.《中国公司治理分类指数报告 No.15（2016）》[M].北京：中国出版集团东方出版中心，2016.

[16] 高明华，曹向东，等.《中国公司治理分类指数报告 No.16（2017）》[M].北京：中国出版集团东方出版中心，2017.

[17] 高明华，程恒森，等.《中国上市公司治理分类指数报告 No.17（2018）》[M].北京：社会科学文献出版社，2018.

[18] 高明华，刘波波，等.《中国上市公司治理分类指数报告 No.18（2019）》[M].北京：社会科学文献出版社，2019.

[19] 高明华，郭传孜，邵梦影，等.《中国上市公司治理分类指数报告.No.19, 2020》[M].北京：中国纺织出版社有限公司，2020.

[20] 高明华，周炳羽，朱玥，等.《中国上市公司治理分类指数报告.No.20, 2021》[M].北京：中国纺织出版社有限公司，2021.

[21] 高明华.《中国上市公司质量指数报告 No.1, 2021》[M].北京：中国纺织出版社有限公司，2021.

后　记

本报告出版得到了北京师范大学“双一流”建设项目的资助。

经历了近 15 年“中国上市公司治理分类指数”的开发和 20 部《中国上市公司治理分类指数报告》的出版，“中国上市公司质量指数”的开发和《中国上市公司质量指数报告》的出版似乎是水到渠成的。说是“水到渠成”，是因为“中国上市公司质量指数”的四个维度，其中有两个维度（即“公司治理”和“社会责任”）已经涵盖在“中国上市公司治理分类指数”里了，只不过在原有基础上又增加了“企业创新”和“绩效与价值”两个维度，而“社会责任”是从原来“中国上市公司治理分类指数”中分离出来的。之所以“中国上市公司治理分类指数”中涵盖“社会责任”，是基于广义的公司治理理论，即公司治理包括社会责任，社会责任又包括环境保护，从这个意义上说，现在流行的 ESG 其实在理论上是很勉强的一个概念。

开发“中国上市公司质量指数”直接起因于 2020 年 10 月 5 日《国务院关于进一步提高上市公司质量的意见（国发〔2020〕14 号）》。2020 年 10 月 31 日，我和其他公司治理专家共同发起成立“中国公司治理 50 人论坛”，中国上市公司协会会长、中国企业改革与发展研究会会长宋志平先生当选为“中国公司治理 50 人论坛”学术委员会主任，我和国务院国资委研究中心原主任楚序平先生为执行主任。在当日举行的“中国公司治理 50 人论坛”成立大会上，我们共同探讨了“中国上市公司质量指数”的开发问题。宋志平会长认为，上市公司质量应该包括公司治理、社会责任、企业创新、绩效与价值四个方面，这在很大程度上与我的想法不谋而合，之后的具体指标设计就是围绕这四个维度展开的。

在指标体系设计中，杜雯翠（首都经济贸易大学经济学院副院长、教授、博士生导师）具体负责社会责任维度，焦豪（北京师范大学科研院海外科研合作办公室主任、经济与工商管理学院教授、博士生导师）具体负责企业创新维度，其他两个维度由高明华具体负责。宋志平会长特别关心本指数的开发，在指标体系开发过程中及指数计算出来后，我与课题组其他成员几次前去拜访宋志平会长，他提出了很多宝贵的意见，对指标体系的完善和指数计算的客观性助益很大。楚序平先生也贡献了很多智慧，我们同样受益良多。课题组又经过多轮讨论，本着继承、发展、客观、可行的原则，经过上市公司各种公开渠道尝试搜集数据以确定数据的可获得性，最终形成了 122 个具体指标和本报告的指数计算结果。

企业创新、绩效与价值两个维度是全新的，而公司治理和社会责任两个维度是从已开发的“中国上市公司治理分类指数”中独立出来的，“独立出来”并非直接照搬过来，也并非直接把“社会责任”从“公司治理”中分拆出来，而是做了“浓缩”和“扩充”。所谓“浓缩”是在原有公司治理指标体系中分离出“社会责任”后，考虑到公司治理分类评价与公司治理作为一个维度评价的不同，对一些指标进行了整合，并减少了部分指标，对筛选出来的指标进行新的排列组合，最终形成投资者权益保护、董事会治理、总经理能力及激励、财务治理四个子维度（二级指标）；另外，对独立出来的社会责任指标体系在原有基础上进行扩充，细化为“社会责任行为”和“社会责任信息披露”两个子维度（二级指标）。

“中国上市公司质量指数”是一种相对值，这是不同于“中国上市公司治理分类指数”的地方。“相对”意味着不存在绝对的、统一的、共识的质量标准，是不同公司彼此对照的结果。

本报告放弃了已经出版的 20 部《中国上市公司治理分类指数报告》以文字叙述兼及图表展示的写作模式，除了导论和指标体系以外，全书采用了表格和图形的方式。这样做的好处是：①有利于使用者一目了然浏览所有公司的评价结果；②有利于每家被评价公司容易找到自己的位次；③有利于学者通过全部公司的评价结果进行深入研究。

有两点需要特别予以说明：①不同行业的公司治理标准基本上不存在差别，但社会责任、企业创新、绩效与价值还是有一定差异的，这导致部分指标数据在某些公司是缺失的，或披露为 0，评价时不得不剔除一些公司，因此，尽管我们也作了行业比较，但还是要特别提醒，行业比较是需要慎重的。②企业创新、绩效与价值两个维度既考虑了相对指标或效率指标，如研发投入强度使用研发投入金额与营业总收入的比例来衡量，盈利能力使用总资产净利率来衡量等；也考虑了绝对指标，如研发投入绝对额、市值绝对额等，目的是考虑企业规模的差异性，以期能够综合反映企业上市公司的质量。

本报告是集体智慧的结晶。由我设计研究框架、基本思路和数据库构架，通过研究团队深入讨论确定。然后开发数据库、采集和录入数据、计算各分项指数和总指数，撰写初稿。导论以及全书的指数数据整理和图表制作由高明华负责完成，指标体系和计算方法说明由高明华、杜雯翠、周炳羽和朱玥共同完成。

中国上市公司质量指数报告的评价对象原则上是截至 2020 年 12 月 31 日的全部 A

股上市公司。截至 2020 年 12 月 31 日，共有 A 股上市公司 4131 家（已经剔除截止数据采集时的退市公司），再剔除上市时间不足一年而年报信息不全，以及有关重要指标数据严重缺失的公司，本年度评价的上市公司数目实际上是 3615 家。质量指数数据全部采自每家公司的各种官方公开渠道。尽管每家公司指数计算指标有 117 个，但有的指标是通过几个数据计算而得，所以最终的数据量超过 50 万，这些数据均是手工采集和整理（基于指标特性，绝大部分指标数据无法实现计算机采集），并录入数据库系统，可以想象，工作量非常庞大，指标的精准化讨论、数据库修正、数据采集和录入的持续时间长达半年。以下同学为此做出了很大贡献：

数据试录入（按姓氏字母顺序）：郭传孜、刘波波、邵梦影、薛佳安、周炳羽、朱玥。试录入人员必须是之前参与过“中国上市公司治理分类指数”数据采集和录入的有经验人员。在试录入过程中，试录入人员彼此核查，以保证把问题发现在正式录入之前。

数据采集和录入（按工作量多少排序）：杨羽鸥、赵智勇、谭祖坤、王小山、张梦倩、王梦婕、马睿、丁国宁、赵雪廷、彭圣、谢睿、郝苗、陈柯谚、蔡慧莹、韩斐、顾嘉欣、万琳、易萌、范文婷、葛涛、周炳羽、杨博星、张琳琳、洪梓羚、潘红珊、李家瑞、徐福佳、陈诗诺、高垲霖、徐坤、郭传孜、邵梦影、程恒森、薛佳安、朱玥、李国文、贾洪图、雷桂林、黄琳、金洪玉。杜雯翠指导其研究生陈博负责社会责任部分指标数据的采集工作。

数据核实（按工作量多少排序）：韩斐、程恒森、朱玥、周炳羽、薛佳安、邵梦影、郭传孜、马睿。

特别要指出的是，周炳羽和朱玥两位研究生作为数据采集及培训的总指挥，在数据录入培训和协调等工作中付出了大量心血。他们精心制作了培训视频，通过视频会议和微信群耐心答疑。同时，他们在最终数据库的完善、指数计算、核实、补充等工作中，不辞辛苦，任劳任怨，着实让人动容。

在研究过程中，研究团队就数据采集、录入、数据库开发，甚至后续的数据运用，都多次进行深入讨论，每周二晚是雷打不动的讨论时间，同时通过邮件、微信和电话反复进行沟通和校正。研究团队的团结和协作精神使我非常欣慰和感动！

中国公司治理 50 人论坛的所有专家，北京师范大学经济与工商管理学院、北京师范大学公司治理与企业发展研究中心的各位同仁对本指数开发给予了大力支持，在此表示衷心的感谢！

感谢中国纺织出版社有限公司，尤其感谢本书编辑史岩女士，她对本报告出版付出了很多心血。

“中国上市公司质量指数”是首次开发，作为对中国上市公司质量的全景式、多维度和客观性的评估，做了诸多尝试性工作。如果通过本指数评估，能够对中国上市公司质量的提高有所裨益，将是对我们的极大鼓励。当然，本指数报告出现纰漏甚至错误难以避免，希望广大读者批评指正，并电邮至 mhgao@bnu.edu.cn。

北京师范大学公司治理与企业发展研究中心
北京师范大学经济与工商管理学院
高明华

2021 年 9 月 10 日